Como muestra de gratitud por su compra,

visite www.clie.es/regalos
y descargue gratis:

"Los 7 nuevos descubrimientos sobre Jesús que nadie te ha contado"

Código:
DESCU24

Sermones temáticos sobre escatología y profecía
de
JOHN MACARTHUR

EDITORIAL CLIE
C/ Ferrocarril, 8
08232 VILADECAVALLS
(Barcelona) ESPAÑA
E-mail: clie@clie.es
http://www.clie.es

© 2015 por John MacArthur.

Cualquier forma de reproducción, distribución, comunicación pública o transformación de esta obra solo puede ser realizada con la autorización de sus titulares, salvo excepción prevista por la ley. Diríjase a CEDRO (Centro Español de Derechos Reprográficos) si necesita fotocopiar o escanear algún fragmento de esta obra (www.conlicencia.com; 91 702 19 70 / 93 272 04 47).

© 2022 por Editorial CLIE. Todos los derechos reservados.

Traductor: Juan Antonio Ortega Montoya

Editor: José Carlos Ángeles Fernández

Sermones temáticos sobre escatología y profecía
ISBN: 978-84-18810-91-6
Depósito legal: B 9788-2022
Ministerio cristiano
Predicación
REL 080000
Referencia: 224920

JOHN MACARTHUR nacido el 19 de Junio de 1939, hijo de un pastor bautista conservador norteamericano, estudió en el *Talbot Theological Seminary* (1969). Es pastor de *Grace Community Church* en Sun Valley (California) una de las iglesias de mayor crecimiento en Estados Unidos y cuenta con un programa de radio «*Gracia a Vosotros*» que se transmite en varios idiomas. Autor de numerosos comentarios y libros basados en sus sermones, también traducidos a diversos idiomas, figura entre los autores evangélicos conservadores más leídos y apreciados de nuestra época.

El Pastor John MacArthur es ampliamente conocido por su enfoque detallado y transparente de enseñanza bíblica. Él es un pastor de quinta generación, un escritor y conferencista conocido, y ha servido como pastor-maestro desde 1969 en **Grace Community Church** en Sun Valley, California, E.U.A.

El ministerio de púlpito del Pastor MacArthur se ha extendido a nivel mundial mediante su ministerio de radio y publicaciones, Grace to You, contando con oficinas en Australia, Canadá, Europa, India, Nueva Zelanda, Singapur y Sudáfrica. Además de producir programas radiales que se transmiten diariamente para casi 2 000 estaciones de radio por todo el mundo en inglés y en español, Grace to You distribuye libros, software y audio en CDs y formato MP3 con la enseñanza del Pastor MacArthur. En sus cincuenta años de ministerio, Grace to You ha distribuido más de trece millones de CDs y cintas de audio.

El Pastor MacArthur es el presidente de la universidad **The Master's University** y el seminario **The Master's Seminary**. Él también ha escrito cientos de libros, cada uno de los cuales son profundamente bíblicos y prácticos. Algunos de sus títulos de mayor venta son El evangelio según Jesucristo, La segunda venida, Avergonzados del evangelio, Doce hombres comunes y corrientes y La Biblia de estudio MacArthur.

Junto con su esposa Patricia, tienen cuatro hijos adultos y catorce nietos.

_Índice

I PARTE
SERMONES TEMÁTICOS SOBRE ESCATOLOGÍA

01_La triste realidad de los últimos días 11
02_La futura tribulación 35
03_Vendrá en las nubes 55
04_La última generación. Parte I 73
05_La última generación. Parte II 93
06_El glorioso regreso de Jesucristo. Parte I 109
07_El glorioso regreso de Jesucristo. Parte II 127
08_El glorioso regreso de Jesucristo. Parte III 149
09_La venida del Reino terrenal del Señor Jesucristo. Parte I 171
10_La venida del Reino terrenal del Señor Jesucristo. Parte II 191
11_La venida del Reino terrenal del Señor Jesucristo. Parte III 215
12_La venida del Reino terrenal del Señor Jesucristo. Parte IV 235

II PARTE
SERMONES TEMÁTICOS SOBRE PROFECÍA

01_El sueño olvidado y el inolvidable Daniel 251
02_El auge y la caída del mundo. Parte I 277
03_El auge y la caída del mundo. Parte II 299
04_El auge y la caída del mundo. Parte III 319
05_¡Cómo han caído los poderosos! 337
06_La inscripción divina: el fin del imperio 363

07_Llega la paz mundial 391
08_El inicio del final 413
09_El gran día de la ira de Dios 435
10_El temor de la ira venidera. Parte I 459
11_El temor de la ira venidera. Parte II 477
12_La última invitación de Dios. Parte I 497
13_La última invitación de Dios. Parte II 515

Índice de versículos 532
Índice temático 537

I PARTE

SERMONES TEMÁTICOS SOBRE ESCATOLOGÍA

20 de Marzo, 2011

01_La triste realidad de los últimos días

Saliendo Jesús del templo, le dijo uno de sus discípulos: Maestro: mira qué piedras y qué edificios. Jesús, respondiendo, le dijo: ¿Ves estos grandes edificios? No quedará piedra sobre piedra, que no sea derribada. Y se sentó en el monte de los Olivos, frente al templo. Y Pedro, Jacobo, Juan y Andrés le preguntaron aparte: Dinos, ¿cuándo serán estas cosas? ¿Y qué señal habrá cuándo todas estas cosas hayan de cumplirse? Jesús, respondiéndoles, comenzó a decir: Mirad que nadie os engañe; porque vendrán muchos en mi nombre, diciendo: Yo soy el Cristo; y engañarán a muchos. Mas cuando oigáis de guerras y de rumores de guerras, no os turbéis, porque es necesario que suceda así; pero aun no es el fin. Porque se levantarán nación contra nación, y reino contra reino; y habrá terremotos en muchos lugares, y habrá hambres y alborotos; principios de dolores son estos. Pero mirad por vosotros mismos; porque os entregarán a los concilios, y en las sinagogas os azotarán; y delante de gobernadores y de reyes os llevarán por causa de mí, para testimonio a ellos. Y es necesario que el evangelio sea predicado antes a todas las naciones. Pero cuando os trajeren para entregaros, no os preocupéis por lo que habéis de decir, ni lo penséis, sino lo que os fuere dado en aquella hora, eso hablad; porque no sois vosotros los que habláis, sino el Espíritu Santo. Y el hermano entregará a la muerte al hermano, y el padre al hijo; y se levantarán los hijos contra los padres, y los matarán. Y seréis aborrecidos de todos por causa de mi nombre; mas el que persevere hasta el fin, este será salvo.

Marcos 13:1–13

I Parte. Sermones temáticos sobre escatología

BOSQUEJO

— Introducción

— La sorpresa

— La profecía

— La destrucción del Templo

— La historia actual

— La tribulación

— Una promesa

— Conclusión

Notas personales al bosquejo

I Parte. Sermones temáticos sobre escatología

SERMÓN

Introducción

Creo que todos hemos notado que éste es un planeta muy peligroso en donde vivir. Ustedes podrían verse involucrados en una guerra con la cual no tienen nada que ver y convertirse en víctimas del odio, la codicia y la lucha por el poder de personas en altas posiciones. Esencialmente, estamos viendo que la guerra se extiende por el Medio Oriente. Somos conscientes de ello. Esa guerra involucra ahora virtualmente al mundo en una zona de Libia sobre la cual no se puede volar, una coalición de naciones contra Muamar Gadafi. Antes de que finalice, miles si no es que decenas de miles de personas habrán muerto. Eso no es nada nuevo para nosotros.

También es un mundo peligroso porque ustedes podrían ser víctimas de un terremoto o un tsunami. Ustedes podrían ser víctimas del hambre, al no poder obtener comida o porque la comida no puede llegar a ustedes debido a un desastre natural. Ustedes podrían ser víctimas de un incendio o una inundación, como a menudo vemos en el mundo.

A pesar del hecho de que vivir en este mundo tiene su dicha y bendición; y a pesar del hecho de que nuestro mundo, nuestro planeta, tiene marcas de creación divina y que la benevolencia de Dios está en la esencia de la vida de este planeta; a pesar del hecho de que se nos proporcionan riquezas y provisiones, la otra cara de esas provisiones, nos coloca en un peligro inminente. Podemos morir por una enfermedad. Podemos ser envenenados en nuestra comida. Pueden irradiarnos hasta la muerte. Todas estas cosas son la otra cara de las bendiciones. Creamos civilizaciones, creamos cosechas, creamos represas para almacenar el agua. Empleamos todos los recursos en el mundo; y sin embargo tenemos que hacer todo lo posible para prevenir que esas cosas nos destruyan. Es un lugar muy peligroso para vivir. El desastre nos rodea. La guerra y la muerte están presentes de muchas maneras.

Esto no sorprende a nadie que comprenda la Biblia. La historia humana no sorprende a Dios ni a nuestro Señor Jesucristo. Si van a Marcos 13, encontrarán a Jesús en Su último día de ministerio público en Jerusalén, el miércoles de la semana de la pasión. El jueves, Él se preparará para celebrar la Pascua con Sus discípulos. El viernes, será crucificado. El domingo, será resucitado de entre los muertos.

Pero ahora, cuando había acabado con Su ministerio público, en Su último día de ministerio público, les habla a Sus discípulos. Y en 12:43 les llama a venir a Él. Y por el resto del día y al día siguiente, se enfoca en hablarles.

En este segmento, registrado para nosotros en Mateo 24–25 y en Lucas 21, Él nos da una descripción de la historia por venir. Esto es profético. Predice el futuro. Y le sonará muy conocido, ya que es exactamente el modo en que la historia se ha desarrollado.

La sorpresa

Esto será una sorpresa para los discípulos. Lo que dice nuestro Señor será la mayor sorpresa porque ellos esperan el Reino. Después de todo, el Rey ha llegado. Están convencidos de que Jesús es el hijo de Dios, que Él es el Mesías; y que Él es Aquel que establecerá Su Reino. Creen que están por experimentar el establecimiento de ese glorioso Reinado. Conocen, por ejemplo, Isaías 9, que el gobierno estará sobre Sus hombros, que Él regirá literalmente no sólo a Israel sino también al resto del mundo. Conocen Zacarías 14, que detalla cómo el Mesías que llega establece Su gobierno en el mundo. Y conocen cada promesa del Antiguo Testamento que anhelaba ese Reino. El Mesías llegaría, establecería el Reino, destruiría a todos los enemigos de Dios, a todos los enemigos de Israel, restauraría la gloria de Jerusalén, reuniría a los judíos en la tierra, establecería a Su reino allí y desde ese lugar, gobernaría al mundo.

Israel sería la nación favorecida en el planeta. La justicia, la paz, el conocimiento y la verdad colmarían la tierra. Y la vida ya no sería como era antes. Claramente, Jesús es el Mesías anunciado por Juan el Bautista, confirmado por los milagros y enseñanza de la Verdad. Él había entrado en Jerusalén el lunes de esa semana que estamos analizando ahora y le habían dado una bienvenida mesiánica apropiada. Todo parecía transcurrir según lo programado. Y luego, alguien pulsó el botón de pausa y todavía estamos en ese modo de pausa. Lo que parecía ser inminente, se detuvo.

Por lo que en este pasaje, aparece la pregunta de los apóstoles acerca de cuándo vendría el Reino. Ellos saben que en vez de estar hablando acerca del Reino, Jesús ha estado hablando específicamente acerca de Su muerte. "Los principales sacerdotes y líderes de Israel Me arrestarán, Me azotarán, Me ridiculizarán, Me crucificarán y Yo resucitaré". Les había dicho eso reiteradamente.

Más allá de eso, ellos asumen que si ése fuera el caso, Él resucitará y entonces establecerá Su reino de inmediato. Es lo que ellos esperan. Es esa expectativa la que está detrás de sus palabras en el capítulo 13. Observemos.

La profecía

Permítanme que lo lea para que tengan todo el contexto. "Saliendo Jesús del templo, le dijo uno de Sus discípulos: Maestro, mira qué piedras y qué edificios. Jesús, respondiendo, le dijo: ¿ves estos grandes edificios? No quedará piedra sobre piedra, que no sea derribada.

Y se sentó en el monte de los Olivos, frente al templo. Y Pedro, Jacobo, Juan y Andrés le preguntaron aparte: Dinos, ¿cuándo serán estas cosas? ¿Y qué señal habrá cuando todas estas cosas hayan de cumplirse? Jesús, respondiéndoles, comenzó a decir: mirad que nadie os engañe; porque vendrán muchos en Mi nombre diciendo: Yo soy el Cristo; y engañarán a muchos. Mas cuando oigáis de guerras y de rumores de guerras, no os turbéis, porque es necesario que suceda así; pero aún no es el fin, porque se levantará nación contra nación y reino contra reino; y habrá terremotos en muchos lugares; y habrá hambres y alborotos; principios de dolores son estos.

Pero mirad por vosotros mismos; porque os entregarán a los concilios y en las sinagogas os azotarán; y delante de gobernadores y de reyes os llevarán por causa de Mí, para testimonio a ellos. Y es necesario que el Evangelio sea predicado antes a todas las naciones. Pero cuando os trajeren para entregaros, no os preocupéis por lo que habéis de decir, ni lo penséis, sino lo que os fuere dado en aquella hora, eso hablad; porque no sois vosotros los que habláis, sino el Espíritu Santo. Y el hermano entregará a la muerte al hermano, y el padre al hijo; y se levantarán los hijos contra los padres, y los matarán. Y seréis aborrecidos todos por causa de Mi nombre; mas el que persevere hasta el fin, éste será salvo.

Pero cuando veáis la ABOMINACIÓN DESOLADORA de que habló el profeta Daniel, puesta donde no debe estar (el que lee, entienda), entonces los que estén en Judea huyan a los montes. El que esté en la azotea, no descienda a la casa, ni entre para tomar algo de su casa; y el que está en el campo, no vuelva atrás a tomar su capa. Mas ¡ay de las que estén encintas y de las que críen en aquellos días! Orad pues que vuestra huida no sea en invierno; porque aquellos días serán de tribulación cual nunca ha habido desde el principio de la creación que Dios creó, hasta este tiempo, ni la habrá. Y si el Señor no hubiese acortado aquellos días, nadie sería salvo; mas por causa de los escogidos que Él escogió, acortó aquellos días. Entonces si alguno os dijere: Mirad, aquí está el Cristo; o, mirad, allí está, no le creáis. Porque se levantarán falsos cristos y falsos profetas y harán señales y prodigios para engañar si fuese posible aún a los escogidos. Mas vosotros mirad; os lo he dicho todo antes.

Pero en aquellos días, después de aquella tribulación, el sol se oscurecerá y la luna no dará su resplandor, y las estrellas caerán del cielo y las potencias que están en los cielos serán conmovidas. Entonces verán al Hijo del Hombre, que vendrá en las nubes con gran poder y gloria. Y entonces enviará Sus ángeles y juntará a Sus escogidos de los cuatro vientos, desde el extremo de la tierra hasta el extremo del cielo.

De la higuera aprended la parábola: cuando ya su rama está tierna y brotan las hojas, sabéis que el verano está cerca. Así también vosotros, cuando veáis que suceden estas cosas, conoced que está cerca, a las puertas. De cierto os digo, que no pasará esta generación hasta que todo esto acontezca. El cielo y la tierra pasarán, pero Mis palabras no pasarán. Pero de aquel día y de la hora nadie sabe, ni aún los ángeles que están en el cielo, ni el Hijo, sino el Padre.

Mirad, velad y orad; porque no sabéis cuándo será el tiempo. Es como el hombre que yéndose lejos, dejó su casa y dio autoridad a sus siervos, y a cada uno su obra, y al portero mandó que velase. Velad, pues, porque no sabéis cuándo vendrá el señor de la casa; si al anochecer o la medianoche, o al canto del gallo o a la mañana; para que cuando venga de repente, no os halle durmiendo. Y lo que a vosotros digo, a todos digo: Velad". (Marcos 13:1-37)

Escuchar estas palabras debe haber sido una experiencia asombrosa para ellos ya que era evidente que pasaría un tiempo significativo hasta que estas cosas se cumplieran. Guerras, rumores de guerras que acontecían en todo momento indicaban que había más por venir, no una guerra o un rumor de guerras. Reinos contra reinos, naciones contra naciones, terremotos en varios lugares, varios tipos de hambre, gran persecución de los judíos, de los gentiles y en la familia, eventos específicos que comienzan en el versículo 14, la ABOMINACIÓN DESOLADORA, el tiempo de tribulación y hasta después de eso vendrá la señal del retorno del Señor Jesús.

Así que nuestro Señor aclara el tema de Su retorno y el establecimiento del Reino diciendo que antes de que eso suceda, se manifestarán condiciones desastrosas que han sido parte de la vida en este planeta desde la caída del hombre. Guerras, desastres, desórdenes y sufrimientos que continuarán por un período extendido de tiempo. Los creyentes sufrirán persecución y aún martirio. Falsos cristos, falsos profetas ocuparán la historia con sus mentiras antes de Su llegada.

Entonces, entre Su Primera y Su Segunda Venida, la historia estará caracterizada por problemas incesantes, que eventualmente escalarán en el período de la Tribulación —tal como se llama aquí— los años finales de la historia humana en los cuales los problemas alcanzan proporciones épicas.

Si ustedes desglosan este pasaje —lo pueden hacer de varias maneras— los primeros dos versículos hablan de la destrucción del templo. Y luego los versículos 3–13 —los cuales veremos esta noche— hablan de la historia actual. Los versículos 14–23 hablan del tiempo futuro específico de la Tribulación. Y del versículo 24 en adelante, hablan de Su Segunda Venida.

De este modo entre la Primera y la Segunda Venida, la vida en este planeta estará caracterizada por problemas incesantes. Ese período general de tiempo y sus problemas están descritos de los versículos 5- 13 de manera específica; y es lo que veremos en un momento.

Permítanme agregar una acotación. Esta es otra evidencia de la deidad de Nuestro Señor porque las cosas que dijo que serían verdad lo son. Él predijo la destrucción del templo en los versículos 1-2; y fue destruido en el año 70 D.C. Él predijo que no quedaría piedra sobre piedra; y eso es exactamente lo que sucedió en el año 70 D.C. Y nunca fue reconstruido. Él predijo la naturaleza de la vida en un planeta corrupto y condenado; y todo lo que Él dijo es verdad. Y si quieren saber todo lo que Él dijo, ensamblen el relato de Mateo, Marcos y Lucas y obtendrán una descripción completa de cómo es la vida en este planeta. Todas las cosas que Él dijo que sucederían han sucedido; y todos las conocemos muy bien.

Es importante entonces que concluyamos que la Biblia siempre se corresponde perfectamente con la realidad. Cuando la Biblia dice que algo será de cierto modo, es exactamente lo que será. Será como la Escritura lo dice, en términos generales y en términos específicos. Ustedes tienen un evento específico en el año 70 D.C. que cumple las palabras de nuestro Señor y que cumple con lo que la Escritura registra. Ustedes tienen una descripción general del tiempo entre las dos venidas de Cristo que obviamente sabemos dice cómo es la vida. Y en el tiempo futuro de Tribulación, las cosas específicas mencionadas aquí, referentes a la ABOMINACIÓN DESOLADORA y el final de ese período, la señal en el cielo del retorno de Jesucristo, será todo exactamente como la Escritura dice ya que cualquier análisis de la historia con la comparación de lo que la Escritura dice, siempre valida a la Escritura.

Permítanme repetirlo. La Biblia siempre se corresponde de manera perfecta con la realidad. Lo que la Biblia dice acerca de la creación está de acuerdo con la realidad. Lo que dice acerca de Dios está en armonía con la realidad. Lo que dice acerca del hombre, está en conformidad con la realidad. Lo que dice acerca de la historia, es como realmente es. Y no puede ser negado.

La destrucción del Templo

Miremos ahora los versículos 1-13. Quiero destacar algunas cosas. Primero que nada, nuestro Señor predice destrucción en los versículos 1 y 2. "Saliendo Jesús del templo, le dijo uno de Sus discípulos: Maestro, mira qué piedras, y qué edificios" comentando acerca del templo en donde Jesús había estado enseñando cada día de esa semana. "Jesús, respondiendo, le dijo: ¿Ves estos grandes edificios? No quedará piedra sobre piedra, que no sea derribada".

Recordamos la conocida experiencia de nuestro Señor en el templo. Básicamente, Él llega al templo el lunes después de Su entrada triunfal; regresa al templo el martes donde expulsa a los vendedores y compradores y los ladrones que habían colmado al lugar. Luego, regresa el miércoles y ocupa el templo todo el día. Y durante todo un día —en más de cientos de años de historia— en ese lugar se proclama finalmente la Verdad, ya que la Verdad misma está enseñando ahí.

Al finalizar el día, Él se va del templo. Se dirige al este, porque se está alojando con Sus amigos María, Marta y Lázaro, quienes vivían al este de la entrada del templo, pasando el monte de los Olivos, en la pequeña aldea de Betania, a un par de kilómetros de distancia.

A medida que se alejan del templo al finalizar el día, camino a Betania, uno de los discípulos estaba contemplando —quizás todos ellos— la belleza y maravilla de este templo increíble. Como les comenté esta mañana, estaba recubierto de oro; era un edificio monumental. Literalmente, había sido construido durante décadas. Al momento de ser destruido, había estado en construcción durante 80 años. Era un monumento magnífico a la genialidad e inteligencia arquitectónica de Herodes, así como su deseo de demostrar cuán próspero era. Cubierto en oro y con las ofrendas de todo tipo que demostraban los ricos regalos que habían sido otorgados para añadir belleza al edificio.

Si ustedes hubieran ido a la cima del monte de los Olivos en la mañana no hubieran podido mirar hacia el edificio ya que el reflejo del sol les hubiera cegado. En el atardecer su gloria disminuía un poco, siendo quizás la edificación más hermosa del mundo antiguo. Ellos estaban impresionados. Hermosas piedras y edificios. Pero Jesús responde diciendo: "No quedará piedra sobre piedra, que no sea derribada".

Los discípulos sabían cuánta apostasía había en el lugar. Sabían de su corrupción por lo que Jesús había hecho ahí dos veces... Una al principio de su ministerio en Juan 2 y otra el martes de esta semana, cuando hizo esencialmente lo mismo. Están al tanto de la corrupción del sistema religioso de Israel. Han sido los enemigos de Jesús durante todo Su ministerio y por lo tanto han sido enemigos de Sus seguidores, Sus apóstoles y Sus discípulos.

Hay una porción interesante de la Escritura en Lucas 19 que debería ser observada en este momento. En Lucas 19:40, Jesús dijo: "Os digo que si éstos callaran" y Él se está refiriendo a la gente que está diciendo: "¡Bendito el rey que viene en el nombre del Señor; paz en el cielo y gloria en las alturas!" Ellos estaban saludando a Cristo. Jesús responde porque los fariseos reaccionaron. "Los fariseos de entre la multitud le dijeron: Maestro, reprende a Tus discípulos". Ellos no deberían decirte eso, no deberían saludarte como Rey.

Pero Jesús respondió que si éstos callaran, las piedras clamarían dando testimonio de Él. ¿Qué piedras? Próximo versículo: "Cuando llegó cerca de la ciudad, al verla, lloró sobre ella". Versículo 43: "porque vendrán días sobre ti, cuando tus enemigos te rodearán con vallado, y te sitiarán, y por todas partes te estrecharán, y te derribarán a tierra, y a tus hijos dentro de ti, y no dejarán en ti piedra sobre piedra, por cuanto no conociste el tiempo de tu visitación". Y en ese momento es cuando Él entró al templo ese martes para limpiarlo.

¿Qué piedras clamarían dando testimonio de Jesús? Les diré. Las piedras de las cuales estaba construido el templo. Las piedras que yacerían como escombros, dejadas como juicio de Dios. Toda la belleza que esos hombres vieron dejada como símbolo de una religión corrupta y apóstata. La casa de Israel, dijo Jesús en Mateo 23:38–39, es dejada desierta. La copa de la ira de Dios está llena. Todo se colapsa. Y es exactamente en el año 70 D.C. cuando sucede.

Entonces, lo primero que Él predice es la destrucción del templo y sabemos que la historia registra que sucedió precisamente así.

En ese momento, llegamos al versículo 3. Están llegando al monte de los Olivos y se sientan, frente al templo. Todavía están mirando al edificio. Nuestro Señor está mirando con una mezcla de ira santa y tristeza porque, recuerden, acabo de leer que Él lloró sobre la ciudad de Jerusalén. Él dijo: "Cuántas veces quise juntaros pero no quisisteis". Sentados en el monte de los Olivos tenían un punto de vista privilegiado. Aún hoy si ustedes se sientan en el monte de los Olivos y miran hacia el oeste, verán la pared y el terreno del templo. Ellos verían al templo mientras estaban sentados, habiendo escuchado de los labios de Cristo que todo eso se derrumbaría y su mirada se debe haber intensificado. Pedro, Santiago, Juan y Andrés… Dos pares de hermanos que formaban parte del círculo más íntimo de Jesús. Ellos le preguntaron en privado. Y ésta es su pregunta en el versículo 4: "Dinos, ¿cuándo serán estas cosas? ¿Y qué señal habrá cuando todas estas cosas hayan de cumplirse?" Ellos quieren saber cuándo será el fin del judaísmo apóstata y también quieren saber cuándo se establecerá el divino Reino mesiánico.

En efecto, su pregunta es más amplia que la destrucción del templo porque en Mateo 24:3, él registra que ellos le preguntan acerca de la llegada del fin de los tiempos, y el signo del fin de los tiempos… E inclusive la palabra "venida" significa presencia, *parousia*. ¿Cuándo tendremos la Presencia Divina, el fin de los siglos, de la apostasía y el cumplimiento de la promesa del Reino? ¿Cuándo llegará? Y ellos todavía están formulando la misma pregunta 40 días después de la Resurrección porque en Hechos 1, después de ser instruidos durante 40 días por Jesús, todavía preguntan lo mismo:

"¿Restaurarás ahora el reino de Israel?" Pensaban que a lo mejor sólo serían 40 días de guerras, rumores de guerras, nación contra nación, reino contra reino, terremotos, hambrunas, etc.

Pero el Señor les da en este pasaje de la Escritura una respuesta completa. Es de hecho la respuesta más larga registrada en la Escritura a una pregunta formulada a nuestro Señor. Y es muy importante que la comprendamos para entender el futuro.

Una pequeña observación en este momento. Nuestro Señor es claramente pesimista. Muchas personas piensan que el mundo mejorará. Se les llama post milenaristas. Ese punto de vista declara que el mundo mejorará cada vez más hasta llegar al Reino Milenial. Y que Cristo vendrá al final del mismo reino. El Reino Milenial será el producto de los esfuerzos de la Iglesia y los redimidos en el mundo. Ellos producirán un mundo mejor. Tomarán las instituciones del hombre y promoverán un mundo mejor, originarán el Reino y se lo darán a Cristo.

Yo les aseguro que Jesús no era post milenarista. Él no creía que las cosas iban a mejorar cada vez más. Esta es una mirada profunda a la historia. No dice cuándo. De hecho, Él dice que nadie sabe, ni siquiera el Hijo del Hombre; sólo el Padre. Pero Él define la naturaleza de la experiencia del hombre mientras que la historia aguarda Su retorno. Mientras que la historia aguarda Su regreso, habrá muchos falsos cristos, falsos mesías, falsos maestros, falsos profetas, guerras, desastres, persecución a lo largo de la historia; y todo irá empeorando. Al final, la explosión de este tipo de cosas alcanzará proporciones épicas que están descritas en Apocalipsis 6 al 9 en un período de siete años llamado Tribulación. Aún la segunda mitad de ese tiempo es llamada la Gran Tribulación, siendo los últimos tres años y medio los peores.

Estas profecías no describen el año 70 D.C. Eso es imposible. Y sin embargo, hay personas llamadas "preteristas" que dicen que todo lo que nuestro Señor predijo aquí sucedió en el año 70 D.C. o en esa época. Esa es, con seguridad, una interpretación imposible. Hay que tomar la Escritura al pie de la letra.

Esto encaja con la comprensión esencial de la deidad de Nuestro Señor, valida Su deidad haciéndolo absolutamente preciso. Algo importante que también hay que decir es que la Segunda Venida no es una doctrina opcional. No es una doctrina para deleitarnos. No es una doctrina en la cual tenemos la libertad de verla como queramos. El Señor dijo algo, no todo. Existe una única perspectiva bíblica y una comprensión estricta de la Segunda Venida; y es el significado del texto a partir de la explicación histórica, gramatical, contextual, aplicando las mismas normas que se emplean para interpretar todo el resto. Me he explayado sobre esto en el libro que escribí llamado *La Segunda Venida*. La Iglesia vive con expectación el regreso de Cristo. Las cosas indicadas aquí están sucediendo ahora a través de la historia de la humanidad; pero todavía no estamos en la Abominación Desoladora, el tiempo de la Tribulación, el tiempo de la Gran Tribulación, o el regreso de Jesucristo. Es imposible conglomerar estas cosas en el evento del año 70 D.C. o en cualquier otro evento del pasado.

Por esto, el Señor comienza con la destrucción inmediata del templo —y fue completamente acertado con respecto a eso— tal como toda la Escritura es absolutamente certera.

La historia actual

Después de explicar este período de tiempo, habla de que el mismo estará caracterizado por el engaño. Primero, la destrucción del templo y luego, el engaño, siendo ésta una realidad general. Entre el tiempo en el que Él se fue y Su regreso, el mundo estará sujeto a incesantes mentiras de farsantes espirituales. Versículo 5: "Jesús… comenzó a decir: mirad que nadie os engañe".

Para comenzar, cuando ustedes comiencen a analizar el futuro, asegúrense de no estar relacionados con personas que les informen mal. Si desean un nombre, aléjense de Nostradamus y de ese tipo de personas. No vayan tras de fabuladores; habrá muchos. El más reciente, Harold Camping, ha establecido ahora otra fecha para la llegada de Cristo. Ya había establecido una y se equivocó. Ahora lo está intentando nuevamente. Falsos maestros, falsos profetas, falsos cristos abundarán por siglos y harán falsas profecías acerca de todo tipo de cosas. Que nadie os engañe. Que nadie os confunda. ¿Cómo evitan ustedes que les engañen? Permaneciendo fieles a la Escritura.

Estas personas vendrán y tratarán de convencerles, algunas pretendiendo audazmente como en el versículo 6: "Vendrán muchos en Mi nombre diciendo: Yo soy el Cristo; y engañarán a muchos". Habrá personas bizarras como Charles Manson y Jones, el líder del Templo de la Gente, simples ilustraciones de una miríada de estos falsos cristos, estas personas que afirman ser Jesús. Continuarán engañando. Todos ellos tendrán adeptos que les seguirán, en muchos casos hasta la muerte.

Versículo 22: "Porque se levantarán falsos cristos y falsos profetas y harán señales y prodigios para engañar, si fuese posible, aún a los escogidos". No pueden llevar por mal camino a los elegidos pero harán que los que no son verdaderos creyentes los sigan.

Quiero hablar sobre eso por un momento, de un modo que quizás les interese a ustedes. Siempre hay falsos profetas, falsos maestros, lo sabemos; siempre hay personas que dicen ser Jesús, algunos más notorios que otros.

Pero hacia el final de la historia de la humanidad, en el período del tiempo llamado la Tribulación, hay un cumplimiento específico de esta profecía que quiero que ustedes comprendan y que está relacionado con el Islam.

La mayoría de las personas piensa que el Islam es una religión completamente distinta del cristianismo, sin conexión con el mismo. Que si alguien es musulmán, no tiene ninguna relación con el cristianismo. Y hay muchas religiones que no tienen conexión con el cristianismo, por ejemplo el hinduismo, el budismo y muchas otras más. Es sorprendente cuántas sí se conectan porque Satanás quiere imitar y engañar y acercarse tanto la Verdad como pueda.

Existen evangélicos confesos que piensan que los musulmanes no sólo creen en Dios porque son monoteístas —que creen en un Dios— sino que piensan que los musulmanes piensan bien porque creen en Jesús. Lo hacen. Brian McLaren, un escritor herético de la Iglesia Emergente, en su libro *El Mensaje Secreto de Jesús* dice: "Todos los musulmanes consideran a Jesús como un gran profeta. Una reevaluación del mensaje de Jesús podría proveer la plataforma en común para un diálogo religioso que es necesario con carácter de urgencia. Esta nueva evaluación de Jesús puede ser nuestro modo de salvar a muchas religiones, incluyendo el cristianismo".

Entonces, si queremos salvar al cristianismo y a otras religiones, necesitamos juntarnos, algo que debería ser fácil de hacer para nosotros; y podemos comenzar con los musulmanes debido a que ellos ya creen en Jesús. Un autor y orador popular, Tony Campolo, dice: "Cuando escucho a los místicos musulmanes hablar sobre Jesús y su amor a Él, debo decir que se aproxima más al cristianismo del Nuevo Testamento que a la mayoría de los cristianos". ¿De veras? ¿Entonces usted cree que el Jesús musulmán es el mismo Jesús?

Puedo ayudarles con eso porque ellos describen a Jesús. El Jesús musulmán tiene un rol esencial en la escatología islámica. Los musulmanes tienen una escatología. En otras palabras, tienen una teología del fin. Ellos saben dónde irán, de acuerdo a sus escrituras.

Permítanme describirles al Jesús musulmán. Esto es de sus propios escritos, el Corán y la Sunna. Supuestamente, el Corán es la palabra de Alá —en realidad es la palabra de Satanás, pero ellos creen que es la palabra de Alá. La Sunna son las palabras y las obras de Mahoma. El Corán constituye su escritura sagrada y la Sunna, a veces llamada Hadiz, constituye su santa tradición. Su teología proviene del Corán y de la Sunna, así como la teología católica romana proviene de la Biblia y la tradición; o el judaísmo del Antiguo Testamento y la tradición rabínica... Los musulmanes tienen dos fuentes de verdad autoritativa.

En su sistema ellos tienen a Jesús. Jesús era un hombre, no era Dios. Él no murió, se fue al cielo como Elías. No murió, por lo tanto no resucitó.

I Parte. Sermones temáticos sobre escatología

Él no murió, por lo tanto no proveyó una expiación para nadie ya que nadie puede expiar a otro. Él es un hombre. Es un profeta. Nada más. Fue al cielo como Elías. Y ahora está en el cielo, junto a Alá, esperando que Alá lo mande de regreso. En su sistema, este hombre, este profeta Jesús, quien está ahora en el cielo, sin haber muerto, juega un rol fundamental en el fin de los tiempos porque retornará del cielo sin haber muerto; y regresará cuando Alá lo envíe.

Cabe preguntar por qué Alá enviaría a Jesús de regreso. Tiene muchos profetas para elegir, ¿por qué enviar de regreso a Jesús?

Respuesta… para que cuando aparezca pueda corregir a todos los cristianos que no entendieron quién es Él. La fuente de esto es el Corán y la Sunna. El gran evento de la llegada de Cristo, o la llegada de Jesús, es para que este profeta, este hombre, regrese a explicar a los cristianos que estaban equivocados, mal informados, que han interpretado erróneamente y piensan que Él es Dios que murió y resucitó y proveyó la expiación… Él regresará y lo esclarecerá. Y por cierto, cuando llegue aquí, se casará, tendrá hijos, morirá y será enterrado al lado de Mahoma. Ése es el Jesús de los musulmanes.

En la escatología islámica, hay tres grandes señales del fin de la historia. Algunas señales son menores, otras son más importantes. En su escatología, nuevamente citando exclusivamente sus fuentes, existen tres grandes señales del fin de la historia. Y cada una de ellas es un hombre. Permítanme que les hable de esos tres hombres.

Primero que nada, el primer hombre que vendrá al final de la historia es el Mahdi. A veces es llamado el Imán número 12. Cada vez que Ahmajinedad da un mensaje en Irán, le da la gloria al Mahdi, al duodécimo imán. Él aguarda la llegada del Mahdi.

¿Qué viene a hacer? Escuchen atentamente: viene a exterminar a aquellos que no adoren a Alá, que no se conviertan al Islam. Son identificados en sus escrituras como cerdos y perros. Y para establecer el reino mundial eterno dominante del Islam. Eso es lo que él hará.

El Mahdi o el Guiado es el salvador que tanto han esperado. Es quien establece el califato definitivo. El mundo debe seguirlo a medida que toma el poder o él destruirá a los enemigos del Islam. Él vendrá y causará una guerra santa en la que ustedes se deberán convertir o serán asesinados por el Mahdi. Tendrá un ejército. Su ejército será numeroso; e irá de nación en nación castigando a los incrédulos. Las escrituras sagradas del Islam dicen que este ejército llevará banderas negras. Y en esas banderas negras habrá una palabra: Castigo. El ejército iraní hoy en día utiliza banderas negras. Ellos quieren estar preparados para la llegada del Mahdi.

Él liderará al ejército de banderas negras primero a Israel, asesinará a todos los judíos; y luego establecerá su gobierno en el templo del monte de

Jerusalén. Eso es lo que dice su literatura. Asesinará a los judíos y establecerá su gobierno en el templo del monte.

De acuerdo a sus escrituras sagradas, el Mahdi traerá lluvia, viento, cosechas, abundancia y felicidad de modo que todos lo amarán y nadie hablará de otro que no sea él. Sus escritos dicen que en un principio, el Mahdi vendrá y hará un pacto de paz con los judíos y el occidente por siete años. El reino del Mahdi durará siete años, durante los cuales él establece el Islam en la tierra.

Sus escrituras sagradas dicen que el Mahdi llegará galopando en un caballo blanco e incluso dice en sus escritos: "tal como dice en Apocalipsis 6:1–2." Sadam Hussein pintó murales de este Mahdi en un caballo blanco por todo Bagdad. Y él viene cargando una espada para matar a los infieles.

Cuando el Mahdi llegue, descubrirá escrituras escondidas, que curiosamente estarán cerca del mar de Galilea; en donde habrá escritos ocultos, evangelios ocultos y una Torá oculta, los cuales serán las verdaderas escrituras que serán usadas por el Mahdi para enseñar a los judíos y cristianos que ellos estaban equivocados, que sus escrituras eran falsas.

Permítanme resumir. El Mahdi será una figura mesiánica. Será descendiente de Mahoma. Será un líder inigualable, extraordinario. Surgirá de una crisis. Tomará control del mundo. Establecerá un nuevo orden mundial. Destruirá a todos los que le resisten. Invadirá muchas naciones. Hará un tratado de paz de siete años con los judíos. Conquistará a Israel y masacrará a los judíos. Establecerá la sede islámica mundial en Jerusalén. Gobernará por siete años, estableciendo al Islam como la única religión. Llegará en un caballo blanco con poder sobrenatural. Será amado por todos en la tierra.

Si eso les suena conocido, es porque es la descripción bíblica precisa del anticristo... paso a paso. El anticristo de la Biblia es su Mahdi. Sabemos que el jinete del caballo blanco en Apocalipsis 6 es el anticristo. Ellos utilizan ese versículo para describir a su Mahdi.

¿Por qué les estoy dando todo esto? Porque la descripción del Mahdi es exactamente la descripción bíblica del anticristo, la bestia de Apocalipsis 13; y si ustedes realizan un estudio de eso encontrarán que todos los detalles concuerdan a la perfección. El anticristo de la Biblia es el salvador en el Islam y el conquistador mundial que establece un reino islámico universal.

Y hay una segunda señal, una segunda persona; que es Jesús. El Mahdi no es Jesús. El Mahdi es mayor que Jesús; y eso es importante para su sistema porque si tienen a alguien mayor que Jesús, entonces los cristianos estaban equivocados. Entonces, Jesús regresará. Sí, los musulmanes creen que Jesús volverá nuevamente. Ellos creen en el retorno de Jesús, pero no del verdadero Jesús, sino el Jesús del Islam, no Dios, que no murió, no resucitó, no proveyó un sacrificio por el pecado, pero él regresa. Él es un profeta que regresa y tiene un propósito cuando lo hace, que es ayudar y asistir al Mahdi. Regresa como un musulmán radical. Llegará a un minarete cerca de Damasco. Y llegará sosteniendo las alas de dos ángeles que lo traerán volando para encontrarse con el ejército del Mahdi en el este, el ejército de las banderas negras.

Cuando Jesús regrese le orará al Mahdi, que es más grande que Él. Reconocerá al Mahdi como su señor. Hará una peregrinación a La Meca. Adorará a Alá; y por lo tanto guiará a todos los cristianos a que le sigan y rechacen la noción que tienen de Jesús y le acepten como el Jesús real que es nada más que un profeta y un hombre. Él establecerá mundialmente la ley sharia. Será el más grande evangelista musulmán y el último testigo en el día de juicio contra los que no son musulmanes. En todas partes, los cristianos afirmarán que estaban equivocados, que el Evangelio es incorrecto, así como el Nuevo Testamento, que Él no murió, que no resucitó, que no es Dios, que no es el Hijo de Dios. Él mismo regresará y señalará cuán equivocados estábamos. Corregirá todas las interpretaciones erróneas.

Permítanme citar lo que dice su literatura. "Él destruirá cruces". Eso es una metáfora de la destrucción de la Iglesia, un símbolo de la cristiandad que se coloca en la Iglesia. Matará cerdos. Abolirá los impuestos para los no musulmanes porque no habrá ninguno vivo, no se puede cobrar impuestos a los muertos. Y luego hará algo más. Matará al anticristo islámico. Luego morirá y será enterrado con Mahoma, pero no hasta que haya destruido la cristiandad revelando quién es él realmente.

¿Quién es este? Comparen lo que él hace con lo que hace el falso profeta en el libro de Apocalipsis. Los capítulos 13, 16, 19, 20 hacen referencia a una bestia que surge de la tierra, el falso profeta, que ayuda y asiste al anticristo. Así como el Mahdi es la réplica exacta del anticristo, el Jesús profeta en el Islam es el paralelo exacto del falso profeta que ayuda al anticristo. Uno de sus escritos dice que él apoya la causa del Mahdi, que es su ejecutor, encargado de hacer que se cumplan las reglas, el profeta del Mahdi, y quien mata al anticristo.

Eso nos lleva a la tercera persona. El anticristo aparecerá. Los musulmanes lo llaman Dajjal. Él es el gran impostor. Llega a la tierra sobre una mula, ciego de un ojo. Es un infiel. Éste anticristo islámico hace falsos milagros. ¿Saben quién dice ser? Dice ser Jesús, el hijo de Dios. Él dice ser una deidad. Intentará detener al Mahdi y al verdadero Jesús, pero el verdadero Jesús lo asesinará.

Así ven ellos al verdadero Cristo. Nuestro Jesús es su anticristo. Nuestro anticristo es su redentor. Es una adulteración satánica completamente inversa. Citando sus escritos: "El ejército de Satanás será dirigido por una persona que afirmará ser Jesucristo." Habrá una batalla. El Jesús musulmán peleará contra el falso Jesús; y lo matará estableciendo el Islam por siempre. La verdad es que el verdadero Jesús destruirá al anticristo y al falso profeta estableciendo Su Reino para siempre. Esta es la mentira completa de Satanás, la dominación mundial de los musulmanes.

Alguien preguntará si cuando pensamos sobre el futuro y lo que sucederá en el mundo, no tenemos un Imperio Romano revivido. Recuerden que la imagen en Daniel 2 al final del imperio mundial tiene dos piernas; y el Imperio Romano tenía el occidente y el oriente. Si ustedes conocen la historia, saben que básicamente la parte occidente del Imperio Romano se disolvió; y el oriente sobrevivió por 1000 años o más, de modo que 60 por ciento de lo que en el tiempo del Nuevo Testamento era el Imperio Romano está ahora bajo el control musulmán. La gran mayoría del Imperio Romano en el Nuevo Testamento está hoy bajo el control musulmán y el Islam se está expandiendo por el occidente en Europa rápidamente.

En la descripción de Ezequiel 38, vemos un retrato del anticristo, Gog y un listado de ocho naciones que formarán una coalición a favor del anticristo. Las ocho son naciones musulmanas, todas ellas. Y rodean al Mediterráneo hasta Libia.

En Apocalipsis 17:9–11 dice que había seis reinos, luego un séptimo y por último un octavo. ¿Cuál es el séptimo? Se ha discutido mucho sobre esto, bien puede haber sido el Imperio Turco otomano que duró 500 años; y no se desmoronó sino hasta la era moderna. El Imperio Turco fue el último califato, concluyó en 1923, y están esperando la restauración cuando llegue el Mahdi.

Entonces, al final, alguien dirá "Yo soy Jesús;" y alguien más también dirá "Yo soy Jesús". ¿Ustedes a quién le creerán? Eso es una de las formas de engaño que surgirán hacia el fin y que aún ahora está engañando a la gente. Hay todo un mundo de musulmanes que cree que Jesús es alguien que no es y por ende rechazan al verdadero Jesús. No se engañen. Hay muchos musulmanes engañados acerca de la persona de Jesucristo. Ustedes no pueden adaptar eso diciendo que es maravilloso cómo ellos aman a Jesús. No lo aman. Cualquier otro Jesús que no sea el verdadero, no es Jesús. Y si ustedes adoran a alguien distinto del verdadero Jesús, están condenados.

Destrucción y engaño. Quizás unos minutos en el desastre, versículos 7 y 8. Esto es tan obvio. El tercer aspecto de mirar al futuro, cuando ustedes escuchen sobre guerras y rumores de guerras, no se turben, todo eso debe suceder, pero ese aún no es el fin. Porque se levantará nación contra nación y reino contra reino.

Esta es la historia de la humanidad. Guerras entre naciones y reinos han sido la realidad en cada año de la historia, y no mejorará. No estamos evolucionando. Nuestro Señor predijo con precisión que el mundo nunca conocería la paz, nunca mejoraría moralmente, nunca mejoraría socialmente, ni espiritualmente, que en vez de eso involucionaría cada vez más a una condición peor. Por cierto, un 95% de la sociedad ha estado involucrada en guerras a lo largo de la historia. Es ubicuo. A medida que la tecnología aumenta, también lo hace el poder para matar. Y es sorprendente leer las teorías de por qué los pueblos pelean. No las explicaré, sólo enumeraré algunas que encontré. Existe la teoría marxista que está relacionada con la desigualdad económica. La teoría evolutiva que se relaciona con la supervivencia de los más aptos. La teoría conductista que dice que ciertas personas tienen una inclinación inherente a la violencia. La teoría demográfica, la teoría del maltusianismo, que dice que la expansión de la población deviene en conflicto. La teoría racionalista que se relaciona con la información desigual, que algunos no tienen suficiente información. La teoría de la ciencia política, una búsqueda de seguridad, etc., etc. Y sabemos que Santiago dice que cada uno es tentado cuando de su propia concupiscencia es atraído y seducido; uno pelea porque lo desea, porque odia.

Desde 1985 hasta hoy en día, casi medio millón de personas ha muerto en la guerra cada año. En la Segunda Guerra Mundial murieron 72 millones de personas. Entre el año 755 y el 763, la gran Guerra en China, murieron 36 millones de personas. En la conquista de Mongolia del siglo XIII, de 30 a 60 millones; en la Primera Guerra Mundial, 20 millones; y así continúa. Y esa es la historia de la humanidad; y no cambia. Se agravará. Esperen a que lleguemos a Apocalipsis 6, 9, 16; y verán las guerras de los últimos días, las muertes serán masivas.

Y no sólo la guerra está en esta categoría de desastres, también habrá terremotos en varios lugares. También habrá hambruna. El relato de Lucas dice que grandes terremotos, *seismos megalos, mega* terremotos, como el de 9 grados que aconteció a 130 km de la costa de Japón. A lo largo de la historia, millones y millones de personas han muerto en terremotos. Esta semana leí que medio millón de terremotos suceden cada año. Estamos en un lugar inestable. Cien mil de ellos son percibidos, pero la escala de Richter registra medio millón.

Lucas 21 agrega que habrá plagas, terrores y grandes señales del cielo. ¿Quieren oír acerca de plagas? En los años 1300 en Europa, aconteció la peste negra, transmitida por ratas, que mató al 60 por ciento de la población de Europa, más de cien millones de personas. Más de 40 millones de personas murieron debido a la epidemia de gripe a principio del siglo XX. Grandes señales del cielo, terrores, incendios, enfermedades, calor, frío, inundaciones, huracanes, tornados, sequía. Es un lugar peligroso. Y lo peor está por venir: Apocalipsis 6 y 8. En Marcos 13:7 nuestro Señor dice que es necesario que suceda así; pero aún no es el fin. Es la naturaleza de vivir en un planeta condenado. Aún no es el fin. De hecho, si miran al final del versículo 8, dice que éstos son los principios de dolores. Eso es una analogía con las contracciones de la mujer: son separadas, moderadas y se intensifican cada vez más hasta llegar a cierto grado justo antes del nacimiento. Lo que estamos viendo en la historia humana es sólo el comienzo. Son sólo las contracciones moderadas. Esperen a ver lo que sucederá justo antes del fin.

La tribulación

Dos mil años de estas contracciones moderadas estallarán al final, en el tiempo de la Tribulación descrito a partir de Marcos 13:14 y más detalladamente en Apocalipsis 6–9. Predicciones asombrosas de nuestro Señor… Destrucción, engaño, desastre. Una cuarta, aflicción. De las condiciones que afectan a todo el mundo, nuestro Señor pasa a las condiciones que afectan a los creyentes. Esto es algo que seguramente los discípulos no querían escuchar. Versículo 9: "Pero mirad por vosotros mismos; porque os entregarán a los concilios y en las sinagogas os azotarán" y continúa. Estad alertas. Una conmoción a sus sentidos. No mejorará, empeorará. Esto no es lo que ellos esperaban con la llegada del Mesías, no es lo que ellos querían. ¿Persecución, angustia para los creyentes?

Eso no es nada nuevo. En Mateo 10:16–17 les dijo que esto sucedería: "He aquí, yo os envío como a ovejas en medio de lobos; sed, pues, prudentes como serpientes, y sencillos como palomas. Y guardaos de los hombres, porque os entregarán a los concilios, y en sus sinagogas os azotarán". Eso fue al principio de su tiempo como discípulos. Y pienso que ellos creyeron que eso ya lo habían sufrido, que ya habían enfrentado la hostilidad de los judíos. Ya habían visto su odio y animosidad, a pesar de que no hay registro en el ministerio de Jesús que fueran llevados a la corte y hayan sido azotados. Quizás pensaron que era una manera metafórica de hablar y que ya había sucedido.

No era así, la noche siguiente, el jueves por la noche, cuando se reunieron en el Aposento Alto, nuestro Señor les dirá con seguridad en caso de que ellos se preguntaran si era definitivamente el futuro. Juan 15:18, 20: "Si el mundo os aborrece, sabed que a Mí me ha aborrecido antes que a vosotros… El siervo no es mayor que su señor. Si a mí me han perseguido, también a vosotros os perseguirán". En 16:2, el jueves al atardecer, en el Aposento Alto: "Os expulsarán de las sinagogas; y aun viene la hora cuando cualquiera que os mate, pensará que rinde servicio a Dios".

Ustedes aún no han experimentado esto. Lo experimentarán, tal como dice 2 Timoteo 3:12: "Todos los que quieren vivir piadosamente en Cristo padecerán persecución;" empeorará cada vez más. Específicamente, los llevarán a la corte y serán azotados en la sinagoga. Eso es persecución a los judíos. Las cortes de Israel estaban en las sinagogas. Los casos eran tratados en las sinagogas por jueces locales designados; y allí se decretaban los azotes. Nunca eran más de 40 latigazos. Ése era el máximo; y siempre les daban 39 porque no querían contar mal y excederse. Es por eso que Pablo dice: "De los judíos cinco veces he recibido cuarenta azotes menos uno". Él fue arrastrado a la sinagoga. Se le acusó de blasfemia y fue azotado.

Pero la persecución llegará no sólo a los judíos —el libro de Hechos hace un relato de la persecución judía en los capítulos 4, 5, 8, 12, 13, 21, 22, 25, 26. No sólo será contra los judíos sino también contra los gentiles. Regresemos a Marcos 13:9: "y delante de gobernadores y de reyes os llevarán por causa de Mí, para testimonio a ellos". Hechos también lo registra. La persecución gentil en los capítulos 16, 17, 18, 21, 24, 25 y 26. Así que vendrá a ustedes de los judíos y de los gentiles.

Por cierto, en Apocalipsis 6, 7, 13, 17, 18 se ve la peor persecución antes de la llegada del Señor. La perspectiva general es que la falsa religión ha masacrado a los cristianos; y lo sigue haciendo hoy en día en el mundo moderno en este mismo momento. ¿Por qué lo hacen? Lo hacen porque odian a Cristo. Es por eso que lo hacen. No lo quieren. En el versículo 9 dice que lo hacen por causa de Él. Y Pablo dice que lleva en su cuerpo las marcas de Cristo. O como dijo a los colosenses: "cumplo en mi carne lo que falta de las aflicciones de Cristo".

Es algo grave. Ellos piensan en el Reino y Él les dice que no es lo que ellos piensan… Pero en medio de todo eso —esto es maravilloso— ustedes darán testimonio a ellos porque la persecución no quebrantará vuestra fe, todo ese sufrimiento no causará que nieguen a Cristo. En el medio de todo ese sufrimiento, la gracia abundará entre vosotros. Donde existe este tipo de persecución, de sufrimiento, la gracia abunda. Nos lo dice 2 Corintios 12. El Señor nos da la gracia que necesitamos, no permite que seamos tentados más allá de lo que podemos soportar. Nos da una salida. Y sucederá que en medio de ese sufrimiento uno dará testimonio. Tenemos un registro de eso. El libro de los Mártires de Foxe. Tengo tres volúmenes originales en donde se registra a todas las personas que cuando enfrentaron la muerte dieron testimonio para la honra de Cristo.

Una promesa

Y con esa advertencia viene una promesa. El Evangelio debe ser primero predicado a todas las naciones. A pesar del odio, el Evangelio llegará a los finales del mundo. No podrán acabar con él. De hecho, siempre decimos que la sangre de los mártires se convierte en un asiento de la Iglesia. En

01_La triste realidad de los últimos días

Hechos 1:8 Él dijo que fueran por el mundo, que predicaran el Evangelio: "Me seréis testigos en Jerusalén, en toda Judea, en Samaria, y hasta lo último de la tierra". Sed Mis testigos.

Han pasado 2000 años de eso y el Evangelio ha llegado a todo el mundo, ¿no es cierto? Dos mil años después se ha difundido por todo el mundo. Tal como Jesús lo dijo. No se le puede eliminar. Imagínense esto: estaba sentado con estos 12 hombres —uno de los cuales lo traicionaría en unas pocas horas. Un pequeño grupo de desconocidos; y Jesús dice que a partir de ellos el Evangelio se extendería a toda la tierra. ¡Una increíble profecía que se ha cumplido!

Mateo 24:14 añade luego que entonces vendrá el fin. Sí, habrá persecución. Pero a pesar de la persecución, la promesa de que el Evangelio llegará a todo el mundo. Y luego la promesa personal en Marcos 13:11: "Pero cuando os trajeren para entregaros, no os preocupéis por lo que habéis de decir, ni lo penséis, sino lo que os fuere dado en aquella hora, eso hablad; porque no sois vosotros los que habláis, sino el Espíritu Santo". Una promesa maravillosa. A veces uno lee acerca de los mártires que cantaban himnos, dando testimonio de Cristo. He pasado muchos años leyendo esos testimonios y cómo el poder del Espíritu Santo llegó a ellos; y cómo decían cosas que estaban más allá del poder y la fuerza humanas. Esto da consuelo.

Tenemos una promesa y consuelo. Lucas 21:15: "Yo os daré palabra y sabiduría, la cual no podrán resistir ni contradecir todos los que se opongan". Vuestro testimonio será así de poderoso. Eso es lo que sucedió. Virtualmente, todos los apóstoles fueron martirizados. El último de ellos, Juan, terminó en el exilio, una especie de martirio permanente. Fueron asesinados de muchas maneras: decapitados, crucificados. Eso no evitó que el Evangelio se expandiera. Al momento de su muerte, como todos los verdaderos creyentes a lo largo de la historia en medio de la persecución, el Espíritu de Dios estaba allí para elevarlos más allá de la fuerza humana y llevarlos a decir cosas que surgían básicamente de sus corazones por el trabajo del Espíritu Santo.

En Marcos 13:12, Jesús dice que no sólo serán perseguidos por los judíos y los gentiles sino también por su propia familia: "Y el hermano entregará a la muerte al hermano, y el padre al hijo; y se levantarán los hijos contra los padres, y los matarán".

No pueden imaginar cuán duro habrá sido escuchar esto para ellos. Tenían tantas esperanzas. Algunos dicen que Jesús se esforzó bastante, pero fracasó de manera lamentable. Él predijo cómo sería la historia, del modo exacto que aconteció. Que habría animosidad literal dentro de la familia.

Está todo en Mateo 10 y en Mateo 14. Recuerden que Jesús muchas veces dijo que tenían que aborrecer a su madre, su hermana, su hermano, aún su propia vida para ser Sus discípulos. Esta es una realidad; la realidad que se corresponde con la Escritura. Jesús estaba en lo correcto con respecto a la destrucción del templo. Con respecto al engaño sin fin, que aumenta al final de modo que hay un Jesús aquí y otro Jesús allá. Tenía razón con respecto a que iban aumentar los desastres de todas proporciones. Con respecto a la angustia de la persecución y al martirio, al Evangelio propagándose por toda la tierra. Él debe ser Dios. Sólo Dios sabe eso.

Conclusión

Y una afirmación final. Marcos 13: 13: "Seréis aborrecidos de todos por causa de Mi nombre". Será por Mí. "Mas el que persevere hasta el fin, éste será salvo". ¿Qué significa salvo? Llevado a la gloria, llevado al cielo. ¿Qué significa perseverar hasta el fin? ¿Cómo se puede sobrevivir? ¿Cómo se puede manejar la persecución judía, la persecución gentil, el odio de la familia, la persecución de la familia, la ejecución de la familia? ¿Cómo manejar eso?

Bueno, la verdad es que el que persevere hasta el fin será salvo. Y de eso aprendemos que los falsos cristianos no serán capaces de soportarlo. "Con vuestra paciencia ganaréis vuestras almas" (Lucas 21:19). Ustedes no ganan la salvación por medio de la paciencia. Ustedes prueban que tienen la fe verdadera por medio de ella. La fe superficial colapsará ante la persecución. "Salieron de nosotros, pero no eran de nosotros" (1 Juan 2:19). Esta es una realidad básica del Evangelio, la fe auténtica, dada por Dios, soportará porque el Espíritu Santo proveerá la fuerza, Dios proveerá la gracia. Los problemas, las mentiras, el engaño, la persecución, el sufrimiento, acabarán con la cizaña, revelarán un cimiento vacío, rocoso, de falsa profesión. Y bajo ese tipo de presiones, el interés superficial en Cristo no resistirá. Y por eso repito que no ganamos nuestra salvación porque resistimos. Demostramos nuestra salvación porque resistimos. Tenemos una salvación que es un regalo de gracia. Se ratifica en medio del sufrimiento.

Santiago 1:2: "Hermanos míos, tened por sumo gozo cuando os halléis en diversas pruebas". La verdadera fe es fortalecida para resistir.

1 Pedro 1:3–7: "Bendito el Dios y Padre de nuestro Señor Jesucristo, que según su grande misericordia nos hizo renacer para una esperanza viva, por la resurrección de Jesucristo de los muertos, para una herencia incorruptible, incontaminada e inmarcesible, reservada en los cielos para vosotros, que sois guardados por el poder de Dios mediante la fe, para alcanzar la salvación que está preparada para ser manifestada en el tiempo postrero. En lo cual vosotros os alegráis, aunque ahora por un poco de tiempo, si es necesario, tengáis que ser afligidos en diversas pruebas, para que sometida a prueba vuestra fe, mucho más preciosa que el oro, el cual aunque perecedero se

prueba con fuego, sea hallada en alabanza, gloria y honra cuando sea manifestado Jesucristo".

La prueba de su fe produce fortaleza. La prueba de su fe les demuestra que la misma es real.

Entonces, Nuestro Señor, nos da una advertencia, una promesa, consuelo y también una esperanza celestial frente a la realidad de cómo se desarrollará inevitablemente la historia. Eso cubre toda la historia hasta el tiempo de la Tribulación, que se desencadena por el evento del versículo 14.

REFLEXIONES PERSONALES

27 de Marzo, 2011

02_La futura tribulación

Pero cuando veáis a la abominación desoladora de que habló el profeta Daniel, puesta donde no debe estar (el lee entienda), entonces los que estén en Judea huyan a los montes. El que esté en la azotea, no descienda a la casa, ni entre para tomar algo de su casa; y el que esté en el campo, no vuelvas atrás a tomar su capa. Mas ¡ay de las que estén encintas, y de las que críen en aquellos días! Orad, pues, que vuestra huída no sea en invierno; porque aquellos días serán de tribulación cual nunca ha habido desde el principio de la creación que Dios creó, hasta este tiempo, ni la habrá. Y si el Señor no hubiese acortado aquellos días, nadie sería salvo; mas por causa de los escogidos que él escogió, acortó aquellos días. Entonces si alguno os dijere: Mirad, aquí está el Cristo; o, mirad, allí está, no le creáis. Porque se levantarán falsos cristos y falsos profetas, y harán señales y prodigios, para engañar, si fuese posible, aun a los escogidos. Mas vosotros mirad; os lo he dicho todo antes.

Marcos 13:14-23

BOSQUEJO

— Introducción

— No hay esperanza de un mundo mejor

— Un evento: la tribulación

— Tres secuencias

— La abominación desoladora

— Señales del fin

— La reacción

— La protección

— Conclusión

Notas personales al bosquejo

SERMÓN

Introducción

Estamos en el capítulo 13 del Evangelio de Marcos. En esta sección, estamos con nuestro Señor Jesús y los discípulos sentados en el monte de los Olivos. Es el final del día miércoles de la semana de la Pasión. El jueves, se preparará para la Pascua y celebrará la cena de Pascua el jueves por la noche con Sus discípulos. Y ahí ocurrirá la traición; esa noche. Y todo se cumplirá el viernes: Él será jugado y será ejecutado en la cruz. Y el domingo, resucitará.

Este es realmente un momento muy importante para nuestro Señor. Ha finalizado Su último día de enseñanza pública, ha pasado todo el día en el templo. Llegó a Jerusalén el lunes. El martes, acometió contra los compradores y vendedores que estaban allí en el templo y los expulsó; y preparó al lugar para Su entrada el miércoles. Llegó y durante todo el día enseñó la Verdad en ese lugar, la primera vez en cientos de años que la Verdad dominó el templo. Durante todo un día dio Sus últimas enseñanzas, Sus últimos mensajes.

Luego pronunció juicio sobre el templo y también sobre Israel. Abandonó el lugar; y Sus discípulos le siguieron. Salieron por la puerta oriental, atravesaron el valle de Cedrón, cruzaron el arroyo que pasa por allí, subieron la ladera del monte de los Olivos; y al atardecer del día miércoles Él se sentó con Sus discípulos en el monte de los Olivos. Observaron al templo desvanecerse en el brillo del atardecer.

Como ustedes recuerdan, esto incitó la pregunta de los discípulos. Ellos le preguntaron en privado en 13:4 cuándo sería la destrucción del templo y qué señal habría cuando esas cosas hubieran de cumplirse. Querían saber sobre el fin de los tiempos. En el relato de Mateo acerca de esto, nos dice que le preguntaron acerca del fin de los tiempos y Su Venida. Jesús les había dicho que moriría y resucitaría. Quizás estaban comprendiendo, a pesar de que se rehusaban a aceptarlo. Más allá de lo que eso significara, ellos querían ver el establecimiento del Reino; y Jesús les acababa de decir que eso se desmoronaría, que no quedaría piedra sobre piedra. El sistema sería destruido, también el templo y junto con ellos, la ciudad y la nación.

¿Cuándo sucederá esto? ¿Cuándo vendrá el Reino? ¿Cuándo establecerás Tu gobierno y Tu gloria? Una pregunta que recibe la respuesta más larga que cualquier otra que se le haya preguntado en los Evangelios. Él contesta la pregunta acerca de lo que sucederá antes de que regrese y establezca Su Reino. Todo se origina en el hecho de que hay un futuro Reino, un futuro retorno de Cristo a establecer Su Reino en la tierra para cumplir con toda la profecía mesiánica. Y el Antiguo Testamento prometió que llegaría el Mesías y que traería salvación. Él cumpliría todas las promesas dadas a Abraham, todas las promesas dadas a David, las extensas promesas relacionadas con el Nuevo Pacto dadas a Ezequiel y a Jeremías. En otras palabras, todo lo que el Antiguo Testamento prometió que llegaría en el Reino del milenio. El profeta Isaías habla del capítulo 11 en adelante acerca de las glorias del Reino.

Por lo que ellos quieren saber cuándo vas a establecer Tu Reino. Tú eres el Rey, eres el Mesías, lo sabemos. Eres es el hijo de David y el Señor de David. Eres es el Hijo del Dios vivo. Eres el Cristo, el Mesías. ¿Cuándo vendrá el Reino?

Es lo que tenían en sus mentes. Para contestar esto, nuestro Señor les da una descripción de cómo será la historia entre esa tarde y Su Reino. Esto significa que nuestro Señor les dice cómo será el futuro. No sabían cuán extenso sería porque Él les dice: "Pero de aquel día y de la hora nadie sabe, ni aún los ángeles que están en el cielo, ni el Hijo, sino el Padre" (v. 32).

No les dijo cuándo, pero les dijo qué esperar. Y nos dice qué tenemos que esperar nosotros y las futuras generaciones. Aquí Jesús proporciona una mirada a la historia. Esto es muy importante porque si Él es quien dice ser —Dios— y si posee lo que Él dice poseer —todo conocimiento y toda sabiduría— y si conoce el futuro como sólo Dios lo hace, entonces lo que prediga será preciso. Será exactamente correcto. Y uno tendrá que dar testimonio, junto con cualquier otro ser humano en el planeta que tenga conocimiento de lo que sucede, que lo que Él dijo es exactamente lo que ocurre. Esto es el futuro.

No hay esperanza de un mundo mejor

Para comenzar nuestro análisis de hoy, que será de los versículos 14–23, unos comentarios generales para ubicarnos. Creo que ya es obvio para ustedes que no hay esperanza de un mundo mejor. El mundo no mejorará. Será más terrible, más amenazador, más peligroso, más letal, con menos esperanza. La humanidad no se está dirigiendo a una utopía humanamente diseñada. No existe la era de Acuario. No vendrá un tiempo de paz mundial. Este es un planeta condenado, existe bajo los efectos del pecado y de la condenación divina. No sólo gime toda la creación porque está condenada, sino que los pecadores que viven en esta creación también lo están, por lo que es una condenación combinada que hace que la vida sea tan difícil. El medio ambiente siente los efectos del pecado. La población siente los efectos del pecado. Y juntamente, la humanidad con todas sus habilidades ingeniosas y sus poderes mentales, con toda su determinación, no puede dominar las influencias mortales que están en el ADN mismo de esta creación. La tierra, su medio ambiente y sus habitantes hacen que la supervivencia sea difícil. Vivimos en un planeta peligroso, que a medida que se acerca al final es más peligroso. La segunda ley de la entropía, la ley que nos dice que todas las cosas se están degradando y tienden al desorden, está en efecto a todo nivel.

La historia humana en sí misma ha sido una dura experiencia de supervivencia contra los efectos letales y dominantes del pecado y la corrupción. Y a medida que la sociedad avanza en el ámbito científico, educacional, tecnológico, no lo hace en el ámbito moral. No avanza espiritualmente. No avanza socialmente. El hombre es simplemente una bestia más confortable. El avance material a partir del descubrimiento y la aplicación de las fuentes de riqueza y energía que están en este planeta en cierto modo lo ha convertido en un lugar más peligroso, aumentando las amenazas de la fuerza mortal y destructiva. Los educadores, los líderes religiosos, los políticos, los científicos sociales, los filósofos han buscado permanentemente una solución. Hitler pensó que tenía la solución definitiva, el problema es que los judíos acabarían con él. Eso no fue la solución definitiva, ni siquiera fue una solución sino una manifestación de cuán desesperadamente no podemos encontrar la solución.

No hay avance, no hay progreso social en la humanidad. Ni espiritualmente. Ni moralmente. El hombre es una bestia, es corrupto. Su ambiente es corrupto y corrompe. Corrompe todo a su alrededor. Y él no mejora. ¿Es así como debe ser la vida? ¿Así debería ser? ¿No vino Jesús a cambiar eso? ¿No vino como Hijo de Dios para arreglar eso? ¿No hay algo erróneo en todo esto?

No. Esta es la vida exactamente como Jesús predijo que sería, ya que, como dije el domingo pasado, la Biblia se corresponde con la realidad. Tal como la Biblia dice que es, así es, porque su autor es Dios.

Regresemos y escuchemos lo que Jesús dijo. En Marcos 13:4 pidieron que les dijera cuándo sucederían estas cosas. Éste mensaje también está registrado en Mateo 24–25 y Lucas 21. Para obtener una visión completa, tienen que compararlos a todos juntos. Le preguntaron cuándo serían estas cosas con respecto al final de los tiempos. Cuál sería la señal de Su llegada, cómo sabrían que el Reino sería establecido.

Jesús comenzó diciéndoles en el versículo 5: "Mirad que nadie os engañe". Primero que nada, comprendan que habrá muchos que tratarán de engañarlos acerca de la realidad espiritual y todas estas cosas que tienen que ver con la escatología o el fin. Versículo 6: "Vendrán muchos en Mi nombre… y engañarán a muchos". Habrá muchos falsos cristos, falsos mesías, falsos profetas, falsos maestros que abundarán en todas partes para llevar a la gente por el mal camino con respecto a la realidad.

"Mas cuando oigáis de guerras y de rumores de guerras, no os turbéis, porque es necesario que suceda así; pero aún no es el fin. Porque se levantará nación contra nación, y reino contra reino; y habrá terremotos en muchos lugares, y habrá hambres y alborotos; principios de dolores son estos. Pero mirad por vosotros mismos; porque os entregarán a los concilios, y en las sinagogas os azotarán; y delante de gobernadores y de reyes os llevarán por causa de Mí, para testimonio a ellos. Y es necesario que el Evangelio sea predicado antes a todas las naciones. Pero cuando os trajeren para entregaros, no os preocupéis por lo que habéis de decir, ni lo penséis, sino lo que os fuere dado en aquella hora, eso hablad; porque no sois vosotros los que habláis, sino el Espíritu Santo. Y el hermano entregará a la muerte al hermano, y el padre al hijo; y se levantarán los hijos contra los padres, y los matarán. Y seréis aborrecidos de todos por causa de Mi nombre; mas el que persevere hasta el fin, éste será salvo".

En esos versículos, nuestro Señor dice cómo será la vida hasta Su regreso, hasta el fin de los tiempos. Estará caracterizada por el engaño religioso. Estará caracterizada por el desastre de guerras y cataclismos naturales, como terremotos y hambrunas; y nuestro Señor también dice que habrá pestilencia, lo cual significa plagas. Habrá señales en el cielo que tendrán que ver con huracanes, inundaciones, tornados y demás desastres. Todas estas cosas sucederán continuamente en varios lugares. Debemos esperar que estas cosas sucedan.

Y habrá persecución a los creyentes. Serán asesinados por los judíos que los llevarán a las sinagogas, los juzgarán, los declararán culpables y allí mismo los torturarán. Los creyentes serán llevados frente los gentiles. Los gentiles, gobernadores y reyes a los que se refiere en el versículo 9, los juzgarán, perseguirán y martirizarán. Serán perseguidos y asesinados aún por sus familiares. Por lo que a lo largo de la historia, habrá engaño religioso, desastres de magnitudes militares y naturales increíbles. Y habrá persecución a los creyentes. Eso es sólo el principio. Es por eso que en el versículo 7 dice que aún no es el fin. Al final el versículo 8 dice que estos son sólo los principios de los dolores. Y utiliza la analogía de los dolores de parto, cuando una mujer está por dar a luz y tiene dolores moderados al principio, separados a intervalos. Y a medida que se acerca el nacimiento, los intervalos se acortan y el dolor se hace cada vez más intenso. Ese es un modo de comprender la historia de la humanidad. Será doloroso. Al comienzo el dolor será moderado y espaciado. Pero eventualmente, a medida que nos acercamos a la Segunda Venida de Cristo, los cataclismos se acelerarán y el dolor será más agudo.

Un evento: la tribulación

Entonces, en los versículos 5 al 13 el Señor simplemente nos está dando el comienzo. Luego uno llega al versículo 14; y en los versículos 14–23 vemos que se refiere a un evento específico, un evento determinado muy importante. De hecho, se lo identifica en el versículo 19, es llamado el tiempo de la Tribulación. Un tiempo de Tribulación "cual nunca ha habido desde el principio de la creación que Dios creó, hasta este tiempo, ni la habrá". Eso significa que es peor que cualquier cosa que haya sucedido, incluido el Diluvio de la época de Noé. Es una serie de eventos calamitosos que no tiene paralelo.

Entonces, si están esperando un mundo perfecto, no llegará. Es doloroso vivir en el mundo. El dolor aumentará y los intervalos entre cada dolor se reducirán. Este período peligroso continúa hasta la Segunda Venida de Cristo. Justo antes de la Segunda Venida estará este tiempo de Tribulación que será más doloroso que cualquier otro anterior... tal como el dolor de parto que aumenta cada vez más y cada vez es más rápido y más extremo, así llegará el tiempo de la Tribulación. El mundo no ha conocido nada como eso desde la creación. Será una escalada de juicios destructivos horrendos de grandes proporciones que no han sido experimentados nunca antes. Jesús dijo que en este tiempo habría falsos maestros, falsos profetas, engañadores, falsa religión, falsos cristos, guerras, rumores de guerras, terremotos, terror en la tierra, terror en el cielo, hambruna, plagas, pestilencia, persecución a los creyentes, martirio a los creyentes, pero en el futuro, todo eso va a escalar a un nivel que nunca se ha oído ni imaginado. Todo eso será parte de un período de tiempo identificado en el versículo 19 como el tiempo de la Tribulación.

De acuerdo al profeta Daniel, en el capítulo 9, dice que es un período de siete años. Se le llama la semana 70 de Daniel. Es un período de siete años llamado Tribulación. Es un tiempo de destrucción mortal. Satanás y los demonios están sueltos. Satanás y los demonios hacen un gran daño a las personas, un terrible daño destructivo y les traen muerte. Aparecen el anticristo y el falso profeta. El anticristo toma el poder y domina al mundo. Es ayudado por los demonios y por hombres que forman sus ejércitos. Todo esto, sin embargo, a pesar de ser la actividad de Satanás y aquellos asociados con él, es el juicio de Dios. Detrás de esto, está el juicio de Dios.

Ese período de siete años está claramente definido en la Escritura. Hay 69 semanas en la historia de Daniel desde el decreto de Artajerjes de reconstruir Jerusalén hasta la llegada del Mesías. Ustedes pueden rastrear esas 69 veces 7 años y finalizarán con la llegada de Jesús a Jerusalén en esta semana. Son períodos reales de siete años. La semana 70, por lo tanto, también debe ser un período de siete años. De hecho, en la mitad de ese período viene la

Gran Tribulación; y los últimos tres años y medio son los peores de todos. La Biblia se refiere a ese período diciendo que son tres años y medio, Daniel lo llamó tiempo y tiempos y medio tiempo —tiempo es un año, tiempos es dos años, y medio tiempo es medio año— hagan la cuenta. Él dijo que es un período de 1290 días. Eso habla de un período de tres años y medio. Es claramente la segunda mitad de esos siete años cuando todo es más grave.

Para saber cómo serán estas cosas, ya que aquí no tenemos esa descripción de nuestro Señor, veamos Apocalipsis 6–19. Esta sección describe ese período y sus eventos. En nuestro boletín dominical de hoy hemos puesto una pequeña imagen de los dos comentarios del libro de Apocalipsis, es decir, los libros *Porque el Tiempo Está Cerca* y *La Segunda Venida*, para que ustedes puedan profundizar más de lo que podremos hacerlo esta mañana. Pero quiero que tengan una idea de la naturaleza de ese tiempo que vendrá, llamado Tribulación y que, como dijo Jesús, el mundo nunca antes ha visto. He aquí algunas características del mismo.

Tres secuencias

El mejor modo de comprender las características de ese período es continuar tres secuencias en el libro de Apocalipsis. Hay siete sellos de un pergamino, hay siete trompetas y hay siete copas. Juicios establecidos. Y se despliegan en secuencia. Están los siete sellos y de ellos vienen siete trompetas y de la séptima trompeta surgen las copas. Los siete sellos abarcan todo el período. Las siete trompetas abarcan la mitad y más. Y las siete copas son el fuego rápido del final. Éstos son los terribles juicios que vendrán, resumidos en estas imágenes.

Si ustedes comienzan en el capítulo 6, verán que el pergamino con siete sellos es abierto por el Cordero ya que es el título de propiedad de la tierra, el título del Reino. Y el Cordero tiene el derecho de tomar ese pergamino y abrirlo porque tiene el derecho de gobernarlo y reinar. Entonces, abre el pergamino, que es como un testamento de Dios. En la antigüedad, harían un testamento, lo enrollarían y sellarían, lo enrollarían nuevamente y sellarían y así sucesivamente para que no pudiera ser roto hasta que la persona hubiera muerto... Y entonces se abriría y se daría a conocer su voluntad.

Entonces el Cordero, quien es el heredero del trono del mundo, toma los sellos y los rompe. Y a medida que se abren, obtenemos una secuencia de lo que sucederá en esos siete años. Primero llega un jinete en un caballo blanco, tiene un arco y una corona; ese es el anticristo. Al comienzo de los siete años el anticristo establece su poder. Note que tiene un arco pero no tiene flechas. Llega pacíficamente. Llega con poder pero con paz; y establece un tratado de paz con Israel. Escala y domina al mundo porque se ofrece como la supuesta solución al caos. Pero no pasa mucho tiempo antes de que revele quién es él realmente, ya que si continuamos la visión, a ese primer caballo que ve Juan le sigue un caballo rojo en el versículo 4. La paz desaparece de la tierra, los hombres comienzan a exterminarse mutuamente y en la mano del jinete hay una gran espada.

Se abre un tercer sello; y el versículo 6 nos habla de condiciones de hambruna. Y luego se abre un cuarto sello; y la muerte y el Hades aparecen, matando a un cuarto de la población de la tierra con espada, con hambre, con pestes y con las fieras de la tierra que son liberadas en el mundo. Un cuarto de la humanidad morirá en los primeros tiempos de esos siete años.

Se abre el quinto sello y oímos de los mártires que habían sufrido y sido muertos a causa del Reino. La persecución de la que nuestro Señor habló será muy intensa.

En el versículo 12 se abre el sexto sello y hay un terremoto. Un gran terremoto y el sol se pone negro como tela de cilicio. La luna se vuelve toda como de sangre. Las estrellas del cielo caen sobre la tierra como la higuera deja caer sus higos cuando es sacudida por un fuerte viento. El cielo se desvanece como un pergamino que se enrolla. Y todo monte y toda isla son removidos de sus lugares.

"Y los reyes de la tierra y los grandes, los ricos, los capitanes, los poderosos, y todo siervo y todo libre, se escondieron en las cuevas entre las peñas de los montes. Y decían a los montes y a las peñas: Caed sobre nosotros y escondednos del rostro de Aquel que está sentado sobre el trono y de la ira del Cordero; porque el gran día de Su ira ha llegado y ¿quién podrá sostenerse en pie?" Podemos ver la escalada del horror en el momento que el cielo y la tierra colapsan en el sexto sello.

También existe un séptimo sello. Está en el 8:1. Es el silencio. De ese séptimo sello surgen siete trompetas. Y ahora los desastres se aceleran. La primera trompeta en el versículo siete trae granizo y fuego mezclados con sangre sobre la tierra. Se quema la tercera parte de la tierra. Una tercera parte de los árboles, una tercera parte de la hierba verde.

El segundo ángel toca la trompeta y una gran montaña ardiendo en fuego, como un tipo de asteroide o meteorito, se precipita en el mar. Y la tercera parte del mar se convierte en sangre. Una tercera parte de las criaturas marinas muere. Una tercera parte de los navíos es destruida. Un tercer ángel toca la trompeta y otra antorcha encendida surge del cielo y cae sobre el agua fresca y los manantiales. Y una tercera parte de las aguas se hace amarga. Viene un cuarto ángel, toca la trompeta y una tercera parte del sol y de la luna son heridas. Y eso cambia todo, el día, la noche, las mareas, las estaciones. Un tercio de las estrellas desaparece. Al oscurecerse un tercio de todos ellos, ni el día ni la noche brillarán del mismo modo.

Capítulo nueve, el quinto ángel toca la trompeta y se abre el infierno que arroja demonios descritos aquí como langostas con poder demoníaco. En el tiempo de la Tribulación, luego de haber estado contenidos, se les libera. En el versículo seis dice que esta plaga será tan severa que los hombres buscarán la muerte pero no la hallarán, ansiarán morir, pero la muerte huirá de ellos.

En el versículo 13, el sexto ángel suena la trompeta; y en el versículo 15 dice que una tercera parte de la humanidad será asesinada. Y se abrirá el camino para un ejército que vendrá del este formado por 200 millones de personas.

Vayan hasta el 11:15, el séptimo ángel toca la trompeta y se proclama el mensaje de que el reino del mundo es ahora el Reino de nuestro Señor y de Su Cristo y Él reinará por los siglos de los siglos. Cuando el séptimo ángel toca la trompeta, eso es en el fin; y esa séptima trompeta marca el comienzo de los juicios de las copas que están enumerados en el capítulo 16. Versículo 2, la primera se derrama sobre la tierra y desata una úlcera maligna y pestilente sobre los hombres que tenían la marca de la bestia y que adoraban su imagen… el anticristo. El segundo ángel la derrama sobre el mar y toda criatura marina muere, no sólo la tercera parte. Un tercer ángel derrama su copa sobre los ríos y sobre las fuentes de las aguas; y todas se convierten en sangre. Al cuarto ángel en el versículo 8 le es dado quemar a los hombres con fuego que viene del sol; y ellos blasfeman el nombre de Dios. El quinto ángel derrama la copa sobre el trono de la bestia y éste se cubre de tinieblas. Muerden sus lenguas debido al dolor y blasfeman contra el Dios del cielo por sus dolores y por sus úlceras; y no se arrepienten de sus obras. El sexto ángel derrama su copa sobre el gran río Éufrates, el agua se seca para que esté preparado el camino a los reyes del oriente —probablemente el ejército de 200 millones que vendrá al Armagedón, ya que el Armagedón comienza en el próximo versículo.

En el versículo 17, el séptimo ángel derrama su copa. Y en el versículo 18 hay relámpagos, voces y truenos y un gran temblor cual no lo hubo jamás desde que los hombres han estado sobre la tierra, muy grande y poderoso.

Ahora podemos regresar a Marcos 13. Esto es un vistazo del tiempo de la Tribulación y su escalada de terrores y horrores. Si se preguntan si ustedes estarán ahí, tengo buenas noticias para ustedes. Considero que el Nuevo Testamento enseña que la Iglesia será raptada antes de ese tiempo. Que seremos protegidos de esa ira, que seremos llevados. Una vez que no estemos y esto se desate, al mismo tiempo el Evangelio será predicado. Será predicado por 144,000 judíos, 12,000 de cada tribu, de acuerdo a Apocalipsis 7. De acuerdo a Apocalipsis 11, será predicado por dos poderosos testigos. Será predicado por un ángel que volará por el cielo anunciando el Evangelio eterno. Y el Evangelio será tan poderoso que gente de toda tribu, lengua, pueblo y nación será salva en ese período. Israel será salvo. Dos tercios de los judíos serán juzgados por su incredulidad y un tercio será salvo. El mayor renacimiento en un breve período de tiempo en la historia de la humanidad.

Eso es lo que sucederá en el mundo.

Teniendo esto en mente, regresemos al texto. Finalmente veremos el texto aquí. Aquí encontramos el evento que marca este tiempo de Tribulación. ¿Cómo sabremos que llegó? Si toda la historia va estar llena de embusteros, falsos profetas, falsos maestros y farsantes; si toda la historia estará llena de desastres, guerras, hambrunas, terremotos; y si toda la historia va a estar llena de persecución a los creyentes, entonces ¿cómo sabremos cuando esto esté aconteciendo?

La abominación desoladora

"Pero cuando veáis la ABOMINACIÓN DESOLADORA de que habló el profeta Daniel, puesta donde no debe estar (el que lee, entienda)". Cuando ustedes vean la ABOMINACIÓN DESOLADORA donde no debe estar, este es el evento, el mayor evento que permitirá que todos sepan que ese es el tiempo de la Tribulación. Cuando eso suceda, sabrán que están en el tiempo de la Tribulación.

Note que esto no es para los discípulos. Es para los lectores. "El que lee, entienda." Eso no ha sido agregado por un editor, es lo que escribió Marcos. Esto no sucederá hasta que esté escrito en la Escritura y sea leído. Por lo tanto es para una generación futura de lectores, no para aquellos que están escuchando en el monte de los Olivos, sino para futuros lectores del Nuevo Testamento.

¿Qué deben buscar? La ABOMINACIÓN DESOLADORA. Ustedes se preguntarán qué es eso. En el texto de Mateo sobre esto, él dice que es de lo que habló el profeta Daniel.

Daniel habló sobre esto tres veces. No lo veremos ahora, les aseguro que nos desviaríamos mucho del tema. Daniel se refiere tres veces a la ABOMINACIÓN DESOLADORA. Primero hablemos de la palabra. La palabra abominación significa algo blasfemo, detestable, que Dios aborrece, algo sacrílego, algo irreverente. Es utilizada para referirse a la inmoralidad, la idolatría, la religión pagana. Se utiliza al menos tres veces en el Antiguo Testamento y en Apocalipsis. Cualquier cosa que Dios aborrezca. Cualquier cosa que profane a Dios. Al mismo tiempo, asuela, destruye o devasta. Se utiliza frecuentemente en la Escritura para referirse a algo que fue completamente devastador.

Ocurrirá un acto de blasfemia que devastará o profanará. ¿Qué es eso? ¿Cuál es el acto que deshonra y profana y por lo tanto Dios aborrece? Bueno, aquí dice que ocurre donde no debería. Hay algo donde no debería estar.

Sabemos de lo que Daniel habla porque lo menciona primero en Daniel 9:27. Él dice que cuando venga el anticristo, el príncipe que ha de venir, destruirá la ciudad y el santuario. Él atacará Jerusalén y al templo restaurado. En el tiempo de la Tribulación habrá un templo restaurado. De hecho, Daniel dice que por siete años hará un pacto con los judíos. Será quien supuestamente traiga un tratado de paz con Medio Oriente. Hará un convenio, pero Daniel dice que a la mitad, a los tres años y medio, lo romperá. Atacará a Israel y comenzará a masacrar a los judíos. Entonces el anticristo establecerá su trono en el templo y declarará ser Dios.

Por cierto, quizás le interese saber que en la escatología islámica el Mahdi, el salvador islámico —quien nosotros sabemos que es en realidad el anticristo— llega y establece su trono de gobierno islámico mundial en el templo del monte. Esa es su escatología. Y por cierto, será asistido y ayudado por un profeta; y dicho profeta será Jesús. Eso es lo que dicen ellos. Jesús regresará y dirá que siempre estuvimos equivocados, que Él no murió, no resucitó, no pagó por los pecados y que es un musulmán radical. Corregirá todas las confusiones sobre Su persona y guiará a todos hacia el Mahdi. Y cualquiera que no adore al Mahdi será asesinado. Esa es la escatología islámica.

Muy consistente con la Escritura. El mesías de ellos es el anticristo de la Biblia. Y ellos también tienen un anticristo. Que es un hombre que llega y dice que Él es Jesús, el Hijo del Hombre. Completamente inverso.

Por lo tanto, cuando llega el anticristo, establecerá su gobierno en Jerusalén, en el templo y se ubicará donde no debería estar: en el templo dedicado a Dios.

El capítulo 12 de Daniel repite esto en detalle, que llegará, que dos tercios de los judíos serán juzgados por su incredulidad y un tercio creerá. A la mitad, llegará el anticristo. Profanará el templo por un período de tres años y medio o, tal como dice Apocalipsis 11:2, por 42 meses. Esas son las dos veces en las que Daniel se refiere a esto. Y otra vez muy importante en 11:31, donde Daniel hace una mención muy interesante a la ABOMINACIÓN DESOLADORA. Allí él menciona la ABOMINACIÓN DESOLADORA en referencia a lo que hizo Antíoco Epífanes. Él era un rey de la dinastía seléucida que el día 15 de diciembre del año 167 A.C. llegó a Israel con un ejército de 250,000 soldados. En el año 167 A.C. masacró a los judíos, sacrificó cerdos en el altar y salpicó todo con su sangre. Según 1 Macabeos 1, estableció a Zeus como ídolo, prohibió ofrecer sacrificios y prohibió todo tipo de adoración en el templo. Quería que en el templo se adorara a Zeus. Eso es también una ABOMINACIÓN DESOLADORA; y Daniel la relata en medio de las otras dos para darnos un modelo histórico de lo que será la desolación. Será un gobernante que irá al templo queriendo blasfemar y profanar aquello relacionado con el Dios vivo y verdadero;

y establecerá allí la adoración a sí mismo. El modelo de eso es Antíoco. También fue una abominación cuando él colocó un ídolo donde no debería.

Eso es exactamente lo que sucederá en la mitad de la semana. Surgirá esta persona que parecerá ser un pacificador. Pero quebrantará la paz. Comenzará a matar a los judíos. Establecerá un trono desde el cual gobernará. Ese es el anticristo. En Apocalipsis 13 y demás encontramos más información acerca de él.

¿Cómo saber entonces cuándo es el tiempo de la Tribulación? Se sabrá por ese acontecimiento. Que lo sepa esa generación de lectores. Ese es el suceso. Toda la historia de la humanidad sufre dolores de parto. Durante los primeros tres años y medio de la Tribulación, aumentan la frecuencia e intensidad. Sin embargo, a partir de ese acontecimiento, la frecuencia y la intensidad son aún más extremas a medida que se llega al final.

Señales del fin

Ustedes se preguntarán cuál es el final. Hablaremos de eso el día de hoy. Versículos 24–26: "Pero en aquellos días, después de aquella tribulación, el sol se oscurecerá, y la luna no dará su resplandor, y las estrellas caerán del cielo, y las potencias que están en los cielos serán conmovidas. Entonces verán al Hijo del Hombre, que vendrá". O sea que esto es hasta la llegada de Cristo.

Ustedes miran la historia de la humanidad y se preguntan si Jesús tenía razón. Absolutamente. ¿Empeorará? Sí, los hombres malvados empeorarán. Una acumulación del poder de corrupción. ¿Es posible que exista una gran fuerza masiva de gente armada y peligrosa que odie a los judíos y al Dios de Israel y que vaya a Jerusalén y establezca su gobierno y a su líder allí? No es un concepto muy insólito. Parece algo normal en el mundo en que vivimos hoy.

El anticristo hará guerra con los santos de acuerdo a Apocalipsis 13:7. También matará a los judíos, según Apocalipsis 12:1, 13, 17. Habrá una masacre de grandes proporciones. Esta es parte del juicio de Dios al Israel incrédulo. Pero aún los creyentes que mueran entrarán a la presencia del Señor. Dios permitirá que algunos de ellos mueran. Pero no permitirá que muera todo Israel. Salvará a un tercio. ¿Por qué? Él los protege. De acuerdo a Apocalipsis 12, lo que sucederá es que cuando el anticristo desate su furia contra los judíos, el acto inmediato de Dios será tomarlos y volarlos, dice, sobre las grandes alas de un águila. Los llevará sobre las alas a un refugio para protegerlos.

¿Por qué tiene que protegerlos? Hay que protegerlos porque si los matan a todos nadie irá al Reino. Este es un Reino terrenal, hay que proteger a las personas que lo heredarán. "Venid, benditos de Mi Padre, heredad el Reino preparado para vosotros". Son las palabras de nuestro Señor en el mismo mensaje en Mateo 25.

De modo que Dios no permitirá que al anticristo mate a todos los judíos. Un tercio de ellos será redimido y muchos de ellos serán protegidos y llevados a un lugar de protección donde el anticristo no podrá alcanzarlos, para que puedan estar protegidos e ir al Reino. El anticristo matará a muchos creyentes. Los vemos clamar en el altar en el capítulo 6, "¿Hasta cuándo, Señor?". Pero muchos sobrevivirán e irán al Reino. El Reino estará formado por personas que vivan en la tierra.

Ustedes se preguntarán qué sucede con la Iglesia que ha sido raptada. Nosotros regresamos con Cristo cuando Él regresa con Sus decenas de millares de santos. Él regresa, nosotros estamos aquí en nuestra forma glorificada y ellos en su forma humana. Interactuamos con ellos como los ángeles lo hicieron con las personas en el Antiguo Testamento.

La reacción

Ese es el evento. Y la reacción a ese acontecimiento es simple. Nuevamente Marcos 13:14: "Pero cuando veáis la abominación desoladora... Los que estén en Judea huyan a los montes". Huyan. "El que esté en la azotea no descienda a la casa ni entre para tomar algo de su casa; y el que esté en el campo no vuelva atrás a tomar su capa". En otras palabras, es urgente. Creo que Israel será un centro de importancia para el Evangelio y para las misiones cristianas ya que allí habrá 144,000 judíos, 12,000 de cada tribu, predicando el Evangelio. Y allí en Jerusalén estarán los dos testigos predicando. Apocalipsis 11 dice que Jerusalén se convertirá. Será un foco de atención mundial para la cristiandad. Allí no sólo habrá judíos que vienen a Cristo, sino también gentiles. Y si ustedes están allí cuando suceda esta abominación, cuando se apoderen del templo y se establezcan allí y comience la persecución, huyan. Es un cambio de estrategia dramático. ¿De qué otro modo lo puedo expresar? Quizás así: aquí es cuando finaliza la gran Comisión. Normalmente, nuestro Señor diría que cuando llegue la hora no nos preocupemos de lo que sucederá. Lo acabamos de leer, no se preocupen por lo que van a decir, el Espíritu Santo les proporcionará las palabras. Sean audaces, proclamen el Evangelio, proclamen la Cruz. Pero aquí no lo dice más. Huyan. Pónganse a salvo, porque de ese modo los preservaré para Mi Reino. Es aquí cuando ya no tenemos la obligación de evangelizar al mundo. Quizás entonces el Evangelio será predicado por un ángel que vuela. Quién sabe de qué otros modos... hay tantos disponibles como la literatura, las descargas de internet, etc. En cuanto a ustedes, huyan. Ya no tomen la

02_La futura tribulación

Cruz, ni sean audaces, ni den testimonio. Corran. Lucas 21 dice que será un tiempo de gran Tribulación. Y tal como leemos aquí, algo que el mundo nunca ha visto antes. Escapen.

El versículo 18 también indica la urgencia: "Orad que vuestra huida no sea en invierno", que el clima no les impida moverse. Y también será triste para aquellas que están encintas y criando porque no se podrán mover con rapidez (v. 17). Nuestro Señor también dice que hay que orar para que no sea en el día del descanso ya que podría haber restricciones de acuerdo a la ley sabática. En otras palabras, hay que reaccionar huyendo porque se han desatado los sellos finales, las trompetas y los juicios. Y en medio de todo eso, la masacre del anticristo y su ejército a medida que reaccionan al juicio de Dios; y Dios quiere proteger a los Suyos para Su Reino.

La protección

Y ese es el tercer punto: la protección. El evento, la reacción y la protección. El versículo 19 dice: "Aquellos días serán de tribulación cual nunca ha habido desde el principio de la creación que Dios creó hasta este tiempo ni la habrá".

No se me ocurre una manera más clara de expresarlo. Por favor, queridos amigos, esta no es una descripción de la destrucción de Jerusalén en el año 70, tal como dicen los preteristas. Y si ustedes no saben lo que es eso, den gracias, regocíjense, alégrense. Y si ustedes saben lo que eso significa, y están confundidos, obtengan el libro *La Segunda Venida* y lean la primer parte. Hay personas que piensan que todo esto sucedió con la destrucción de Jerusalén en el año 70. Hay personas que piensan que esa fue la Segunda Venida. Eso fue una catástrofe. Pero lo que los romanos hicieron no puede describirse como algo peor a cualquier cosa que haya sucedido desde el comienzo de la creación. Lo que la Biblia dice aquí no puede describir un suceso que aconteció en un país, con un ejército, en un período; y ciertamente esos eventos no hacen nada para explicar el libro de Apocalipsis.

Si ustedes adoptan ese punto de vista, cuando llegan a Apocalipsis, están perdidos. No tienen salida porque no lo pueden explicar. Esto será un tiempo incomparable. Será tan terrible que el Señor lo acorta. Versículo 20: "Y si el Señor no hubiese acortado aquellos días, nadie sería salvo; más por causa de los escogidos que Él escogió, acortó aquellos días". ¿Por qué? Porque los tiene que mantener vivos. Si fuera prolongado, el anticristo los encontraría y perseguiría. Vivimos en un mundo en el cual se puede encontrar a cualquier persona. Si el Señor no acorta esto, no quedaría nadie para el Reino.

Por lo que Dios tiene que hacer este trabajo muy preciso de juzgar a los incrédulos, destruir a los impíos, permitir que algunos creyentes mueran; y al mismo tiempo proteger a judíos y gentiles para que ingresen a Su Reino en la tierra, para tener familias y poblar al Reino, el cual Él gobernará por 1000 años, tal como indica Apocalipsis 20. Por el bien de los elegidos, Él acorta los días.

Y si en ese período de tiempo alguien les dice que aquí o allí está el Cristo, no les crean. Eso es exactamente lo que dice la escatología musulmana. Cerca del final, tienen a dos Jesús que van de aquí para allá. No lo crean. Habrá falsos profetas en todas partes. ¿Por qué? Porque es un tiempo perfecto para que surjan los falsos profetas ya que la gente estará desesperada por comprender, por obtener una explicación. Querrán saber por qué está sucediendo todo esto y a dónde deben ir. Y todos los mentirosos perversos los dirigirán a las mentiras de Satanás, lejos de la Verdad.

Y será bastante convincente ya que dice que harán señales y prodigios para engañar, si fuese posible, aún a los elegidos. ¿Es esto posible? No lo es. Es importante que diga la palabra elegidos en los versículos 20 y 22 ya que eso sitúa la responsabilidad en la elección de Dios en vez de en nuestra fe. Si dijera que "por el bien de los creyentes los acortó" o "para engañar si fuese posible a los creyentes", uno diría que alguien podría dejar de creer. Pero si lo ven desde el punto de vista de Dios y ustedes son los elegidos, eso resuelve el tema. Él protegerá a los Suyos.

Aquí se nos habla entonces de la elección y la perseverancia. Huid, no creáis las mentiras. Ese es el aspecto de la perseverancia. La doctrina de la perseverancia significa que ustedes obedecen, actúan y responden. Ustedes huyen de los falsos maestros. De los embusteros. No les creen. Esa es nuestra parte, la perseverancia de los santos; la otra parte de eso es que ustedes son elegidos y Él los sustenta, ampara y protege. Y el falso Cristo, será muy poderoso. Lo ampararán todas las fuerzas de Satanás para poder hacer señales y prodigios. No sabemos la naturaleza de esas cosas pero aparentemente serán muy convincentes. Pero no para los elegidos. ¿Por qué? Juan 10:5 al hablar de los elegidos dice que "no conocen la voz de los extraños". Jesús dijo: "Mis ovejas oyen Mi voz; y Yo las conozco y me siguen".

Ustedes no deben temer a los falsos maestros. Ustedes conocen la voz de su Pastor, ustedes saben la verdad. Aparentemente, el falso mesías se va a infiltrar entre aquellos que escapen. Ellos dirán que ahí está Cristo, de acuerdo a Mateo 24:26. Cristo está en el desierto, Cristo está en los aposentos.

Serán mentiras, no hay que crearlas, no hay que salir, no hay que exponerse a la muerte. Pero entonces, ¿cómo sabremos cuando venga el verdadero Cristo? Lo sabrán porque dice el versículo 24 que el sol se oscurecerá y la luna no dará su resplandor. Las estrellas se oscurecerán. Todos los poderes del cielo serán sacudidos y luego verán al Hijo del Hombre llegar en las nubes con gran poder y gloria.

Por cierto, Apocalipsis 1:7 dice que todo ojo le verá. No se preocupen. Es extraño que la gente diga que Cristo vino en el año 70. ¿Lo vio todo el mundo? ¿Quién le vio? Vieron a Tito, el general romano. Hay un hombre que está prediciendo que Cristo viene el próximo 21 de mayo. Ya lo ha hecho anteriormente, y todos sus seguidores se pusieron el pijama, se sentaron en la azotea, pero tuvieron que bajar y vestirse porque no llegó. Y existen cultos que dicen que Él vino, pero fue un acontecimiento íntimo. No. No será un suceso privado. Apocalipsis 1:7: "Viene con las nubes y todo ojo le verá". Mateo 24:27, "Porque como el relámpago que sale del oriente y se muestra hasta el occidente, así será también la venida del Hijo del Hombre". No será un secreto, ocurrirá en todo el cielo. Además, Judas 14 dice que con Él vienen decenas de millares de Sus santos. Y hemos leído en Apocalipsis 6 que el colapso del universo a nuestro alrededor producirá que las personas oculten sus rostros de Su Venida.

Hoy hablaremos de Su Venida al final del tiempo de la Tribulación. Lucas 21:28 dice: "Cuando estas cosas comiencen a suceder, erguíos y levantad vuestra cabeza porque vuestra redención esta cerca". Para esa generación que esté viva en el tiempo de la Tribulación, todo lo que tienen que hacer es abrir la Biblia en el sermón del monte de los Olivos y el libro de Apocalipsis y sabrán exactamente dónde se encuentran. Sin conocer con exactitud el momento, la hora precisa, pueden tener la certeza del tiempo en el que se encuentran. Y nosotros, queridos amigos, no estamos en ese tiempo. No ha habido una ABOMINACIÓN DESOLADORA. Estas cosas no se han desarrollado. Y como he dicho, las buenas nuevas para nosotros son que primero ocurre el rapto de la Iglesia y estamos protegidos de esa hora cuando todas estas cosas acontezcan en la tierra.

Conclusión

Bueno, este es un curso básico de escatología. Voy a terminar con esto. Una vez estuve en un lugar muy lejos de aquí, Kazajistán. Estábamos pasando un buen tiempo; y yo trataba de enseñarles todo lo referente a la Iglesia. Había 1600 pastores del Asia central que nunca habían ido a una conferencia de pastores en su vida. Esto fue justo después que se disolvió la Unión Soviética. Y los líderes se me acercaron y dijeron que yo estaba hablando acerca de la Iglesia, de las doctrinas de la Iglesia, de la vida en la Iglesia y todo lo que es importante, pero que si por favor podía hablarles de lo bueno. Les contesté que sí, que yo pensaba que todo era bueno y les pregunté qué querían decir con eso. Ellos respondieron que querían conocer el futuro, que querían saber el futuro de la Iglesia. Qué debían esperar en el futuro.

Les contesté que no sabía lo que ellos creían, pero que la escatología es un tema muy diverso. Y les dije que estaba bien, que el viernes de esa semana les enseñaría todo lo que la Biblia dice acerca del futuro; y que hablaría todo el día. Creo que fueron ocho horas hablando del futuro, de escatología. A partir de un par de páginas de notas abarqué todo y cuando terminé, habían pasado ocho horas hablando de escatología a un grupo de personas a las que nunca había conocido y de las cuales no sabía qué creían. Y cuando terminamos, los líderes se acercaron, se sentaron conmigo y dijeron "usted cree lo mismo que nosotros". Y les pregunté si era verdad.

Ellos contestaron que eso era lo que creían. Y me di cuenta que ellos habían estado leyendo la Biblia, que era por eso que creíamos lo mismo. Para creer otra cosa, tienen que leer otra cosa. Pero si ustedes están leyendo el mismo libro que yo, ahí está. Fue muy gratificante, muy alentador. El pueblo de Dios a través de los siglos y el pueblo de Dios en todo el mundo que hoy en día ven la Escritura, advierte lo que la Escritura dice. Y es todo lo que les he señalado hoy.

Él vendrá. Y antes de que todo esto se desate en el mundo, creo que el Señor juntará a Su Iglesia. Y si parece que estas cosas podrían suceder en cualquier momento, a medida que el mundo parece acomodarse a lo que parece ser ese tipo de escenario apocalíptico, eso significa que el rapto de la Iglesia está cerca. Estén listos.

En el último versículo nuestro Señor dice que nos ha dicho todas estas cosas de antemano. Que no tenemos excusa. Que vayamos a predicar el mensaje.

REFLEXIONES PERSONALES

27 de Marzo, 2011

03_Vendrá en las nubes

Pero en aquellos días, después de aquella tribulación, el sol se oscurecerá, y la luna no dará su resplandor, y las estrellas caerán del cielo, y las potencias que están en los cielos serán conmovidas. Entonces verán al Hijo del Hombre, que vendrá en las nubes con gran poder y gloria. Y entonces enviará sus ángeles, y juntará a sus escogidos de los cuatro vientos, desde el extremo de la tierra hasta el extremo del cielo.

Marcos 13:24–27

BOSQUEJO

— Introducción

— Contexto

— La culminación de la historia

— La secuencia

— La tribulación

— La conmoción

— La señal

— El regreso de Jesucristo

— Conclusión

Notas personales al bosquejo

SERMÓN

Introducción

Abramos la palabra de Dios en el capítulo 13 de Marcos. Estamos frente al desafío de analizar este gran evento, el evento culminante de la historia del mundo, el regreso de nuestro Señor Jesucristo. Obviamente, este es un evento que trasciende este texto. Haré lo posible para brindarles una mirada detallada del mismo.

Esta sección particular de la Segunda Venida de Cristo, cuando prediqué a partir de Lucas, lo hice durante 14 mensajes; y ahora, lo cubriremos en unos pocos. Si quieren la historia completa, pueden escuchar los mensajes de Lucas 21 o regresar a Mateo 24:25. Pero el propósito no es agotarlos con cada detalle sino que comprendan la importancia y la verdad de los pasajes que tenemos frente a nosotros.

Hoy veremos Marcos 13:24–27. Un pasaje breve. Un tema sustancial. El texto dice: "Pero en aquellos días, después de aquella tribulación, el sol se oscurecerá, y la luna no dará su resplandor, y las estrellas caerán del cielo, y las potencias que están en los cielos serán conmovidas. Entonces verán al Hijo del Hombre, que vendrá en las nubes con gran poder y gloria. Y entonces enviará sus ángeles, y juntará a sus escogidos de los cuatro vientos, desde el extremo de la tierra hasta el extremo del cielo".

Contexto

Permítanme hablar un poco del contexto —y sé que están al tanto de él porque lo estamos estudiando por la mañana y por la tarde, pero para aquellos que no han estado con nosotros: Es el viernes por la tarde de la semana de la Pasión. El viernes, nuestro Señor será crucificado; y el domingo resucitará de entre los muertos. Este es el fin de Su ministerio en la tierra, a pesar de que después de la Resurrección pasó otros 40 días en la tierra en forma glorificada. Pasó ese tiempo viendo sólo a los que creían en Él y hablando de cosas relacionadas con Su Reino.

Su ministerio público finaliza esta semana, específicamente finaliza este miércoles. Abandonó el templo. Dejó la ciudad de Jerusalén. Salió por la puerta oriental del templo del monte y subió al monte de los Olivos, en donde está sentado con Sus discípulos que están mirando hacia la ciudad de Jerusalén. Y Jesús pronunció juicio sobre esa ciudad al principio del capítulo 13. Él dice en el versículo 2 que "no quedará piedra sobre piedra que no sea derribada" al referirse al templo —ese edificio enorme que Herodes había estado construyendo por décadas, construido durante un período de 80 años antes de que finalmente estuviera terminado; y que sería derribado unos pocos años antes de ser finalizado por completo. Esa historia sucedió en el año 70 D.C., cuando los romanos llegaron y destruyeron el templo, destruyeron Jerusalén y continuaron destruyendo casi 1000 ciudades y aldeas en Israel, asesinando judíos por toda la tierra en un holocausto general.

Nuestro Señor está hablando de la destrucción del templo y del juicio de Dios que caerá sobre la nación de Israel, apóstata e incrédula. Con eso en mente, los discípulos —principalmente Pedro, Santiago, Juan y Andrés— lo llevan a un costado y le preguntan en el versículo 4 cuándo serán estas cosas y qué señal habrá cuando todas estas cosas hayan de cumplirse. No sólo la destrucción de Jerusalén. Sino más allá de eso, "¿qué señal habrá de Tu venida?" Mateo dice que eso fue lo que preguntaron: "¿Cuál será la señal del fin del siglo?"

Lo que realmente están preguntando y quieren saber es —ahora que ellos saben que Él es el Mesías, que Él es el Hijo de Dios, que Él es el Ungido, que Él es el Rey, que le adoran— cuándo establecerá Su Reino, cuándo llegará el juicio y el establecimiento del Reino prometido. Esta es una esperanza abrasadora que ha estado literalmente en los corazones de los judíos durante milenios, desde las promesas de Dios a Abraham, las promesas de Dios a David y las promesas de Dios reiteradas a los profetas a través de su historia. ¿Cuándo llegará el Reino Mesiánico? ¿Cuando el Señor será Rey y gobernará en un Reino de justicia y paz sobre toda la tierra? ¿Cuándo recibirá Jerusalén la bendición prometida? ¿Cuándo sucederá todo esto? "Tú eres el Mesías, así que debe ser pronto ya que estás aquí." Eso era lo que suponían.

Nuestro Señor contesta la pregunta diciéndoles que habrá un período considerable de historia antes de que el Reino sea establecido. Y no será bueno. De hecho, Él dice en los versículos 5–13 que la historia de la humanidad continuará, e implica aquí que no sólo por semanas y meses, sino años; y que habrá mucho engaño religioso. Eso es muy claro en el versículo 6, en donde dice que vendrán muchos en Su nombre diciendo yo soy el Cristo; y engañarán a muchos. Habrá muchos desastres tales como guerras y también cataclismos naturales, como terremotos y hambrunas. Estas cosas son sólo el comienzo.

Luego, en los versículos 9–15, dice que los creyentes serán perseguidos. Por lo que la historia de la humanidad continuará. Será un tiempo difícil en el planeta Tierra y la vida estará caracterizada por engaño religioso y catástrofes causados tanto por el hombre en guerra y en conflicto, como por eventos naturales desastrosos; y la persecución. Así continuará la historia.

Como aprendimos en el mensaje anterior, al final de la historia de la humanidad, habrá un período muy especial que en el versículo 19 es llamado un tiempo de Tribulación. Aquí es cuando los dolores de parto se aceleran y son más severos. La historia de la humanidad será dolorosa. El dolor se extenderá un poco y será moderado. Pero luego llegará un período al final de la historia de la humanidad cuando el dolor vendrá rápido y será extremadamente severo. En el versículo 14 se indica que esto es desatado por la ABOMINACIÓN DESOLADORA. En la mitad de ese período final de tiempo, habrá un acto blasfemo de abominación que desolará. Y la vez pasada aprendimos que Daniel es quien habla de eso en Daniel 9:27 y 12:10–13; y es un tiempo en el futuro cuando el anticristo, el príncipe por venir, irá al templo, que será restaurado en alguna medida en ese período de tiempo, y lo profanará y establecerá allí la adoración a sí mismo. Es por eso que el versículo 14 dice que la ABOMINACIÓN DESOLADORA estará donde no debería. Habrá un anticristo que establecerá su gobierno y su adoración en el propio templo de Dios. Cuando eso suceda, desatará la segunda mitad de esa Tribulación, un período llamado la Gran Tribulación; y todas las cosas serán peor de lo que han sido en la historia del mundo. Los que estén vivos en ese momento y lean estas cosas deberán huir. Tan pronto como vean que ocurre la ABOMINACIÓN DESOLADORA en el templo, deben huir a las montañas, no deben regresar a sus hogares para tomar nada, deben orar porque no suceda en invierno o en el día de descanso, o que no estén embarazadas o criando niños porque enlentecerá la rapidez que necesitan para escapar de la fuerza mortal del anticristo que se desatará en esa hora.

El Señor acortará el tiempo; lo reducirá a sólo tres años y medio. Aprendemos eso de Daniel y del libro de Apocalipsis. Ambos dicen lo mismo. Es un período de tres años y medio, 1260 días, 42 meses… Todas son referencias a ese período de tres años y medio. Y es acortado para que no mueran todos. Para que haya gente viva que vaya al Reino cuando el Señor venga a establecer Su Reino Milenial.

La culminación de la historia

Llegamos al versículo 24: "Pero en aquellos días después de aquella tribulación… verán al Hijo del Hombre que vendrá en las nubes con gran poder y gloria." La gran culminación de la historia humana es entonces el retorno de Jesucristo del cielo. Esto no es difícil de ver o de comprender. Es muy evidente en la Escritura.

Más tarde, después de Su resurrección, nuestro Señor enseña durante 40 días acerca de eventos relacionados con el Reino. Y en Hechos 1:6 le preguntan si en ese momento restauraría el reino a Israel. A lo que Él responde: "No os toca a vosotros saber los tiempos o las sazones, que el Padre puso en su sola potestad". Y entonces, fue llevado literalmente fuera de su vista, una nube le ocultó de sus ojos; y dos ángeles se les aparecieron y dijeron: "Varones galileos, ¿por qué estáis mirando al cielo? Este mismo Jesús que ha sido tomado de vosotros al cielo, así vendrá, como le habéis visto ir al cielo".

Cuando Jesús venga, será del mismo modo que se fue. Visible, manifiesto, en las nubes, ellos lo vieron, lo observaron; y así es que Él vendrá cuando regrese, en las nubes, manifiesto. De hecho, Apocalipsis 1:7 dice que todo ojo le verá.

En 2 Tesalonicenses 1:5 leemos que: "Esto es demostración del justo juicio de Dios para que seáis tenidos por dignos del reino de Dios por el cual asimismo padecéis. Porque es justo delante de Dios pagar con tribulación a los que os atribulan, y a vosotros que sois atribulados, daros reposo con nosotros, cuando se manifieste el Señor Jesús desde el cielo con los ángeles de Su poder".

No será un acontecimiento privado. No vendrá a hurtadillas. No vendrá sin que nadie lo sepa. Y tal como dije la vez pasada, hay personas que piensan que la destrucción de Jerusalén en el año 70 D.C. fue Su Segunda Venida. No hay manera en que ustedes puedan distorsionar la Escritura de tal modo que lleguen a esa conclusión. El mundo sabe acerca de la primera llegada de Cristo, conoce los elementos: Belén, el pesebre, los pastores, la estrella, Jesús y María, Herodes, los magos, los ángeles, una venida verdaderamente humilde. Y está llena de sentimiento. Pero la Segunda Venida será muy, muy diferente. Es una llegada importante, tanto como la Primera; de hecho es la culminación de Su Primera Venida. A pesar de la urgencia y la importancia dominante del regreso de Jesucristo, parece que muchas personas ignoran que es el evento más importante. Se lo minimiza. Se lo confunde. Se lo relega como algo que no es prioridad para los cristianos, tanto para los predicadores como para los feligreses. No debería ser así. Se dice que la Iglesia de Tesalónica era una verdadera iglesia esperando al Señor del cielo. Necesitamos vivir con la anticipación de su llegada ya que "todo aquel que tiene esta esperanza en Él, se purifica a sí mismo."

La secuencia

Veamos el texto y este importante evento descrito de manera muy gráfica. Quiero hablar de varias características del mismo; y lo separaremos en pequeños segmentos. Primero, la secuencia. Veamos un poco de cronología. El versículo 24 habla de "en aquellos días". ¿Qué días? Esos días de los cuales se acaba de hablar, esos días de Tribulación, esos días de Gran Tribulación, esos días de la ABOMINACIÓN DESOLADORA y esos tres años y medio que están descritos con detalle en Apocalipsis 6–19. En aquellos días después de esa Tribulación, 42 meses o 1,260 días.

Nosotros no sabemos exactamente cuándo. Ningún hombre sabe la hora o el día. Conocemos el período en general; pero al final del libro de Daniel, él hace referencia a un período de 1,290 días, agrega 30 días. Y entonces hace referencia a 1,335 días. Puede verlo en el último capítulo y los últimos versículos de Daniel. Él entonces suma 75 días más. En algún momento de ese período de los 75 días extras, no sabemos qué día o a qué hora, el Señor vendrá y establecerá Su Reino, pero no sucederá hasta después de la Tribulación. Literalmente, el griego dice que "en esos días después de la Tribulación". Mateo 24:29 dice: "E inmediatamente después de la Tribulación de aquellos días... entonces". Lucas llama esos días los días de venganza, por lo que al concluir los días de venganza cuando Dios haya cumplido todo lo que está en la Escritura acerca del juicio final, todo lo que ha sido registrado en la Escritura acerca de la salvación final, cuando todo esté cumplido y la Tribulación haya acabado y todos sus terribles juicios hayan terminado, incluyendo los juicios de los sellos, los juicios de las trompetas y los juicios de las copas, y la salvación de Dios haya juntado a todos aquellos que son judíos, y a todos aquellos gentiles de cada tribu y lengua y pueblo y nación, toda la historia de la humanidad finalizará... Y cuando eso suceda y esté completo, entonces el Señor llegará.

Regresemos por un minuto para ver algo importante. Cuando el Señor predijo en los versículos 1 y 2 que el templo sería destruido, estaba en lo cierto. Eso fue una gran predicción, Jesús no tenía un gran ejército como para lograrlo. Cuando Jesús dijo que no quedaría una piedra sobre otra, eso no era algo que Él podría lograr humanamente. Él no tenía la fuerza para hacerlo. Estaba prediciendo un evento que sería llevado a cabo por alguien sobre quien Él virtualmente, desde el punto de vista terrenal, no tenía ningún poder ni autoridad... los romanos. Pero estuvo en lo cierto porque Él es omnisciente.

Y entonces, cuando en los versículos 5–13 describe la historia de la humanidad como algo caracterizado por la falsa religión, por catástrofes de todo tipo, por desastres implacables y por la persecución a los creyentes, tiene razón. Así es exactamente como ustedes deben ver la historia de la humanidad. Él tenía razón.

Cuando llegamos a los versículos 14–23 y a la ABOMINACIÓN DESOLADORA, que en Daniel 9 y 12 se describe en detalle, hay inclusive una ilustración de la misma en Daniel 11, un hecho histórico en donde el rey seléucida Antíoco IV Epífanes virtualmente cumplió eso cuando estableció un altar a Zeus en el templo y profanó el lugar, abominando a Dios. Nuestro Señor sabe lo que sucederá. Y aquí tenemos una predicción exacta de la destrucción de Jerusalén, una descripción exacta de la naturaleza de la historia de la humanidad; y así como en tiempos de Daniel Él dio una predicción exacta, también ustedes pueden confiar que en Marcos tenemos una predicción exacta de la abominación en el tiempo de la Tribulación, así como que nuestro Señor retornará del modo preciso que Él dijo que lo hará.

La tribulación

Seguimos la secuencia: la Tribulación, luego de este sufrimiento progresivo en el mundo, con dolores de parto y después el Señor regresa. Esa es la secuencia. Veamos ahora el escenario. Este evento necesita un contexto. El regreso de Jesucristo del cielo con poder y gloria ocurrirá después de que Dios haya establecido el escenario, lo cual hará de una manera misteriosa. Versículo 24, el lenguaje utilizado aquí que describe el contexto es tomado del Antiguo Testamento. La referencia en el versículo 24 viene de Joel 2–3. La referencia en el versículo 25 viene de Isaías 34. La del versículo 26, de Daniel 7. Todo esto es tomado del Antiguo Testamento. He aquí la escena: "El sol se oscurecerá, y la luna no dará su resplandor, y las estrellas caerán del cielo, y las potencias que están en los cielos serán conmovidas".

Sabemos que en el período de la Tribulación y la Gran Tribulación habrá grandes señales en la tierra y en el cielo. Podemos leer acerca de las mismas en Apocalipsis 6, 8, 16, etc. Sabemos que esas cosas ya estarán sucediendo. Pero aquí está el escenario final: el sol se oscurece; la luna se oscurece porque obtiene su luz del sol; las estrellas caen del cielo; los poderes que están en los cielos serán sacudidos. Esto significa que el poder que sostiene los cuerpos celestes en su lugar, en su órbita, haciendo lo que hacen normalmente, lo que se puede predecir que harán, será alterado. Eso es lo que debemos esperar. El sol se oscurece. La luna se oscurece. Las estrellas se oscurecen. Y todo en el espacio cambia bruscamente. Deben faltar tan sólo unos días hasta que llegue el Señor, ya que la gente no podrá sobrevivir así por mucho tiempo.

Esta información no es nueva para los discípulos o para cualquier judío que conociera el Antiguo Testamento. Permítanme mostrarles brevemente lo que el Antiguo Testamento prometía. Comencemos en Isaías 13. No podremos cubrir todos los pasajes que hacen referencia a esto, pero Isaías 13 llama a éste día el Día del Señor, un término utilizado con respecto al juicio de Dios. Y el final culminante del Día del Señor está descrito en Isaías 13:6–16: "Aullad, porque cerca está el día de Jehová; vendrá como asolamiento del Todopoderoso. Por tanto, toda mano se debilitará, y desfallecerá todo corazón de hombre, y se llenarán de terror; angustias y dolores se apoderarán de ellos; tendrán dolores como mujer de parto; se asombrará cada cual al mirar a su compañero; sus rostros, rostros de llamas. He aquí el día de Jehová viene, terrible, y de indignación y ardor de ira, para convertir la tierra en soledad, y raer de ella a sus pecadores. Por lo cual las estrellas de los cielos y sus luceros no darán su luz; y el sol se oscurecerá al nacer, y la luna no dará su resplandor. Y castigaré al mundo por su maldad, y a los impíos por su iniquidad; y haré que cese la arrogancia de los soberbios, y abatiré la altivez de los fuertes. Haré más precioso que el oro fino al varón, y más que el oro de Ofir al hombre. Porque haré estremecer los cielos, y la tierra se moverá de su lugar, en la indignación de Jehová de los ejércitos, y en el día del ardor de su ira. Y como gacela perseguida, y como oveja sin pastor, cada cual mirará hacia su pueblo, y cada uno huirá a su tierra. Cualquiera que sea hallado será alanceado; y cualquiera que por ellos sea tomado, caerá a espada. Sus niños serán estrellados delante de ellos; sus casas serán saqueadas, y violadas sus mujeres".

El mundo entero caerá en este increíble holocausto de conducta impía bajo este indescriptible juicio de Dios.

En el capítulo 24 de Isaías el lenguaje es el mismo. Versículo 1: "He aquí que Jehová vacía la tierra y la desnuda, y trastorna su faz, y hace esparcir a sus moradores". Versículo 3: "La tierra será enteramente vaciada, y completamente saqueada; porque Jehová ha pronunciado esta palabra". Esta es la destrucción del planeta.

Versículo 6: "La maldición consumió la tierra, y sus moradores fueron asolados; por esta causa fueron consumidos los habitantes de la tierra, y disminuyeron los hombres". Al final del capítulo, versículo 23: "La luna se avergonzará, y el sol se confundirá, cuando Jehová de los ejércitos reine en el monte de Sion y en Jerusalén, y delante de sus ancianos sea glorioso".

Isaías escribió mucho sobre esto. Se repite nuevamente en el vocabulario de 34:1–2: "Acercaos, naciones, juntaos para oír; y vosotros, pueblos, escuchad. Oiga la tierra y cuanto hay en ella, el mundo y todo lo que produce. Porque Jehová está airado contra todas las naciones, e indignado contra todo el ejército de ellas; las destruirá y las entregará al matadero". Luego continúa describiendo más de las mismas cosas. Versículo 6: "Llena está de sangre la espada de Jehová". Un final horrible a este mundo.

Joel 2:10–11, nuevamente una mirada a la poderosa visita del juicio de Dios en el final. "Delante de él temblará la tierra, se estremecerán los cielos; el sol y la luna se oscurecerán, y las estrellas retraerán su resplandor. Y Jehová dará su orden delante de su ejército; porque muy grande es su campamento; fuerte es el que ejecuta su orden; porque grande es el día de Jehová, y muy terrible; ¿quién podrá soportarlo?"

Luego, Joel 2:31: "El sol se convertirá en tinieblas y la luna en sangre antes que venga el día grande y espantoso de Jehová". Joel 3:15: "El sol y la luna se oscurecerán y las estrellas retraerán su resplandor". Aún el profeta Ezequiel vio lo mismo. Y les estoy dando esto porque quiero que sepan que los discípulos que conocían las Escrituras y que sabían lo que las Escrituras dicen acerca del final, deben haber conocido esto. En Ezequiel

38:19: "Porque he hablado en mi celo, y en el fuego de mi ira: Que en aquel tiempo habrá gran temblor sobre la tierra de Israel". Esto es análogo al libro de Apocalipsis y a los eventos que ocurren al finalizar el tiempo de la Tribulación. Versículos 20–21:"Los peces del mar, las aves del cielo, las bestias del campo y toda serpiente que se arrastra sobre la tierra, y todos los hombres que están sobre la faz de la tierra, temblarán ante mi presencia; y se desmoronarán los montes, y los vallados caerán, y todo muro caerá a tierra. Y en todos mis montes llamaré contra él la espada, dice Jehová el Señor; la espada de cada cual será contra su hermano". Eso es lo que decía que no sólo Dios destruirá a medida que el sistema colapsa, sino que los hombres se matarán entre ellos. Versículo 23: "Y seré engrandecido y santificado, y seré conocido ante los ojos de muchas naciones; y sabrán que yo soy Jehová". Se establecerá el escenario para que Él sea revelado.

El profeta Hageo nos entrega profecías esencialmente similares. Hageo 2:6–7: "Porque así dice Jehová de los ejércitos: De aquí a poco yo haré temblar los cielos y la tierra, el mar y la tierra seca; y haré temblar a todas las naciones, y vendrá el Deseado de todas las naciones; y llenaré de gloria esta casa, ha dicho Jehová de los ejércitos". El profeta Sofonías esencialmente dice lo mismo. Cap. 1:14–15: "Cercano está el día grande de Jehová, cercano y muy próximo; es amarga la voz del día de Jehová; gritará allí el valiente. Día de ira aquel día, día de angustia y de aprieto, día de alboroto y de asolamiento, día de tiniebla y de oscuridad, día de nublado y de entenebrecimiento..."Y continúa en el versículo 18: "En el día de la ira de Jehová, pues toda la tierra será consumida con el fuego de su celo; porque ciertamente destrucción apresurada hará de todos los habitantes de la tierra""

Se establece este escenario. Lo que nuestro Señor dice aquí acerca del sol que se oscurece y la luna que no da su resplandor, las estrellas que caen del cielo y las potencias que están en los cielos que son sacudidas es exactamente igual a lo que el Antiguo Testamento prometió acerca del gran Día del Señor cuando llegue el juicio final y el Señor establezca Su gloria delante del mundo expectante e instaure Su Reino.

La conmoción

Vemos la secuencia y algo del escenario de estos acontecimientos increíbles. Pero quiero agregar algo más: la conmoción. Leemos en los profetas, como Isaías, que los hombres tendrán miedo y temblarán, estarán aterrados.

De acuerdo al Evangelio de Lucas, un relato análogo, podemos ver que nuestro Señor dijo eso cuando estaba dando Su mensaje en Lucas 21:25–27: "Entonces habrá señales en el sol, en la luna y en las estrellas"— acabamos de leer acerca de estas cosas, el escenario— "y en la tierra angustia de las gentes, confundidas a causa del bramido del mar y de las olas; desfalleciendo los hombres por el temor y la expectación de las cosas que sobrevendrán en la tierra; porque las potencias de los cielos serán conmovidas. Entonces verán al Hijo del Hombre". Nuevamente, regresamos al contexto; y aquí aprendemos que en medio de este escenario el mundo estará angustiado, *synochē*, que significa ansiedad, angustia, terror. Y luego confusión. Éste es el único lugar en el Nuevo Testamento donde se utiliza esta palabra, *aporia*, que significa confusión. Las personas no podrán comprender. No habrá una explicación racional; y en consecuencia dice que los hombres desfallecerán por el temor y la expectación de las cosas que sobrevendrán en la tierra. Desfallecer, *apopsychō*, significa que morirán. Eso es morir, expirar. Las personas estarán muertas de miedo, no sólo por lo que está sucediendo en ese momento, sino también por temor a lo que sucederá a continuación en esa secuencia mortal, con traumas emocionales que originan aceleramiento de la frecuencia cardíaca, cambios en la presión arterial, paros cardíacos. Eso es conmoción.

La señal

Eso nos trae de regreso a Marcos y el próximo punto que quiero resaltar, la señal. De acuerdo a Mateo 24, ellos preguntaron cuál sería la señal de Su llegada, qué debían esperar. Y Él les contestó que habría una señal en el tiempo futuro que indica la Tribulación y es cuando la ABOMINACIÓN DESOLADORA estuviera en el templo. Pero la pregunta que ellos tenían era acerca de la señal de Su llegada. Y aquí está, la última señal. "Entonces verán al Hijo del Hombre que vendrá en las nubes con gran poder y gloria".

Para expresarlo de manera simple, el sol es la señal. Mateo 24:30: "La señal del Hijo del Hombre". Ha habido señales anteriores a través de toda la historia de la humanidad que indicaban en la dirección que Jesús dice que estamos ahora. Observe la historia. En el futuro, esas señales se desarrollarán con claridad, de manera visible y serán parte de un tiempo de gran Tribulación. Pero ésta es LA señal, en la oscuridad, no hay mas luna, no hay más sol, no hay más estrellas, oscuridad total, las personas aterradas cayendo muertas por problemas cardíacos debido a que su miedo es tan inmenso; y luego, en el versículo 26, después de tres años y medio, no se sabe exactamente cuántos días después, verán al Hijo del Hombre. Es la señal. Ése es el momento, la historia de la redención apunta hacia ese momento.

Y no puedo evitar decirlo: no necesita preocuparse por preservar el planeta, por favor. No pierda el tiempo, ni su dinero, su energía y su poder mental. El futuro del planeta ha sido determinado y no tiene nada que ver con ustedes, ni con Al Gore, ni con nadie más. Ha sido establecido. Hacia aquí se dirige la historia, hacia esta devastación que viene, la cual todos los ecologistas del planeta juntos no podrán detener. Él viene. Vino a morir, viene a matar.

I Parte. Sermones temáticos sobre escatología

Desastres celestiales, no muy prolongados, el escenario final y el regreso de Cristo como el resplandor de un relámpago cuando Él llegue. Aparecerá. Un evento glorioso. Muchos de los padres de la iglesia pensaban que la señal sería una cruz, una cruz en llamas en un cielo completamente oscuro. Cirilo de Jerusalén, Crisóstomo y Orígenes, por ejemplo, hablaron de esto. Otros pensaron que sería un brillo celestial. La señal no es una cruz, ni un resplandor, la señal es el Hijo del Hombre con gran poder y gran gloria.

Por cierto, la nueva Jerusalén, la ciudad capital del cielo, no tiene luces porque el Cordero es la luz de esa ciudad. El Cordero es la luz. La luz que emana de Cristo glorificado, la luz de Dios que resplandece en plenitud proveniente de Él es suficiente para ir por toda la nueva Jerusalén, esparciéndose a través de los cimientos ornamentados de piedras, las puertas y a través de las calles de oro y refractando su luz hasta el fin del universo; así que cuando Él llegue habrá luz en abundancia en medio de las tinieblas.

Es una señal inconfundible. Apocalipsis 6 describe que la gente dice: "Caed sobre nosotros y escondednos del rostro de Aquel que está sentado sobre el trono, y de la ira del Cordero". Será tan aterrador que la gente se arrastrará dentro de las cuevas, si es que las pueden encontrar en la oscuridad, tratando de salvarse.

También nos habla aquí en Marcos 13:26 de esa visión increíble de Daniel 7:13–14, tan importante porque ahí vemos a Cristo ocupar Su Reino. "Miraba yo en la visión de la noche, y he aquí con las nubes del cielo venía uno como un hijo de hombre, que vino hasta el Anciano de días, y le hicieron acercarse delante de él. Y le fue dado dominio, gloria y reino, para que todos los pueblos, naciones y lenguas le sirvieran; su dominio es dominio eterno, que nunca pasará, y su reino uno que no será destruido". Su Reino es uno que no será destruido. Esta es la imagen de Daniel de ese momento cuando Él llega en las nubes con gran poder y gloria. Daniel dice "con las nubes del cielo" en Apocalipsis, Juan dice que viene con las nubes. Marcos dice que vendrá en las nubes, tal como hemos leído. Lucas dice que Él viene en una nube. Y Mateo dice que Él viene en las nubes. Así que 'en,' 'sobre,' 'con' nubes, etc. Las nubes iluminadas le rodean.

Por cierto, ellas son a menudo la carroza de Dios; Salmo 104:1–3: "Bendice, alma mía, a Jehová. Jehová Dios mío, mucho te has engrandecido; te has vestido de gloria y de magnificencia. El que se cubre de luz como de vestidura, que extiende los cielos como una cortina, que establece sus aposentos entre las aguas, el que pone las nubes por su carroza". Dios se desplaza en las nubes. Isaías 19:1, la profecía sobre Egipto, "He aquí que Jehová monta sobre una ligera nube". Las nubes están asociadas con el movimiento de Dios. Aún el profeta Zacarías nos otorga una pequeña mirada de esto. Zacarías 14:6–7 nos dice que en aquel día no habrá luz, el sol y la luna se desvanecerán. Todos los profetas concuerdan en esto, todos los escritores del Nuevo Testamento coinciden. "Y acontecerá que en ese día no habrá luz clara, ni oscura. Será un día, el cual es conocido de Jehová, que no será ni día ni noche; pero sucederá que al caer la tarde habrá luz". Y esa luz será la de Aquel que es la Luz. En ese día no habrá luz, como acabamos de ver en Zacarías. Desaparecerán las luminarias. En el hebreo dice literalmente "las que brillan se desvanecerán". No habrá luz. Un día único del cual solo Dios sabe, solo Él comprende su singularidad.

Nunca ha existido algo así desde la creación; siempre ha sido noche y mañana, noche y mañana, etc. Pero de golpe, no existirán ni la noche ni la mañana. Jeremías 30:7: "¡Ah, cuán grande es aquel día! tanto, que no hay otro semejante a él". Eso es cuando la Luz misma parece.

No puedo evitar recordarles algunas de las grandes afirmaciones de los profetas del Antiguo Testamento que muestran la consistencia de la palabra de Dios. Isaías 30:26: "Y la luz de la luna será como la luz del sol, y la luz del sol siete veces mayor, como la luz de siete días, el día que vendare Jehová la herida de Su pueblo, y curare la llaga que Él causó".

Cuando Él regresa y enciende la luz, cuando enciende nuevamente la luna, la luna tendrá la luz del sol y el sol será siete veces más brillante de lo que hemos conocido. Cuando enciende la luz de Su glorioso Reino. Quién sabe qué efecto eso tendrá sobre todo. La luz brillará en el rostro de Jesucristo.

El regreso de Jesucristo

Hablemos acerca de que Él viene con poder, gran poder y gloria al final de Marcos 13:26. Él llega con gran poder y gloria. Veamos Apocalipsis 19, en donde hay una clara descripción de este mismo evento. Comencemos en el versículo 11, podríamos comenzar antes; pero así no nos extendemos demasiado. Juan tiene una visión de este momento. "Entonces vi el cielo abierto; y he aquí un caballo blanco, y el que lo montaba se llamaba Fiel y Verdadero, y con justicia juzga y pelea".

No solo viene a establecer Su reino, por supuesto, sino que también destruye a los impíos que todavía están en la tierra. El cielo se abre mostrando al Rey vencedor. El caballo blanco, no un cordero como en Su primera venida. No montando un burro, como en su falsa coronación. Sino que viene como cualquier otro gran conquistador romano lo haría, montando triunfante sobre un caballo blanco. Esa es la analogía. Esa es la descripción que nos deja saber que Él viene en triunfo, que Él es a quien se llama Fiel y Verdadero.

¿De qué se trata todo esto? Eso significa que Él viene a cumplir su promesa. Viene a hacer lo que dijo que haría. Viene también con justicia, lo que implica que debe actuar contra el pecado. La justicia intervendrá contra el pecado. El pecado habrá alcanzado proporciones épicas durante ese período llamado Tribulación. El mundo estará en las peores condiciones morales. Él viene a juzgar.

Recuerden Juan capítulo 5, que todo juicio dio al Hijo; Él levantará a los muertos y juzgará a los vivos y los muertos. Los que hicieron lo bueno saldrán a resurrección de vida; mas los que hicieron lo malo a resurrección de condenación. Cuando regrese la segunda vez, Él los condenará y juzgará.

Y luego hace la guerra. Éxodo 15:3: "Jehová es varón de guerra; Jehová es Su nombre". El cielo nunca puede estar en paz con el pecado. El cielo nunca puede dejar que Satanás tenga control exclusivo de este planeta. Es solo temporal. La paciencia de Dios tiene un límite. El pecado será castigado. Los pecadores serán castigados porque Dios es justo. Así que aquí llega el Conquistador con la espada de la insultada majestad. Este Conquistador no llega como los otros —por orgullo, ambición, poder o codicia— sino en justicia perfecta y en armonía estricta con cada interés sagrado.

Y en Apocalipsis 19:12 dice que "Sus ojos eran como llama de fuego". Nada escapa a su mirada. "En su cabeza muchas diademas'" ¿Cómo obtuvo muchas diademas? Porque de acuerdo a Apocalipsis 17, Él ha adquirido el poder de todo el mundo. Él es Rey de reyes y Señor de señores. Ya no quedan otros gobernantes en la tierra cuando Él regrese. Él usará todas las coronas.

Y Él tiene un nombre, el cual nadie sabe excepto Él mismo. Muchas personas me han preguntado cuál es ese nombre. No tengo ni la más remota idea de cuál es. Solo se nos dice eso. En la Biblia se nos dan muchos nombres de Cristo, pero existe otro nombre que es el superlativo, final, perfecto, el cual no conocemos.

En Apocalipsis 19:13 dice que "Él estaba vestido de una ropa teñida en sangre". Ésta no es su primera batalla. Ésta no es su primera guerra. Es la sangre de sus enemigos que mancha Su ropa. Segunda de Tesalonicenses dice que cuando venga habrá un baño de sangre. Dice que impartirá justicia a aquellos que no conocen a Dios y que no obedecen el Evangelio de nuestro señor Jesús. Pagarán con la destrucción eterna, alejados de la presencia de Dios y de la gloria de Su poder cuando Él venga para ser glorificado en Sus santos. Su nombre es la Palabra de Dios.

Dios no puede ser separado de su palabra. Su nombre y su palabra son engrandecidos sobre todas las cosas, Salmo 138:2. Ésta es una perfecta representación de Dios… El hijo de Dios. Él es la manifestación completa, la revelación completa de Dios. Es Dios dado a conocer.

Él no está solo, los ejércitos que están en los cielos, vestidos de lino finísimo, blanco y limpio, le seguían en caballos blancos. ¿Quién está en el cielo? ¿Quiénes son estos? Ahí están los ángeles. Mateo 25:31 dice que Él viene con Sus ángeles. De acuerdo a Judas 14–15, los santos del Antiguo Testamento están aquí con Él; los santos de la Tribulación estarán ahí, aquellos que han muerto literalmente como mártires durante el tiempo de la Tribulación y que han sido llevados al cielo. Y la Iglesia estará allí. Yo creo que la Iglesia estará allí. La Iglesia puede ser aquella que se describe con los otros creyentes en Apocalipsis 19:8, quienes están vestidos de "lino fino, limpio y resplandeciente; porque el lino fino es las acciones justas de los santos". Entonces estos son los santos, no ángeles. Por lo que nosotros seremos parte de los que le acompañan. ¿Viene con Sus ángeles? Absolutamente. La Escritura es clara al decir que Él viene con Sus ángeles. Es lo que dice. Él dice eso, de acuerdo a las palabras de Mateo. Todos los santos del cielo, así como los ángeles del cielo, le acompañarán.

Y le siguen en caballos blancos, algo simbólico nuevamente, símbolo del triunfo, de la victoria. Y estos vienen con Él. ¿Por qué? Para entrar en su reino y gobernar. Apocalipsis 20:4–6: "Y vi tronos, y se sentaron sobre ellos los que recibieron facultad de juzgar; y vi las almas de los decapitados por causa del testimonio de Jesús y por la palabra de Dios, los que no habían adorado a la bestia ni a su imagen, y que no recibieron la marca en sus frentes ni en sus manos; y vivieron y reinaron con Cristo mil años. Pero los otros muertos no volvieron a vivir hasta que se cumplieron mil años. Esta es la primera resurrección. Bienaventurado y santo el que tiene parte en la primera resurrección".

De modo que los creyentes, los santos que están en el cielo, muchos de los cuales fueron martirizados, vienen con Él a reinar en su Reino. Él establecerá su reinado cuando llegue. Apocalipsis 19:15: "De su boca sale una espada aguda, para herir con ella a las naciones". Éste es probablemente el golpe final, asestado en la gran batalla de Armagedón que termina con todo. "Y él las regirá con vara de hierro; y él pisa el lagar del vino del furor y de la ira del Dios Todopoderoso". La ira de Dios a través de Él que es el ejecutor que aplastará a los impíos como si fueran uvas.

Su boca tiene una espada aguda. Esto simboliza el poder mortal de su palabra. Lo vemos en la descripción de Apocalipsis 1:16. Su palabra mata. Así como puede dar vida, puede matar. Isaías 11:4: "y herirá la tierra con la vara de su boca, y con el espíritu de sus labios matará al impío".

Destruirá a las naciones. Eso significa al mundo. Luego establecerá su reino y gobernará con vara de hierro, como lo dice el Salmo 2:8–9. También pueden leer más acerca de eso en Apocalipsis 14.

Apocalipsis 19:16: "Y en su vestidura y en su muslo tiene escrito este nombre: REY DE REYES Y SEÑOR DE SEÑORES". En su vestidura, en su muslo, un cartel. Probablemente en la visión Juan ve ese cartel extenderse desde su hombro hasta su muslo, que dice Rey de reyes y Señor de señores, indicando que Él es ahora soberano; y el único monarca del mundo.

¿Qué continúa? Ustedes saben. Una masacre muy grande. Los versículos 17–19 describen la matanza. En ese momento, llegarán las aves y comerán "carnes de reyes y de capitanes, y carnes de fuertes, carnes de caballos y de sus jinetes, y carnes de todos, libres y esclavos, pequeños y grandes". Será una situación absolutamente desastrosa en la tierra. Y la matanza será comida por las aves de rapiña; y entonces el anticristo y el falso profeta serán apresados. Y todos los que les siguieron también. Y los dos serán arrojados vivos "dentro de un lago de fuego que arde con azufre. Y los demás fueron muertos con la espada que salía de la boca del que montaba el caballo, y todas las aves se saciaron de las carnes de ellos".

Y luego, Apocalipsis 20, Satanás es atado y Cristo establece su reino. No creo que haya personas que se burlen en ese momento. No creo que haya personas que digan dónde está la señal de su llegada, que todo sigue siendo lo mismo. Ese día no será así.

Conclusión

Nuevamente, la pregunta de dónde estaremos cuando esto suceda. Y la respuesta a eso es lo que les he dicho antes: Creo que la Iglesia será raptada al comienzo del periodo de la Tribulación. Lo creo basado en Apocalipsis 3:10; 1 Tesalonicenses 4; 1 Corintios 15; Juan 14, en donde Cristo lo expresa de esta manera: "Y si me fuere y os preparare lugar, vendré otra vez, y os tomaré a mí mismo, para que donde yo estoy, vosotros también estéis". Vendré por vosotros. Él tiene que venir por nosotros antes de que pueda venir con nosotros.

Cuando ustedes lean la descripción de 1 Tesalonicenses 4 de ese momento, que en un abrir y cerrar de ojos, los muertos en Cristo se levantan primero y todos los que están vivos y permanecen son llevados a encontrarse con el Señor en el aire; cuando leemos 1 Corintios 15, "no todos dormiremos," eso significa morir; "nosotros seremos transformados" y llevados a la gloria. Cuando ustedes lean Juan 14, que describe cuando Él viene por nosotros, en esa descripción del Señor viniendo por su Iglesia, nunca se ve una palabra acerca de juicio. Se reunirá a la Iglesia en el cielo. De hecho, en Apocalipsis ya estamos en el cielo porque estamos en la cena de las bodas del Cordero (19:9). ¿Quién es la esposa del Cordero? La Iglesia. Tenemos que ir a la boda, somos la esposa. Regresamos con Él. Será un evento inigualable.

Regresemos por un minuto a Marcos. Hemos visto muchos aspectos de esto. Podríamos ver muchos más y decir mucho más. Pero vamos a dejarlo aquí. Hemos visto la secuencia. Hemos visto el contexto. Hemos visto la conmoción. Hemos visto la señal. Miremos a los santos. Marcos 13:27: "Y entonces enviará sus ángeles, y juntará a sus escogidos de los cuatro vientos, desde el extremo de la tierra hasta el extremo del cielo".

Lucas registra que Jesús dice: "Cuando estas cosas comiencen a suceder, erguíos y levantad vuestra cabeza, porque vuestra redención está cerca" (21:28). Cuando todo esto suceda, los creyentes que estén vivos en ese momento serán muchos porque están protegidos para ir al Reino, han encontrado un lugar de refugio, habrá personas que habrán escuchado a los dos testigos, escuchado a los 144,000, escuchado a creyentes de cada tribu y lengua y pueblo y nación predicar el Evangelio. Vieron al ángel en el cielo proclamar el Evangelio, vinieron a la fe en Cristo, un gran grupo de personas que será salvada. Muchos serán asesinados y martirizados, pero habrá muchos que serán protegidos y preservados; y entonces serán reunidos en el Reino. Mateo 24:31 dice: "Y enviará sus ángeles con gran voz de trompeta, y juntarán a sus escogidos, de los cuatro vientos, desde un extremo del cielo hasta el otro". En otras palabras, todos los elegidos serán juntados para el Reino. Algunos de ellos todavía están en la tierra y algunos de ellos vendrán del cielo. Pero todos serán reunidos. Él enviará a Sus ángeles; y Mateo dice que con gran voz de trompeta juntará a sus escogidos. Todos los elegidos vendrán al Reino, de los cuatro vientos, de los cuatro extremos de la tierra, de todas partes. Desde el lugar más lejano de la tierra y desde el lugar más lejano del cielo es otro modo de expresar de todas partes, cielo y tierra, todos juntos al Reino. Si conocen al Señor, ustedes estarán allí. Todos estaremos allí.

"Entonces se sentará en su trono de gloria" (Mateo 25:31). Si alguien que ocupa lugares de poder en el ámbito educacional o político quiere saber acerca del futuro, puedo acercarme y contarles la historia verdadera. También ustedes pueden hacerlo. ¡Imagínense, conocen la verdad acerca del futuro! ¡Qué privilegio!

REFLEXIONES PERSONALES

3 de Abril, 2011

04_La última generación. Parte I

De la higuera aprended la parábola: Cuando ya su rama está tierna, y brotan las hojas, sabéis que el verano está cerca. Así también vosotros, cuando veáis que suceden estas cosas, conoced que está cerca, a las puertas. De cierto os digo, que no pasará esta generación hasta que todo esto acontezca. El cielo y la tierra pasarán, pero mis palabras no pasarán. Pero de aquel día y de la hora nadie sabe, ni aun los ángeles que están en el cielo, ni aun el Hijo, sino el Padre. Mirad, velad y orad; porque no sabéis cuándo será el tiempo. Es como el hombre que yéndose lejos, dejó su casa, y dio autoridad a sus siervos, y a cada uno su obra, y al portero mandó que velase. Velad, pues, porque no sabéis cuándo vendrá el señor de la casa; si al anochecer, o a la medianoche, o al canto del gallo, o a la mañana; para que cuando venga de repente, no os halle durmiendo. Y lo que a vosotros digo, a todos lo digo: Velad.

Marcos 13:28–37

BOSQUEJO

— Introducción

— La analogía

— La aplicación

— Conclusión

Notas personales al bosquejo

SERMÓN

Introducción

Abramos la palabra de Dios en el capítulo 13 del Evangelio de Marcos. Llegamos a los versículos 28-37 de este extraordinario relato de la vida de nuestro Señor; quiero dar dos mensajes acerca de este pasaje. No es un pasaje largo, pero tiene mucho contenido. Y para poder cubrirlo lo haremos en dos partes. Veamos qué dice el texto.

Marcos 13:28-32: "De la higuera aprended la parábola: Cuando ya su rama está tierna, y brotan las hojas, sabéis que el verano está cerca. Así también vosotros, cuando veáis que suceden estas cosas, conoced que está cerca, a las puertas. De cierto os digo, que no pasará esta generación hasta que todo esto acontezca. El cielo y la tierra pasarán, pero mis palabras no pasarán.

Pero de aquel día y de la hora nadie sabe, ni aun los ángeles que están en el cielo, ni el Hijo, sino el Padre. Mirad, velad y orad; porque no sabéis cuándo será el tiempo. Es como el hombre que yéndose lejos, dejó su casa, y dio autoridad a sus siervos, y a cada uno su obra, y al portero mandó que velase. Velad, pues, porque no sabéis cuándo vendrá el señor de la casa; si al anochecer, o a la medianoche, o al canto del gallo, o a la mañana; para que cuando venga de repente, no os halle durmiendo. Y lo que a vosotros digo, a todos lo digo: Velad".

Éste es un mensaje evidente, una orden inequívoca que surge de una porción de la Escritura que es manifiestamente obvia. Esto me lleva decirles que he estado enseñando la Palabra de Dios por cincuenta años, más o menos cuarenta y tres de ellos en Grace Community Church; y mi punto de vista de lo que nuestro Señor enseñó a sus discípulos en su sermón del Monte de los Olivos el miércoles de la semana de la pasión con respecto a su regreso, no ha cambiado. Eso quiere decir que en todos estos 50 años mi escatología no ha cambiado. Ha resistido las pruebas del estudio implacable del Nuevo Testamento, tal como saben, de cada palabra, cada frase y cada versículo del Nuevo Testamento. Ha resistido el estudio del Antiguo Testamento, principalmente los profetas. He completado los profetas mayores y los profetas menores con cierto detalle, he predicado cuidadosamente el libro de Daniel, he regresado y escrito comentarios sobre muchas de estas cosas y he escrito expresamente notas en cada pasaje de la Biblia de estudio; y mi comprensión de la escatología, de las doctrinas relacionadas con el regreso de Cristo al final de la historia de la humanidad no ha cambiado en absoluto. Es importante que lo diga porque la teología que ustedes tengan, debe resistir la prueba del tiempo. Cada pasaje de la Escritura tiene que permanecer intacto para ser validado, porque toda la Escritura tiene un autor, que es Dios, quien nunca se contradice a sí mismo. Y por lo tanto, les digo que después de muchos años de enseñanza en temas relacionados con la Segunda Venida de Cristo, estoy en el mismo lugar en que estaba al principio.

También quiero que entiendan que la escatología y lo que la Escritura dice acerca del fin de los tiempos no es difícil de comprender. Yo soy una demostración de eso porque no soy fundamentalmente talentoso en el ámbito intelectual. Soy sencillo como ustedes, abro la Biblia y aplico los mismos principios de interpretación a los pasajes escatológicos y proféticos que a los pasajes narrativos o dialécticos, y encuentro una interpretación axiomática. Tendrán un ejemplo de eso más al rato, cuando veamos el texto.

Hoy en día existe una tendencia en la teología evangélica que básicamente quiere descartar la discusión de la Segunda Venida. Ustedes pueden asistir a muchas conferencias, escuchar a los principales oradores y maestros de la Biblia y deberán esperar mucho tiempo antes de oír que alguien dedica un mensaje a la Segunda Venida de Cristo. La gente está convencida de que es algo confuso. No creo que sea así, no creo que nuestro Señor haya escrito su Palabra para dejar alguna cosa confusa. Es por eso que Apocalipsis comienza diciendo: "Bienaventurado el que lee, y los que oyen las palabras de esta profecía, y guardan las cosas en ella escritas", lo cual supone que ustedes lo pueden entender, no que lo harán solo si son profesores de teología o expertos en griego; después de todo, los libros del Antiguo Testamento fueron escritos a una generación nueva de creyentes; y ellos podían entenderlo porque se podía entender mediante los mismos principios de interpretación utilizados para comprender cualquier documento antiguo y cualquier discurso en cualquier lenguaje en cualquier lugar.

Entonces, la Palabra de Dios puede ser comprendida así como la escatología puede ser comprendida. Más aún, debe ser comprendida. No entiendo cómo algunas personas pueden suponer que Dios arruinó el final, que todo era claro hasta el final, como si el fin fuera algo que se puede descartar, escribir como nosotros queramos o dar el punto de vista que deseemos. Pienso que la especificidad con que el comienzo es indicado en Génesis 1:2 es consistente con la forma en que se presenta el final. Creo que Génesis 1 y 2 debe ser comprendido exactamente del modo que ha sido escrito, y también el final, principalmente el libro de Apocalipsis y todas las porciones proféticas de la Escritura que se vinculan con el libro de Apocalipsis. Por tanto asumimos que lo que vamos a ver, lo comprenderemos de la misma manera simple en que podemos comprender cualquier cosa registrada en la Escritura.

Habiendo dicho esto, hay algunas cosas que no podemos comprender en su totalidad porque aún no han sucedido. La especulación llega, no en comprender la profecía, sino en su cumplimiento. Tenemos que tener un modo de comprender la profecía misma que sea consistente con el modo en que comprendemos el resto de las Escrituras; si no, estamos perdidos. Lo que no podemos saber es lo específico del cumplimiento que aún no ha sucedido. Pero las profecías son muy, muy claras cuando se refieren al regreso de Cristo. La culminación de la historia de la humanidad ocurre con el regreso del Señor Jesucristo a la tierra. Cuando Él regrese, destruirá a todos los pecadores que estén vivos que no se hayan arrepentido y puesto su confianza en Él. Será el fin de todos ellos y serán arrojados para siempre junto con los demonios, los ángeles caídos, Satanás, el falso profeta y la bestia en el lago de fuego.

Los creyentes que estén vivos cuando Él venga serán conducidos a Su reino glorioso, en el cual serán cumplidas todas las promesas a Israel del Antiguo Testamento; y serán cumplidas todas las promesas del Reino repetidas en el Nuevo Testamento, y el Señor será Rey sobre toda la tierra. Y Apocalipsis 20 dice que durará 1000 años; ese es el fin de la historia. Al final de los 1000 años, la tierra será completamente desintegrada, todo el universo —tal como lo conocemos— colapsará en una implosión atómica y será reemplazado por el nuevo cielo y la nueva tierra en donde moraremos con Él en gloria por siempre. Esa es nuestra esperanza. Esa es la esperanza bendita de cada creyente. Descansamos en esa esperanza y anhelamos la gloriosa aparición de nuestro Dios y Salvador, Jesucristo. Pablo dice que somos esos que aman Su venida. Esperamos la gloria que se revelará en nosotros con la venida del Señor Jesucristo. Vivimos con esperanza.

Es muy importante que comprendamos esto y también que comprendamos cuán cerca está. No tiene sentido que desperdicien cinco segundos preocupándose por lo que le sucederá al medio ambiente si continúan utilizando productos en aerosol. Por favor, olvídense de eso. O la gasolina, o cortar la hierba, o algo por el estilo. No debemos temerle al futuro porque sabemos cómo terminará todo. La Escritura nos lo describe claramente y con gran detalle. El Nuevo Testamento está colmado de verdades acerca de la Segunda Venida presentados por nuestro Señor mismo en Mateo, Marcos y Lucas en particular. Y a pesar de que Él ha dicho otras cosas en estos Evangelios acerca de Su venida, la enseñanza principal de los labios de Cristo acerca de Su retorno está en este mensaje, el final acerca del cual acabo de leer. En este mensaje, dado el miércoles por la noche de la semana de la Pasión, sentado en el Monte de los Olivos junto con Sus discípulos mientras que el sol está cayendo, mirando a la puerta oriental, al templo de Herodes y la ciudad de Jerusalén. Es el último día en el que enseña. Es el último día de Su ministerio público. Al día siguiente, Él se quedará en privado y se preparará para la Pascua del jueves por la noche. El viernes será juzgado y crucificado. El domingo se levantará de entre los muertos. Cuarenta días después —luego de aparecer solo a los creyentes— Él ascenderá al cielo donde ahora está sentado, esperando regresar.

Pero a medida que terminaba el día, después del fin de Su ministerio público, se sentó en ese monte y les dijo a los discípulos que el templo que contemplaban con tanta admiración sería derribado y no quedaría piedra sobre piedra. Y que junto con su destrucción vendría la destrucción de la ciudad y de la nación. Y ese sería el juicio de Dios. Y por supuesto, esa profecía aconteció 40 años después. Hizo esa profeía en abril del año 30 D.C.; y 40 años más tarde, en el año 70 D.C. se cumplió cuando los romanos llegaron y destruyeron el templo, la ciudad y la nación. Luego, Él dijo que el juicio que caería sobre ese templo, esa ciudad y esa nación es solo un ejemplo de un juicio mucho mayor que vendrá cuando regrese a establecer Su Reino.

Y luego, continuó describiendo lo que sucedería entre aquel entonces y su retorno. Y es lo que clásicamente se conoce como el discurso del Monte de los Olivos, porque fue dado en aquel lugar. Está registrado en Mateo 24–25, Lucas 21 y Marcos 13. Mateo, Marcos y Lucas comentan, inspirados por el Espíritu Santo, escenas del mismo evento y del mismo mensaje.

Todo esto se desencadena porque los apóstoles, los seguidores de Cristo, están tratando de entender qué es lo que sucede. El lunes, todos decían que Él era el Mesías. Todo el mundo lo saludó como tal. Cientos de miles de personas se juntaron para la Pascua; y le arrojaban ramas de palmas a sus pies, tendiendo sus mantos frente al animal que Él montaba y saludándolo como el hijo de David y el Mesías diciendo: "Hosanna". Y los discípulos tenían grandes expectativas.

Sin embargo, al día siguiente, el martes, Él llega a Jerusalén con ellos, maldice a una higuera; y ése es el símbolo de la maldición que llegará a la nación. Y en vez de destruir a los invasores, los romanos —que era lo que los judíos querían que Él hiciera— destruirá a Israel. Los juzgará. Los maldecirá tal como maldijo al árbol. Y con un segundo símbolo para eso, lo pone en marcha. Va al templo y expulsa a los vendedores y compradores. Limpia al lugar de toda corrupción y delito; y regresa el miércoles, y en medio de los restos de basura, ocupa el templo durante todo el día y por primera vez en cientos de años habla la Verdad en ese lugar.

Los discípulos no saben qué pensar. Saben que los líderes de Israel lo persiguen. Saben que le quieren muerto. Y Jesús les ha dicho —está registrado al menos tres veces— que será arrestado, que morirá y que resucitará. Y todavía están tratando de comprender cuándo vendrá el Reino. Y por eso preguntan en el 13:4 cuándo serán esas cosas, esas cosas que tienen que ver con juicio; y cuál será la señal cuando todas esas cosas hayan de cumplirse. Cuál es la señal del establecimiento definitivo del Reino.

Muchos estaban preguntando, era un diálogo. Y Mateo registra en 24:3 que uno de ellos dijo: "¿Cuándo serán estas cosas y qué señal habrá de Tu venida y del fin del siglo?" Lo que genera el mensaje de nuestro Señor acerca del futuro. Y Él comienza a contestar en Marcos 13:5. No lo veremos nuevamente, simplemente lo señalo. En Marcos 13:5–13, Él describe la historia hasta ahora, incluyendo hoy en día. Y Él dijo que antes de que regresara, el mundo estaría caracterizado por el engaño religioso, cuantioso engaño religioso. Mateo, Marcos y Lucas nos dan un vistazo de esto.

En segundo lugar, estará caracterizado por desastres, guerras, rumores de guerras y grandes terremotos. Todo eso junto con hambruna, plagas, todo tipo de desastres naturales. La historia de la humanidad también estará caracterizada por una implacable persecución a los creyentes, primero por los judíos, también por los gentiles e inclusive en las familias. Él manifiesta las características del período de tiempo hasta Su llegada como una época de engaño, desastre, angustia, de persecución a los creyentes. La historia nos dice que Él tenía razón. Ésa es la historia de la humanidad. El engaño religioso no cesa a través del tiempo. Hoy en día, el engaño religioso se multiplica de un modo como nunca antes en la historia del mundo; no hemos mejorado nuestra susceptibilidad como raza humana a las mentiras del enemigo, al mismo rey delegado del infierno, Satanás.

La historia también ha sido caracterizada por guerras y rumores de guerras. Y las mismas no disminuyen. Parecen aumentar, aún hoy en día. Y los desastres naturales parecen empeorarse. Continúa la persecución. Los creyentes siempre han sido perseguidos. Están siendo perseguidos y asesinados en el mundo hoy en día. Nuestro Señor vio la historia del modo que es porque la Biblia siempre se corresponde con la realidad.

Más adelante, llegamos a Marcos 13:14, que nos manifiesta un momento muy importante en el futuro. En el futuro vendrá un período de Tribulación. Daniel, el profeta, lo identifica como un período de siete años, de los cuales la segunda mitad será la peor. Son los últimos siete años antes de que Cristo regrese.

¿Cómo saber si ustedes están en ese momento? Versículo 14: "cuando veáis la abominación desoladora". Cuando eso suceda, ustedes sabrán que están en la Tribulación. Ya que el versículo 19 dice: "Aquellos días serán de tribulación cual nunca ha habido desde el principio de la creación que Dios creó, hasta este tiempo, ni la habrá". Será peor que cualquier otro tiempo. Más mortal, más funesto, más terrorífico; y Daniel lo describe en detalle; y especialmente Juan en las visiones de Apocalipsis 6–19.

Entonces tenemos la historia humana descrita en los versículos 5–13; el período final de siete años, especialmente los últimos tres años y medio, descrito en los versículos 14–23 como la peor época que el mundo jamás haya visto. Si quieren los detalles de eso, lean Apocalipsis 6–19. Al final de ese período, versículo 24, después de aquella Tribulación, cuando finaliza ese tiempo específico de la Tribulación, el sol se oscurecerá, la luna no dará su resplandor, las estrellas caerán del cielo y las potencias que están en los cielos serán conmovidas, el universo comienza a desintegrarse y colapsa. Entonces, en medio de la oscuridad, sin sol, sin luna, sin estrellas, verán al Hijo del Hombre llegando en las nubes con gran poder y gloria. Y Él luego enviará Sus ángeles a los todos los rincones de la tierra a juntar a los elegidos para ir a Su Reino.

Así que el Reino no llega hasta que haya pasado un largo período de historia descrito en la primera parte del sermón, un período de siete años, cuya última mitad es horrenda, desatada por la abominación desoladora de la cual habló Daniel, descrita en Apocalipsis como el momento cuando el anticristo establece su gobierno y autoridad en el templo de Dios, el cual será construido nuevamente. Eso desata un tiempo terrible al final del cual Cristo entrará en medio de esas tinieblas. Y cuando Él llegue, controlará nuevamente el universo y creará una tierra y un medio ambiente restaurado, fortalecido, resurgido para Su Reino de mil años. Ése es el futuro.

Y notarán que en el versículo 14 dice: "el que lee, entienda". Los discípulos no verían la abominación desoladora. Ni siquiera estarían vivos en ese tiempo futuro. No les estaba hablando a ellos, hablaba a las generaciones que tendrían que leer esto. Eso significaba que debería estar registrado en la Escritura con todo lo que la Escritura dice, que no sucedería hasta el final del primer siglo cuando Juan finalmente concluye el Nuevo Testamento con el libro de Apocalipsis —alrededor del año 96 D.C. Su llegada es futura y existe una generación futura que verá Su llegada. Y sabrán que está cerca porque verán los eventos de la Tribulación suceder a su alrededor. Esa generación necesita estar alerta, eso es lo que Él está diciendo.

Muy bien, ahora veamos este texto más específicamente. Tengo muchas cosas que abarcar. Trataré de darles un curso rápido de escatología. Número uno es la analogía. Veremos la analogía, la aplicación, la autoridad y la acción.

La analogía

Entonces, primero tenemos la analogía, versículo 28: "De la higuera aprended la parábola". Se supone que puede ser aprendido. Es un imperativo del verbo griego *manthano*, aprendan, entiéndalo. No se supone que sea algo incomprensible, que sea confuso. Aprendan de la higuera. Regresemos a la higuera. El día anterior, nuestro Señor había maldecido a la higuera en Marcos 11:12–14. Utilizó a la higuera como una ilustración de Israel. Se acercó a la higuera porque tenía hambre, pero el árbol no tenía fruto. Era algo extraño porque en la higuera primero llega el fruto y luego las hojas. Debería haber frutos porque había hojas, algún fruto que Él hubiera podido cortar y comer. Pero cuando llegó al árbol, tenía hojas y no tenía fruto, era un símbolo de Israel: solo hojas. Una fachada religiosa; y Él maldice a la higuera que muere en ese mismo momento. Un milagro al revés. El único milagro destructivo hecho por Jesús que tenemos registrado en el Nuevo Testamento.

La higuera era una ilustración de la esterilidad de Israel. Pero hay otras higueras utilizadas comúnmente como ilustración, como una analogía. Jotam, en los días de los Jueces, en Jueces 9, utiliza una higuera como una ilustración. Oseas en 9:10 utiliza la higuera para referirse a los patriarcas. Jeremías 24:2 se refiere a las personas buenas y malas como buenos y malos higos. Aun el profeta Joel, en 1:6–7, utiliza higueras como una ilustración de Israel bajo juicio. Es algo usual.

Nuestro Señor dice que aprendan de la parábola de la higuera. Ellos conocían las higueras. Y he aquí un modo sencillo de aprender. Cuando su rama está tierna y brotan las hojas, se sabe que el verano está cerca. Esa es una ilustración simple. Significa que cuando uno ve las hojas en el árbol, sabe que el verano está cerca. ¿Por qué? Porque las hojas llegan en la primavera. Eso no es muy complicado. De hecho, Lucas dice "todos los árboles", indicando que es genérico, una ilustración sencilla, una ilustración simple. Y creo que es por eso que nuestro Señor dice que aprendamos de la parábola, porque es sencillo. Le gustaba decir eso. Lo dijo en Mateo 9:13, o en Mateo 11:29, "Llevad Mi yugo sobre vosotros y aprended de Mí". Ustedes pueden aprender, esto es una promesa maravillosa dada a los creyentes en Mateo 13:11: "a vosotros os es dado saber los misterios". Es algo que se puede aprender. Ningún creyente necesita permanecer en la oscuridad con respecto a estos temas, al igual que a otros temas revelados en la Escritura.

Entonces, cuando la higuera tenga hojas, sabremos que el verano está cerca. Será en la primavera. En Marcos 13:28 usa la palabra "tierna". El tronco y las ramas están tiernos, se hinchan con savia que comienza a fluir por allí; y primero, salen unos higos pequeños no maduros, e inmediatamente después salen las hojas. Cuando Nuestro Señor estaba hablando era precisamente ese momento ya que la Pascua era en primavera. Tenían la evidencia a su alrededor. Obviamente es primavera, los árboles están brotando, se acerca el verano; todos comprendemos eso. Eso es todo, así de simple.

La aplicación

¿Por qué todo esto? Pasemos de la analogía a la aplicación. Versículo 29: "Así también" —ésa es la transición— "vosotros, cuando veáis que suceden estas cosas, conoced que está cerca, a las puertas". Es el enlace a la aplicación. ¿Quiénes son "vosotros"? "Vosotros" son las personas que vean estas cosas suceder. ¿Qué cosas? Las cosas recién descritas en los versículos 14–23; los dolores de parto en anticipación al retorno de Cristo. Todos los dolores extremos, severos del final, todas las señales anteriores a la última señal que es Cristo llegando del cielo en gloria. Él está cerca. Por lo que si ustedes están vivos en el futuro, en esa generación y ven a la ABOMINA-CIÓN DESOLADORA y el resto de las cosas que sucedan cuando el anticristo establezca la adoración a sí mismo y comience a asesinar a los judíos y a los creyentes, se les dice que tienen que correr y huir por su vida. Tal como hemos leído anteriormente, cuando vean el resto de lo que sucederá tal como está revelado cronológicamente a nosotros en Apocalipsis 6–19, sabrán que Él está cerca. El Reino está cerca. El Rey está cerca. La gloria está cerca. Él está a la puerta.

Esto contesta la pregunta que le hicieron. Su pregunta era cuándo sucederían estas cosas. Su respuesta es cuando vean que suceden estos eventos preliminares, entonces vendrá el fin. Y ahí llegaría la presencia del Señor y el fin de los tiempos.

En el versículo 30 agrega esta frase conocida: "De cierto os digo, que no pasará esta generación hasta que todo esto acontezca". Cuando leen de eso, no es un obstáculo. Ustedes comprenden exactamente lo que significa. Significa que cualquier generación que vea que estas cosas suceden, verá la llegada de Cristo. ¿Qué otra cosa podría significar? Yo les digo que esta generación, aquellos que vean que suceden estas cosas, no pasará hasta que todas estas cosas se cumplan. Dicen que una generación son 40 años y hay mucho menos que eso cuando estas cosas comiencen a suceder en los tiempos de la Tribulación. Sabrán que terminarán pronto. La generación que está viva en ese entonces verá el fin, así de simple. Y ustedes estarán pasmados, al ver cuántas interpretaciones existen de ese versículo 30. Les daré una idea.

Una es que se refiere a los discípulos. Lo que Jesús les está diciendo es que Él vendrá antes de que ellos mueran. Esta *genea*, ustedes, vivirán para ver la Segunda Venida. ¿Cómo puede alguien creer eso? Bueno, porque existe y existía gente que cree que la Segunda Venida se completó en el año 70 cuando los romanos destruyeron Jerusalén. Que esa fue la Segunda Venida y no hay otra. Y los discípulos estaban todavía vivos, la mayoría de ellos. Por lo que Él les está diciendo literalmente que verán la Segunda Venida durante sus vidas.

Eso es imposible. La única manera de llegar a esa interpretación es si ignoran por completo la Biblia. Porque la descripción de los eventos que acompañan la Segunda Venida en el tiempo de la Tribulación están muy detallados en el libro de Apocalipsis; e incluyen la destrucción de una tercera parte del mundo, eventos catastróficos en el cielo y en la tierra, meteoritos cayendo a la tierra que destruyen el agua fresca, destruyen el agua salada, matan a una tercera parte de los animales marinos, hay asesinatos por doquier, etc., etc. Con toda seguridad eso no aconteció en el pequeño microcosmos de los eventos ocurridos en esta porción de la tierra que llamamos Israel. Es un punto de vista ridículo; y sin embargo hay personas hiper-preteristas —así se llaman— que tienen esa perspectiva.

Existen otros que dicen que Jesús les estaba hablando a los discípulos pero que estaba equivocado. Para mí eso es imposible. Ellos dicen que podría ser posible porque en el versículo 32 Él dice que de aquel día y de la hora nadie sabe, ni aún los ángeles que están en el cielo ni el Hijo. Por lo cual Él no sabía, simplemente lo supuso. No. Una cosa es decir que Él no sabía. En Su encarnación, Él restringió voluntariamente Sus atributos de manera temporal. Pero decir que ha restringido Sus atributos de manera temporal es una cosa, decir que estaba equivocado es otra. Límites auto impuestos, sí. Error, no.

Otros dicen que cuando dice que "esta generación no pasará hasta que sucedan estas cosas" se refiere a la raza judía, que los judíos sobrevivirán. Eso es verdad, los judíos sobrevivirán. Pero no creo que ese sea el tema. Él no estaba hablándoles a personas que dudaran eso. Después de todo, ellos habían sido los destinatarios; y los discípulos sabían del pacto eterno. Dios había dicho que nunca olvidaría a Israel, la niña de Sus ojos. Eso ni siquiera está en discusión. ¿Por qué entonces presentar a las personas que ya sabían que tenían pactos y promesas eternas con un tema que no es un problema? ¿Y de qué modo es esa una señal? La perpetuidad de los judíos no es un signo de nada porque así ha sido todo el tiempo. No tiene sentido.

Otros dicen que esta *genea*, esta generación, se refiere a los pecadores, que siempre habrá pecadores. Bueno eso es algo obvio, ¿por qué decirlo? Por supuesto que siempre habrá pecadores. Dicen que la palabra *genea* se utiliza en la Septuaginta para traducir la palabra hebrea *dor* que significa algo así como una generación impía; y Jesús dice que siempre habrá personas malvadas hasta que Él regrese. Eso no es señal de nada, al igual que ser judío no es un signo de nada porque siempre ha sido así. No va con el contexto.

Hay otras personas —otro punto de vista más— que dicen que se refiere a las personas que ven el nacimiento de la nación de Israel. ¿Dónde dice eso? No lo dice. Pero es un punto de vista popular. Es la perspectiva de Hal Lindsey, *La Agonía del Planeta Tierra*. Que tal como Israel es la higuera en el capítulo 11, así también tiene que ser Israel la higuera del capítulo 13. No, no, no. Eso es una ilustración. Una ilustración es una imagen para el momento que es utilizada como tal y no se puede comparar o utilizar para otras enseñanzas o doctrinas. Nada aquí indica que es Israel. Simplemente dice que esta generación no pasará antes de que todas estas cosas ocurran. No dice Israel. Pero hay muchas personas que apoyan esta teoría. En 1948, Israel se convirtió en Estado. Y en esos años fue muy popular; y se vendieron muchos libros que dicen que esa generación que estaba viva cuando Israel se convirtió en Estado (dicen que esa es la higuera que florece) no se extinguirá. Y también se declaró que esa generación es de 40 años, por lo que Cristo vendría antes de 1988.

Lamentablemente, no vino en el 88, 98, 2008... Además, como he dicho, Lucas también dice —cuando da un comparativo de esto mientras que dialogan y expresan lo mismo de distintas maneras— "cuando ya brotan, viéndolo, sabéis por vosotros mismos que el verano ya está cerca". Él no se refiere a una nación, no hay ningún motivo para identificar a esto con Israel. Eso es simple imaginación.

La primera interpretación es la correcta. Significa lo que obviamente expresa: la generación que vea las señales, verá al acontecimiento. Eso es para decir que la creación ocurrió en un período de siete días. Y la destrucción ocurrirá en un período de siete años. Y si ustedes están allí, esa generación estará hasta el fin mismo. No será retirada. Muy simple. El que vea las hojas, verá el verano. La generación que pase los dolores de parto, verá el nacimiento del Reino. La generación que vea las hojas, verá el juicio que comience el Reino.

Ésa es realmente la respuesta a la pregunta. ¿Cuantos días después? Han notado que dice que el Hijo del Hombre no sabe, que nadie sabe los días. Existe un período de tiempo. ¿Cuán largo es? Daniel, al finalizar su profecía en el capítulo 12, agrega 75 días, un período de 75 días después de los tres años y medio, 1260 días, 42 meses, tiempo, tiempos y la mitad de tiempo; en algún momento, en esos días, en la hora que nadie sabe.

Eso me lleva una pregunta. ¿Quiénes estarán vivos en ese momento? ¿Quiénes serán? ¿Quiénes serán las personas que estén vivas en ese momento? ¿Para quién será importante esto? ¿Quién leerá esto? ¿Quiénes son los que leerán esto y dirán que necesitan comprender? ¿Quiénes son?

Bueno, habrá incrédulos, ¿no es cierto? Habrá un mundo de no creyentes, gentiles incrédulos. Habrá un mundo de judíos no creyentes; pecadores, por todo el planeta. Pero también habrá creyentes. Ellos estarán en el tiempo de la Tribulación. Sin embargo, aquí es donde quiero hacer un rápido paréntesis.

No creo que la Iglesia estará allí; nosotros. Creo que nosotros, aquellos que hayamos venido a Cristo a partir de Su ministerio en la tierra, quienes constituimos Su iglesia, seremos raptados. El evento del Rapto es evidentemente un evento singular descrito en el Nuevo Testamento, 1 Tesalonicenses 4; 1 Corintios 15; Juan 14. Es un acontecimiento extraordinario. Describe el arrebatamiento de la Iglesia. Todos aquellos que estemos en Cristo seremos arrebatados; es el momento cuando se cumple la frase de Romanos 11, la plenitud de los gentiles, cuando la Iglesia está completa, cuando el último de los elegidos crea, ahí se desata el Rapto. No sabemos quién será esa persona, pero sabemos que todos los redimidos seremos llevados.

Ahora, ¿cuándo sucederá esto? Sin lugar a dudas, esto sucederá. Juan 14, 1 Corintios 15, 1 Tesalonicenses 4 describen este evento con detalles específicos. ¿Cuándo sucederá? Algunas personas piensan que sucederá al final de la Tribulación o cerca del fin de la Tribulación. Yo creo que sucederá al principio. Tiene que suceder porque es un acontecimiento que no tiene ningún juicio asociado al mismo, muy importante. No existe palabra de juicio en cualquiera de todas esas cosas. Es por eso que nuestra esperanza es llamada esperanza bienaventurada.

¿Por qué pienso que sucederá al principio de la Tribulación? Le daré unas pocas respuestas rápidamente. Número uno, en el libro de Apocalipsis, cuando todo es puesto en orden cronológico, las cosas que eran, las cosas que son, las cosas que serán, en el libro de Apocalipsis, la Iglesia aparece en la tierra en el capítulo 1. La Iglesia aparece en la tierra en el capítulo 2, en los capítulos 2 y 3 se describen siete iglesias, iglesias locales en Asia Menor. Ahí está la Iglesia. Comenzando el capítulo 4, la Iglesia no aparece más, la palabra no aparece más en el libro de Apocalipsis hasta el regreso de Cristo en el capítulo 19; y el Reino en el capítulo 20. No dice nada acerca de la Iglesia. No describe la función de la Iglesia. No habla de lo que la Iglesia hace o no hace, debería o no debería hacer.

¿Por qué? Todo lo demás en el Nuevo Testamento está dirigido a la Iglesia. Cada epístola, toda la instrucción del Nuevo Testamento está dirigida a la Iglesia. ¿Por qué toda la instrucción en el libro de Apocalipsis a la Iglesia termina en el capítulo 3 y a partir del 4 se dirige al cielo y la máquina de guerra de Dios comienza a moverse como lo hizo en Ezequiel 1, y todo lo demás que fluye a partir de ahí está carente de la Iglesia? Habla acerca de los judíos, habla acerca de los gentiles, de los judíos evangelistas, de los 144,000, de los 12,000 de cada tribu, de misioneros judíos, dos testigos. Habla acerca de todo eso pero nunca menciona a la Iglesia hasta que se ve a la Iglesia en el cielo al final. Muy importante. La Iglesia es mencionada 19 veces en los primeros 3 capítulos y nunca más hasta el capítulo 19, cuando Cristo regresa.

Segundo, la ausencia de cualquier instrucción o advertencia a la Iglesia acerca de la Tribulación. Ustedes pensarían que si vamos a pasar por eso, debería haber una instrucción en la Biblia acerca de lo que tenemos que esperar. Pero no hay ninguna. Siempre se trata de una esperanza bienaventurada. Siempre es que Cristo viene. Siempre es esa esperanza bendita y la gloriosa aparición de Cristo, buscamos a Cristo. No estamos buscando al anticristo. Es la esperanza bienaventurada.

Aún más, si el Rapto, que es un evento descrito en la Escritura, no ocurre hasta el final de la Tribulación y los creyentes pasan la Tribulación, ¿cuál es el sentido? ¿Para qué ascender para bajar enseguida? Porque Cristo viene con Sus santos. Nos vamos a topar unos con otros. No tiene sentido poner un Rapto al final de la Tribulación, ascendemos y ahí mismo regresamos, porque cuando uno lee los pasajes del Rapto, describe que cuando vamos, vamos a un lugar que Él ha preparado para nosotros y vamos a estar con Él donde Él está. Él no viene para estar con nosotros en donde estamos. Y tenemos la cena de las Bodas del Cordero y el tribunal o *bēma* de Cristo que ocurre durante un período de tiempo cuando vamos a estar con el Señor, por lo que el Rapto no tendría sentido si fuera un rápido ascender y descender. No tiene sentido. He aquí un problema más importante. Si todos los creyentes somos raptados en la Segunda Venida, el Rapto es una transformación… los muertos resucitan con nuevo cuerpo, se transforma a los vivos con un cuerpo glorioso, como Su cuerpo. Por lo que ahora, estamos glorificados en un estado eterno. La pregunta entonces es, ¿quién habita el Reino?

Hay un Reino terrenal de Cristo, todos los pecadores acaban de ser destruidos, todos los creyentes han sido recién transformados. Es mejor que ustedes sean amilenaristas, porque no puede haber un Reino, ya que no hay nadie en él. La única manera en que se puede poblar el Reino es si la Iglesia ha sido arrebatada antes, lo cual es coherente con la Escritura. Por lo que hay un período de siete años de gran reavivamiento en la historia del mundo, con la predicación del Evangelio, la conversión de un tercio de los judíos que pasan a ser evangelistas, personas de toda lengua, tribu y nación que vienen a Cristo y dicen que digno es el Cordero; el Evangelio es predicado por un ángel que vuela y dos testigos que son resucitados delante de todos. Hay un gran número de personas que serán convertidas. Cuando el Señor regresa con Sus ángeles y Su Iglesia, ellos todavía están vivos. Él destruye a los impíos, son las cabras en Mateo 25; y lleva a los santos creyentes que se han convertido en ese período de siete años al Reino; son Sus ovejas. "Venid, benditos de Mi Padre, heredad el reino preparado para vosotros" (Mateo 25:34). Un Rapto post-tribulación significa que no quedaría nadie para el Reino.

Algo más para que medite. Apocalipsis 3:10: "Por cuanto has guardado la palabra de Mi paciencia, Yo también te guardaré de la hora de la prueba que ha de venir sobre el mundo entero, para probar a los que moran sobre la tierra". Él está hablando a Su verdadera Iglesia —Filadelfia y Esmirna eran las únicas iglesias puras, ¿recuerdan eso? Las otras cinco tenían todo tipo de problemas. Filadelfia era una de esas buenas iglesias. Ésta es una iglesia verdadera. Han mantenido Mi palabra, ustedes son Míos. Los preservaré de la hora de la prueba. Esa hora que llegará a todo el mundo para probar a todos los que moran en ella. Este versículo se refiere al Rapto pre-tribulación.

Primero comencemos con "hora", tiempo específico, la hora de la prueba. Este es un tiempo específico que vendrá a probar al mundo. No es algo genérico. Es una hora de prueba específica que vendrá. Describe —estoy convencido— el tiempo de Tribulación que viene a probar al mundo como el mundo no ha sido probado antes; y a probar a todos los que moren en la tierra. Los guardaré de esa hora de prueba. Hay una frase griega *tereo ek* —no quiero ser muy técnico con ustedes— que significa "ser preservados de". Eso es exactamente lo que significa: mantener una existencia continua fuera de. Si quieren más detalles sobre eso, pueden obtener los comentarios sobre Apocalipsis. Muy importante, seremos preservados de esa hora.

Pasemos a Juan 14; es importante la naturaleza de esto. En Juan 14, Jesús nos dice que nuestro corazón no se turbe. Si yo pensara que tendría que pasar por la Tribulación, sería algo difícil de hacer. ¿Qué quiere decir que mi corazón no se turbe? ¿Qué sucederá? No quiero vivir bajo la tiranía del anticristo, será algo horrible, un tiempo terrible. Pero no es algo que tendríamos que temer. "No se turbe vuestro corazón; creéis en Dios, creed también en Mí". He aquí las buenas nuevas: "En la casa de Mi Padre muchas moradas hay; si así no fuera, Yo os lo hubiera dicho; voy, pues, a preparar lugar para vosotros. Y si Me fuere y os preparare lugar, vendré otra vez, y os tomaré a Mí mismo, para que donde Yo estoy, vosotros también estéis".

¿Dónde está Él? Él está hablando a Sus discípulos en el aposento alto el jueves por la noche: Yo me voy. Y dice que regresará al cielo y que retornará para llevarlos al cielo. Entonces, si Su Segunda Venida establece Su reino en la tierra, y sea cual fuere este acontecimiento nos lleva para estar con Él en el cielo, esos son dos diferentes eventos; y tienen que estar separados. Y en este pasaje no hay juicio, no hay advertencia ni hay instrucción en ningún lugar del Nuevo Testamento de cómo se supone que debamos sobrevivir a la Tribulación, de cómo se supone que la Iglesia deba sobrevivir, de cómo se supone que debamos prepararnos, de cómo se supone que debamos resistir. No hay advertencias. Estaremos con Él y nunca más nos separaremos de Él. Siete años después, después de haber estado en el lugar preparado para nosotros, después de haber pasado las bodas con el Cordero, después de haber ido al Tribunal de Cristo y de haber recibido nuestras recompensas, regresaremos con Él en forma glorificada para encontrarnos con los santos que todavía estén vivos en el Reino. Interactuaremos con ellos como los ángeles han interactuado con los santos en el Antiguo Testamento.

Vayamos a 1 Tesalonicenses 4:13. Los creyentes de Tesalónica estaban preocupados por los cristianos que habían muerto, porque temían que al haber muerto no estarían en la venida del Señor. Por tanto, Pablo les dice: "Tampoco queremos, hermanos, que ignoréis acerca de los que duermen, para que no os entristezcáis como los otros que no tienen esperanza". Pensaban que al haber muerto, no verían la Segunda Venida del Señor. Pero Pablo les dice que no se preocupen por eso. Si creemos que Jesús murió y resucitó, del mismo modo Dios traerá a aquellos que han dormido en Cristo Jesús. Créanme, los muertos no se perderán Su venida. "Nosotros que vivimos, que habremos quedado hasta la venida del Señor, no precederemos a los que durmieron" (versículo 15). No sólo no se lo perderán, sino que vendrán primero.

¿Y cuál será ese evento? Versículos 16–17: "El Señor mismo con voz de mando, con voz de arcángel, y con trompeta de Dios, descenderá del cielo; y los muertos en Cristo resucitarán primero. Luego nosotros los que vivimos, los que hayamos quedado, seremos arrebatados juntamente con ellos en las nubes para recibir al Señor en el aire, y así estaremos siempre con el Señor". Iremos donde Él está —lo mismo que Juan 14— lo encontraremos en las nubes y nos llevará de regreso al cielo. Ese es el Rapto. No hay juicio, no hay castigo. Él no destruye a los impíos. No desata ninguno de los eventos descritos en Su Segunda Venida en Daniel, o que Él mismo describió en el discurso del Monte de los Olivos, la luna no se oscurece, el sol no se oscurece, las estrellas no caen del cielo. Es un evento completamente independiente que involucra solo a los creyentes. No hay nada acerca de los incrédulos en este acontecimiento. Y esto es para confortarnos, por lo que debemos reconfortarnos mutuamente con estas palabras.

¿Cómo podríamos estar tranquilos si estuviéramos esperando al anticristo? ¿Cómo podríamos ser confortados si estuviéramos esperando la Tribulación?

Y aún más, tienen que entender que la Iglesia es una entidad única. Comenzamos existir en el día de Pentecostés; y la Iglesia como entidad será reunida en el cielo cuando la totalidad de los gentiles esté en ella. Somos diferenciados de Israel. Cantamos —dice Apocalipsis 5— canciones de redención. Somos también diferenciados de los santos de la Tribulación. Si leen Apocalipsis 7, somos diferenciados de los santos de Apocalipsis.

Israel es único. Las setenta semanas de Daniel están profetizadas, 69 semanas desde el decreto de Artajerjes hasta el tiempo de la crucifixión; y esas 69 semanas se declaran sobre "Mi pueblo Israel". Durante esas 69 semanas la Iglesia no existe; y no estaremos allí en la semana 70 que es el período final de siete años cuando el Señor finalmente los salva. Esa historia es exclusiva de Israel. Es por eso que la Biblia dice judíos, gentiles y la Iglesia de Dios; se los diferencia. Jeremías 30 llama a la Tribulación el tiempo de angustia para Jacob.

Romanos 11 —aquí terminaremos— es un buen lugar para finalizar porque aclara estos pensamientos. La raíz del olivo es considerada una bendición de Dios, el llamado de Dios, las promesas de Dios. Pero se desgajan algunas de las ramas. Así es, los judíos que no creyeron fueron apartados. Ustedes, gentiles, siendo un olivo silvestre, viniendo de su paganismo, han sido injertados en lugar de ellas; siendo hechos partícipes de la rica savia del olivo. Entonces, hubo un tiempo en el cual las bendiciones eran para Israel, pero fueron apartados por su incredulidad. Luego se injertaron los gentiles, esa es la Iglesia. Pero no hay que jactarse contra las ramas. Esa es una de las espantosas y trágicas realidades históricas de la Iglesia, el antisemitismo. De ahí es de donde en realidad proviene el amilenarismo. Pero si usted es arrogante, mejor recuerde que no es usted quien mantiene la raíz, sino la raíz lo mantiene a usted. Entonces, dirá que algunas ramas fueron desgajadas para que usted pudiera ser injertado. Fueron apartadas por su incredulidad; pero usted permanezca firme en su fe, no sea presumido, sino temeroso.

¿Por qué temer? "Porque si Dios no perdonó a las ramas naturales, a ti tampoco te perdonará". Mejor que usted se asegure que es fiel, legítimo y verdadero. Versículos 22–23: "Mira, pues, la bondad y la severidad de Dios; la severidad ciertamente para con los que cayeron, pero la bondad para contigo, si permaneces en esa bondad; pues de otra manera tú también serás cortado. Y aun ellos, si no permanecieren en incredulidad, serán injertados, pues poderoso es Dios para volverlos a injertar".

¿Ven la diferencia aquí? Ustedes tienen este tronco bendito de salvación, los judíos eran parte de él, fueron apartados por su incredulidad. La Iglesia gentil es injertada, algunos de ellos son falsos. Serán desgajados. Pero en el futuro, Israel será injertado nuevamente. Estamos viviendo en el tiempo en que los gentiles son injertados. Esa es la Iglesia, una entidad separada. La historia de Israel se detiene en el momento de la incredulidad y comienza en el momento del Rapto de la iglesia cuando son colocados nuevamente en el árbol. Obviamente en la Iglesia hay judíos y gentiles aún ahora (Gálatas 3:28). Pero hablo de ellos en términos de salvación nacional.

Versículo 24: "Porque si tú fuiste cortado del que por naturaleza es olivo silvestre, y contra naturaleza fuiste injertado en el buen olivo" —es decir que fuiste arrancado de tu religión pagana, ubicado en el lugar de bendición— "¿cuánto más éstos, que son las ramas naturales, serán injertados en su propio olivo?" Si ustedes no creen la futura salvación de Israel, tendrán problemas con este texto de la Escritura. "Porque no quiero, hermanos, que ignoréis este misterio, para que no seáis arrogantes en cuanto a vosotros mismos: que ha acontecido a Israel endurecimiento en parte, hasta que haya entrado la plenitud de los gentiles; y luego todo Israel será salvo" (versículos 25–26a).

Conclusión

En el Rapto, la Iglesia se encuentra con Cristo en el aire. En la Segunda Venida, Cristo retorna a la tierra con la Iglesia. En el Rapto, el monte de los Olivos permanece intacto. En la Segunda Venida, es dividido. En el Rapto, la tierra permanece igual. En la Segunda Venida, la tierra es transformada. En el Rapto, los santos que están vivos son trasladados. En la Segunda Venida, no se traslada a ningún santo, simplemente son llevados vivos al Reino en su forma humana. En el Rapto, el mundo no es juzgado y el pecado empeora. En la Segunda Venida, se juzga el pecado y el mundo es mucho mejor. En el Rapto, se activa el Reino del anticristo. En la Segunda Venida, comienza el reino de Cristo. En el Rapto, el cuerpo va al cielo. En la Segunda Venida, viene a la tierra. El Rapto es inminente, no hay señales. La Segunda Venida tiene señales específicas. El Rapto concierne solo a los salvos. La Segunda Venida a los salvos y a los que no lo son.

Aquí tiene su escatología básica. Bueno, creo que hoy solo hemos visto un par de versículos. Pero hay algunos sucesos de cuando el Señor venga que quiero describir aún más en la próxima ocasión.

Reflexiones personales

3 de Abril, 2011

05_La última generación.
Parte II

De la higuera aprended la parábola: Cuando ya su rama está tierna, y brotan las hojas, sabéis que el verano está cerca. Así también vosotros, cuando veáis que suceden estas cosas, conoced que está cerca, a las puertas. De cierto os digo, que no pasará esta generación hasta que todo esto acontezca. El cielo y la tierra pasarán, pero mis palabras no pasarán. Pero de aquel día y de la hora nadie sabe, ni aun los ángeles que están en el cielo, ni aun el Hijo, sino el Padre. Mirad, velad y orad; porque no sabéis cuándo será el tiempo. Es como el hombre que yéndose lejos, dejó su casa, y dio autoridad a sus siervos, y a cada uno su obra, y al portero mandó que velase. Velad, pues, porque no sabéis cuándo vendrá el señor de la casa; si al anochecer, o a la medianoche, o al canto del gallo, o a la mañana; para que cuando venga de repente, no os halle durmiendo. Y lo que a vosotros digo, a todos lo digo: Velad.

Marcos 13:28–37

BOSQUEJO

— Introducción

— La autoridad

— La acción requerida

— Conclusión

Notas personales al bosquejo

SERMÓN

Introducción

Estamos viendo Marcos 13:28–37. Sé que la mayoría de ustedes ha estado con nosotros; pero para los que no, este es un escenario muy importante. Es un mensaje dado por nuestro Señor; es Su propio mensaje acerca de Su Segunda Venida. Esta es la descripción de nuestro Señor de los eventos que preceden a Su regreso. La Escritura dice que Cristo regresará para juzgar a los impíos (2 Tesalonicenses 1). Apocalipsis 19 dice lo mismo. Él regresará en juicio, un juicio devastador para todos los impíos. Habrá muerte por medio de la espada que sale de Su boca, es decir Su Palabra. Él hablará literalmente su muerte; y ellos irán al lago de fuego por la eternidad.

También establecerá Su Reino terrenal para cumplir todas las promesas hechas tanto en el Antiguo como en el Nuevo Testamento acerca de Su reinado en la tierra junto con los santos. Ese es un gran evento que culmina la historia de la humanidad.

Nuestro Señor ha hablado acerca de eso con Sus discípulos. Los profetas del Antiguo Testamento han hablado de eso. Por lo que tenían gran expectativa cuando el día martes de la semana de la pasión Jesús atacó al templo. Los discípulos deben haber sabido que estaban viendo cosas que no esperaban. El lunes fue la entrada triunfal, lo recibieron como el Mesías, superficialmente, pero sin embargo fue así. El martes Él atacó a los judíos y no a los romanos; y habló acerca de Su muerte, incluso narrando el miércoles la parábola acerca del hecho de que sería asesinado. Esta no era la primera vez que Él decía eso. Lo había dicho en al menos tres ocasiones que están registradas en los Evangelios.

Así que los discípulos sabían que Él iba a morir y que resucitaría. Les costaba entenderlo y creerlo. Pero nuestro Señor les dio detalles acerca de Su arresto, de cómo lo tratarían, de Su muerte y que tres días después, Él resucitaría.

Tenían esperanza. ¿Cómo será el futuro? ¿Cuándo vendrá el Reino? Esta muerte es una grave intromisión a su bien diseñada escatología. El Mesías viene, reina, establece su Reino y desde Su trono en Jerusalén gobierna al mundo con paz y justicia. Esa era su escatología. Nunca comprendieron realmente esta parte de Su muerte.

Y por lo tanto, mientras procesaban eso, nuestro Señor intenta confortarlos a ellos y a las generaciones posteriores explicándoles que el Reino vendrá porque el Rey retornará. Él morirá, resucitará, pero regresará nuevamente para establecer Su reino. Por lo que el objetivo de este pasaje es tanto advertir al mundo de Su retorno, como consolar a los creyentes acerca de la llegada del Rey.

Él describe en el capítulo 13 de Marcos, cómo será la historia. Y la describe de los versículos 5 al 13. Estará caracterizada por severas dificultades, condiciones que empeoran. Habrá engaño religioso. Habrá desastres, ya que las naciones estarán en guerra unas con otras. Y habrá desastres naturales que son destructivos. De hecho, destruirán millones y millones de vidas. Y luego, habrá persecución a los creyentes verdaderos a lo largo de este período de la historia hasta que el Señor regrese.

Luego Él describe, en los versículos 14–23, los últimos siete años de historia. Y es ahí cuando todo lo que ha caracterizado a los años anteriores —la guerra, la devastación, los desastres, la falsa religión y la persecución— alcanza niveles épicos, nunca antes vistos. Es lo que dice el versículo 19, un tiempo de Tribulación como el mundo nunca ha visto y nunca verá…

Así que hay una descripción de la historia de la humanidad que termina en un período de siete años, del cual hemos estado hablando, llamado la Tribulación; la última mitad es llamada la gran Tribulación. Después de eso, los versículos 24–26 dicen que: "El sol se oscurecerá, y la luna no dará su resplandor, y las estrellas caerán del cielo, y las potencias que están en los cielos serán conmovidas. Entonces verán al Hijo del Hombre, que vendrá en las nubes con gran poder y gloria". Esa es la Segunda Venida.

Entonces, Él establecerá Su Reino juntando los elegidos de todo el mundo y aún del cielo, desde el rincón más lejano de la tierra al extremo más lejano del cielo. Todos ellos disfrutarán la plenitud de Su Reino.

Eso nos lleva a nuestro texto en el versículo 28. Quiero que repasemos brevemente lo que vimos la vez pasada. En esta sección, nuestro Señor nos enseña las implicaciones y aplicaciones de esta verdad. Comienza con una parábola. Regresemos a esa parábola por un momento; la llamamos la analogía. "Mirad la higuera y todos los árboles" —Lucas 21:29 dice que cualquier árbol les enseñará esto. "Cuando ya brotan, viéndolo, sabéis por vosotros mismos que el verano está ya cerca" (versículo 30). Sabemos eso, ahora estamos en esa época, ¿no es así? Estamos en el mes de abril. Éste podría ser el mismo tiempo en que estaba nuestro Señor, durante la Pascua, así que estamos estudiando esto en la misma época del calendario. Y sabemos que cuando los árboles comienzan a producir savia y aparecen las hojas, el verano está cerca. Esa es una analogía muy simple. Todos la comprendemos.

Continúa con una aplicación en el Marcos 13:29: "Así también vosotros, cuando veáis que suceden estas cosas, conoced que está cerca, a las puertas". ¿Quiénes son "vosotros"? Ese grupo de personas que estén vivos cuando estas cosas comiencen a suceder. ¿Cuáles son estas cosas? Las recién detalladas en el tiempo de la Tribulación. Están descritas en términos generales en los versículos 14–23. Y como lo he señalado, en términos específicos en Apocalipsis 6–19. Cuando vean que suceden estas cosas, incluyendo la ABOMINACIÓN DESOLADORA mencionada en el versículo 14, cuando el anticristo establezca su autoridad en el templo y todas las cosas sucedan en ese tiempo, sepan que Él está cerca, a la puerta. El Señor vendrá inmediatamente después del tiempo de la Tribulación. Eso es lo que dice el versículo 26.

Entonces, el versículo 30 dice: "De cierto os digo, que no pasará esta generación hasta que todo esto acontezca". Para enfatizar, "de cierto os digo". Esa es la generación de personas que verá las señales, la ABOMINACIÓN DESOLADORA, esa generación no pasará hasta que sucedan estas cosas. Cuando la ABOMINACIÓN llegue, la generación que esté viva en ese momento verá el retorno de Cristo. De modo que una simple analogía y una aplicación específica. Y hemos visto todo esto en detalle. Entonces, este es un mensaje de nuestro Señor a la generación que esté viva en el futuro.

A veces hay personas que preguntan cuándo será el Rapto de la Iglesia. La vez pasada hablé acerca del Rapto en detalle. El Rapto de la Iglesia no está en este pasaje. ¿Por qué no está en este pasaje? Porque el Rapto no es para esa generación. ¿Comprenden esto? El Rapto de la Iglesia no es para la generación que verá acontecer las señales. ¿Por qué? Porque si el Rapto de la Iglesia hubiera sido concebido para la generación que vea las señales, entonces habría una explicación del Rapto. Pero como el Rapto no ha sido planeado para la generación que vea las señales, no es mencionado aquí. El Rapto está previsto para la Iglesia. Esa es la diferencia, que el Rapto ya habrá acontecido.

La autoridad

Ahora queremos pasar al tercer punto: la autoridad. Este mensaje llega con autoridad. Necesitamos oírlo con autoridad y necesitamos creerlo, porque viene con autoridad y necesitamos comunicarlo con autoridad.

Marcos 13:31, aquí está la autoridad. "El cielo y la tierra pasarán". Detengámonos aquí por un momento. Éste no es un planeta indestructible, es tan solo temporal. Francamente, tiene poca vida.

Ustedes preguntarán si no tiene billones de años de antigüedad. No, esa es la mentira de la evolución. La tierra tiene alrededor de 6000 años y no sabemos por cuánto tiempo más existirá, pero tenemos motivos para creer que no por muchos años más. Ciertamente, no decenas de miles ni millones o billones de años. El cielo y la tierra pasarán.

El cielo y la tierra tal como los conocemos pasarán. Eso es absolutamente verdadero. Este universo será destruido en juicio. La vez pasada hablamos de esos juicios, según Apocalipsis 6–19; ya hemos visto los juicios sellados. Cada vez que un sello se abre en el simbolismo de Apocalipsis, algo más sucede, hasta que llegamos al séptimo sello. Cuando nuestro Señor —quien tiene el título de propiedad de la tierra— abre el séptimo sello, del mismo salen siete trompetas y cada ángel que suena esas trompetas simboliza graves juicios sobre la tierra, un holocausto de proporciones épicas inigualables. Y de la última trompeta, la séptima, surgen siete copas, grandes copas como si derramaran algún tipo de líquido como juicio, empapando literalmente al planeta; y al final son fuego rápido, juicios espeluznantes que superan aún a los juicios de las trompetas. La tierra será asolada. Los planetas, las estrellas, los cuerpos celestes estarán completamente desorientados; y todo lo que conocemos de este mundo que es estable será sacudido. El cielo y la tierra pasarán.

Por cierto, no era la primera vez que nuestro Señor había dicho eso. Lo dijo al comienzo de Su ministerio en Galilea, en el Sermón del Monte, en Mateo 5:18: "Porque de cierto os digo que hasta que pasen el cielo y la tierra, ni una jota ni una tilde pasará de la ley, hasta que todo se haya cumplido". El cielo y la tierra pasarán, pero no pasarán hasta que todo lo que dice la Escritura se haya cumplido.

¿Cómo será cuando el cielo y la tierra pasen? La descripción de ese evento está en 2 Pedro 3. Veamos qué dice Pedro. Él nos da la revelación, inspirado por el Espíritu Santo, que nos ayuda a comprender este evento. Existen algunas personas que concuerdan con el uniformismo, que piensan que todo continuará del mismo modo que ahora. Versículos 3–4: "En los postreros días vendrán burladores, andando según sus propias concupiscencias, y diciendo: ¿Dónde está la promesa de su advenimiento? Porque desde el día en que los padres durmieron, todas las cosas permanecen así como desde el principio de la creación". Ellos creen en el uniformismo, en un proceso evolutivo que funciona por sí mismo. "Éstos ignoran voluntariamente, que en el tiempo antiguo fueron hechos por la palabra de Dios los cielos, y también la tierra, que proviene del agua y por el agua subsiste, por lo cual el mundo de entonces pereció anegado en agua" (versículos 5–6). Esto es en referencia al cataclismo del diluvio, a través del cual el mundo en ese tiempo fue destruido, siendo inundado con agua. "Pero los cielos y la tierra que existen ahora, están reservados por la misma palabra, guardados para el fuego" (versículo 7). En otras palabras, ellos se olvidan del cataclismo de la creación y de la catástrofe del diluvio que inundó literalmente al mundo en los días de Noé y dejo evidencias del mismo en todo el planeta, y que son visibles en todas partes, aún en los desiertos.

Se olvidan del cataclismo de la creación y del cataclismo del diluvio universal. Por Su palabra, los cielos y la tierra presentes están reservados no para agua esta vez —el agua fue un factor muy importante en la creación y por supuesto en el diluvio— sino para fuego, guardado para el día del juicio y de la perdición de los hombres impíos. Ustedes recuerdan que cuando el Señor destruyó al mundo con agua dijo que nunca más lo haría. Es la promesa del arco iris. Dios dijo que nunca más destruiría al mundo con agua. Él destruirá al mundo. Destruirá no solo la tierra sino también los cielos y la tierra; no con agua sino con fuego. Ésa es la promesa del Señor.

Quiero que vean el versículo 7: "Por la palabra". Él creó con Su palabra, ¿no es cierto? Creó al mundo con Su palabra. "Sea la luz". Lo creó por medio de Su palabra; y por medio de Su palabra lo destruirá. Si mira al relato del diluvio en Génesis 6 y 7, verá que Dios habló literalmente del juicio del diluvio. Y ahora, los cielos y la tierra actuales están siendo literalmente reservados para el fuego. El verbo puede ser traducido "están siendo reservados". Se les sostiene para un juicio abrasador. Un día de juicio y de destrucción de los impíos, dice Judas 15.

Si tienen idea de lo que es la energía atómica, saben que es un poder potencialmente devastador que puede ser empleado para algo bueno. Pero si está fuera de control, puede destruir. Lo sabemos a partir de la bomba atómica; el poder nuclear es mortal. Todo el universo, toda la materia, es una bomba de tiempo. Toda la energía atómica es refrenada por el Señor. Ahora está reservada para un final de fuego. Y el versículo 10a lo describe: "El día del Señor vendrá como un ladrón en la noche". De improviso, sin previo aviso. Regresaremos después a este versículo. Sabemos la estación, el tiempo, pero no sabemos el día, no sabemos la hora. El día del Señor es un término técnico que describe el juicio final de Dios. Ese término es utilizado en el Antiguo Testamento para referirse a otros juicios. Pero éste es el último. Llegará como llega un ladrón. Un ladrón no anuncia su llegada. Llega de manera inesperada, sorprendente. "En el cual los cielos pasarán con grande estruendo, y los elementos ardiendo serán deshechos, y la tierra y las obras que en ella hay serán quemadas" (versículo 10b).

Los cielos dejarán de existir. Todo lo que constituye los cuerpos celestiales cesará de existir con un estruendo. Con grande estruendo. Una palabra griega interesante, *rhoizedon*, es onomatopéyica. Ustedes saben lo que es una onomatopeya, una palabra cuyo significado es su sonido, o que suena como su significado. *Rhoizedon*, una especie de sonido de chispas, un zumbido, producido por un movimiento rápido a través del aire. Era utilizada para cualquier sonido agudo, deprisa, inclusive para el silbido de las serpientes, o el zumbido de las alas de los pájaros, o el sonido de una flecha, cualquier movimiento rápido acompañado de un estruendo o estallido. Este es el estruendo de una implosión nuclear.

Los elementos, los *stoicheion*, textualmente las cosas alineadas, la estructura atómica, los elementos físicos, las partículas atómicas, la estructura básica del universo se derretirá destruida por el gran calor. Literalmente, la idea aquí es que todos sus componentes serán manifiestos, la tierra y sus obras, sus componentes serán consumidos. La destrucción definitiva, lo opuesto a la creación.

Entonces el versículo 11 dice: "Puesto que todas estas cosas han de ser deshechas, ¡cómo no debéis vosotros andar en santa y piadosa manera de vivir!" Todas las cosas han de ser deshechas, el verbo griego para destruir es *luo*; el verbo griego utilizado como modelo en la mayoría de las clases de griego porque es el que tiene más partes principales consistentes que cualquier otro verbo. Lo conocemos bien. En realidad, significa soltar, desatar. Todo será soltado, la disolución de todos los átomos del universo.

Según el versículo 12, los cielos serán destruidos por el fuego. Y nuevamente en el versículo 12, los elementos se fundirán debido al gran calor. ¿Qué sucederá después de eso? Versículo 13: "Pero nosotros esperamos, según Sus promesas, cielos nuevos y tierra nueva". Cielos nuevos y una tierra nueva, ¡qué maravilla!

Quiero decirles otra cosa que también es muy importante. Cuando venga el Señor, llegará este juicio y todo será literalmente destruido. Se creó de la nada, *ex nihilo*, y volverá a ser nada. La materia no será solamente alterada. No es como se nos ha dicho, que la materia no puede ser creada ni destruida; será destruida. Dios puede crearla y Dios puede destruirla. Él formó la estructura atómica y la destruirá.

Ustedes se preguntarán: "Si Él hace eso cuando venga, ¿cómo es que tendremos el Reino?" Qué bueno que preguntan. ¿Cómo tendremos el Reino? Ustedes dirán: "Bueno, cuando Él venga, comenzará con un trabajo destructivo de juicio a los impíos". Pero no es hasta que finalice el Reino de 1000 años que Él destruirá el universo. Ustedes se preguntarán si eso significa que hay 1000 años entre Su llegada cuando comienza el día del juicio del Señor y cuando Él lo acaba. Esto es exactamente lo que estoy diciendo. Ustedes pensarán que ese es un período muy largo de tiempo. Para todos los que se hacen esa pregunta, fue escrito el versículo ocho. "Mas, oh amados, no ignoréis esto: que para con el Señor un día es como mil años, y mil años como un día". ¿Ayuda eso? ¿No es muy útil la Biblia? Y ahí tienen la respuesta a su pregunta. Ahora podemos regresar a Marcos.

Aquí hay tanta información, que deberán perdonarme por deambular un poco antes de saber adónde precisamos dirigirnos. Estamos de nuevo en Marcos 13:31 y cuando leemos que el cielo y la tierra pasarán, ahora sabemos lo que ese enunciado significa. "Pero Mis palabras no pasarán".

Les estoy diciendo el futuro y les estoy diciendo esto "de cierto" (versículo 30) que el cielo y la tierra pasarán, pero Mis palabras no. Eso es autoridad. Nuestro Señor siempre, siempre, siempre habló con este nivel de autoridad, con este grado de autoridad. En Lucas 16:17: "Más fácil es" —les dijo a los fariseos— "que pasen el cielo y la tierra, que se frustre una tilde de la ley". Es más fácil que colapse el universo —y lo hará— a que se frustre una tilde de Mi palabra. Este es un testimonio de Dios de cómo Se siente Él acerca de Su palabra.

La semana pasada los medios de comunicación publicitaron un libro de Rob Bell que niega que exista el infierno. Y él afirma ser un cristiano evangélico. Y las personas están preocupadas por esta cuestión, pero lo que confunde a la gente es muy simple. Usted no está confundido a menos que piense que él es cristiano. Si usted piensa que él es cristiano, puede sentirse confundido. Si el ateo Christopher Hitchens dijera que no existe el infierno, a nadie le preocuparía. Si un agnóstico dijera que no existe el infierno, a nadie le importaría. Pero puesto que un sujeto que dice ser cristiano evangélico dice que no hay infierno... El problema no es su teología, el problema es su condición. Lo siento por él; porqué está realmente engañado, no solamente acerca de la doctrina del infierno, sino más importante, acerca de la doctrina de la Escritura. Él niega la Escritura. Lo hace públicamente. Dice que no cree que podamos saber lo que la Biblia significa. De hecho, él es su propia autoridad. Expresa cosas como esta: "¿Qué tipo de mensaje es decirle a la gente que Dios los envía al infierno? No queremos decirle eso a la gente, eso no es agradable". ¿En serio? Él sabe lo que es agradable; él le quiere decir a la gente lo que es cordial. Su problema no es con la doctrina del infierno, su problema es con la Escritura. Su problema es con la autoridad de Jesús; porque Jesús dice más acerca del infierno de lo que dice acerca del cielo. Y Jesús es El maestro bíblico primordial acerca del castigo eterno. Nadie se acerca siquiera al volumen de instrucción que nuestro Señor dio acerca de esa realidad. Isaías 40:8: "Sécase la hierba" —eso es seguro— "la flor se marchita, más la palabra del Dios nuestro permanece para siempre". Ustedes no quieren alterar la Palabra de Dios. Es absolutamente verdadera, inequívocamente verdadera; y cualquiera que la altere está en una condición grave, seria, delante de Dios. Todo lo que el Señor ha dicho es verdad.

La acción requerida

Regresemos ahora a nuestro texto. Jesús les dice que les está narrando cómo será y que eso es cierto: "de cierto os digo". Algo más para considerar, la acción requerida. Hemos visto la analogía, la aplicación y la autoridad. Ahora esto es algo bastante sencillo, a pesar de que nos quedan unos pocos versículos verá qué rápido pasan. ¿Cuál es la acción requerida? Retomemos los versículos 32–37.

"Pero de aquel día y de la hora nadie sabe, ni aun los ángeles que están en el cielo, ni el Hijo, sino el Padre. Mirad, velad y orad; porque no sabéis cuándo será el tiempo. Es como el hombre que yéndose lejos, dejó su casa, y dio autoridad a sus siervos, y a cada uno su obra, y al portero mandó que velase. Velad, pues, porque no sabéis cuándo vendrá el señor de la casa; si al anochecer, o a la medianoche, o al canto del gallo, o a la mañana; para que cuando venga de repente, no os halle durmiendo. Y lo que a vosotros digo, a todos lo digo: Velad". Cuatro veces menciona que hay que velar. Cuatro veces, una en una ilustración y tres veces como una orden. Esa es la acción.

Aquí todavía está hablando a la futura generación que verá las señales. ¿De acuerdo? El mensaje es para la futura generación que verá las señales. Esto es similar a lo que Jesús dijo en Lucas 12:40: "Vosotros, pues, también, estad preparados, porque a la hora que no penséis, el Hijo del Hombre vendrá" o Mateo 25:13: "Velad, pues, porque no sabéis el día ni la hora en que el Hijo del Hombre ha de venir". Ustedes conocen el tiempo: la Tribulación. Ustedes han visto lo que la dispara: la ABOMINACIÓN DESOLADORA. Ahora, ustedes saben que son la generación que verá Su retorno. Estén alertas. Lo que ustedes no saben es el día exacto o la hora exacta. Este es un pasaje concebido para advertir a la futura generación.

Ustedes se preguntarán qué sucede con todas las generaciones entre ese entonces y ahora. Bueno, todos somos advertidos del infierno eterno. Se nos advierte de poner nuestra confianza en Cristo para no morir en incredulidad e ir al infierno para siempre. Este mensaje es acerca del fin, de la culminación de la historia. Está contestando a una pregunta específica. Y es para aquellas personas que estén vivas entonces, quienes vean estas señales; ellos no sabrán el tiempo exacto. Así que no se puede tomar esto a la ligera y tratar de integrarse al final, ya que no se sabe el día y no se sabe la hora. De hecho, el versículo 32 dice: "De aquel día y de la hora nadie sabe, ni aun los ángeles que están en el cielo". Ellos están en torno al trono de Dios todo el tiempo y no lo saben. "Ni el Hijo", porque el Hijo en Su encarnación restringió Su conocimiento y dice: "Ni yo lo sé, sino el Padre".

Ustedes se preguntarán cuál es el mensaje para nosotros aquí. Nosotros no estamos en esa generación. Les diré cuál es el mensaje para ustedes: el mensaje es que ustedes morirán, pero no saben cuándo; y mejor que estén listos. ¿No es ese el mensaje? La primera vez que fui al programa de Larry King, justo después de los ataques del 11 de septiembre, él me preguntó cuál era el significado de esos aviones volando hacia las torres y matando a todas esas personas. ¿Cuál es el mensaje?

Le contesté que el mensaje es que todos morirán y uno no tiene el control de cuándo. Ese es el mensaje. Y le dije que nadie murió allí que no fuera a morir, solo que uno no tiene el control de cuándo será. Mejor estar preparado. Mejor que uno esté preparado. Y sucede que a pesar de que no estamos en la Tribulación, a pesar de que aún no ha acontecido el Rapto de la Iglesia, los eventos que caracterizan a la Tribulación no parecen estar muy lejanos, ¿no es cierto? Hemos visto desastres naturales. Hemos visto del poder mortal de los ejércitos. Podemos comprender cómo una tercera o una cuarta parte del mundo puede ser destruida. Las cosas que sucederán en ese momento, podrían suceder ahora. Habla de un ejército de 200 millones de personas del este. Eso no es una exageración. Todo está enfocado en el Medio Oriente, los musulmanes están en una campaña promocionando la llegada de su mesías, el Mahdi, quien es el anticristo bíblico. Y ellos piensan que el Mahdi llegará pronto.

Así que la generación que verá estas cosas después del Rapto de la Iglesia puede estar muy próxima, podría ser esta generación. Toda la era escatológica podría comenzar en cualquier momento. ¿Cómo comienza? ¿Qué es lo primero que sucede? El Rapto de la Iglesia. No hay señal para eso.

Y por cierto, el Nuevo Testamento está lleno de advertencias a los creyentes de esperar ansiosamente la llegada de Cristo; porque el Rapto es la primera parte de Su regreso, es el primer elemento. Hay tres elementos en Su regreso. Él reúne a Su Iglesia, regresa a reinar y el juicio final al terminar Su Reino, y la destrucción del universo y la creación nueva de un nuevo cielo y una nueva tierra. En realidad, está todo resumido en el concepto del Día del Señor. La primera parte es llamada el día de Cristo, identificada porque no hay juicio, es el Rapto. Entonces, el Día del Señor comienza al principio de la Tribulación y finaliza con el milenio; siete años y después 1000 años.

Se nos dice que esperemos Su aparición. Tenemos esta esperanza bienaventurada. ¿Y cuál es nuestra esperanza bienaventurada? ¿Estamos esperando al anticristo? ¿Hay alguien que espere al anticristo? Nosotros estamos buscando a Cristo. Esa es nuestra esperanza bienaventurada, la gloriosa aparición del Señor Jesucristo. Aun Juan dice al final de Apocalipsis 2: "Ven señor Jesús". Él espera que el Señor venga y lo recoja. Pablo, en 1 Corintios 1: "Esperando la manifestación de nuestro Señor Jesucristo". Santiago 5:8–9: "La venida del Señor se acerca... el juez está delante de la puerta". Pedro, en 1 Pedro 4:7: "El fin de todas las cosas se acerca".

Pero en este pasaje las advertencias son específicamente para contestar a la pregunta acerca de la última generación. Regresemos por un minuto a Marcos 13:32. "De aquel día y de la hora nadie sabe". No será revelado a nadie. Eso no ha evitado que las personas hagan predicciones ridículas. ¿Por qué la gente hace eso? Comenzaron el año 90, con Clemente I, y luego en el segundo siglo hubo un grupo llamado los montanistas que predijo la venida del Señor. Luego, Joseph Smith, el famoso mormón que predijo que el Señor vendría en el año 1832, o 1890, o quizás en el 1891. Luego estaban los milleristas, quienes decían que el Señor llegaría el 21 de marzo de 1843. Oh, no, el 22 de octubre de 1844. Tampoco funcionó. Luego está Ellen G. White, de la Iglesia Adventista del Séptimo Día, quien dijo que el Señor vendría en 1850. ¿No? Entonces 1856. Luego están los Testigos de Jehová, que dijeron que el Señor vendría en 1914, 1915, 1918, 1920, 1925, 1941, 1975, 1990 y aún están estableciendo fechas. Por lo que si usted está en ese movimiento, escape. Ellos no saben, nadie sabe. Y eso es un indicio del sistema falso. Ellos no saben. Ni siquiera los ángeles saben. ¡Y ellos están alrededor del trono! Los ángeles no saben... pero nosotros, en nuestro grupo —dicen ellos— sí lo sabemos. ¿En serio? ¡Sorprendente!

Luego Él dice que ni siquiera el Hijo sabe. El Señor restringió voluntariamente el uso de Sus atributos, esto es la *kenosis* en Filipenses 2. Dejó de lado Sus privilegios divinos, no Su naturaleza divina o Sus atributos, sino Sus prerrogativas, para utilizarlas de acuerdo a la voluntad del Padre. Hizo solo lo que el Padre le dijo que hiciera, lo que le mostró que hiciera y le reveló todas las cosas. "Todas las cosas que oí de mi Padre, os las he dado a conocer" (Juan 15:15). Por cierto, después de Su resurrección, Él retomó el conocimiento total. Hechos 1:6–7: "Entonces los que se habían reunido le preguntaron, diciendo: Señor, ¿restaurarás el reino a Israel en este tiempo? Y les dijo: No os toca a vosotros saber los tiempos o las sazones, que el Padre puso en su sola potestad". Ya no dijo "no me toca a Mí saber". Una vez que resucitó de la muerte, la encarnación y las restricciones habían pasado; no os toca a vosotros saber. Su humillación había terminado y se le habían restaurado todas las prerrogativas de Su deidad.

A esa generación viva en el futuro, como no sabrán el día ni la hora, Marcos 13:33 les dice que velen y oren, porque no saben cuándo será el tiempo. Ya ha sido establecido en el plan del Padre, Hechos 1:7. Por cierto, el Padre conoce el tiempo, así lo dice. En el versículo 32 dice que el Padre sabe, lo ha determinado con toda seguridad, tal como la verdad de la muerte y resurrección de Cristo el viernes del año 30 en la semana de la Pascua, etc. Mejor que hagan caso y estén en alerta.

Luego, Él da otra analogía: "Es como el hombre que yéndose lejos, dejó su casa, y dio autoridad a sus siervos, y a cada uno su obra, y al portero mandó que velase" (versículo 34). Una simple ilustración. El dueño de la casa se va. Pone a sus esclavos a cargo de su responsabilidad e identifica a uno como el portero para que vele y permita al amo entrar cuando él regrese. Ellos serían muy responsables con esa tarea. Y Él le está diciendo a esa generación del futuro que vele. No saben cuándo vendrá el Señor de la casa. Y lo repite nuevamente en el versículo 35: "Velad, pues, porque no sabéis cuándo vendrá el señor de la casa" —y aquí explaya Su breve analogía del versículo 34— "si al anochecer, o a la medianoche, o al canto del gallo, o a la mañana".

¿Por qué todo eso? En el período de tiempo romano siempre existía una guardia desde las seis de la tarde, el atardecer, hasta las seis de la mañana, el amanecer. Era el período de la noche cuando los romanos establecían una guardia. Marcos está en un contexto romano cuando escribe y sabe que sus lectores serán romanos, así que utiliza algo que les será conocido. En la guardia romana de 12 horas, existen cuatro períodos de tres horas. Pueden regresar al versículo 35. El anochecer de seis a nueve. Luego está la medianoche, que identifica la hora final, de nueve hasta la medianoche. Luego está el canto del gallo a las tres; y la mañana es a las seis. Ustedes entonces no saben cuándo vendrá el amo. Si vendrá al atardecer, a la medianoche, cuando cante el gallo o en la mañana. Los nombres identifican el fin de cada ciclo. Estas guardias romanas, por cierto, son también mencionadas en Marcos 14 y 15, en el relato que se hace de la crucifixión y la resurrección de Cristo. Velad... velad.

Una acotación: en este Evangelio los discípulos no serían un buen ejemplo de estar alerta. Recuerden el capítulo 14, cuando los llevó al jardín para orar con Él, y todo lo que ellos hicieron fue quedarse dormidos. No serían buenos ejemplos de alguien que se asegura de quedarse despierto. En Marcos 14:34 Él les dice que se queden ahí y velen. En el versículo 37 regresa y los encuentra durmiendo, por lo que les pregunta si no pueden velar por una hora. En el versículo 38 les dice: "Velad y orad". Pero lo mismo se repite en los versículos 40 y 41.

Por lo tanto, esa es la antítesis de estar vigilante y alerta. Nuestro Señor advierte a aquellos de la futura Tribulación a que estén mucho más vigilantes de lo que los discípulos estuvieron en esta situación. Y luego lo repite en 13:37. Ustedes no quieren que el señor de la casa regrese de repente y los encuentre durmiendo como a los discípulos. "Y lo que a vosotros digo, a todos lo digo: Velad". Esa última generación necesita estar alerta. Ellos verán las señales. Ellos verán la ABOMINACIÓN DESOLADORA. No sabrán el día o la hora. Vivirán con mucho miedo debido a los horrores que se avecinan.

Conclusión

Para finalizar, quiero cerrar con Lucas 21:34–35. Este es el relato paralelo de Lucas del sermón de nuestro Señor. "Mirad también por vosotros mismos, que vuestros corazones no se carguen de glotonería y embriaguez y de los afanes de esta vida, y venga de repente sobre vosotros aquel día. Porque como un lazo vendrá sobre todos los que habitan sobre la faz de toda la tierra". Estad alertas, vigilantes. Esa generación necesita estar alerta, porque vendrá sobre todos los que habitan sobre la faz de la tierra. Ahora nosotros sabemos que Él no está hablando acerca del Rapto. Porque eso llega para llevarse los creyentes. Esta es Su venida; y la advertencia es entonces para la generación que esté viva en ese momento. "Velad, pues, en todo tiempo orando que seáis tenidos por dignos de escapar de todas estas cosas que vendrán, y de estar en pie delante del Hijo del Hombre" (versículo 36).

¿Saben lo que eso significa? Es un llamado a la salvación. Oren. Oren para que vuestro corazón no se cargue con disipación, que no esté abrumado; oren para que no sean atrapados en buscar consuelo en la inmoralidad, la disipación, la embriaguez. Oren para que lo que Él llama las ansiedades o las preocupaciones de la vida no los paralicen, desorientándolos, arrastrándolos en esa lucha. Este es un llamado a la futura generación que leerá la Biblia y las Escrituras para que se mantengan íntegros y no desencajados, no ahogando sus miedos en el alcohol o la inmoralidad. Por cierto, la palabra disipación habla de la náusea que acompaña al libertinaje. No permitan que eso suceda. No tomen ese camino porque de lo contario, ese día caerá inesperadamente sobre vosotros como una trampa. Estarán atrapados sin escapatoria posible.

Luego de todas estas advertencias, está el versículo 36. Estar en Su presencia se refiere a ser salvo. Estar de pie y mirarlo como Señor y Salvador. Ustedes quieren escapar del juicio final, quieren estar delante del Hijo del Hombre, ser aceptados por Él, bienvenidos, aprobados, acogidos. ¿Entonces qué les dijo el Señor a los discípulos acerca del fin? En el futuro, luego de un largo período de historia, cuando llegue el tiempo de la Tribulación, sabrán que están en la última generación; desde la ABOMINACIÓN DESOLADORA hasta la llegada de Cristo hay un período breve de tiempo en el que cuando vean estas señales, sabrán que Él está cerca, a la puerta. Y la generación que vea el comienzo de esto, ciertamente verá también el final. Todo esto está registrado en las páginas de la Escritura como advertencia a esa generación.

Pero también se aplica a nosotros porque queremos hacer todo lo que podamos para proclamar el Evangelio glorioso de Cristo ahora, de modo que los incrédulos no tengan que pasar por ese pavoroso tiempo de juicio. Estamos en una operación de rescate. Nosotros no estaremos en la Tribulación. Antes de que suceda, queremos llevar a tantas personas como podamos con nosotros a la gloria.

REFLEXIONES PERSONALES

28 de Agosto, 1994

06_El glorioso regreso de Jesucristo. Parte I

Entonces vi el cielo abierto, y he aquí un caballo blanco, y el que lo montaba se llamaba Fiel y Verdadero, y con justicia juzga y pelea. Sus ojos eran como llama de fuego, y había en su cabeza muchas diademas; un tenía un nombre escrito que ninguno conocía sino él mismo. Estaba vestido de una ropa teñida en sangre; y su nombre es: EL VERBO DE DIOS. Y los ejércitos celestiales, vestidos de lino finísimo, blanco y limpio, le seguían en caballos blancos. De su boca sale una espada aguda, para herir con ella a las naciones, y él las regirá con vara de hierro; y él pisa el lagar del vino del furor y de la ira del Dios Todopoderoso. Y en su vestidura y en su muslo tiene escrito este nombre: REY DE REYES Y SEÑOR DE SEÑORES.

Apocalipsis 19:11–16

BOSQUEJO

— Introducción
— Hostilidad
— La cena de las bodas del Cordero de Dios
— La culminación del plan de Dios
— El conflicto y la expectativa
— El evento prominente
— Otras teorías
— Imágenes descriptivas
— Oración final

Notas personales al bosquejo

SERMÓN

Introducción

En esta ocasión veremos Apocalipsis 19:11–16. Éste es el glorioso retorno de Jesucristo. Hemos esperado llegar a este versículo desde que comenzamos el libro de Apocalipsis. Hemos pasado por los 19 capítulos y 10 versículos preliminares para llegar al versículo 11 donde dice: "Entonces vi el cielo abierto; y he aquí un caballo blanco, y el que lo montaba se llamaba Fiel y Verdadero, y con justicia juzga y pelea. Sus ojos eran como llama de fuego, y había en Su cabeza muchas diademas; y tenía un nombre escrito que ninguno conocía sino Él mismo. Estaba vestido de una ropa teñida en sangre; y Su nombre es: EL VERBO DE DIOS. Y los ejércitos celestiales, vestidos de lino finísimo, blanco y limpio, le seguían en caballos blancos. De Su boca sale una espada aguda, para herir con ella a las naciones, y Él las regirá con vara de hierro; y Él pisa el lagar del vino del furor y de la ira del Dios Todopoderoso. Y en Su vestidura y en Su muslo tiene escrito este nombre: REY DE REYES Y SEÑOR DE SEÑORES". Una descripción muy gráfica y poderosa de Jesucristo que lo retrata en esta visión del apóstol Juan con la gloria de Su Segunda Venida.

Muchas veces me preguntan —creo que las personas saben que soy pastor, que estudio la Escritura y enseño la Biblia— si las cosas en este mundo en conflicto mejorarán. Si todo continuará empeorando cada vez más o si habrá un fin a todas las guerras, al antagonismo, la injusticia, el crimen y el caos. Y siempre contesto la pregunta diciendo que mejorará; no hay duda acerca de eso. Puedo contestar con un rotundo sí a la pregunta de si el mundo mejorará. Pero ese categórico sí está directamente asociado con la segunda Venida de Jesucristo. Eso, y solamente eso, remediará los problemas de nuestro mundo. Solamente eso traerá paz en vez de guerra, justicia en vez de iniquidad, integridad en vez de depravación. Un día Jesucristo vendrá y gobernará al mundo. Retornará para ser Rey y establecer Su Reino. Este pasaje en particular, el cual acabamos de leer, profetiza el momento más sobresaliente de la historia de la humanidad y de la historia de la redención.

Hostilidad

Tal como hemos aprendido en nuestro estudio de este increíble libro de Apocalipsis, este glorioso evento no sucederá sin que antes acontezca una hostilidad preliminar, la cual será extensa y de amplio alcance. Antes del regreso de Jesucristo habrá una hostilidad generada por Satanás, los demonios y hombres impíos, así como hostilidades en todo el mundo generadas por Dios mismo, a medida que derrama Su ira. Hemos aprendido de los esfuerzos de Satanás durante el próximo tiempo de la Tribulación. Hemos aprendido acerca de la identidad del anticristo y su seguidor, llamado el falso profeta. Hemos aprendido acerca de los demonios que serán liberados para plagar la tierra. Hemos aprendido acerca de la maldad intensificada de los hombres en medio del derrame de la furia y la ira de Dios. Ellos continúan siendo cada vez más malvados, más ofuscados, más endurecidos y más resistentes en contra del Evangelio, el cual al mismo tiempo es predicado a ellos como nunca antes. Hemos aprendido cómo Satanás con todas sus huestes viene a pelear contra los objetivos de Dios, contra el pueblo de Dios, contra el plan de Dios, contra los ángeles de Dios y aún contra el Cristo de Dios. Las fuerzas del cielo y las fuerzas del infierno se enfrentarán en una violencia final en la que intervienen las naciones del mundo en una batalla que conocemos con el nombre de Armagedón, en donde las tinieblas procuran detener a la Luz para que no establezca Su reino glorioso sobre la tierra.

A la cabeza de este ejército mundial de fuerzas unidas estará la bestia o el anticristo quien marcha con hostilidad con el poder de Satanás contra Dios y Su Ungido. Vemos que en el versículo 19 dice: "Y vi a la bestia, a los reyes de la tierra y a sus ejércitos, reunidos para guerrear contra el que montaba el caballo, y contra su ejército".

También recordamos Apocalipsis 16:16 donde dice que el lugar central de esa batalla será en un lugar llamado en hebreo Armagedón. Por lo que cuando nos preguntan si las cosas mejorarán, no será sin antes mucha hostilidad, mucha más de la que el mundo ha visto aún. La respuesta es que las cosas definitivamente mejorarán; y mejorarán de un modo instantáneo con la llegada de Jesucristo en un momento catastrófico de la historia de la redención. Pero antes de que mejoren, empeorarán mucho. El mundo aún no ha comenzado a comprender cuán terrible puede ser la vida, cuán aterradoramente injusta puede ser, cuán insostenible puede ser, cuán inmoral, cuán caótica, cuán devastadora y mortal. Si usted quiere vislumbrar eso, entienda el libro de Apocalipsis. A partir del capítulo 6 se desarrollan los siete sellos de juicio, las siete trompetas de juicio y las siete copas de la ira de Dios que culminan en lo que es llamado el día de la ira misma que describe cuán terrible será todo.

Antes de que el mundo mejore en el regreso de Jesucristo, empeorará mucho más de lo que es hoy en día. Y a veces nos preguntamos si todo puede ser aún peor. Y la respuesta es que puede serlo; y será peor. Y luego, en un gran momento de culminación redentora, Jesús vendrá y el mundo será inmediatamente un paraíso recuperado.

La cena de las bodas del Cordero de Dios

Ahora, a medida que nos aproximamos a Apocalipsis 19:11, donde se nos describe el regreso de Jesucristo, queremos recordar el pasaje anterior. Hemos estudiado el libro de Apocalipsis por algunas semanas y no quiero que pierdan la continuidad. Recordarán que en el pasaje anterior estaba la presentación de un gran acontecimiento llamado en el versículo nueve la Cena de las Bodas del Cordero, un tiempo cuando el Cordero de Dios, el Señor Jesucristo, se unirá con Su pueblo redimido; y ellos participarán en esta maravillosa cena de bodas que será disfrutada a pleno durante el tiempo del Reino Milenario, el reino de 1000 años que Jesús establece en la tierra como la primera etapa de Su reinado eterno. Pero, a pesar de ser maravillosa, antes de que ocurra la cena de las bodas del Cordero —cuando el Cordero se reúne con su esposa y entran en la gloria del Reino y participan de ese extraordinario tiempo de celebración— el rey guerrero debe ganar la última batalla.

Él no puede llevar a Su novia al Reino. No puede establecer este gran evento de la cena de boda, esa gran celebración permanente. Él no puede unirse de la manera que prometió y no puede culminar de la manera prometida hasta que retorne victorioso de la mayor batalla de todos los tiempos. Y en anticipación de este gran evento de la cena de las bodas, el gran evento del Reino, el Rey guerrero va a la batalla por última vez. Y es en este momento que la mayor cantidad de enemigos acomete contra el Señor Jesucristo. Para ese entonces estarán los demonios que han estado sueltos y los que han estado atados, pero que en ese momento habrán sido liberados. Doscientos millones de demonios habrán sido liberados, los cuales han estado cautivos por un largo período de tiempo. Se abrirá el abismo del infierno y los demonios que han estado encarcelados con cadenas para el momento de la Tribulación serán soltados. Así que las huestes del infierno serán más terribles de lo que han sido antes. Estará lo que quede de la humanidad en la tierra, los que no hayan sido destruidos por el poder del anticristo o destruidos por los furiosos juicios de Dios. Y se juntarán en grandes ejércitos que serán conducidos a los campos de Meguido; y se extenderán hacia el sur más allá de la ciudad de Jerusalén. Ellos serán en realidad combustible para el fuego del Rey cuando regrese.

El mayor holocausto de la humanidad es usualmente conocido como el gran holocausto de Armagedón. Y antes de que el Rey pueda llevar a su esposa a la cena de celebración, tiene que obtener Su triunfo final. El intrépido desafío del anticristo es aceptado por el cielo mismo, aceptado por el Rey, el Rey guerrero y Sus santos ángeles. Y Él regresa a vengarse con llamas de fuego.

A medida que nos aproximamos a este evento en Apocalipsis 19:11, Babilonia, la gran ciudad capital del imperio del anticristo ya ha sido destruida. El mundo económico y el sistema religioso han sido destruidos. El imperio del anticristo está en caos, tal como recordamos de los capítulos 17 y 18. Los juicios de los siete sellos han sido abiertos y cumplidos. Las siete trompetas han sido sonadas y sus furiosos juicios ya se han desplegado. Las siete copas de ira han sido derramadas. El día del hombre está por llegar a su fin. La gran Tribulación está por finalizar. El tiempo de Satanás también ha finalizado a medida que Jesucristo llega con triunfo glorioso.

La culminación del plan de Dios

En este momento, para hacer justicia con el objetivo de la Escritura y la anticipación de toda la literatura redentora que existe anteriormente en la Biblia, debemos decir que es la culminación del plan de Dios que Su pueblo ha estado aguardando a lo largo de toda la historia de redención. Esto es lo que se esperaba desde el principio. Éste es el momento cuando la cabeza de la serpiente es aplastada por completo. Y eso nos lleva de regreso a Génesis 3:15. Es cuando se le entrega el cetro al Rey verdadero, lo cual nos remite a Génesis 49. También este es el tiempo, por ejemplo, que fue anticipado en la gran profecía dada en 2 Samuel 7; en ese gran capítulo en el cual se le dice a David que vendrá un rey, mayor que cualquier otro; y ese rey será un hijo de David que establecerá un Reino que durará por siempre. Será un Reino que nunca finalizará. Segundo Samuel 7 anticipa este mismo evento descrito aquí en Apocalipsis 19.

Seguramente en el corazón de Isaías estaba la expectativa de este día y momento cuando habló de que vendría un gran Rey siervo, que establecería un trono y un reino. Isaías lo predice en el capítulo 11 y nuevamente en el capítulo 42.

Fue anticipado por Ezequiel en los capítulos 38 y 39. Por Joel en el capítulo 3 de su profecía. Y por Zacarías en el capítulo 14. Y ciertamente Isaías tenía eso en mente en el capítulo 9 cuando dijo que el gobierno estaría sobre Sus hombros. El habló de un niño que vendría a reinar.

El Antiguo Testamento también señala muy claramente que el centro de este Reino que establecerá el Mesías estaría en la ciudad de Jerusalén. El profeta Zacarías hace saber manifiestamente que Jerusalén será el lugar. En Zacarías 12:3: "Y en aquel día yo pondré a Jerusalén por piedra pesada a todos los pueblos; todos los que se la cargaren serán despedazados, bien que todas las naciones de la tierra se juntarán contra ella". En la batalla de Armagedón hay un foco de atención hacia Jerusalén. Y Jerusalén será el lugar donde el anticristo establecerá su gobierno. Después de profanar el templo, durante la Tribulación, él se establece para que le adoren. Establece el centro de su adoración en la ciudad de Jerusalén. Entonces el conflicto afectará también a esa ciudad. Zacarías habla de eso y también lo hace Isaías 9:7.

Entonces, los profetas estaban prediciendo lo que sucedería, que llegaría un día cuando Jerusalén sería un lugar de juicio. Vendría también un día cuando Dios enviaría a Su gran Rey a establecer Su Reino eterno. Y tuvieron que esperar hasta el Nuevo Testamento para tener una revelación aún mayor, como aquélla que fue dada en el discurso del Monte de los Olivos, o como aquélla que fue dada en el libro de Apocalipsis. Ellos comprendieron cómo culminaría finalmente la historia de la humanidad. Vendría Uno del cielo, el Ungido, el Hijo de David, el Rey prometido que quitaría a los Reyes del mundo y establecería un Reino de justicia en el cual el pueblo de Dios sería elevado y exaltado. La paz y la justicia prevalecerían en el mundo. Isaías y los otros profetas sabían y comprendían con seguridad lo que se les decía acerca de este gran evento.

El conflicto y la expectativa

Se establece el conflicto. Lo comprendemos. Hemos aprendido del mismo en el libro de Apocalipsis. Pero también se establece la expectativa. Los cristianos han anhelado la llegada de este gran día. Y ahora estamos leyendo acerca de su advenimiento.

Me recuerda Mateo 13, cómo el Señor al principio de Su ministerio comenzó a hablar acerca de lo que sucedería en el futuro. Recuerden ustedes que en Mateo 13:41–42, Él dice: "Enviará el Hijo del Hombre a Sus ángeles, y recogerán de Su reino a todos los que sirven de tropiezo, y a los que hacen iniquidad, y los echarán en el horno de fuego; allí será el lloro y el crujir de dientes. Entonces los justos resplandecerán como el sol en el reino de Su Padre". Aquí Jesús está diciendo que vendrá un día de juicio, un día cuando los ángeles serán agentes de juicio y los que recogen la cosecha. Pero también será un día de bendición; y los justos verán al sol resplandecer en el Reino de Su Padre.

Y en el gran discurso del Monte de los Olivos, donde Jesús da un sermón acerca de Su Segunda Venida, recuerda nuevamente lo que sucederá, en Mateo 25:41. "Entonces dirá también a los de la izquierda: Apartaos de Mí, malditos, al fuego eterno preparado para el diablo y sus ángeles". Pero por otro lado, les dirá a aquellos que le conocen y le aman: "Venid, benditos de Mi Padre, heredad el reino preparado para vosotros desde la fundación del mundo". Por lo que ese día es un día de gran juicio pero también de gran bendición, gran gozo, gran expectativa.

Recordarán que el apóstol Pablo habla en Romanos 2:5–9 de que viene "el día de la ira y de la revelación del justo juicio de Dios, el cual pagará a cada uno conforme a sus obras: vida eterna a los que, perseverando en bien hacer, buscan gloria y honra e inmortalidad, pero ira y enojo a los que son contenciosos y no obedecen a la verdad, sino que obedecen a la injusticia; tribulación y angustia sobre todo ser humano que hace lo malo". Nuevamente, este suceso indica el juicio y muestra bendición. Y los creyentes a lo largo de la historia han esperado este momento extraordinario.

En 2 Tesalonicenses 1:7, nos habla de un día cuando el señor Jesús será revelado desde el cielo. Es el mismo día que estamos viendo en Apocalipsis 19, cuando Él llega con sus ejércitos celestiales como llama de fuego, vengándose de aquellos que no conocen a Dios y que no obedecen al Evangelio de nuestro Señor Jesús. Y ellos sufrirán la pena de la destrucción eterna, alejados de la presencia del Señor y de la gloria de Su poder. Pero por otra parte, ese día Él vendrá para ser glorificado en sus santos, para ser una maravilla entre todos los que creyeron.

Nuevamente, escuchamos lo mismo. Es un día de juicio terrible de los impíos y un día de inmenso gozo para aquellos que conocen y aman al Señor. Es el día esperado por los santos del Antiguo Testamento, el día esperado por los santos del Nuevo Testamento, un día de juicio; el mismo día en que Juan conoció la dulzura porque Cristo viene, y la amargura porque significa que la condenación de los impíos estaba sellada.

El evento prominente

Por lo tanto, nuestro texto es épico en la historia de la redención. Es el evento prominente. Es el último gran evento. Es verdaderamente el fin de toda la saga. El resto de lo que sucede en el Reino y el final del Reino, la rebelión satánica al final de los 1000 años, es realmente un tipo de operación de limpieza. Es aquello que establece el fin permanente del día del hombre y establece el comienzo eterno del día de Dios y el día de Cristo, cuando Él reinará por siempre. Éste es entonces el pináculo de toda la Escritura, de toda la esperanza cristiana, de toda la esperanza de los santos de todos los tiempos. Ésta es la batalla culminante final por la soberanía en el universo; y esto determina quién reinará por siempre. Y no será otro que el Señor Jesucristo.

Y deberíamos amar este evento. Deberíamos anhelar este acontecimiento. El apóstol Pablo habló cuando escribió a Timoteo al final de su vida. Y habló palabras muy, muy importantes y prácticas. Él dijo en 2 Timoteo 4:8: "Por lo demás, me está guardada la corona de justicia, la cual me dará el Señor, juez justo, en aquel día; y no solo a mí, sino también a todos los que aman Su venida". Al decir esto, define al cristiano como alguien que ama la aparición de Cristo, alguien que ama Su venida. Cuando pensamos sobre ello, cuando meditamos en eso, obviamente que lo hacemos como cristianos, pero ciertamente no demostramos ese tipo de afecto porque estamos tan atrapados por este mundo, tan satisfechos con este mundo, que pienso que la mayoría de nosotros, si fuéramos honestos y miráramos en nuestros corazones, y se nos hiciera la pregunta ¿Preferirías dejar este mundo y ser llevado a la gloria? ¿Preferirías que Jesús viniera o preferirías seguir disfrutando de la vida? Sería difícil decir que es algo que tenemos bien definido, que renunciaríamos a todo lo de este mundo por la presencia de Jesucristo. No amamos su aparición como deberíamos. Estamos cómodos y cautivados por las cosas de este mundo.

Y creo que mucho más en este tipo de cultura, comparada con otras que son mucho más difíciles, sombrías y no tan atrayentes como nuestra cultura. Quizás el hecho de que nuestra sociedad esté cambiando rápidamente, que se acabó la edad de oro de la historia de Estados Unidos, los días de gloria de este país y nuestra sociedad; quizás el hecho de que las cosas estén empeorando cada vez más, causará que tengamos un amor cada vez mayor por la aparición de Jesucristo. Y que así sea, si ese es el caso.

Y si hoy nosotros, en nuestra situación, podemos amar su aparición, imagine lo que sentirán los santos que pasarán el tiempo de la Tribulación. Imagine lo que será para aquellos que esperan la llegada de Jesucristo mientras tienen que experimentar todo lo que está sucediendo. El anticristo estará actuando con todo el poder, blasfemando abiertamente y desafiando a Dios y a Cristo descaradamente. Todo el mundo adorará a Satanás y al hijo de perdición. Y aquellos que se rehúsen a hacerlo, que pertenezcan al Señor, pagarán con sus vidas. Habrá cuantioso martirio a los creyentes. Todos los hombres y mujeres sobre la faz de la tierra enfrentarán una matanza increíble e inimaginable. Los creyentes de Israel que queden, que hayan sobrevivido a la ira de Dios y que hayan venido a la verdad de Jesucristo estarán en situación crítica de persecución. Ellos clamarán, sin duda, con el salmista que dijo: "Oh Dios, no guardes silencio; no calles, oh Dios, ni te estés quieto. Porque he aquí que rugen tus enemigos, y los que te aborrecen alzan cabeza. Contra tu pueblo han consultado astuta y secretamente, y han entrado en consejo contra tus protegidos. Han dicho: Venid, y destruyámoslos para que no sean nación, y no haya más memoria del nombre de Israel. Porque se confabulan de corazón a una, contra ti han hecho alianza" (Salmo 83:1–5).

Sin duda que los judíos redimidos de la Tribulación encontrarán su camino al Salmo 83 y a esos primeros cinco versículos y clamarán a Dios: "Oh Dios, no guardes silencio". Y los gentiles creyentes que estén vivos se unirán en ese clamor. Aquellos que hayan creído durante ese período y que todavía están vivos y no hayan sido martirizados.

Y luego, los santos martirizados que están en el cielo también estarán clamando: "¿Hasta cuándo, Señor, santo y verdadero, no juzgas y vengas nuestra sangre en los que moran en la tierra?" Tal como lo hacen en Apocalipsis 6:10. Y entonces, los santos de la tierra, tanto judíos como gentiles, y los santos del cielo bajo el altar clamarán que Cristo venga. Y esperarán ansiosamente su aparición porque la vida será tan aterradora. Querrán que el Rey regrese y establezca su Reino y sea honrado y glorificado. Y ellos estarán, por supuesto, entristecidos por sus propias experiencias, pero aún más por la difamación del carácter de Dios y el nombre de Cristo; y querrán que todo concluya.

Y vendrá el tiempo en el que las oraciones de los santos serán respondidas, y los clamores de aquellos que estén bajo el altar del cielo también serán contestados. Y vemos la respuesta a eso en el capítulo 19: el día llegará. Tal como lo expresó Judas en su epístola en los versículos 14–15: "He aquí, vino el Señor con Sus santas decenas de millares, para hacer juicio contra todos, y dejar convictos a todos los impíos de todas sus obras impías que han hecho impíamente, y de todas las cosas duras que los pecadores impíos han hablado contra Él".

Vendrá. Este gran evento sucederá.

Cuando comienza la escena en el versículo 11 —es bueno que lo observen— somos llevados al cielo y vemos que el cielo se abre "y he aquí un caballo blanco, y el que lo montaba se llamaba Fiel y Verdadero, y con justicia juzga y pelea".

Lo que sucederá aquí, sucederá rápidamente. Con rapidez y de modo triunfante, las puertas del cielo se abrirán y el Señor aparecerá en gloria con ejércitos celestiales. Será un triunfo fulminante. Habrá una colisión catastrófica y repentina mientras que Él viene del cielo y llega la tierra. Y quiero enfatizar lo repentino en este texto. Se abre el cielo, Él está allí y viene.

Y tan pronto como llegue, habrá un holocausto que es descrito en el versículo 17 como la gran cena de Dios; y las aves del cielo serán llamadas a comer la carne de los cadáveres que cubrirán esa parte del mundo. La captura repentina de la bestia y de los reyes de la tierra, del falso profeta, aún de Satanás mismo; y todos ellos serán arrojados al lago de fuego que arde con azufre. Y luego, la muerte de los que quedaban en el versículo 21. Y todo esto será muy repentino y rápido. Es importante señalarlo. No será un combate prolongado. No será un sitio. Será una batalla instantánea que en realidad será peleada con una sola arma, que es el arma detallada en el versículo 15 como una espada que sale de la boca de Cristo. Y con ella, Él herirá a las naciones. E inmediatamente después, establecerá su gobierno y gobernará con una vara de hierro.

Quiero enfatizar lo repentino de todo esto por un motivo muy importante; quiero que comprendan que la narración bíblica no nos dice que el

Reino llegará de manera silenciosa, que se fusionará una era con la próxima, que quizás hay un Reino y uno no lo puede percibir. Que hay un período de transición.

Otras teorías

Se preguntarán si hay alguien que cree eso. Hay muchos. Son los llamados post-milenaristas. Ellos creen que las cosas mejorarán cada vez más y que habrá una especie de movimiento espiritual; y la iglesia de algún modo tomará algunas de las instituciones humanas y habrá una fusión gradual hasta el establecimiento del Reino. Eso es el post-milenarismo —considerando al milenio como el Reino de los 1000 años. Ellos también pueden ser clasificados bajo el término de reconstruccionistas. A veces leemos acerca de ellos. Son básicamente post-milenaristas que creen que nosotros, como iglesia, reconstruiremos la sociedad alrededor de un marco de realidad espiritual y por lo tanto haremos venir el Reino de Cristo. Algunos de ellos son llamados teonomistas, que creen que de alguna manera podemos fusionar la economía de nuestro tiempo, la estructura social de nuestro tiempo, con una realidad teológica y crear un tipo de reino teonomista.

Algunos de ellos son llamados teólogos del Reino y creen que de alguna manera la Iglesia tendrá un gran poder para hacer milagros. Es el tipo de movimiento de John Wimber, un movimiento carismático de "señales y milagros". Y por medio de este gran poder, podremos vencer demonios y conquistar a las fuerzas de las tinieblas. Y los sacaremos del poder de Satanás y por lo tanto estableceremos el Reino. Y será un proceso. Este movimiento está obsesionado con una mentalidad de batalla espiritual, orando por las grandes ciudades y los demonios que supuestamente las mantienen prisioneras. Y nosotros queremos liberar estas cosas humanas de los poderes de las tinieblas o de los arquitectos sociales de nuestro tiempo. Queremos crear por el poder de la Iglesia expresado ya sea de manera sobrenatural contra las fuerzas demoníacas, o de manera natural contra las fuerzas políticas y sociales; y entonces obtener el Reino, establecerlo y ofrecérselo a Cristo.

Considero que eso está completamente alejado de la Escritura. El establecimiento del Reino en el cual Cristo gobierna con una vara de hierro es un cataclismo repentino instantáneo que no puede ser descrito de ningún otro modo en la Escritura. El cielo se abre. Jesús, sentado en un caballo blanco, irrumpe desde el cielo, embiste a la tierra y simplemente con la espada que sale de Su boca, que no es otra cosa que Su palabra, produce devastación. Él es capaz de destruir con Su boca, del mismo modo que puede crear con ella. Entonces recuerden, la historia no se fusiona de manera tranquila y gradual con el Reino de Cristo; éste llega con furia y ferocidad, en una súbita intervención divina desde el cielo. El final llegará violentamente, con un juicio fiero.

Y más aún, el fin no llegará porque las cosas mejoren. El fin llegará porque las cosas empeorarán. La Iglesia nunca conquistará los reinos de este mundo, nunca asumirá el cargo de las instituciones sociales de esta época. No habrá días mejores en el futuro a causa de la influencia cristiana en el mundo. Ni tampoco lograremos conquistar al mundo de las tinieblas desarrollando algún poder espiritual imaginario para luego traer el Reino. No lo haremos. El mundo no mejorará, sino que empeorará. Y es evidente en el libro de Apocalipsis que se pondrá cada vez peor hasta que el Rey intervenga.

El último golpe a un mundo que estará envuelto en sangre hasta el cuello debido a la matanza, al asesinato, al derramamiento de sangre y a la violencia que ha estado aconteciendo, es el holocausto de Armagedón luego del cual el Señor mismo establecerá el Reino. Solo Él puede establecer el Reino. Es por eso que decimos que somos pre-milenaristas. Creemos que Cristo viene al principio del milenio y lo establece; no al final del mismo después de que nosotros lo hayamos establecido. Eso es lo que creen los post-milenaristas.

Y luego están los amilenaristas, que no creen que haya un Reino. Y luego están los pan-milenaristas que creen que todo estará bien de algún modo en el futuro.

Pero cualquiera que siga el curso cronológico literal del libro de Apocalipsis concluirá con una Venida pre-milenarista de Cristo en la cual Él regresa y establece Su reino milenario durante el cual Él gobierna por 1000 años. Ninguna otra cosa tiene sentido en la cronología del libro de Apocalipsis.

Los profetas nos dicen que cuando Cristo venga, la batalla se propagará con violencia en la llanura de Meguido. Y hasta Edom, pasando por Jerusalén, el valle de Josafat. Pero Meguido es el lugar donde parece que la batalla es mayor, donde hay más derramamiento de sangre. Y a aquellos de nosotros que hemos estado en ese lugar nos impresiona la capacidad notable de esa porción de tierra en particular para ser un campo de batalla. En efecto, Napoleón dijo que es el mejor campo de batalla en la superficie de la tierra— al menos el mejor que él hubiera visto. Allí Barac y Débora pelearon contra Sísara, luego Gedeón batalló contra los madianitas, Saúl fue asesinado por los filisteos, el faraón Necao asesino al buen rey Josías, etc. En ese lugar se ha derramado mucha sangre.

Cada batalla peleada allí a través de los años, ya sea por los turcos o los ejércitos de Napoleón; todas esas batallas juntas fueron solo un indicio del gran día de la batalla del Dios todopoderoso. El día del hombre terminará y el día de Dios comenzará. El glorioso retorno de Nuestro Señor Jesucristo, cuyas señales y descripción aquí lo identifican como el mismo Jesús que fue al cielo desde el Monte de los Olivos, vendrá. Creo que vendrá antes de lo que cualquiera de nosotros realmente piensa.

Recuerden ahora que cuando Cristo vino la primera vez, fue despreciado y rechazado, le escupieron, se burlaron y lo ridiculizaron. Pero cuando Él regrese la segunda vez, será exactamente lo contrario. Exactamente lo contrario.

Imágenes descriptivas

Las imágenes de esta sección —no quiero que nos apresuremos— son realmente maravillosas. Describen a Cristo como el Rey guerrero; y Él regresa de acuerdo a ese modelo, o en ese tipo de categoría. Y es realmente muy similar al capítulo 11 de Isaías. De hecho, usted puede pensar que Juan, quien lo escribe, quien ve esta gran visión, conocía el libro de Isaías y podría haber elaborado este paralelo en su mente. Leemos en Isaías 11:1: "Saldrá una vara del tronco de Isaí, y un vástago retoñará de sus raíces". Y por supuesto, el linaje de Isaí era David y entonces el hijo de David, el Mesías, venía del linaje de Isaí. "Y reposará sobre Él el Espíritu de Jehová; espíritu de sabiduría y de inteligencia, espíritu de consejo y de poder, espíritu de conocimiento y de temor de Jehová. Y le hará entender diligente en el temor de Jehová. No juzgará según la vista de sus ojos, ni argüirá por lo que oigan sus oídos; sino que juzgará con justicia a los pobres, y argüirá con equidad por los mansos de la tierra; y herirá la tierra con la vara de su boca, y con el espíritu de Sus labios matará al impío. Y será la justicia cinto de sus lomos, y la fidelidad ceñidor de su cintura" (versículos 2–5).

Esa imagen es muy similar. En Apocalipsis se le llama Fiel y Verdadero. Aquí, dice "la fidelidad [será] ceñidor de su cintura". Se enaltece su justicia en Apocalipsis 19; y también aquí. Aquí, en Isaías 11, al igual que en Apocalipsis 19, hiere la tierra con la vara de su boca. Establece aquí su dominio; y lo mismo hace en Apocalipsis 19. Así que la misma imagen de la llegada del Rey, el Rey guerrero, el Rey que conquista en Apocalipsis 19, es ciertamente muy cercana a la descripción de Isaías 11.

E Isaías 11:6–9 describe al Reino que Él establece. "Morará el lobo con el cordero, y el leopardo con el cabrito se acostará; el becerro y el león y la bestia doméstica andarán juntos, y un niño los pastoreará". En otras palabras, no habrá más hostilidad en el reino animal. "La vaca y la osa pacerán, sus crías se echarán juntas; y el león como el buey comerá paja. Y el niño de pecho jugará sobre la cueva del áspid, y el recién destetado extenderá su mano sobre la caverna de la víbora. No harán mal ni dañarán en todo mi santo monte; porque la tierra será llena del conocimiento de Jehová, como las aguas cubren el mar". Y continúa con la descripción.

Definitivamente, la descripción de Isaías 11 corresponde a un Reino y también describe la llegada del Rey en términos muy similares a Apocalipsis 19.

Pasemos por un momento a Isaías 63:1–6; otras imágenes muy similares. Estoy tan solo señalando que estas imágenes no eran algo nuevo. "¿Quién es Éste que viene de Edom?" Esto nos dice que la batalla se extiende desde Meguido en el norte hasta Edom en el sureste. "¿Quién es Éste que viene de Edom, de Bosra, con vestidos rojos?" Vestidos literalmente rojos. "¿Éste hermoso en su vestido, que marcha en la grandeza de Su poder? Yo, el que hablo en justicia, grande para salvar. ¿Por qué es rojo Tu vestido, y Tus ropas como del que ha pisado en lagar? He pisado Yo solo el lagar, y de los pueblos nadie había Conmigo; los pisé con Mi ira, y los hollé con Mi furor; y su sangre salpicó Mis vestidos, y manché todas Mis ropas. Porque el día de la venganza está en Mi corazón, y el año de Mis redimidos ha llegado. Miré, y no había quien ayudara, y Me maravillé que no hubiera quien sustentase; y Me salvó mi brazo, y Me sostuvo Mi ira. Y con Mi ira hollé los pueblos, y los embriagué en Mi furor, y derramé en tierra su sangre". Aquí está el Mesías contestando la pregunta ¿Quién es Éste que viene a derramar sangre?

Y la imagen de esa matanza de Isaías 63 —regresen a Apocalipsis 19— también aparece aquí. Versículo 13: "Estaba vestido de una ropa teñida en sangre; y su nombre es: EL VERBO DE DIOS". Él es un conquistador ensangrentado; lo caracteriza su vestimenta manchada con sangre. Este gran evento no solo fue profetizado en Isaías 11 e Isaías 63, sino también en Mateo capítulo 24. Y recordarán que en Mateo 24:29–31, en el discurso del Monte de los Olivos, Jesús hizo una declaración importante: "E inmediatamente después de la tribulación de aquellos días, el sol se oscurecerá, y la luna no dará su resplandor, y las estrellas caerán del cielo, y las potencias de los cielos serán conmovidas. Entonces aparecerá la señal del Hijo del Hombre en el cielo; y entonces lamentarán todas las tribus de la tierra, y verán al Hijo del Hombre viniendo sobre las nubes del cielo, con poder y gran gloria. Y enviará Sus ángeles con gran voz de trompeta, y juntarán a Sus escogidos, de los cuatro vientos, desde un extremo del cielo hasta el otro". Ésta también es una descripción del Rey que viene. El acontecimiento de Apocalipsis 19.

Después, en Mateo 25:31, Jesús continúa con este sermón acerca de Su Segunda Venida: "Cuando el Hijo del Hombre venga en Su gloria, y todos los santos ángeles con Él, entonces Se sentará en Su trono de gloria". Así lo habían anticipado los profetas del Antiguo Testamento y ciertamente lo anticipó el señor Jesucristo. Anteriormente, en el libro de Apocalipsis, el apóstol Juan tuvo la visión relacionada con la llegada de Cristo. ¿Recuerdan 14:14–15? "Miré, y he aquí una nube blanca; y sobre la nube uno sentado semejante al Hijo del Hombre, que tenía en la cabeza una corona de oro, y en la mano una hoz aguda. Y del templo salió otro ángel, clamando a gran voz al que estaba sentado sobre la nube: Mete Tu hoz, y siega; porque la hora de segar ha llegado, pues la mies de la tierra está madura".

Lo vemos también en el versículo 20: "Y fue pisado el lagar fuera de la ciudad, y del lagar salió sangre hasta los frenos de los caballos, por mil seiscientos estadios". Esa es la distancia de Meguido hasta el sur, pasando por Jerusalén, hasta las partes del sur que serían cerca de Edom.

Así que hay muchos anticipos. En Apocalipsis 16:14 encontramos la batalla de la guerra del gran día del Señor. Y luego, en el versículo 16, se les reúne en el lugar llamado Armagedón. Todo eso se establece para comprender el regreso de Cristo. Y por cierto, ahora seremos muy cronológicos en el libro de Apocalipsis. Él regresa en el capítulo 19. Establece Su reino. En el capítulo 20, aprendemos acerca del Reino. Y luego el Reino finaliza y nos aproximamos al estado eterno de los capítulos 21 y 22. Entonces, todo lo que falta por venir es el cumplimiento maravilloso, glorioso, de la esperanza y la expectativa de todos los creyentes de todos los tiempos.

¿Pueden creer que esto fue la introducción? ¿Durante cuánto tiempo he estado hablando? Se acabó el tiempo. Es increíble. Y no quiero que ustedes se pierdan nada, así que guardaré lo que planeaba decir para la próxima vez. Pero creo que ustedes comprenden el escenario y su importancia; y eso es fundamental. Y les daré tres importantes perspectivas iniciales a medida que veamos los versículos 11–16: El regreso del Conquistador, los regimientos del Conquistador y el gobierno del Conquistador. Y esta es simplemente la verdad más rica y más maravillosa, por lo que quiero tener tiempo para desarrollarla; y esperaré hasta el próximo domingo para hacerlo. No quiero que se lo pierdan.

Para ser honesto con ustedes, en mi corazón tengo la preocupación que cuando digamos que vamos a presentar la Segunda Venida de Jesucristo haya gente que no venga. No puedo concebir que no se ame su aparición lo suficiente como para querer saber cualquier detalle posible acerca de la misma. Entre hoy y el próximo día del Señor, podrían orar para que Él ponga en los corazones de su pueblo el deseo de demostrar el amor por este evento de tal manera que acudan a escuchar acerca del mismo. Y no lo digo por nuestro bien, porque para ser honesto —esta es una buena acotación para cerrar— nosotros, los que conocemos y amamos al señor Jesucristo seremos raptados, ¿no es cierto? Nosotros estaremos en la segunda Venida, pero no estaremos aquí esperándola; vendremos con Él, lo cual lo hace más interesante. Yo quiero saber lo que estaré haciendo, en que estaré involucrado. ¿Seré parte del juicio? ¿Tendré una espada? ¿Entraré en acción o no? Contestaré esas preguntas la próxima semana. ¿Cuál será mi rol? Y lo más maravilloso de todo esto es que finalmente Jesucristo será exaltado. Toda la difamación, toda la calumnia, todo el deshonor que ha existido contra su nombre acabará por siempre. Y Él será reivindicado y glorificado. Tan solo eso hace que éste sea el evento más preciado de todos los eventos. No se lo pierdan. Inclinemos nuestras cabezas para orar.

Oración final

Padre, mientras meditamos acerca de esta maravillosa realidad de la venida de Jesús, estamos muy agradecidos por saber de ella; de lo contrario nos sentiríamos desesperados y confundidos, acerca de lo que sucede en el mundo. ¿Y cómo puede ser que en este tiempo, en el que somos educados, en el que nos hemos elevado material y económicamente, y en el que deberíamos haber aprendido algo con respecto a la lucha de cómo convivir, aquí estamos, matándonos unos a otros a un ritmo increíble, desde el crimen en las calles hasta la masacre de medio millón de personas llevada a cabo por una tribu de África? Existe algo que está tan terriblemente mal en el corazón humano que el tiempo no soluciona, y que la educación no remedia, y que la estructura social no puede controlar. No mejora, siempre es lo mismo, solo que peor. ¿Y qué esperanza tendríamos o dónde iríamos a buscar el resplandor de la luz si no tuviéramos la certeza de que Jesús viene? Que Él viene y hará del mundo el paraíso que Tú querías que fuera. Pero solo para aquellos que aman Su aparición, que invocan Su nombre. Y diríamos junto con el apóstol Juan: "Ven señor Jesús" (Apocalipsis 22:20). Cuanto antes mejor. ¿Quién necesita más de esto? El único motivo por el cual somos reticentes a decir "ven ahora" es porque desearíamos que más personas llegaran a tener fe en Cristo. No deseamos la condenación de los perdidos; y tampoco Tú la deseas. Y es por eso que durante esos últimos días de la Tribulación, el Evangelio será predicado mucho más que en cualquier otro momento de la historia. Y los hombres tendrán mayor oportunidad de escuchar y de creer de la que han tenido; porque Tú no deseas que ninguno perezca, sino que todos procedan al arrepentimiento (2 Pedro 3:9). Tú no encuentras placer en la muerte del impío (Ezequiel 18:23; 33:11).

Pero Señor, queremos que el Evangelio sea predicado, queremos que la gente crea; pero al mismo tiempo, queremos que Cristo venga y sea exaltado y reciba el honor que se merece. Y queremos ser parte del Reino, de ese glorioso Reino desde el cual Él gobierna. Deseamos que lo que acabamos de leer aquí en Apocalipsis 19 acerca del cielo abriéndose, fuera de hecho una realidad, que el cielo estuviera abierto y que Jesús viniera pronto. Gracias por la promesa de que no somos guardados para ira, sino que antes de que esa ira se despliegue, Tú vendrás a llevarnos contigo y retornaremos contigo en la gloria de Tu venida.

Danos un amor por Tu aparición que afecte nuestra vida, el modo en que vivimos, el modo en que pensamos, el modo en que invertimos nuestro tiempo y dinero. Ayúdanos a vivir a la luz de la eternidad; y no del mundo, que es temporal. Ayúdanos a hacer nuestro tesoro en el cielo, donde la polilla y el orín no corrompen y los ladrones no pueden hurtar (Mateo 6:19–20); a invertir en lo eterno; a poner nuestros afectos en las cosas de arriba y no en las cosas de la tierra (Colosenses 3:1–2); a recordar que no somos ciudadanos de este mundo sino que nuestra ciudadanía está en el cielo (Filipenses 3:20), por lo que aguardamos al Señor, quién vendrá a cambiarnos según Su propia imagen (Romanos 8:29). Danos un amor por la aparición de Cristo que nos conmueva. Sabiendo que todas estas cosas sucederán, que recordemos —como Pedro lo hizo— que nosotros también debemos ser intachables y santos en nuestro vivir, creciendo en gracia y en el conocimiento de Cristo (2 Pedro 3:14, 18). Ayúdanos a vivir a la luz de nuestro Rey que regresa; y que hasta entonces seamos fieles para servirle y para llamar a muchos a la justicia, para que ellos también puedan glorificar junto a nosotros a Aquel en cuyo nombre oramos. Amén.

REFLEXIONES PERSONALES

4 de Septiembre, 1994

07_El glorioso regreso de Jesucristo. Parte II

Entonces vi el cielo abierto, y he aquí un caballo blanco, y el que lo montaba se llamaba Fiel y Verdadero, y con justicia juzga y pelea. Sus ojos eran como llama de fuego, y había en su cabeza muchas diademas; un tenía un nombre escrito que ninguno conocía sino él mismo. Estaba vestido de una ropa teñida en sangre; y su nombre es: EL VERBO DE DIOS. Y los ejércitos celestiales, vestidos de lino finísimo, blanco y limpio, le seguían en caballos blancos. De su boca sale una espada aguda, para herir con ella a las naciones, y él las regirá con vara de hierro; y él pisa el lagar del vino del furor y de la ira del Dios Todopoderoso. Y en su vestidura y en su muslo tiene escrito este nombre: REY DE REYES Y SEÑOR DE SEÑORES.

Apocalipsis 19:11–16

BOSQUEJO

— Introducción

— El regreso del Conquistador

— Los regimientos del Conquistador

— El gobierno del Conquistador

Notas personales al bosquejo

SERMÓN

Introducción

Hoy tenemos el privilegio de abrir nuestras Biblias al capítulo 19 de Apocalipsis; y veremos el gran texto que nos detalla el regreso del Señor Jesucristo. Apocalipsis 19:11-16; quiero leerles este texto, un texto poderoso que quiero que ustedes tengan en mente.

Comenzando en el versículo 11, Juan recibe esta gran visión durante el exilio que estaba sufriendo en la isla de Patmos por predicar el Evangelio. Y él dice: "Entonces vi el cielo abierto; y he aquí un caballo blanco, y el que lo montaba se llamaba Fiel y Verdadero, y con justicia juzga y pelea. Sus ojos eran como llama de fuego, y había en su cabeza muchas diademas; y tenía un nombre escrito que ninguno conocía sino Él mismo. Estaba vestido de una ropa teñida en sangre; y Su nombre es: EL VERBO DE DIOS. Y los ejércitos celestiales, vestidos de lino finísimo, blanco y limpio, Le seguían en caballos blancos. De Su boca sale una espada aguda, para herir con ella a las naciones, y Él las regirá con vara de hierro; y Él pisa el lagar del vino del furor y de la ira del Dios Todopoderoso. Y en Su vestidura y en Su muslo tiene escrito este nombre: REY DE REYES Y SEÑOR DE SEÑORES".

Aquí está la gran presentación de la visión de la Segunda Venida del Señor Jesucristo. Ahora, para mostrarles lo importante que son estas páginas de las Escrituras, un total de 1527 pasajes del Antiguo Testamento se refieren a la Segunda Venida del Señor Jesucristo. Hay aproximadamente 8000 versículos en el Nuevo Testamento; y 330 de ellos, es decir, 1 de cada 25 versículos se refiere directamente la Segunda Venida de Jesucristo. De hecho, junto con el tema de la fe, ningún otro tema es mencionado más a menudo que el regreso de Cristo. Por cada vez que se menciona la Primera Venida de Cristo, la Segunda Venida es mencionada ocho veces. Y el Señor mismo se refiere a Su Venida 21 veces; y más de 50 veces somos exhortados a estar listos para ese gran evento. Es un tema principal a lo largo de las páginas de la Escritura.

Claramente, debido al testimonio bíblico tan abundante, podemos tener la certeza de que Jesús vendrá nuevamente. La promesa de Dios lo requiere. Dios, quien no puede mentir, prometió que el Mesías vendría y qué establecería un Reino; y ese trono estaría en Jerusalén y desde él gobernaría al mundo. Dios prometió que Él establecería a Su Rey en Su monte santo, Salmo 2; que el gobierno estaría sobre Sus hombros, Isaías 9; que Él reinaría y gobernaría. Daniel 7 describe Su llegada, al igual que Zacarías 14 y otros pasajes del Antiguo Testamento. Y aún el Nuevo Testamento repite esa promesa. Es repetida para nosotros en el Evangelio de Mateo, en el Sermón del Monte de los Olivos y también en el Evangelio de Lucas.

Entonces, la promesa de Dios requiere el regreso de Cristo. Segundo, las afirmaciones de Jesús lo demandan. Jesús mismo dijo que Él se iría y regresaría en Juan 14. Y nuevamente, en Mateo 24:25, Él describe Su propia venida, la venida del Hijo del hombre en el cielo.

Aún más, la garantía del Espíritu Santo la demanda. El Espíritu Santo fue ciertamente quien inspiró a los autores del Nuevo Testamento a escribir la promesa del regreso de Cristo. Y es el Espíritu Santo en nosotros quien es la garantía o el anticipo de ese gran evento que está por venir. La palabra *arrabon* se utiliza para describir al Espíritu Santo, Él es llamado la garantía del Espíritu. *Arrabon* puede ser traducida como "anillo de compromiso". Él es la promesa que garantiza la boda entre la novia —la Iglesia— y el novio— el Señor Jesucristo.

Y entonces, la promesa de Dios demanda el retorno de Cristo, las afirmaciones de Jesús demandan Su regreso, la garantía del Espíritu demanda que Él regrese. Y aún fuera de la Trinidad misma, el plan para la Iglesia demanda Su regreso. Dios ha establecido el plan para Su iglesia. De hecho, está desplegado con mayor claridad en Hechos 15, donde la Escritura nos dice claramente que el Señor tiene un propósito maravilloso para Su iglesia. Se despliega a partir de los versículos 6–9: «Y se reunieron los apóstoles y los ancianos para conocer de este asunto. Y después de mucha discusión, Pedro se levantó y les dijo: 'Varones hermanos, vosotros sabéis cómo ya hace algún tiempo que Dios escogió que los gentiles oyesen por mi boca la palabra del evangelio y creyesen. Y Dios, que conoce los corazones, les dio testimonio, dándoles el Espíritu Santo lo mismo que a nosotros; y ninguna diferencia hizo entre nosotros y ellos, purificando por la fe sus corazones'». Y entonces Dios estableció su Iglesia, constituida por judíos y gentiles. Más abajo, en los versículos 15–18: «Y con esto concuerdan las palabras de los profetas, como está escrito: 'Después de esto volveré y reedificaré el tabernáculo de David, que está caído; y reparé sus ruinas, y lo volveré a levantar, para que el resto de los hombres busque al Señor, y todos los gentiles, sobre los cuales es invocado Mi nombre, dice el Señor, que hace conocer todo esto desde tiempos antiguos'».

Dios tiene un plan; y es un plan que involucra Su regreso y el establecimiento de Su Reino glorioso. Y nosotros sabemos que esa promesa está especificada para nosotros no solo en el libro de Hechos sino también en el libro de Apocalipsis, tal como veremos en el capítulo 20. Entonces, el plan de Dios para la Iglesia demanda el regreso de Cristo; después de todo, Él tiene que regresar y tomar a la Iglesia para ser Su novia, casarse con la Iglesia. La promesa de la Cena de las Bodas del Cordero, la cual hemos visto anteriormente en este capítulo, involucra a la Iglesia. Él debe regresar para eso.

Y entonces, el plan de Dios para las naciones lo demanda. Él regresará a juzgar a las naciones, dice Mateo 25; también Joel 3 lo dice. Él regresará, Él juzgará a las naciones, establecerá Su reino y gobernará las naciones. El plan de Dios para Israel demanda que Jesús regrese porque el Reino, después de todo, fue prometido en primer lugar a Israel. Ellos tendrán un Mesías; y en última instancia, ellos entrarán al Reino del Mesías. Todo Israel, eventualmente, dice Romanos 11, será salvo. Los huesos secos serán revividos, nos dice Ezequiel; y vendrá un tiempo en el que Israel creerá, cuando miren a Aquel a quien ellos han traspasado, tal como lo expresa Zacarías; y llorarán como se llora por hijo unigénito, afligiéndose por Él como quien se aflige por el primogénito; y entrarán a Su Reino.

Entonces, el plan para la Iglesia, el plan para las naciones, el plan para Israel demanda que Cristo regrese. Pueden mirarlo desde otro punto de vista también, la humillación de Cristo demanda que Él regrese. La primera vez que Él vino fue burlado, fue odiado, fue despreciado y fue humillado. Y eso requiere que Él regrese con la gloria que se merece, con el respeto y el honor y la adoración de se le deberían dar. Aún más, la exaltación de Satanás demanda que Cristo regrese. Satanás, quien es el usurpador, necesita ser derrocado, el que es el príncipe temporal de este mundo, el dios de este mundo, debe ser sacado de su trono; y los herederos legítimos deben ser ubicados en ese trono. La cabeza de la serpiente, que fue magullada en la Cruz, necesita ser finalmente cortada; y él necesita conocer la ejecución que Dios ha planeado para él.

Entonces, las promesas de Dios, las afirmaciones de Jesús, la garantía del Espíritu Santo, el plan para la Iglesia, para las naciones, para Israel, la humillación de Cristo, la exaltación temporal de Satanás, todas esas cosas demandan el retorno de Cristo y el establecimiento de Su reino. Y finalmente, esto nos lleva directamente a la maravilla de todo este pasaje, la expectativa de los santos lo demanda. Nosotros somos aquellos que aman Su aparición, de acuerdo a 2 Timoteo 4. Nosotros somos aquellos que esperan Su venida. Esta es la esperanza cristiana, el regreso del Señor Jesucristo. Y pueden ver a los santos no solo en el Nuevo Testamento, sino a lo largo del Antiguo Testamento, anhelando y anticipando la llegada del Mesías para establecer Su Reino. Entonces, para cumplir con Su promesa, para cumplir con Su propia Palabra, el Señor Jesucristo debe venir. Para que se cumpla la garantía del Espíritu Santo, Él debe venir. Para que Dios instituya Su plan para la Iglesia, para los gentiles y para Israel, Él debe venir. Y para cumplir con la anticipación de los santos, Él debe venir. Y Él vendrá. Y vemos la llegada de Cristo descrita y demostrada en la majestuosidad de las palabras que les acabo de leer en el capítulo 19.

Ahora, quiero dividir estos versículos en tres partes: El regreso del Conquistador, los ejércitos del Conquistador y el gobierno del Conquistador. El regreso, los ejércitos y el gobierno. Sin embargo, antes de que profundicemos en el texto, quiero hablarles un poco acerca del contexto. Es por eso que quiero que vayan en sus Biblias al libro de Isaías. En Isaías 11 tenemos un texto de la Escritura, que les mencioné la última vez, y es importante que lo comprendan porque establece el contexto para esta visión. Recuerden ahora, en Isaías 11:1, "saldrá una vara del tronco de Isaí", que se refiere al Mesías, "viniendo del linaje de Isaí", a través de David quien era hijo de Isaí. "Y reposará sobre Él el Espíritu de Jehová; espíritu de sabiduría y de inteligencia, espíritu de consejo y de poder, espíritu de conocimiento y de temor de Jehová. Y le hará entender diligente en el temor de Jehová. No juzgará según la vista de sus ojos, ni argüirá por lo que oigan sus oídos" (versículos 2–3). En otras palabras, no juzgará de manera superficial. "Sino que juzgará con justicia a los pobres, y argüirá con equidad por los mansos de la tierra; y herirá la tierra con la vara de Su boca, y con el espíritu de Sus labios matará al impío. Y será la justicia cinto de Sus lomos, y la fidelidad ceñidor de Su cintura" (versículos 4–5). Y aquí tienen la promesa del Mesías y Su Reino.

Vayan ahora a Isaías 63; y encontrarán otro texto de la Escritura que en cierto modo es paralelo con la visión que tiene Juan. Isaías 63:1: "¿Quién es éste que viene de Edom, de Bosra, con vestidos rojos? ¿Éste hermoso en Su vestido, que marcha en la grandeza de Su poder?" Obviamente es el Mesías, éste es el fragmento mesiánico de la profecía de Isaías. "Yo, el que hablo en justicia, grande para salvar". Ese es quien viene. Ese es quien viene con vestidos de color, literalmente en hebreo, carmesí, el color rojo de la sangre. Versículo 2: "¿Por qué es rojo tu vestido, y tus ropas como del que ha pisado en lagar?" Como si fuera el jugo rojo de las uvas. ¿Por qué? "He pisado Yo solo el lagar, y de los pueblos nadie había conmigo; los pisé con mi ira, y los hollé con mi furor; y su sangre salpicó Mis vestidos, y manché todas Mis ropas. Porque el día de la venganza está en Mi corazón, y el año de Mis redimidos ha llegado. Miré, y no había quien ayudara, y Me maravillé que no hubiera quien sustentase; y Me salvó mi brazo, y Me sostuvo Mi ira. Y con Mi ira hollé los pueblos, y los embriagué en Mi furor, y derramé en tierra su sangre" (versículos 3–6). Imágenes muy vívidas, ¿no es cierto?

La sangre salpicada, la llegada del Mesías, Él mismo pisoteando con Su ira. Esas dos escenas en Isaías 11 e Isaías 63 tienen algunos paralelos con la visión de aquí, en Apocalipsis 19, y solo quería que prestaran atención a esos textos debido a las expresiones comunes que encontramos en ellos y que también veremos en Apocalipsis.

Ahora, este regreso de Cristo que se nos da en el capítulo 19 ya había sido anticipado. Ustedes recordarán que en Apocalipsis 14:14 Juan miró y "he aquí una nube blanca; y sobre la nube uno sentado semejante al Hijo del Hombre, que tenía en la cabeza una corona de oro, y en la mano una hoz aguda".

Y más abajo, en el versículo 18, se le dice al que tenía la hoz aguda, que la meta y vendimie los racimos de la tierra porque sus uvas están maduras. Dice que el ángel arrojó su hoz en la tierra y vendimió la viña de la tierra; y echó las uvas en el gran lagar de la ira de Dios. Y fue pisado el lagar fuera de la ciudad, y del lagar salió sangre hasta los frenos de los caballos, por 1600 estadios. He aquí otra escena salpicada de sangre, donde la misma alcanza la altura de un caballo, a medida que el Mesías mismo pisotea el lagar de la ira de Dios y el jugo de las uvas se convierte en la imagen de la sangre salpicada.

En el capítulo 16, se da otra visión de esto, tal como se lo señalé la última vez. Versículo 15: "He aquí, Yo vengo como ladrón". Y cuando Él viene, dice el versículo 16, los reúne en el lugar que es llamado en hebreo Armagedón.

Ahora, llegamos a la escena que ha sido anticipada por Isaías y también anticipada por Juan en el libro de Apocalipsis, en esos textos que les he leído. Llegamos al hecho real en la secuencia cronológica, seguida por el capítulo 20, el establecimiento del Reino y la continuación al estado eterno.

El regreso del Conquistador

Veamos entonces, primero que nada, los versículos 11–13; y veamos el regreso del Conquistador. Versículo 11: "Entonces vi el cielo abierto; y he aquí un caballo blanco, y el que lo montaba se llamaba Fiel y Verdadero, y con justicia juzga y pelea".

Nuevamente, en otro momento del libro de Apocalipsis, el cielo se abrirá. Y tendremos un glorioso vistazo del cielo, una visión gloriosa del Señor Jesucristo. Y es muy diferente de la que vimos en el capítulo 1 donde Él estaba ministrando a Su Iglesia. Aquí Él está ciertamente viniendo con venganza ardiente, en llamas. Él viene con una espada de juicio. Con vestidos teñidos en sangre. Éste es el momento de Su regreso. Este es el cumplimiento de la promesa que Jesús mismo hizo con Sus propios labios en Mateo 24:27-28: "Porque como el relámpago que sale del oriente y se muestra hasta el occidente, así será también la venida del Hijo del Hombre. Porque dondequiera que estuviere el cuerpo muerto, allí se juntarán las águilas". Será un tiempo de gran matanza. Sucederá inmediatamente después de la Tribulación. "El sol se oscurecerá, y la luna no dará su resplandor, y las estrellas caerán del cielo, y las potencias de los cielos serán conmovidas" (versículo 29). En otras palabras, todo el universo se oscurecerá. "Entonces aparecerá la señal del Hijo del Hombre en el cielo; y entonces lamentarán todas las tribus de la tierra, y verán al Hijo del Hombre viniendo sobre las nubes del cielo, con poder y gran gloria. Y enviará Sus ángeles con gran voz de trompeta, y juntarán a Sus escogidos, de los cuatro vientos, desde un extremo del cielo hasta el otro" (versículos 30–31). Eso es lo que ahora se describe en Apocalipsis 19.

A medida que se desarrolla la escena, nuestros ojos son fijados en el jinete majestuoso, grandioso, poderoso. El cielo es abierto para nosotros; y vemos este caballo blanco. Y sobre el caballo blanco, vemos al jinete. Hablemos ahora acerca de estos detalles, ya que son importantes.

El motivo por el que el cielo es abierto esta vez no es para dejarnos entrar, sino para dejarle salir. Un número de veces en el libro de Apocalipsis, el cielo fue abierto; y se nos dio acceso a eso. Podemos regresar, por ejemplo, al capítulo 4, donde recordamos que el apóstol Juan dice en el versículo 1: "Después de esto miré, y he aquí una puerta abierta en el cielo; y la primera voz que oí, como de trompeta, hablando conmigo, dijo: Sube acá, y yo te mostraré las cosas que sucederán después de estas". Y entonces, la puerta del cielo fue abierta en el capítulo 4 para que Juan pudiera ingresar y ver. Y ahora, la puerta es abierta para que el Hijo del hombre pueda salir.

Jesús, aquel que ascendió al cielo tal como registra Hechos 1, aquel que está sentado a la diestra del Padre, ahora regresa. Él recibirá el Reino que el Padre le ha prometido, el Reino que se merece. A medida que regresan —capítulo 5— recuerden que el Padre está sentado en el trono en el cielo, en Sus manos tiene un libro que es el título de propiedad del universo. Y recordarán que nadie en el cielo o en la tierra —versículo 3— o debajo de la tierra, podía abrir al libro o mirarlo. En otras palabras, nadie tenía el derecho de tomar posesión del universo. Nadie tenía derecho de abrir el pergamino y tomar posesión. Y entonces, Juan dice: "Y lloraba yo mucho, porque no se había hallado a ninguno digno de abrir el libro, ni de leerlo, ni de mirarlo" (versículo 4). En otras palabras, ¿pertenecería siempre el mundo al usurpador, a Satanás, al pecado? ¿No había nadie que pudiera tomarlo nuevamente?

"Y uno de los ancianos me dijo: No llores. He aquí que el León de la tribu de Judá, la raíz de David, ha vencido para abrir el libro y desatar sus siete sellos. Y miré, y vi que en medio del trono y de los cuatro seres vivientes, y en medio de los ancianos, estaba en pie un Cordero como inmolado, que tenía siete cuernos, y siete ojos, los cuales son los siete espíritus de Dios enviados por toda la tierra" (versículos 5–6). Eso también es una referencia a Isaías 11.

"Y vino, y tomó el libro de la mano derecha del que estaba sentado en el trono" (versículo 7). Y aquí tienen al Cordero, el Hijo, Cristo, el Mesías que tiene el privilegio y el derecho de tomar el título de propiedad de la mano de Dios porque Su derecho es tomar el universo. "Y cuando hubo tomado el libro, los cuatro seres vivientes y los veinticuatro ancianos se postraron delante del Cordero; todos tenían arpas, y copas de oro llenas de incienso, que son las oraciones de los santos; y cantaban un nuevo cántico, diciendo: Digno eres de tomar el libro y de abrir sus sellos; porque Tú fuiste inmolado, y con Tu sangre nos has redimido para Dios, de todo linaje y lengua y pueblo y nación; y nos has hecho para nuestro Dios reyes y sacerdotes, y reinaremos sobre la tierra" (versículos 8–10).

Tiene derecho de posesión del mundo. Tiene derecho a establecer Su reino. Y entonces, Aquel que ahora tiene derecho, está en el cielo; y el cielo es abierto. Y Él está por venir. Esa oración de antelación grandiosa y maravillosa que aparece en Isaías 64:1–2: "¡Oh, si rompieses los cielos, y descendieras, y a Tu presencia se escurriesen los montes, como fuego abrasador de fundiciones, fuego que hace hervir las aguas, para que hicieras notorio Tu nombre a Tus enemigos, y las naciones temblasen a Tu presencia!" Esa es la oración, que los cielos se abrieran y descendiera. Y lo que Isaías anticipó y por lo que oró en el capítulo 64, ahora se desarrolla en Apocalipsis 19 a medida que el cielo se abre y Él está listo para venir. Y esta vez Juan no ve al Cordero en el trono, en vez de eso, de acuerdo al versículo 11, ve a un caballo blanco. Este no es un Cordero, este es un caballo blanco. Y cabalgando ese caballo blanco está el gran Conquistador, el Mesías. Cabalgando no del modo que cabalgó cuando lo hizo en Su vida terrenal, sino viniendo como un Conquistador en un modo típico de las procesiones triunfales romanas.

Permítanme mencionarles algo en este momento. Capten esto porque es muy importante. Lo que tienen en la descripción de la visión es una mezcla de símbolos y realidad. Y tienen que comprender eso o de otra manera no podrán entender esto. Existe ahí un lenguaje que es la expresión de la realidad; y existe un lenguaje ahí que es expresión simbólica. Por supuesto, ese simbolismo señala a la realidad. Las personas se preguntan si esto significa que hay realmente caballos en el cielo. La respuesta es que no, así como tampoco significa que cuando Jesús venga, Él realmente tendrá colgando de Su cabeza un montón de coronas; o que cuando Él regrese realmente asomará de Su boca una especie de espada. O como cuando dice que todos los que vengan con Él estarán cabalgando en una miríada de caballos blancos. No hay nada que indique en ningún lugar de la Escritura que los caballos son glorificados, que los caballos son eternamente glorificados y van al cielo. Hay una mezcla de simbolismo y de realidad aquí. Esto no significa necesariamente que es algo real, como tampoco lo es el hecho de que cuando Jesucristo establezca Su Reino, rondará por la tierra con una gran vara de hierro en Su mano, aplastando los cráneos de las personas con él. Y sin embargo, dice que Él regirá con vara de hierro.

I Parte. Sermones temáticos sobre escatología

Tienen que comprender que el lenguaje simbólico aquí expresa realidad, pero es en sí mismo simbólico de esa realidad. Y el símbolo aquí, el majestuoso símbolo aquí es de un emperador romano quien regresa en una procesión triunfal. Él regresa para una gran batalla, para triunfar y entrar en la gloria de ese triunfo. Un general cabalgaría a la guerra con su caballo blanco, con su vestidura guerrera, liderando a sus increíbles regimientos de batalla. Y la guerra comenzaría. Y cuando la batalla fuera ganada, él entonces iría a Roma por la Vía Sacra, la calle principal de Roma, al templo de Júpiter en el Monte Capitolino, donde entraría a su gloria. Las imágenes son gráficas.

Juan ve a Jesús ya no como un Cordero, ya no como está descrito en Zacarías 9:9, llegando en humillación, cabalgando sobre un asno, sobre un pollino hijo de asna. Y, de hecho, todo en esas imágenes está en contraste con el humilde asno en el que Jesús cabalgó en la ciudad. Ahora llega como un conquistador, ahora llega como un rey guerrero, ahora llega para destruir a los impíos, para derrocar al anticristo, para atar a Satanás, tomar control de la tierra y del universo y establecerse como REY DE REYES y SEÑOR DE SEÑORES. Y los caballos son simbólicos. La espada de Su boca es simbólica. La vara de hierro es simbólica. Las coronas son simbólicas. Pero la llegada es una realidad y el salmista mismo escribió de este evento cuando escribió: "Ciñe tu espada sobre el muslo, oh valiente, con tu gloria y con tu majestad… Tus saetas agudas, con que caerán pueblos debajo de ti, penetrarán en el corazón de los enemigos del rey. Tu trono, oh Dios, es eterno y para siempre" (Salmo 45:3–6). Inclusive el salmista, bajo la inspiración del Espíritu Santo, pudo tener una mirada de la llegada de Dios en la gloria del gobierno mesiánico para establecer Su reino eterno.

Y entonces, Él viene. La Escritura nos dice que Él viene en gloria. Leímos eso en Mateo 24–25. En Apocalipsis 1:7 dice que: "Todo ojo le verá". Obviamente, todo el mundo ya estará en la oscuridad, tal como les he leído; todo se apagará. Y la brillante gloria de Jesucristo llegará como una realidad tan asombrosa que todos en la faz de la tierra le verán. Y Él no solo vendrá en gloria, no solo de manera visible, sino que también vendrá con venganza, a juzgar y a batallar.

En este momento, me voy a apartar de esto por un momento; y voy a hablarles de algo que necesitan tener en mente. No hay nada en este escenario que coincida con las descripciones del Rapto de la Iglesia en el Nuevo Testamento. Hay dos Escrituras en el Nuevo Testamento que se refieren al Rapto de la Iglesia. Una está en Juan 14 y la otra está en 1 Tesalonicenses 4. Juan 14:1 y siguientes; 1 Tesalonicenses 4:13 y siguientes. Ambas describen la venida del Señor por la Iglesia, la venida del Señor por sus amados. En Juan 14 Jesús dice: "Si me fuere y os preparare lugar, vendré otra vez, y os tomaré a mí mismo, para que donde yo estoy, vosotros también estéis" (versículo 3). Esa no era una advertencia, esa era una promesa. Eso no es un evento al que temer; eso es un evento que anticipar. Prepararé un lugar para vosotros y vendré, los tomaré y llevaré a ese lugar. Eso es muy importante, porque sea como fuere el Rapto de los creyentes, es algo que anhelamos, esperamos y amamos, porque Él vendrá y nos llevará al lugar que está preparando para nosotros.

¿Dónde está Él ahora? En el cielo. ¿Qué está haciendo ahora? Preparando lugar para nosotros en la casa del Padre. Pero cuando Él venga a juzgar, Él vendrá a la tierra, se quedará en la tierra y establecerá Su reino aquí. El Rapto es un evento muy diferente. Tomará y se llevará a la Iglesia a hogares celestiales que han sido preparados para los creyentes. Y es por eso que es muy difícil ver estas dos cosas como el mismo evento.

En el Rapto, inclusive, Cristo no viene a la tierra, nos encuentra en el aire. Aquí, Él llega hasta la tierra. Él no viene a encontrar a Sus santos, los trae con Él. Y le siguen a medida que vienen. En el Rapto, Él viene y encuentra a Sus santos en el aire; y los lleva cielo. En la Segunda Venida, Él llega hasta la tierra con Sus santos y establece Su Reino sobre la tierra. En el Rapto no hay juicio, no hay nada en el texto de Juan 14 o 1 Tesalonicenses capítulo 4 que hable de juicio; pero aquí todo es juicio. El Rapto es un tiempo de bendición. Y éste es un tiempo de maldición. Cuando Él regrese, habrá bendición para los piadosos; pero aquí el énfasis está en el juicio; y no se hace ningún énfasis con respecto al Rapto.

Y en el Rapto, como he dicho, Él encuentra a los Suyos en el aire. Y aquí, está con Sus pies en el Monte de los Olivos, de acuerdo con Zacarías 14. Se afirmarán Sus pies sobre el Monte de los Olivos, el monte se partirá por en medio, haciendo un valle en donde Él juzgará al mundo y establecerá Su Reino.

Aún más, el evento de la Segunda Venida de Jesucristo está precedido por la oscuridad, el sol se oscurece, la luna se oscurece, las estrellas comienzan a caer, el humo llena el universo, relámpagos y una gloria cegadora presentan la llegada de Jesucristo. Dichos aspectos no están asociados con Su llegada por los santos en Juan 14 o en 1 Tesalonicenses 4; y es por eso que creemos que la venida por la Iglesia, la cual llamamos el Rapto, el Arrebatamiento, es un evento diferente que precede la llegada de Cristo en juicio para establecer Su reino. Y es por eso que decimos que creemos en un Rapto pre-tribulación, lo cual significa que Jesús arrebata a los Suyos antes del estallido de los terribles juicios de Su ira durante ese período final de siete años, en el cual Él regresa a la tierra con Sus santos que ya han sido raptados, para establecerse y reinar con Él en el Reino.

Y entonces, vemos aquí que Jesús viene con ira de juicio. Él viene como un Conquistador. Miremos nuevamente el versículo 11 y veamos más acerca de Su retorno. Dice que el que montaba este caballo blanco, este símbolo de conquistador y poder puro y santo, es llamado "Fiel y Verdadero". Él es llamado Fiel y Verdadero. Realmente, no hay un nombre más apropiado para el Señor Jesús. Ustedes recordarán que en Apocalipsis 3:14, se le llama "el testigo fiel y verdadero, el principio de la creación de Dios". Entonces aquí, por segunda vez, Jesús es identificado como Fiel y Verdadero. Él es fiel a Sus promesas, Él es fiel a todo lo que promete. Y Él sólo habla la verdad. El Fiel y Verdadero regresa.

En Apocalipsis 3:7 se le describe como "el Santo, el Verdadero". ¿Por qué se le llama Fiel y Verdadero? Porque Él mantiene Su palabra, ¿no es cierto? Él prometió que vendría y viene. Él es fiel para mantener Su palabra, Él es la fidelidad y la verdad personificadas. Su nombre está ciertamente en vívido contraste con la infidelidad y la hipocresía mentirosa del anticristo y Satanás. Jesús siempre dice la verdad porque Él es Dios, quien no puede mentir. Él es siempre fiel y verdadero. Él siempre mantendrá Su palabra. Él prometió que vendría, y viene porque es fiel y verdadero.

Estoy seguro que hay muchas personas a quienes les haría feliz escoger las enseñanzas que a ellos les agradan, las enseñanzas de Jesús que encajan con sus sentimientos. Y con alegría rechazarían Sus juicios solemnes y Sus promesas de furia, venganza e ira. Pero Él es tan fiel y verdadero a esas promesas como lo es a las promesas de salvación, gracia y misericordia. Él es fiel y verdadero. Y ustedes nunca lo verán de manera más clara que cuando Él regrese, porque Él será fiel y verdadero a Su promesa de llevar a los justos al Reino y de destruir a los impíos.

El dragón es un engañador. La bestia es un falso Cristo. La segunda bestia es un falso profeta. Y el mundo está en ese momento lleno de falsos adoradores. Pero Jesucristo es fiel y verdadero. Y porque Él es fiel y verdadero, dice en el versículo 11, "Con justicia juzga y pelea". Si Él es fiel y verdadero a Su palabra, tiene que actuar en justicia. Tiene que hacer lo que es justo. Tiene que tener una reacción santa y justa contra el pecado; y entonces lo hace. Fiel a Su carácter justo, fiel a Su naturaleza santa, fiel a Su palabra, Él viene; y cuando viene, tiene que hacer lo que ha prometido hacer, lo que la justicia demanda que haga: Él juzga.

Una vez vino como Salvador, luego vendrá como juez. Cuando estuvo aquí la primera vez, los hombres impíos lo juzgaron. Cuando venga la segunda vez, Él juzgará a los hombres impíos. Él no solo será el juez, sino que también será el verdugo. Recuerden que leímos en Isaías que Él solo pisa el lagar de la ira de Dios. Los ángeles no son verdugos. Los ángeles simplemente son como una especie de grupo de limpieza. Y de acuerdo a Mateo 13, son un grupo que clasifica. Pero solo Él pisa el lagar. Solo Él tiene el poder de ejecutar. Solo Él tiene el poder de traer la furia final y la ira de Dios.

Hubo un tiempo cuando en Su Primera Venida fue traído delante de Pilato y Herodes y Caifás y Anás, y delante de la multitud que clamaba por Su sangre; y ellos lo juzgaron de manera injusta. Y habrá un día cuando Él regrese para juzgar al mundo de manera justa. Será diferente cuando Jesús venga, diferente de como fue la primera vez.

Existe una advertencia de eso en Hechos 17:31, donde dice: "Ha establecido un día en el cual juzgará al mundo con justicia, por aquel varón a quien designó". ¿Qué hombre? "Dando fe a todos con haberle levantado de los muertos". Jesucristo, el hombre. Él regresará a juzgar.

Entonces, Él vendrá con ira juzgar al mundo. Y luego esta declaración asombrosa: "Y pelea". Vendrá como un rey guerrero. Vendrá a pelear. Regresando a Apocalipsis 2:16, de manera sorprendente, asombrosa, se registra que Él le dijo a la Iglesia de Pérgamo: "Vendré a ti pronto y pelearé contra ellos con la espada de Mi boca"." Él es un guerrero contra los impíos, contra los incrédulos y contra los pecadores.

Por cierto, esa referencia a Él peleando en 2:16, es la única otra mención a Él peleando en toda la Escritura. Y entonces, será muy tarde para los que rechazan; ellos estarán obviamente endurecidos más allá del punto en donde pueden responder de manera positiva. Aún en Apocalipsis 16:21, cuando ellos están en la culminación misma de los horrores del último juicio, cuando el último sello ha sido abierto y la última trompeta ha sido sonada, la última copa derramada y enorme granizo está cayendo sobre sus cabezas, uno pensaría que ellos se arrepentirán. Pero dice que ellos blasfemaron a Dios. Y están en ese punto de endurecimiento total. Y aquí es cuando Él viene, cuando no tiene sentido esperar, cuando ninguna otra cosa hará que ellos se arrepientan, cuando ningún juicio les conmueva y cuando ninguna predicación les conmueva y cuando ningún predicador pueda alcanzar sus corazones; Él regresará y peleará.

Obviamente es un Jesús diferente que el que estamos acostumbrados a ver. Estamos acostumbrados a verlo ministrar a los necesitados, alimentar a los hambrientos, curar a los enfermos, echar demonios de las personas, dar paz a los corazones turbados. Estamos acostumbrados a escucharle invitar a aquellos con cargas pesadas a acudir a Él buscando descanso. Pero no será así. Ahora viene con una misión de guerra; viene a buscar y destruir.

Esto no es nuevo en el carácter de Dios, no es una personalidad diferente del Dios de la Escritura. En el Mar Rojo, recuerden cuando, en Éxodo 15:3, Dios destruyó al faraón y sus ejércitos. Ustedes recuerdan que Israel dijo: "Jehová es varón de guerra". El Señor es un guerrero. Un título sorprendente para Dios. Un título sorprendente para el Hijo de Dios, pero uno real.

Alexander White, comentando acerca de la gran obra maestra de John Bunyan llamada *La Guerra Santa* escribió: "La Santa Escritura está llena de guerras y rumores de guerras, las guerras del Señor, las guerras de Josué y los jueces, las guerras de David con los suyos y muchos otros magníficos himnos de batalla, tanto que el nombre más conocido del Dios de Israel en el Antiguo Testamento es Jehová de los ejércitos; y luego, en el Nuevo Testamento, tenemos a Jesucristo descrito como capitán de nuestra salvación. Y entonces, toda la Biblia es finalizada con un libro, resonando con gritos de batalla, hasta que finaliza con una ciudad de paz en donde ellos cuelgan la trompeta en la sala y no se ocupan nunca más de la guerra".

El Señor es varón de guerra. En Su justicia, Él juzga y pelea. Francamente, el juicio se ha venido desarrollando desde la apertura de los sellos, el sonar de las trompetas y el derramamiento de las copas. Pero ahora, pelea la batalla final. Aquel que ha soportado con paciencia las burlas durante siglos, los insultos de los hombres que contemplaron el Calvario y le escupían, que demostraron odio humano y desdén, quienes durante miles de años han rechazado la paz que Él obtuvo a través de la sangre en la Cruz. Ellos le verán ahora como un Dios guerrero. Pero ellos no pelearán mucho, el fin llegará en un segundo.

El cielo no puede estar en paz con el pecado. Los ojos de Dios son tan puros que no pueden ver el mal, no pueden ver la iniquidad. La paciencia de Dios tiene un fin. Él no siempre tolerará la iniquidad. La justicia no puede vivir siempre con la injusticia. La verdad no puede vivir siempre con la mentira. La rebelión no puede continuar por siempre. Y cuando el pecado finalmente es incorregible y el hombre incurable, llegará la destrucción. Y la misericordia de la cual se abusó traerá al Verdugo. Aquí, dice un escritor, llega esta espada de la majestad insultada, la ira de la gracia rechazada.

Aún más, este Conquistador no solo viene como otros conquistadores por codicia, ambición, orgullo o el amor por el poder; este Conquistador viene en completa justicia, en perfecta santidad, en estricto acuerdo con cada interés santo. Y hacia allá se dirige la historia del mundo. Ahí es donde finalizará.

Más adelante en la descripción, Apocalipsis 19:12: "Sus ojos eran como llama de fuego, y había en su cabeza muchas diademas; y tenía un nombre escrito que ninguno conocía sino Él mismo".

Él tiene ojos como llamas de fuego. ¿Qué es eso? Bueno, nada escapa a Su mirada. Él tiene ojos penetrantes. Sus ojos penetran y ven todo. Se dice también eso de Él en Apocalipsis 1:14: "Sus ojos como llama de fuego". Tiene que ver con una mirada que traspasa, penetra y también purifica. Él puede ver lo más recóndito de cada corazón humano. Su visión lo penetra todo.

En Apocalipsis 2:18 le dice a la Iglesia de Tiatira: "El Hijo de Dios, el que tiene ojos como llama de fuego". Cuando Él vio por primera vez la tierra, cuando vino por primera vez, Sus ojos destellaron con ternura y gozo a medida que traía Sus hijos a Él, a medida que expresaba Su amor por los pobres y los necesitados. Sus ojos brillaban con compasión como cuando, con una sola mirada, derritió el culpable corazón de Pedro y le hizo llorar amargamente. Sus ojos estaban llenos de lágrimas cuando miraba la ciudad de Jerusalén; y lloró. Los mismos ojos que lloraron en la tumba de Lázaro. Pero vendrá el día cuando esos ojos brillarán con fuego, cuando penetrarán examinando los recónditos lugares más oscuros de cada alma humana y purgarán y purificarán con juicio. Para juzgar de manera justa, debe ver todo. Tiene que sondear las profundidades de cada corazón. Tiene que ver detrás de cada máscara, detrás de cada fachada. Es la visión en llamas de la omnisciencia justa y el enojo.

Y dice luego en el versículo 12: "Y había en Su cabeza muchas diademas". Muchas coronas de reyes. Y esto habla de Su rango real y autoridad real. Y es la idea de que Él ha juntado todas las coronas; y están todas sobre Su cabeza, porque nadie más reina en ningún otro lugar. Aquí está el máximo símbolo de soberanía. Todas las coronas están sobre Su cabeza. Ustedes recordarán, en el capítulo 12, a medida que veíamos la descripción de Satanás, podíamos ver que él era el monarca que gobernaba. En el versículo 3: "Un gran dragón escarlata, que tenía siete cabezas y diez cuernos, y en sus cabezas siete diademas". Y luego, en el capítulo 13, vimos al anticristo y en sus cuernos diez diademas. Entonces, Satanás usaba coronas y el anticristo usaba coronas. Pero llegará el día cuando todos los reyes rendirán sus coronas. Satanás rendirá sus coronas. Y el anticristo rendirá sus coronas. Y los gobernantes del mundo rendirán sus coronas; y todas las coronas estarán sobre la cabeza de Jesús.

Y por cierto, esta era la costumbre del mundo antiguo. Cuando Tolomeo conquistó Antioquía, él colocó dos coronas sobre su cabeza, la corona de Asia y la corona de Egipto, significando la naturaleza comprehensiva de su reino. El dragón tenía siete coronas, la bestia tenía 10 coronas; pero Jesús las tendrá todas. Las pondrá todas sobre Su cabeza. Todo será suyo; y el versículo 16 dice que Él es Rey de reyes. No habrá coronas para nadie más en ese momento.

En Apocalipsis 11:15, escuchamos el mismo pensamiento de un modo diferente. "Los reinos del mundo han venido a ser de nuestro Señor y de su Cristo; y él reinará por los siglos de los siglos". Es un cambio justo, ¿no es cierto? ¿Por una corona de espinas? Un cambio justo. Y se refiere a lo que supongo que podríamos llamar soberanía irrefutable. Él es Rey y nadie puede evitarlo. "Ciñe Tu espada sobre el muslo, oh valiente" —dijo el salmista, como lo he señalado anteriormente— "con Tu gloria y con Tu majestad". Él es el Rey.

Se dice más acerca de Él: "Tenía un nombre escrito que ninguno conocía sino Él mismo". No le puedo decir cuántas personas me han preguntado cuál es ese nombre. Y a todos les he dicho lo mismo: Es un nombre que nadie conoce, ni yo, ni nadie más. No nos gusta algo así, ¿no es cierto? Queremos saber. Pero esto es algo que nosotros no sabemos. Juan pudo ver un nombre ahí, pero cuando lo leyó o no podía leerlo o no podía comprenderlo. Era ininteligible para él. No sabía lo que era. Estaba más allá de la comprensión humana. Estaba más allá del conocimiento humano. Y escuchen, eso es muy alentador. Sabiendo todo lo que sabemos acerca de Jesucristo, no sabremos la totalidad del misterio de Su persona. Juan no lo pudo saber. Quizás habrá cosas que sabremos en la eternidad, con certeza que las hay, que no podemos saber ahora; pero tengo la certeza de que todo el misterio de Su ser no nos será conocido. Conoceremos tal como se nos conoce, en cierto grado, de acuerdo a 1 Corintios 13:12; y es maravilloso pensar en eso. Pero aquí Juan estaba en una visión glorificada, siendo llevado al cielo; y había una realidad de Jesús que él no podía comprender. Existe algo incomprensible acerca del carácter de Dios que quizás aún siendo humanos eternamente glorificados nunca conoceremos. Sabremos mucho más de lo que sabemos ahora; pero la incomprensibilidad total de Dios siempre será incomprensible. Y entonces, todo lo que Juan dice es que hay algo acerca de Él que está más allá de lo que nosotros alguna vez podamos comprender.

Eso es algo maravilloso de escuchar. A veces pienso que podemos sentirnos demasiado familiarizados con Jesús. Podemos exagerar nuestra comprensión y pensar que realmente lo conocemos mejor de lo que en realidad lo hacemos. Existe una naturaleza profunda en nuestro Señor Jesucristo que solamente es comprensible para Dios. He aquí al Incomprensible, al Soberano, al Fiel y Verdadero, al Rey guerrero que viene a establecer Su juicio.

Y luego, regresando a nuestro pasaje, en el versículo 13, describiendo aún más Su regreso, al gobernante que regresa, dice que: "Estaba vestido de una ropa teñida en sangre". Él está vestido con ropa teñida de sangre; ésta no es la sangre que Él derramó en la Cruz. Y ésta no es una descripción de la redención. Esta es una descripción del juicio. Y basado en lo que leímos en Isaías, la clara descripción detrás de esto en Isaías 63 es de un Rey que viene con una vestidura salpicada de sangre. Jesús vendrá con vestiduras salpicadas de sangre.

Usted se preguntará por qué Su vestidura está salpicada de sangre si la batalla aún no ha comenzado. Se preguntará de dónde vino la sangre. Permítanme recordarle que ésta no es Su primera batalla, ésta es su última batalla. Él ha usado Sus vestiduras de batalla anteriormente. ¿Quién si no Él ha peleado con el dragón? ¿Quién si no Él peleó por Israel en los días de Josué? ¿Quién si no Él peleó contra los reyes de Canaán y Taanac cerca de las aguas de Meguido (Jueces 5:19)? ¿Quién sino Él venció seis poderes mundiales pasados y todas las naciones que para este tiempo habían caído? No, sus vestiduras habían estado salpicadas de sangre durante un largo tiempo… ¿Quién sino Él peleó contra el faraón en el triunfo de Éxodo? Es el Conquistador Todopoderoso que tiene puesta esta vestimenta de guerra; y Su ropa de guerra lleva las manchas de batallas anteriores. Esta no es Su primera batalla.

Es el mismo Conquistador Todopoderoso que peleó contra el pecado en la cruz y mezcló Su propia sangre con la sangre de Sus enemigos en Sus ropas de batalla. Y ahora, esas ropas de batalla deben mancharse nuevamente; y las manchas ahora son quizás más extensas que nunca antes. Él pisará el lagar de la ira de Dios; y la sangre salpicará para todos lados en el holocausto del pavoroso juicio.

En 2 Tesalonicenses 1:7 dice: "Cuando se manifieste el Señor Jesús desde el cielo con los ángeles de Su poder, en llama de fuego, para dar retribución a los que no conocieron a Dios, ni obedecen al evangelio de nuestro Señor Jesucristo". Él viene con furia de juicio para manchar nuevamente Su vestido.

Y luego dice al final de Apocalipsis 19:13: "Y Su nombre es: EL VERBO DE DIOS". En caso de que quede alguna duda acerca de quién es, nosotros sabemos quién es el Verbo de Dios, ¿no es cierto? Juan 1:1-2: "En el principio era el Verbo, y el Verbo era con Dios, y el Verbo era Dios. Este era en el principio con Dios. Todas las cosas por Él fueron hechas, y sin Él nada de lo que ha sido hecho, fue hecho". El Verbo de Dios no es otro más que el segundo Miembro de la Trinidad, Cristo, el Encarnado, quien es también el Creador. Él es aquel que tiene sangre en Sus vestidos, el Rey guerrero. Y Él viene en juicio.

Y aquí, nuevamente, Su nombre es tan majestuoso. ¿Por qué elige Dios llamarlo "el Verbo de Dios"? Porque Él es la expresión de Dios, Él es la revelación de Dios, Él es la declaración de Dios. Él es en quien oímos a Dios hablar y vemos a Dios actuar. Él es la expresión completa de la mente y la voluntad y el propósito de Dios. Él es el Verbo de Dios. Él comunica a Dios.

Entonces, la suma de Sus nombres realmente es una descripción gloriosa, ¿no es cierto? Él tiene un nombre que ningún hombre conoció que expresa Su deidad encarnada. Y Él tiene un nombre, REY DE REYES Y SEÑOR DE SEÑORES, que expresa Su deidad soberana. Francamente, el plan del Evangelio está en esos tres nombres. Él es Dios que se reveló a sí mismo al hombre; y algún día, Él vendrá a reinar sobre todo el universo.

La suma de esos nombres es entonces la suma de la descripción del Conquistador. Esto fue entonces, el regreso del Conquistador.

Los ejércitos del Conquistador

Entonces, vemos tres ejércitos del Conquistador. Brevemente, en el versículo 14: "Y los ejércitos celestiales". Ahora tenemos ejércitos que están en el cielo, ¿quiénes son? Bueno, están "vestidos de lino finísimo, blanco y limpio, le seguían en caballos blancos". ¿Quiénes son esos ejércitos glorificados? Bueno, existe una pista en Apocalipsis 19:8; retrocedan unos versículos. Aquí está la esposa–versículo 7–la esposa es la Iglesia, así como los santos redimidos que han sido juntados para la gran Cena de Bodas que será en el Reino. Y dice que a la esposa, es decir los creyentes que han sido redimidos, "se le ha concedido que se vista de lino fino, limpio y resplandeciente". Y luego dice esto: "porque el lino fino es las acciones justas de los santos". Entonces, más abajo, en el versículo 14, cuando dice que estos ejércitos del cielo estaban vestidos de lino finísimo, blanco y limpio, ¿quiénes son ellos? Ellos tienen que ser los santos. Y tienen que incluir a la novia. Tiene que ser la iglesia.

Entonces, hemos dicho que la Iglesia ha sido raptada, y ahora la Iglesia regresa con Él. Regresa descrita no con un carácter de esposa, sino de justicia. Esto incluiría también, tal como lo hemos notado cuando estudiamos anteriormente el texto en el capítulo 19, a los santos de la Tribulación que han sido glorificados. Porque los vemos en Apocalipsis 7:9 delante del trono y delante del Cordero vestidos de ropas blancas. Y en el versículo 13 dice: "Éstos que están vestidos de ropas blancas, ¿quiénes son, y de dónde han venido?" Y dice que son "los que han salido de la gran tribulación, y han lavado sus ropas, y las han emblanquecido en la sangre del Cordero" (versículo 14). Entonces, tenemos la Iglesia vestida de lino fino, blanco y limpio. Tenemos a los santos de la Tribulación en sus vestidos maravillosos, vestidos que han sido hecho puros y limpios. Y luego hay otro grupo, nos dice Judas en el versículo 14: "Vino el Señor con sus santas decenas de millares, para hacer juicio contra todos, y dejar convictos a todos los impíos", etc.

¿Quiénes son las decenas de millares de Sus santos? Bueno, ciertamente podríamos concluir que pueden ser los santos del Antiguo Testamento. Ellos también han estado allí. Y tendrán una resurrección gloriosa al final de la Tribulación. Daniel escribe acerca de eso, una resurrección para vida. Entonces tenemos la Iglesia —la esposa— los santos de la Tribulación y también a los santos del Antiguo Testamento viniendo con el Señor. Y tenemos que añadir otro grupo; y son los ángeles, porque en Mateo 25:31 dice: "Cuando el Hijo del Hombre venga en Su gloria, y todos los santos ángeles con Él". Diez mil veces diez mil ángeles, dos tercios del número original —un tercio cayó con Satanás— los dos tercios restantes de ángeles gloriosos vendrán con Él. Todos los santos del Antiguo Testamento, todos los santos de la era de la Iglesia, todos los santos del tiempo de la Tribulación, todos vendrán resplandeciendo desde el cielo con Él.

Si queremos hacer que el pasaje de Judas se refiera a los ángeles, vimos un pequeño problema. Porque entonces no tenemos a los santos del Antiguo Testamento llegando del cielo, sino que tenemos que su resurrección sucede justo al fin de la Tribulación, que parece ser el mejor tiempo para que suceda; y entonces, ellos entran al Reino resucitados. Pero aún si se juntan estos santos del Antiguo Testamento y se las trae nuevamente, no hay ninguna promesa hecha a ellos de que Dios les haya preparado un lugar en el cielo, al cual tendrían que ir primero en sus cuerpos físicos.

Por lo que quizás es mejor ver que todos los santos vienen. Nuevamente, los caballos blancos son simbólicos; tal como las vestimentas ensangrentadas son simbólicas. No creo que Jesús regrese, en realidad, con ropas sucias. Pero eso es un símbolo de un gran guerrero y de un momento triunfante. El capítulo 9, ustedes recordarán, introdujo el calvario desde el infierno, ¿por qué no desde el cielo? Caballos y carros de fuego protegieron a Eliseo y a Dotán (2 Reyes 6:13–17), y un carro de fuego con caballos de fuego llevó a Elías al cielo (2 Reyes 2:11). Eso obviamente es simbólico de poder angélico.

Entonces, los ejércitos celestiales vienen con el Conquistador. Y son todos los regimientos reunidos en gloria hasta ese momento.

Ustedes se preguntarán qué sucederá con los santos. Qué haremos. Bueno, vendremos a reinar, 1 Corintios 6:2. Apocalipsis 20 nos ve sentados en tronos y reinando. Y entonces, una vez que el Reino sea establecido, gobernaremos y reinaremos en el Reino.

El gobierno del Conquistador

Entonces, vimos el regreso de los ejércitos. Y luego, brevemente, el gobierno del Conquistador; y eso es obvio. Apocalipsis 19:15–16: "De Su boca sale una espada aguda, para herir con ella a las naciones, y Él las regirá con vara de hierro; y Él pisa el lagar del vino del furor y de la ira del Dios Todopoderoso. Y en Su vestidura y en Su muslo tiene escrito este nombre: REY DE REYES Y SEÑOR DE SEÑORES".

El gobierno del Rey se describe en términos muy gráficos. Vemos Su regreso, el ejército y ahora el gobierno. "De Su boca sale una espada aguda", es un símbolo de Su poder que mata. Y Juan ha visto esa espada anteriormente, de regreso en el capítulo 1, en la visión del versículo 16. "De Su boca salía una espada aguda de dos filos". En esa visión particular, la espada defendía, defendía a la Iglesia del violento ataque de Satanás y sus poderes; pero aquí es una espada de juicio. Es la espada llameante de muerte. Y es la espada de Su boca porque habla y se cumple. Todo termina en un segundo.

En Sus palabras hay poder que trata con la muerte. Donde una vez habló de consuelo, Él ahora habla de muerte. Y a pesar de que los santos, como he dicho, regresan con Cristo para reinar y gobernar, ellos no son los ejecutores; nosotros no somos aquellos que ejercen la venganza. Esa es Su tarea. Los ángeles pueden ayudar a reunir, pero solo Él pisa el lagar. Y Juan escribió: "Para esto apareció el Hijo de Dios, para deshacer las obras del diablo" (1 Juan 3:8). Él lleva la espada, solo Él la usa, Él pisa el lagar. Los ángeles ayudan en la limpieza y nosotros en gobernar en el Reino. "Mía es la venganza, Yo pagaré, dice el Señor" (Romanos 12:19).

No vemos armas, por cierto, en las manos de nadie más. Ninguno de los santos que vienen con Él tiene armas. Su palabra es suficiente. Y Él, dice Isaías 11:4, "herirá la tierra con la vara de Su boca, y con el espíritu de Sus labios matará al impío".

Entonces, Apocalipsis 19:15 dice: "Para herir con ella a las naciones". Israel ha sido purgado. Los elegidos de Israel han sido redimidos. Y ellos serán preservados para el Reino. Él matará al resto del mundo en un instante con Su propia palabra. Luego, establecerá Su reino y los gobernará con vara de hierro. Es decir que habrá gentiles regenerados —se ha saltado mucho allí— habrá gentiles regenerados, no los matará, ellos irán al Reino. Y en ese Reino, Él gobernará a las naciones con una vara de hierro. ¿Qué significa eso? Significa juicio instantáneo, castigo rápido.

Apocalipsis 12:5 dice: "Un hijo varón, que regirá con vara de hierro a todas las naciones". Eso viene del Salmo 2:8–9. Regresando al Salmo 2, ahí está la promesa de que el Mesías vendrá y quebrantará a las naciones con una vara de hierro. Eso significa juicio instantáneo, rápido y justo, que será la característica del gobierno y el reino de Jesucristo. Cuando Él venga, Su juicio será seguro. Y será rápido, firme, con absoluta soberanía, con justicia inmediata, con severidad. Y será un mundo muy diferente de lo que es hoy en día, en donde hay injusticia y desigualdad tan extensa. Dios establecerá la ley, Cristo ejecutará la ley, la justicia será absoluta, soberana, instantánea y severa. A todos se les requerirá que se ajusten a esa ley o sean juzgados.

Y, por supuesto, nosotros participaremos en ese momento en el proceso de juicio. De hecho, dice en Apocalipsis 2:26–27: "Al que venciere y guardare Mis obras hasta el fin, Yo le daré autoridad sobre las naciones, y las regirá con vara de hierro". Entonces nosotros estaremos involucrados en ese proceso de gobierno. Él ejecuta, nosotros gobernamos. Los ángeles hacen el trabajo de limpieza después de la ejecución.

Luego Juan da una descripción más amplia de Su juicio diciendo: "y Él pisa el lagar del vino del furor y de la ira del Dios Todopoderoso". Ese comentario se relaciona con Su furia y Su ira. Él aplasta las uvas con Su ira, un símbolo muy gráfico de juicio. En los tiempos antiguos pisoteaban las uvas, aplastando y salpicando todo; la imagen gráfica aquí es de explosión de sangre de las personas.

Entonces, Él viene con furia y Él viene en juicio. Y pisotea en un instante a los impíos; de la boca del Señor Jesucristo llega la condena y la ejecución. Y eso lo pone en una posición de ser REY DE REYES Y SEÑOR DE SEÑORES. Y está escrito en Su vestidura y en Su muslo que ese es en efecto Su nombre. Dice el Salmo 45:3: "Ciñe tu espada sobre el muslo, oh valiente, con tu gloria y con tu majestad". Y en el mismo muslo están el nombre REY DE REYES Y SEÑOR DE SEÑORES."

En la imagen de Juan se le identifica con una inscripción que llega hasta Su muslo; y muestra que Él es finalmente el Soberano, Él es el Rey definitivo. La matanza es algo terrible, aterrador, espantoso. Pero el abuso de la misericordia y el desdén de la gracia alcanzan este punto. Y cuando Él vino la primera vez, prefirieron a un asesino antes que a Él. Y le mataron, matando al Príncipe de la vida, tal como dice el libro de Hechos. Blasfemaron abiertamente contra Dios, se volvieron más y más impíos a medida que el tiempo pasó. Por último, al llegar al fin, su impiedad alcanzó proporciones imposibles de redimir; y el Ejecutor regresa a ejecutar. Y la descripción es clara e inconfundible.

El salmista vio esto —y con esto terminaré— en el Salmo 2; lo vio de manera clara, que vendría con una vara de hierro y dijo en los versículos 10–12: "Ahora, pues, oh reyes, sed prudentes; admitid amonestación, jueces de la tierra. Servid a Jehová con temor, y alegraos con temblor. Honrad al Hijo, para que no se enoje, y perezcáis en el camino; pues se inflama de pronto su ira. Bienaventurados todos los que en él confían".

REFLEXIONES PERSONALES

11 de Septiembre, 1994

08_El glorioso regreso de Jesucristo. Parte III

Y vi a un ángel que estaba en pie en el sol, y clamó a gran voz, diciendo a todas las aves que vuelan en medio del cielo: Venid, y congregaos a la gran cena de Dios, para que comáis carnes de reyes y de capitanes, y carnes de fuertes, carnes de caballos y de sus jinetes, y carnes de todos, libres y esclavos, pequeños y grandes. Y vi a la bestia, a los reyes de la tierra y a sus ejércitos, reunidos para guerrear contra el que montaba el caballo, y contra su ejército. Y la bestia fue apresada, y con ella el falso profeta que había hecho delante de ella las señales con las cuales había engañado a los que recibieron la marca de la bestia, y habían adorado su imagen. Estos dos fueron lanzados vivos dentro de un lago de fuego que arde con azufre. Y los demás fueron muertos con la espada que salía de la boca del que montaba el caballo, y todas las aves se saciaron de las carnes de ellos.

Apocalipsis 19:17–21

BOSQUEJO

— Introducción

— La conquista anunciada

— La conquista consumada

Notas personales al bosquejo

SERMÓN

Introducción

Hoy regresamos nuevamente el capítulo 19 de Apocalipsis y al glorioso regreso de Jesucristo. Permítanme leerles el texto que veremos esta noche a medida que estudiamos juntos la preciosa palabra de Dios. Describe para nosotros el fin de los días del hombre. Describe para nosotros el holocausto de la batalla de Armagedón. Describe el efecto del regreso de Jesucristo a la tierra en juicio; describe para nosotros la ejecución final de los impíos, incluyendo la muerte del anticristo y el falso profeta, quienes son los líderes mundiales de Satanás en el fin de los tiempos.

Apocalipsis 19:17–21: "Y vi a un ángel que estaba en pie en el sol, y clamó a gran voz, diciendo a todas las aves que vuelan en medio del cielo: Venid, y congregaos a la gran cena de Dios, para que comáis carnes de reyes y de capitanes, y carnes de fuertes, carnes de caballos y de sus jinetes, y carnes de todos, libres y esclavos, pequeños y grandes. Y vi a la bestia, a los reyes de la tierra y a sus ejércitos, reunidos para guerrear contra el que montaba el caballo, y contra su ejército. Y la bestia fue apresada, y con ella el falso profeta que había hecho delante de ella las señales con las cuales había engañado a los que recibieron la marca de la bestia, y habían adorado su imagen. Estos dos fueron lanzados vivos dentro de un lago de fuego que arde con azufre. Y los demás fueron muertos con la espada que salía de la boca del que montaba el caballo, y todas las aves se saciaron de las carnes de ellos".

Esto, como ustedes saben, es el momento del regreso de Jesucristo y el tremendo impacto de ese retorno contra las naciones que se han unido en guerra contra Él. Ese día es el día preciso del que habló el salmista. Regresen al Salmo 2. Y aquí tienen una profecía de ese mismo suceso. El Salmo 2:1–2 dice: "¿Por qué se amotinan las gentes, y los pueblos piensan cosas vanas? Se levantarán los reyes de la tierra, y príncipes consultarán unidos contra Jehová y contra Su Ungido". Y aquí tienen la escena de la batalla, las naciones del mundo, los reyes de la tierra, los gobernantes se unen para pelear contra el Señor, contra Su Ungido quien es, por supuesto, el Mesías. Y continúa el texto: "Rompamos sus ligaduras, y echemos de nosotros sus cuerdas" (versículo 3). En otras palabras, si ellos tratan de vencernos, de tomarnos cautivos y someternos, nosotros despedazaremos dicho esfuerzo.

Y luego esto: "El que mora en los cielos se reirá" —ese es Dios— "el Señor se burlará de ellos. Luego hablará a ellos en su furor, y los turbará con Su ira. Pero Yo he puesto Mi rey sobre Sion, Mi santo monte" (versículos 4-6). Dios se ríe y establece a Su rey, al Mesías, en el trono de David en Sión.

I Parte. Sermones temáticos sobre escatología

Luego dice en los versículos 7–12: "Yo publicaré el decreto; Jehová Me ha dicho: Mi Hijo eres Tú; Yo Te engendré hoy. Pídeme, y Te daré por herencia las naciones, y como posesión Tuya los confines de la tierra" —eso es que le hará gobernante del mundo— "Los quebrantarás con vara de hierro; como vasija de alfarero los desmenuzarás. Ahora, pues, oh reyes, sed prudentes; admitid amonestación, jueces de la tierra. Servid a Jehová con temor, y alegraos con temblor. Honrad al Hijo, para que no se enoje, y perezcáis en el camino; pues se inflama de pronto su ira. Bienaventurados todos los que en él confían".

Ahí está la descripción profética del salmista que describe el mismo evento. Y tomando prestado de ese Salmo un pensamiento, este juicio final, este regreso del Señor Jesucristo tal como lo identifica Apocalipsis 19:16 como REY DE REYES Y SEÑOR DE SEÑORES, este juicio espantoso y mortal que ocurre, es la risa de Dios. Es la risa de Dios contra el clímax de la arrogancia y la incredulidad extrema del hombre. Y no se puede evitar ver esta escena, llamada La Gran Cena de Dios en el versículo 17, una cena ofrecida a las aves para que coman carne muerta, en contraste con la cena anterior en este capítulo, en el versículo 9, llamada la Cena de las Bodas del Cordero. ¡Qué contraste! La Cena de las Bodas del Cordero, un tiempo de alegría y de gozo, un tiempo de recompensa y bendición; y la Gran Cena de Dios, un tiempo de muerte pavorosa.

El Dr. Barnhouse escribió comentando sobre esto, y dijo: "Cuando nuestro Señor estuvo en la tierra la primera vez, le habló a Sus discípulos de una gran fiesta a la cual se invitaba a acudir abiertamente a todos los hombres. El amor tendió la mesa y la compasión estaba para servir. La gracia se sentó como anfitriona y el gozo sirvió el vino. Durante casi 2000 años, el Señor ha enviado a Sus sirvientes, proclamando la invitación a todos; y por casi 2000 años, los hombres en su mayoría han despreciado el amor que los invitó y han desairado a la gracia que les suplicó. Sin embargo, ellos presentan excusas débiles de una esposa recién casada, de un campo no visto, de una yunta de bueyes no probada, comprobando de esta manera que la mente humana está en enemistad con Dios. El Señor es el Dios de la paciencia, pero la paciencia no será burlada por siempre. El día de la ira debe venir. Y aquellos que han rechazado la llamada de la gracia al banquete del amor deben ser las víctimas de otra gran cena, en donde su carne será comida por las aves del aire".

Otro gran comentarista, Zeiss, escribió palabras irresistibles que tengo que compartir con ustedes. Él dijo esto con respecto al texto: "Relata una historia horrenda. Habla de la mayor comida compuesta por el hombre para las aves de rapiña; de reyes y líderes fuertes, seguros, devorados en el campo sin que nadie los entierre, de aquellos que pensaban conquistar al Ungido del Rey del cielo, indefensos aún delante de tímidas aves. El gran conquistador desciende, cabalga en el radiante caballo y vuela sobre el viento. De Sus fosas nasales sale humo y de Su boca fuego que devora. Se mueve en medio de tormentas y oscuridad en donde los relámpagos lanzan sus rayos y el granizo se mezcla con el fuego. Él ruge desde Sión; y habla desde Jerusalén hasta que los cielos y la tierra se sacudan. Él desata la furia de Su propia cólera entre nubes de fuego y humo. El sol se apaga, las montañas se derriten y se parten ante Su presencia. Las colinas huyen de su lugar y se dispersan como corderos. Las aguas se desplazan de sus cursos. El mar retrocede aullando de temor. El cielo se rasga y cae como una tienda que se desploma. Es el día para ejecutar a un mundo armado, un mundo en pacto con el infierno para derrocar la autoridad y el trono de Dios; y todo en la naturaleza aterrada se une para señalar a la venganza merecida".

Es la culminación, el clímax y el momento final de aquello llamado el día del Señor. Esta descripción gráfica que se ve aquí no es la primera descripción de este tipo en la Escritura. De hecho, el profeta Isaías claramente vio esto cuando, en Isaías 66:15–16 escribió: "Porque he aquí que Jehová vendrá con fuego, y Sus carros como torbellino, para descargar Su ira con furor, y Su reprensión con llama de fuego. Porque Jehová juzgará con fuego y con Su espada a todo hombre".

Esto no solo fue visto por Isaías, sino que Dios permitió que el profeta Joel también lo viera. En Joel 3:2 se dan algunas de las descripciones más gráficas de este evento: "Reuniré a todas las naciones, y las haré descender al valle de Josafat, y allí entraré en juicio con ellas a causa de Mi pueblo". Y luego en los versículos 13–14: "Echad la hoz, porque la mies está ya madura. Venid, descended, porque el lagar está lleno, rebosan las cubas; porque mucha es la maldad de ellos. Muchos pueblos en el valle de la decisión; porque cercano está el día de Jehová en el valle de la decisión".

Por cierto, debo añadir que esa no es una decisión que tiene que tomar el hombre, es una decisión que será tomada por Dios. Es el día cuando Dios entrega Su decisión, cuando Dios da Su veredicto. Aquí Dios es quien decide; es muy tarde para los hombres.

"El sol y la luna" —escribe Joel— "se oscurecerán, y las estrellas retraerán su resplandor. Y Jehová rugirá desde Sion, y dará su voz desde Jerusalén, y temblarán los cielos y la tierra" (versículos 15–16). Ese es el día que vendrá. Es ese el día, dice el versículo 21, en que Dios vengará la sangre (LBLA). Ése es el juicio.

Aún el profeta Ezequiel tuvo una visión de dicho evento que llegaría al final del tiempo. Escuchen cómo lo describe Ezequiel 39:1–4: "Tú pues, hijo de hombre, profetiza contra Gog, y di: Así ha dicho Jehová el Señor: He aquí Yo estoy contra ti, oh Gog, príncipe soberano de Mesec y Tubal. Y te quebrantaré, y te conduciré y te haré subir de las partes del norte, y te traeré sobre los montes de Israel; y sacaré tu arco de tu mano izquierda, y derribaré tus saetas de tu mano derecha. Sobre los montes de Israel caerás tú y todas tus tropas, y los pueblos que fueron contigo; a aves de rapiña de toda especie, y a las fieras del campo, te he dado por comida". Y en los versículos 17–20: "Y tú, hijo de hombre, así ha dicho Jehová el Señor: Di a las aves de toda especie, y a toda fiera del campo: Juntaos, y venid; reuníos de todas partes a Mi víctima que sacrifico para vosotros, un sacrificio grande sobre los montes de Israel; y comeréis carne y beberéis sangre. Comeréis carne de fuertes, y beberéis sangre de príncipes de la tierra; de carneros, de corderos, de machos cabríos, de bueyes y de toros, engordados todos en Basán. Comeréis grosura hasta saciaros, y beberéis hasta embriagaros de sangre de las víctimas que para vosotros sacrifiqué. Y os saciaréis sobre Mi mesa, de caballos y de jinetes fuertes y de todos los hombres de guerra, dice Jehová el Señor". Esto describe el juicio de Dios contra las naciones.

En el Nuevo Testamento, el apóstol Pablo habló de eso en 2 Tesalonicenses 1. Judas habló de eso en los versículos 14–15 de su epístola. Jesús habló de eso en Mateo 24–25. Y entonces, hay un número de otros pasajes que nos dan una visión anticipada de este evento muy descriptivo aquí en Apocalipsis 19. Y todos esos pasajes son descripciones de este tipo de juicio, este juicio del fin del tiempo. Hay varias fases, varios aspectos; pero todas esas profecías esperan esos juicios en el fin de los tiempos, el tiempo del regreso de Jesucristo. Esto nos da a nosotros la perspectiva de la destrucción final del imperio de Satanás, el fin del reinado del anticristo en la tierra y los engaños del falso profeta.

Permítanme ahora tratar de explicarles lo que está sucediendo aquí. Este no es el juicio final de los impíos. Esta es implemente su ejecución. No es Su juicio final. Su juicio final no llega hasta Apocalipsis 20:11, después del reino de mil años, en un evento llamado el Gran Trono Blanco. En un sentido, son como cualquier otro criminal, que son llevados prisioneros al infierno. Son enviados allí en virtud de muerte; y son encarcelados en el infierno durante mil años hasta que puedan ser resucitados y traídos al Gran Trono Blanco para su sentencia formal. Esa es la escena tal como está aquí. Aquí, simplemente se les ejecuta. Serán juzgados en mil años; y diremos más acerca de eso cuando lleguemos al capítulo 20.

Este no es el juicio final. Esta es la ejecución de los pecadores impíos del mundo que se han puesto de parte de Satanás durante el tiempo de la tribulación, que se han alineado con el anticristo, que han tomado su marca, le han adorado, han rechazado continuamente al Evangelio. Y Dios viene y los mata a todos. Y estas multitudes que Joel dice que están en el valle de la decisión, no están allí para tomar una decisión; están allí para oír la decisión que Dios ha tomado. El juez ha decidido y este es el día de la ejecución.

Ahora es este mismo juicio que es descrito tan claramente por el Señor Jesucristo en Mateo 25. Regresemos a este pasaje ya que es importante que comprendamos la enseñanza de la Escritura acerca de este evento. Acontece al final del capítulo 25, en el famoso sermón de Jesús acerca de Su Segunda Venida, es llamado el Sermón del Monte de los Olivos porque lo predicó en aquel lugar.

Primero que nada, vemos el escenario del juicio descrito en el versículo 31: "Cuando el Hijo del Hombre venga en Su gloria" —y eso nos conecta con el capítulo 19, es en ese momento que Él viene— "y todos los santos ángeles con Él" —y vimos en el pasaje anterior que así es exactamente como Él vendrá— "entonces se sentará en Su trono de gloria". Él viene del cielo con Sus santos, establece Su reino. Y en ese momento, "serán reunidas delante de Él todas las naciones; y apartará los unos de los otros" (versículo 32).

Pasamos del escenario del juicio a la separación. Y esto es lo que Él hace. Él separará. Él dividirá. Y si pasamos de la separación al próximo punto, pasaríamos a los sujetos. Su separación involucra ovejas y cabritos.

Entonces, Jesucristo vendrá. Él vendrá como juez. Él vendrá a establecer Su trono. Él vendrá con todos Sus santos y Sus ángeles. Él regresará y separará. El separará para llevar a Su reino a los santos y para matar, ejecutar a los impíos.

Por favor, noten que el versículo 32 dice "todas las naciones". Todos los pueblos. Tome la palabra naciones y no le dé un significado colectivo, sino un significado individual. Lo que Él hará es juzgar a todos en el mundo, todos los pueblos, todos los tipos de personas de todos los tipos de lugares y culturas e idiomas y naciones; Él los juzgará a todos ellos. Y no quiero que piensen en este juicio como un juicio colectivo a grupos de personas. Este es un juicio a individuos de cada grupo de gente que han rechazado continuamente al Evangelio. Es un juicio de separación.

Veamos cómo funciona en los versículos 33–34: "Y pondrá las ovejas a Su derecha, y los cabritos a Su izquierda. Entonces el Rey dirá a los de Su derecha: Venid, benditos de Mi Padre, heredad el reino preparado para vosotros desde la fundación del mundo". Este es el valle de Josafat, ahí hay multitudes, Cristo ha venido; Él vendrá al valle de Josafat. No sabemos exactamente dónde es; no es un término histórico, puede ser el valle que el Señor forma cuando llega al Monte de los Olivos y de manera instantánea crea ese valle allí. En ese momento en el cual Él viene a destruir a los impíos, Él realiza el juicio que aquí se describe. Se requiere tiempo para describirlo, pero sucederá rápidamente. Separa a las ovejas; y no las mata. Ellas se quedan aquí en la tierra y van directamente al Reino con Él. Esas son entonces las que habitan el Reino. Habrá judíos, por supuesto, porque muchos judíos se habrán convertido; la nación de Israel será convertida, ellos serán salvos y habrá muchos gentiles y una cantidad innumerable ya se ha convertido en el tiempo de la tribulación; y muchos de ellos han sido martirizados y ejecutados, pero muchos de ellos todavía están vivos. Y entonces las ovejas, o los santos, permanecerán vivos. Él no los ejecutará, obviamente, ¿por qué habría de matarlos? Todavía están vivos y han sido preservados, y sabemos a partir de Apocalipsis 12 que Israel será preservado; y habrá otras naciones que también serán preservadas.

Ustedes se preguntarán cómo sé eso. Porque en el Reino hay muchas naciones; y tienen que comenzar de algún lugar. Entonces, tiene que haber grupos de muchos pueblos que son llevados al Reino para que puedan producir su propia especie. Entonces, Él toma a aquellos que creen y son dejados en el Reino; solo creyentes. Todos los impíos son destruidos. Y los creyentes son llamados ovejas. Y eso es consistente —¿no es cierto?— con la terminología utilizada especialmente por Juan. Pone a las ovejas a Su derecha y los cabritos a Su izquierda.

Cualquier buen pastor haría eso. ¿Saben por qué? Porque las ovejas tienden a ser dóciles y delicadas; y los cabritos son revoltosos e inquietos. Si usted viaja al Medio Oriente, usualmente los puede ver porque son completamente opuestos. Los cabritos allí son negros, muy, muy negros; y las ovejas son blancas. Y ustedes pueden verlos juntos; pero en cierto momento un buen pastor tiene que separarlos. Y esa es la descripción que utiliza el Señor. Y les dirá a aquellos a Su derecha que son las ovejas: "Venid, benditos de Mi Padre, heredad el reino preparado para vosotros desde la fundación del mundo". Es tiempo del Reino, y vosotros viviréis y entraréis directamente al Reino; y Yo reinaré desde el trono de David, en la ciudad de Jerusalén, sobre una tierra restaurada. Tiene que haber alguien vivo en la tierra en su condición natural para disfrutar el cumplimiento de esta profecía. Y entonces los creyentes irán directamente al Reino. Jesús lo iniciará allí.

¿Cuál es el criterio por medio del cual Él identifica a Sus ovejas? Lean los versículos 35–36: "Porque tuve hambre, y Me disteis de comer; tuve sed, y Me disteis de beber; fui forastero, y Me recogisteis; estuve desnudo, y Me cubristeis; enfermo, y Me visitasteis; en la cárcel, y vinisteis a Mí". Así será durante el tiempo de la tribulación. Habrá creyentes que no tendrán ninguna comida. ¿Por qué? Porque no tienen la marca de la bestia. Entonces, no pueden comprar ni vender. ¿Y quién les dará comida? Y estarán sedientos y no podrán tener nada para beber, ¿quién les dará de beber? Y serán forasteros y no tendrán acceso a un lugar donde quedarse porque son parias; serán cazados. Tendrán que ser refugiados, tendrán que esconderse para salvar sus vidas. Y necesitarán vestimenta; y estarán enfermos y alguien necesitará cuidarlos. Y ellos serán encarcelados en prisiones por el sistema del anticristo.

Y alguien les ministrará. Y ustedes se preguntarán sencillamente quién será. Y yo les diré quién será. Serán otros creyentes, ¿no es cierto? No dijo Jesús en Juan 13:35: "En esto conocerán todos que sois Mis discípulos, si tuviereis amor los unos con los otros". Jesús simplemente está diciendo que las ovejas son aquellas que han evidenciado una vida regenerada por el amor al prójimo. Juan dice en su epístola: "Si alguno dice: Yo amo a Dios, y aborrece a su hermano, es mentiroso" (1 Juan 4:20).

Y nos preguntamos por qué Él dice Me, Me, Me. ¿Por qué? Porque Cristo vive en cada creyente. ¿No es cierto? En Mateo 18 Jesús dice: "Cualquiera que reciba en Mi Nombre a un niño como éste, a Mí Me recibe". El modo en el cual usted trata a otro creyente es exactamente cómo usted está tratando a Jesucristo. Y entonces, Él lo hace personal y dice: "tuve hambre, y Me disteis de comer; tuve sed, y Me disteis de beber; fui forastero, y Me recogisteis; estuve desnudo, y Me cubristeis; enfermo, y Me visitasteis; en la cárcel, y vinisteis a Mí". Y por el modo en que ellos trataron a otros creyentes, evidenciaron su propia salvación.

Y luego los justos dirán: "Señor, ¿cuándo Te vimos hambriento, y Te sustentamos, o sediento, y Te dimos de beber? ¿Y cuándo Te vimos forastero, y Te recogimos, o desnudo, y Te cubrimos? ¿O cuándo Te vimos enfermo, o en la cárcel, y vinimos a Ti? Y respondiendo el Rey, les dirá: De cierto os digo que en cuanto lo hicisteis a uno de estos Mis hermanos más pequeños, a Mí lo hicisteis". Hay evidencia de que éstas son ovejas por el modo en el cual tratan a sus hermanos y hermanas en Cristo. No son salvos por sus buenas obras, sino que sus buenas obras son evidencia de su salvación. Y el amor de los hermanos es una realidad dentro de la comunión de la fe. Juan pregunta en su primera epístola: "Pero el que tiene bienes de este mundo y ve a su hermano tener necesidad, y cierra contra él su corazón, ¿cómo mora el amor de Dios en él?" (1 Juan 3:17).

Entonces, las ovejas van al Reino. Y las buenas obras son evidencia de su salvación. Luego, en el versículo 41, Él le dirá a aquellos a Su izquierda, estos cabritos que representan a los que no han sido regenerados: "Apartaos de Mí, malditos, al fuego eterno preparado para el diablo y sus ángeles". ¿Por qué? "Porque tuve hambre, y no Me disteis de comer; tuve sed, y no Me disteis de beber; fui forastero, y no Me recogisteis; estuve desnudo, y no Me cubristeis; enfermo, y en la cárcel, y no Me visitasteis. Entonces también ellos le responderán diciendo: Señor, ¿cuándo Te vimos hambriento, sediento, forastero, desnudo, enfermo, o en la cárcel, y no Te servimos? Entonces les responderá diciendo: De cierto os digo que en cuanto no lo hicisteis a uno de estos más pequeños, tampoco a Mí lo hicisteis. E irán éstos al castigo eterno, y los justos a la vida eterna" (versículos 42–46).

Este es el mismo juicio que ven que sucede en Apocalipsis 19. Y las obras mostraron que ellos nunca pertenecieron a Dios. Ellos nunca pertenecieron a Cristo. De manera muy similar, una referencia interrelacionada sería Romanos 2:5–10, donde el apóstol Pablo dice que Dios juzgará en el futuro en base a las obras. No porque seamos salvos por obras, sino que la evidencia de nuestra salvación está en esas obras.

Entonces, ésta es la destrucción de los impíos. Él dice que las ovejas estarán en el Reino, los impíos serán enviados al fuego eterno. Ésta, como he dicho, es la destrucción de los impíos.

Por lo tanto, lo que aquí Jesús está diciendo es lo mismo que Juan ve en su visión del capítulo 19. Es importante decirlo porque creo que hay personas que asumen que Jesús es una persona más linda que lo que dicen algunos escritores del Nuevo Testamento. Existía una hermenéutica entre los teólogos liberales llamada "el Espíritu de Jesús". Y cualquier cosa que supuestamente era atribuida a Jesús y no encajaba con el espíritu dócil, casi indiferente, tolerante que ellos le atribuían a Jesús, decían que no era cierto acerca de Él; lo eliminaban. Pero hay obviamente una realidad en la mente y el corazón del Señor Jesucristo que se encargará con tanta firmeza de la venganza así como se encargó de manera compasiva de la misericordia.

Entonces, en el capítulo 19, escuchamos realmente la descripción de Juan del mismo evento que Jesús describió en Mateo 25. Si me permiten, quiero llevarlos de regreso a Apocalipsis 16. Estoy tratando de completar esto para que tengan un entendimiento total. Apocalipsis 16:13: "Y vi salir de la boca del dragón, y de la boca de la bestia, y de la boca del falso profeta, tres espíritus inmundos a manera de ranas". Esta por cierto, es la sexta copa de juicio. Recuerden, siete juicios de sellos, que finalizan en siete juicios de trompetas, que finalizan con siete juicios de copas de fuego rápido. Estamos en el fin. Estos espíritus de demonios, dice el versículo 14, hacen señales. ¿Y qué es lo que hacen? Van a los reyes de todo el mundo y los engañan y los reúnen para pelear en el gran día de Dios Todopoderoso.

A menudo surge la pregunta, de por qué las naciones del mundo, cuando han sido tan devastadas a lo largo del toda la tribulación, piensan que pueden ir y pelear contra Dios. Y la respuesta es porque existen demonios del infierno que van por el mundo y los engañan. Y Dios permite que eso suceda. Entonces, son estos demonios que han ido por el mundo y han reunido a las fuerzas restantes de la humanidad; y las han llevado a la tierra de Israel, que se extiende desde el Norte, desde Armagedón, hasta el sur. Se reúnen con la ilusión de que pueden pelear contra el Señor Jesucristo que está por venir.

El versículo 15, Él dice: "He aquí, Yo vengo como ladrón". Eso significa de repente, de manera aterradora y con resultados devastadores. Y el versículo 16 dice: "Y los reunió en el lugar que en hebreo se llama Armagedón", el valle de Meguido. Y entonces nuevamente les estoy señalando el hecho de que el capítulo 16 también habla del mismo evento. Ustedes lo leen en Joel 3, tal como lo hicimos anteriormente. Lo leen en Sofonías 3, en Zacarías 12, en Zacarías 14.

Entonces, los demonios juntan las fuerzas restantes de los impíos. Recuerden, su capital, la ciudad de Babilonia, ya ha sido destruida. Pero lo que queda del poder mundial es juntado y reunido en la tierra de Israel. Se reúnen para pelear o perecer. En este momento, es pelear o morir. El ejecutor está cerca, Cristo surge del trono juntando a todos Sus santos ángeles del cielo, está por descender en juicio devastador al mundo. Se preguntarán si ellos lo saben. Ciertamente que lo saben, los predicadores se lo han estado diciendo. Y ahora es pelear o morir. Y entonces, llegan armados hasta los dientes. Y pueden ustedes creer que cualquier capacidad nuclear que ellos tengan, cualquier tipo de poder sofisticado, exótico que hayan podido acumular en cuanto a armas, cualquier tipo de operaciones que puedan lograr a partir de los satélites y otras cosas en el cielo, todo eso tendrán. Tendrán toda la cooperación de aquellos que poseen armamento nuclear; y estarán listos para destruir al hijo de Dios cuando venga.

Y entonces, en el versículo 17, nosotros venimos a conquistar. A pesar de todos sus esfuerzos, a pesar de todos sus intentos de victoria, ellos serán vencidos de manera terrible. Y quiero hablar acerca de dos cosas; quizás hoy veamos la primera y la otra la próxima vez: la conquista anunciada y la conquista consumada.

La conquista anunciada

Versículo 17: "Y vi a un ángel que estaba en pie en el sol, y clamó a gran voz, diciendo a todas las aves que vuelan en medio del cielo: Venid, y congregaos a la gran cena de Dios".

Aquí nuevamente un ángel tiene un rol clave, un rol importante en la acción de los días finales en el desarrollo del libro de Apocalipsis. Éste ángel estaba de pie en el sol. ¿Qué significa eso? ¿Significa literalmente que él estaba parado en el sol y no se quemaba? Bueno, me parece que si realmente estaba parado en el sol, no tenemos motivo para creer que los ángeles, que son seres espirituales, podrían proyectarse visiblemente a sí mismos desde una posición dentro del sol que podría ser vista por todos. Quiero decir, un pequeño ángel parado en medio del sol, disparando sus llamas a miles de millas en el espacio no sería visto. Creo que aquí el significado es que en la proximidad del sol, quizás a modo de eclipse, tapando el sol, hay un ángel parado. Y él está haciendo al sol lo que la luna hace en un eclipse. El sol brilla solamente en el contorno alrededor de la silueta del ángel.

Él está parado en un lugar que llama la atención; un lugar poderoso. Recuerden que Joel 2:30–32 y Hechos 2:19–20 dice que el sol no dará su luz. ¿Lo recuerdan? Y la luna se oscurecerá cuando el sol se oscurezca por que la luna refleja su luz. Pero la indicación aquí es que el ángel está parado en el sol; y el sol todavía brilla, por lo que asumimos que esto es antes de que Dios apague al sol.

El ángel hace el anuncio. Y cuando el anuncio es finalizado y él convoca a las aves a comer la carne, entonces el sol se oscurece. "El sol" —dice Mateo 24:29— "se oscurecerá, y la luna no dará su resplandor, y las estrellas caerán del cielo, y las potencias de los cielos serán conmovidas". Entonces, aparecerá el Hijo del Hombre.

Ahora regresemos a este ángel. Él clama a gran voz. Algo que los ángeles han estado haciendo a menudo en el libro de Apocalipsis. Capítulo 7, capítulo 10, capítulo 14, capítulo 18, los ángeles gritaban mucho en las visiones que Juan tenía; y siempre presentaban palabras muy importante que anunciaban juicio en gran escala. Ellos están hablando al mundo. Esto será una especie de megáfono celestial; y todo el mundo escuchará esto. ¿Pero a quién se dirige el ángel? El ángel les está hablando a las aves. ¡Sorprendente! ¿Qué aves? Las que vuelan en medio del cielo. ¿Qué es el medio del cielo? Es donde vuelan las aves. ¡Qué razonamiento! Entonces, si cuando leen Apocalipsis 8:13 y 14:6, en donde aparece la expresión griega "en medio del cielo", se preguntan a qué se refiere, aquí Juan lo define. En medio del cielo es donde están las aves. Es arriba de nosotros.

¿Por qué este ángel está parado en el sol clamando a todo el mundo para que le escuche y hablándole a las aves? Les está invitando a alimentarse de la matanza. Él está declarando la victoria antes de que la batalla haya sido peleada. Les está invitando a comer la carroña, los cadáveres de los que serán masacrados en el regreso de Jesucristo.

Y esto tampoco es nuevo. No, aún Jesús habló de esto en Mateo capitulo 24. Es sorprendente lo que Jesús dijo. Él está hablando en el versículo 27 acerca de la llegada del Hijo del Hombre; y luego, en el versículo 28 dice: "Porque dondequiera que estuviere el cuerpo muerto, allí se juntarán las águilas". También Lucas registra la enseñanza de Jesús en Lucas capítulo 17, que en el momento de la venida del Hijo del Hombre, sucederá lo mismo. De hecho, Lucas nos dice que cuando Él venga, habrá dos en una cama, uno será tomado, eso significa llevado al juicio; el otro será dejado para ir al Reino. Dos moliendo en el mismo lugar, una será tomada para juicio y enviada al infierno; y la otra dejada para ir al Reino. "Y respondiendo, le dijeron: ¿Dónde, Señor? Él les dijo: Donde estuviere el cuerpo, allí se juntarán también las águilas" (Lucas 17:37).

Entonces, Jesús, en al menos dos ocasiones —y quizás más a menudo— habló de las aves; aves de rapiña, no solo aves depredadoras, sino aves carroñeras, las que comen la carne de los cadáveres. Podría ser que ésta fuera una metáfora del mundo maldito, podrido, visto como un cadáver en estado de putrefacción, fétido, que no sirve para otra cosa que para ser destruido. Pero creo que no hay motivo para no ver a esto de manera literal.

El ángel ordena a las aves, y él dice: "Venid y congregaos a la gran cena de Dios". Y por cierto, no será la primera cena de carne humana para los pájaros; los pájaros han comido carne humana lo largo de la historia del mundo. Pueden ver una clase de juicio similar. Por ejemplo, regresen al Antiguo Testamento y lo verán en Isaías 18; habla acerca de juicio sobre Etiopía y Egipto y en el versículo 6: "Y serán dejados todos para las aves de los montes y para las bestias de la tierra; sobre ellos tendrán el verano las aves, e invernarán todas las bestias de la tierra". Lo mismo en Jeremías 7:33. A través de todas las guerras de la antigüedad, todas las guerras de la historia humana hasta la época moderna, aves como las que comerán la carne de quienes estén en el fin de los tiempos, habrán comido carnes de otros. Ciertamente, a lo largo de la historia humana, las aves de rapiña y carroñeras se han saturado con carne.

Entonces, es un llamado a la cena de Dios. Y se llama a todas las aves. La batalla será muy breve, abarcando unas 200 millas en donde la sangre salpicará tan alto que alcanzará las bridas de los caballos. Millones de cadáveres esparcidos por todas partes. El profeta nos dice que después de que las aves hayan hecho su trabajo y comido en abundancia, llevará siete meses enterrar los cadáveres (Ezequiel 39:12); siete meses hasta el Reino.

Ahora, si ustedes son curiosos como yo, se preguntarán de dónde vendrán esas aves. Y quiero ayudarles con eso. Quizás les interese saber esto. Si alguna vez han ido a la tierra de Israel, están familiarizados con la Fuerza Aérea Israelí; saben que vuelan sobre ustedes todo el tiempo. Le toma un minuto y medio a un piloto de combate de un jet israelí volar desde la frontera occidental hasta la frontera oriental de Israel. Ellos hacen eso constantemente. Necesitan un poco más de tiempo para hacerlo de norte a sur. Pero es un tema de seguridad para ellos; y eso es una cuestión de vida.

Y ellos han peleado, como ustedes bien saben, en todo tipo de guerras en el Medio Oriente; y esos pilotos arriesgan su vida. Pero quiero que sepan esto: a lo largo de la historia de la Fuerza Aérea de Israel, han muerto muchos más pilotos israelíes a causa de los pájaros que de los enemigos. Y una de las realidades más espantosas en la Fuerza Aérea israelí es cuando un pájaro atraviesa el plexiglás de la cabina del avión y choca contra la cabeza del piloto. Y eso sucede frecuentemente o sucedía, hasta los tiempos más modernos.

Se preguntarán cómo sé eso. Porque tengo un vídeo de entrenamiento producido por la Fuerza Aérea y el gobierno israelíes que fue enviado a cada aeropuerto del mundo. Y se entregó una copia a cada piloto en jefe en cada instalación. Y me encontré con el piloto en jefe de American Airlines en Chicago. Y me dijo que tenía un video que quería darme, que me parecería fascinante. Que era acerca de los pájaros en Israel. Tenían un problema muy importante, inclusive temían que los pilotos no quisieran volar a Tel Aviv debido a la cantidad de pájaros que había en el aeropuerto Ben Gurión; eran aves marinas, gaviotas y otras aves que viven cerca del mar. Y debido a que había agua al final de una de las pistas, las aves literalmente llegaban como enjambre y eran aspiradas por las turbinas. Y los pilotos morían de ese modo. Y mostraban en la película a un pájaro literalmente decapitando la cabeza del piloto en una filmación desde la cabina de mando. Algo increíble de ver.

Y se dieron cuenta que tenían que hacer algo acerca de este problema. Y entonces —son ingeniosos, usted sabe— decidieron formar un grupo de expertos para estudiar el problema. Y lo que hicieron fue desarrollar planeadores para que volaran con las aves. Y lograron unos descubrimientos sorprendentes.

Primero que nada, todas las aves migratorias, que son los pájaros más grandes, desde Europa occidental hasta Siberia, migran al sur cada año. Y todas ellas migran a través de Israel. Millones y millones de ellas. Se preguntarán por qué. Porque necesitan comida durante su migración. Y no hay comida en el este porque es un desierto completamente árido. Y no hay comida en el oeste porque está el mar. Entonces, vuelan por la estrecha franja de Israel. Llegan a comienzos de la primavera; y ellos saben qué tipos de aves vendrán. Y pueden predecir su llegada con uno o dos días de anticipación. Y llegan diferentes grupos de aves; millones y millones de ellas volando todas por Israel. ¿No es eso sorprendente?

Entonces se preguntarán si eso quiere decir que la Segunda Venida de Jesús será en la primavera. Quizás sea en la primavera o quizás Él las llame antes o las demore hasta más tarde. Pero así es como ellas vendrán.

Existe otro motivo por el cual ellas siempre vuelan por Israel. Es porque en Israel hay corrientes térmicas ascendentes. Y las aves vienen desde lo alto, literalmente planeando en descenso sobre esas corrientes. Y luego se dispersan por el norte de África. Ellas vienen por la comida.

Y entonces, los israelíes comenzaron a estudiar a estas aves; y esto es algo increíble porque nos muestra la mente de Dios en Su poder creativo. Cada tipo de parvada vuela siempre por la misma ruta, a la misma altitud, en la misma época del año. Y ahora, tienen entrenados a todos los pilotos para volar a diferentes altitudes en determinados períodos de tiempo debido a las aves migratorias. Y han solucionado el problema. Es algo increíble. Esta película de entrenamiento fue utilizada entonces por American Airlines para entrenar a todos sus pilotos que vuelan allí para entender las diferentes e inexorables rutas de esas aves. Pero cuando llegue el tiempo de la cena, los pájaros conocerán muy bien el camino. Y llegarán para la gran cena de Dios.

El ángel dice: "Venid, y congregaos a la gran cena de Dios". Ahora, veamos Apocalipsis 19:18. Y aquí está la extensión de Su juicio: "para que comáis carnes de reyes y de capitanes, y carnes de fuertes, carnes de caballos y de sus jinetes, y carnes de todos, libres y esclavos, pequeños y grandes". Y, por supuesto, ustedes comprenden que Él está reuniendo absolutamente a todos. Comed carne de reyes, comenzad desde lo más elevado. Es algo muy indigno para un rey yacer sin ser sepultado y que las aves desgarren su carne. Eso es precisamente lo que sucederá. Nadie cuidará de ellos. No habrá nadie vivo que cuide de ellos. Este es el fin de los reyes, un fin profano. Los pájaros comerán su carne.

Y los gobernantes no podrán guiar a su pueblo, los reyes no podrán dirigirlos porque el miedo será abrumador. La carne de los comandantes —a medida que vamos descendiendo de rango— la carne de los hombres poderosos, grandes soldados, la carne de los caballos y sus jinetes, principalmente de los soldados mismos. Obviamente no habrá ejércitos a caballo del mismo modo que en la antigüedad. Aunque ciertamente puede haber alguno. Eran un instrumento de batalla antiguo; y son emblemáticos para cualquier tipo de instrumento de batalla que será utilizado en el futuro. Quizás habrá caballos allí.

Luego se suma la carne de todos los hombres, miren el versículo 18: "carnes de todos, libres y esclavos, pequeños y grandes". Y la terminología aquí se parece a la de Apocalipsis 6, todos en el mundo serán comida para las aves de rapiña. Todo el mundo. Este es el fin.

El profeta Sofonías lo describió: "Cercano está el día grande de Jehová, cercano y muy próximo; es amarga la voz del día de Jehová; gritará allí el valiente. Día de ira aquel día, día de angustia y de aprieto, día de alboroto y de asolamiento, día de tiniebla y de oscuridad, día de nublado y de entenebrecimiento, día de trompeta y de algazara sobre las ciudades fortificadas, y sobre las altas torres. Y atribularé a los hombres, y andarán como ciegos, porque pecaron contra Jehová; y la sangre de ellos será derramada como polvo, y su carne como estiércol. Ni su plata ni su oro podrá librarlos en el día de la ira de Jehová, pues toda la tierra será consumida con el fuego de Su celo; porque ciertamente destrucción apresurada hará de todos los habitantes de la tierra" (Sofonías 1:14–18). No hay escape, ésta es la ejecución de todos los no redimidos, todos. Nadie escapa: los hombres libres, los esclavos, pequeños, grandes; nadie escapa. Todo se convierte en comida para la cena.

La conquista consumada

Entonces vimos primero la conquista anunciada. Veamos rápidamente en segundo lugar la conquista consumada. Apocalipsis 19:19: "Y vi a la bestia". ¿Quién es esa? Es el anticristo. El gobernante mundial, que fue presentado en Apocalipsis 11:7; y luego descrito en 13:1-8. La bestia y los reyes de la tierra, ¿quiénes son? Bueno, regresando al capítulo 17, recordarán que hay 10 reyes; el anticristo de alguna manera divide al mundo en 10 sectores. Y ha puesto a alguien a cargo de esas partes que le responde él. Entonces, el anticristo gobierna al mundo; y aquellos que están inmediatamente bajo él están gobernando los 10 sectores del mundo. Y luego menciona sus ejércitos. Eso es todos los que están allí. Recuerde ahora, la sexta copa, capítulo 16, el engaño de los demonios que han salido de las bocas del dragón, de la bestia y del falso profeta juntan estos ejércitos. Entonces, Juan dice que vio al anticristo, vio a los 10 Reyes, vio los ejércitos de todo el mundo juntarse para pelear contra Aquel que está sentado en el caballo y contra Su ejército. Ellos tienen ejércitos; Él tiene un ejército, singular.

Se reúnen con el propósito de pelear contra Jesucristo. Y como he dicho, estarán armados hasta los dientes. Y están listos para la batalla. Zacarías 14:5 describe al ejército de Cristo como "todos los santos".

Así que, Sus enemigos lograron matarle cuando vino con humildad y gracia, porque era el plan de Dios para salvación que Él muriera. Lo odiaron cuando Él mostró salvación y misericordia. Imagine cómo le odiarán cuando les haya juzgado y ahora esté listo para ejecutarlos. Y entonces, ellos están armados y listos.

Luego, sucede inmediatamente en el siguiente versículo, Apocalipsis 19:20: "Y la bestia fue apresada, y con ella el falso profeta". Lo primero que uno hace es tomar a los líderes; y entonces habrá destruido la cabeza. Así, la bestia es capturada; y con ella el falso profeta. Recuerden que él hizo señales en presencia de la bestia por medio de las cuales engañó a aquellos que habían recibido la marca de la bestia y a aquellos que adoraban su imagen. Recuerden la descripción del falso profeta en Apocalipsis 13:11-13 y cómo él hizo señales y maravillas para convencer a la gente de que la bestia es Dios. Y entonces, recuerden cómo en 13:16-17 todos los que adoraron a la bestia recibieron una marca, la marca de la bestia en su cabeza o en la palma de la mano. Y por cierto, ellos podían vender y comprar y funcionar dentro de la sociedad. Y Apocalipsis 13:14-15, describe cómo adoraron a la bestia.

Entonces, la bestia y el falso profeta que hacía señales y maravillas y engañaba a aquellos que recibieron la marca, son apresados. En otras palabras, el ejército pierde sus líderes. Estos son dos hombres, por cierto, no quiero alejarme de eso; son dos seres humanos. Uno es un líder político mundial y el otro es un líder religioso que ha hacho que la religión del mundo sea el anticristo, quien es tanto rey como dios. Son capturados primero y los ejércitos inmediatamente pierden sus líderes. Y estos dos hombres son arrojados vivos en el lago de fuego.

Aparentemente ni siquiera mueren; debe haber algún tipo de transformación; pero Cristo tan solo los toma y los arroja en el lago de fuego. Esta es la primera mención de ese lugar que es el infierno final y eterno. Existe el infierno; siempre ha existido un infierno: estar separados de Dios siempre es un lugar de tormento, pero ésta es su forma final. Se le llama el lago de fuego. Cualquier lugar separado de la presencia de Dios es un tipo de infierno; pero ésta es la forma final de ese infierno. Y los primeros dos en ir a él son el anticristo y al falso profeta.

Daniel 7:11 dice lo mismo: "Yo… miraba hasta que mataron a la bestia, y su cuerpo fue destrozado y entregado para ser quemado en el fuego". Entonces, Daniel ve algún tipo de destrucción. Juan dice que fueron arrojados vivos al lago de fuego. Sus cuerpos pueden haber sido literalmente acabados pero, por supuesto, sus espíritus van vivos al infierno. Es difícil resolver esos dos textos. Pero el Señor sabe su significado.

De todos modos, ciertamente ellos tuvieron que ser alterados o cambiados cuando van al infierno para no ser consumidos de manera instantánea. Quizás hay una carne remanente en el mundo a medida que son ejecutados y su ser espiritual de alguna manera es transportado al infierno.

No es el Hades. El Hades es un lugar temporal. Este es el lago de fuego final. Más tarde, por cierto, encontraremos en el capítulo 20 que el diablo y sus demonios serán enviados ahí porque ha sido preparado para ellos. Y tristemente… tristemente, también lo serán todos los incrédulos al final del Juicio del Gran Trono Blanco. Serán tomados y echados al lago de fuego final.

Este lago de fuego nos dice varias cosas que son importantes. Es una buena evidencia de que no existe la aniquilación de los impíos. Algunas personas dicen que cuando los impíos mueren, son aniquilados. No tiene sentido porque estas dos personas, la bestia y el falso profeta, son arrojados al lago de fuego que arde con azufre. Ellos son arrojados; luego comienza el Reino. Más adelante, en Apocalipsis 20:10: "Y el diablo que los engañaba fue lanzado en el lago de fuego y azufre, donde estaban la bestia y el falso profeta; y serán atormentados día y noche por los siglos de los siglos". Entonces, no fueron aniquilados cuando llegaron allí. Y allí siguen mil años después.

Y más adelante, versículo 15: "Y el que no se halló inscrito en el libro de la vida fue lanzado al lago de fuego". Isaías vio ese lago de fuego. Isaías 66:24 dice que es un lugar donde los gusanos nunca morirán, ni el fuego se apagará. Jesucristo vio este lugar y lo llamó el fuego eterno donde el gusano no muere ni el fuego se apaga, lo llamó Gehena (Marcos 9:43–48). Era un fuego que ardía de manera constante en el vertedero de basura de la ciudad de Jerusalén y que nunca se apagaba. Jesús dijo: "De manera que como se arranca la cizaña, y se quema en el fuego, así será en el fin de este siglo. Enviará el Hijo del Hombre a Sus ángeles, y recogerán de Su reino a todos los que sirven de tropiezo, y a los que hacen iniquidad, y los echarán en el horno de fuego; allí será el lloro y el crujir de dientes. Entonces los justos resplandecerán como el sol en el reino de su Padre" (Mateo 13:40–43).

En Mateo 25:41 es llamado el "fuego eterno". Apocalipsis 14:11 dice que "el humo de su tormento sube por los siglos de los siglos". Y Juan dice que este lago de fuego arde con azufre. Apocalipsis 20:10 dice lo mismo: "Lago de fuego y azufre". Apocalipsis 21:8 dice: "el lago que arde con fuego y azufre". Es para hacer una descripción más gráfica. El azufre es un químico sulfúrico que lo hace explosivamente caliente.

Y eso es lo que sucederá para el resto de las personas del mundo, no solo éstos dos. Ellos tienen el "privilegio" de ser los primeros dos que poblarán este lugar final de destrucción, el infierno eterno. ¡Qué final tan triste, tan trágico! Pero luego, después de todo, éstos solo son los seres humanos más blasfemos que hayan vivido, son los dos que han tenido la mayor exposición a la predicación, al poder milagroso y al juicio; y son los primeros a los que se les da la "distinción" de estar eternamente separados de la presencia de Dios. Y el resto del mundo los seguirá.

Y eso nos lleva al último versículo; llegamos a Apocalipsis 19:21: "Y los demás fueron muertos con la espada que salía de la boca del que montaba el caballo, y todas las aves se saciaron de las carnes de ellos". Recuerden ahora que en el versículo 15 dice: "De su boca sale una espada aguda, para herir con ella a las naciones". Esta es Su palabra, ¿no es cierto? Todo el mundo de pecadores muere, no solo los ejércitos sino cualquier pecador que quede en el planeta. Y no todos ellos serán juntados aquí. Los ejércitos estarán aquí; pero también habrá otras personas que serán muertas. Él destruirá a los pueblos. El versículo 15 dice que con muerte rápida y devastadora, a medida que habla.

John Phillips ha escrito: "Repentinamente, todo habrá terminado. De hecho, no habrá una guerra en el sentido en que nosotros pensamos, sino que Aquel que está sentado en el gran caballo blanco dirá una palabra. Una vez le dijo una palabra a la higuera; y se marchitó. Habló a los vientos y a las grandes olas; y la tormenta desapareció y las olas se calmaron. Una vez le habló a un ejército de demonios que atormentaba al alma de un pobre hombre; y ellos salieron instantáneamente. Y ahora Él habla y la guerra finaliza, la bestia blasfema y vociferante es golpeada. El falso profeta, el hacedor de milagros, el parlanchín del abismo, es herido e inmovilizado. Ambos son lanzados a las llamas eternas. Otra palabra y los ejércitos azotados por el pánico se tambalean y caen muertos, los jefes y generales del campo, almirantes y comandantes, soldados y marineros, soldados rasos, uno y todos caen; y los buitres descienden y cubren la escena".

Una descripción increíble de cómo terminará todo. Zacarías 14:3–4 lo describe con estas palabras: "Después saldrá Jehová y peleará con aquellas naciones, como peleó en el día de la batalla. Y se afirmarán Sus pies en aquel día sobre el Monte de los Olivos, que está enfrente de Jerusalén al oriente; y el Monte de los Olivos se partirá por en medio, hacia el oriente y hacia el occidente, haciendo un valle muy grande; y la mitad del monte se apartará hacia el norte, y la otra mitad hacia el sur". Les mencioné que este bien podría ser el valle de Josafat. "Y huiréis al valle de los montes" —en otras palabras, el pueblo de Dios podrá huir del anticristo y de la devastación por el valle— "porque el valle de los montes llegará hasta Azal; huiréis de la manera que huisteis por causa del terremoto en los días de Uzías rey de Judá; y vendrá Jehová mi Dios, y con él todos los santos. Y acontecerá que en ese día no habrá luz clara, ni oscura. Será un día, el cual es conocido de Jehová, que no será ni día ni noche; pero sucederá que al caer la tarde habrá luz" (versículos 5–7). Estará todo oscuro; y de repente llega la luz de Cristo. "Acontecerá también en aquel día, que saldrán de Jerusalén aguas vivas, la mitad de ellas hacia el mar oriental, y la otra mitad hacia el mar occidental, en verano y en invierno" (versículo 8).

De algún modo, toda la topografía de Israel cambiará. Llega al Monte de los Olivos, divide y separa ampliamente; el pueblo huye, luego a las aguas fluyen a través del nuevo valle y crea un desierto que florece.

"Y Jehová será rey sobre toda la tierra. En aquel día Jehová será uno, y uno Su nombre" (versículo 9).

Luego, dice el versículo 12a: "Y esta será la plaga con que herirá Jehová a todos los pueblos que pelearon contra Jerusalén". Aquí dice cómo morirán, escuchen esto. "La carne de ellos se corromperá estando ellos sobre sus pies, y se consumirán en las cuencas sus ojos, y la lengua se les deshará en su boca. Y acontecerá en aquel día que habrá entre ellos gran pánico enviado por Jehová; y trabará cada uno de la mano de su compañero, y levantará su mano contra la mano de su compañero" (versículos 12b–13). A medida que se estén pudriendo, se matarán unos a otros.

Es una escena aterradora. Ciertamente algo que no es para deleitarse; sino algo que da pavor y temor. Esto vendrá al final. Pero Daniel 12:12

lo amplía 75 días —si lo suman todo— después del fin de la tribulación. Algo así como un período de tiempo. Puede ser que esos 45 días, 75 días en última instancia, sean los días cuando las aves comen el banquete de carne, seguido por el entierro.

Y luego este pasaje cierra el capítulo 19: "y todas las aves se saciaron de las carnes de ellos". ¿Se imaginan a Juan viendo todo esto de manera gráfica? Y leen todo eso y se acuerdan de lo que dijo Pedro. Él dijo, y es difícil de imaginar, en 2 Pedro 3:3-4: "Sabiendo primero esto, que en los postreros días vendrán burladores, andando según sus propias concupiscencias, y diciendo: ¿Dónde está la promesa de su advenimiento?" Siempre habrá quienes nieguen que Jesús viene. "¿Dónde está la promesa de Su advenimiento?" Son burladores. ¿Sabe cuál es su argumento? Es el argumento de lo ridículo, no es un argumento intelectual; es tan solo el argumento del ridículo. Juegan con la amargura de las personas que han estado esperando y esperando y esperando y ansiando y ansiando. Su burla viene de sus corazones burlones.

Y luego su burla viene de su amor al pecado. Dice que andan "según sus propias concupiscencias". Y cualquiera que ande según sus propias concupiscencias no quiere un día de juicio, ¿no es así? Ellos quieren ir tras su deseo sexual y no les gusta la escatología evangélica. Quieren una escatología que encaje con su conducta. Ellos no quieren escuchar acerca de juicio al pecado. Entonces, argumentan desde el ridículo, argumentan desde la moralidad o inmoralidad; y luego argumentan desde la uniformidad. Ellos dicen que "Desde el día en que los padres durmieron, todas las cosas permanecen así como desde el principio de la creación" (2 Pedro 3:4).

¿Saben cuál es su argumento? "Bueno, nunca sucederá porque nunca ha sucedido". Es como decir que yo nunca moriré porque no lo he hecho anteriormente. Es el argumento desde la uniformidad. No puede haber un juicio divino como ese ya que nunca lo ha habido. Hemos estado aquí por billones y billones de años y siempre ha sido lo mismo, no hay un juez, no hay Dios, no hay juicios, no hay escatología, no hay responsabilidad.

Eso es lo que enseña la evolución. Y eso es el enfoque natural de este mundo. Es solo un modo de escapar de la responsabilidad. Y Pedro dice que cree que ellos se han olvidado del Diluvio. Cree que no se acuerdan de que Dios provocó una catástrofe inmensa cuando soltó los cielos en el Diluvio. Jesús vendrá a pesar de sus argumentos necios. ¿Y cuál es el argumento de los creyentes? El argumento de la Escritura. Dice: "Han sido dichas por los santos profetas, y del mandamiento del Señor y Salvador dado por vuestros apóstoles" (2 Pedro 3:2). A pesar de lo que digan los que se burlan en su ridiculización y en su amor al pecado y en su creencia de la uniformidad, nuestro argumento es la Escritura. Segundo, nuestro argumento es la historia, el Diluvio. Tercero, nuestro argumento es la eternidad. ¿Qué significa eso? Dios no está atado a un reloj, no se olviden que "para con el Señor un día es como mil años, y mil años como un día" (versículo 8). Dios no opera con nuestro reloj. Y si alguien observa su pequeño calendario y dice que nunca ha sucedido, por lo tanto nunca sucederá, recuerden que Dios no está limitado a su horario.

Y luego, pueden argumentar desde la gracia. "El Señor no retarda su promesa, según algunos la tienen por tardanza, sino que es paciente para con nosotros, no queriendo que ninguno perezca, sino que todos procedan al arrepentimiento" (versículo 9). Entonces, argumentamos a partir de la Escritura y la historia, argumentamos a partir de la eternidad, argumentamos a partir de la gracia que Jesús viene. Y luego Pedro dice en 2 Pedro 3:10 que "el día del Señor vendrá como ladrón en la noche; en el cual los cielos pasarán con grande estruendo, y los elementos ardiendo serán deshechos, y la tierra y las obras que en ella hay serán quemadas. Puesto que todas estas cosas han de ser deshechas, ¡cómo no debéis vosotros andar en santa y piadosa manera de vivir!" (versículos 10–11). Esa es la cuestión. Yo creo que usted quiere ser el tipo de persona que escapa a este juicio. Eso es sensato. Por la gracia de Dios oro que así sea.

Reflexiones Personales

9 de Octubre, 1994

09_La venida del Reino terrenal del Señor Jesucristo. Parte I

Vi a un ángel que descendía del cielo, con la llave del abismo, y una gran cadena en la mano. Y prendió al dragón, la serpiente antigua, que es el diablo y Satanás, y lo ató por mil años; y lo arrojó al abismo, y lo encerró, y puso su sello sobre él, para que no engañase más a las naciones, hasta que fuesen cumplidos mil años; y después de esto debe ser desatado por un poco de tiempo.

Y vi tronos, y se sentaron sobre ellos los que recibieron facultad de juzgar; y vi las almas de los decapitados por causa del testimonio de Jesús y por la palabra de Dios, los que no habían adorado a la bestia ni a su imagen, y que no recibieron la marca en sus frentes ni en sus manos; y vivieron y reinaron con Cristo mil años. Pero los otros muertos no volvieron a vivir hasta que se cumplieron mil años. Ésta es la primera resurrección. Bienaventurado y santo el que tiene parte en la primera resurrección; la segunda muerte no tiene potestad sobre éstos, sino que serán sacerdotes de Dios y de Cristo, y reinarán con él mil años.

Cuando los mil años se cumplan, Satanás será suelto de su prisión, y saldrá a engañar a las naciones que están en los cuatro ángulos de la tierra, a Gog y a Magog, a fin de reunirlos para la batalla; el número de los cuales es como la arena del mar. Y subieron sobre la anchura de la tierra, y rodearon el campamento de los santos y la ciudad amada; y de Dios descendió fuego del cielo, y los consumió. Y el diablo que los engañaba fue lanzado en el lago de fuego y azufre, donde estaban la bestia y el falso profeta; y serán atormentados día y noche por los siglos de los siglos.

Y vi un gran trono blanco y al que estaba sentado en él, de delante del cual huyeron la tierra y el cielo, y ningún lugar se encontró para ellos. Y vi a los muertos, grandes y pequeños, de pie ante Dios; y los libros fueron abiertos, y otro libro fue abierto, el cual es el libro de la vida; y fueron juzgados los muertos por las cosas que estaban escritas en los libros, según sus obras. Y el mar entregó los muertos que había en él; y la muerte y el Hades entregaron los muertos que

I Parte. Sermones temáticos sobre escatología

había en ellos; y fueron juzgados cada uno según sus obras. Y la muerte y el Hades fueron lanzados al lago de fuego. Ésta es la muerte segunda. Y el que no se halló inscrito en el libro de la vida fue lanzado al lago de fuego.

Apocalipsis 20

BOSQUEJO

— Introducción

— La cronología

— El Reino

— El Milenio

— La era de oro

— Oración final

Notas personales al bosquejo

I Parte. Sermones temáticos sobre escatología

SERMÓN

Introducción

Es nuestro gozo dirigirnos ahora a la palabra de Dios y, en particular, al libro de Apocalipsis. Y llegamos a Apocalipsis 20, la llegada del Reino del Señor Jesucristo en la tierra. Este es uno de los capítulos más importantes de toda la Biblia. Es un capítulo clímax en todo el sentido de la palabra, llevándonos al Reino del Señor Jesucristo en la tierra, en la gloria venidera de Su Reino. Su Reino es el punto culminante, la culminación de la historia de redención tal como se desarrolla en este mundo. Y entonces, estamos alcanzando la culminación de toda la historia humana. Éste es un día que fue descrito en Jeremías 23:5–6, con estas palabras: "He aquí que vienen días, dice Jehová, en que levantaré a David renuevo justo, y reinará como Rey, el cual será dichoso, y hará juicio y justicia en la tierra. En sus días será salvo Judá, e Israel habitará confiado; y este será su nombre con el cual le llamarán: Jehová, justicia nuestra". Todo el propósito redentor de Dios desde la caída del hombre culmina en el Reino de nuestro Señor Jesucristo, como ha sido llamado, el paraíso recuperado. Primero fue perdido, entonces será recuperado. Este glorioso paraíso recuperado, este Reino de nuestro Señor Jesucristo, este reino de mil años del Salvador en la tierra, es el cumplimiento y la combinación de la promesa de redención y la realización de la esperanza de todos los santos de todos los tiempos. Porque en ese tiempo en particular, Dios traerá salvación y justicia y paz al centro mismo del universo —es en ese tiempo que Jesucristo reinará completamente como REY DE REYES Y SEÑOR DE SEÑORES sobre toda la Creación. Este reino de mil años es el fin de la historia humana, el fin del universo actual tal como lo conocemos. Y después de que el Reino de mil años esté completo, que haya finalizado, todo tal cual lo conocemos ahora en el orden creado, será completamente destruido; porque todo ha sido manchado por el pecado, a pesar de que Cristo estará reinando. Él estará reinando sobre una tierra y un universo renovado, regenerado y restaurado; pero no uno creado nuevamente. Y entonces, todavía carga la marca del pecado. Y después de que finalicen los mil años, el Señor destruirá completamente al universo; y creará un nuevo cielo y una nueva tierra en perfección eterna, sin mancha por el pecado. Y ese se convertirá en el Reino eterno.

Entonces, la historia de la redención va desde la caída del hombre a través de este período de tiempo hasta que Jesús regresa en juicio, juzga al mundo, establece Su Reino. Su Reino dura 1000 años en un mundo renovado y rejuvenecido. Y entonces, todo el universo, tal como lo conocemos, aún en su estado renovado, es destruido; y da paso al nuevo cielo y a la nueva tierra, purificados de pecado de cualquier tipo. Y ésa es la plenitud del paraíso eterno de Dios.

Ahora, este es el reino de mil años, conocido como el Reino Milenario, que es el tema del capítulo que estamos viendo; el capítulo 20 del libro de Apocalipsis. El Reino final del Señor Jesucristo durante esos 1000 años es en la ciudad de Jerusalén, en el trono de David sobre Israel como nación y sobre el mundo entero.

Hay un par de cosas que preciso decirles antes de que veamos el texto en sí mismo porque, por supuesto, éste ha sido un campo de batalla —el tema del Reino— durante años. Y quiero ayudarles a comprender por qué creemos y enseñamos lo que hacemos.

La cronología

Primero que nada, permítanme decirles que es fundamental para la comprensión del Reino entender el orden cronológico del libro de Apocalipsis. El pasaje encaja con la cronología del libro. Si usted va a Apocalipsis 19:11, ve la llegada del señor Jesucristo. El Señor Jesucristo llega. Y al final del capítulo 19 —está descrito con gran detalle— Él llega en el versículo 16 como REY DE REYES Y SEÑOR DE SEÑORES. Sucede una gran batalla. Él es el conquistador y el vencedor. El holocausto de esa batalla se describe al final del capítulo 19 como una matanza tras la que los cadáveres yacen por todas partes y son devorados por las aves. Y luego leemos en el versículo 20 que la bestia y el falso profeta son arrojados al lago de fuego que arde con azufre; y todo el resto fue exterminado con una espada que provenía de la boca del Señor, quien había regresado. Todas las aves se saciaron con su carne. Ahí tienen el juicio devastador al regreso de Jesucristo.

En Apocalipsis 21:1 dice: "Vi un cielo nuevo y una tierra nueva; porque el primer cielo y la primera tierra pasaron". Aquí tienen el estado eterno al final del Reino. Entonces, el Señor Jesucristo regresa en el capítulo 19. Tenemos la creación de un nuevo cielo y una nueva tierra en el capítulo 21. Y en medio, está el capítulo 20. El capítulo 20 describe el Reino Milenario, la cronología es muy simple. Hay un tiempo llamado la tribulación, comenzó en Apocalipsis 6; terminó en Apocalipsis 19. Culmina con el regreso de Cristo y Su juicio total de los impíos. Después de ese juicio —capítulo 20— Él establece Su Reino. Al final de Su Reino, Él crea el nuevo cielo y la nueva tierra.

Esa es la cronología simple, sencilla del libro de Apocalipsis. Y ciertamente es una clave interpretativa. Sea lo que fuere que ustedes hagan con este Reino, tienen que ver la cronología que está aquí en el libro de Apocalipsis. Y claramente el Reino es colocado entre la gran Tribulación y el regreso de Cristo al final de la Tribulación, y la creación del nuevo cielo y la nueva tierra. Encaja entre esos eventos.

El Reino

Habiendo establecido que esto debe ser comprendido de acuerdo a su cronología, quiero apartarme de la cronología y mencionar también que los detalles del Reino solo son dados a modo de resumen aquí en el capítulo 20. Es una presentación muy limitada. Tan solo nos da algunas perspectivas generales; y de ninguna manera agota todo lo que se podría decir acerca del carácter o la naturaleza de esos 1000 años. Y sin embargo, hay instrucción acerca del Reino mismo a lo largo de toda la Biblia. De hecho, si estudiáramos todos los lugares de la Escritura que tratan acerca del Reino, nos tomaría al menos meses y meses. Está disperso lo largo del Antiguo Testamento y a lo largo del Nuevo Testamento. Durante las últimas semanas he estado leyendo un libro en particular, uno de varios libros que he leído a lo largo de los años acerca del Reino. Creo que el primer libro que leí acerca del reino era de Alva J. McClain. Un libro estupendo. Y también hay otros libros acerca del reino teocrático y el tema del reino. Actualmente, estoy leyendo un libro escrito por Herman Ridderbos acerca de La Venida del Reino; tiene cerca de 600 páginas a renglón seguido de preocupación intensa con el concepto de reino, porque está en todos lados, desde el comienzo del Antiguo Testamento hasta el final del Nuevo. Así que está en todas partes.

Y en el capítulo 20, ustedes no tienen todo lo que se ha dicho acerca del Reino sino simplemente la ubicación del Reino en su cronología. Y se destacan algunos de los elementos más importantes del mismo. Lo que haremos con el capítulo 20 es utilizarlo como un marco importante. A medida que avanzamos, veremos algunos pasajes del Antiguo y del Nuevo Testamento que enriquecerán y ampliarán nuestro entendimiento de la naturaleza del Reino. Son lo que yo llamaría textos explicativos que describen el carácter del Reino más de lo que tenemos aquí en el capítulo 20. Pero nos dan el marco del maravilloso esqueleto cronológico sobre el cual colocar la carne del resto de lo que dice la Escritura.

Recuerden ahora que el capítulo 19 finaliza con la batalla de Armagedón que es la culminación del día del Señor, un tiempo de juicio en el cual la mano de Dios interviene con poder y públicamente mediante la llegada de Jesucristo a destruir a los impíos que quedan. En esa guerra, el anticristo y el falso profeta lideran los ejércitos de los impíos para pelear contra Cristo; y todos perecen. Todos los que no tienen a Cristo son ejecutados. Es una masacre horrenda que vemos al final del capítulo 19; y entonces, el anticristo y el falso profeta son arrojados al lago de fuego donde permanecerán por siempre con Satanás, los demonios y los impíos de todos los tiempos.

Habiendo ejecutado juicio sobre la tierra, el Señor Jesús renueva la tierra. Y recuerden, ha estado renovándose durante la tribulación, ¿no es cierto? Todo tipo de cosas horribles han sucedido en los juicios de los sellos, las trompetas y las copas; y hemos pasado por ellos con gran detalle durante meses y meses. Pero esos juicios, en efecto, renuevan al universo. El cielo se desploma. Las cosas vuelan por el espacio. Todo se sacude en la tierra y en el mar. Hay todo tipo de objetos que caen a la tierra y una desintegración caótica terrible del universo tal como lo conocemos, especialmente la Tierra. Y después de que llegue el Día del Señor, aparentemente Él entonces hace más renovaciones. Recuerden que leímos acerca del hecho de que Él labrará un valle desde el Mediterráneo hasta el mar Muerto, y un nuevo río fluirá por allí, convirtiendo el desierto en un lugar que florece.

Entonces, hay un número de cosas que cambiarán al mundo. El Edén será restaurado. Será nuevamente el huerto del Edén; el paraíso recuperado. Esta tierra renovada será entonces el lugar donde Jesús gobierne. Él se sentará en el trono de David en la ciudad de Jerusalén, esa gran ciudad desde la cual Él gobernará al mundo. Y Él será realmente el Dios de esa época; y todo el mundo, en el aspecto económico, de trabajo, de vida social, moralidad, su comprensión, aprendizaje, opiniones, pensamientos, ideas, conceptos, reflejarán la mente de Cristo. Será lo opuesto a un mundo como el nuestro de hoy en día, que tiene a Satanás como el dios de esta época, y todo lo refleja a él. Es esta misma utopía, esta era de oro que los hombres han anhelado. Desde el momento más remoto de la antigüedad, los hombres han soñado con una era de oro, una utopía. Han escrito acerca de eso. Han deseado una era de justicia y una era de paz y una era en donde la opresión cesará y la injusticia desaparecerá y la guerra terminará. Los poetas han escrito acerca de esto y también los cantantes han cantado acerca de eso. Los políticos lo han prometido, los profetas lo han predicho y el mundo ha clamado por esto. Pero no llegará sino hasta que Jesús mismo venga.

Por cierto, el motivo por el cual las personas caerán víctimas tan fácilmente del anticristo es porque ese deseo es muy fuerte en el corazón humano. Porque ellos imaginan que él traerá esa utopía tan esperada. La verdadera era de bendición, sin embargo, no puede llegar hasta que venga Jesucristo.

Este reino de mil años es entonces el tema del capítulo 20. Se lo llama de muchas maneras en la Escritura. Tan solo en el Nuevo Testamento hay versículos que lo llama regeneración (Mateo 19:28), tiempos de refrigerio (Hechos 3:19), tiempos de la restauración de todas las cosas (Hechos 3:21), y la dispensación del cumplimiento de los tiempos (Efesios 1:10). Y hay muchas más escrituras acerca del tema de la era del Reino. De hecho, hay más escrituras acerca de este tema que de la mayoría de los otros temas que trata la Biblia.

Es más, se podría argumentar que el Reino es el tema esencial de toda la Escritura. Que todo en la Escritura en realidad se mueve hacia el hecho de que Dios reina, que Dios es soberano; y el objetivo de la historia de la redención es un reino eterno en el cual Dios gobierna. Entonces, el Reino se convierte en algo que es muy importante de comprender. Cualquiera que comprenda la Biblia debe comprender al Reino. Alva J. McClain dijo de manera correcta cuando escribió hace años un libro acerca del Reino: "La Biblia es el libro de la venida del Reino de Dios". Todo señala hacia eso. A todo lo largo del Antiguo Testamento, numerosos pasajes se ocupan de eso, muchísimos, como he dicho, para cubrir en este mensaje.

Ustedes pueden ir a 2 Samuel 7 y leer acerca del Reino. Al Salmo 2, y leer acerca del Reino. Pueden leer acerca del mismo en Isaías 2, en Isaías 11, Isaías 35 e Isaías 40-48. Como hemos dicho, en Jeremías 23 y 33. En varios lugares de Ezequiel, el capítulo 34, por ejemplo. Daniel 2, 7. Puede leer acerca del mismo en Oseas 3, Joel 3, Sofonías 3 o Zacarías 14. Y esto es una breve noción de los ejemplos donde usted puede leer acerca del Reino.

Formaba gran parte del pensamiento judío. Los escritores judíos en los tiempos posteriores a la Biblia solían hablar acerca del *malkuth shamayim*, otro término para reino, es una expresión hebrea que significa "reino del cielo." *Malkuth shamayim* es la frase hebrea que indica la venida del dominio mundial de Dios. Y aún después de los tiempos bíblicos, los judíos esperaban al reino del cielo. Lo veían como un tiempo cuando Dios ejercería Su poder sobre los paganos; y cuando sometería al mundo a Sí mismo. *Malkuth shamayim* significa que el reinado de Dios se extiende sobre toda la humanidad, es consumado por completo. Y *malkuth shamayim* es parte de las oraciones del pueblo judío. Es el objetivo de oraciones judías desde los días de la antigüedad. El *Kadish*, por ejemplo, comienza con estas palabras: "Exaltado y santificado sea Su nombre. En este mundo de Su creación que creó conforme a Su voluntad; llegue Su reino pronto, germine la salvación y se aproxime la llegada del Mesías. En vuestra vida y en vuestros días y en vida de toda la casa de Israel, pronto y en tiempo cercano y decid amén". El Antiguo Testamento tiene tanto acerca de la expectativa por la venida del Reino de Dios a la tierra que los judíos continúan orando para que suceda. Algún día, Dios reinará sobre la tierra y reinará por medio del Mesías. Y Su Reino viene de Su naturaleza soberana. De Su propósito soberano. Fue reflejado en el huerto antes de que Adán pecara, cuando Dios reinaba. Y será restaurado por el segundo Adán, el Señor Jesucristo; y Dios reinará nuevamente. Y realmente es en la doctrina bíblica del Reino que tenemos la visión cristiana de la historia. La historia se encamina hacia el reino de Dios.

Vemos a Dios ejercer Su soberanía espiritual a lo largo de la historia de la redención, pero Él la ejercitará temporalmente en la venida del Reino terrenal. Dios ciertamente ejercitó Su gobierno en el Huerto, antes de la Caída; y aún después de la Caída, Él ejerció Su gobierno sobre la humanidad en un sentido espiritual salvándoles de sus pecados. El Reino de Dios es la esfera en la cual Dios gobierna por medio de Su poder soberano. También es la esfera, por supuesto, de la salvación.

Entonces, Dios gobierna ahora espiritualmente sobre los corazones de aquellos que lo conocen por fe. Ese ha sido el caso desde que comenzó Su obra de salvación. Hay un elemento espiritual en el Reino que ha existido desde que Dios comenzó a redimir a los hombres. Pero no es ese Reino espiritual acerca del cual leemos aquí, si no es el Reino terrenal literal que vendrá en la culminación de la historia de la humanidad.

Permítanme que los lleve un poco más adelante, ayudándoles a comprender lo que involucra este debate acerca del Reino. Si ustedes leen tan solo el libro de Apocalipsis, tendrán lo que se llama una perspectiva pre-milenaria del Reino. Es decir que el Señor Jesucristo viene y establece Su Reino, que Su Venida es pre milenio. Milenio es simplemente una palabra latina para mil años. Entonces, el Reino de mil años, creen los pre-milenaristas, sigue al regreso de Cristo. Cristo tiene que venir y establecerlo. Esa es la cronología del libro de Apocalipsis. Y esa ha sido la esperanza de los corazones de los judíos, tal como les he citado del Kadish, los judíos le han dicho a Dios a lo largo de su oración: "Llega, llega, trae a Tu Mesías y establece Tu Reino". Ellos comprendían que las promesas del Antiguo Testamento están relacionadas con la venida del Mesías. Y el Reino no podría estar separado de la llegada del Mesías, cuando entonces establecerá Su Reino.

Por lo tanto, podemos decir que absolutamente todo hasta el capítulo 20 es pre-milenario. La Tribulación, el Día del Señor, el regreso de Cristo, todo hasta ahora en nuestro estudio ha sido pre-milenario. Ahora el capítulo 20 es milenario. Y el capítulo 21 es pos-milenario, el nuevo cielo y la nueva tierra.

El Milenio

En este momento, permítanme ver si puedo ayudarles a comprender las tres perspectivas que existen acerca del Milenio. La primera, como he mencionado, es la perspectiva pre-milenaria. Y eso simplemente significa que Cristo vendrá antes, precediendo al Reino. Cristo vendrá en persona, de manera visible, pública, al final de la ira y el juicio de Dios al mundo para establecer el Reino. En ese momento, Satanás es atado durante un reino literal de 1000 años. El Reino se establece en la tierra en la ciudad de Jerusalén, en el trono de David. Y eso está basado, y aquí está la clave, en una interpretación literal de la Escritura. Todo eso está basado en una interpretación literal de la Escritura. Si usted toma lo que dice de manera obvia, si lo interpreta de manera normal, llegará a una perspectiva pre-milenaria. Como he dicho, la cronología de Apocalipsis es explícita y las promesas del Antiguo Testamento acerca del Reino identifican al trono de David, la ciudad de Jerusalén. Hablan acerca de un reino real. Hablan acerca de un tiempo de refrigerio, de restitución, un tiempo cuando Israel está en la tierra y prospera; y el desierto florece como una rosa. Un tiempo cuando la guerra y la animosidad y la hostilidad en el reino animal han finalizado; un reino cuando la gente vive larga vida; y cuando alguien fallece a los 100 años, fallece como un bebé. Un tiempo increíble, un tiempo con un mundo completamente renovado y regenerado.

Si usted toma todo eso de manera literal, llegará a una perspectiva pre-milenaria. Y una de las razones poderosas para tomarlo de manera literal es porque no hay otro modo de interpretar la Biblia. Ya que tan pronto como uno diga que no tiene que interpretarla de manera literal, entonces ¿qué parte de la Biblia no tiene que interpretar de manera literal? No podemos decir que no interpretamos las profecías de manera literal, pero interpretamos todo lo demás de manera literal. ¿Basado en qué? Mantenemos una hermenéutica literal, histórica, gramatical, contextual de interpretación porque ese es el único modo en que podemos comprender la Biblia; tomarla al pie de la letra de manera histórica, contextual, lingüística. Y cuando usted hace eso, usted se ve llevado a ser pre-milenarista, porque ese es el aspecto literal.

Ahora, una de las cosas fascinantes es ésta: el Reino del Antiguo Testamento se promete una y otra y otra y otra vez a Israel. Y cuando ustedes observan los textos en los cuales Dios hace esa promesa a Israel, también hay una promesa correspondiente negativa. Se desarrolla de la siguiente manera: cuando ustedes me obedezcan, cuando ustedes me sigan, cuando realmente me adoren, Yo les traeré el Reino. Cuando no lo hagan, los castigaré. Es un tema antiguo de bendición y maldición. Y simplemente necesitamos preguntarnos una cosa. Cuando vamos a un pasaje en donde el Señor promete castigo a la desobediencia de Israel y promete el Reino cuando ellos obedezcan, todo lo que tenemos que preguntar es lo siguiente: ¿las promesas de castigo y las promesas de amonestación y las promesas de juicio a Israel sucedieron de manera literal? Sí. Fueron cumplidas en la nación de Israel verdadera, literal.

Ahora, si todas las promesas de juicio y castigo y amonestación fueron cumplidas históricamente sobre la nación de Israel; y eso puede ser verificado, ¿por qué imaginaríamos que esas promesas de bendición son figuradas? ¿Deberían ser espiritualizadas? Ahora ustedes no tienen justificación para dividir su principio interpretativo y decir: "Todas las maldiciones son literales y todas las bendiciones son figuradas. Sabemos que históricamente todas las maldiciones han sido literalmente cumplidas sobre la nación de Israel; y lo serán. Pero todas las bendiciones prometidas serán cumplidas en la iglesia. E Israel no tiene futuro".Ese es uno de los problemas. El problema es en realidad de hermenéutica, lo cual quiere decir que es un problema de interpretación. Si ustedes toman la Biblia al pie de la letra, si toman la cronología de Apocalipsis al pie de la letra, llegarán a un reino real para Israel, en la tierra de Jerusalén, sobre el trono de David, con un Mesías que viene del linaje de David, que reina no solo sobre Israel sino también sobre todo el mundo. Allí tendrá apóstoles, tendrá a los redimidos de todos los tiempos, tendrá las gloriosas características del Reino tal como están claramente definidas. Durará 1000 años. Seguirá al regreso de Jesucristo porque eso es lo que el texto literal dice de manera explícita.

Por cierto, la perspectiva pre-milenarista dice que las cosas empeorarán. ¿No es cierto? Tan solo lean el libro de Apocalipsis. Empeorarán antes de que Él venga, no mejorarán.

Pasemos a la segunda perspectiva. Es llamada pos-milenarista. Esta perspectiva se desarrolló históricamente en Estados Unidos y prospera cuando no ha habido grandes guerras por un tiempo. Pensarán que estoy bromeando, pero es muy cierto. De alguna manera desaparece cuando ingresamos a una guerra mundial, porque entonces los pos-milenaristas tienen un problema; ya que el pos-milenarismo, al contrario del pre-milenarismo, dice que las cosas mejorarán cada vez más y más; que entraremos felices y campantes al reino; y que Cristo no vendrá sino hasta el final del Reino.

Ustedes se preguntarán quién establece el reino. Nosotros. Esa es la perspectiva pos-milenarista. Nosotros, como Iglesia, traeremos al mundo un período de justicia. Cristo no estará aquí de manera literal, sino trabajando de modo espiritual a través de Su iglesia. Y por medio de Su poder en Su iglesia, Él triunfará sobre el mundo de los hombres, Él triunfará sobre el mundo de los demonios; y Él realmente traerá un Reino a través de Su iglesia. Y Su regreso personal ocurrirá al final de ese período. Y ellos no necesariamente dirán que son 1000 años en realidad, sino que es un período de tiempo.

Ustedes se preguntarán si eso está basado en una interpretación literal. No. Está basado en una combinación de interpretaciones literales y no literales; e ignora completa y totalmente la cronología del libro de Apocalipsis.

Yo sé que usted está familiarizado con esto a pesar de que quizás no lo sepa. El pos-milenarismo de hoy ha tomado la forma de teología del Reino. A veces aparece en un modo de guerra espiritual. Eso quiere decir que conquistaremos a los demonios y conquistaremos a Satanás; y ataremos a Satanás y ataremos a los demonios. Y ejerciendo este poder de la Iglesia, arrebataremos la autoridad a Satanás y a todos sus demonios y los derribaremos, pisotearemos sus cuellos, y detendremos el trabajo de Satanás. Y tomaremos a todos estos poderes diabólicos cautivos y traeremos el Reino. Ése es el concepto de la teología del Reino.

Las personas que están en el movimiento de las señales y maravillas, que creen que ellos entrarán en una guerra espiritual con Satanás y todos sus demonios y los conquistarán en virtud del poder de la Iglesia, y que eso traerá el Reino, apoyan esto. Es una forma de pos-milenarismo. Tiene muchos matices, según con quien estén ustedes hablando. Entonces, a veces es difícil definir esto como algo único, ya que puede tomar muchas formas.

Hay otra forma del mismo que podríamos llamar en un sentido más liberal la teología de la liberación. La teología de la liberación dice que nosotros tenemos que traer el Reino; y para hacerlo, tenemos que armarnos y arrasar con el sistema. Los liberales apoyaban esta teología de la liberación, por ejemplo, en América Latina. Y la utilizaron para comenzar algunas revoluciones.

También hay una forma de pos-milenarismo que alguien como Pat Robertson apoyaría. Él dijo, cuando quería ser presidente: "Si soy electo presidente, estaremos encaminados a ofrecerle el reino a Cristo". Su perspectiva no sería que nosotros tomaríamos al mundo satánico; su perspectiva sería que nosotros tomaríamos a las instituciones de los hombres. El gobierno, el Congreso, el Senado, el despacho presidencial, el sistema judicial; y tomaremos control de todo eso y traeremos el Reino a través del cuerpo político. Y entonces nosotros, como iglesia, necesitamos movilizarnos, necesitamos gastar millones de dólares para tomar las frecuencias de radio y televisión, y los medios de comunicación y periódicos y todo ese tipo de cosas; y necesitamos llegar a los lugares de influencia y a las universidades, ser educadores. Y nos quedaremos a cargo de la sociedad y la convertiremos al cristianismo. Tomaremos control de las culturas del mundo. Y entonces, cuando tengamos todo en nuestras manos, se lo daremos a Cristo. Eso es pos-milenarista, que la Iglesia se convierte en el agente que trae al Reino. Y al final de ese período de tiempo, cuando la Iglesia haya tomado control del mundo, Cristo vendrá.

Entonces, los pre-milenaristas dicen que las cosas empeorarán. Los pos-milenaristas dicen que las cosas mejorarán. Es por eso que el pos-milenarismo solo prospera cuando estamos lejos de una guerra importante. Cuando acontece una guerra mundial, los pos-milenaristas tienden a desaparecer, ya que obviamente las cosas no están mejorando. Y aún hoy en día, a pesar de que hablan y escriben en todos sus frentes, no parecen ser creíbles si usted mira las tendencias de nuestro mundo contemporáneo.

Ahora, la tercera perspectiva; y quizás la que más merezca nuestra atención, más que la pos-milenarista, la llamada a-milenarista. Es decir, personas que no creen en ningún milenio. Por cierto, los pos-milenaristas serían literales y no literales en el sentido de que ellos creen literalmente que habrá un reino, creen literalmente que habrá un tiempo de paz y justicia y demás; pero también es figurado porque no creen que es Israel. Ellos creen que es la Iglesia y que no es con Cristo en la tierra, sino en la tierra mediante Su iglesia. No es una Jerusalén literal y no es un trono de David literal; sino que es un tiempo real de justicia y paz. Entonces, es una especie de combinación de lo literal y lo no literal.

Ahora llegamos al a-milenarismo. Y el a-milenarismo básicamente dice que no hay reino. O para ser más justos, todo el reino que existe es el que tenemos ahora. Las cosas permanecerán de la misma manera. Los pre-milenaristas dicen que empeorarán, los pos-milenaristas dicen que mejorarán, los a-milenaristas dicen que continuarán como hasta ahora. Así como son las cosas actualmente, de ese modo continuarán hasta que Jesús venga. Ellos dicen que el reino es ahora, el reino es la era de la Iglesia. Cristo está gobernando ahora. Cristo está aquí. Ellos rechazan completamente la interpretación literal de Apocalipsis con respecto a las profecías sobre el final de este período de tiempo, que según ellos no es un período de 1000 años. Tratan de insertarlas en la historia o hacerlas figuradas. Toman el libro de Apocalipsis y hacen que describa la destrucción de Jerusalén en el año 70, o lo toman de manera figurada, como una interpretación no literal de los pasajes del Reino.

Dicen que todas las promesas del Reino para Israel en el Antiguo Testamento serán cumplidas ahora en la era de la Iglesia. Nosotros somos el Israel de Dios. No hay futuro para Israel. Dios nunca hará resurgir a Israel. Ellos nunca serán redimidos como una nación. Ellos nunca volverán a formar parte de un reino. Nunca habrá un verdadero trono en Jerusalén. Todo eso es lenguaje figurado. Todo será cumplido en la Iglesia.

Entonces, como dijo mi mentor, el Dr. Feinberg, una vez cuando estábamos juntos en Jerusalén, en una conferencia acerca de la profecía, junto a Teddy Kollek, el alcalde de Jerusalén y David Ben-Gurión, el primer ministro israelí, quien también estaba allí. Y el Dr. Fineberg se levantó después de un discurso dado por un famoso a-milenarista y dijo: "Lamento pararme en esta plataforma y reconocer que hemos venido desde los Estados Unidos para anunciarles a ustedes, el pueblo judío, que todas las maldiciones fueron para ustedes, pero todas las bendiciones son para nosotros. Parece un viaje muy largo para hacer ese anuncio". Pero esta es la perspectiva a-milenarista, que las cosas permanecerán como están porque este es el reino, esto es todo lo que hay. El reino de Jesucristo es figurado. Cristo está aquí gobernando. Y continuará gobernando en un sentido espiritual hasta que finalmente venga y nos lleve al cielo. Y todo terminará en un momento.

Esa tiende a ser la perspectiva de la mayoría de los teólogos reformados. Algunos de ellos son los que llamaríamos pre-milenaristas históricos. Quizás comentaré acerca de eso en un momento. Pero tradicionalmente, la teología reformada que es gran teología, gran soteriología, gran pneumatología, a veces no tan gran eclesiología y usualmente no tan gran escatología; pero esa tiende a ser la perspectiva de los reformadores y también durante la era de los puritanos. Y parte del motivo para eso es que en ese momento, o en el momento cuando refinaron y definieron teología, no había habido debate escatológico. Existe un progreso del dogma, y no quiero perderlos con esto, pero las doctrinas de la Escritura se han definido a sí mismas a lo largo de la historia. Concilios de la Iglesia, escritores, eruditos y autores han tratado con temas doctrinales; y ellos han pasado por varias doctrinas hasta que finalmente llegaron a un estudio de escatología en los últimos 200 años. Entonces, las eras de la Reforma y de los puritanos fueron antes de la cristalización de la escatología, a medida que la Iglesia lidiaba con su doctrina. Recuerden ahora, la Iglesia estuvo en el oscurantismo hasta aproximadamente el año 1500. Y entonces, desde el año 1500 hasta la época actual, ha habido un desarrollo en la visión de todas las grandes doctrinas de la Escritura. Y la última fue la doctrina de las últimas cosas. Y en el tiempo de los puritanos y los reformadores, no estaban tan claramente definidas como lo están hoy en día.

Entonces, cuando uno lee literatura puritana o teología reformada, a menudo encuentra que es a-milenarista. Y ustedes quieren preguntar, ya que esto es lo que dirían los a-milenaristas, si el reino ya ha venido, si ya está aquí, si es esto, si ahora estamos en él, si esto es lo mejor que puede suceder, si este es el paraíso recuperado, si este es el gobierno de Dios, si este es el Edén o si deberíamos unirnos con los pos-milenaristas y decir que las cosas mejorarán, y mejorarán, y mejorarán.

Francamente, cualquiera de esas perspectivas es insostenible si usted interpreta la Escritura literalmente. Francamente, nada en la Escritura habla del pos-milenarismo. Recuerdo cuando el Dr. Feinberg escribió su libro llamado *¿Pre-milenarismo o a-milenarismo?* Los pocos pos-milenaristas se sintieron insultados porque ni siquiera se encargó de ellos. Es muy difícil tratar acerca de eso ya que la Biblia no tiene ninguna escritura que lo mencione. Y es una especie de revoltijo de un enfoque literal y no literal. El a-milenarismo espiritualiza el texto para defender su postura. Y espiritualizar el texto abre una caja de Pandora, ya que una vez que se niega lo literal, y se dice que 1000 años no significa 1000 años, ¿entonces qué significa? Y unos dicen que significa esto y que significa lo otro; y otros dicen que significa otra cosa. Pero no tenemos manera de decir cuál es la correcta. Una vez que escapamos de lo literal, no hay modo de limitarlo.

Los teólogos del pacto que apoyan el a-milenarismo tienen un gran problema que se presenta en nuestro texto. Leamos los tres primeros versículos. Apocalipsis 20:1-3: "Vi a un ángel que descendía del cielo, con la llave del abismo, y una gran cadena en la mano. Y prendió al dragón, la serpiente antigua, que es el diablo y Satanás, y lo ató por mil años; y lo arrojó al abismo, y lo encerró, y puso su sello sobre él, para que no engañase más a las naciones, hasta que fuesen cumplidos mil años; y después de esto debe ser desatado por un poco de tiempo".Permítanme preguntarles algo muy simple y directo. ¿Dónde está Satanás durante el Reino? En una palabra: atado, ausente. Los a-milenaristas dicen que estamos en el reino. Si estamos en el reino, Satanás está atado. Eso no tiene sentido. Y los pos-milenaristas dicen que podríamos estar en el reino y las cosas mejorarán más y más. Pero la palabra clara de la Escritura es que durante el tiempo del Reino, Satanás estará atado. El versículo 3 dice que estará encerrado hasta que sean cumplidos los 1000 años; luego será liberado. Satanás estará encerrado durante el Reino.

Y eso representa un problema bastante importante. Pero, por supuesto, ellos usarán Mateo 12:22-29. En realidad, el versículo 29 habla acerca de atar a un hombre fuerte. Y esto es lo que ellos dirán: que Satanás fue atado en la Cruz. ¿Es eso cierto? En primer lugar, ellos inmediatamente lanzan un rol figurado porque la Cruz fue hace más de 1000 años; entonces, eso ignora al período de 1000 años. Y aún más, ¿cómo puede estar Satanás atado cuando Hechos 5:3 dice que Satanás llenó el corazón de Ananías y Safira y les hizo mentir? ¿Y cómo puede Satanás estar atado cuando 2 Corintios 4:4 dice que él está cegando el entendimiento de los incrédulos? ¿Y cómo puede Satanás estar atado cuando 1 Pedro 5:8 dice que él, como león rugiente, anda alrededor buscando a quien devorar? ¿Y cómo puede él estar atado cuando 1 Tesalonicenses 2:18 dice que Satanás estorba a los ministros de Dios? ¿Y cómo puede él estar atado cuando 2 Corintios 11:14-15 dice que anda disfrazado de ángel de luz junto con el resto de sus ministros? Si él está atado, entonces su atadura no sirve.

Apocalipsis 20 nunca describiría a la época actual. El dios de este mundo está vivo y se mueve, está por todas partes. El capítulo 20 tiene que ser futuro. Los a-milenaristas que tratan de decirnos que este es el reino tienen problemas cuando tratan de explicar que Satanás está atado. Y si él está atado, ¿por qué están estas personas atándolo nuevamente? Y los pos-milenaristas que quieren decirnos que probablemente ahora estamos en el reino, seguramente se siente bien, "usted sabe, hemos ganado las elecciones en algunas ciudades". O, "usted sabe, hemos derrotado algunos demonios la otra noche en nuestra sesión de batalla". Ellos dirían que estamos en el reino. Si es verdad que Satanás está atado, ¿están todos los demonios atados?

Una pregunta me viene a la mente. Es básico interpretar a los números del modo que normalmente los interpretamos. Si usted va libro de Apocalipsis, por ejemplo, he aquí un pequeño ejercicio. A todo lo largo del libro de Apocalipsis, los números son utilizados de manera literal. Habla acerca de siete iglesias con siete ministros. Siete iglesias literales. El libro de Apocalipsis se refiere a las 12 tribus, ¿significa 12? Sí. Y 12 apóstoles, ¿significa 12? Sí. Y se refiere a 10 lámparas, cinco meses, un tercio de la humanidad, dos testigos, 42 meses, 1260 días, 12 estrellas, 10 cuernos, 1600 estadios, tres demonios, cinco reyes caídos, etc. ¿Qué haremos con todos esos números? Si usted dice que siete no es siete, que cinco no es cinco, que mil no es mil, doce no es doce, entonces ¿qué son y a quién acudimos para que nos diga?

Todos esos números son utilizados en un sentido normal. Juan dice que vio tantos reyes en la visión, tantos cuernos, tantas coronas y vio tantas iglesias, tantos meses y tantos días y tantos años y tanta gente y un cuarto y un tercio y dos tercios. Los únicos números simbólicos en todo el libro de Apocalipsis están en 1:4, donde habla acerca de los siete espíritus, y se refiere a siete facetas de la obra del Espíritu de Dios; o el número 666 en 13:18. Pero fuera de eso, todos sus números son utilizados en un sentido normal.

Ahora, eso no prueba que los 1000 años son literales; pero obliga a aquellos que dicen que no lo son a que lo demuestren. Ciertamente, no hay nada de eso en este texto. Por cierto, el término 1000 aparece seis veces y ¿qué hay en el texto que nos haría pensar que es simbólico? En la Escritura, nunca la palabra "años" utilizada junto con un número tiene un sentido que no sea literal. El número "1000" nunca se utiliza en la Escritura como un símbolo; y es utilizado varias veces, pero nunca de manera simbólica. Aún San Agustín, en el siglo V, quien popularizó la idea de que la Iglesia recibió las promesas hechas a Israel en la Escritura y en cierto modo inventó ese concepto; aún Agustín, quien creyó que Israel recibió todas las maldiciones pero que la Iglesia se convierte en el Israel espiritual y recibe todas las bendiciones y que no habrá más futuro para Israel; aún Agustín creía que los mil años son un período literal de tiempo. Y esto se debe a que no hay razón por la cual no creerlo.

Desde el principio de la era pos apostólica, la Iglesia comprendió al Milenio de Apocalipsis 20 como 1000 años literales. Papías, Bernabé, Justino Mártir, Ireneo, Tertuliano, todos dan evidencia de este hecho en sus escritos. Y la Iglesia no enseña algo distinto hasta el siglo IV. Y luego Agustín popularizó esto aún más. El tema de este capítulo es un reino literal de 1000 años después del regreso de Cristo y antes del cielo nuevo y la tierra nueva. Y cualquier otro punto de vista se vuelve tan confuso que uno no puede encontrar su camino a través de este pasaje sin un poco de magia.

Ahora, otra nota que es interesante a pesar de que quizás a tres cuartas partes de ustedes no les interese. Algunos pre-milenaristas enfatizan el carácter soteriológico del milenio. Es decir que el aspecto político del mismo, o el papel que juega Israel en el mismo, y su prominencia, son subordinados. Quienes toman esta postura son llamados pre-milenaristas históricos. Ellos quieren enfatizar esto, que existe un reino, y que Cristo viene. Pero ellos ven ese reino no en referencia a Israel y no en referencia necesariamente al gobierno de Cristo y al aspecto político del mismo. Lo ven más como un período de expresión del gran poder salvador de Dios. Ellos serían llamados pre-milenaristas históricos. Pero una perspectiva más precisa del pre-milenarismo es que el reino no será tanto un período soteriológico —como lo que tenemos actualmente— sino que será un gobierno teocrático. Es el cumplimiento de la promesa de Dios a David y a Israel. Cristo literalmente reinará en Jerusalén. Israel será prominente y todas las naciones serán gobernadas por Cristo y serán bendecidas.

La conclusión de toda discusión es tomar una interpretación literal de la Escritura y seguir simplemente la cronología de Apocalipsis; y entonces usted tendrá una perspectiva pre-milenarista. Y John Walvoord está en lo correcto cuando sugiere que "el único motivo para negar dicha conclusión sería para evitar ser un pre-milenarista".

La era de oro

Entonces, a medida que nos acercamos a este pasaje, llega la era de oro. Tenía que decirles todo esto porque sé que algunos se preguntarán incluso si aceptaron este Reino. Entonces, se lo quería aclarar. Llegamos a la cronología y con la interpretación literal, vamos a la Escritura por lo que dice porque estoy seguro de que no les diré ningún significado secreto. Esto es así. Cuando comienza el Reino, el templo ha sido construido, las naciones de la tierra vienen a adorar al Dios y Cristo verdadero. La prosperidad reina en todas partes en un paraíso recuperado. El huerto del Edén abarca todo el mundo; ha regresado. No se conoce la pobreza, tampoco la injusticia. Se cumplen los deseos del corazón de todos. Es un tiempo increíble.

No sabemos exactamente cómo será. Podría ser un tiempo sin prisiones, sin hospitales, sin instituciones mentales, sin cuarteles, sin bares, sin burdeles, sin antros de apuestas, sin hogares para ancianos y enfermos. La juventud en todas las personas. Los cementerios serán reliquias del pasado. Y las lágrimas no serán usuales. El lobo y el cordero, el leopardo con el cabrito, el becerro y el león, el niño y el escorpión, estarán en paz. Jesús habrá llegado. Habrá comenzado la era de oro. La tierra estará llena del conocimiento de Dios. Jesús será el Señor. Él gobernará las naciones con una vara de hierro.

Su Reino será justo y las naciones obedecerán. El pecado recibirá juicio rápido y certero. Será todo lo que usted se puede haber imaginado más allá de sus sueños. Es ese tipo de vida. Este es el Reino. Para esto vivimos. Es lo que anhelamos. Y, hermanos, es lo que viene realmente. Pero lo que tenemos actualmente no lo es. No estamos en el punto y créanme, Satanás no está atado. Estamos esperando que él sea atado; pero él no puede ser atado hasta que venga Jesús.

Ahora, a medida que este texto se desarrolla y avancemos a través de los primeros 10 versículos, hablaremos acerca de cinco cosas: La eliminación de Satanás, el reino de los santos, el regreso de Satanás, la rebelión de la sociedad y la resurrección de los pecadores. Ése será el marco y lo veremos a medida que avancemos por estos versículos. Y como he dicho, no será detallado sino exegético. Y lo expandiremos para comprender estas áreas.

Hubiera querido tocar el primer punto, pero lo guardaremos para la próxima: la eliminación de Satanás. Inclinen sus cabezas conmigo, por favor; y diremos una oración.

Oración final

Te agradecemos, Padre, por ser el Autor de la historia, por haberla establecido desde antes de la fundación del mundo. Te agradecemos por el Reino que vendrá. No estamos en él, no es esto, a pesar de que Jesucristo reina en los corazones de los suyos y en ese sentido el Reino está aquí. Y a pesar de que ahora opera de manera completa en el modo soteriológico a medida que todos los elegidos venimos a la fe, sin embargo, en su aspecto terrenal, aguarda el regreso de Jesucristo. Tú nunca podrías estar satisfecho hasta que el paraíso sea recobrado. Tu nunca podrías estar satisfecho hasta que la tierra fuera restaurada del modo que Tú lo deseaste. Tú nunca podrías estar satisfecho hasta que el hombre, el último hombre, el Hijo del Hombre, el señor Jesucristo mismo, sea el rey de la Tierra. Tú nunca puedes estar satisfecho hasta que sea del modo que debe ser, hasta que el dios de este siglo sea derrocado y todas sus huestes demoníacas con él; y todos los impíos que le siguieron sean destruidos y el mundo conozca solo la paz, felicidad, justicia y gozo de la dominación del Señor Jesucristo. Y te agradecemos porque seremos parte de ese Reino, a pesar de que seremos arrebatados al cielo para estar con Jesucristo, regresaremos con Él cuando Él regrese a reinar durante esos mil años. Y luego, por siempre en el cielo nuevo y la tierra nueva.

Te damos gracias por poder tomar la Escritura al pie de la letra y saber que Tú estás a cargo de la historia. No tenemos que traer al Reino, solo Cristo puede traerlo. La nuestra no es una agenda política, sino un ministerio espiritual. El Reino llegará a los corazones de aquellos que creen y es nuestra misión traerlos al Evangelio. Nosotros no debemos aceptar el mandato que nos llega a menudo de traer el Reino de modo político; sino que debemos trabajar para traerlo de manera espiritual a los corazones de aquellos que creen.

Padre, te damos gracias porque el Reino ha venido a nosotros, aquellos que te amamos, que te servimos, que estamos en Dios. Tú eres nuestro Rey, Tú eres nuestro Señor y dueño; y Te obedecemos. Tú gobiernas sobre nosotros. Tú nos disciplinas. Y Tú derramas gran bendición, la bendición de la herencia sobre nosotros. Y Te damos gracias que somos el tema de Tu Reino; y no podemos esperar hasta que todo el mundo lo conozca, ese tiempo glorioso cuando la rebelión se acabe y cuando Cristo reine. Y oramos para que Tu Reino venga, que venga de manera soteriológica, es decir que venga de modo salvador a los corazones de los hombres ahora; y que venga en el tiempo y en el espacio y por completo en la consumación del cumplimiento del gran Milenio. Oramos para que sea pronto. Vivimos, Señor, en un mundo que se desintegra. Las cosas no permanecen y no están mejorando, están empeorando cada vez más hasta que Tú intervengas. Nosotros decimos como Juan: "Sí, ven, Señor Jesús" (Apocalipsis 22:20). Te agradecemos por la gran esperanza de que nosotros también viviremos en la regeneración, en la restitución, en las glorias del Reino; y luego en el nuevo cielo y la nueva tierra. ¡Qué esperanza bienaventurada, qué privilegio por el cual Te damos toda la gloria y adoración! En el nombre de Cristo. Amén.

Reflexiones Personales

16 de Octubre, 1994

10_La venida del Reino terrenal del Señor Jesucristo. Parte II

Vi a un ángel que descendía del cielo, con la llave del abismo, y una gran cadena en la mano. Y prendió al dragón, la serpiente antigua, que es el diablo y Satanás, y lo ató por mil años; y lo arrojó al abismo, y lo encerró, y puso su sello sobre él, para que no engañase más a las naciones, hasta que fuesen cumplidos mil años; y después de esto debe ser desatado por un poco de tiempo.

Y vi tronos, y se sentaron sobre ellos los que recibieron facultad de juzgar; y vi las almas de los decapitados por causa del testimonio de Jesús y por la palabra de Dios, los que no habían adorado a la bestia ni a su imagen, y que no recibieron la marca en sus frentes ni en sus manos; y vivieron y reinaron con Cristo mil años. Pero los otros muertos no volvieron a vivir hasta que se cumplieron mil años. Ésta es la primera resurrección. Bienaventurado y santo el que tiene parte en la primera resurrección; la segunda muerte no tiene potestad sobre éstos, sino que serán sacerdotes de Dios y de Cristo, y reinarán con él mil años.

Cuando los mil años se cumplan, Satanás será suelto de su prisión, y saldrá a engañar a las naciones que están en los cuatro ángulos de la tierra, a Gog y a Magog, a fin de reunirlos para la batalla; el número de los cuales es como la arena del mar. Y subieron sobre la anchura de la tierra, y rodearon el campamento de los santos y la ciudad amada; y de Dios descendió fuego del cielo, y los consumió. Y el diablo que los engañaba fue lanzado en el lago de fuego y azufre, donde estaban la bestia y el falso profeta; y serán atormentados día y noche por los siglos de los siglos.

Y vi un gran trono blanco y al que estaba sentado en él, de delante del cual huyeron la tierra y el cielo, y ningún lugar se encontró para ellos. Y vi a los muertos, grandes y pequeños, de pie ante Dios; y los libros fueron abiertos, y otro libro fue abierto, el cual es el libro de la vida; y fueron juzgados los muertos por las cosas que estaban escritas en los libros, según sus obras. Y el mar entregó los muertos que había en él; y la muerte y el Hades entregaron los muertos que había en ellos; y fueron juzgados cada uno según sus obras. Y la muerte y el Hades fueron lanzados al lago de fuego. Ésta es la muerte segunda. Y el que no se halló inscrito en el libro de la vida fue lanzado al lago de fuego.

Apocalipsis 20

BOSQUEJO

— Introducción

— La destitución de Satanás

— El Reino de los santos

Notas personales al bosquejo

I Parte. Sermones temáticos sobre escatología

SERMÓN

Introducción

Como ustedes saben, estamos estudiando el libro de Apocalipsis; y ya lo hemos estado haciendo por algún tiempo. Nos encontramos en el capítulo 20, la venida del Reino terrenal de Jesucristo, Apocalipsis 20; y ustedes querrán verlo en la Biblia, siguiendo a medida que comenzamos con los primeros versículos de este capítulo maravilloso. Permítanme decirles que la promesa del Reino terrenal del Mesías colma el Antiguo Testamento. Sería imposible para nosotros cubrir inclusive una porción de las Escrituras en el Antiguo Testamento que dirigen su atención a este evento, como 2 Samuel, Salmo 2, varios lugares en Isaías, Jeremías, Ezequiel, Daniel, Oseas, Joel, y Zacarías. Y luego, llegamos al Nuevo Testamento, particularmente al capítulo 24 de Mateo que se enfoca en el tiempo cuando la señal del Hijo del Hombre aparece en el cielo; el Hijo del Hombre viene con los ángeles para juntar a los elegidos de todos los confines de la tierra. Y ése es el comienzo del gran y glorioso Reino.

Entonces, ambos, el Antiguo y el Nuevo Testamento están colmados de promesas con respecto al Reino. Y para poner eso en perspectiva, permítanme decirles algo desde el principio que les ayudará a comprender la naturaleza de la promesa de Dios a Israel y a todos aquellos que están en Cristo y pertenecen a Dios.

Dios siempre prometió un Reino. Él siempre prometió un Reino que sería eterno; pero también siempre prometió que sería un Reino terrenal; y también prometió la esperanza del cielo eterno. Ahora, ¿cómo puede Dios cumplir todo esto? ¿Un Reino eterno que es un Reino terrenal y también un Reino celestial? Bueno, la respuesta es: el Reino Milenial es la parte terrenal de ese Reino eterno. El Reino Milenial es realmente la primera fase del Reino eterno de Dios. En el Antiguo Testamento, las promesas a Israel, las promesas a través de los profetas, hablaban de un Reino que era terrenal. Pero ellas también hablaban de un Reino que era celestial, un Reino que está aquí en este planeta y un Reino que está en una dimensión completamente diferente; un Reino que es medido por tiempo y un Reino que está más allá del tiempo.

Y por lo tanto, cuando usted mira a las profecías del Reino, verá que son eternas y se extienden por siempre. Pero al mismo tiempo, el comienzo de ese Reino tiene una fase terrenal; y ese es ese milenio. Ése es el tema de este capítulo maravilloso.

Y era necesario que Dios lo hiciera de ese modo. Él prometió un Reino terrenal; y lo traerá. A ese reino terrenal vendrán personas que son físicamente como nosotros, que no han muerto. Ellos sobrevivirán el tiempo de la Tribulación, serán los redimidos. Vendrán de la nación de Israel y de otras naciones del mundo. Entrarán al Reino terrenal de la tierra gloriosamente renovada y renacida. Tendrán hijos. Es decir que la reproducción natural continuará, los procesos naturales de la vida continuarán. Todavía habrá un grupo de personas en la tierra que tendrá el derecho a creer o no. Y entonces, el Reino, que es de hecho un Reino dado al pueblo de Dios por medio del cumplimiento de Su promesa, es también realmente el tiempo final en el cual puede ocurrir la redención en las vidas de los seres humanos. Y entonces, en ese Reino se junta a los redimidos; y luego puede llegar el estado eterno.

Entonces, estamos viendo el capítulo 20 de Apocalipsis. Y en el capítulo 21, veremos al Reino eterno que es llamado el nuevo cielo y la nueva tierra. Pero aquí, en el capítulo 20, estamos viendo en realidad a la tierra restaurada; restaurada a casi su gloria original, gobernada por el señor Jesucristo y los santos de todos los tiempos.

Y la última vez dijimos que hasta Apocalipsis 20, todo ha sido pre-milenario. Todo ha sido pre Reino. En este capítulo, el Reino llega y es descrito con rasgos generales, no con detalles específicos. Hay una estructura del Reino en la cual usted puede poner innumerables detalles que vienen del resto de la Escritura. Y la última vez, les sugerí que una interpretación literal y un reconocimiento simple de la cronología normal de Apocalipsis ubica al Reino terrenal durante 1000 años luego del regreso de Cristo y antes del cielo nuevo y la tierra nueva, que es el estado eterno. Tenemos el regreso de Cristo en el capítulo 19, que sigue a la Tribulación descrita desde el capítulo 6 hasta la primera parte del capítulo 19. Y luego, tenemos el estado eterno en el capítulo 21; y metido justo ahí, en el capítulo 20, está el Reino. Entonces, una cronología normal y una interpretación literal simple conducen al pre-milenarismo.

La última vez, le hemos dicho que hay algunas personas que son pos-milenaristas, es decir que creen que Jesús viene después del Reino, post Reino. Ellos dicen que el Reino está sucediendo en este momento o sucederá pronto; y al final del Reino, vendrá Jesús. No es Cristo quien trae al Reino mediante Su regreso, sino que es la Iglesia quien trae el Reino y luego se lo ofrece a Cristo. No son mil años literales, sino que es simplemente el poder de Cristo expresado en la tierra a través de la Iglesia. Y al final de eso, Cristo vendrá.

Hay personas que sostienen eso hoy en día. El grupo más conocido son los llamados reconstruccionistas, teología o teonomía reconstruccionista, si usted está familiarizado con esos términos, la teología del dominio, la teología del reino; hay varias formas de pos-milenarismo. Básicamente dicen que las cosas mejorarán más y más y más; y luego Jesús vendrá. Pero eso no es interpretar a la Biblia literalmente, eso demanda una interpretación figurada, simbólica, espiritualizada y también rechazar completamente la cronología del libro de Apocalipsis.

Y luego, hay otras personas que son a-milenaristas, quienes dicen que no hay Reino en absoluto. No vendrá; y entonces Cristo vendrá al final. El único reino que vendrá es lo que tenemos aquí y ahora. Es tan solo la era de la Iglesia; y eso es todo. Y al final, Jesús vendrá. En cierto modo, no es diferente del pos-milenarismo; en otros modos, lo es. La Iglesia es Israel, todas las promesas a Israel de un Reino futuro son cumplidas en la Iglesia; somos el Israel espiritual. No hay futuro para Israel como nación. La era de la Iglesia es el único reino que existe; y cuando finaliza, viene Jesús. Nuevamente, la perspectiva a-milenaria es una interpretación espiritual más que literal; y también rechaza la cronología de Apocalipsis.

Y entonces, regresamos donde hemos comenzado con esta breve discusión; es decir una interpretación literal de la Escritura del Antiguo y el Nuevo Testamento y una comprensión simple de la cronología de Apocalipsis nos transforma en pre-milenaristas porque vemos el regreso de Cristo, luego el Reino y luego el estado eterno.

Ahora, con esa breve reseña de lo que dije la semana pasada, vayamos al capítulo 20. Y veremos los aspectos del Reino que se desarrollan en los 15 versículos de este capítulo. Y como he dicho, son en cierto modo generales; trataremos de agregarle algunos específicos que sean importantes para ustedes.

La destitución de Satanás

Hablemos acerca del primer punto en el capítulo 20, la destitución de Satanás. El primer punto de atención de Juan, a medida que tiene su visión del Reino, es ver la destitución de Satanás. Versículos 1–3: "Vi a un ángel que descendía del cielo, con la llave del abismo, y una gran cadena en la mano. Y prendió al dragón, la serpiente antigua, que es el diablo y Satanás, y lo ató por mil años; y lo arrojó al abismo, y lo encerró, y puso su sello sobre él, para que no engañase más a las naciones, hasta que fuesen cumplidos mil años; y después de esto debe ser desatado por un poco de tiempo". Ahora, una comprensión simple al pie de la letra de eso, interpretando literalmente lo que se dice, es muy, muy clara. Viene un ángel, tiene una llave, tiene una cadena, prende a Satanás, lo ata, lo arroja al abismo por mil años. Al final del cual, por un breve tiempo, es liberado.

Entonces, lo primero que vemos que ocurre en el Reino es la destitución de Satanás. Eso cambiará al mundo de manera dramática. Porque Satanás es el príncipe de la potestad del aire, él es el dios de este siglo, él es el espíritu que ahora opera en los hijos de desobediencia. Hasta este momento, por cierto, Dios ya se ha encargado de muchos de los rebeldes. Los hombres caídos, los pecadores han muerto en el proceso de juicios a lo largo del tiempo de la Gran Tribulación; y aquellos que sobreviven, perecerán en el holocausto de Armagedón descrito en el capítulo 19. Entonces, el mundo no regenerado ha sido destruido. Y entonces, el anticristo y el falso profeta, encontramos al final del capítulo 19, han sido capturados; y arrojados al lago de fuego que arde con azufre.

Entonces, ya se han encargado de estos cabecillas rebeldes que estaban en todo el mundo. Eso solo deja a Satanás y a los demonios aún sueltos. Y si el Señor va a establecer Su Reino, tendrá que deshacerse de los líderes impíos, de las personas impías; y ahora se va a deshacer de los poderes impíos de los cielos, es decir, Satanás y todos sus demonios. Si el Reino va a ser todo lo que Dios ha diseñado, el enemigo debe irse. No puede haber mil años de paz y justicia si él está suelto. Entonces, Dios quita al que es el adversario, el enemigo, el que crea el conflicto. De hecho, su cabeza fue magullada en la Cruz, tal como prometió en Génesis 3:15. Y ahora, viene su encarcelamiento antes del exilio final al término de los mil años en el lago de fuego donde Satanás y sus demonios estarán por siempre.

Entonces, aquí está el encierro de Satanás y todos sus demonios que es crucial para el Reino de Cristo y el Reino de los santos durante el reino milenario sin ningún obstáculo, sin ningún estorbo. ¡Qué mundo será aquél!

Veamos entonces lo que dice acerca de la eliminación de Satanás en el versículo 1. Juan dice: "Vi". Esa pequeña frase "y vi" se repite varias veces y es una indicación de una secuencia de eventos. Regresando al 19:11: "entonces *vi* el cielo abierto". Versículo 17: "*y vi* a un ángel que estaba en pie en el sol". Y versículo 19: "*y vi* a la bestia, a los Reyes de la tierra…" Y ahora, capítulo 20: "*vi* a un ángel que descendía del cielo…" No es muy difícil entender la secuencia aquí. Versículo 4: "*y vi* tronos…" Versículo 11: "*y vi* un gran trono blanco…" Versículo 12: "*y vi* a los muertos…" Y Juan nos lleva de manera secuencial a lo largo de esta descomunal visión del establecimiento del Reino, un paso a la vez. Los grandes pasos están aquí indicados por la breve frase "y vi" que indica otra faceta de esta enorme visión que Juan tiene del regreso del Señor Jesucristo y el establecimiento del Reino.

Ahora dice: "vi a un ángel…" Podemos especular que este ángel es un ángel en particular, podría ser, tal cual se nota en el capítulo 12, versículo 7, Miguel. Ya que Miguel es señalado como un ángel especialmente dotado y utilizado con un rol más significativo de parte de Dios. Lo vemos en Judas 9, Miguel es llamado el arcángel. Quizás algunos sugerirían que este podría ser Miguel por el formidable evento que está por suceder. Miguel, quien ha sido el archienemigo de Satanás, gustaría de ser el ángel encargado con esta responsabilidad. Pero eso es pura especulación ya que la Biblia no lo dice. Sin embargo, debe ser un ángel poderoso, ciertamente dotado con fuerza sobrenatural ya que viene del cielo, con la llave del abismo y una gran cadena en su mano.

Ahora, desciende del cielo con una agenda muy específica. Él va a realizar cosas muy, muy específicas. Primero, prender a Satanás. Segundo, atarlo por mil años. Tercero, arrojarlo al abismo. Cuarto, encerrarlo con una llave. Quinto, poner un sello sobre él. Sexto, desatarlo al final de los mil años.

Entonces, su agenda ha sido pre establecida por el cielo mismo, es decir, por Dios. Él desciende, y tiene lo que se llama la llave del abismo, *abyssos*, en griego. Y usted se preguntará qué es el abismo. Bueno, Pedro lo llama en 2 Pedro 2:4: "prisiones de oscuridad, para ser reservados al juicio". Es el lugar donde los demonios son enviados para ser mantenidos para su sentencia final al lago de fuego. No es el infierno final. Y créanme, los ángeles caídos irán allí porque el infierno final, el lago de fuego, ha sido preparado para el diablo y sus ángeles. Y entonces, en definitiva, ellos terminarán en el lago de fuego que arde con fuego y azufre por toda la eternidad. Ese fuego eterno, dice Mateo 25:41, preparado para el diablo y sus ángeles. Y luego, en Apocalipsis 20:10, "el diablo que los engañaba fue lanzado en el lago de fuego y azufre, donde estaban la bestia y el falso profeta; y serán atormentados día y noche por los siglos de los siglos". Pero el diablo no es arrojado a ese lugar hasta que finalicen los mil años. Se le pone en el *abyssos*, que es una especie de lugar de encarcelamiento, no el lago específico y final de fuego. Porque una vez que uno va al lago de fuego, no puede regresar. No puede regresar porque arde con fuego y azufre por los siglos de los siglos; y nunca se libera a nadie.

El abismo es también mencionado en Lucas 8:31. Ustedes recordarán cuando Jesús estaba expulsando demonios, los demonios pidieron que no los enviara al abismo. Y repito, el abismo no es el lago de fuego eterno final. Es un lugar de tormento, ciertamente un lugar de castigo, un lugar fuera de la presencia de Dios, un lugar de encarcelamiento, un lugar temporal adonde Dios envía a los demonios y donde, en este caso, ata a Satanás.

Para darles una breve reseña de las cosas que hemos dicho en los años pasados, recuerden esto. Les daré un pequeño esquema; diagrámenlo en su mente, por favor. Si hacen un diagrama, en una línea podrían escribir "ángeles". Y entonces podrían dividir esa línea y a esos ángeles en dos: ángeles santos y ángeles caídos. Tomen la línea que dice ángeles caídos y divídanla en dos: sueltos y atados. Los sueltos son demonios. Los atados son aquellos encarcelados. Tome a los atados y divídalos en dos: atados permanentemente y atados temporalmente. Existen ángeles atados de manera permanente, ángeles caídos y demonios atados permanentemente. ¿Cuándo fueron atados de manera permanente? Bueno, creo que fueron aquellos que pecaron en Génesis 6 y fueron reservados en cadenas eternas. Entonces, fueron al abismo; y estarán allí de manera permanente hasta que sean transferidos al lago de fuego.

Existen otros ángeles caídos que han sido enviados al abismo pero solo están allí de manera temporal. Y encontramos en el libro de Apocalipsis, en al menos dos ocasiones, que ellos son soltados. En el capítulo 16, el infierno escupe tres ranas que representan espíritus inmundos. Y luego tenemos doscientos millones de ellos que han sido atados en el Éufrates y son soltados durante el tiempo de la Tribulación. Entonces, hay demonios que son soltados y hay algunos que son atados. De esos que son atados, algunos son atados de manera permanente, algunos de manera temporal. Los atados temporalmente son soltados con el propósito de juicio durante el tiempo de la Tribulación. Luego, ellos serán nuevamente encarcelados en el abismo hasta que finalmente sean arrojados en el lago de fuego preparado para ellos.

Ahora, aquí este ángel tiene una llave que simplemente identifica autoridad. Si usted tiene la llave, usted controla la puerta. El ángel tiene la llave que significa autoridad. Él puede abrirla y puede cerrarla. De hecho, regresando a Apocalipsis 9:1–2, dice que: "El quinto ángel tocó la trompeta, y vi una estrella que cayó del cielo a la tierra; y se le dio la llave del pozo del abismo. Y abrió el pozo del abismo". Aquí está lo mismo. Ese abismo, ese *abyssos*, ese lugar de tortura y tormento, no el infierno definitivo sino el lugar de encarcelación de los demonios. Bien puede ser el lugar a donde Jesús, luego de morir en la cruz, fue e hizo un despliegue público ante los demonios mientras que su cuerpo físico estaba en la tumba. Él estaba vivo en Su Espíritu, dice Pedro, y descendió y proclamó un triunfo, *kerusso*, sobre los principados y potestades. Fue allí, y mientras que el infierno estaba festejando porque Jesús estaba muerto, se presentó en la celebración y trajo Sus palabras de juicio y condenación. Regresando a Apocalipsis 1:18, leemos que Jesucristo es aquel que tiene las llaves de la muerte y del infierno. Y Él entrega esas llaves, en este caso, a un ángel en el capítulo 9 para abrir el pozo del abismo. Y aquí nuevamente, en el capítulo 20, para abrir también ese pozo; y luego cerrarlo nuevamente. Noten que el ángel también tiene una gran cadena en su mano. La idea de que es grande significa la grandeza de Satanás, en un sentido, por lo que se necesita una gran cadena para atarle. Sería del mismo tipo que se utiliza según Judas, para atar a los demonios. Dice en Judas 6: "A los ángeles que no guardaron su dignidad, sino que abandonaron su propia morada, los ha guardado bajo oscuridad, en prisiones eternas, para el juicio del gran día". Entonces, Satanás es atado en el mismo lugar en donde estos otros demonios han estado atados con grandes cadenas eternamente. Y nuevamente, 2 Pedro 2:4 dice lo mismo.

Tan solo una nota, en Marcos 5:1–5 hay una referencia interesante con respecto a este tipo de ataduras: "Vinieron al otro lado del mar, a la región de los gadarenos. Y cuando salió él de la barca, en seguida vino a su encuentro, de los sepulcros, un hombre con un espíritu inmundo, que tenía su morada en los sepulcros, y nadie podía atarle, ni aun con cadenas. Porque muchas veces había sido atado con grillos y cadenas, mas las cadenas habían sido hechas pedazos por él, y desmenuzados los grillos; y nadie le podía dominar. Y siempre, de día y de noche, andaba dando voces en los montes y en los sepulcros, e hiriéndose con piedras".He aquí a un hombre con el poder de los demonios que es tan fuerte, tiene tanta energía, es tan indomable que las mejores cadenas del hombre no pueden atarle. El punto es que los demonios de Satanás pueden romper las cadenas de los hombres, pero no pueden romper esta cadena en el capítulo 20. Satanás mismo no puede romper la cadena que Dios utiliza para atarle.

Entonces, versículo 2, este ángel desciende; y tiene que ser un gran momento para este ángel, sea que se trate de Miguel o de cualquier otro. Éste tiene que ser un momento monumental. "Y prendió al dragón, la serpiente antigua, que es el diablo y Satanás, y lo ató por mil años". Es el tiempo que dura el Reino del Milenio. Él prende al dragón. Y nuevamente, recuerden que el término "dragón" es utilizado en Apocalipsis 12:3, 4 y 17 para referirse a Satanás. ¿Por qué el término "dragón" se refiere a Satanás? Porque enfatiza su naturaleza de bestia, enfatiza su ferocidad, su violencia, su crueldad, su tiranía. No solo es llamado el dragón sino que también es llamado la serpiente antigua. ¿Y a qué le recuerda eso? ¿La serpiente antigua nos lleva de regreso a dónde? Al huerto, al huerto del Edén, la serpiente del huerto del Edén que tentó a Eva y comenzó todos los problemas. De acuerdo a 2 Corintios 11:3, el engañador. Y es ese dragón, esa serpiente feroz, cruel, maléfica, mortal, antigua, del huerto del Edén.

Lo define aún más "que es el diablo". Nuevamente, para darle una idea de él. Diablo viene del griego *diabolos*, que significa calumniador. Y usted recordará que el libro de Apocalipsis también nos dice que él está noche y el día delante del Trono de Dios acusando los hermanos. Él es un mentiroso maligno; ésta ha sido su personalidad desde la Caída. Él es el padre de todas las mentiras. Él no puede hablar la verdad excepto con el propósito de mentir. El diablo, dice 1 Juan 3:8, ha pecado desde el principio. Él es un mentiroso engañador.

Entonces, él es llamado el dragón, la serpiente antigua, el diablo y Satanás. Satanás significa adversario, enemigo. Él se opone a Dios, él se opone a Cristo, él se opone a los santos, Job, Pedro, Pablo, los creyentes. De regreso en Apocalipsis 12:4, 9 y 10, ya lo hemos visto. Entonces, esto es un momento triunfante, hermanos, en el plan redentor de Dios. Este es el momento cuando la victoria de Cristo se lleva a cabo sobre el archienemigo y el león rugiente es derrotado por el León de la tribu de Judá. Y Satanás es atado por mil años. Esta es la primera de seis referencias a este período con el número mil. Y así, Satanás es atado durante este tiempo del Reino. Eso alterará de manera dramática al mundo. Cambiará de manera dramática porque no habrá iniciativas satánicas, no habrá ideologías satánicas, no habrá filosofías satánicas, no habrá teorías demoníacas acerca de nada. No habrá teorías satánicas de moralidad. No habrá teorías satánicas de justicia. No habrá teorías satánicas de conducta social, de vida social. No habrá máximas, opiniones, ni ideologías satánicas existentes en ninguna parte del planeta. Todo el mundo demoníaco es encarcelado junto con su líder; y Jesucristo establece la agenda para todo el mundo.

Ahora, en este momento en particular, quiero agregar una nota a pie de página. Los amilenialistas nos dicen que ahora estamos en el Reino, que este es el único reino que habrá. Que esto es todo. Cristo es todo lo que hay. Que no hay más reino. El reino es la era de la Iglesia. Que nosotros somos el Israel de Dios. Todas las promesas a Israel son ahora cumplidas en la Iglesia. Somos el Israel espiritual. Entonces, esto es todo el reino que habrá. Si eso fuera verdad, entonces Satanás debe estar atado. Y no lo creo. No lo creo.

El diablo se mueve como un león rugiente, buscando en este momento a quién devorar. Lucas 22, el diablo viene a Jesús y pregunta por Pedro y los apóstoles. Y Jesús dice que el diablo quiere zarandearles. Hechos 5, Pedro le dice a Ananías: "¿Por qué llenó Satanás tu corazón para que mintieses al Espíritu Santo?" Segunda Corintios 4:4: "El dios de este siglo cegó el entendimiento de los incrédulos, para que no les resplandezca la luz del evangelio de la gloria de Cristo". Efesios 2:2: "príncipe de la potestad del aire, el espíritu que ahora opera en los hijos de desobediencia". Pablo dice en 1 Tesalonicenses 2:18: "Quisimos ir a vosotros, pero Satanás nos estorbó". No, Satanás no está atado. Éste no puede ser el Reino. Satanás está libre en todos lados. Pero él estará atado y estará encadenado durante el Reino que vendrá. Satanás ya no establecerá más un sistema mundial.

Ustedes se preguntarán si eso significa que no habrá pecado. No, no se necesita a Satanás para pecar, ya que eso viene de la carne. Yo no creo que Satanás se meta en su mente y le haga pecar. Simplemente creo que Satanás crea el ambiente que estimula la carne. Y cuando se quite el ambiente, entonces la carne no será estimulada del mismo modo. La rectitud, la paz y la justicia reinarán en la tierra. Y será un mundo completamente opuesto a todo lo que experimentamos hoy en día. Será un tiempo reconfortante, un tiempo de restitución.

Ahora, dice en el versículo 3, que después de atar a Satanás durante mil años, este ángel —me gusta la terminología— lo arrojó al abismo. Tiene que hacerlo porque el ángel no quiere descender ahí. Por cierto, la palabra *abyssos* literalmente significa "sin fondo". Lo arrojó al lugar sin fondo. Es la descripción de este lugar de encarcelamiento, es llamado el foso sin fondo. Como he notado en el versículo 10, más tarde, luego de los mil años, él será arrojado al lago de fuego.

Las siete veces que este abismo aparece en Apocalipsis, se refiere al lugar donde los ángeles caídos y los espíritus inmundos están prisioneros. El lugar donde ellos esperan su cárcel final de la cual nunca podrán salir, llamada "el lago de fuego". Dice en Isaías 24:21 algo muy interesante: "Acontecerá en aquel día, que Jehová castigará al ejército de los cielos en lo alto, y a los reyes de la tierra sobre la tierra". ¿Quién es el ejército de los cielos? Los ángeles. Estos ángeles malvados. El Señor castigará en ese día a los ángeles malvados. "Y serán amontonados como se amontona a los encarcelados en mazmorra, y en prisión quedarán encerrados, y serán castigados después de muchos días" (versículo 22). Entonces, primero son encerrados. Creo que Isaías está viendo lo mismo. Son encerrados por un período de mil años; e Isaías dice que después de eso vendrá el castigo eterno. Eso viene después, luego del juicio del Gran Trono Blanco al fin del Milenio. Todos los que no son salvos, de todos los tiempos, serán resucitados, traídos Gran Trono Blanco; y ellos, junto con los ángeles caídos y Satanás y el falso profeta y la bestia, serán arrojados al lago de fuego.

En el versículo 3 Juan continúa con su visión y también dice que luego de que el ángel lo arroja al abismo, "lo encerró y puso su sello sobre él". Él está encadenado con una gran cadena. Él es encerrado en el abismo con una llave. Está cerrado y sellado para que el mundo no pueda ser influenciado por Satanás. Todo el mundo será influenciado solo por los propósitos de Cristo.

Ustedes se preguntarán si entonces todos los que nacen de aquellas personas redimidas que van al Reino serán cristianos. No. Sorprendentemente, habrá criaturas caídas que rechazarán a Cristo a pesar de que estarán viviendo en un reino maravilloso. Esto nos muestra la profundidad del pecado.

Pero lo que se quiere enfatizar aquí, a la mitad del versículo 3, es que todo lo que se le hace a Satanás es "para que no engañase más a las naciones". Sus mentiras han acabado. Entonces, si las personas rechazan a Cristo, no lo harán porque han sido engañados. Será por amor a su iniquidad. Pero Satanás es mantenido allí, dice el versículo 3, "Hasta que fuesen cumplidos mil años".¿Cómo será el mundo? ¿Cómo será? Bueno, desde el punto de vista moral, será totalmente diferente. No habrá injusticia. Habrá paz en todas partes, la justicia prevalecerá. Y hablaremos de eso en un momento. Pero antes de que veamos eso, ¿cómo será el mundo en cuanto al medio ambiente? Y todas las personas ecologistas que se preocupan acerca de preservar al mundo, y se lo he dicho antes, si usted piensa que nosotros estamos arruinando la Tierra, espere a ver lo que Jesús hará con ella. Porque en la Tribulación, Él la destruirá. ¿Pero, cómo será el mundo en el Reino Milenario?

Permítanme darles algunas perspectivas de personas que están en el campo de la ciencia. Escuche esto. "Los violentos terremotos y sacudidas a lo largo del tiempo de la Tribulación habrán allanado las ciudades contaminadas de un mundo pecador para facilitar la construcción de comunidades nuevas, limpias y pacíficas, al principio del milenio. Estos grandes movimientos de la tierra también habrán eliminado grandes montañas e islas del mundo, llenando las profundidades de los océanos y restaurando de manera apacible la topografía y geografía habitable en todo el mundo, como había sido en la era antes del Diluvio, antes de las conmociones catastróficas del Diluvio". Como predijo el profeta Isaías, todo valle será alzado; y todo monte y collado será bajado. Lo torcido se enderezará y lo áspero se allanará (Isaías 40:4). Los profetas también dicen que las islas desaparecerán.

"Este giro de conmociones topográficas del Diluvio, sin embargo, no traerá aguas sobre los continentes nuevamente" —en otras palabras, no inundará al planeta— "debido a que muchas de las aguas de los océanos ya habrán sido elevadas nuevamente a la atmósfera, restaurando en cierto modo las aguas en el firmamento antes del Diluvio, la cubierta de agua. La sequía mundial de la primera mitad de la Tribulación, el amarizaje calamitoso de cuerpos desde los cielos durante los juicios de las trompetas, y las radiaciones solares intensificadas de los juicios de las copas, habrán contribuido a la evaporación de grandes cantidades de agua al cielo. La tierra será entonces preservada, tal como antes del Diluvio. Protegida de los rayos ultravioletas del Sol; y es por eso que la gente vivirá durante muchos años, como lo hacía antes del Diluvio"."Probablemente los enormes movimientos tectónicos, los terremotos, erupciones y avalanchas pueden haber atrapado grandes cantidades de agua debajo de sedimentos volcánicos frescos, restaurando en modo parcial las fuentes del gran abismo, tal como las llama la Biblia. Facilitando el surgimiento de manantiales artesianos copiosos, incluyendo uno que alimentará al vasto río que surge del templo del milenio en Jerusalén, descrito tanto por Ezequiel como por Zacarías. Y los mares del mundo del milenio serán relativamente angostos y poco profundos nuevamente, tal como en los días primitivos. Aún más, la restauración de la cubierta de vapor debería restaurar en gran medida el agradable clima cálido mundial de ese período de la Tierra. Ya no habrá grandes movimientos atmosféricos que generen tormentas violentas, vientos, huracanes y tornados porque las temperaturas uniformes del invernadero global inhibirán los movimientos de las masas de aire más allá de un movimiento local". "En el mundo original, las únicas lluvias eran un simple vapor que provenía de la evaporación diaria localizada; de acuerdo a Génesis 2:5. Mantenía a todo el mundo en temperaturas y humedades confortables, favoreciendo la abundancia de plantas y vida animal en todas las regiones del planeta. No había desiertos o glaciares o alturas montañosas inhabitables; todo era muy bueno. El cataclismo del Gran Diluvio destruyó ese hermoso mundo, pero las sacudidas de la Gran Tribulación lo restaurarán, al menos en cierta medida"."Joel escribió: 'Tierra, no temas; alégrate y gózate, porque Jehová hará grandes cosas. Animales del campo, no temáis; porque los pastos del desierto reverdecerán, porque los árboles llevarán su fruto, la higuera y la vid darán sus frutos. Vosotros también, hijos de Sion, alegraos y gozaos en Jehová vuestro Dios; porque os ha dado la primera lluvia a su tiempo, y hará descender sobre vosotros lluvia temprana y tardía como al principio' (Joel 2:21–23)".La expectativa científica continúa. «La redistribución de la topografía de la Tierra y la restauración de su capa de vapor resultará en la eliminación de muchos, si no todos, sus desiertos. Y el profeta dijo en Isaías 35:1–2, 6–7: 'Se alegrarán el desierto y la soledad; el yermo se gozará y florecerá como la rosa. Florecerá profusamente, y también se alegrará y cantará con júbilo... Aguas serán cavadas en el desierto, y torrentes en la soledad. El lugar seco se convertirá en estanque, y el sequedal en manaderos de aguas'».

"De algún modo, vendrá un tiempo de gran salvación de las tierras y las aguas de la tierra. Sanadas del terrible juicio de la Tribulación. Antes del gran Diluvio, la tierra era rica en nutrientes. Y las aguas para beber venían puras y frescas de pozos artesianos, alimentadas de embalses subterráneos profundos. La destrucción de esas fuentes profundas y la erosión devastadora de la Tierra en el gran Diluvio destruyó en gran parte la ecología terrestre primitiva de Dios, dejando las tierras agotadas y las aguas contaminadas"."Originalmente, todos los animales tanto como el hombre, encontraban alimentos solo de las plantas; pero bajo condiciones mucho más rigurosas en el ambiente del post Diluvio, Dios autorizó al hombre a comer también carne animal. Evidentemente, por el mismo motivo, muchos animales también tuvieron que convertirse en carnívoros. Estas condiciones fueron agravadas aún más a lo largo de los siglos después del Diluvio. Con las tierras aún más empobrecidas y las aguas aún más contaminadas, requiriendo cada vez mayor gasto en fertilización y purificación. Las conmociones traumáticas del periodo de la Tribulación habrán traído estas condiciones a un auge con condiciones de hambruna devastadora, y con las aguas terrestres tan escasas y contaminadas que todos los animales del mar habrán muerto. Si se permitiera que continuaran estas condiciones por mucho más tiempo, toda la vida en la Tierra sería imposible"."De un modo maravilloso, Dios usará las convulsiones físicas de ese período atroz para purgar y limpiar las tierras y las aguas del planeta, así como también su clima moral y espiritual. Posiblemente, las sacudidas tectónicas y volcánicas —y quizás también los bombardeos atmosféricos— implantarán nuevos suministros que se necesitan para los nutrientes y elementos de los suelos. Aún las multitudes de animales y plantas muertos en la tierra y en los océanos, así como también los esqueletos de millones de hombres y caballos muertos en Armagedón y todo lo demás podrán quizás convertirse en agentes de fertilización para la tierra a medida que yacen dispersos por todas partes".«Terremotos y erupciones globales sin precedentes desatarán movimientos de la tierra vastos y violentos y lluvia de tierra y rocas, atrapando enormes volúmenes de aguas del océano bajo gran sobrecarga de materiales sólidos, los cuales rápidamente serán presurizados y parcialmente sellados. Esto producirá con seguridad al menos dos efectos. En primer lugar, el fondo de los océanos será elevado más que en el presente, compensando por las grandes pérdidas de agua causadas por la restauración de la cubierta atmosférica y por haber quedado atrapados enormes volúmenes bajo estos grandes deslizamientos de tierra que producirán vastas reservas de agua fresca. Toda la corteza terrestre se habrá movido y deslizado sobre el manto de la tierra, reacomodando las placas continentales, distribuyéndolas de una manera más uniforme en superficies de tierra y de agua. En segundo lugar, ese gran reacomodamiento facilitará el desarrollo de un nuevo sistema terrestre de manantiales y ríos. Isaías 41:18 dice: 'En las alturas abriré ríos, y fuentes en medio de los valles; abriré en el desierto estanques de aguas, y manantiales de aguas en la tierra seca'».

"De alguna manera, Dios también poblará nuevamente los océanos. Sabemos que la segunda copa de juicio resulta en la muerte de cada ser vivo en el mar, por lo que esos peces que requerirían un ambiente marino fueron destruidos, eliminados. Pero sabemos que en el gran río del Milenio en Jerusalén, descrito en Ezequiel 47:9: 'Y sucederá que dondequiera que pase el río, todo ser viviente que en él se mueve, vivirá. Y habrá muchísimos peces' (LBLA). De algún modo, el Señor traerá los peces nuevamente al mar. Él los adaptará de modo que puedan vivir en cualquiera que sea el clima de esas nuevas aguas". Y así continúa.

Se preguntarán si todo esto es absolutamente verdadero o si hay un poco de especulación. Hay un poco de especulación. Pero puede ser que no esté muy alejado de la realidad. Ésta es la nueva Creación, ésta es la gloriosa liberación del pueblo de Dios. Esto es cuando la Creación es liberada de su esclavitud. Ese es el tipo de mundo que será en términos de ecología o algo similar a eso. Y cuando Satanás no esté aquí, va a ser un mundo de bendición, un mundo en condiciones absolutamente bendecidas. Y veremos las mismas, si tenemos tiempo hoy; y si no, las veremos la próxima vez.

Al final del versículo 3 dice, "después de esto" —eso significa después de los mil años de estar encadenado— "debe ser desatado por un poco tiempo". Satanás deber ser desatado por un poco de tiempo. ¿Por qué? ¿Por qué liberarlo?

Bueno, hay una maldad final. Satanás tendrá la oportunidad de juntar a todos aquellos que preferirán estar en su reino en vez del de Dios; porque habrá gente que nacerá durante ese tiempo. Recuerden, cuando Jesús regrese, no va a matar a aquellos que son creyentes. Muchos serán martirizados, pero muchos vivirán. Son las ovejas de Mateo 24 que van al Reino, la nación de Israel a quien se le prometió un reino terrenal y literal. Habrá personas en ese Reino de toda lengua, tribu y nación; y todos serán parte de ese Reino. Inicialmente, todos serán creyentes; se reproducirán y tendrán hijos, y la tierra se multiplicará rápidamente. El crecimiento exponencial durante ese período de 1000 años poblará la Iglesia. Poblará la tierra por millones. Y de todas esas personas nacidas durante esos 1000 años, si alguien muere a los 100 años, morirá siendo un niño. Vivirán durante mucho tiempo; y por lo tanto se reproducirán en grandes números, mayores que los que hemos conocido en nuestra era de la historia.

Algunos de ellos serán leales al Señor Jesucristo quien estará reinando sobre la tierra. Y algunos de ellos, como aman su iniquidad, rechazarán a Cristo. Y entonces Satanás regresará a juntar a los rebeldes. Y eso lo podemos ver en los versículos 7 y 8. Satanás será liberado de su prisión para engañar a las naciones y juntarlas para la guerra; y el número de ellos es como la arena del mar.

¿No es eso sorprendente? No, no es muy sorprendente. Ellos no aceptaron a Cristo cuando estuvo aquí la primera vez, a pesar de que caminó y habló con ellos. Y habrá aquellos que no lo aceptarán en ese momento tampoco.

Y como estaba diciendo la otra vez, algunas personas piensan que todos aceptarían a Cristo si se le presentara de una manera ingeniosa. No es así. ¿Quién podría ser más ingenioso en presentarse a sí mismo que Cristo? Y hay tantos que lo rechazan que son tan numerosos como los granos de arena.

Entonces, vemos la eliminación de Satanás. Mientras tanto, él no está encadenado. Y no debemos ignorar sus maquinaciones, dice 2 Corintios 2:11. Entonces, el primer elemento en el Reino es la eliminación de Satanás.

El Reino de los santos

Ahora veamos el segundo elemento: el reinado de los santos. Y esto está en los versículos 4–6. "Y vi tronos, y se sentaron sobre ellos los que recibieron facultad de juzgar; y vi las almas de los decapitados por causa del testimonio de Jesús y por la palabra de Dios, los que no habían adorado a la bestia ni a su imagen, y que no recibieron la marca en sus frentes ni en sus manos; y vivieron y reinaron con Cristo mil años. Pero los otros muertos no volvieron a vivir hasta que se cumplieron mil años. Esta es la primera resurrección. Bienaventurado y santo el que tiene parte en la primera resurrección; la segunda muerte no tiene potestad sobre éstos, sino que serán sacerdotes de Dios y de Cristo, y reinarán con él mil años". En el versículo 4 y luego nuevamente en el versículo 6, dice que reinaremos con Él. Entonces, la segunda característica del Reino detallada para nosotros aquí es el reino de los santos. Recuerde, obviamente, el supremo que reina es Cristo. Recuerden que Apocalipsis 19:16 dice que Él tiene un nombre escrito en Su muslo: REY DE REYES Y SEÑOR DE SEÑORES. No estamos cuestionando aquí Su soberanía cuando decimos que todos los santos reinarán. La Escritura dice que reinaremos con Cristo. De algún modo, estaremos involucrados en la expresión de Su voluntad. Seremos Sus agentes, cumpliremos Sus deseos, cumpliremos Su voluntad. En aquel día, Él será el rey, nadie podrá contradecir lo que Él diga.

En Lucas 1:32–33 leemos: "Éste será grande, y será llamado Hijo del Altísimo; y el Señor Dios le dará el trono de David su padre; y reinará sobre la casa de Jacob para siempre, y su reino no tendrá fin". Él vino como un Rey, fue rechazado como Rey, murió como un Rey despreciado. Pero retornará como REY DE REYES Y SEÑOR DE SEÑORES para reinar; y nosotros reinaremos con Él.

Para comprender eso, simplemente tenemos que decir que todos los líderes mundiales, todos los gobernadores, todos los primeros ministros, todos los poderosos, todos los jueces, todos los jefes de policía, todos aquellos que son responsables de la educación, todos aquellos que son responsables de los procesos judiciales, todos aquellos que son responsables de legislar, todos aquellos que son responsables de todo lo que sucede en la faz de la tierra serán los santos que tendrán la autoridad delegada del Señor Jesucristo mismo para llevar a cabo Su voluntad en todas partes. Entonces, habrá verdad en la educación; entonces, habrá justicia en las cortes; entonces, habrá estándares morales en todas las áreas de la vida humana; entonces, habrá honestidad en el periódico; entonces, no habrá contaminación en los quioscos de revistas. Los libros estarán llenos de verdad, y la televisión estará llena solo con lo que es verdadero y desarrolla la agenda del Señor Jesucristo. Los santos estarán a cargo de la televisión, la radio, la educación, la vida social, los procesos judiciales, los procesos legislativos; cada aspecto de las actividades. Sus santos reinarán con Él.

Qué mundo tan maravilloso será ese. Y los santos no necesitarán pensar qué tienen que hacer porque ellos estarán glorificados y serán perfectos; y entonces, cumplirán la voluntad de Cristo de manera perfecta. Un pensamiento increíble. Ninguna reunión de comité o reuniones acerca de nada… no necesitaremos dilucidar nada; sabremos todo; porque ya habremos sido hechos para conocer como fuimos conocidos. Simplemente, cumpliremos la agenda que será clara para nosotros de manera amplia y perfecta.

A medida que Juan ve la visión del reino de los santos, mira primero al panorama de todo el pueblo de Dios resucitado, recompensado y reinando con Cristo. Versículo 4: "Y vi tronos". Eso es lo primero que ve: tronos. Bueno, hay solo dos tipos de tronos realmente. Uno es un trono judicial, lo llamamos el banco donde el juez se sienta. Y luego está el trono real; decimos que ahí es donde se ubica el rey. Es un lugar de autoridad judicial o real. Y nosotros gobernaremos, es decir que cumpliremos la voluntad de Dios y juzgaremos; nosotros juzgaremos. Y por cierto, no habrá necesidad de revisiones y auditorías, porque estos líderes y jueces serán todos perfectos. Toda la justicia será ejecutada de manera perfecta y rápida. Y el Señor gobernará con una vara de hierro que significa juicio instantáneo, rápido.

Juan dice: "vi tronos", es un tiempo de gobernar y tomar decisiones. No existe modo de encuadrar esto con nuestra época actual. ¿Reinan ahora los santos? ¿Estamos sentados sobre tronos? De ningún modo. ¿Está Satanás sujeto? Imposible. Este es un mundo completamente diferente. Y es perfectamente adecuado para la destrucción del mundo que ahora existe. Es por eso que mis preocupaciones ecológicas son muy limitadas. Quiero cumplir mi pequeño rol de levantar la basura. Pero en realidad, soy consciente de hacia dónde se dirige todo esto. Y nosotros no tenemos que salvar a la tierra y salvar al planeta. Mejor que nos preocupemos con salvar a las personas.

"Y vi tronos" —esto es interesante— "y se sentaron sobre ellos". Al principio, la identidad de los que se sientan sobre esos tronos se convierte en una pesadilla para el intérprete. Y ustedes se preguntarán por qué el Señor no nos dijo al menos quiénes son. "Vi tronos y se sentaron sobre ellos". ¿Sabe usted por qué no dice más de eso? Porque es obvio quienes son. Éste es el modo en el cual yo abordo el tema: son las personas que el Señor puso en el trono. Eso está bien. La siguiente pregunta es a quién Él le prometió que pondría en el trono; porque si sabemos a quién Él iba a poner en el trono, podemos saber quiénes son esas personas. ¿A quiénes les prometió el Señor que reinarían con Él? ¿A quiénes les prometió que estarían en Su Reino, glorificados y exaltados, junto con Su gran Rey?

Bueno, regresemos al Antiguo Testamento. Daniel 7:18: "Después recibirán el reino los santos del Altísimo, y poseerán el reino hasta el siglo, eternamente y para siempre". Versículo 22: "Vino el anciano de días" —ese es Dios— "y se dio el juicio a los santos del Altísimo; y llegó el tiempo, y los santos recibieron el Reino". Versículo 27: "y que el Reino, y el dominio y la majestad de los reinos debajo de todo el cielo, sea dado al pueblo de los santos del Altísimo, cuyo Reino es reino eterno, y todos los dominios le servirán y obedecerán". Tres veces dice que el Reino será dado ¿a quién? A los santos. La soberanía, el dominio, la grandeza de todos los reinos bajo el cielo serán dadas al pueblo de los santos del Altísimo. Entonces, primero que nada, los santos del Antiguo Testamento tienen que estar incluidos entre los que se sientan en los tronos.

Vayamos ahora a Mateo; no tenemos que limitarlo solo a Daniel, cuando Daniel dice los santos del Altísimo, quiere decir todos ellos. Pero ciertamente eso incluye a los santos del Antiguo Testamento que estaban leyendo y escuchando lo que Daniel escribió. Veamos Mateo 19:27-29. Pedro está hablándole al Señor acerca del Reino. Él dice: "Nosotros lo hemos dejado todo, y te hemos seguido; ¿qué, pues, tendremos? Y Jesús les dijo: De cierto os digo que en la regeneración" —ese es otro nombre para el Reino, la restitución, la regeneración— "cuando el Hijo del Hombre se siente en el trono de su gloria, vosotros que me habéis seguido también os sentaréis sobre doce tronos, para juzgar a las doce tribus de Israel. Y cualquiera que haya dejado casas, o hermanos, o hermanas, o padre, o madre, o mujer, o hijos, o tierras, por mi nombre, recibirá cien veces más, y heredará la vida eterna". Entonces, Daniel 7 nos dice que los santos del Antiguo Testamento reinarán. Mateo 19 mira a ese período entre el Antiguo y el Nuevo Testamento, el tiempo cuando Jesús estaba en la tierra; y dice que todos los apóstoles y todos los que han dejado para seguirle reinarán. Ahora, vayamos a 1 Corintios 6:2-3. Por cierto, si el Reino es ahora, ¿cómo es que están reinando los santos del Antiguo Testamento? Y si el Reino es ahora, ¿cómo es que están reinando ahora los apóstoles y todos los que siguieron a Jesús durante su vida? ¿Y dónde están los 12 tronos juzgando a las 12 tribus de Israel? Ya ven cómo tienen que ignorar cualquier interpretación literal para llegar a esa perspectiva.

Primera de Corintios 6:2 "¿O no sabéis que los santos han de juzgar al mundo?" Eso es muy explícito. Versículo 3: "¿O no sabéis que hemos de juzgar a los ángeles? ¿Cuánto más las cosas de esta vida?" Y estos son los santos del Nuevo Testamento. Segunda de Timoteo 2:12: "Si sufrimos, también reinaremos con Él". Primera de Pedro 2:9: "Mas vosotros sois linaje escogido, real sacerdocio, nación santa, pueblo adquirido por Dios". Reales, linaje, sacerdocio que reina.

¿Entonces, qué tenemos? Daniel habla acerca de los santos del Antiguo Testamento. Jesús está hablando acerca de los apóstoles y todos los que le siguieron. Y el apóstol Pablo dice que los santos del Nuevo Testamento, gobernarán y reinarán. Usted llega al libro de Apocalipsis y escucha repetidamente acerca de eso. Apocalipsis 2 y 3 hablan mucho acerca de lo que vendrá. Apocalipsis 2:26: "Yo le daré autoridad sobre las naciones" —ése es Cristo— "y las regirá con vara de hierro, y serán quebradas como vaso de alfarero; como yo también la he recibido de Mi Padre". No solo para Cristo, sino al que venciere en Cristo, los creyentes. Apocalipsis 3:21 repite lo mismo: "Al que venciere, le daré que se siente conmigo en Mi trono". Apocalipsis 5:10: "Nos has hecho para nuestro Dios reyes y sacerdotes, y reinaremos sobre la tierra". No puede ser más claro, reinarán. Y reinarán sobre la tierra. Ellos reinarán sobre la tierra.

Entonces, los santos del Antiguo Testamento, los santos del Nuevo Testamento, aquellos santos que siguieron a Jesús, todos reinarán. Todos los santos de todas las épocas. Para el tiempo en el que el Reino comience, todos habremos sido resucitados, todos tendremos cuerpos glorificados. En el rapto de la Iglesia todos seremos glorificados. Al final del tiempo de Tribulación, Daniel 12:2, ocurrirá la resurrección de los santos del Antiguo Testamento, y serán llevados al Reino en su forma glorificada. Todos los santos de todos los tiempos reinarán.

Ustedes se preguntarán si no quedó algún grupo afuera. Es verdad, un grupo quedó afuera, pero no por mucho tiempo. Regresen el versículo 4. "Y vi las almas de los decapitados por causa del testimonio de Jesús y por la palabra de Dios, los que no habían adorado a la bestia ni a su imagen, y que no recibieron la marca en sus frentes ni en sus manos; y vivieron y reinaron con Cristo mil años". ¿Quiénes son éstos? ¿Santos de dónde? De la tribulación. Y usted ve que se incluye el último grupo. Juan dice: "Vi las almas", primero que nada, porque inicialmente no habían sido levantados. Él dijo: "vi las almas de los decapitados por causa del testimonio de Jesús y por la palabra de Dios, los que no habían adorado a la bestia ni a su imagen, y que no recibieron la marca en sus frentes ni en sus manos", y vimos todas esas características en el capítulo 13. Y hubo resurrección; y ellos reinaron con Cristo.

Entonces, tenemos a los santos del Antiguo Testamento resucitados, a los santos resucitados que siguieron a Cristo durante su vida, a los santos resucitados del Nuevo Testamento; y ahora tenemos a los santos resucitados de la Tribulación. Y esos son todos los santos resucitados que reinan. Vinieron a la vida y reinaron con Cristo durante mil años. Los mártires que habían sido decapitados. Esa palabra "decapitados", del griego *pelekizo*, significa en realidad cortar con un hacha. Puede ser utilizada técnicamente para decapitar a alguien, generalmente significa ejecutar. Aquellos que han sido asesinados por el anticristo y su compañía, y por Satanás durante el tiempo de la Tribulación. Los encontramos en Apocalipsis 6:9, los mártires bajo el altar. Los encontramos en 18:24, los encontramos en 19:2. Y todos aquellos que fueron masacrados por la empresa de Satanás y el reino de terror del anticristo. Él dice yo los vi. Aquellos que fueron asesinados por su testimonio acerca de Jesús y por la palabra de Dios. Esas dos maravillosas frases que usted encuentra en Apocalipsis 1:9, 12:17, 19:10, es repetida cuatro veces; por su testimonio acerca de Jesús y por su testimonio de devoción a la palabra de Dios, ellos perdieron sus vidas. Y son los mismos que no han adorado a la bestia ni a su imagen y que no han recibido la marca sobre su frente o mano. Recuerden en los capítulos 13 y 14 cómo el anticristo demandaba adoración. El falso profeta exigía que adoraran la imagen del anticristo, de este ídolo que hablaba, y que recibieran la marca en sus frentes o en sus manos. Pero estos son los que no la aceptaron. Estos son los santos de la Tribulación. No la aceptaron, y por lo tanto murieron; fueron fieles hasta la muerte. Ellos también vienen a la vida.

Por cierto, cuando dice "volvieron a vivir", significa resurrección. La misma palabra es utilizada en Juan 11:25–26: "Yo soy la resurrección y la vida; el que cree en mí, aunque esté muerto, vivirá. Y todo aquel que vive y cree en mí, no morirá eternamente". Es una palabra de resurrección. Eso es exactamente lo que la palabra significa y no significa nada diferente a eso. Es utilizada en ese modo en Romanos 14:9, Apocalipsis 1:18; 2:8; 13:14. Y también es usada de ese modo aquí en Apocalipsis 20:5.

Entonces, tenemos a los santos del Antiguo Testamento en cuerpos glorificados, aquellos que siguieron a Cristo en cuerpos glorificados, a los cristianos del Nuevo Testamento en cuerpos glorificados, los santos de la Tribulación en cuerpos glorificados, todo ese conjunto de creyentes recompensados y resucitados reinando en el Reino. Y ellos reinarán con Cristo por mil años. Entonces, durante el tiempo del Reino, desarrollaremos el gobierno de Cristo en el mundo. Reinaremos para Él.

Dice en 1 Corintios 15:24–25: "Luego el fin, cuando entregue el reino al Dios y Padre, cuando haya suprimido todo dominio, toda autoridad y potencia. Porque preciso es que él reine hasta que haya puesto a todos sus enemigos debajo de sus pies". En definitiva, Cristo reinará de manera suprema, pero nosotros reinaremos con Él, bajo Él, hasta que finalmente el Reino en la tierra finaliza; y Él establece el Reino eterno donde Dios es todo en todos.

Y esto será en la tierra, en el mismo lugar donde Satanás, el usurpador, ha gobernado, y de donde él habrá sido expulsado. El reino de los santos.

Por cierto, solo una nota a pie de página, versículo 5: "Pero los otros muertos no volvieron a vivir hasta que se cumplieron mil años". ¿Quiénes son los otros muertos? Si todos los santos del Antiguo Testamento son resucitados y todos los santos del período del tiempo de Cristo son resucitados y todos los creyentes del Nuevo Testamento son resucitados y todos los santos de la Tribulación son resucitados, ¿quiénes faltan? Los incrédulos, los impíos. Ellos tendrán una resurrección también; pero no está descrita hasta el final del capítulo; y la veremos cuando lleguemos al versículo 11 y siguientes.

Pero Juan dice al final del versículo 5 y principio del 6: "Ésta es la primera resurrección. Bienaventurado y santo el que tiene parte en la primera resurrección". ¿Saben entonces ustedes qué incluye la primera resurrección? Realmente a todos. Cristo es el supremo, pero todos los santos de todos los tiempos están en la primera resurrección. Bienaventurado y santo el que tiene parte en la primera resurrección. ¿Por qué son tan bienaventurados? Bueno, les diré la próxima vez, cuando les describa cómo será el reino, no de manera ecológica, no de manera ambiental, sino moral y espiritualmente. Pero tendrán que esperar para eso.

REFLEXIONES PERSONALES

6 de Noviembre, 1994

11_La venida del Reino terrenal del Señor Jesucristo. Parte III

Bienaventurado y santo el que tiene parte en la primera resurrección; la segunda muerte no tiene potestad sobre éstos, sino que serán sacerdotes de Dios y de Cristo, y reinarán con él mil años.

Cuando los mil años se cumplan, Satanás será suelto de su prisión, y saldrá a engañar a las naciones que están en los cuatro ángulos de la tierra, a Gog y a Magog, a fin de reunirlos para la batalla; el número de los cuales es como la arena del mar.

Apocalipsis 20:6-8

BOSQUEJO

— Introducción

— La expulsión de Satanás

— El reinado de los santos

— El regreso de Satanás

Notas personales al bosquejo

SERMÓN

Introducción

Estamos en el capítulo 20 del libro de Apocalipsis. Y los invito a que por favor se dirijan allí. Apocalipsis, 20; éste es el tercer mensaje acerca de este capítulo, la venida del Reino terrenal del Señor Jesucristo. Y quiero recordarles que si no han escuchado los mensajes anteriores, deberían hacerlo. Consíganlos, es una realidad maravillosa. Es nuestra gran esperanza para el futuro que Dios ha preparado para aquellos que le aman.

Imagínese un mundo en donde dominan la justicia y el bien. Un mundo donde no existe la injusticia, un mundo donde todos son tratados de manera justa, un mundo donde ninguna corte da un veredicto injusto o inmerecido. Imagine un mundo donde todo es verdadero, justo y noble. Cada área de la vida y de la sociedad, del comercio, de la educación y todo lo demás están bajo control absoluto y dirigido hacia lo que es bueno. Imagine un mundo donde existe la paz total, duradera; donde abunda el gozo, donde la salud es generalizada, donde las personas viven cientos de años. Un mundo donde hay leones y corderos paciendo juntos y los niños pueden jugar sobre la cueva de las serpientes; donde los osos y las vacas caminan juntos siendo dirigidos por un niño. Imagine un mundo donde la comida es abundante y el bienestar es común para todos. Imagine un mundo gobernado por una persona perfecta, un líder mundial. Y donde bajo ese gobernante mundial, solo personas glorificadas que han sido perfeccionadas son los agentes que desarrollan Su voluntad y Su propósito de modo que la perfección reina desde lo más alto a través de todo el sistema. Imagine un mundo en donde se trata con el pecado de manera instantánea y firme.

Si pueden imaginarse ese tipo de mundo, se dirigen a la comprensión del carácter del Reino del Señor Jesucristo, el Reino que vendrá en una tierra restaurada y reformada de manera radical. Viene porque Él viene. Y el capítulo ante nosotros presenta el carácter general de ese glorioso paraíso recobrado.

Como dije hace un par de semanas, hasta Apocalipsis 20, todo ha sido pre-milenario, pre reino. Ahora, tenemos una visión del Reino. Cualquier estudioso de la Biblia ha tenido una presentación previa de este Reino, ha vislumbrado este Reino. A pesar de que todo hasta aquí ha sido pre-milenio, hemos tenido una mirada de este Reino que llegó con la encarnación de Dios en la forma de Jesucristo y en su vida y ministerio en la tierra. Hemos vislumbrado el Reino.

Por ejemplo, vimos a Jesús echar demonios. Le vimos sanar, traer bienestar a las personas. Le vimos hacer milagros. Vimos que se han cumplido profecías y revelaciones. Vimos que en ocasiones se ha anulado la ley natural. Vimos la demostración del poder del Espíritu trayendo salvación. Vimos a Cristo gobernando en el Reino de Su influencia espiritual sobre las almas de aquellos que pusieron su confianza en Él. Y todo eso eran anticipos de la gloria del Reino. Aún en el día de Pentecostés, cuando vino el Espíritu de Dios, Pedro dice: "Esto es lo dicho por el profeta Joel". Y la profecía en Joel 2 era una profecía del Reino; y Pedro estaba diciendo que eso es un anticipo, un avance.

Quizás no haya un anticipo mejor del Reino que el que está en Mateo 16. Permítanme leerlo comenzando en el versículo 27: "El Hijo del Hombre vendrá en la gloria de Su Padre con Sus ángeles". Luego, versículo 28: "De cierto os digo que hay algunos de los que están aquí, que no gustarán la muerte, hasta que hayan visto al Hijo del Hombre viniendo en Su reino". Él dijo eso hace mucho tiempo. ¿En qué sentido dijo esto Jesús? ¿Cómo es que había personas paradas allí ese día, cuando Él estaba hablando a Sus discípulos, que no morirían hasta que vieran al Hijo del Hombre viniendo en Su Reino? No serían todos ellos porque Él dijo que serían algunos. ¿Vivirían algunos de los discípulos hasta que vieran al Hijo del Hombre viniendo en Su Reino? ¿Cómo es eso?

Continúe leyendo, capítulo 17: "Seis días después, Jesús tomó a Pedro, a Jacobo y a Juan su hermano, y los llevó aparte a un monte alto; y se transfiguró delante de ellos, y resplandeció su rostro como el sol, y sus vestidos se hicieron blancos como la luz. Y he aquí les aparecieron Moisés y Elías, hablando con él. Entonces Pedro dijo a Jesús: Señor, bueno es para nosotros que estemos aquí; si quieres, hagamos aquí tres enramadas: una para ti, otra para Moisés, y otra para Elías. Mientras él aún hablaba, una nube de luz los cubrió; y he aquí una voz desde la nube, que decía: Este es mi Hijo amado, en quien tengo complacencia; a él oíd. Al oír esto los discípulos, se postraron sobre sus rostros, y tuvieron gran temor. Entonces Jesús se acercó y los tocó, y dijo: Levantaos, y no temáis. Y alzando ellos los ojos, a nadie vieron sino a Jesús solo". Yo creo que este es el cumplimiento de la promesa al final del capítulo 16. Éste es el Hijo del Hombre viniendo en la gloria de Su Reino. Allí, Él fue transfigurado y como en el Reino, los santos del Antiguo Testamento están representados por Moisés y Elías; y los santos del nuevo pacto están representados por Pedro, Jacobo y Juan. Como en el Reino, Cristo toma el lugar preeminente. Él toma el lugar destacado, gloria refulgente, el lugar de poder. Creo que ésta era la mirada previa destacada del Reino que Jesús prometió que algunos verían antes de morir.

Entonces, hemos visto algunas miradas previas al Reino y al carácter del Reino, tanto en la profecía de Joel 2, como en el día de Pentecostés; también en el ministerio de Jesucristo y especialmente en la transfiguración que acabamos de leer. Pero aquí en Apocalipsis 20 está en su plenitud y su realidad.

Como les mencioné hace un par de semanas, es tan solo un marco general. No podemos cubrir todo el carácter del Reino en tan solo estos 10 versículos. Entonces, lo que buscamos aquí es realmente el marco general, una especie de perfil sobre el cual colgar muchos otros pasajes; y muchos de ellos serán del Antiguo Testamento, tal como veremos en unos momentos.

Pero a medida que se desarrolla la estructura del Reino, recuerden que en el capítulo 19 está el regreso de Jesucristo. Él regresa a la gran batalla de Armagedón en la cual se involucra. Dura un período de tiempo muy breve. Él destruye a todos los impíos que quedan en el mundo tal como nos dice el final del capítulo 19. Y luego, en el capítulo 20, Él establece Su Reino.

La expulsión de Satanás

Y lo primero que vemos en el establecimiento del Reino es la expulsión de Satanás, versículos 1-3. "Vi a un ángel que descendía del cielo, con la llave del abismo, y una gran cadena en la mano. Y prendió al dragón, la serpiente antigua, que es el diablo y Satanás, y lo ató por mil años; y lo arrojó al abismo, y lo encerró, y puso su sello sobre él, para que no engañase más a las naciones, hasta que fuesen cumplidos mil años; y después de esto debe ser desatado por un poco de tiempo". Una de las primeras cosas que aprenderemos acerca del Reino, por supuesto, es que Satanás no estará ahí. Aquel que es el dios de este mundo, el príncipe de la potestad del aire, el gobernante de este tiempo, no será quien gobierne en ese momento. Él no será el príncipe de esa era. Él no será la fuerza dominante. No dirigirá al sistema mundial, Jesucristo lo hará; y Satanás será encarcelado, confinado al abismo y mantenido allí por medio de cadenas que no se pueden romper. Allí estará hasta que sea liberado por un poco de tiempo; y luego será arrojado al infierno que es el infierno final tal como lo señala el versículo 10.

Entonces, Satanás es removido. Eso nos da una mirada muy, muy importante del carácter del Reino. Aquellos que nos dirían que ahora estamos en el Reino —que es la perspectiva a-milenarista y también la perspectiva de muchos pos-milenaristas, es decir que los a-milenaristas dicen que no hay otro Reino aparte de esta época actual de la Iglesia, un Reino espiritual. Los pos-milenaristas dicen que Cristo vendrá al final del Reino, por lo que podríamos estar en él, o que estaría por venir. Todos ellos tienen un problema. ¿Cómo se puede decir que éste es el Reino cuando en realidad Satanás no está atado? Él, nos recuerda Pedro en 1 Pedro 5:8, anda como león rugiente buscando a quien devorar. En 2 Corintios 2:11 dice que Satanás puede ganar ventaja sobre nosotros y que no ignoramos sus maquinaciones. Entonces, tenemos maquinaciones, un león rugiente que se mueve buscando devorar a quien pueda. Él está relacionado con nuestro mundo. Él no está atado y esa característica pertenece al futuro, no al presente. Ésa es una de las razones por las cuales no creemos que el Reino esté aquí.

El reinado de los santos

Entonces, lo primero que tenemos es la expulsión de Satanás. Y ya la hemos visto. Lo segundo que le indiqué en nuestro estudio previo es el reinado de los santos. Miren el versículo 4. Ésta es otra característica del Reino Milenario; no solo Satanás estará atado —y en consecuencia el mundo será gobernado por Jesucristo mismo, quien impartirá ese reinado a través de Sus santos glorificados del Antiguo Testamento, del tiempo de la Tribulación y también del Nuevo Testamento— sino que vemos aquí, en los versículos 4–6, el Reino de los santos. "Y vi tronos, y se sentaron sobre ellos los que recibieron facultad de juzgar; y vi las almas de los decapitados por causa del testimonio de Jesús y por la palabra de Dios, los que no habían adorado a la bestia ni a su imagen, y que no recibieron la marca en sus frentes ni en sus manos; y vivieron y reinaron con Cristo mil años" (versículo 4). En ese versículo, tenemos a los santos del Antiguo Testamento, tenemos a aquellos que vivieron durante el tiempo y el ministerio de Cristo, tenemos a los santos del Nuevo Testamento, los santos de la Tribulación, todos ellos vienen juntos. "Pero los otros muertos no volvieron a vivir hasta que se cumplieron mil años. Esta es la primera resurrección" (versículo 5).

Entonces, tenemos a todos los santos resucitados antes de los mil años, tal como hemos indicado; y tenemos a los impíos resucitados después de que finalizan los mil años. La primera resurrección involucra solo a los santos, así lo dice en el versículo 6: "Bienaventurado y santo el que tiene parte en la primera resurrección; la segunda muerte no tiene potestad sobre éstos, sino que serán sacerdotes de Dios y de Cristo, y reinarán con él mil años". Daniel 7 nos dice que los santos del Antiguo Testamento reinarán.

Mateo 19:28–29 dice que los apóstoles y aquellos que siguieron a Cristo en su vida reinarán. Primera de Corintios 6:2–3 dice que los santos del Nuevo Testamento reinarán. Y aquí, en el libro de Apocalipsis, se nos dice en 20:4, que los santos de la Tribulación reinarán también. Entonces, todos los santos de todos esos períodos vendrán en forma glorificada al Reino para reinar con Cristo.

Y ese es el carácter del Reino. En lo que concierne al reinado de los santos. Un recordatorio de Filipenses 3:21 —todavía estamos repasando— dice que nuestros cuerpos serán transformados para que sean semejantes al cuerpo de la gloria Suya. Entonces, cuando vengamos al Reino, tendremos forma glorificada. Los creyentes del Nuevo Testamento serán raptados y transformados en el momento del rapto. Los creyentes del Antiguo Testamento y de la Tribulación serán transformados al final del tiempo de la Tribulación, en la resurrección de la que habla Daniel 12:2. Entonces, todos llegaremos al Reino con esa nueva forma glorificada. Y tendremos a Cristo reinando en Su gloria de resurrección; y luego tendremos a todos los santos de todos los tiempos en su gloria de resurrección como Sus cogobernantes, aquellos que estarán debajo de Él, llevando a cabo Su mandato.

Usted se preguntará cómo seremos; cómo es que seremos diferentes. Bueno, 1 Corintios nos dice tanto como podemos saber, comenzando en el versículo 35 del capítulo 15. 1 Corintios 15:35–38: "Pero dirá alguno: ¿Cómo resucitarán los muertos? ¿Con qué cuerpo vendrán? Necio, lo que tú siembras no se vivifica, si no muere antes. Y lo que siembras no es el cuerpo que ha de salir, sino el grano desnudo, ya sea de trigo o de otro grano; pero Dios le da el cuerpo como él quiso, y a cada semilla su propio cuerpo". Esa es una analogía muy buena.

Lo que él está diciendo es que la semilla que va a la tierra no se parece en absoluto a lo que sale. No hay modo de saber, al ver una semilla entrar a la tierra, a menos que ustedes sean algún tipo de experto, lo que saldrá de esa pequeña semilla. Y ese es en realidad el sentido de la respuesta a esa pregunta. ¿Cómo podremos nosotros que nos vemos como una semilla común saber cómo nos veremos si no lo veremos hasta que lo experimentemos? Pero será diferente. Ustedes colocan una pequeña semilla en la tierra y sale una flor magnífica; o germina una planta; o un árbol glorioso; y no tienen modo de ver la majestuosidad de ese árbol, la belleza de esa planta, la gloria de esa flor cuando miran las semillas. Entonces, dice que preguntar eso es algo necio. Ustedes son un simple grano. Ustedes van a la tierra y solo Dios sabe lo que saldrá. Ustedes serán diferentes. "No toda carne es la misma carne, sino que una carne es la de los hombres, otra carne la de las bestias, otra la de los peces, y otra la de las aves. Y hay cuerpos celestiales, y cuerpos terrenales; pero una es la gloria de los celestiales, y otra la de los terrenales" (versículos 39–40). En otras palabras, hay una diferencia entre la montaña y una estrella, una diferencia entre una roca y un cometa. Y hay una gloria del sol y otra gloria de la luna, y otra gloria de las estrellas. Y las estrellas son diferentes una de la otra. Lo mismo es en la resurrección. Se siembra un cuerpo que perece, se resucita con uno que no perece. Se siembra en deshonor, se resucita en gloria. Se siembra en debilidad, resucita en poder. Se siembra en un cuerpo natural, resucita en un cuerpo espiritual.

Y eso es realmente todo lo que usted puede saber. Los versículos 48–49 dicen que será celestial. "Cual el terrenal, tales también los terrenales; y cual el celestial, tales también los celestiales. Y así como hemos traído la imagen del terrenal, traeremos también la imagen del celestial".No sé cómo seremos. No sé cómo se verán esas formas glorificadas. Pero no serán como son ahora; y sin embargo habrá alguna conexión, alguna similitud. Y entonces, los santos vendrán en gloria de resurrección. Y dice en el versículo 4 que reinarán con Cristo y se sentarán en tronos. El versículo 4 comienza: "Y vi tronos". Y al final del versículo: "Y vivieron y reinaron con Cristo mil años". Nuevamente, el final del versículo 6: "Y reinarán con Él mil años".Será en la tierra, el mismo lugar donde Satanás gobernó y del cual fue expulsado. ¿Y cómo será? Bueno, hemos hablado algo acerca del carácter físico de la tierra en ese momento. Les he mostrado el escenario científico que quizás será el carácter físico de la tierra en ese momento. Pero no deseo hablar de la tierra física, permítanme hablar del carácter del gobierno de Cristo y Sus santos por un momento.

Será un gobierno universal. Es decir que el Señor Jesucristo, a través de sus santos gobernará todo el mundo. Será totalmente gobernado por Cristo. Será global. El Salmo 2 nos dice: "Yo he puesto Mi Rey sobre Sión, Mi santo monte... Pídeme, y te daré por herencia las naciones, y como posesión Tuya los confines de la tierra. Los quebrantarás con vara de hierro; como vasija de alfarero los desmenuzarás" (versículos 6, 8–9).

En otras palabras, será un gobierno global general del señor Jesucristo. Nadie estará fuera de ese gobierno. Él gobernará en todas partes de este planeta. De hecho, dice en Daniel 2:35 que cuando Cristo venga a este mundo, Él será la piedra que golpea la estatua que representa todos los reinos de los hombres. Y esa piedra se convierte en un gran monte que llena toda la tierra. Y nuevamente, en Daniel 7, vemos el carácter universal o global de Su gobierno: "Y Le fue dado dominio, gloria y reino, para que todos los pueblos, naciones y lenguas Le sirvieran; Su dominio es dominio eterno, que nunca pasará, y Su reino uno que no será destruido". Es global, es indestructible.

De hecho, aun en el Nuevo Testamento tenemos una vista de eso. Creo que es en el capítulo 19 de Lucas, hay un par de versículos interesantes. Versículo 17: "Está bien, buen siervo; por cuanto en lo poco has sido fiel, tendrás autoridad sobre diez ciudades". Y al próximo, Él le dijo: "Tú también sé sobre cinco ciudades" (versículo 19). Y hay una pequeña mirada del gobierno global que Cristo tiene en el mundo y como lo dispensa a aquellos que son fieles. A uno, le da 10 ciudades para gobernar y al otro cinco, dependiendo de su fidelidad. Es gobierno global y es mediado a través de los santos.

También es un gobierno absoluto. Es decir que hay juicio inmediato para aquellos que se le oponen. Es absoluto. Un gobierno con vara de hierro, como dice en el Salmo 2. El Salmo 72:9–11 agrega: "Ante Él se postrarán los moradores del desierto, y Sus enemigos lamerán el polvo. Los reyes de Tarsis y de las costas traerán presentes; los reyes de Sabá y de Seba ofrecerán dones. Todos los reyes se postrarán delante de Él; todas las naciones Le servirán". Y es como una amenaza "de lo contrario…"

También será un gobierno justo. Será benevolente, será justo, ecuánime. Dice en Isaías 11:3: "No juzgará según la vista de Sus ojos, ni argüirá por lo que oigan Sus oídos…" Juzgará con justicia, no por lo que escucha de alguien más, no por lo que ve o por lo que le informan que se ha visto; sino que juzgará de manera justa porque todo lo sabe. "…Sino que juzgará con justicia a los pobres, y argüirá con equidad por los mansos de la tierra; y herirá la tierra con la vara de Su boca, y con el espíritu de Sus labios matará al impío. Y será la justicia cinto de Sus lomos, y la fidelidad ceñidor de Su cintura" (versículos 4–5).

Entonces, tenemos el gobierno político o social del gobierno universal global de Cristo que es absoluto, justo, ecuánime. Pero Él gobernará no solo de manera política y social, sino también espiritual. Eso es decir que cuando comienza el Reino, las únicas personas en el Reino serán los conversos. Los judíos y los gentiles que han sobrevivido al tiempo de la gran Tribulación son los súbditos del Rey. De hecho, leemos en la Escritura acerca del carácter del Reino lo siguiente: Israel, primero que nada, será convertido y restaurado a la tierra. Eso figura en muchos lugares. Jeremías 23:5, tendrá la tierra que fue prometida a Abraham en Génesis 13 y Génesis 15. De acuerdo con Jeremías 30, Jerusalén será reconstruida. De acuerdo a Ezequiel 40–48, se construirá un templo en el lugar adecuado; y allí se conmemorará el maravilloso trabajo de redención de Dios.

Y Miqueas 4:2–6, dice lo siguiente: "Vendrán muchas naciones, y dirán: Venid, y subamos al monte de Jehová, y a la casa del Dios de Jacob; y nos enseñará en sus caminos, y andaremos por sus veredas; porque de Sion saldrá la ley, y de Jerusalén la palabra de Jehová. Y él juzgará entre muchos pueblos, y corregirá a naciones poderosas hasta muy lejos; y martillarán sus espadas para azadones, y sus lanzas para hoces; no alzará espada nación contra nación, ni se ensayarán más para la guerra. Y se sentará cada uno debajo de su vid y debajo de su higuera, y no habrá quien los amedrente; porque la boca de Jehová de los ejércitos lo ha hablado. Aunque todos los pueblos anden cada uno en el nombre de su dios, nosotros con todo andaremos en el nombre de Jehová nuestro Dios eternamente y para siempre. En aquel día, dice Jehová, juntaré la que cojea, y recogeré la descarriada…" etc. Hay un movimiento espiritual.

No solo serán creyentes los que vengan, sino que tendrán hijos; y de esos que nazcan, muchos vendrán a la fe en Cristo; muchos serán guiados al conocimiento de Cristo. De hecho, el profeta dice que habrá diez gentiles colgando de la vestidura del judío pidiendo ser llevados para ver al Mesías.

Israel será bendecido. La tierra de Israel, la ciudad de Jerusalén, volverá a su gloriosa prominencia. Y el tiempo de la promesa de Dios para ellos será cumplido. Sucederá, dice Zacarías 14:16-17, que "todos los que sobrevivieren de las naciones que vinieron contra Jerusalén, subirán de año en año para adorar al Rey, a Jehová de los ejércitos, y a celebrar la fiesta de los tabernáculos. Y acontecerá que los de las familias de la tierra que no subieren a Jerusalén para adorar al Rey, Jehová de los ejércitos, no vendrá sobre ellos lluvia". Juicio instantáneo a las personas que no adoran.

Eso hará dos cosas. Será una muy buena motivación para que ellos vayan y adoren; y aquellos que no vayan, estarán cada vez más y más agitados, irritados y hostiles. Y eso es importante también porque al final de los mil años, aquellos que rechacen estarán listos para la guerra. Isaías 61-62 también habla acerca de la bendición que llegará a Israel.

Entonces, hay un tiempo especial para Israel y también un tiempo especial de salvación para las naciones. Más allá de eso, hay algunas características espirituales en las cuales no voy a entrar en detalle; tan solo las mencionaré. La presencia de Cristo estará allí. Eso es muy claro de acuerdo con el Salmo 2, Salmo 72 y el libro de Apocalipsis. La presencia de la verdad estará allí, Isaías 11:9. La justicia florecerá, nuevamente Salmo 72. La paz reinará, Isaías 2:4, Isaías 32:17. El gozo abundará, Isaías 12 e Isaías 61. El Espíritu Santo derramará un poder extraordinario, Joel 2:28-29.

Entonces, la vida espiritual será gloriosa durante esa época. Y las personas vendrán y adorarán al Mesías; y aquellos que nazcan llegarán a la fe en Él. Y los rebeldes sentirán el calor de Su juicio de inmediato. Obviamente, no serán ejecutados de inmediato; algunos lo serán, pero no todos. Quedarán suficientes para juntar una fuerza rebelde hacia el fin.

Ahora, mirando al Reino desde el punto de vista político y espiritual, podemos ver cómo el Señor Jesús lo domina. ¿Qué hay del aspecto físico? ¿Qué tipo de vida acontecerá? Primero que nada, la maldición será levantada. Isaías 11:7-9; 30:23-24. Luego nuevamente en el capítulo 35 habla de cómo la maldición será levantada y que en cierta medida será como el Edén nuevamente. Joel 2:21-27 dice que habrá comida en abundancia para todos. Isaías 29:18, 33:24, 35:5-6. Isaías 65, toda esa sección de Isaías habla acerca de salud y sanación. Isaías 30 habla acerca de una alta tasa de nacimientos. Entonces, será un tiempo extraordinario por donde usted lo mire. Todos los santos —esos somos todos nosotros— reinaremos allí. Es lo que hemos anhelado, esperado. Este mundo es un lugar hermoso, un lugar maravilloso, a pesar de que ha sido maldecido y a pesar de todos sus problemas. Imagine lo que será cuando la maldición sea quitada, la topografía sea alterada y la justicia y la paz gobiernen en todas partes. Imagine lo que será cuando regresemos y el Señor Jesús ejerza Su gobierno sobre este mundo a través nuestro. Una gran expectativa.

Una breve nota en el versículo 5. Los pecadores no regenerados no están incluidos en el Reino. El resto de los muertos no regresa hasta que los mil años hayan finalizado; y ellos regresan, de acuerdo al versículo 11, para el juicio del Gran Trono Blanco. Serán resucitados, aún los impíos, aún los que no son salvos de todos los tiempos serán resucitados. Tendrán cuerpos resucitados, cuerpos acordes para sufrir en el infierno por la eternidad. Examinaremos todo eso cuando lleguemos al versículo 11.

Esta primera resurrección es la resurrección de los justos, la resurrección de los santos. Esta es la resurrección en la que participan aquellos que creen, ya sean los santos del Antiguo Testamento, los santos del Nuevo Testamento o los santos de la Tribulación. Todos estamos en la primera resurrección. Comienza con la Resurrección de Cristo; y luego viene a la resurrección de la Iglesia, luego la resurrección de los santos del Antiguo Testamento y los santos de la Tribulación. Pero es todo la primera resurrección. En Lucas 14:14 es llamada: "la resurrección de los justos". La resurrección de los justos tiene varias partes. En Lucas 20:34–36: "Los hijos de este siglo se casan, y se dan en casamiento; mas los que fueren tenidos por dignos de alcanzar aquel siglo y la resurrección de entre los muertos, ni se casan, ni se dan en casamiento. Porque no pueden ya más morir, pues son iguales a los ángeles, y son hijos de Dios, al ser hijos de la resurrección". Es una resurrección que nos pondrá en una forma diferente donde ya no existe el matrimonio. Es lo que Jesús llamó en Juan 5:29: "la resurrección de vida". Todo es la misma resurrección. Donde sea que están involucrados los justos, es la misma resurrección.

Hechos 24:15 habla acerca de eso. Hebreos 11:35, quiero recordarles, allí hay un versículo que es en cierta manera definitivo. Dice: "Las mujeres recibieron sus muertos mediante resurrección; mas otros fueron atormentados, no aceptando el rescate, a fin de obtener" —aquí está la palabra clave— "mejor resurrección". Todos los justos, todos los que murieron a lo largo de la historia de la redención, serán resucitados y llevados al Reino milenario. Todos seremos transformados y tendremos un cuerpo como Su cuerpo, un cuerpo de gloria. Seremos transformados y cambiados y hechos como Jesucristo. Eso es lo que dijo Pedro cuando expresó que: "Nos hizo renacer para una esperanza viva, por la resurrección de Jesucristo de los muertos, para una herencia incorruptible, incontaminada e inmarcesible" (1 Pedro 1:3–4). Esto es lo que anhelamos. Buscamos *anastasis*, un sustantivo utilizado 40 veces en el Nuevo Testamento, que siempre se refiere a un cuerpo muerto saliendo de la tumba. Esperamos la resurrección de nuestros cuerpos muertos. Cuando nos entierren, regresaremos. Las personas siempre hacen preguntas tontas tales como qué si uno ha estado allí durante un largo período de tiempo, estará putrefacto. Sí, pero si Dios puede levantar a los muertos, la forma en la que ellos estén es un detalle menor. Algunas personas incluso me han dicho que no quieren ser cremadas y luego desparramados por el mar por miedo de que Dios no pueda encontrar todas sus partes. No se preocupe por eso. Usted será diferente, usted será nuevo.

Y entonces, dice en el versículo 6: "Bienaventurado y santo el que tiene parte en la primera resurrección". Somos bienaventurados y somos los santos. Y la segunda muerte no tiene potestad sobre nosotros. ¿Qué es la segunda muerte? Es la muerte descrita en el versículo 14: "...lago de fuego. Esta es la muerte segunda". Es el infierno eterno. Pero nosotros seremos sacerdotes de Dios y de Cristo y reinaremos con Él durante mil años. ¿Qué hace un sacerdote? ¿Un sacerdote trae a la gente a quién? A Dios. Esa será nuestra función mundial. Traeremos a la gente a Dios, traeremos a la gente al Señor, traeremos a la gente al conocimiento de Cristo, acompañándolos a Su gloriosa presencia, trayéndoles a la verdad. Esa será nuestra función. También estaremos gobernando. Reinaremos con Él durante mil años. Traeremos a las personas al conocimiento de Cristo, las traeremos a la salvación; y al mismo tiempo estaremos gobernando, reinando y ejecutando los deseos del Rey. Seremos una combinación de sacerdotes y reyes… gobernadores y sacerdotes. Eso es algo tremendo.

Entonces, la palabra es *anastasis*. Cuando su cuerpo muere, su espíritu va inmediatamente a estar con el Señor. Su cuerpo permanece en la tumba hasta la resurrección. Tal como dijo Jesús a las hermanas que lloraban en Juan 11:23: "Tu hermano resucitará". Y en Juan 6 Jesús dijo tres veces: "Yo le resucitaré en el día postrero". Filipenses 3:11 dice: "La resurrección de entre los muertos". Entonces, una resurrección literal, física y corporal a una nueva forma eterna, tal como una semilla que va a la tierra y muere; y de esa semilla surge la vida. Escaparemos de la muerte segunda, el infierno, el lago de fuego, la muerte eterna; y entraremos al Reino. Y después de que el Reino haya terminado, viviremos por siempre en gloria eterna. Es algo extraordinario conocer lo que se tiene reservado para nosotros.

El regreso de Satanás

Bueno, eso nos lleva al tercer punto. La eliminación de Satanás, el Reino de los santos, es el carácter del Reino. Pero hay una tercera cosa que es el regreso de Satanás. Llegamos al versículo 7, muy importante: "Cuando los mil años se cumplan, Satanás será suelto de su prisión". El regreso de Satanás. Le recuerdo nuevamente que durante el Reino, Satanás no ha formado parte, no está allí; y sus demonios no están allí. Y creo que está bien suponer que Nuestro Señor ataría a Satanás y no dejaría que sus compinches estuvieran sueltos en la tierra. Creo que todo el sistema será sujeto.

Pero la atadura de Satanás sin embargo finaliza al cierre del milenio. Y no nos dice como. Tan solo dice que cuando se cumplan los mil años, Satanás será liberado de su prisión. No sabemos cómo será liberado. No interesa como. La próxima pregunta sería por qué es liberado. Y esa es una pregunta justa. ¿Por qué lo liberaría Dios?

Bueno, eso es algo más evidente. Permítanme que les diga. Ninguna persona que no sea salva entrará al Reino. Si usted considera todas las profecías con respecto al Día del Señor, ese día es indiscutiblemente en contra de los impíos; y todos ellos morirán. Y eso significa que las únicas personas que irán al Reino son aquellas que son creyentes: judíos a quienes el Señor salvó y ustedes saben que Él hará eso —Apocalipsis 12 nos dice como Él los oculta en el desierto para que el anticristo no pueda destruirlos. Gentiles que han llegado a la fe en el verdadero Salvador, el Señor Jesucristo, que escaparon de la perfidia del anticristo y de todo el resto de los juicios que están teniendo lugar. Ellos tomarán cuerpos físicos como los que tenemos nosotros ahora, no serán diferentes de nosotros. Ellos irán al Reino en su forma física normal. Y todos los impíos serán destruidos; entonces, todo lo que habrá en el Reino son creyentes. Estos son los santos, aquellos que pertenecen al Señor.

Si usted necesita una palabra acerca de eso en la Escritura, escuche Isaías 60:21: "Y Tu pueblo, todos ellos serán justos, para siempre heredarán la tierra". Solo los justos irán al Reino. Apocalipsis 19:21, después de la matanza de Armagedón, dice: "Y los demás fueron muertos con la espada". Eso es todos ellos. No hay nada en la Escritura que diga que un no creyente sobrevive al Día del Señor.

Ustedes dirán que entonces llegan al Reino y tienen hijos. Seguramente; y recuerde que las condiciones son perfectas, entonces ellos proliferan. Y viven por mucho tiempo y son productivos por un largo período de tiempo. Pero ellos producen, adivinen qué: Pecadores. Porque eso es lo único que nosotros podemos producir, ¿no es cierto?

Aún en las condiciones del milenio produciremos pecadores porque somos personas caídas. Entonces, los hijos serán pecadores y necesitarán ser salvados. Y sorprendentemente, mientras que muchos de ellos vendrán a la fe en Cristo y muchos de ellos creerán, muchos no lo harán. Y en mil años, puede haber millones de personas en la tierra. La reproducción exponencial será rápida. Y muchos de ellos, es triste decirlo, amarán su pecado. Y ellos son a quienes el Señor juzgará; en algunos casos ejecutándolos, en otros casos por otro tipo de juicio rápido, en algunos casos reteniendo las lluvias, por lo cual experimentarán condiciones de vida severas, tal como hemos leído anteriormente. Ellos amarán su pecado. Ellos rechazarán Su gracia y rechazarán el Señorío del Rey sobre la tierra.

En realidad es sorprendente pensar acerca de eso. A pesar de que Jesucristo reina en un universo totalmente renovado, a pesar de que tiene poder absoluto sobre todo y sobre todos, a pesar de que es un mundo perfecto —Sus perfecciones gloriosas son manifestadas a través de Su persona y Su voluntad y a través de todos los santos glorificados que llevan a cabo Su voluntad— a pesar de que todo es exactamente del modo que debería ser, todo está bien, todo es pacífico, no hay guerras, las armas de todos han sido martilladas en azadones, todo es próspero, todas las economías del mundo están muy bien, todo es prosperidad en cada aspecto, todo es armonioso, la utopía ha llegado, a pesar de todo eso, las personas rechazarán a Cristo. Y es importante hacer este recordatorio, que las personas rechazan a Cristo porque aman el pecado. Hay pecadores rebeldes y ellos aman su pecado. Y el problema no es el tipo de mundo en el que viven. Me atrevería a decir que hay gente en esta sociedad de hoy en día, muchos de ellos, millones de ellos que escogerían este tipo de sociedad o un tipo aún peor de sociedad antes que una gobernada por Jesucristo. Ellos no tienen un amor real por la justicia.

En Romanos 8:7 dice: "Los designios de la carne son enemistad contra Dios". Ellos tendrán extensas pruebas a su alrededor de que Jesús es Dios. Tendrán amplias pruebas a su alrededor de que Él es el Salvador. Ellos tendrán extensos beneficios de Su bondad, generosidad, misericordia y gracia para con ellos. Pero a pesar de todo eso, le rechazarán; tendrán todo tipo de evidencia de Su poder milagroso, de Su juicio rápido y de Su equidad. Pero tal como los pecadores obstinados que estaban en la tierra cuando Jesús vino la primera vez, ellos le rechazarán. Los fariseos, de acuerdo a Mateo 12:24, dijeron acerca de Jesús: "Este no echa fuera los demonios sino por Beelzebú, príncipe de los demonios". Dijeron: "Él es demoníaco, lo odiamos, mátenlo".

¿Cómo podían llegar ellos a esa conclusión? Porque amaban su pecado. Y entonces, no es el ambiente lo que salva a las personas ya sea que se trate de un ambiente terrible o uno bueno. Ellos rechazaron a Jesús la primera vez que vino. Y Él les dio un vistazo de cómo sería un mundo perfecto. Él básicamente eliminó la enfermedad en Palestina. Perdonó el pecado una y otra vez, día tras día. Él enseñó la Verdad. Él demostró bondad, generosidad. Creó alimento para ellos para darles una pequeña demostración de cómo sería en el Reino. Les alimentó con pescado y panes al lado del mar.

Les dio principios para tener una vida rica y gratificante; y cuando ellos tuvieron la oportunidad, clamaron por Su sangre porque amaban su pecado. Y esa es la naturaleza de la depravación. Sin importar cuál es el entorno; eso no lo cambia.

Entonces, Satanás es liberado para ofrecer un liderazgo afín con todos los rebeldes para que lo que está latente pueda ser desatado. Usted se preguntará por qué Dios desea que eso sea desatado. Para poder destruirlo. Satanás es liberado para reclutar a todos los rebeldes y que ellos revelen su verdadero carácter como pecadores que rechazan a Cristo; para exponerlos. Así la destrucción será justa de manera evidente. ¿Puede verlo? Dios podría tan solo matarlos a todos; pero no es ese el modo en que lo hará. Antes de que sean ejecutados, su rebelión será manifiesta para que de ese modo, todo el universo sepa que la ejecución que Dios trae sobre ellos es justa.

Entonces, Satanás será liberado para juntar a los rebeldes, para proveer un liderazgo afín en fuerza diabólica, para luchar contra Cristo para que su oposición latente pueda ser manifiesta a todo el universo; y por lo tanto la devastación y la destrucción de Dios sea vista como justa.

Considero que aquí corresponde una nota a pie de página. El tema relacionado con la salvación nunca carece de información. Quiero que ustedes entiendan eso. No es la falta de información. Romanos 1 dice que todos tienen el suficiente conocimiento de Dios como para estar sin excusa. No es la información. No es que falta presentarle suficiente evidencia como para ser convincente, o para presentar a Jesús lo suficientemente amoroso o al Evangelio lo suficientemente encantador o convincente o atractivo. El problema en la evangelización es que los pecadores aman el pecado. Juan 3:19: "Los hombres amaron más las tinieblas que la luz, porque sus obras eran malas". Sus obras son malas, ellos aman el pecado.

Todos estos pos-milenaristas modernos que nosotros llamamos reconstruccionistas, todos esos que tratan de traer el Reino capturando las instituciones de los hombres a través del poder político, todos esos cristianos activistas políticos que continúan diciendo —y escucho esto una y otra vez— que tienen que tomar el control de este país, que tienen que poner a su gente en el poder si queremos tener la libertad de predicar el Evangelio y si queremos continuar viendo que los hombres vengan a Cristo, yo deseo decirles que ese no es el problema. Gastar toda su energía y todo su tiempo y todo su dinero para buscar crear una moral cultural, como si eso de algún modo mejorara al Evangelio, revela una falta de comprensión de la depravación del hombre. No importa cuál sea el entorno. Y cuando leemos que algún político gasta 25 millones de dólares o 30 millones de dólares o cualquier suma de dinero para llegar al poder político por algún propósito espiritual noble, mi conclusión es que eso es un tipo de obscenidad. Eso es irrelevante para el avance del Reino de Dios. Y solo puedo imaginarme lo que esa cantidad de dinero haría si estuviera dirigido a la proclamación del Evangelio.

Hacemos bien en considerar que en la cultura más moral que esta tierra conocerá, el hombre amará el pecado. A menos que usted crea que eso es sorprendente, regrese al ambiente perfecto del huerto del Edén y recuerde que solo había dos personas; y ambas escogieron el pecado. Y lo hicieron partiendo de la inocencia, ¿qué hará la humanidad partiendo desde la depravación? No importa la época, no importa el mundo en el que vivan, las personas depravadas aman el pecado. Y eso también le demuestra algo más. No se necesita a Satanás. Ya sea que Satanás esté presente o ausente, eso no tiene nada que ver con la depravación. La gente dice que el mal busca tentarles y caen en pecado. No lo creo. Si el mal estuviera atado, usted caería en pecado. No es el mal el que hace usted peque; el mal crea el sistema que le tienta a usted. No es que el mal se meta en su mente y le diga que haga esto y aquello. Francamente no sabría si lo hace. Yo nunca lo he oído. No sabría si él está ahí diciendo algo. Pero si sé que este sistema que ha sido diseñado por él me presenta tentaciones desde todo punto de vista.

Entonces, podemos sacar a Satanás del sistema y sin embargo todavía tendremos depravación. Y podemos poner al hombre con su depravación en un ambiente perfecto y él aún amará el pecado porque esa es su naturaleza. Eso es la depravación. No es que alguien es tan malo como pueda ser, sino que todos amamos el pecado. El pecado enceguece a los pecadores de todas las épocas. Pueden hacer todo lo que quieran por la cultura moral de este país; pero eso no redimirá a nadie. No cambiará a los pecadores. Ellos aman su pecado. De hecho, enfadará a los pecadores. Y usted ha visto que eso sucede. Ya sea que surja algún cristiano en la política o que aparezca alguien con posibilidades de ser electo que tenga un alto estándar de moralidad, la batalla se intensifica porque los pecadores no quieren ninguna violación de sus libertades.

Entonces, en el Reino surge una generación de potenciales asesinos de Cristo. La depravación del hombre no está afectada por el ambiente. La maldad desesperada de Satanás y el odio a Dios en Cristo no son alterados por haber estado en prisión durante mil años. Él no mejora, empeora. Ahora está más desquiciado que nunca. Y cuando es liberado del foso, luego de los mil años, surge tan malvado como siempre y más hostil que nunca. Él no cambia. El infierno no cambia a las personas. El castigo no cambia a las personas, no es ese su propósito. Entonces, tenemos al mismo ángel caído impío, vil, hostil; y también tenemos a las personas depravadas. Y ellos se juntan al final de los mil años con la intención de matar a Cristo.

Eso nos lleva a los versículos 8–10: La rebelión de la sociedad. Y tan sólo lo presentaré porque se nos ha acabado el tiempo. Pero en el versículo

11_La venida del Reino terrenal del Señor Jesucristo. Parte III

8 dice que Satanás, cuando sea suelto de su prisión, "saldrá a engañar a las naciones". Como lo he dicho, nada externo puede cambiar al hombre. Su ambiente no lo cambia. Es como un cerdo, le puede dar un baño y ponerle un listón en su cuello; pero sigue siendo un cerdo. No cambiará su naturaleza. Usted puede ponerlo en el ambiente más puro y seguirá siendo lo que es.

Y entonces, ahora viene Satanás, odiando a Cristo más de lo que alguna vez lo ha odiado. Y el hombre que no se conmueve por la paz y el gobierno de la justicia porque ama su pecado. Y la combinación conduce a esta rebelión. Satanás sale a engañar a las naciones. Obviamente, él es un engañador, él es un mentiroso; y eso es lo que él siempre hace. Esto no es diferente. Tiene que llevarlos a la batalla y lo hace por medio del engaño. Tiene que convencerlos de que esto tiene sentido. Estas personas conocen el poder de Cristo, lo han experimentado por el período de tiempo que han vivido en el mundo. Han visto como trabaja la vara de hierro. Han visto el juicio rápido y resuelto. Han visto como toma medidas enérgicas contra los pecadores. Han visto lo que les sucede aquellos que no doblan su rodilla ante Él. Ellos saben quién es Él. Han visto Su poder milagroso. No hay duda de eso. No se cuestiona si Él es realmente el Rey, si Él es realmente Dios. Eso no está en debate. No es un asunto de información. Ellos saben quién es Él. Tienen suficiente información.

Y habrá una vacilación natural por parte de estas personas en ir y enfrentarlo. Es por eso que solo sucederá hasta que Satanás sea liberado y pueda ir y de alguna manera a engañarles haciéndoles creer que es una iniciativa que vale la pena. Él tiene la habilidad de hacerlo. De regreso en Apocalipsis 12:9, el gran dragón es arrojado, la serpiente antigua que se llama diablo y Satanás, el cual engaña al mundo entero. Él es un engañador. Él siempre ha sido un engañador. Siempre ha sido descrito como un mentiroso.

De algún modo, él saldrá y llevará a cabo esta increíble mentira. Regresando al versículo 3, hemos visto que él ha estado engañando a las naciones durante todo el tiempo. No las habrá engañado durante mil años. Pero entonces regresará en el versículo 7. Será liberado en el versículo 8. Sus mentiras comenzarán nuevamente. Su función principal siempre es llevarlos por el mal camino. Siempre es engañarlos. Pero, ustedes saben, tan solo para recordarles —es algo sorprendente regresar a este punto— no importa lo que Satanás haga, él de algún modo cumple con los propósitos de Dios.

Escuche lo que dice Ezequiel 38:14–16. Regresaremos a Ezequiel 38 la semana próxima en uno de los estudios más fascinantes de la Biblia, acerca de Gog y Magog. Permítanme tan solo leerles los versículos 14–16. Aquí Dios dice: "Di a Gog: Así ha dicho Jehová el Señor: En aquel tiempo, cuando Mi pueblo Israel habite con seguridad, ¿no lo sabrás tú? Vendrás de tu lugar, de las regiones del norte, tú y muchos pueblos contigo, todos ellos a caballo, gran multitud y poderoso ejército, y subirás contra Mi pueblo Israel como nublado para cubrir la tierra; será al cabo de los días; y te traeré sobre Mi tierra". Todo está dentro del designio de la voluntad de Dios, como en el sermón que Pedro predicó en Pentecostés cuando dijo: "A éste, entregado por el determinado consejo y anticipado conocimiento de Dios, prendisteis y matasteis por manos de inicuos, crucificándole" (Hch. 2:23). Vosotros lo habéis hecho pero estaba en el plan. El plan es que Satanás será liberado e irá y engañará a las naciones. Pero será Dios quien los traiga a Jerusalén contra Cristo.

Note nuevamente el versículo 8, estas naciones están en los cuatro ángulos de la tierra. Todos, los cuatro ángulos: este, oeste, norte y sur. Y Satanás los trae a esta tremenda rebelión. Son llamados Gog y Magog. Y la próxima vez nos detendremos en ese punto y veremos la increíble importancia de eso, y cómo continúa la batalla. Y entonces llegaremos al final de esta gran sección acerca del Reino.

Reflexiones personales

13 de Noviembre, 1994

12_La venida del Reino terrenal del Señor Jesucristo. Parte IV

Y saldrá a engañar a las naciones que están en los cuatro ángulos de la tierra, a Gog y a Magog, a fin de reunirlos para la batalla; el número de los cuales es como la arena del mar. Y subieron sobre la anchura de la tierra, y rodearon el campamento de los santos y la ciudad amada; y de Dios descendió fuego del cielo, y los consumió. Y el diablo que los engañaba fue lanzado en el lago de fuego y azufre, donde estaban la bestia y el falso profeta; y serán atormentados día y noche por los siglos de los siglos.

Apocalipsis 20:8-10

BOSQUEJO

— Introducción

— La rebelión de la sociedad

— Oración final

Notas personales al bosquejo

12_La venida del Reino terrenal del Señor Jesucristo. Parte IV

SERMÓN

Introducción

Regresamos ahora Apocalipsis 20. Esta noche veremos la palabra de Dios a medida que nos presenta la venida del Reino terrenal de Jesucristo. Esta es la cuarta parte de nuestro estudio de estos primeros 10 versículos de Apocalipsis 20; una estupenda porción de la Escritura.

La esperanza del mundo es el regreso de Jesucristo a la tierra y el establecimiento de Su gran Reino de gloria. Como sabemos, Dios creó originalmente el paraíso, lo llamó Edén; y últimamente hará un nuevo paraíso, llamado el Reino de nuestro Señor Jesucristo. El hombre no escribió el primer capítulo de la historia; y tampoco escribirá el último. Dios escribió el primero; y Dios escribirá el último. Dios mismo tomará parte en el último día del hombre en este planeta. Y ese acto de Dios, al finalizar el día del hombre y traer al Reino de nuestro Señor Jesucristo, es el tema del libro de Apocalipsis. De hecho, hemos llamado a este libro "De regreso al futuro", un libro profético antiguo que no solo se mantiene al día, sino que nos transporta claramente al futuro, hasta el fin mismo.

Recuerden la secuencia en Apocalipsis, por favor. El capítulo uno nos presenta el libro y nos da una visión de Jesucristo. Y en el capítulo uno, Jesucristo se mueve en Su Iglesia. En los capítulos dos y tres, escribe cartas a la Iglesia. Podríamos entonces decir que los capítulos uno, dos y tres tratan acerca de la era de la Iglesia; era en la cual estamos viviendo ahora.

Y luego, somos transportados al cielo en los capítulos 4 y 5. Y cuando llegamos al cielo, estamos entre santos y ángeles. Y la escena es de gran interés. La escena es una de alabanza, adoración y gloria. No solo en general sino porque algo está por suceder. Lo que está por suceder es el juicio. Los capítulos 4 y 5 nos muestran un cielo colmado con expectativa, donde las cosas se están disponiendo para que el Señor actúe en el mundo.

Y luego, llegamos al capítulo 6. Y desde el capítulo 6 hasta el capítulo 18 hay juicio, un tiempo de gran juicio. Se desarrolla en juicios de sellos, de trompetas, de copas; y finaliza con un holocausto de horror llamado el Día del Señor en el cual la ira final del Señor es derramada.

Luego llegamos al capítulo 19 y al regreso de Jesucristo a medida que regresa a la tierra, destruye los ejércitos del mundo y a todos los incrédulos. Y luego, en el capítulo 20 establece su Reino. Su Reino es descrito en el capítulo 20 hasta el versículo 10. Al final de Su Reino, hay un juicio final llamado el juicio del Gran Trono Blanco —al final de este capítulo. Y luego, en los capítulos 21 y 22, tenemos la eternidad con el cielo nuevo y la tierra nueva, que es el estado final en el cual los redimidos vivirán por siempre.

Entonces, este es un panorama profético general, que nos lleva desde el tiempo presente, la era de la Iglesia, a través del tiempo de gran juicio, la venida de Jesucristo, el establecimiento de Su Reino y luego hacia el estado eterno. Entonces, en el flujo de la cronología del libro de Apocalipsis, llegamos ahora al capítulo 20. Y nos encontramos aprendiendo acerca del período del Reino. Es un período de mil años que se repite una y otra vez en la primera parte del capítulo 20. El término mil años o los mil años se utiliza numerosas veces, seis o siete, según recuerdo. Este es un período de mil años en el cual Cristo reinará en una tierra y un universo restaurados.

Como hemos estado diciendo, este maravilloso Reino no solo es presentado aquí. De hecho, aquí tan solo es definido más extensamente; fue presentado entre los profetas del Antiguo Testamento. Hablaron de él, tal como hemos visto. Jesús mismo habló de él. Los escritores del Nuevo Testamento hablaron de él. Pero en ningún lugar del Nuevo Testamento hay una presentación más clara e inconfundible del Reino que aquí en Apocalipsis 20. Y aquí tenemos el marco, un tipo de bastidor en el cual podemos colocar todas las profecías acerca del Reino. Esto nos da la estructura básica.

Y entonces, a medida que vimos estos primeros versículos —recordemos que en los versículos 1–3 se nos presenta el Reino— lo primero que aparece es la eliminación de Satanás. "Un ángel que descendía del cielo, con la llave del abismo, y una gran cadena en la mano. Y prendió al dragón, la serpiente antigua, que es el diablo y Satanás, y lo ató por mil años; y lo arrojó al abismo, y lo encerró, y puso su sello sobre él, para que no engañase más a las naciones, hasta que fuesen cumplidos mil años; y después de esto debe ser desatado por un poco de tiempo". Entonces, lo primero que sucede en el Reino, lo cual describe su carácter, es la eliminación de Satanás y junto con él, todos sus demonios. No serviría de nada remover a Satanás y dejar a sus demonios aquí. Ellos podrían invadir al mundo con el mismo tipo de frenesí y el mismo tipo de influencia que tienen actualmente. Y dado que Satanás no es omnipresente, el trabajo de los demonios podría ser enormemente efectivo, tal como es ahora cuando él ni siquiera esté presente. Entonces, creo que cuando Satanás sea removido, también lo serán sus legiones, todos esos ángeles caídos que son parte de su reino de tinieblas. Entonces, remover a Satanás tendrá un enorme impacto en el carácter de la vida en el Reino. Él ya no será el dios de este siglo, el príncipe de este mundo, el príncipe de la potestad del aire; él estará completamente fuera de aquí. Eso hemos visto en los versículos 1–3. Y eso tiene un gran impacto en la naturaleza de la vida durante ese período de mil años.

Luego, en los versículos 4–6 llegamos al Reino de los santos. De la remoción de Satanás al Reino de los santos. "Y vi tronos, y se sentaron sobre ellos" —siendo estos los santos— "los que recibieron facultad de juzgar; y vi las almas de los decapitados por causa del testimonio de Jesús y por la palabra de Dios, los que no habían adorado a la bestia ni a su imagen, y que no recibieron la marca en sus frentes ni en sus manos; y vivieron y reinaron con Cristo mil años". Entonces, aquí tenemos a todos los santos, los santos del Antiguo Testamento, los santos que vivieron durante el tiempo de Cristo en la tierra, los santos del Nuevo Testamento e inclusive los santos de la Tribulación. Y están todos ellos aquí, reinando con Cristo durante mil años. "Pero los otros muertos no volvieron a vivir hasta que se cumplieron mil años. Esta es la primera resurrección. Bienaventurado y santo el que tiene parte en la primera resurrección; la segunda muerte no tiene potestad sobre éstos, sino que serán sacerdotes de Dios y de Cristo, y reinarán con él mil años". Y hemos hablado con bastante detalle acerca de lo que ese Reino de los santos significa.

Y luego, llegamos al tercer punto en el versículo 7: de la remoción de Satanás, el reinado de los santos, al regreso de Satanás, tal como se nota en el versículo 3. Él será desatado por un breve tiempo. Y aquí dice: "Y después de esto debe ser desatado por un poco de tiempo". Y sabemos lo que sucede. Satanás sale de su prisión. Y ocurren cosas horribles y aterradoras, tal como siempre fue cuando Satanás tuvo dominio en la sociedad.

Y hemos contestado una pregunta que es muy importante. Si ya se está en el Reino Milenial, ¿cómo será Satanás capaz de regresar y tener alguna influencia? ¿No serán todos creyentes? No. Las únicas personas que entrarán al Reino serán creyentes. Ellos serán las ovejas en los juicios de Mateo 24–25 en el Sermón del Monte de los Olivos, las ovejas que entrarán al Reino. Solo creyentes entrarán al Reino, porque cuando Cristo regrese, destruirá a todos los impíos. Solo los creyentes entrarán; pero muchos de ellos, por supuesto, estarán todavía en sus cuerpos físicos. Todos los que entren al Reino inmediatamente en la tierra estarán físicamente vivos. Y entonces, se reproducirán y tendrán hijos. Los hijos tendrán que confesar a Cristo para ser salvos, como cualquiera en esta época actual tiene que hacerlo. Y muchos de ellos rechazarán a Cristo, mostrando la profundidad del pecado tal como hemos visto en nuestro último estudio.

Y a pesar de que hay una cultura moral general, a pesar de que Cristo gobierna con una vara de hierro, a pesar de que existe una extensa evidencia de que Él es efectivamente Dios encarnado y el gobernante del mundo; y a pesar de que la teología no será discutida, sino que la verdad reinará, la justicia prevalecerá, la paz rodeará al planeta; a pesar de que la verdad estará disponible para ellos en todas partes, los hombres amarán su pecado de tal manera que rechazarán a Cristo inclusive cuando Él esté presente.

Y habiendo rechazado al Señor Jesucristo, habrá entonces una enorme cantidad de incrédulos a los que Satanás influenciará tras su liberación del Reino. Liberado, debería decir, al Reino de Cristo del lugar de tinieblas donde se encontraba.

Y hemos hablado acerca del hecho de que la depravación del hombre no será alterada por un entorno perfecto. La depravación del hombre no será alterada por una moral cultural. Eso no cambia al hombre. Y tampoco Satanás habrá cambiado su personalidad o su carácter por haber estado en el abismo. Su maldad está establecida por la eternidad. Simplemente surgirá luego de esos mil años o casi mil años de reclusión, más enfurecido, más determinado que nunca en tratar de destruir al Señor Jesucristo. Él no cambia en su ambiente de castigo; y los hombres no cambian en un ambiente perfecto de justicia. Y entonces, aquí viene Satanás peor que nunca; y persigue a los pecadores que están tan perdidos como siempre, a pesar de que Cristo está vivo en la tierra. Entonces, en el versículo 7 tenemos el regreso de Satanás.

Dice que cuando los mil años hayan finalizado, él será liberado de la prisión. También dice en el versículo 3 que él será soltado por poco tiempo. Entonces, en algún momento cerca del fin de los mil años, él será liberado. No significa que los mil años necesariamente habrán finalizado; en algún momento cerca del fin, él será soltado. Y tendrá algún tiempo para hacer lo que pretenda hacer.

La rebelión de la sociedad

Eso nos lleva al cuarto punto, los versículos 8 al 10; y el punto final de este armazón del Reino: la rebelión de la sociedad. Pasamos de la remoción de Satanás, el Reino de los santos, el regreso de Satanás, a la rebelión de la sociedad. Y esto que sucede es algo increíble. Nos recuerda, tal como he estado diciendo, que nada externo puede cambiar al hombre. El juicio en la gran Tribulación —piense en eso. Dios derramando Su ira, los ángeles volando a través del cielo predicando el Evangelio, 144,000 testigos invencibles predicando al Evangelio, dos testigos que son levantados de entre los muertos predicando el Evangelio por todo el mundo, a la vista de todos. Juicios increíbles y milagrosos sobre todos. Ellos están escuchando al Evangelio como nunca ha sido predicado anteriormente. Está en todas partes. La verdad está en todas partes. El juicio está en todas partes. Y las personas todavía odian a Dios y odian a Cristo; y no se arrepienten. No cambiarán en el tiempo de juicio y no cambiarán en tiempo de justicia. No cambiarán en tiempo de guerra. No cambiarán en tiempo de paz. No cambiarán bajo el gobierno del anticristo, no cambiarán bajo el gobierno de Cristo. Los hombres aman al pecado en todos los tiempos y bajo cualquier condición. Ellos aman al pecado.

Y entonces, luego de mil años de un ambiente perfecto de utopía, de paraíso restaurado, vuelve Satanás. Apocalipsis 20:8: "Y saldrá a engañar a las naciones que están en los cuatro ángulos de la tierra, a Gog y a Magog, a fin de reunirlos para la batalla; el número de los cuales es como la arena del mar. Y subieron sobre la anchura de la tierra, y rodearon el campamento de los santos y la ciudad amada; y de Dios descendió fuego del cielo, y los consumió. Y el diablo que los engañaba fue lanzado en el lago de fuego y azufre, donde estaban la bestia y el falso profeta; y serán atormentados día y noche por los siglos de los siglos". Ahí tiene usted la rebelión de la sociedad y su fin en una intensa presentación muy clara. El engaño llega en el versículo 8. La guerra en el versículo 9. Y a la mitad del versículo 9, la destrucción; y luego, en el versículo 10, cuando se lidia con Satanás por la eternidad.

Y quiero que veamos esto; y creo que hay cosas maravillosas para comprender acerca de esto a medida que vemos los detalles de este texto. Primero que nada, en el versículo 8 dice que Satanás sale a engañar a las naciones. No estamos sorprendidos por eso ya que sabemos que esa es su profesión. Él es un engañador. De hecho, regresando a Apocalipsis 12:9, dice: "el cual engaña al mundo entero". Quiero decir, esta es su personalidad, es lo que él hace. Apocalipsis 13:14: "engaña a los moradores de la tierra". A lo largo de todo el libro de Apocalipsis lo vemos como un embustero. En Apocalipsis 19:20: "Y la bestia fue apresada, y con ella el falso profeta que había hecho delante de ella las señales con las cuales había engañado a los que recibieron la marca de la bestia". Él es un mentiroso, siempre lo ha sido y lo será. Regresando al versículo 3 de este capítulo, él es colocado en el abismo para que no pueda engañar a las naciones hasta que hayan finalizado los 1000 años. Y ahora, cuando regresa, engañará a las personas.

En otras palabras, ellos no tendrán en claro por qué estarán haciendo lo que estarán haciendo. Estarán engañados. Su principal operación siempre ha sido alejar a las personas de la verdad, de la realidad. Usted se preguntará por qué el mundo está absolutamente lleno de mentiras, de falsas religiones en todos lados, de falsas perspectivas de moralidad en todas partes, de falsas interpretaciones de la virtud. ¿Por qué? Porque el dios de este siglo ha cegado las mentes de las personas de este tiempo que están pereciendo; y ellos han creído esta mentira porque aman su pecado.

También dice, en el versículo 8, que él vendrá a engañar a las naciones que están en los cuatro rincones de la tierra. Obviamente, la tierra es redonda y no tomamos esto como una indicación de que la gente en los tiempos bíblicos pensara que la tierra era cuadrada. Simplemente significa este, oeste, norte y sur, los puntos cardinales de toda la tierra. Y recordará si estaba con nosotros en el capítulo 7, cuatro ángeles parados en los cuatro ángulos de la tierra que detenían los cuatro vientos de la tierra. Y allí está nuevamente la misma referencia al este, oeste, norte y sur; lo que significa los cuatro puntos cardinales. El engaño de Satanás abarca toda la tierra, es global.

No sé cómo lo hace, no sé cómo envía a sus demonios porque la Biblia no nos dice. No sabemos por qué medio trae esta mentira. Pero la mentira será básicamente el engaño de que pueden vencer a Cristo. Ese es el objetivo. Ellos tendrán que creer eso o si no, no lo harían. Y será una mentira muy, muy interesante ya que después de todo, ellos habrán vivido bajo el gobierno de Cristo durante mil años y muchos de ellos seguramente habrán vivido cientos de años, ya que la vida será prolongada nuevamente, tal como hemos manifestado hace algunas semanas. Y habrán vivido lo suficiente bajo el gobierno de Cristo. Habrán visto la vara de hierro. Ellos saben bien que Él gobierna con justicia y rapidez; y que no hay escapatoria. Ellos comprenden Su poder. Ellos comprenden que Él es invencible. Entonces, el engaño tiene que involucrar la idea de que ellos realmente pueden vencer a Cristo. Entonces, son engañados por Satanás; siendo todo esto también parte del plan de Dios.

De regreso a Apocalipsis 20:8. Las naciones de toda la tierra serán engañadas. Y luego dice: "Gog y Magog". ¿Qué es eso? Bueno, existe solo una perspectiva posible. Este tiene que ser el título de los enemigos del Rey de Reyes. Él les da este título, se los llama Gog y Magog. El mundo marchará contra Cristo con ese nombre, Gog y Magog.

Satanás entonces regresa, junta a un mundo de pecadores de los rincones de la tierra. Se les da el nombre de Gog y Magog porque eso representa el antiguo enemigo que descendía sobre el pueblo de Dios. Satanás junta a estas personas para la guerra, la última batalla absoluta. Esto es todo; no hay nada más. Hemos visto muchas batallas a lo largo de Apocalipsis, esta es la última batalla. La próxima batalla que acontecerá en la Biblia es la batalla que usted tendrá para encontrar algo en la concordancia, ya que no existen más guerras. La batalla final absoluta.

Y dice algo sorprendente: "el número de los cuales es como la arena del mar". Eso es una hipérbole. No significa que si usted pudiera contar el número de los granos de arena del mar, usted sabría exactamente cuántos soldados habrá en esa batalla. Es una hipérbole, un modo sencillo de ilustrar un número enorme. Y es algo trágico que habrá un número formidable de personas que se unirán a la rebelión de Satanás. Por cierto, dicha hipérbole se usa en Génesis 22:17, donde Dios dice: "De cierto te bendeciré, y multiplicaré tu descendencia como las estrellas del cielo y como la arena que está a la orilla del mar". En otras palabras, un número enorme, no necesariamente igual al número de granos de arena en el sentido matemático.

En Josué 11:4 dice que "Estos salieron" —aquí está hablando acerca de unos reyes— "y con ellos todos sus ejércitos, mucha gente, como la arena que está a la orilla del mar en multitud, con muchísimos caballos y carros de guerra". Sabemos que ese ejército no era igual al número de granos de arena, es simplemente un modo de expresar un gran número por medio de una hipérbole. Tenemos lo mismo en 1 Samuel 13:5 donde dice: "Entonces los filisteos se juntaron para pelear contra Israel, treinta mil carros, seis mil hombres de a caballo, y pueblo numeroso como la arena que está a la orilla del mar". Los judíos utilizaron eso como modo para expresar, mediante una hipérbole, un gran número, una gran multitud que venía en pie de guerra.

Luego, Apocalipsis 20:9, cuando el ejército fue reunido —y es sorprendente ver como él es capaz de juntarlos desde todos los puntos de la tierra— "subieron sobre la anchura de la tierra". Recuerden que la tierra ha sido reconfigurada. Recordamos, por ejemplo, en Apocalipsis 16:20: "Y toda isla huyó, y los montes no fueron hallados". Durante el tiempo de la Tribulación ha habido un reacomodamiento de la topografía y la geografía. El holocausto del juicio ha dado nueva forma a la tierra. Las montañas han descendido; y las islas han huido. Eso indica que las barreras han sido removidas y se ha dado acceso —una característica del Reino. No significa que ya no hay montañas, significa que la tierra habrá sido reconfigurada. Todavía existirá un monte donde estará Sion y que Cristo gobernará, y quizás puede haber algunas colinas aquí y allá como vieron los profetas. Pero en general, la tierra habrá sido allanada. Y entonces, subirán sobre la anchura de la tierra y rodearán el campamento de los santos. Eso es lo que buscarán. El campamento de los santos, por supuesto, no es otra cosa que la tierra de Israel.

Uno puede creer que los verdaderos creyentes querrán estar lo más cerca que sea posible de Jerusalén, porque Jesús estará allí. Y les diré algo: si yo estuviera en ese Reino, no viviría en Los Ángeles sabiendo que Él está en Jerusalén.

Si ustedes están pensando en invertir en propiedades... Por supuesto, tendría que sobrevivir la Tribulación, y quizás no lo logre. Y si tendremos una tierra con un clima tan benigno como en el Edén, quizás no tendremos ni siquiera que protegernos en casas como lo hacemos hoy en día.

Pero de todos modos, los enemigos de Dios irán en contra del pueblo de Dios, el campamento de los santos. Esa palabra "campamento" es usada en el Nuevo Testamento para hablar acerca de un campamento militar. Se utiliza para hablar de los cuarteles romanos. Se utiliza en Hechos 21–23 en el mismo modo. Entonces, vendrán contra el campamento de los santos; y los santos estarán acampando alrededor de la ciudad y alrededor del trono de Jesucristo. Quieren estar donde Él está. Quieren estar en Su presencia gloriosa.

La Escritura deja en claro que eso es lo que los santos harán. Por ejemplo, Isaías 24:23 dice: "La luna se avergonzará, y el sol se confundirá, cuando Jehová de los ejércitos reine en el monte de Sion y en Jerusalén, y delante de Sus ancianos sea glorioso". Sus líderes espirituales, Sus ancianos, Sus santos seguramente se juntarán tan cerca de Su presencia como puedan. Jeremías 3:17: "En aquel tiempo llamarán a Jerusalén: Trono de Jehová, y todas las naciones vendrán a ella en el nombre de Jehová en Jerusalén". Todos aquellos de todas las naciones que crean estarán allí; y vivirán allí porque Él estará allí.

Zacarías, el último capítulo, 14:9: "Y Jehová será rey sobre toda la tierra. En aquel día Jehová será uno, y uno Su nombre". Maravilloso. "Toda la tierra se volverá como llanura desde Geba hasta Rimón al sur de Jerusalén" —será una planicie— "y ésta será enaltecida y habitada en su lugar" (versículo 10). Él reinará en un monte, todo lo demás será llano. Versículo 11: "Y morarán en ella, y no habrá nunca más maldición, sino que Jerusalén será habitada confiadamente". Y entonces, Él regresará a lo que el salmista dijo en el Salmo 78:68, al "monte de Sion, al cual amó". Salmo 87:2: "Ama Jehová las puertas de Sion". Entonces, la ciudad capital del Reino Milenario es el punto de ataque —donde Cristo reina, donde los santos viven. La batalla es muy breve. "De Dios descendió fuego del cielo, y los consumió" (Apocalipsis 20:9). Fin de la batalla. Rápida, repentina, instantánea y devastadora.

El juicio favorito de Dios es enviar fuego desde el cielo y consumir a las personas. Usted lee acerca de eso en Génesis 19, Levítico 10, 2 Reyes 1. Es el modo favorito de Dios para destruir a los impíos. En el Nuevo Testamento, Lucas 9:54: "Viendo esto sus discípulos Jacobo y Juan, dijeron: Señor, ¿quieres que mandemos que descienda fuego del cielo, como hizo Elías, y los consuma?" Aún ellos sabían que era el modo favorito de Dios. Y entonces, dice en Apocalipsis 20:9: "Descendió fuego del cielo y los consumió" los mató.

¿Qué quiere decir con eso? Bueno, fueron literalmente matados físicamente, lo que significa que sus cuerpos estaban muertos y sus almas, entonces, fueron al reino del castigo, esperando ser resucitados. Porque aun los impíos serán resucitados, tal como veremos en la próxima sección. Ellos fueron consumidos. Eso significa que fueron físicamente aniquilados. Es un juicio devastador y terrible, y será el último.

Y luego, la última característica, versículo 10. "Y el diablo que los engañaba fue lanzado en el lago de fuego y azufre, donde estaban la bestia y el falso profeta; y serán atormentados día y noche por los siglos de los siglos". El diablo, Satanás, que los dirigió, que los engañó, es ahora arrojado al lago de fuego y azufre, un fuego parecido al sulfuro químico y que simboliza tormento. Satanás se une a sus seguidores. Recordarán que en Apocalipsis 19:20, la

12_La venida del Reino terrenal del Señor Jesucristo. Parte IV

bestia fue apresada. El falso profeta fue apresado; y ellos han estado en el lago de fuego durante mil años. Ya han estado quemándose con fuego y azufre. Y ahora, Satanás se les une.

Ustedes se preguntarán ¿es un fuego literal tal como nosotros conocemos al fuego? ¿Es azufre tal como nosotros lo conocemos? No. ¿Es angustia literal, dolor literal, castigo literal? Sí. Recuerde ahora, estos son seres espirituales. La naturaleza de su tormento es espiritual. Usted preguntará qué pasa con los humanos. Cuando ellos sean arrojados al lago de fuego, ¿habrá una quemadura y un fuego literal? Sí. Ahora no estamos hablando de seres espirituales como demonios, estamos hablando de seres físicos que tendrán cuerpos físicos resucitados. Y hablaremos más de eso en el futuro. Para los seres humanos, el infierno es un lugar literal que quema su carne resucitada y nunca la destruye.

Pero por ahora, Satanás es arrojado al lago de fuego y azufre preparado para él y sus ángeles. Él se une con sus seguidores, su cabeza es finalmente magullada, tal como dice Juan 12:31: "Ahora el príncipe de este mundo será echado fuera". Y aquí es donde eso se cumple. Este es el infierno final. Este es el lugar final. Este es el último lugar. Allí habrá cada tipo de tormento imaginable. Esta criatura sufrirá en todo modo posible en el cual puede sufrir. En todo modo posible que un ángel caído puede sufrir, él sufrirá. Algo inconcebible para mí, porque no puedo comprender como seres espirituales sufren en fuego y azufre. Pero Dios sabe eso; y me conformo no solo con no saberlo ahora, sino con no saberlo nunca. Para aquellas personas que rechazan a Jesucristo, esos seres humanos sufrirán en cualquier modo concebible en que puedan sufrir un cuerpo humano resucitado y un alma humana viva y eterna.

Y entonces, Satanás será arrojado al lago de fuego y azufre donde también estarán la bestia y el falso profeta. Y luego esta pavorosa declaración: "Y serán atormentados día y noche por los siglos de los siglos". "Día y noche" significa que no habrá alivio. Nunca habrá un momento en el cual no sean atormentados. Y ellos serán atormentados sin alivio por siempre y para siempre. Un pensamiento pasmoso.

En Apocalipsis 14:11, dice de aquellos que beben el vino de la ira de Dios: "Y el humo de su tormento sube por los siglos de los siglos. Y no tienen reposo de día ni de noche". Y allí está hablando de seres humanos, mientras que en el capítulo 20 está hablando acerca de Satanás. El infierno para Satanás y sus ángeles es eterno. Pero recuerden, la bestia y el falso profeta son humanos y para ellos también es eterno.

Ustedes se preguntarán si estoy seguro de que el infierno es eterno. Estoy tan seguro como que el cielo es eterno. Cuando dice por siempre y para siempre utiliza la misma frase que en Apocalipsis 1:6; y ahí dice: "A Él sea gloria e imperio por los siglos de los siglos". Y si el infierno no es por siempre y para siempre, entonces Dios no es glorioso por siempre y para siempre. Las personas quieren negar que el infierno sea para siempre; y para hacerlo tienen que negar que Dios sea eterno. Porque la misma expresión se utiliza para describirlo a Él. En Apocalipsis 1:8 dice, Cristo está hablando: "Estuve muerto; mas he aquí que vivo por los siglos de los siglos". Si el infierno no es eterno, Cristo no es eterno y tampoco lo es el cielo. Pero si Dios es eterno y Cristo es eterno, entonces el cielo es eterno y también el infierno.

No hay forma de darle la vuelta. El lenguaje de la Escritura es claro. Apocalipsis 4:9: "…aquellos seres vivientes dan gloria y honra y acción de gracias al que está sentado en el trono, al que vive por los siglos de los siglos". Versículo 10: "Adoran al que vive por los siglos de los siglos". Apocalipsis 5:13: "Al que está sentado en el trono, y al Cordero, sea la alabanza, la honra, la gloria y el poder, por los siglos de los siglos". Apocalipsis 7:12: "Amén. La bendición y la gloria y la sabiduría y la acción de gracias y la honra y el poder y la fortaleza, sean a nuestro Dios por los siglos de los siglos. Amén". Apocalipsis 10:6: "Y juró por el que vive por los siglos de los siglos, que creó el cielo y las cosas que están en él, y la tierra y las cosas que están en ella, y el mar y las cosas que están en él". Apocalipsis 11:15: "Los reinos del mundo han venido a ser de nuestro Señor y de su Cristo; y él reinará por los siglos de los siglos". Sea lo que fuere que "por los siglos de los siglos" signifique en conexión a Dios y Cristo, significa también en conexión al infierno, *eis tous aionas ton aionon*.

Entonces, la desaparición de Satanás, la destrucción de Satanás fue asegurada en la Cruz y ejecutada al final del Reino Milenial. ¿Qué hemos aprendido? Hemos aprendido acerca de la eliminación de Satanás, el Reino de los santos, el regreso de Satanás y la rebelión de la sociedad. Al comprender eso, tenemos una descripción del Reino. Y he tratado de darles muchos detalles en estos cuatro mensajes. Este es el futuro del mundo. Nunca deja de sorprenderme como tantas personas en nuestra sociedad pueden ir de un lugar a otro tratando de descubrir cuál es el futuro. Y aquí está. ¡Y qué realidad maravillosa! Nosotros ya somos ciudadanos de ese Reino, ¿no es cierto? Nuestra ciudadanía ya está allí. Ese es nuestro lugar, nuestro hogar, Él es nuestro Rey. Y nosotros regresaremos con Él en forma glorificada para reinar con aquellos que todavía están viviendo en forma humana. Disfrutaremos al Reino más que ellos; y gobernaremos bajo Cristo, cumpliendo Sus deseos por el bien de aquellos que vivan en el mundo. Disfrutaremos la paz y la justicia, el gozo, el poder, la verdad, la sabiduría que reina de manera suprema. Y reinaremos con Cristo. ¡Qué futuro glorioso nos aguarda!

Es una comparación muy trivial; pero estaba mirando un comercial de un cierto atleta; y después del campeonato, le preguntaron a dónde se dirigía.

Y él respondió que se iba a Disneylandia. Y pensé que si me preguntaran eso a mí alguna vez, les diré que voy al Reino de nuestro Señor Jesucristo. ¿Amén? ¡Amén! Oremos juntos.

Oración final

Padre, gracias por esta mirada a las glorias de nuestro futuro; y al mismo tiempo nuestros corazones están apenados por la pecaminosidad del pecado. Padre, nosotros estamos abrumados, subyugados, conmovidos e impresionados por Tu gracia para con nosotros, por Tu misericordia para con nosotros, que nos has hecho ciudadanos del Reino. Nos humilla porque no hay nada en nosotros que lo merezca. ¡Qué gozo, qué amor, qué comunión, qué esperanza tenemos porque somos ciudadanos del Reino y súbditos del Rey! Y tú eres nuestro Rey ahora; y lo has sido desde que hemos puesto nuestra fe en Ti. Somos Tus humildes súbditos. No tenemos que esperar al futuro para eso; tan solo tenemos que esperar al futuro para entrar a esa herencia incorruptible, incontaminada e inmarcesible, reservada en el cielo para nosotros. Tan solo tenemos que esperar hasta que podamos entrar en las glorias de Tu Reino y reinar contigo y gobernar junto a Ti. Pero hasta ese tiempo, te agradecemos por ser hijos del Rey, súbditos del Rey, miembros del Reino. ¡Qué privilegio!

Padre, nuestros corazones se extienden a aquellos que no te conocen, que están en el reino de la oscuridad. Pensamos en las aterradoras realidades eternas que les esperan; y te suplicamos por Tu gracia y misericordia para con los pecadores, así como las has tenido con nosotros, para que Tú seas glorificado. Y pedimos estas cosas en el nombre de Cristo. Amén.

II PARTE

SERMONES TEMÁTICOS SOBRE PROFECÍA

18 de Noviembre, 1979

01_El sueño olvidado y el inolvidable Daniel

En el segundo año del reinado de Nabucodonosor, tuvo Nabucodonosor sueños, y se perturbó su espíritu, y se le fue el sueño. Hizo llamar el rey a magos, astrólogos, encantadores y caldeos, para que le explicasen sus sueños. Vinieron, pues, y se presentaron delante del rey. Y el rey les dijo: He tenido un sueño, y mi espíritu se ha turbado por saber el sueño. Entonces hablaron los caldeos al rey en lengua aramea: Rey, para siempre vive; di el sueño a tus siervos, y te mostraremos la interpretación. Respondió el rey y dijo a los caldeos: El asunto lo olvidé; si no me mostráis el sueño y su interpretación, seréis hechos pedazos, y vuestras casas serán convertidas en muladares. Y si me mostrareis el sueño y su interpretación, recibiréis de mí dones y favores y gran honra. Decidme, pues, el sueño y su interpretación. Respondieron por segunda vez, y dijeron: Diga el rey el sueño a sus siervos, y le mostraremos la interpretación. El rey respondió y dijo: Yo conozco ciertamente que vosotros ponéis dilaciones, porque veis que el asunto se me ha ido. Si no me mostráis el sueño, una sola sentencia hay para vosotros. Ciertamente preparáis respuesta mentirosa y perversa que decir delante de mí, entre tanto que pasa el tiempo. Decidme, pues, el sueño, para que yo sepa que me podéis dar su interpretación. Los caldeos respondieron delante del rey, y dijeron: No hay hombre sobre la tierra que pueda declarar el asunto del rey; además de esto, ningún rey, príncipe ni señor preguntó cosa semejante a ningún mago ni astrólogo ni caldeo. Porque el asunto que el rey demanda es difícil, y no hay quien lo pueda declarar al rey, salvo los dioses cuya morada no es con la carne.

Por esto el rey con ira y con gran enojo mandó que matasen a todos los sabios de Babilonia. Y se publicó el edicto de que los sabios fueran llevados a la muerte; y buscaron a Daniel y a sus compañeros para matarlos. Entonces Daniel habló sabia y prudentemente a Arioc, capitán de la guardia del rey, que había salido para matar a los sabios de Babilonia. Habló y dijo a Arioc capitán del rey: ¿Cuál es la causa de que este edicto se publique de parte del rey tan apresuradamente? Entonces Arioc hizo saber a Daniel lo que había. Y Daniel entró y pidió al rey que le diese tiempo, y que él mostraría la interpretación al rey.

Luego se fue Daniel a su casa e hizo saber lo que había a Ananías, Misael y Azarías, sus compañeros, para que pidiesen misericordias del Dios del cielo sobre este misterio, a fin de que Daniel y sus compañeros no pereciesen con los otros sabios de Babilonia. Entonces el secreto fue revelado a Daniel en visión de noche, por lo cual bendijo Daniel al Dios del cielo. Y Daniel habló y dijo: Sea bendito el nombre de Dios de siglos en siglos, porque suyos son el poder y la sabiduría. El muda los tiempos y las edades; quita reyes, y pone reyes; da la sabiduría a los sabios, y la ciencia a los entendidos. El revela lo profundo y lo escondido; conoce lo que está en tinieblas, y con él mora la luz. A ti, oh Dios de mis padres, te doy gracias y te alabo, porque me has dado sabiduría y fuerza, y ahora me has revelado lo que te pedimos; pues nos has dado a conocer el asunto del rey.

Después de esto fue Daniel a Arioc, al cual el rey había puesto para matar a los sabios de Babilonia, y le dijo así: No mates a los sabios de Babilonia; llévame a la presencia del rey, y yo le mostraré la interpretación.

Entonces Arioc llevó prontamente a Daniel ante el rey, y le dijo así: He hallado un varón de los deportados de Judá, el cual dará al rey la interpretación. Respondió el rey y dijo a Daniel, al cual llamaban Beltsasar: ¿Podrás tú hacerme conocer el sueño que vi, y su interpretación? Daniel respondió delante del rey, diciendo: El misterio que el rey demanda, ni sabios, ni astrólogos, ni magos ni adivinos lo pueden revelar al rey. Pero hay un Dios en los cielos, el cual revela los misterios, y él ha hecho saber al rey Nabucodonosor lo que ha de acontecer en los postreros días. He aquí tu sueño, y las visiones que has tenido en tu cama: Estando tú, oh rey, en tu cama, te vinieron pensamientos por saber lo que había de ser en lo por venir; y el que revela los misterios te mostró lo que ha de ser. Y a mí me ha sido revelado este misterio, no porque en mí haya más sabiduría que en todos los vivientes, sino para que se dé a conocer al rey la interpretación, y para que entiendas los pensamientos de tu corazón.

Daniel 2:1–30

BOSQUEJO

— Introducción

— El sueño olvidado

    1. El sueño

    2. El dilema

    3. La deficiencia

    4. El decreto

— El inolvidable Daniel

    1. La compostura de Daniel

    2. La valentía de Daniel

    3. La comunión de Daniel

    4. El reconocimiento de Daniel

    5. La compasión de Daniel

    6. La humildad de Daniel

— Oración final

Notas personales al bosquejo

SERMÓN

Introducción

En este estudio estaremos viendo Daniel 2. Éste es un capítulo lo suficientemente largo para que no se sorprendan, tiene 49 versículos y es por esto que no cubriremos todo el capítulo en un solo mensaje. Solo quiero que lo sepan.

Estaremos viendo el capítulo dos y nos detendremos en el versículo 30 de este enorme mensaje. Lo hemos titulado, "El Sueño Olvidado y el Inolvidable Daniel."

En una ocasión George Washington dijo, "Pocos hombres tienen la virtud de resistir al mejor postor." Él tenía razón, la mayor parte de la gente tiene un precio. Un hombre verdadero, inflexible en sus principios es un producto muy difícil de encontrar. Pero éste es exactamente el tipo de hombre y el tipo de mujer que Dios busca para hacer su obra. Cuando se trata de tareas muy importantes, cuando se trata de grandes privilegios y oportunidades, Dios quiere personas con carácter que sean inflexibles en sus principios.

Dios necesita siervos selectos para ministerios selectos.

Daniel era este tipo de persona. Daniel era el tipo de hombre que no comprometería sus principios. Daniel era un hombre quien tenía cualidades de carácter sorprendentes. Y Dios usa a Daniel como el vehículo por el cual revela el despliegue del plan de redención de la historia del mundo. Este es un trabajo monumental. Ser el vehículo por medio del cual Dios da una perspectiva profética de toda la historia de la humanidad. ¡Qué llamado y qué privilegio!

En el capítulo 2 empezamos a ver el desarrollo de este llamado. El capítulo 1 en realidad ha sido preparatorio. Ahí simplemente vemos las circunstancias que colocan a Daniel en el lugar correcto. Hemos visto algo de las cualidades y el carácter del hombre que es equipado por Dios para ser un hombre muy especial en este llamado tan particular.

Hemos aprendido que Daniel ha puesto un estándar sin concesiones para su propia vida. Hemos aprendido que Daniel tenía un sorprendente compromiso para tener un carácter virtuoso y justo. Y debido a esto él se convierte en el hombre que Dios elige.

Regresando a Daniel 1:17, nos basamos en un punto muy importante, éste dice que es para estos cuatro jóvenes, Daniel y sus tres amigos, Ananías, Misael y Azarías. "Y a estos cuatro jóvenes Dios les dio conocimiento e inteligencia en todas las letras y ciencias." Y escuchen esto: "y Daniel tuvo entendimiento en toda visión y sueños."

Esta última declaración acerca de Daniel lo coloca aparte del resto. A Daniel se le dio la capacidad singular de revelar visiones y sueños; en otras palabras Daniel debía ser el agente de la revelación de Dios. Daniel sería el instrumento por medio del cual Dios hablaría. Este sorprendente jovencito, de hecho, de una forma, superior a cualquier otro santo del Antiguo Testamento se le dio la más completa, la más comprehensiva y la más extensiva imagen profética de la historia de la humanidad que se haya dado en el Antiguo Testamento.

Una profecía sorprendente que inicia su develación en el 2:31. Y esto no solo fue porque fue dotado, y remarquen esto, no solo porque le fue dado un don de Dios sino porque él era de tal carácter como para recibir el privilegio de servir a Dios de la manera más elevada.

Su vida era utilizable, como mencioné antes en la oración, la escritura dice en 2 Timoteo 2 que necesitamos ser limpiados para que podamos ser utensilios que sirvan para ser usados por nuestro Señor. Éste era el tipo de utensilio que sería Daniel. Daniel era un hombre que influenciaría al mundo. Este tipo de virtud sin concesiones, este sorprendente carácter, lo colocó en una posición que influenciaría a todo el mundo. Y esto fue precisamente lo que hizo y lo que sigue haciendo a través de este libro que contiene su profecía.

Todo el maravilloso plan de para las naciones, los gentiles, todo el maravilloso plan de Dios para Israel, su pueblo especial, es dado a conocer completamente por este hombre maravilloso, Daniel.

Dividiendo el capítulo 2 primero en los versículos 1–30, y este será el texto en el cual nos enfocaremos, apenas lograremos estudiar toda esta sección. Es narrativa por lo cual nos moveremos muy rápido. Pero al dividir los primeros 30 versículos, veremos que se dividen en dos pensamientos muy simples. Primero es el sueño olvidado, y segundo el inolvidable Daniel.

Los primeros 13 versículos, el sueño olvidado, y versículos 14–30, el inolvidable Daniel. Y lo que tenemos aquí es lo siguiente, y subráyenlo, tenemos dos actividades desarrollándose aquí. Una es la comisión divina de ser el vehículo de la revelación de Dios, y la otra, una crisis que está ocurriendo. Esto es, el hombre de Dios revela un mensaje en medio de una crisis. Así que no sólo es un mensajero de Dios, es un hombre que se encuentra en medio de una crisis. Y para esto se necesita un tipo de carácter sin concesiones como el que Daniel tenía para mantenerse firme durante la crisis en la que va a ser involucrado.

El sueño olvidado

Veamos los primeros 13 versículos, el sueño olvidado. Primero veremos el sueño, después veremos el dilema, y de ahí nos moveremos a la deficiencia y finalmente al decreto. El sueño, el dilema, la deficiencia y el decreto.

1. El sueño

Primero que nada, veamos el sueño en los primeros tres versículos. "En el segundo año del reinado de Nabucodonosor, tuvo Nabucodonosor sueños," noten que es plural, "y se perturbó su espíritu, y se le fue el sueño." Nos detendremos ahí por un momento. Nabucodonosor es actualmente el rey de Babilonia. Es el rey de Babilonia porque **él** es el sucesor de su padre Nabopolasar. Nabopolasar, antes de que él fuera el rey de todo el imperio Babilónico y toda el área del mundo que los rodeaba en aquel tiempo, antes de eso era simplemente un gobernante en un área denominada Babilonia; la cual era una provincia sureña del gran Imperio Asirio.

Nabopolasar, mientras que estaba en esa región sureña, parte del gran imperio Asirio, decidió que él se elevaría a un liderazgo total. Así que reunió a un ejército y comenzó a conquistar. Antes de que esto fuera concluido, Nabopolasar en efecto ya había tomado toda esa parte del mundo conocido. Él ya había lidiado con todos los pueblos que estaban involucrados.

Su hijo, Nabucodonosor, había hecho una deportación de los judíos de la tierra de Israel, particularmente la parte sur, Judá. En esa primera deportación llegaron los hombres jóvenes, entre los cuales llegó Daniel. Habría otras dos deportaciones, haciendo que esa tierra se convirtiera en una desolación desde el punto de vista del pueblo de Israel. Nabucodonosor sacaría, para todos sus propósitos, a la vasta mayoría de la población.

Nabopolasar murió en medio de todo esto y fue sucedido por su hijo Nabucodonosor en el trono. Sin lugar a dudas, Nabucodonosor ocupa un mayor lugar en el Antiguo Testamento que cualquier otro rey pagano. Se habla de él más que de cualquier otro monarca en el mundo pagano. Él fue un maestro en muchas áreas, fue un genio, un educador, estaba involucrado en la academia, fue un arquitecto, fue una mente militar muy grande y podemos continuar con esta lista, fue un hombre sorprendente.

Es este Nabucodonosor a quien Dios elige para ser el instrumento de este sueño. Veamos la nota histórica al inicio del versículo 1. "En el segundo año del reinado de Nabucodonosor." Detengámonos aquí por un minuto. Muchas personas se confunden con esto porque ellos saben que Daniel fue traído a Babilonia para pasar por tres años de entrenamiento. Esto se nos dice en el 1:5. Debían permanecer ahí por un lapso de tres años, y dicho entrenamiento finalizó al final del capítulo 1.

Ahora, si Nabucodonosor trajo a Daniel ahí y estuvo tres años, ¿cómo puede ser este el segundo año del reinado de Nabucodonosor? Al menos tendría que ser el tercer año. Bueno, la respuesta se la di cuando hablamos del 1:1, y es esta: dentro del libro de Daniel, no tenemos el cálculo judío sino el cálculo babilónico. Esto sucede muchas veces para que nos acostumbremos a ello a partir de este punto.

El primer año de cualquier monarca en el sistema babilónico no era considerado como parte de su reinado. Éste era su año de acenso, y cuando fechaban a sus reyes, lo hacían a partir de su primer año completo y hasta el último, cualquier porción de los cuales ellos continuaban en el trono. Así que, de acuerdo al cálculo babilónico, cuando Nabopolasar muere el resto de ese año continúa contándose como suyo, es decir se le cuenta un año completo. Entonces a pesar de que oficialmente Nabucodonosor ha llegado al trono, este año es llamado el año de su ascenso al trono y ellos nunca iniciaban su sucesión sino hasta que concluía su primer año completo.

Si lo quisiéramos ver desde la perspectiva judía, este hubiera sido el tercer año y entonces coincidiría con los tres años de entrenamiento de Daniel. Como ven, no hay problema con ello, esto **sólo** es una nota histórica.

Creo que los eventos del capítulo 2, y esta es otra nota histórica, sucedieron inmediatamente después del capítulo 1. Algunas personas piensan que este fue un largo periodo de tiempo, incluso creen que las cosas que sucedieron en el capítulo 2 en realidad sucedieron en el capítulo 1 durante el periodo de tres años de entrenamiento. Yo no lo creo, creo más bien que cuando llegamos al 1:17, después de que ellos han tenido todo su entrenamiento, dice, "Dios les dio conocimiento e inteligencia en todas las letras y ciencias; y Daniel tuvo entendimiento en toda visión y sueños."

Ahora, al final de ese tiempo, si el rey hubiera dicho que se los debían traer, entonces estaban al final de sus días. Pero justo antes del final de los días de entrenamiento, a Daniel se le dio este don en algún momento. No conocemos exactamente la cronología de los eventos, sino **sólo** que le fue dado el don. Su entrenamiento ha concluido y ellos son presentados delante de la corte del rey. Pienso que ellos continuaban siendo considerados como aprendices de sabios, pero habían sido entrenados como hombres sabios dentro de la corte babilónica. Se encuentran a nivel de aprendices, y creo que inmediatamente Dios se mueve para establecer la capacidad de Daniel en el asunto de las visiones y los sueños.

En otras palabras, Daniel 1:17 está siendo ilustrado en el capítulo 2. Y ya que dice que fue en el año segundo del rey Nabucodonosor, esto debió ser algo inmediato. Es posible, y puedo asegurar esto, que ocurrió al final de los tres años de entrenamiento. Pero no podemos asegurar ninguna cronología a Daniel, más bien parece que su entrenamiento finaliza en el capítulo 1, ellos conocen al rey al final del capítulo, el rey los manda traer para que se presenten delante de él, como lo dice en el versículo 19, y entonces surge la nota "en el segundo año del reinado de Nabucodonosor," el cual debió ser exactamente el mismo año en el que finalizaron su entrenamiento, fue entonces cuando tuvo este sueño.

Pasemos a otra cosa. ¿Desde cuándo Dios revela grandes verdades históricas proféticas por medio de reyes paganos? ¿Desde cuándo? Esto en realidad es algo nuevo, y ¿por qué pagano? Bueno, permítanme decirles la razón. Recuerden esto: Israel, en este tiempo, era moralmente y espiritualmente tan malo como los caldeos o como los babilonios. Dios no tenía mucho de donde escoger. Y si lo quieres ver bíblicamente, Israel era peor que los caldeos porque Israel se había convertido en apóstata. Una cosa es no conocer la verdad, y otra conocerla e ignorarla.

Israel había llegado a un punto en donde Dios había dejado de tratar con ellos por un tiempo. El pueblo de Dios había degenerado en la más grande idolatría. El juicio estaba sobre ellos en la cautividad en Babilonia. Ésta es una enorme reprimenda para el pueblo de Dios, el hecho de que Dios eligiera que esta revelación tan grande y tan especial de la historia de la redención, que no se había dado, darla usando como vehículo a un rey pagano. ¡Qué pruebas y qué reprimenda para los pecados de Israel!

Y todavía más, la cautividad de Israel inició en un periodo de la historia que es conocida como el tiempo de los gentiles. Lucas 21:24 lo llama así. Así que es apropiado que mientras inicia el tiempo de los gentiles el bosquejo de ese periodo es dado proféticamente por medio de un rey gentil. Pero debo aclarar que el plan no era sólo para los gentiles y la profecía no es sólo acerca de los gentiles, esta es la razón por la que Daniel también está incluido en esta situación, porque Dios tampoco ha olvidado a Israel.

Regresemos al versículo 1, Nabucodonosor ha tenido algunos sueños, ¿cómo sucedió esto? Bien, vayamos al versículo 29 en el cual se nos da una especie de nota al pie acerca del evento. El versículo 28 finaliza con la declaración de que él ha tenido sueños y visiones en su cama, y en seguida el versículo 29 dice, "Estando tú, oh rey, en tu cama" —es aquí donde le llegó el pensamiento— "te vinieron pensamientos por saber lo que había de ser en lo por venir." Éste fue básicamente su pensamiento.

Estaba recostado sobre su cama una noche y estaba pensando acerca de sí mismo, "sabes, no voy a vivir para siempre. Me pregunto qué sucederá después de que yo muera. Me pregunto qué es lo que va a suceder en la historia del mundo. Ya habían ocurrido sucesos catastróficos, los asirios habían sido literalmente limpiados, los egipcios habían sido reducidos, y nunca resurgieron de sus cenizas. La tierra de Israel había sido tomada por completo y su gente llevada a la cautividad y nunca regresaron. Judá se encontraba en ese momento en un proceso de disolución.

Y Nabucodonosor está diciéndose a sí mismo desde el ventajoso punto de vista de ser el único gobernante del mundo (al menos como **él** lo conocía): "Me pregunto qué pasará con todo esto cuando yo muera." Y cuando se fue a dormir Dios le dio la respuesta y soñó algunos sueños.

Noten el plural en el versículo 1. Tuvo varios sueños. Y aparentemente estos sueños fueron tan espantosos y fueron tan alarmantes que él no pudo dormir al grado que el sueño se fue de él. No pudo dormir. El sueño fue tan devastador que lo perturbó. Pienso que tuvo varios sueños por el uso del plural, pero pienso que fue uno en particular el que le dio la mayor ansiedad.

La palabra que se traduce "perturbó" significa una conmoción muy profunda; los sueños pueden perturbarnos pero no en el grado de intensidad que se nos ilustra aquí. Esto era una perturbación, una perturbación realmente profunda de su alma. Y creo esto porque Dios había ordenado este sueño. Y pueden decir, "bueno, ¿no es algo extraño que Dios revele asuntos en los sueños? Es decir, ¿no es que usualmente Él sólo escribe la Biblia? ¿No solamente dice dentro del corazón y de la mente de una persona cuando está despierta? Quiero decir que este sueño suena más como algo digno de una secta."

Pero no es algo anormal para Dios hacer esto en periodos de revelación. De hecho, lo hizo muchas veces. En Números 12:6–8, el Señor dijo que hablaría a Moisés cara a cara mientras que no lo haría con otros, tales como los profetas a quienes les hablaría en sueños y visiones. En Génesis, Jacob vio un sueño que le prometió a él la tierra de Palestina. A José Dios le apareció en un sueño, Dios habló en un sueño a Elimelec, a Salomón le apareció en un sueño, en un sueño Dios le habló a faraón y le reveló siete años de plenitud y siete años de hambruna. En un sueño Dios hablo a uno de los soldados de los madianitas y dio una visión de ánimo a Gedeón.

Entonces no es nada anormal que Dios hable a través de sueños, pero debo decir que sí es anormal hoy en día, cuando Dios ha concluido Su revelación. Esto es para que no te vayas a la cama esperando que Dios te revele algo por medio de un sueño. No creo que Dios esté en el negocio de las revelaciones ya que Hebreos 1 dice que finalmente nos ha hablado en estos últimos días por medio de su Hijo. Ya no hay hoy en día más revelación, pero en aquellos tiempos Dios eligió hablar por medio de sueños.

El rey tuvo este sueño y lo perturbó, y lo que es peor —realmente sorprendente— el rey no pudo recordar el sueño. Creo que lo que él recordó fueron sólo fragmentos de éste. Pienso que recordaba vagamente algunas cosas que aparecían intermitentemente por su cerebro pero no podía recordar nuevamente el sueño completo. Y creo que así como Dios le dio el sueño también lo removió de su memoria. Y pueden decir, "un momento, esto no tiene sentido. Ya tengo suficientes problemas tratando de entender por qué Dios le dio el sueño, ¿y ahora me dices que el mismo Dios que le dio el sueño se lo quitó de la mente?" Bueno, esencialmente así es. Pienso que Dios tenía un propósito para ambos y lo veremos conforme avancemos.

Él debió recordar el terror que le produjo el sueño, pienso que recordaba lo atemorizador que fue el sueño. Pero también creo que los detalles específicos, de alguna manera, flotaban en su mente pero no podía recordar todo acerca de éste. Solo el temor permaneció y la falta de sueño durante horas añadió más ansiedad a su temor. Al tiempo que llegó la mañana estaba en ruinas porque ni siquiera podía recordarlo. Por esto en el versículo 2: "Hizo llamar el rey a magos, astrólogos, encantadores y caldeos, para que le explicasen sus sueños. Vinieron, pues, y se presentaron delante del rey. Y el rey les dijo: He tenido un sueño, y mi espíritu se ha turbado por saber el sueño."

Podemos decir que toma a todos los cerebros de confianza del imperio babilónico, convoca a todos los intelectuales porque él no podía resolver el significado de su sueño y esto lo tenía asustado. Él no es nada diferente a la gente que pude ver hacia el futuro y lo encuentra muy fatídico.

Estaba leyendo en estos días la más reciente publicación de IBM acerca del futuro. Y ellos han ido a consultar a famosos futurólogos, científicos, escritores de ciencia ficción, y todo tipo de personas que estudian el futuro y han conseguido una perspectiva completa acerca de lo que creen que será el futuro. Mucho de esto es atemorizante, muy, muy atemorizante. Había mucho que temer y Nabucodonosor lo sabía.

Así que convoca a grupo de expertos de su nación. Los términos que vemos aquí son algo interesante. Los magos, estos tienen dos posibilidades, básicamente el término puede referirse a adivinos, pero con frecuencia lo encontramos asociado directamente con personas que son eruditos. En un sentido serían más un tipo de académico y en otro sentido serían más un ocultista. Por el tipo de sociedad como esa, es muy posible que ellos estuvieran involucrados en ambas actividades.

Después están los astrólogos. Son los que observan las estrellas, los pronosticadores mensuales, los que diagramaban el curso de las estrellas para determinar el destino, según cómo se acomodaran, como supuestamente lo hacen los horóscopos hoy en día. Luego los encantadores. Éstos eran espiritualistas, eran como médiums, eran los que "hablaban" con los muertos.

Los caldeos, eran el grupo líder pues ellos llevan a cabo la plática. Ellos, supongo, eran los más sabios de los más sabios. Por cierto, los caldeos eran simplemente un grupo de personas del Sur de Babilonia —de ahí venían, siendo Nabopolasar mismo un caldeo. Eran simplemente un grupo de personas que eventualmente, bajo Nabopolasar, conquistaron todo el lugar y así este grupo particular de personas se elevó para estar en lo más alto de las cortes de Babilonia. Ellos eran supuestamente lo más sabio y lo más reconocido en todas las artes y las ciencias de Caldea o Babilonia.

Así que llegan todos juntos con toda la erudición que estaba disponible, con todo el ocultismo que tenían a su alcance, con todo el demonismo que podían utilizar y con todo el conocimiento humano que estaba a la mano. Tomó a todo este grupo de expertos, a los que determinaban la fortuna, a los futuristas, a los que leían las manos, a los que leían las hojas de té, a los lectores de las piedras, a los que hacían los horóscopos como hoy en día y que intentan hacer un pronóstico del mañana, que intentan identificar qué es lo que va a pasar. Es sorprendente que esto es lo que se hace en el mundo. Debido a que no conocen a Dios, siempre que alguien en nuestra sociedad quiere saber qué es lo que sucederá en el futuro, recurre a este tipo de "expertos" y trata de adivinar.

Todos ellos creían que los sueños eran muy importantes en aquellos días de tal manera que estaban muy ansiosos de ayudar al rey en este asunto. Y cuando sin duda vieron lo preocupado que estaba, ellos se preocuparon más. Y permítanme añadir algo que pienso es muy interesante.

Él les anuncia su problema. Versículo 3 lo explica, "He tenido un sueño, y mi espíritu se ha turbado por saber el sueño." Recordemos que tuvo varios sueños pero sólo uno fue el que lo perturbó. Les dijo quiero saber el sueño. Y algo interesante sobre estos caldeos era que ellos tenían un sistema de lectura de sueños. ¿Están listos para esto?

Ellos trabajaron bajo este principio, y pienso que es algo fascinante. Me puse a leer esto y simplemente fue sorprendente para mí. Ellos trabajaron basándose en el principio de que —y observen esto— sus secuelas seguían una ley empírica, que al darle suficientes datos, podía ser establecida.

Lo que ellos hacían era guardar todos los registros de todos los sueños. Entonces ellos elaboraban un mapa, de acuerdo al sueño que cada persona había tenido, para decirle cuál era el curso de su vida. Decían si esta persona soñó esto, quiere decir que en su vida va a suceder esto. Si alguien tenía un sueño similar entonces podían afirmar qué sucedería en su vida. Con las similitudes de los sueños podían determinar las similitudes de la vida futura.

No era nada diferente a lo que sucede en la profesión de las leyes hoy en día. Se basan en la interpretación actual de la ley dependiendo de cómo ésta fue interpretada en el pasado. Cuando alguien quiere interpretar la constitución ahora, inician investigando cómo se hizo en el pasado.

Creemos que tanto los caldeos y todos los adivinos y todos estos tenían manuales. De hecho tenían bibliotecas enormes, se han encontrado sus manuales de sueños en estudios arqueológicos. Podías ir a un manual de sueños y encontrar los elementos de tu sueño, y ellos te dirían lo que significaba.

Desde luego que todo esto sólo es un montón de abracadabras porque en realidad ellos no sabían nada. Pero en su ingenuidad humana habían tratado de elaborar un sistema claro. Tenían un manual de sueños sistemáticamente arreglado y con un índice de fácil acceso.

Y permítanme decirles algo más: aparentemente había tantos de estos libros y había una enorme cantidad de material qué revisar, que ellos necesitaban algo de tiempo. Y como veremos en seguida, el rey no estaba dispuesto a dárselos.

Aparentemente estos manuales de sueños cubrían toda eventualidad posible por lo que ellos tenían que invertir tiempo revisándolos para encontrar todas las pequeñas partes y piezas y así poder poner el sueño del individuo en cuestión en una forma inteligible. Pero el problema era este —y me encanta— al rey se le olvido el sueño. Éste era su problema. Ellos eran muy buenos en su materia, podían sacar todas sus bolsas de trucos y colocar todas sus argucias si es que tuvieran un sueño con el cual pudieran trabajar.

2. El dilema

Pero el rey les dice, "No sé cuál es el sueño. Primero díganme el sueño y después interprétenlo para mí." Y esto nos lleva del sueño al dilema, punto número 2. Esto es algo difícil. Versículo 4: "Entonces hablaron los caldeos al rey en lengua aramea." Esta es una nota algo interesante, desde aquí y hasta el 7:28, toda la sección está escrita en arameo. El arameo era el lenguaje común en aquel tiempo dentro de las cortes. Después se convirtió en el lenguaje común de toda la parte suroeste de Asia, y debido a esto, era el lenguaje de la corte en Babilonia. Esta sección en particular, que involucra la corte de Babilonia está escrita en arameo, que es un lenguaje muy similar al hebreo, pero también algo diferente en algunos aspectos.

Así que los caldeos hablaron en arameo y dijeron esto, "Rey, para siempre vive." Este es un saludo protocolario, siempre que alguien se presenta ante el rey dice, "larga vida al rey," es algo así como la etiqueta cuando estás en la corte del rey. Y continúan con el asunto y le dicen, "di el sueño a tus siervos, y te mostraremos la interpretación." ¡Qué confianza tenían! Sólo dinos el sueño, rey, y te diremos exactamente lo que éste significa. Nos retiraremos a buscar nuestros manuales de interpretación de sueños y encontraremos lo que tu sueño significa. Te mostraremos la interpretación. Todos ellos necesitaban saber cuál había sido el sueño.

Pero el rey no estaba listo para poder operar bajo sus condiciones. Veamos el versículo 5: "Respondió el rey y dijo a los caldeos: El asunto lo olvidé." ¡Se le olvidó! "Si no me mostráis el sueño y su interpretación, seréis hechos pedazos, y vuestras casas serán convertidas en muladares." Ahora está molesto, ese sueño realmente lo perturbó.

Y en el versículo 6 les dice, "Y si me mostrareis el sueño y su interpretación, recibiréis de mí dones y favores y gran honra. Decidme, pues, el sueño y su interpretación." Les dice tienen dos opciones, si no me muestran el sueño o su interpretación convertiré sus casas en muladares después de haberlos cortado en pedazos. La otra opción es, sólo díganme el sueño y su interpretación y les daré una gran recompensa y mucho honor. Está fácil. Pero los está poniendo a sufrir.

Creo que básicamente Nabucodonosor era un sínico. Nabucodonosor era muy inteligente para creer en su sistema. Debió pensar que todos ellos sólo eran un montón de charlatanes. Y finalmente llegó el momento en el que les dejó caer todo el peso de su autoridad. Ustedes son muy inteligentes, han recibido toda esta información sobrenaturalmente, siempre dicen que están hablando a nombre de los dioses, conocen los destinos de los hombres. De acuerdo, entonces díganme el sueño y su interpretación, veamos si son capaces de resolverlo.

Añadido a su frustración y a su irritabilidad él decide poner a prueba a toda su corte de hombres sabios para conocer si ellos le estaban diciendo la verdad desde el pasado y si es que ellos se merecían algo en el futuro. Por cierto, en el oriente se consideraba de mal agüero olvidar un sueño. Esto significaba que los dioses estaban enojados contigo, razón por la que él estaba en pánico.

Él hace esta declaración en el versículo 5, "el asunto se ha ido de mí." Hay algunas traducciones diferentes. Algunos dicen que esto puede significar estoy seguro de ello pero esto diría algo completamente opuesto. Que él conoce el sueño y que se lo está ocultando. Esto es algo complicado para mí, porque al estudiar los comentarios, unos dicen una cosa y otros otra. Pero pienso que el peso de la evidencia —y pueden confiar en mí— está del lado que dice que el sueño se le había olvidado. Eso es lo único que tiene sentido en el contexto.

Y creo que tiene sentido desde el punto de vista de Dios. Dios está involucrado en esto y Él fue quien quiso que el sueño se le olvidara para que, de una vez por todas, fuera revelada la falsedad de todos los supuestos hombres sabios y sus ídolos. Esto era devastador para los intelectuales de Babilonia. Y esto coloca a Daniel por el resto de los años de su vida como la boca de Dios que no tiene igual entre los sabios de Babilonia.

Entonces creo que Nabucodonosor les está dando la prueba definitiva. Lo hace de manera tiránica, no es nada razonable, les está demandando y en el proceso él sabrá si es que ellos son reales o no. Leupold, quien es un comentarista muy reconocido del Antiguo Testamento, dice, "podemos decir que si los caldeos no hubieran hecho la pretensión de que ellos tenían acceso a las cosas más profundas y ocultas, el rey no hubiera hecho esta petición irracional de ellos."

Lo que quiero decir es que puesto que ellos pretendían saber todos los secretos, él rey quería saber si ellos sabían éste. La frase del versículo 5, "seréis hechos pedazos" es sorprendente. Los voy a destruir en pedacitos. Esto es algo bastante devastador para este grupo de personas. Y después les dice, "voy a convertir su casa en muladar."

Esto es lo que se acostumbraba hacer. Cuando alguien había se había deshonrado a sí mismo o alguien quería difamar a otro, mataban a la persona, derribaban su casa y construían un tiradero público en el mismo lugar donde se encontraba esa propiedad. Voy a convertir sus casas en letrinas es lo que está diciendo. Lean 2 Reyes 10:27, lo leerán ahí.

Por otro lado, si hacen lo que les estoy pidiendo, los recompensaré enormemente. Veamos su respuesta en el versículo 7. "Respondieron por segunda vez, y dijeron: Diga el rey el sueño a sus siervos, y le mostraremos la interpretación." Ellos siguen insistiendo para tener algo en qué basarse. En realidad no tienen otra opción. Sólo danos el sueño, rey; no seas irrazonable.

Como ven, ellos estaban enfrentando un dilema imposible. No había manera de que ellos le mostraran su sueño. Y como ya dije, creo que Dios permitió que se le olvidara el sueño con la intención de que Dios mostrara la estupidez de todo su sistema increíble de religión. No tenían ni idea de lo que era la verdad de Dios. No descendieron al mundo sobrenatural de ninguna manera. No podían hacer nada con su engaño y sus artilugios que no servían para nada en este asunto de revelar un sueño.

Es por esto que el rey responde en el versículo 8 y dice, "Yo conozco ciertamente que vosotros ponéis dilaciones, porque veis que el asunto se me ha ido." Pero el versículo 9: "Si no me mostráis el sueño, una sola sentencia hay para vosotros. Ciertamente preparáis respuesta mentirosa y perversa qué decir delante de mí, entre tanto que pasa el tiempo. Decidme, pues, el sueño, para que yo sepa que me podéis dar su interpretación." Les dice —voy a regresar al versículo 5— sólo hay un decreto para ustedes si no me dicen el sueño, los voy a cortar en pedazos y sus casas serán convertidas en un muladar. No tienen otra alternativa.

¿Por qué? Vean en el versículo 9. Esto nos da la verdadera indicación de cómo se sentía con estos hombres. "Ciertamente preparáis respuesta mentirosa y perversa qué decir delante de mí." Esta es la razón por la que digo que él no estaba convencido con su propio sistema. Él podía ver la charlatanería en todo esto. Estoy seguro que él sabía todos los casos pasados en los que no habían dicho la verdad. Sabía que ellos habían hecho grandes predicciones que nunca se volvieron realidad. No creía en todo esto, era un cínico. Es un tipo de ateo en este punto, al no creer en ningún dios. Y él quería mostrarles lo charlatanes que eran.

Es sorprendente que Dios usa a este hombre en contra de su mismo sistema. Así que ya vimos el sueño y el dilema. Y él está diciendo no hay ninguna diferencia, "Ciertamente preparáis respuesta mentirosa y perversa qué decir delante de mí, entre tanto que pasa el tiempo. Decidme, pues, el sueño, para que yo sepa que me podéis dar su interpretación." Les dice, lo único que ustedes están haciendo es ganar tiempo, pero ya es tiempo de que mejor me digan el sueño y su interpretación.

3. La deficiencia

El sueño, el dilema y esto nos lleva al punto tres, la deficiencia, versículo 10. Ellos le están diciendo aquí que lo que está preguntando es algo que es imposible. "Los caldeos respondieron delante del rey, y dijeron: No hay hombre sobre la tierra que pueda declarar el asunto del rey." ¿Notan lo significativo de esto? ¿Quieren saber algo? Ellos estaban acabados. No había hombre sobre la tierra que pudiera revelar el sueño. Tal verdad no puede provenir de la tierra.

Escuchen esto, si piensan que alguien puede en realidad predecir el futuro sobre la tierra, están equivocados. Si piensan que todo eso de los horóscopos tiene algo más que una influencia demoniaca control mental, están equivocados. No existe tal cosa como adivinar el futuro. El único lugar en donde vas a leer algo acerca del futuro es en la Biblia, cuando Dios habla de él. Por tanto, ellos estaban en lo correcto: no hay hombre sobre la tierra que pueda revelar al rey este asunto. Por lo tanto tampoco existe un rey, señor o gobernante que pregunte tales cosas a ningún mago o astrólogo o caldeo.

Ellos dijeron ningún rey o gobernante, ninguno de los grandes o poderosos nunca ha preguntado algo como esto porque ningún hombre puede contestarlo. ¿Qué era lo que su experiencia les dictaba? Que había límites a su conocimiento. Podían usar sus engaños, pero no podían leer la mente de alguien. Ahora esto es sólo un poco de discernimiento pero pensé en esto por un rato, y creo que es interesante, porque esto también puede ser un indicativo de que Satanás no puede leer nuestras mentes. Porque si satanás pudiera leer nuestras mentes entonces podría interpretar nuestros sueños y podría reiterar nuestros pensamientos.

Nunca he creído que Satanás pueda entrar en nuestros pensamientos y leerlos. Y pienso que esto puede también ser un indicativo de que estos hombres eran agentes de Satanás, los astrólogos, médiums, espiritistas, magos, hechiceros, todos ellos lo eran. Y ellos hubieran tenido experiencia en revelar sueños que no se habían hablado antes. Hubieran tenido experiencia en revelar pensamientos que se habían tenido en la noche y en el día si Satanás hubiera tenido acceso a ellos. Pero me parece que no lo tiene.

Entonces ellos intentaron adular al rey, Oh rey, ningún señor o gobernante, sin importar qué tan grande sea, se atrevería a preguntar algo así. ¿No te quieres comparar con los grandes? ¿Lo ves? Esto va más allá de cualquier habilidad humana.

Versículo 11: "Porque el asunto que el rey demanda es difícil, y no hay quien lo pueda declarar al rey" —y noten lo que sigue— "salvo los dioses cuya morada no es con la carne." ¡Vaya! Dentro de su estupidez estaban una vez más en lo correcto. Del único lugar de donde puedes obtener esta información es de una fuente sobrenatural, ¿correcto? No está disponible en la tierra. ¡Qué dilema! Están a punto de perder su vida, están a punto de perder todo lo que poseen, ya han perdido su credibilidad, y se les da una tarea imposible que no son capaces de hacer. Están atrapados en la deficiencia humana.

4. El decreto

Ya que no pudieron decir el sueño, el decreto es dado nuevamente en el versículo 12, "Por esto el rey con ira y con gran enojo mandó que matasen a todos los sabios de Babilonia." Hubiese sido suficiente decir que estaba enojado o furioso, pero para asegurarse que nosotros entendiéramos la realidad de qué tan enojado estaba pusieron los dos aquí. Estaba enojado y muy, muy, muy furioso. Así que da la orden de destruir a todos los sabios de Babilonia.

Esto es la estupidez de la ira. La ira nunca reconoce ningún límite. La ira no se basa en ningún parámetro. La ira solo aplasta a cualquiera que se pone frente a ella. El rey está enojado, número uno, porque tiene miedo. Se está muriendo de miedo a causa del sueño que tuvo. Está enojado porque no puede recordar los detalles. Está enojado porque no puede confiar en estos sabios. Y si no puede confiar en que estos sabios le digan la verdad en este momento, ahora está seguro de que todas las cosas que le han dicho en el pasado probablemente son mentira también y está enojado porque ellos lo han criticado y le han dicho que no tiene el derecho de preguntar esto. Está enojado, está furioso, se ha rebajado a las profundidades a las que algunos monarcas llegan cuando sus voluntades particulares son estorbadas.

Así que simplemente da una orden de ejecución y dice, "mátenlos a todos ellos." La idea de Babilonia aquí, cuando habla de "todos los sabios de Babilonia" probablemente se refiera solo a la ciudad principal, no a todo el imperio. Porque cuando toda el área es referida en 2:49, es llamada la provincia de Babilonia. Entonces es probable que esta orden sólo cubriera la ciudad aun cuando dice, "maten a todos."

Versículo 13, "Y se publicó el edicto de que los sabios fueran llevados a la muerte; y buscaron a Daniel y a sus compañeros para matarlos." ¿Por qué? Porque Daniel y sus amigos eran parte central de los consejeros de la corte. Ellos eran parte de los sabios. Pero debido a que ellos eran aprendices no estuvieron presentes en este grupo que originalmente se presentó delante del rey. Apenas habían completado su entrenamiento. Pero a pesar de ello seguían siendo parte de esta categoría y los ejecutores salieron a buscarlos para quitarles la vida.

El inolvidable Daniel

Nuevamente nos encontramos a Daniel en el versículo 13, y aquí es donde pasamos del sueño olvidado al inolvidable Daniel. Veamos pues los versículos 14–30, el inolvidable Daniel. Dios lo puso, y digo que no podrías tener una mejor presentación. Se dio un enorme anuncio al rey de que ninguno de estos sueños estaba disponible a ningún ser humano, que sólo Dios podía revelar esto. Esto es un asunto concerniente a lo sobrenatural, está más allá de nosotros, nadie se atrevió jamás a preguntar esto, no lo podemos resolver, esto es como una misión imposible y ahí es exactamente donde Dios quiere que la situación se encuentre para que Daniel haga su aparición. Y aparece aquí Daniel.

Él es un hombre de Dios con un mensaje. Está comisionado para revelar esta gran verdad profética. Él es el hombre adecuado para este tiempo de crisis. Y nuevamente, de manera maravillosa, dentro de la narrativa de los versículos 14–30, dice que Dios presenta el carácter de Daniel desde otra perspectiva. Vimos cómo era un hombre sin concesiones, vimos cómo fue que no le importó enfrentar la muerte antes que cambiar uno de sus principios.

Ahora, quiero traer esto a la época en la que vivimos y decir algo. Después continuaremos rápidamente con nuestro tema. Creo que hay ciertos principios que te convierten en alguien útil para Dios, lo vamos a poner así. Ciertos principios que te hacen ser útil para Dios. Ciertas cualidades de carácter que Dios verdaderamente usa y Daniel las tenía. Cuando tú tienes estas cosas eres útil para Dios en un tiempo de crisis.

Mucha gente es útil para Dios cuando no hay crisis. Ellos simplemente continúan su vida haciendo muchas cosas cuando no están en medio de una tormenta. Pero cuando les llega la crisis, esto separa a la gente que verdaderamente está comprometida de la gente que sólo es marginal. Cuando llegamos a una crisis como ésta, delante de un rey enojado quien está a punto de degollar a todos estos sabios, y el hombre estratégico de Dios, Daniel, resiste cara a cara, nariz con nariz delante de este rey, debemos tener algunas cualidades profundas de carácter. Él era el hombre adecuado para esta crisis.

1. La compostura de Daniel

Les diré por qué. Primero que nada porque él tenía compostura. Nunca perdía su tranquilidad. Versículo 14, aquí viene el ejecutor, su nombre es Arioc, al cual "Daniel habló sabia y prudentemente a Arioc, capitán de la guardia del rey, que había salido para matar a los sabios de Babilonia." Debemos entender que todos estaban destrozados, comenzando desde el rey. Todos estaban en frenesí. Todos estaban en un estado de pánico, todos estaban fuera de sus casillas, todos estaban frustrados, todos estaban atemorizados, todos estaban en medio de un torbellino de emociones excepto Daniel. Él estaba calmado, no perdía compostura, a pesar de que su vida estaba en riesgo, nunca entró en pánico.

Él tenía esta sorprendente confianza en Dios. Sabía que su futuro sólo descansaba en la voluntad soberana de Dios. Y a pesar de que está siendo confrontado por este hombre en el versículo 14, quien lo busca para matarlo, no entra en pánico, no se siente frustrado, no hay desesperación, sólo compostura. Aquellas personas que responden así ante la crisis, están preparadas para hacerlo de esta manera aún antes de que la crisis llegue. Podemos decir que ya lo tienen desde antes, no lo desarrollan al momento.

Noten la declaración que hay en el versículo 14: "Entonces Daniel habló sabia y prudentemente a Arioc." Esto pudiera traducirse como "con sabiduría y con discreción." En otras palabras habló apropiadamente, habló razonablemente. Daniel respondió a este hombre que estaba barriendo literalmente todo el palacio y todas las áreas adyacentes para juntar a todos estos hombres sabios para partirlos en pedacitos. Y al estar haciendo todo esto, encuentran a Daniel y le anuncian el decreto y él simple, adecuada y apropiadamente, con discernimiento, con sabiduría y con discreción, inicia su discusión con Arioc. Todo lo hace con compostura.

La raíz de la palabra capitán proviene de un verbo que significa asesinar. Él era el verdugo del rey, y muy posiblemente pudo ser el segundo al mando. Es algo interesante que el verdugo del rey sea el que llegue. Estoy seguro que había muchos otros que estaban juntando a otras personas, pero al tratarse de Daniel llegó él mismo en persona. Esto provenía de Dios, porque Daniel quería regresar con el rey y no sería un camino fácil regresar con el rey a través de cualquiera de los verdugos, entonces Dios le envía al jefe para que este sea el correcto y le facilite el presentarse delante del rey.

Al mismo tiempo, éste debió ser un individuo autoritario, duro, difícil y e insensible, o no hubiera sido verdugo. Así que Daniel le habló sabia y adecuadamente, y entonces ellos tienen esta maravillosa conversación. Versículo 15, le contesta al capitán Arioc así, "¿Cuál es la causa de que este edicto se publique de parte del rey tan apresuradamente?" Y lo que sigue me encanta. Arioc le hizo saber el asunto a Daniel y le dijo, permíteme decirte algo al respecto de esto, Daniel, permíteme sentarme un minuto y te diré lo que sucede.

Dios está controlado el corazón de este hombre, quien se sienta y le platica el asunto a Daniel. Y Daniel tiene la capacidad en medio del pánico para tranquilizar a todos. Esa gran calma y compostura. No nos gustaría tener alguien así en medio de la histeria y desesperación. Lo que buscamos cuando hay pánico es a alguien que pueda poner solución y compostura al momento. Daniel dice entonces, "¿Cuál es la causa de que este edicto se publique de parte del rey tan apresuradamente?" No tiene miedo porque sabe que su vida está en las manos de Dios, esto es lo que distingue a un hombre que es útil a Dios, tiene compostura en tiempos de crisis. Si tú no eres capaz de guardar compostura en los tiempos de crisis no puedes estar dentro del ministerio porque dentro del ministerio es una crisis tras otra.

Agradezco a Dios porque a través de los años me ha dado un sentido de calma en medio del caos. El ministerio de Cristo es caótico. Y todos aquellos que pasan por estas cosas, caen víctimas de este tipo de caos. Pero otros, por gracia de Dios y sólo por la gracia de Dios, son capaces de ser sostenidos por tener confianza y fe en Él, y mantener su llamado mientras que todos los demás están destruyéndose a sí mismos. Es a través de estos hombres que son capaces de guardar compostura que Dios continúa haciendo que su obra siga avanzando.

2. La valentía de Daniel

Daniel no solo guardó compostura sino que también tuvo valentía. Versículo 16, entonces Daniel entró, y aparentemente Arioc arregló la audiencia con el rey. ¿No es esto sorprendente? En lugar de matar a Daniel, le da un pase para ver al rey. Daniel entra y se presenta ante el rey, pero noten esto, Daniel es sólo un joven. Debió tener entre 17 y 19 años de edad y recién había acabado sus tres años de entrenamiento. Estaba ante la presencia de Nabucodonosor, quien estaba casi espumando por la boca, estaba encendido como fuego y quería que partieran a todos en pedazos. Y en eso llega Daniel, este joven advenedizo, uno de sus hombres sabios que no es otra cosa más que un aprendiz. Y le pide al rey que le diese tiempo y él mostraría al rey toda la interpretación. Rey, estoy aquí para decirte, si sólo me das un poco de tiempo, toda la interpretación a tu sueño.

¿Qué fue lo que pidió este hombre sabio del rey? Tiempo. ¿Qué fue lo que no les dio a los otros? Tiempo. ¿Qué es lo que pide Daniel? ¿Qué es lo que obtiene? Tiempo. Debió haber sido gracias a su diferente acercamiento, debió haber algo de valentía en él. Su valentía fue también audacia. ¿Quién era él para ir ante Nabucodonosor? Él tenía confianza en su fe en Dios, y deseaba reunirse con este rey frustrado y airado.

Pueden pensar que esto es un poco presuntuoso. ¿Cómo podía saber Daniel que sería capaz de interpretar el sueño? Porque Daniel sabía lo que dice en 1:17, que Dios le había dado a él la habilidad de interpretar sueños y visiones. Él lo sabía. Y creo que dentro de su corazón, tan pronto como escuchó todo esto de Arioc, que el rey había tenido un sueño y que no podía recordar el sueño y menos aún interpretarlo, dentro de su corazón hubo como un clic que le dijo, "Éste es el momento en el que entro en escena;

mi hora ha llegado, llévenme al rey." Y le pide tiempo, y Dios le da tiempo. Exactamente lo mismo que no les dio a los otros.

¿Por qué lo dio a Daniel? Tal vez porque en el 1:20 dice, "En todo asunto de sabiduría e inteligencia que el rey les consultó, los halló diez veces mejores que todos los magos y astrólogos que había en todo su reino." Pudo decir, "Bueno, sé que éste es diez veces más sabio que todos los demás, no hay problema en darle tiempo." Y no deja de sorprender su valentía. No sintió amenazada su vida, sino que fue a estar cara a cara con Nabucodonosor sin importarle cuán poderoso era, porque sabía que Dios estaba de su lado.

Estos primeros elementos son necesarios para cumplir cualquier comisión en tiempos de crisis. Si no tienes compostura y valentía nunca lograrás salir adelante. Cuando sabes que estas cimentado en la palabra de Dios, cuando sabes que tienes la verdad de Dios controlando todo lo que haces, puedes tener compostura y valentía sin importar qué tipo de caos estés enfrentando.

¿Recuerdan a Pablo y el naufragio? El mar estaba sacudiéndose, ya habían desechado la carga, estaban en medio de la oscuridad, no habían tenido alimento durante 14 días, esperaban chocar y estrellarse o hundirse con las rocas de la costa norte de África. Y en medio de todo este frenesí y pánico, Pablo se levanta y dice, "Todos estén de buen ánimo, porque ninguno morirá. Sólo perderemos el barco." ¡Sí, claro! ¿Perderemos el barco, pero todos vamos a estar bien? ¿Qué quieres decir con eso? Y dijo, "¿Saben por qué digo esto? ¿Saben por qué estoy tan calmado y con valentía en medio de este naufragio? Porque un ángel de Dios, de quien soy y a quien sirvo, se paró a mi lado anoche y me dijo de parte del Señor que no perderemos ninguna vida de los que permanezcan en el barco."

Saben algo, ustedes pueden tener compostura y valentía en todo tiempo, en cualquier crisis, cuando saben que están basándose en la autoridad de la palabra de Dios revelada. Si están haciendo lo que es correcto, no tienen nada a que temer.

3. La comunión de Daniel

Tercero, no sólo vemos aquí las características de compostura y valentía sino que también la comunión. Esto es impresionante, su comunión. Versículo 17: "Luego se fue Daniel a su casa e hizo saber lo que había a Ananías, Misael y Azarías, sus compañeros." Fue y dijo a sus amigos, "Tienen que escuchar esto. El rey me dio tiempo para poder trabajar en esto. ¿Qué vamos a hacer?" No dijeron, "Vamos a los manuales o a los libros para saber esto." No. Lo que ellos hicieron fue pedir misericordia del Dios del cielo concerniente a este secreto para que Daniel y sus amigos no murieran junto con todos los sabios que había en Babilonia. ¿Qué quiere decir que pidieron misericordia del Dios del cielo? Ésta es sólo una forma larga de decir que ellos comenzaron inmediatamente a orar. La confianza de Daniel estaba en Dios, así que inmediatamente buscó tener comunión con el Señor. Los siervos especiales de Dios son personas de oración, que dependen solamente en Él. Daniel pudo haber dicho, "con mi carácter, no tengo temor. Yo tengo el don de interpretar sueños y visiones, yo tengo una historia de éxito, me siento capaz de solucionar todo esto, simplemente voy a ir y lo voy a hacer."

Escuchen esto: no me importa cuáles sean tus dones, no me importan tus éxitos, no me importa qué tan bien puedas evaluar tu nivel de competencia. Cualquiera que entra en este tipo de crisis dentro del ministerio sabe perfectamente bien que a lo primero que se dedica uno es a caer de rodillas. Y si no lo haces, significa que eres el peor tonto de todos. No esperaba recibir lo que necesitaba sin tener primero tiempo en oración. No esperaba recibirlo porque había observado que tendría que ser de la misericordia del Dios del cielo. No buscó en la sabiduría de hombres, no buscó en los libros, él se puso de rodillas.

Y, amados hermanos, ésta es la forma en la que debemos enfrentar las crisis. Los hombres de Dios, cuando se encuentran en medio de una crisis, se ponen de rodillas. Los hombres de Dios no llevan sus problemas a otras personas, sino que llevan sus problemas a Dios. Tal vez reúnan a otras personas para orar con ellos, como lo hizo Daniel, pero van a Dios como el punto final de respuesta.

Una diferencia total con la religión de Babilonia. La religión en Babilonia adoraba las estrellas. Pero Daniel y sus amigos fueron al Dios del cielo. Pienso que esto era un tipo de pequeño ataque al sistema Babilonio. Estudiaban todo acerca del cielo, pero no conocían al Dios del cielo a pesar de que decían orar. María, reina de Escocia, dijo, "Tengo temor de las oraciones de John Knox más que a un ejército de 10,000 hombres." Ellos se aferraron a Dios en oración y obtuvieron su respuesta. En medio de la noche, Dios les dio respuesta, el sueño se hizo claro.

El versículo 19 nos dice, "Entonces el secreto fue revelado a Daniel en visión de noche." Sorprendente. En medio de la noche de oración, Dios revela el secreto.

4. El reconocimiento de Daniel

Esto nos lleva a la cuarta característica de un hombre en medio de una crisis, reconocimiento. ¿Qué quiero decir con esto? Veamos el versículo 19: "Por lo cual bendijo Daniel al Dios del cielo." Bendecir es sólo otra palabra que hace referencia a alabar. La busqué en el diccionario y éstas son sinónimos. Daniel bendijo, alabó, dio la gloria a Dios. Reconoció quien era su Dios.

Daniel era un enorme hombre joven. Tenía una sorprendente sabiduría para su edad. Después en los versículos 20-22 Daniel habla y dice, "Sea bendito el nombre de Dios de siglos en siglos, porque suyos son el poder y la sabiduría. Él muda los tiempos y las edades; quita reyes, y pone reyes; da la sabiduría a los sabios, y la ciencia a los entendidos. Él revela lo profundo y lo escondido; conoce lo que está en tinieblas, y con él mora la luz." Esta declaración es maravillosa, es como un salmo, como un himno de alabanza.

Inicia diciendo "sea bendito el nombre de Dios", esto es todo lo que es Dios. Lo bendice por toda Su sabiduría y fortaleza, por su poder. En el versículo 21 lo bendice por Su omnipotencia: cambia los tiempos y las edades; quita reyes y pone a otros reyes; da sabiduría a los sabios y conocimiento a quienes tienen entendimiento. Esto es omnipotencia.

En el versículo 22 lo bendice por Su omnisciencia: Él revela los secretos y lo que no se conoce; Él conoce lo que hay en la oscuridad y la luz mora con Él. Daniel está alabando a Dios, está reconociendo quién es su Dios.

Después, en el versículo 23, "te doy gracias y te alabo, porque me has dado sabiduría y fuerza, y ahora me has revelado lo que te pedimos; pues nos has dado a conocer el asunto del rey." Aparentemente él compartió esto con los tres pues dice nos has dado a conocer.

Daniel no estaba atrapado con el fatalismo babilonio sino con el Dios soberano y poderoso. Y cuando Dios escuchó su oración, Daniel dio a Dios alabanza y gracias en un salmo que es modelo para salmos de alabanza. Escuchen, está con compostura, con valentía, en comunión con su Dios, y cuando escucha la respuesta, él da reconocimiento a su Dios.

5. La compasión de Daniel

Solo dos más rápidamente y habremos cerrado está sección. Daniel también estaba marcado por la compasión. Versículo 24, "Después de esto fue Daniel a Arioc, al cual el rey había puesto para matar a los sabios de Babilonia, y le dijo así: No mates a los sabios de Babilonia; llévame a la presencia del rey, y yo le mostraré la interpretación."

Ahora Daniel está en control de toda la situación y dice, "No mates a los sabios." Ahora, vean esto. La última orden que recibió Arioc vino de Nabucodonosor, pero ahora la orden viene de Daniel. ¿Quién es Daniel? Un jovencito, un hebreo traído cautivo que sale de la nada para decirle qué es lo que tiene que hacer. Daniel está al control, sólo le dice, llévame al rey y yo le revelaré la interpretación. No asesines a los sabios. Daniel tenía compasión por ellos, Daniel estaba preocupado por ellos, sabía que estaban perdidos en su idolatría y que estaban condenados al infierno, pero él no quería que murieran.

Versículo 25, "Entonces Arioc llevó prontamente." La palabra "prontamente" significa con mucha urgencia y con mucha excitación. Estaba realmente emocionado, en una urgencia loca. Podemos asegurar que él tampoco quería llevar a cabo este asesinato. Así que Arioc trae a Daniel de manera excitada y enérgica. Y entonces le dice al rey, "He hallado un varón de los deportados de Judá, el cual dará al rey la interpretación." Se toma más crédito del que merece, él no encontró a Daniel, Daniel llegó a él. Pero sabemos que cuando eres alguien que el rey reconoce quieres hacer todo lo que sea necesario para ganar puntos delante de él. Es por eso que le dice, "he hallado a un varón." Él te pude dar respuestas y decirte el sueño y todo lo que éste significa.

Versículo 26, el rey respondió y dijo a Daniel, usando su nombre Belsasar (éste era su nombre Babilonio): "¿Podrás tú hacerme conocer el sueño que vi, y su interpretación?" Recodemos que ha pasado el tiempo que Daniel solicitó y para el rey no ha habido respuesta, es por eso que pregunta ¿Es verdad que puedes? ¿Realmente lo puedes hacer? ¿Me puedes decir el sueño y darme su interpretación? Tiene dudas porque ya antes había dudado de todo lo relacionado a lo sobrenatural porque todos sus expertos en lo sobrenatural ya le habían fallado.

6. La humildad de Daniel

Entonces Daniel está marcado por la compasión y va al rey. Pero hemos llegado a la última característica de Daniel: humildad. A pesar de sus dones, el tipo era atractivo más allá de lo que podemos describir, era brillante, era espiritual. Físicamente era un espécimen completamente diferente a otros. Tenía este sorprendente entrenamiento porque era diez veces más sabio que cualquier otro. Aquí se encuentra en audiencia con el rey, y no sólo es el que pude revelar el sueño y la visión. Si había algo de lo que se pudiera sentir orgulloso era todo esto, pero veamos el espíritu de Daniel en el versículo 27.

"Daniel respondió delante del rey, diciendo: El misterio que el rey demanda, ni sabios, ni astrólogos, ni magos ni adivinos lo pueden revelar al rey." Parece que resalta ineficacias. Le hecha sal a la herida. Parece que le quiere recordar que todo el montón de sus sabios no sirvieron para nada. Se pone en contra de ellos. Quiere enfatizar al verdadero Dios contrastándolo con las falsas deidades. Sus deidades no lo pueden hacer, con toda su parafernalia y con todos sus libros. No sirven para nada en tiempos de una verdadera crisis.

Entonces el versículo 28. "Pero hay un Dios en los cielos, el cual revela los misterios, y él ha hecho saber al rey Nabucodonosor lo que ha de acontecer en los postreros días." Éste es un término que se refiere a todo el tiempo dentro de la mente del escritor. O a todo el tiempo en referencia a la profecía específica. Y varía de profecía a profecía. Los postreros tiempos de la profecía dada, los últimos días de la profecía que está siendo dada. En este caso, los últimos días de la profecía dada, abarcan todo hasta el Reino Milenario. Dice, "hay un Dios en los cielos, el cual revela los misterios, y él ha hecho saber al rey Nabucodonosor lo que ha de acontecer en los postreros días. He aquí tu sueño, y las visiones que has tenido en tu cama." Y entonces le dice cómo fue que llegó a la cama y como es que estaba recostado sobre ella. Y entendemos que este momento tuvo que ser algo sorprendente para Nabucodonosor porque Daniel repasó todos los eventos cuando estaba recostado y pensando acerca del futuro y todo lo demás.

Y entonces en el versículo 29 dice, "el que revela los misterios" —éste es un nombre nuevo en la Biblia, nunca había sido usado antes— "te da a conocer lo que ha de ser." El Dios del cielo te ha dado este sueño, pero vayamos al versículo 30. Muy interesante.

"Y a mí me ha sido revelado este misterio, no porque en mí haya más sabiduría que en todos los vivientes, sino para que se dé a conocer al rey la interpretación, y para que entiendas los pensamientos de tu corazón." Le dice, no puedo decir que yo soy especial, no soy en ningún sentido mejor que los otros, sino que Dios es quien revela los secretos. Él ha hecho esto para sus propósitos.

Éste es en realidad un corazón humilde, y escuchen esto, el hombre indicado para una crisis está correctamente relacionado consigo mismo. Él sabe quién es desde lo profundo de su corazón. El hombre indicado para una crisis está correctamente relacionado con Dios. Está bien con Dios. El hombre correcto para una crisis está correctamente relacionado con las otras personas. Los ama y no piensa que él es mejor que ellos en ningún sentido.

Daniel es un raro e increíble tipo de hombre. Y esta es exactamente la razón por la cual Dios lo usó de la manera que lo usó. Esto también es exactamente por qué Ezequiel recitó los nombres de tres hombres rectos de la historia y colocó a Daniel justo en medio. Aun cuando Daniel era su contemporáneo él era un hombre inusual, él era un siervo escogido.

Oración final

Padre te agradecemos por lo motivador que es este hombre para nosotros. No hemos visto todos los asuntos prácticos pero lo haremos más adelante, te rogamos que tu Espíritu nos ayude a fomentar esto en nuestras vidas, que seamos como Daniel. Que tengamos tal compromiso contigo que no cedamos ante ninguna circunstancia difícil. Moldéanos de tal manera que seamos como Tú nos quieres y que sea para Tu gloria. Amen.

REFLEXIONES PERSONALES

25 de Noviembre, 1979

02_El auge y la caída del mundo. Parte I

Tú, oh rey, veías, y he aquí una gran imagen. Esta imagen, que era muy grande, y cuya gloria era muy sublime, estaba en pie delante de ti, y su aspecto era terrible. La cabeza de esta imagen era de oro fino; su pecho y sus brazos, de plata; su vientre y sus muslos, de bronce; sus piernas, de hierro; sus pies, en parte de hierro y en parte de barro cocido. Estabas mirando, hasta que una piedra fue cortada, no con mano, e hirió a la imagen en sus pies de hierro y de barro cocido, y los desmenuzó. Entonces fueron desmenuzados también el hierro, el barro cocido, el bronce, la plata y el oro, y fueron como tamo de las eras del verano, y se los llevó el viento sin que de ellos quedara rastro alguno. Mas la piedra que hirió a la imagen fue hecha un gran monte que llenó toda la tierra.

Este es el sueño; también la interpretación de él diremos en presencia del rey. Tú, oh rey, eres rey de reyes; porque el Dios del cielo te ha dado reino, poder, fuerza y majestad. Y dondequiera que habitan hijos de hombres, bestias del campo y aves del cielo, él los ha entregado en tu mano, y te ha dado el dominio sobre todo; tú eres aquella cabeza de oro. Y después de ti se levantará otro reino inferior al tuyo; y luego un tercer reino de bronce, el cual dominará sobre toda la tierra. Y el cuarto reino será fuerte como hierro; y como el hierro desmenuza y rompe todas las cosas, desmenuzará y quebrantará todo.

Daniel 2:31–40

BOSQUEJO

— Introducción
— El sueño recibido
— El sueño recordado
— El sueño revelado
— Oración final

Notas personales al bosquejo

SERMÓN

Introducción

Vayamos a Daniel 2. Para nuestro estudio de hoy queremos iniciar viendo los versículos 31–40. La segunda mitad del segundo capítulo. Ya hemos cubierto los versículos 1–30 anteriormente; pero no sé si podamos cubrir lo que nos resta en un solo mensaje, lo que sí sé es que Dios tiene tremendas cosas que decirnos en esta segunda porción iniciando en el versículo 31.

Antes de que nos introduzcamos en la porción de la escritura con la que estaremos ocupados permítanme decir algunas cosas a manera de introducción. Tristemente estamos viendo, los que conocemos a Cristo, la caída de los Estados Unidos de América. Y tan triste como es esto, en realidad no debiera desconcertarnos. La razón es porque siempre ha sido y siempre será así para todas las naciones del mundo, los reinos de los hombres irán por el camino de la carne lo que finalmente los conducirá al colapso y a la ruina.

Cualquier cosa que está basada en el poderío del hombre, cualquier cosa establecida sobre la sabiduría humana sufrirá el mismo tipo de deterioro que ha sufrido el hombre desde la caída. Lo que caracteriza la historia de la humanidad ha sido siempre una vida disipada. No es un proceso evolucionario sino regresivo. El hombre no está ascendiendo, el hombre está descendiendo. En 2 Timoteo 3:13, Dios dijo, "mas los malos hombres y los engañadores irán de mal en peor." Las cosas no se van poniendo mejor cada día sino todo lo contrario, todo se pone peor.

Estamos viendo el deterioro de nuestra sociedad por todos lados, nacionalmente, socialmente, domésticamente, individualmente, orgánicamente. Todas las cosas en este mundo están atrapadas en un proceso de deterioro que inició cuando el hombre cayó en pecado en el Huerto de Edén. Y cada nueva combinación de fuerzas, o de naciones que ha tratado de lograr un reino perdurable, invariable e inevitablemente llega al mismo tipo de derrota. No importa cuáles sean sus intenciones, no importa las precauciones que se tomen, la disolución del esfuerzo hecho por el hombre es inevitable.

Conforme estudiamos la historia vemos que ésta se convierte en una sucesión de derrotas. Un imperio comienza, alcanza su máximo y después se desvanece y muere, entonces otro imperio es construido de lo que queda de este último. Estamos viendo a los Estados Unidos que en el pasado alcanzaron su máximo, pero ahora nos encontramos en el otro lado, vamos de bajada. Estamos viendo cómo la derrota se está desarrollando, vemos la disolución de nuestro país en todos los sentidos. El humanismo en la política arruina al gobierno, un gobierno que una vez fue establecido sobre los principios de la Palabra de Dios. El ateísmo domina nuestra educación. El chantaje mundial amenaza a toda la orbe. Una falta total de convicción y de coraje ha cambiado la forma de tratar los problemas.

La destrucción de la familia está causando pérdida de toda la orientación entre la gente y ha provocado que surjan toda una serie de problemas psicológicos y psiquiátricos. La deterioración de la familia se da a causa de la aceptación de la inmoralidad, vivir juntos sin estar casados, las mujeres trabajando, la liberación de la mujer, padres pasivos, homosexualidad, etc., etc. Estamos viendo un declinar continuo en la autoridad al grado en donde en muchos casos sólo hay ausencia de autoridad.

En ciertas partes de nuestra sociedad hemos perdido la habilidad de controlar el comportamiento. Existe un incremento nunca antes visto en crímenes, una laxitud en justicia criminal. Constantemente somos corrompidos a un nivel más rápido debido al materialismo, alcohol, drogas, sexo, debido a un constante deseo de satisfacernos a nosotros mismos. Y podríamos continuar más y más en este tono.

Simplemente nos estamos deteriorando como cualquier otra nación que se ha deteriorado. Lo que se hace en Estados Unidos actualmente muestra exactamente el mismo problema. Tenemos pies de barro como la imagen de Daniel. Y el barro, dice Daniel, representa la fragilidad del hombre. Y cualquier cosa que sea construida sobre esta fragilidad, es construida para su final disolución.

Fred Barshag me dio un artículo muy interesante esta semana y lo quiero compartir con ustedes. Dice que lo siguiente fue escrito por el profesor Alexander Tyler cerca de 200 años atrás, cuando nuestras 13 colonias originales eran todavía parte de Gran Bretaña. De hecho, Tyler estaba escribiendo en ese tiempo acerca de la caída de la Republica Ateniense cerca de 2000 años antes. Esto es lo que dijo:

"Una democracia no puede existir como una forma permanente de gobierno. Sólo puede existir hasta que los votantes descubren que pueden votar para obtener dinero del erario público. Desde ese momento en adelante, la mayoría siempre vota por los candidatos que prometen más beneficios provenientes del erario público, con el resultado de que una democracia siempre colapsa debido las políticas fiscales ligeras, y luego es seguida por una dictadura."

"El promedio," dice Tyler, "de las más grandes civilizaciones ha sido 200 años." Para nosotros, esto sucedió en 1976. "Estas naciones han progresado a través de la siguiente secuencia:" —escuchen esto— "de la esclavitud a la fe espiritual, de la fe espiritual a la valentía, de la valentía a la libertad, de la libertad a la abundancia, de la abundancia al egoísmo, del egoísmo a la complacencia, de la complacencia a la apatía, de la apatía a la dependencia y de la dependencia nuevamente a la esclavitud."Toda nación sigue el mismo ciclo, y la democracia parece seguirlo tan rápido o en algunos casos más rápidamente que cualquier otra forma de gobierno. Por cierto, les puede sorprender saber que la democracia no es la forma de gobierno que Dios quiere. El tipo de gobierno que Dios quiere es la teocracia en donde sólo una persona gobierna, y esa persona es Dios.

Simplemente, el mundo de hoy está yendo por el mismo ciclo de disolución por el que siempre ha pasado. Podemos ver las semillas de la disolución manifestándose muy claramente. Viendo al mundo de hoy, lo podemos ver como un muy grande escenario, como un gran escenario que aún tiene abajo la cortina final. Y esto nos da la impresión de que los actores están detrás de la cortina preparándose para la última escena en el drama de la historia humana. La obra está casi concluida. Pero sólo falta una última escena. Y esta escena final son los últimos días y la venida de nuestro Señor Jesucristo.

Si nos paramos cerca del escenario, detrás de la cortina podemos escuchar la conmoción de todos los que están preparando el escenario para el acto final. Y ahora al ir a Daniel 2, él nos llevará detrás de esta cortina antes de que ésta sea levantada. Veremos cosas increíbles, no sólo en Daniel 2 sino que desde Daniel 2 y hasta el final del libro. El desarrollo del último acto sobre el escenario de la historia humana.

Hoy, al tiempo que estudiamos el capítulo 2, del versículo 31 en adelante, veremos la maravillosa historia del mundo gentil gobernando. Jesús dijo que habría un tiempo titulado —Lucas 21:24— los tiempos de los gentiles. Éste ya ha iniciado, y llegará a un final cuando Jesucristo vuelva a la tierra. De hecho ese versículo dice que Jerusalén será destruida por los gentiles hasta que el tiempo de los gentiles sea cumplido. Habrá un periodo de tiempo cuando Jerusalén esté bajo su control. Cuando la nación de Israel esté bajo la esclavitud, a un grado u otro, del poder mundial de los gentiles. Esto se conoce como el tiempo de los gentiles.

Algo muy interesante es que éste inició con la cautividad en Babilonia. Inicio con Nabucodonosor, y terminará con la llegada de Jesucristo. En la actualidad estamos viviendo en ese tiempo. Israel aún no posee la totalidad de su herencia, Israel no habita en su tierra en paz, Israel no posee todo desde el Mediterráneo y hasta el Tigris y el Éufrates, como durante el pacto Palestino.

Estos son los tiempos de los gentiles. Las naciones gentiles han dominado esa parte del mundo desde Nabucodonosor, y lo seguirán haciendo, hasta cierto grado, hasta que Jesús venga nuevamente.

En Ezequiel 21, Ezequiel nos dice que la gloria se ha ido de Israel. En un sentido, cuando Israel se fue a la cautividad, Dios se fue de allí. Y se escribió en la tierra *Icabod*, la gloria se ha ido.

Ahora, presten atención. El segundo capítulo de Daniel entonces indica que Dios transfirió el liderazgo de esta tierra, de los judíos a los gentiles.

Israel se va a la banca, se va a la cautividad y nunca regresa su antigua gloria, hasta nuestros días. No hasta que Jesús regrese. Israel debió haber sido el centro del mundo. Israel debía ser el patrón, el líder del mundo, debió ser ese pueblo muy especial que Dios quería que fueran, el pueblo por medio del cual recibimos la ley, las ordenanzas, los pactos y las promesas. Israel debió haber sido el mensajero del mundo. Pero, como sabemos, Israel trágicamente falló.

En Deuteronomio 32:8, cuando el Altísimo dividió a las naciones su herencia, cuando Él separó a los hijos de Adán, estableció los límites del pueblo de acuerdo al número de los hijos de Israel. Mientras que la porción de Dios es Su pueblo, Jacob es el premio de su herencia. Originalmente Israel era Su pueblo, y Jacob era el premio de su herencia. El centro del mundo y la atención de todo estaban en el pueblo escogido de Dios, Israel. Así era. Así era la forma en la que Dios había querido que fuera.

El propósito de Dios era que el Rey, el Hijo de Dios encarnado llegará y reinará en Jerusalén. Y desde Él fluiría la bendición para todo el mundo. Pero como lo sabemos, la trágica historia de Israel, Israel no obedeció a Dios, Israel no amó a Dios, Israel se volvió idolatra, cometió adulterio espiritual y todo tipo de cosas malvadas, por lo que Dios finalmente tuvo que remover a Israel de su lugar central. Ellos debían ser ese lugar en donde el Mesías se manifestara.

En el Salmo 2, Dios lo deja claro diciendo, "Pero yo he puesto mi rey sobre Sion, mi santo monte" (versículo 6). El lugar de Dios era Sion, y el Rey de Dios debía sentarse en Sion. Nadie debía usurpar ese lugar. ¿Pero qué sucedió? Primero el reino se dividió debido a los terribles pecados de Salomón. Las diez tribus del norte se dividieron y fueron entonces conocidas como Israel. Las dos tribus que quedaron en el sur, Judá y Benjamín, constituyeron la nación de Judá. Así que por eso tenemos a Judá e Israel. Las tribus del norte decidieron que era mejor que ellos fueran idolatras en lugar de adorar al verdadero Dios. Así que ellos continuaron en su idolatría, y consecuentemente fueron destruidos por los asirios.

Los justos que salieron de las diez tribus del norte habían migrado al sur. Así que el sur era el remanente junto con Judá y Benjamín. Pero tristemente sabemos que ellos también se revelaron. Cayeron en idolatría, y no muchos años después ellos también fueron llevados a la cautividad en Babilonia, y es desde ahí donde retomamos la historia en Daniel.

Ésta es la historia de Judá, el reino del sur, llevado a la cautividad, y el comienzo del dominio gentil de la tierra de Israel; pero los días de gloria se terminaron, los días de su grandeza se acabaron. Jerusalén es un montón de escombros, esta devastada, y ha sido diezmada, ahora el tiempo de los gentiles ha iniciado. No será nuevamente Israel en su totalidad sino hasta que el Mesías regrese.

Ahora hacemos un cambio de historia, desde Nabucodonosor y la cautividad babilónica hasta llegar al tiempo de Jesucristo, lo que es cubierto en este sólo capítulo, y quiero que vean esto: ésta es una muy poderosa sección de la Escritura. Todo es tocado en este capítulo desde Nabucodonosor hasta la venida de Jesucristo, todo es abordado de manera amplia pero general.

Ahora permanezcan conmigo. Aun cuando Siria y Egipto han tratado repetidamente derrotar a Jerusalén, nunca han tenido éxito. ¿Por qué? Porque siempre fueron frustrados por el poder de Dios. Y desde luego Siria y Egipto son vistos como grandes enemigos de Israel, esto debido a que Egipto se encuentra al sur y Siria al norte y al este. Siria y Egipto en muchas ocasiones han tratado de destruir a Israel. Han intentado sitiarlos, saquearlos y expulsarlos, pero nunca han tenido éxito. Siglo tras siglo, ellos fueron frustrados en todo esfuerzo y la razón es porque aún no era el tiempo de Dios. Jerusalén no ha sido despedazada por los gentiles, hasta que la maldad de Jerusalén llegue al máximo. Y finalmente cuando Dios dijo hasta aquí, entonces Nabucodonosor vino a diezmar a Jerusalén y entonces la gente fue llevada a la cautividad y los tiempos de los gentiles tuvieron su comienzo. El dominio fue removido de la nación de Israel.

Y ahora llegamos a Daniel, Israel se encuentra en medio de la cautividad. Daniel está sirviendo como un judío cautivo, sin embargo, debido a sus habilidades y talentos él ha sido elevado para servir dentro de la corte del rey Nabucodonosor, para asistirlo y trabajar en todos los asuntos judíos. Debido a su fidelidad, a su carácter sin doblez y sorprendente, él tiene una posición única en la tierra.

Y ahora Daniel inicia con los tiempos de los gentiles. Permítanme decir esto: inmediatamente en el capítulo 2, Dios da a Daniel la profecía a través del sueño de Nabucodonosor la cual describe este periodo de la historia. Ésta la describe de principio a fin, el final es también descrito ahí. Al estudiar esto pensé, por qué llega esta profecía justo al inicio de los tiempos de los gentiles. Si esto va a durar por un milenio, ya ha durado 2000 años, si va a durar durante todo este periodo de tiempo, ¿por qué dar esta profecía justo al inicio? Bien, pienso que hay una buena razón.

Pienso que tan pronto como Israel se fue a la cautividad, tan pronto como la tierra de Judá fue llevada a la cautividad, tan pronto como el pueblo de Dios supo que los gentiles estaban gobernando su tierra, Dios quería que ellos supieran que eso no era algo permanente. ¿Por qué? Porque si ellos hubieran pensado que todo estaba acabado de manera permanente, ellos hubieran comenzado a cuestionar la credibilidad de Dios. Dios en muchas ocasiones dijo que nunca abandonaría a su pueblo, dijo que siempre mantendría su pacto, que siempre cumpliría sus promesas, y nunca se olvidaría de Jerusalén. Y pienso que no han estado mucho en la cautividad

II Parte. Sermones temáticos sobre profecía

cuando Dios inmediatamente revela su plan por completo, desde su principio hasta su fin. El inicio del tiempo de los gentiles y el final del tiempo de los gentiles cuando Israel regrese a su lugar de gloria, para que ellos sepan que Dios no ha fallado en todo lo que Él ha prometido.

El sueño recibido

Al tiempo que llega esta profecía, en el capítulo 2, Jerusalén está en ruinas, el templo está destruido, Judá ha sido destruida, los utensilios sacros del templo han sido sacados y colocados en el templo de un ídolo. La gloria ha salido de en medio junto con el arca del pacto. *Icabod*, la gloria se ha ido, ha sido escrito sobre la gente, los hijos de Israel permanecen a las orillas de los ríos de Babilonia colgando sus arpas sobre los sauces, porque no tienen ninguna música que cantar, y la pregunta que hay en sus mentes es, ¿Ha olvidado Dios para siempre a su pueblo? Y lo que les dice la profecía de Daniel 2 con urgencia es "No."

¿Es este el final? ¿Ha olvidado Dios su pacto? ¿Se han perdido sus promesas? ¿Es mentira la palabra de Dios? No. Y es por eso que llega de manera inmediata esta fantástica e increíble revelación. Vayamos a verla. En los primeros 31 versículos de Daniel 2, tenemos el sueño que se recibe, no vamos a regresar a ello. Si ustedes estuvieron aquí la última semana, ya estudiamos esto. El sueño fue recibido, una noche, Nabucodonosor, este rey pagano quien no creía en el Dios de Israel, estaba a punto de irse a dormir y al tiempo que estaba recostado sobre su cama, de acuerdo al versículo 29, estaba pensando en su imperio y cómo era que él gobernaba el mundo conocido siendo el más poderoso monarca que había existido. El comenzó a pensar qué sucedería cuando muriera, y cómo sería el futuro.

Conforme él reflexionaba en estos pensamientos se quedó dormido y tuvo algunos sueños, según nos dice la Biblia. Uno de esos sueños era uno muy especial que le dio Dios. Se enteró que no permanecería para siempre. Él mismo había visto a otros imperios surgir y caer. Y se preocupó profundamente por su imperio y entonces tuvo un sueño. Uno de sus sueños, uno que le dio Dios era la imagen de la historia desde Nabucodonosor hasta el regreso de Jesucristo. Una increíble profecía en un sueño. El periodo que vimos es el tiempo de los gentiles, el gobernador del mundo al tiempo que Israel es hecho a un lado.

Vean el versículo 28. Éste será el marco de referencia para ustedes en el capítulo 2, "Pero hay un Dios en los cielos" —dice Daniel— "el cual revela los misterios, y él ha hecho saber al rey Nabucodonosor lo que ha de acontecer" —y pongan atención en lo que sigue— "en los postreros días." Hay una frase clave por medio de la cual encontraremos nuestra enseñanza. Esto se va a poner un poco académico, así que presten mucha atención. "Los últimos días" no es una frase restringida al entendimiento de Nabucodonosor, tampoco es una frase limitada al tiempo de Nabucodonosor. Cuando dice "los últimos días," es lo que nosotros llamamos una declaración escatológica. La palabra griega es, *eschatos*, la cual significa últimas cosas. Éste es un término que se refiere hasta los últimos días del tiempo del Mesías. De hecho, "los postreros días" es una declaración profética repetida.

La pueden encontrar en su Biblia en Génesis 49, Deuteronomio 4, Deuteronomio 31, Números 34, Jeremías 23, Jeremías 30, Jeremías 48, Jeremías 49, Ezequiel 38, Daniel 10, Miqueas 4 y otros lugares. Y siempre que aparece "los postreros días," abarca el regreso del Mesías o el tiempo del Mesías. Así que éste es un término muy amplio que nos habla de los últimos días.

Y hasta donde podemos ver todo escrito profético del Antiguo Testamento que hace referencia a los últimos días, abarca la consumación de la historia con la venida del Mesías. Así que la frase que encontramos aquí, "lo que ha de acontecer en los postreros días," en el caso de Nabucodonosor era ver hasta el Mesías, el Señor Jesucristo.

El Nuevo Testamento usa este término en la misma manera. Por ejemplo, en el Nuevo Testamento es usado en Hechos 2:17. También es usado en 2 Pedro 3 y siempre que es usado abarca la consumación de la historia y el reino del Mesías. Así que a Nabucodonosor le fue revelada por Dios una profecía de los postreros días, englobando toda la historia de las naciones hasta el regreso de Cristo.

Veamos nuevamente los versículos 28–29. Dice lo que acontecerá en los postreros días: "He aquí tu sueño, y las visiones que has tenido en tu cama. Estando tú, oh rey, en tu cama, te vinieron pensamientos por saber lo que había de ser en lo por venir; y el que revela los misterios te mostró lo que ha de ser." Aquí tienen la frase dos veces, "lo que había de ser en lo por venir," y "lo que ha de ser." Nuevamente, Nabucodonosor estaba pensando en la sucesión futura en la historia. Nabucodonosor ve lo que ha de ser hasta los últimos días, los postreros días.

El sueño recordado

Ahora, Nabucodonosor recibió este sueño, y ¿qué sucedió entonces? ¿Recuerdan? Olvidó el sueño, literalmente el sueño abandonó su mente; pienso que Dios se lo dio y creo que Dios permitió que lo olvidara porque Dios quería probar un punto. Pienso que él podía recordar algo con dificultad para que cuando Daniel viniera se lo pudiera decir. Pero básicamente creo que él olvidó el sueño. Ahora algunas de sus versiones de la Biblia pueden darles algunos problemas porque en la Reina Valera dice en el versículo 5: "el asunto lo olvidé," pero otras versiones dicen: "mi decisión es firme," o "mi decisión ya está tomada" (cf. versículo 8). Ahora, la versión Hebrea dice "el asunto se ha ido de mí." Pero algunos han introducido el concepto de una fuente aramea que básicamente dice "el asunto se ha ido de mí" —pero algunos dicen que viene de una palabra aramea diferente que significa "el mandato es firme." Entonces, Nabucodonosor no está diciendo "se me olvidó" en ningún sentido, simplemente está tratando de probar a sus magos, encantadores y astrólogos. Así que podemos deducir que finge que se le ha olvidado.

Francamente, hermanos, al ver el texto, cualquiera de las dos es posible. La razón por la que yo creo que él olvidó el sueño es porque eso hace mejor sentido para mí de acuerdo al contexto. ¿Se preguntarán por qué? Bueno, ¿por qué Nabucodonosor tendría un sueño que le asustó hasta el alma al grado que lo hizo entrar en pánico, que le dio un buen caso de apoplejía, un sueño que le causó tal frenesí que no pudo conciliar el sueño, literalmente perdió su sueño? ¿Por qué entonces pretendió que no lo recordaba y comenzó a jugar con sus hombres sabios? Me parece que si el pánico era tan profundo como el texto lo indica, no estaría jugando al intentar probar que sus sabios no le podían dar ningún tipo de respuesta. Porque esto se convertiría en un juego mutuo, él les diría, "díganme el sueño y después su interpretación." Y entonces ellos le dirían, "bueno, tú dinos el sueño y te diremos la interpretación. No podemos resolver el significado del sueño si tu no nos dices que soñaste." Y alguien podría decir, bien, él estaba fingiendo que no recordaba para exhibir su falsedad.

Como ves eso hubiera estado completamente fuera del punto que quería lograr. Él estaba tratando de obtener respuestas acerca de este tremendo sueño perturbador, no tratando de desenmascarar a sus sabios. Esto podría esperar para otro día cuando las cosas no estuvieran rodeadas de tanto pánico. El hecho de que él hizo que los sabios le dijeran el sueño y su interpretación, y estaba tan asustado que ellos no pudieron; por eso les dijo los voy a matar a todos, reúnan a todos los sabios maten a todos ellos. Esto nos puede dar idea de la ansiedad que había en su corazón.

Por cierto, cuando Daniel finalmente le dijo el sueño, él no mató a nadie, lo que nos muestra que en realidad él no estaba tratando de matar a sus sabios, en realidad él estaba tratando de obtener la respuesta de su sueño. Y esta es la razón por la que creó que en realidad él lo olvido. Incluso creo que Dios le ayudó a olvidarlo, del mismo modo que se lo dio, esto para que Dios pusiera en evidencia el fraude que había entre los sabios y colocar a Daniel en el lugar que Él lo quería. El único que tuvo una respuesta fue Daniel, fue el único. No era el momento para estar jugando, Daniel entra en escena para ser el canal para la revelación de Dios y cuando lo hizo, el rey perdonó la vida a los sabios mostrando así que su intención no era la de jugar con ellos para desenmascararlos. Lo único que en realidad quería era que su sueño fuera clarificado.

Ahora Dios había llamado a Daniel para que fuera el revelador de secretos, y eso es exactamente lo que sucede al iniciar el versículo 31. El sueño es recordado, el sueño que es recibido en los primeros 30 versículos, es recordado en el versículo 31. "Daniel lo recuerda siendo el elegido de Dios," regresando al capítulo 1 versículo 17, dice que Daniel tenía entendimiento de todas las visiones y sueños. A Daniel le había sido dado este don de parte de Dios para que fuera capaz de tratar con los sueños, para ser capaz de interpretar sueños, para ser capaz de revelar sueños y este era su momento.

Puede ver que Dios estaba impulsando a Daniel hacia el líder y este sería uno de los movimientos finales. Nabucodonosor estaba ya convencido de que este hombre era diez veces mayor que todos los hombres sabios juntos. Y ahora, cuando esto sucedió, él lo convierte en su primer ministro sobre todo el palacio. Veamos cómo fue recordado el sueño, versículo 31.

Daniel habla y esto es lo que le dice al rey: "Tú, oh rey, veías." Ahora entendamos esto, Daniel no sabe el sueño porque el rey no se lo ha dicho, no hay forma en la que humanamente hablando Daniel pudiera obtener esta información. El rey dice no puedo recordar mi sueño, y lo primero que Daniel hace es decirle el sueño para después interpretarlo. Lo primero que dice, "Tú, oh rey, veías, y he aquí una gran imagen." La palabra aramea que vemos aquí es estatua. No es un ídolo que tú puedas adorar, simplemente es una estatua.

"Esta imagen, que era muy grande, y cuya gloria era muy sublime, estaba en pie delante de ti, y su aspecto era terrible. La cabeza de esta imagen era de oro fino; su pecho y sus brazos, de plata; su vientre y sus muslos, de bronce; sus piernas, de hierro; sus pies, en parte de hierro y en parte de barro cocido."

Y ahí está esta estatua enorme, brillante y sólida. Y a continuación la acción inicia en el versículo 34: "Entonces fueron desmenuzados también el hierro, el barro cocido, el bronce, la plata y el oro, y fueron como tamo de las eras del verano, y se los llevó el viento sin que de ellos quedara rastro alguno. Mas la piedra que hirió a la imagen fue hecha un gran monte que llenó toda la tierra. Este es un sueño extraño, muy extraño.

En aquél tiempo la gente creía que los sueños tenían un significado y este lo tenía ya que provenía de Dios. ¿Qué fue lo que vio? Vio a una estatua de aspecto humano que estaba hecha de un metal brillante.

Notarán que dos veces se hace referencia al enorme tamaño de la imagen en el versículo 31. Esa palabra en arameo es inmensa, enorme, con la idea de que no se puede describir que tan grande es, por lo que solo vemos que en sus pensamientos era una imagen inmensa, una estatua inmensa. Y se nos dice que su brillantes era excelente ahí. Esto quiere decir que era extraordinariamente esplendorosa. El metal con el que estaba hecha era refulgente, brillante en exceso. Esta cosa que era inmensa, brillante, refulgente, dice al final del versículo 31, era terrible. Esta inspiró terror o bien gran temor. Tal vez sería mejor decir que era impresionante. Tan inmensa, tan esplendorosa, tan impresionante que literalmente dejaría al que la viera muerto de miedo. Y a pesar de que él no recordaba lo que vio en su sueño, pudo recordar que fue lo que lo dejo aterrorizado en su sueño, y todo lo que le había quedado fue el terror sin el sueño. Y ahora Daniel le dice que fue lo que él vio.

Noten algo muy interesante, básicamente está hecha de diferentes metales. Inicia la descripción y va desde el oro hasta el hierro y el barro. En arameo barro es *asopin*, palabra que significa barro cocido. Es muy probable que se refiera a un utensilio de barro que era usado en aquellos tiempos y muy probablemente esto es lo que vio. Vio que los pies estaban hechos de una combinación de hierro y barro, loza cerámica quebradiza.

Otra cosa muy interesante de esto es que no solo tiene un valor bajo o que se deteriora fácilmente, sino que algo que siempre me ha interesado es que tiene una densidad correspondiente. El oro es más pesado que la plata y la plata es más pesada que el bronce, y el bronce es más pesado que el hierro, y el hierro es más pesado que barro y hierro mezclados. De hecho, hice algo de investigaciones, el peso específico del oro es 19, el de la plata es 11, el del bronce es 8.5, el del hierro es 7.8.

En otras palabras, el oro que es el primero de la lista es más pesado que el que se encuentra al final. Toda esta cosa es realmente pesada, y se hace más quebradiza conforme llegamos a la base. De hecho el oro es tan flexible y maleable que no puede ser quebrado; pero el hierro y el barro sí. Toda la historia de la humanidad, toda la historia del mundo gentil hasta la venida de Jesucristo va a ser precariamente muy balanceada pero que constantemente y progresivamente se está deteriorando hasta su disolución final cuando sea aplastada hasta sus pies y sea despedazada como polvo en el viento. Una imagen muy vivida. Desde su cabeza de oro, hasta sus frágiles pies de loza de porcelana mezclada con hierro, la frágil imagen esta ya dispuesta a caer.

Y esto es exactamente lo que está sucediendo en el versículo 34. La acción inicia, una piedra fue cortada no con mano, esto quiere decir que fue por medio de una fuente de origen humano. Ningún hombre hizo esa piedra. Esa piedra "Hirió a la imagen en sus pies de hierro y de barro cocido, y los desmenuzó." De hecho, tanto cuanto se convirtieron "Como tamo de las eras del verano, y se los llevó el viento sin que de ellos quedara rastro alguno." Ningún lugar se encontró para ellos y la piedra que desmenuzó a la imagen se convirtió en una gran montaña y llenó toda la tierra. La piedra abarca toda la tierra, el resto de lo que quedó se la llevó el viento.

La enorme y pesada imagen pierde equilibrio a causa de un golpe aplastante en sus pies. En una rápida sucesión, la completa desintegración de la imagen avanza y todo su polvo es esparcido. Esto es un proyectil sorprendente, dirías tú. Esto aplasta toda la historia de los gentiles. Que sorprendente sueño, un sueño realmente sorprendente. Ahora ¿cómo interpretarías un sueño como éste si fueras Carl Jung, quien fue un famoso psicoanalista que siempre buscó trivializar los sueños de la gente? Carl Jung hubiera dado algo más o menos así, aunque usted no lo crea. Carl dice que las personas que tienen ideas disparatadas u opiniones demasiado elevadas acerca de sí mismos o de aquellos que hacen grandiosos planes fuera de proporción con respecto a sus capacidades reales, tienen sueños de volar o caer.

¿Nunca has tenido este tipo de sueños? Pienso que todos nosotros hemos tenido alguno así de vez en cuando. Carl Jung dice que cualquiera que tienes estas grandiosas ideas acerca de si mismo teme caer. Por lo que él dice, este tipo sin duda, si es que es verdad, tenía temor de la caída de su imperio por lo que su temor se hizo realidad en sus sueños. Jung continua diciendo, "El sueño es una compensación de las deficiencias de personalidad y en ese mismo tiempo les advierte del peligro de lo que viven al presente." En otras palabras, es bueno que la psique te dé esos sueños porque te alerta de modo que no sucedan de inmediato.

Si nosotros tomamos el ángulo psicológico, en el sueño simplemente Nabucodonosor se está viendo a sí mismo. Se ve a sí mismo tratando de permanecer y como es que ha obtenido este enorme imperio. Pero después de todo él es hombre. Él es como oro, pero entre más abajo lo veamos, más frágil se convierte y es delicado, se sostiene en balance muy frágilmente en balance como para ser desbalanceado por algún monarca o rival que lo suceda. Este es el ángulo psicológico. Y les voy a dar algo que sale de mi imaginación. Pienso que si los sabios de esos días hubieran tenido este sueño, esta interpretación psicológica es la que hubieran dado. Probablemente esta hubiera sido su interpretación; un acercamiento psicológico. Usted está viendo el potencial de su propia destrucción.

El sueño revelado

Pero sinceramente amigos, los sabios no servían para nada y Carl Jung tampoco cuando se trata de asuntos de la Biblia, así que es mejor escuchar a Daniel. Y desde el sueño recibido y el sueño recordado, llegamos al punto tres, al sueño revelado, veamos el versículo 36. Y para que no te pierdas en el versículo 36 esta de manera explícita. Este es el sueño, y podemos decir que es la interpretación delante del rey. Les doy el sueño. Aquí viene la interpretación, lo que me sorprende es que Nabucodonosor nunca dice nada en toda esta escena. Él nunca dice una sola palabra.

No le dice, "está bien, tienes razón, eso es todo, lo supiste." Tampoco dice, "no, eso está mal." No dice nada, sabes, pienso que no pudo decir nada. Pienso que su boca estaba colgando y completamente abierta. Porque Daniel estaba en lo correcto, como nos lo dirá al final de la historia en el capítulo 2, Daniel estaba en lo correcto ya que lo hace su primer ministro en toda el área.

Pero él dice, noten este pequeño pensamiento, versículo 36: "diremos la interpretación delante del rey." ¿A quién se refiere el diremos? Algunos dirán son Daniel y sus tres amigos quienes oraban juntos acerca de esto y con quienes compartió este sueño. Algunos dirán son Daniel y Dios. Y muchos comentaristas van de una a otra de estas. Yo no tengo ningún problema, pienso que es Dios y sus tres amigos, todos ellos andaban por ahí. Tenemos que incluir a todos los que sabían acerca de esto. Dice, te vamos a decir la interpretación, y aquí viene, miren esto.

"Tú, oh rey, eres rey de reyes; porque el Dios del cielo te ha dado reino, poder, fuerza y majestad. Y dondequiera que habitan hijos de hombres, bestias del campo y aves del cielo, él los ha entregado en tu mano, y te ha dado el dominio sobre todo; tú eres aquella cabeza de oro." Este eres tú. "Y después de ti se levantará otro reino inferior," hablaremos más delante de por qué inferior, "al tuyo. Y luego un tercer reino de bronce, el cual dominará sobre toda la tierra. Y el cuarto reino será fuerte como hierro; y como el hierro desmenuza y rompe todas las cosas, desmenuzará y quebrantará todo. Y lo que viste de los pies y los dedos, en parte de barro cocido de alfarero y en parte de hierro, será un reino dividido; mas habrá en él algo de la fuerza del hierro, así como viste hierro mezclado con barro cocido."

Nos vamos a detener aquí, y dirás, "bueno, eso no ayudó mucho." Pero lo hará si tú te concentras por un minuto, esto es fenomenal, la imagen representa, subráyalo, cuatro imperios del mundo en etapas subsecuentes, desde Nabucodonosor hasta Jesucristo. Israel ya no es más la nación que gobierna a nombre de Dios, ya no controla esa parte del mundo, Jerusalén ya no se encuentra bajo el gobierno de Israel para ser el centro del trato de Dios con el hombre. Y cuatro grandes poderes existirán hasta que Cristo venga y restaure a Israel.

Conozcamos al primero en el versículo 37. "Tú, oh rey, eres rey de reyes; porque el Dios del cielo te ha dado reino, poder, fuerza y majestad. Y dondequiera que habitan hijos de hombres, bestias del campo y aves del cielo, él los ha entregado en tu mano, y te ha dado el dominio sobre todo; tú eres aquella cabeza de oro."

Notarán que Nabucodonosor es mencionado en el versículo 37 como el rey de reyes. Un título que le fue dado por Dios, no pierdan de vista esto, es muy interesante. Ya que el Dios del cielo te ha dado un reino poder, fuerza y la gloria. Tú eres un rey de reyes. En otras palabras, el supremo monarca sobre la tierra. Y a él se le había dado el derecho de gobernar la tierra, aun cuando nunca extendió su reino como para abarcar la tierra. La indicación del texto es que él pudo hacerlo, ya que Dios le dio ese derecho.

En todo lugar que el hombre existió, donde quiera que hubo bestias y aves, le fue dado en su mano a pesar de que él en realidad nunca lo reclamó. Él es llamado rey de reyes y por cierto, en Ezequiel 26:7, Ezequiel lo llama del mismo modo. Así que Ezequiel obtuvo del Señor el mismo mensaje: Nabucodonosor era un rey único. Por cierto su reinado duró 70 años, el número exacto de años que Dios quiso que Israel permaneciera en la cautividad en Babilonia antes de que Él los regresara. Dios puso a Nabucodonosor. Dios elevó su reino para que fuera un agente perseguidor. Y cuando su trabajo como perseguidor fue acabado, él desapareció.

Así que el Dios del cielo hizo posible su reino y su reino se esparció sobre una parte importante del mundo en sus días. Desde Egipto y hasta el área del Mediterráneo, hasta las fronteras del Golfo pérsico, toda esta área del mundo estaba bajo el dominio de este hombre; era un monarca supremo. Era el rey de reyes en sus días, gobernaba sobre todo y sobre todos. Y como ya dije, la idea de que se extendía sobre las bestias y las aves es solo una hipérbole para mostrar el enorme grado y la extensión de su autoridad. Y hasta cualquier otro hombre de su tiempo, Nabucodonosor había ido más allá de todos ellos en su poder y autoridad.

Nabucodonosor fue monarca por alrededor de solo 43 años, pero su imperio duró 70 años. Él fue la cabeza por sólo 43 de los 70 años. Los subsecuentes reinos a él, y noten esto, son llamados reinos no reyes. Dentro de los cuatro imperios mundiales, se dice de Nabucodonosor que él es la cabeza. Después de él ningún monarca es mencionado. Pasó de rey a reinos. El segundo reino, el tercer reino, y el cuarto reino. Pero la primera vez es un rey. ¿Por qué? Porque el primero era única, verdadera y absolutamente una monarquía unida. En el resto de la imagen hay un cambio en la forma en la que el gobierno es expresado. Pero Nabucodonosor era un rey de reyes quien literalmente, personalmente y de manera única era responsable de alcanzar y mantener su estatus y el estatus de su imperio. Y después de él rápidamente se desvaneció el poder. Era más su reino que él siendo rey, dice León Wood, y está en lo cierto.

No sucede lo mismo con los reinos subsecuentes. Y permíteme decirte algo más que es muy interesante. Puedes notar que dice que la cabeza es la cabeza de oro, ¿por qué oro? Bien, el oro era algo muy importante en el Imperio Babilónico. Herodoto, quien es un historiador, visito Babilonia 90 años después de la era de Nabucodonosor. Herodoto es un historiador antiguo de esa época. Y dice en lo que escribió, que en toda su vida sobre la tierra no vio tanta abundancia y proliferación de oro como él la pudo ver en Babilonia. Describe los castillos y las vasijas, el equipo, los embellecimientos hechos de oro solido por todo el imperio Babilónico. Noventa años después de la era de Nabucodonosor, lo que quedaba seguía ahí.

Nabucodonosor quiso construir un trono de oro en medio de la ciudad de oro. Isaías 14:4 se refiere a la preocupación de Nabucodonosor con respecto al oro. Pero sólo duro 70 años, sólo lo suficiente para cumplir el propósito de Dios de castigar. Así que Nabucodonosor era la cabeza de oro. Con mucha solidez pues era el gobierno de un solo hombre. Él era el que ordenaba en todo.

Veamos el versículo 39: el siguiente reino subsecuente. "Y después de ti se levantará otro reino inferior al tuyo; y luego un tercer reino de bronce, el cual dominará sobre toda la tierra." Veamos al segundo reino por un minuto. Se nos dice atrás en el versículo 32 que sus brazos eran de plata. Así que el segundo reino es representado por la plata. Y como podemos notar conforme bajamos, llegamos al pecho y a los brazos. Sus brazos son de plata, los brazos y el pecho. Y ahora ya no tenemos la solidez de la cabeza. Tienes una situación de dos partes. La segunda en el versículo 39 solo se puede referir al imperio Medo Persa. Tiene que ser así porque el imperio Medo Persa fue el que sucedió al Babilónico. No hay otra manera de interpretarlo. Muchos comentaristas están de acuerdo que este es el imperio Medo Persa porque este fue el que siguió inmediatamente después del de Babilonia.

"Su pecho y sus brazos," de acuerdo al versículo 32, "eran de plata." Y esto implica una división de dos partes. El imperio Medo Persa era exactamente eso, formado de Medos y Persas. Ya no existe mayor solidez ahí, y también notarán que el Medo no es tan valioso, es de plata.

Noten la palabra "inferior" en el versículo 39. "Y después de ti se levantará otro reino inferior al tuyo." Literalmente la palabra significa "más bajo." No pienso que "inferior" sea la traducción correcta. No pienso, tampoco, que debamos hacer un juicio cualitativo o un juicio de valor sobre esto. Pienso que lo que está diciendo es simplemente "uno más bajo, y después uno más bajo, y después uno más bajo." Ésta es literalmente la referencia en el arameo. Simplemente está hablando de más bajo en el orden descrito por la misma estatua. En lo alto iniciamos con oro y luego más abajo con plata. En realidad no es un comentario sobre cualidad o talla o nada parecido.

Y por cierto, los últimos tres imperios fueron más grandes en mucho. De hecho se hacen más grandes a medida que avanzan. El Medo Persa era más grande que el de Babilonia, Grecia fue más grande que el Medo Persa y Roma era más grande que Grecia. Continuamente surge uno más grande.

No solo eso, cada uno de ellos era más fuerte que el antecesor. Así que decir inferior no es la mejor forma de decirlo. Estos no fueron inferiores en tamaño y no fueron inferiores en poder. Es mejor verlo como simplemente el significado de las palabras más bajo debido a que hubo un crecimiento de poder y un crecimiento de territorio.

Ahora es interesante que en el versículo 39 que dice simplemente que después de esto surgirá otro reino más bajo. Debajo de ti o más bajo que tú. No dice nada al respecto. De los cuatro reinos, de este es del que no se dice nada. Del siguiente se dice que reinará sobre toda la tierra. Pero no dice nada del segundo. ¿Por qué? Bueno, pienso que lo que se buscó es que Nabucodonosor no se pusiera paranoico, preocupado por estar pensando en cual sería este, o quién sería este, de dónde vendría. Porque este sería el que enfrentaría a su imperio. Es por eso que solo se menciona rápidamente. Sin embargo sabemos que se refiere al imperio Medo Persa.

Plata en el arameo significa lo mismo que dinero, es la misma palabra. La característica de este imperio Medo Persa será el dinero, o bien la plata. La historia nos dice esto, el imperio Medo Persa desarrollo un muy amplio sistema de impuestos. Ellos requerían que sus impuestos fueran pagados en plata y literalmente ellos llenaban sus cofres con toneladas y toneladas de plata. Los reyes del imperio Medo Persa, había muchos de ellos, se hincharon de dinero de plata. La profecía que tenemos aquí es acerca de que vendrá otro reino y que ese reino será caracterizado por la plata. Jerjes, quien fue uno de los reyes del imperio Persa, heredó la increíble fortuna en plata de su padre Darío. También heredó más plata de otros de los reyes Persas con lo que financiaba sus enormes guerras contra los griegos. Así que ellos tenían enormes cantidades de plata.

El imperio babilónico permaneció hasta 538 a.C. y después llego Ciro el grande y con Ciro el grande llegó el imperio Medo Persa. Ese imperio duró 200 años aproximadamente, hasta 330 a.C., cuando llegamos al tercero del versículo 39. Veamos este, "y luego un tercer reino de bronce, el cual dominará sobre toda la tierra." ¿Cuál es este? Regresando al versículo 32, es el abdomen y los muslos de bronce.

Ahora llegamos a otro reino de bronce, y este es representado con el abdomen y los muslos. Este es Grecia, ¿cómo lo sabemos?, porque después del reino Medo Persa vino el imperio Griego quien recibió el poder y la autoridad inicial de su padre Felipe de Macedonia. Así que nos movemos hacia abajo de Babilonia a Medo Persia y Grecia. Es interesante que desciende a los muslos porque el gran imperio Griego primariamente tuvo dos grandes facetas. Y a pesar de que fue dividido entre cuatro generales, dos de estos generales tomaron Siria y dos de ellos Egipto y ellos se convirtieron en las dos grandes facetas de gran imperio Griego.

Quiero que noten que este reino se caracteriza por el bronce. El bronce no es tan valioso como la plata pero si es más fuerte que ella. Este es caracterizado por el bronce, pienso que es por dos razones. Un escritor dice esto, "Es fácil imaginar que tan sorprendente impresión debieron dar los griegos en el mundo civilizado. Consideren el contraste entre sus soldados y los soldados del ejército Persa. Ellos fueron los que derribaron al imperio Medo Persa. Has visto a un soldado de Medo Persia de los días en lo que ellos controlaban al mundo civilizado, el luciría más o menos así.

Sobre su cabeza tendría un turbante suave, estaría vestido con una túnica con mangas y pantalones largos y completos. Este sería un soldado Medo Persa. Pero en contraste cuando veías a un soldado Griego, él tendría un casco de ramas, y sobre su cuerpo una armadura de bronce. Delante de él cargaría un escudo de bronce y aunque usted no lo crea una espada hecha de bronce. Esta es la razón por la que los escritores clásicos de esos días se refieren a los griegos como los del código de bronce. Las ramas se convirtieron en un símbolo de las conquistas griegas y del imperio Griego. ¿Por qué oro? Porque Nabucodonosor estaba preocupado por el oro. ¿Por qué plata? Porque los Medo Persas están preocupados por la plata. ¿Por qué el bronce? Porque éste simbolizaba el poder y las fuerzas de Alejandro el Grande.

Y nuevamente este impero se dividía en dos muslos, Siria y Egipto. Y siguen diseminados cuando llegamos al cuarto y final reino en el versículo 40, los pies de hierro. Por cierto, ahora añado que al final del versículo 39 dice que este tercer reino dominará sobre toda la tierra. Hablemos un poco de esto. ¿Dominará sobre toda la tierra? Una declaración muy interesante porque Alejandro el Grande comandaba un ejército que lo llamaba por este título, Alejandro el Grande Rey de toda la tierra. Era considerado rey de toda la tierra.

Él dominó, esto es sorprendente, dominó Europa, domino Egipto, domino hasta la India. Murió en sus 30s. Finalmente llegamos al cuarto reino y este es Roma. ¿Cómo sabemos esto? Porque Roma es el siguiente en la historia después de Grecia. Y nuevamente el énfasis es en fortaleza. El imperio Griego duró un poco menos de 200 años. El imperio Medo Persa duró aproximadamente la misma cantidad de tiempo. Alrededor del año 100 a.C., unos 50 antes o después, es difícil decir cuando exactamente comenzó; Roma se convirtió en potencia. Y por cierto, Roma antes de esto nunca se había escuchado de Roma. Salieron de la nada para dominar al mundo. Y el imperio Romano, aunque usted no lo crea, fue más allá de las conquistas de Alejandro; esto es increíble.

Roma era los dos pies. Si ustedes lo saben, Roma existió en un estado dividido. Estaba el imperio Romano del este y el imperio Romano del oeste. Daniel dice, y nos vamos a apresurar en las conclusiones, que el cuarto imperio, versículo 40, será tan fuerte como el hierro; fuerte como el hierro.

Pero en los días de Daniel, el hierro era considerado el metal más fuerte. Y Roma, sin duda, fue el imperio más fuerte que el mundo ha visto. Babilonia duró 70 años, Medo Persia duró alrededor de 200, el imperio Griego duró como 200 años; y el imperio Romano duró 500 años en el oeste y hasta 1453. Constantinopla fue derribada en el Este. Esto es mucho tiempo, ningún imperio se le acerca, esto nos dice que eran fuertes.

Continua diciendo, por ejemplo, desmenuzará y quebrantará todo. Somete a todos, dice a todos. Rompe en pedazos y lastima. Todos estos términos se refieren a aplastar, destrozar, como Roma esparce en pedazos. De hecho, el verbo romper en arameo significa romper con un martillo. Y Leupold, un estudioso de la Biblia dice, "las legiones romanas fueron notorias por su habilidad de romper toda resistencia con talón de hierro." Aparentemente no hay nada constructivo en el programa de este imperio a pesar de las leyes Romanas y los caminos romanos, y toda su civilización, porque el trabajo destructivo sobrepasó todo esto, esta es la razón por la que tenemos un verbo doble, desmenuza y rompe, al final de versículo 40.

El imperio Romano llegó para aplastar y demoler. Por cierto, las piernas son la parte más larga de la imagen y el imperio Romano tuvo la duración más larga. Gibbon quien escribió la famosa *Historia del Declive y Caída del Imperio Romano*, dijo esto, "El imperio de los romanos llenó el mundo. Y cuando el imperio cayó en las manos de una sola persona, el mundo se convirtió en una prisión muy segura y triste para sus enemigos. Resistirse era fatal y huir era prácticamente imposible." Gibbon dice que los romanos gobernaron al mundo.

Robert Culver escribe, "Dos milenios atrás, Roma le dio al mundo una unidad ecuménica en una especie de liga de las naciones, algo que las Naciones Unidas ha buscado revivir en nuestro tiempo." Pero, ¿el revivir esta idea romana antigua es ideal aun cuando ésta ha estado perdida desde el tiempo de Augusto Cesar? Es probable que la *pax romana*, la paz romana, la paz de una prisión bien organizada con abundancia de puertas de hierro, puertas de acero, guardias entrenados y muros muy altos sigue siendo lo mejor que el mundo podrá alcanzar hasta que Jesús regrese.

¿Sabes por qué duraron tanto los romanos? Porque gobernaron con mano de hierro. Eran fuertes, las legiones de hierro de Roma fueron el último poder mundial y es la parte final de la imagen. Y ahora, como pueden ver ustedes, Roma fue el último imperio mundial. Y alguno de ustedes puede decir, "un momento, tiene que haber más de esto. Roma se fue hace mucho tiempo." Pero hay algo más para la profecía, aún no hemos llegado a los dedos de los pies.

Los dedos no son de hierro, sino que son de hierro mezclado con barro. ¿Qué nos dice esto? Creo que vamos a ver el regreso del antiguo Imperio Romano. ¿Qué quieres decir? ¿De qué estás hablando? Creo que habrá aún diez dedos de ese imperio revivido. ¿De qué hablas? Aquí está lo que pienso.

¿Han volteado a ver a Europa recientemente? Europa, la que alguna vez ocupó el territorio del Imperio Romano, se ha revivido a sí misma en la confederación que ahora se conoce como la Comunidad Económica Europea, el Mercado Común Europeo. Y hasta donde yo sé actualmente, lo forman diez naciones. Esto es interesante. El 27 de diciembre de 1971 se anunció en la radio que el más importante evento que tendría lugar en 1972 era el surgimiento del Mercado Común Europeo, el cual se convertiría el poder económico, singular, más poderoso del mundo. Paul Steen, quien en aquél momento fue el presidente, dijo, "No se equivoquen, no somos un grupo económico, somos un grupo político." Y escuchen esto: El periódico *The L.A. Examiner*, del 29 de octubre de 1971, dijo, "La decisión Británica de unirse al mercado común ha llevado a Europa Occidental al umbral de su más fuerte alianza desde que las naciones estaban unidas como parte del Imperio Romano hace 15 siglos."

La historia del mundo está alcanzando su clímax, no tenemos duda de ello. Y si quieren saber cómo es que todo esto va a terminar, no se pierdan el siguiente mensaje. Les voy a explicar el tema "¿Pueden los Estados Unidos sobrevivir?" ¿Pueden? Estamos sucumbiendo ya al mortal, inexorable, inevitable e incambiable deterioro de muchos. Nuestra gente es egoísta y su egoísmo los autodestruirá.

Alexander Tyler lo dijo: "De la esclavitud a la fe espiritual, de la fe espiritual a la gran valentía, de la valentía a la libertad, de la libertad a la abundancia, de la abundancia al egoísmo, del egoísmo a la complacencia, de la complacencia a la apatía…" Entonces estamos ahora en algún lugar entre la apatía y la dependencia. Y estamos pidiendo esto, porque de la dependencia se regresa a la esclavitud. Y alguien más resurgirá de nuestras cenizas, si Jesús permite que este ciclo reinicie nuevamente. ¿Cómo acabará? Esto será en el capítulo siguiente. Oremos

Oración final

Padre, te agradecemos nuevamente por estas fascinantes verdades que tu palabra nos revela. Bendice a cada uno de los que leen esto. Señor, si sabemos que esta historia ya se está desarrollando, esta es la imagen de hombre como el dominio dentro del mundo como una precaria imagen balanceada sobre pies de barro, muy pesada, que será aplastada y demolida por una roca que fue cortada sin manos humanas, para esparcir su polvo.

Queremos ser parte del reino viviente de Jesucristo, y es por esto que oramos por los que aún no conocen a Jesucristo. Oramos para que seamos capaces de tocar sus vidas para Cristo, oramos en el nombre de Jesús. Amén.

Reflexiones personales

2 de Diciembre, 1979

03_El auge y la caída del mundo. Parte II

Y lo que viste de los pies y los dedos, en parte de barro cocido de alfarero y en parte de hierro, será un reino dividido; mas habrá en él algo de la fuerza del hierro, así como viste hierro mezclado con barro cocido. Y por ser los dedos de los pies en parte de hierro y en parte de barro cocido, el reino será en parte fuerte, y en parte frágil. Así como viste el hierro mezclado con barro, se mezclarán por medio de alianzas humanas; pero no se unirán el uno con el otro, como el hierro no se mezcla con el barro.

Daniel 2:41–43

BOSQUEJO

— Introducción

— Sermón

— Oración final

Notas personales al bosquejo

SERMÓN

Introducción

Continuamos con nuestro estudio de Daniel 2 y recordaremos que Daniel es uno de los grandes profetas de Antiguo Testamento. Él profetizó 600 años antes del nacimiento de Cristo y fue un hombre de Dios desde sus años de juventud.

Como ya hemos aprendido acerca de Daniel, cuando llegó a Babilonia y comenzó a ser usado por Dios para revelar su plan para las edades, la historia de la humanidad hasta su consumación en el reino de Cristo, él era solo un jovencito pero uno digno de encomio. Así regresamos a ver esta primera y tal vez la más monumental de todas las profecías que hay en Daniel o bien en el Antiguo Testamento, la que vemos en el capítulo 2.

Y para empezar a ver nuevamente esta gran profecía, permítanme mencionarles una experiencia que tuve la semana pasada. Tuve la oportunidad de escuchar al Dr. Charles Malik, quien es nativo de Líbano. Fue criado en la Iglesia Ortodoxa en medio del mundo islámico. Y también fue uno de los fundadores de la declaración universal de los derechos humanos de las Naciones Unidas en 1948. Ha sido embajador de su país en los Estados Unidos para las Naciones Unidas. El Dr. Malik ha servido como presidente de la asamblea general, así como presidido el consejo de seguridad. Es graduado de la universidad de Harvard en donde obtuvo su maestría y su doctorado. Es un profesor adjunto en Harvard y también es profesor en la Universidad Americana de Beirut.

El Dr. Malik estaba dándonos un análisis del mundo y cómo es que él percibía el mundo. Dijo que en efecto el mundo se encuentra al borde del desastre. Éstas no son sus palabras exactas pero en efecto resumen lo que él estaba diciendo, y a menos que algunos sucesos dramáticos surjan para lograr el cambio, estamos entrando en lo que podría ser el periodo más caótico de la historia. Dio una lista muy larga de asuntos que son cruciales que está enfrentando el mundo occidental y los Estados Unidos. Y consecuentemente no sólo los Estados Unidos y el mundo occidental sino que ellos están influenciando a todo el mundo. Para él el mundo está siendo afectado por los mismos problemas.

Permítanme darles al menos seis cosas que él mencionó. Número uno es la carrera armamentista nuclear. El Dr. Malik dijo que él llama a esto el balance del terror. Y dijo en ese entonces que supuestamente Rusia sobrepasaba 6 a 1 a los Estados Unidos en armamento nuclear. El Dr. Malik dijo que *SALT* (*Strategic Arms Limitation Talks*), son los eventos más importantes debido a que —y lo dijo de esta manera— esto es lo más importante que ha pasado al mundo desde que el ángel dio el anuncio del nacimiento de Cristo a María.

Y francamente esto me tomó por sorpresa. Él continuó diciendo que la razón para que éstos sean tiempos muy importantes es porque la carrera armamentista es vital porque tiene el potencial de acabar con toda la historia del mundo. El hombre equivocado pulsa el botón correcto y todos quedamos acabados. Y desde luego desde su perspectiva, el occidente esta deplorablemente muy por detrás de la carrera armamentista y que estamos potencialmente al borde de un desastre nuclear.

Después dijo que el segundo mayor problema que está enfrentando Estados Unidos y el mundo occidental, junto con todo el mundo, es el resultado de la tensión en la alianza occidental. Dijo que Estados Unidos no ha podido tener bien sus relaciones con sus aliados europeos, y que poco a poco ve a Rusia acercándose a los aliados americanos que están en Europa y que Europa está más dispuesta a escuchar a Rusia que a los Estados Unidos. Tenemos un bajo nivel de compromiso entre nosotros y los aliados, el cual en otro tiempo era un compromiso muy cercano con toda Europa. Y cree que esto simplemente traerá a todo el mundo a encontrarse rodeado de un poder Soviético más cercano.

Tercero, dijo, enfrentamos el problema de lo que llamó un retiro perpetuo. Dijo que Estados Unidos está continuamente retirándose de la igualdad que tenia con sus archienemigos al grado que Estados Unidos está colocándose en una posición de debilidad. No tenemos la influencia, y esto salió en el Newsweek esta semana, ¿Ha *Perdido Estados Unidos su Influencia?*

Cuarto, dijo, otro problema grande que hay en Estados Unidos es nuestro énfasis en el dinero y las máquinas. Dijo que adoramos a los ídolos hechos por nuestras propias manos, tal como se hacía en tiempos del Antiguo Testamento. Que los ídolos hechos por nuestras propias manos son los productos de consumo, adoramos al gran dios que es la automatización, adoramos el progreso, adoramos al dios tecnología, adoramos al dios modernización, adoramos todos los productos. Y dijo que a través de la historia de los Estados Unidos en años recientes, hemos tratado de comprar amigos alrededor de todo el mundo, de comprar afinidad con el dinero y las máquinas porque ese es nuestro dios, sin comprometernos con nadie dentro de la comunidad espiritual de la que hablamos. Y lo que quiere decir con esto es que no tenemos preocupación por la gente.

Dijo que las únicas veces que encuentras a Estados Unidos fuera de su territorio, es compartiendo su espíritu con una nación extranjera pero con el corazón misionero que pudiera parecer oscuro. La mayor parte del tiempo hemos tratado de comprarlos a todos con dinero y con maquinaria.

Quinto, dijo otra, y tal vez en su mente el mayor problema que el mundo esta enfrentando actualmente es el sistema occidental de universidades. Dice que este sistema es un problema devastador dentro del mundo, y lo dijo de esta manera: todos los que hacen la política en el mundo han sido educados en universidades occidentales. Dijo que las universidades occidentales son las que están educando a toda la gente que está tomando decisiones alrededor del mundo. Dijo que el sistema de universidades es —y ésta es su lista— humanista, freudiano, naturalista, secularista, ateísta, cínico y algunas otras cosas más.

Y hemos educado a personas en esta educación naturalista, relativista, humanista, secularista, freudiana que no sabe naca acerca de lo que es un absoluto. No sabe nada acerca de las afirmaciones de Dios o de un estándar divino de verdad. Y no conoce lo que es el compromiso con esa verdad. Y dijo que ésta es la razón por la que cuando un hombre alcanza la escena política como el Ayatola Jomeini, nadie lo entiende en el mundo occidental porque nadie sabe lo que es estar comprometido a absolutos. Dijo que éste hombre no es un hombre fuera de control, no es un maniático, no esta fuera de sí, no es un loco. Por el contrario es extremadamente inteligente y esta completamente comprometido a lo que es su autoridad dice, y su autoridad es el Corán.

Él es un absolutista tratando de negociar con un montón de relativistas. Y todo lo que podemos concluir es que nadie que se pueda aferrar a este tipo de cosas está loco. Porque hemos sido educados en un mundo relativista.

Sexto, y en un tipo de resumen, dijo, "trágicamente desde la perspectiva en medio de todo esto, tengo que decir también que uno de los más grandes problemas que enfrenta el mundo es el retiro de la cristiandad," el retiro del cristianismo. Dijo que ha habido tres avivamientos que ocurrieron en el mundo recientemente. Uno es el avivamiento del ateísmo, el ateísmo está barriendo con el este, a través de Europa, y por todas partes del mundo. Dijo que el segundo avivamiento es el judaísmo, que hay un movimiento Sionista y que éste ha estado ya por varios años. A pesar de que este es pequeño porque ya no hay judíos, pero que sin embargo es un verdadero avivamiento.

Dijo que hay otro avivamiento que está ocurriendo y que barrerá con el mundo si continúa, y que éste es el avivamiento del Islam. Y, subrayen esto, el Islam no sólo es una religión, el Islam es un movimiento político porque estos dos no están separados. Dijo que en medio de este avivamiento ateístico, de este avivamiento judaico, y de este avivamiento Islámico, la cristiandad se está retirando. Nos estamos retirando frente al comunismo, dijo, nos estamos retirando frente al ateísmo, nos estamos retirando frente al racionalismo, y que aún nuestros seminarios y nuestras universidades y nuestras iglesias están saltando a un humanismo racionalista y freudiano. Nos estamos retirando ante varios "ismos" de nuestros días.

II Parte. Sermones temáticos sobre profecía

En otras palabras, si resumimos todo lo que él dijo, dijo que la verdad el cristianismo ya no tiene impacto sobre el mundo. Lo vemos en Estados Unidos, ¿Acaso Estados Unidos hace sus decisiones y sus políticas basado en la Palabra de Dios que es autoritativa? Y esto es ridículo cuando no debiera serlo, tienen una moralidad basada en las mayorías. Recuerdo a un político que hablaba en la radio y le preguntaban si él creía en la pena de muerte. Él dijo, "Estoy a favor de la pena de muerte, absolutamente a favor, pienso que la pena de muerte es un disuasorio para el crimen, y así continuó con más y más. Debemos preservar la dignidad de la vida humana y la Biblia dice ojo por ojo," y entonces citaba de manera errónea las Escrituras, pero él apoyaba la pena de muerte. Entonces el locutor le dijo, ¿Por qué estas a favor? Contestó y dijo, "porque es lo que mis votantes opinan." ¿Es ésta la manera en la que juzgas si debes quitar la vida a una persona o no, dependiendo de si tus adeptos lo aprueban? ¿Moralidad por mayoría? El lema de nuestra sociedad es, si funciona hazlo. Ya no hay absolutos.

Y es por eso que Malik decía que la herencia del cristianismo como lo conocemos en el mundo occidental ya no juega un rol dentro de la política del mundo occidental. Por ejemplo, el cristianismo en Europa es casi inexistente, solo quedan unos pocos rastros por aquí y por allá, pero el cristianismo está desapareciendo. Desaparece y se mueve hacía el liberalismo, así como al secularismo. Ahora después de ese análisis de la muerte de la cultura occidental, esto fue lo que dijo, y en realidad me sorprendió, porque dijo que era cristiano y que afirmaba creer en Jesucristo como su Salvador y entonces dijo lo siguiente:

"La única esperanza que tiene el mundo occidental se encuentra en hacer una alianza con la Iglesia Católica Romana, la cual es la influencia más común que tiene elementos unificadores en Europa, y primero que nada, la Iglesia Ortodoxa occidental." Dijo, "Roma debe unirse con la ortodoxia occidental porque la Iglesia Ortodoxa Occidental controla el Medio Oriente. Controla el lado oriente del Mediterráneo. Y si no solidifican ese control, el Islam marchará a Europa." Él lo ve desde el punto de vista político.

Así que lo primero que dice que tiene que pasar es que Roma se una con la Iglesia Ortodoxa Oriental. Y después dijo, "P.D. el día de mañana el Papa tiene una reunión con el patriarca de la Iglesia Ortodoxa Oriental." Y si la tuvo, ¿la vieron en las noticia? Este es el primer paso y ellos se abrazaron y se besaron y es algo muy político. Y luego dijo esto, "en el futuro, esperamos que el mundo occidental descanse en una Europa unida bajo el control del Papa y entonces todos los cristianos protestantes que haya alrededor del mundo tengan que someterse al Papa para que tengamos un mundo cristiano unido."

Amigos, cuando escuché esto, sabiendo lo que sé del libro de Daniel, me empezaron a saltar chispas en mi asiento. Sabia que esto sucedería, sólo que nunca esperé escuchar esto de alguien que se dijera cristiano. Todo el mundo cristiano, y toda la Europa unida por el Papa. Sabes lo que él está pensando, el ve al mundo fuera de balance. Aquí está el Islam y el sistema oriental y en el opuesto el sistema occidental se esta desvaneciendo debido a que la falta de absolutos lleva a la disolución. Y sabe que el único factor común en Europa, en América del norte y América del sur es la Iglesia Católico Romana. El único común denominador para la unificación, para dar al mundo occidental fuerza. Una Europa unificada y liderada por el Papa. Tomando todo, desde Gran Bretaña en el oeste hasta la costa este del mar Mediterráneo.

¿Saben a quien perteneció todo esto en otro tiempo en la historia? Perteneció a Roma. ¿Y saben que Daniel dice en el capítulo 2 que algún día el imperio Romano revivirá por sí mismo? Cuando yo escuché eso, realmente me tomó por sorpresa. Como ya dije, sabía que esto vendría, pero nunca pensé que lo escucharía en estos términos. Y quiere atraer a Estados Unidos también.

¿Por qué te estoy diciendo esto? Bueno porque creo que esto es otro clavo, y pude haberte dado algunos otros. Esto sólo estaba fresco en mi mente esta semana. Pero es otra vertiente que nos muestra qué tan rápido nos estamos moviendo al cumplimiento de Daniel 2. Aquí se encuentra un hombre que vivió 600 años antes de Cristo y ya nos dio un bosquejo explícito con detalles de lo que está sucediendo en nuestro tiempo. No debiéramos estar sorprendidos. En el Salmo 22, David quien vivió cientos de años antes que Jesús naciera, dijo con detalles muy explícitos cada elemento de la crucifixión y la describió. Existen al menos unas 330 profecías que son explícitamente hechas en el Antiguo Testamento con respecto a Jesucristo, muchas de las cuales ya han sucedido en su primera venida y el resto se cumplirá en su segunda venida. ¿Sabías que el Antiguo Testamento profetizó la disolución de Babilonia en una caña? ¿Profetizó la destrucción de Egipto y esta sucedió. Profetizó la caída de Tiro y Sidón, las dos grandes ciudades y sucedió. Profetizó que un hombre llamado Ciro nacería y que él permitiría que Israel regresara de la cautividad. Él nació y permitió que ellos regresaran.

Dentro de mi mente, la más grande prueba para la Biblia es la profecía cumplida, porque ésta es una prueba que es externa a la Escritura. La Biblia dice esto y se verifica en la historia de la humanidad. Los predicadores no tienen ningún control sobre la historia para hacer que la Biblia se haga verdad, es Dios quien se encarga de eso.

Todo poder y toda nación asume que existirá para siempre, o al menos lo desea. Supongo que conforme estudiamos el Antiguo Testamento y conforme estudiamos la historia de la humanidad, es algo común que las naciones piensen que van a subir al poder y que ellas van a continuar ahí siempre.

Al llegar al libro de Daniel vemos que había una nación que tenía el poder mundial. Esta nación era el Impero neo Babilónico. El primer gran monarca del Imperio neo Babilónico era un hombre llamado Nabucodonosor, el hijo de Nabopolasar. Nabopolasar era algo así como un rey de mentiras bajo el Imperio Asirio, pero construyó un gran ejército y derrotó a los Asirios y entonces, en la batalla de Carquemis, acabó con la sociedad egipcia al grado que Egipto nunca más se levanto de sus cenizas para ser una semblanza de lo que fue algún día. Aquí es donde nos encontramos. Vemos la esfinge y las pirámides y todas las cosas enormes que quedaron de esa gran civilización que ya no existe como tal ni existirá jamás.

Después llegó Nabucodonosor, su hijo, y tomó todo lo que su padre había conquistado. Tomó lo que fue Egipto, lo que fue Asiria, y todo el medio oriente y lo extendió al este y al oeste. La Biblia siempre ve al mundo colocando como foco central a Jerusalén. El mundo en cierto modo inicia y se expande desde ahí. Y entonces al iniciar con esta parte del mundo dominada por este hombre significa que la Biblia la tiene en toda su perspectiva, este es el mundo bíblico.

La Biblia indica que si él hubiera tenido el tiempo y que si él hubiera tenido los recursos, hubiese podido expresar su poder para conquistar al mundo entero. Este hombre Nabucodonosor gobierna el mundo de los días de Daniel. Ahora, al comenzar su reinado en Babilonia, destruye a la nación de Judá, y al hacerlo, el pueblo de Dios, es llevado cautivo a esta tierra. Esto es algo común en la historia, llevarse a la gente cautiva, generalmente para ser usados en labores de esclavos. De hecho los usaban de la manera que pudieran hacerlo.

En la primer deportación, Nabucodonosor entró a la corte de Judá, ya que tenían su propia corte, sus propios reyes y su propias cosas. Él entró en la corte de Judá y dijo, quiero a lo mejor de los jóvenes, a todos los que son hijos de los nobles, quiero a todos los que son de la realeza, quiero a la crema y nata. Y la historia nos dice que probablemente fueron como 75 de estos hombres jóvenes quienes estaban alrededor de los 14 años o un poco más. Eran jóvenes, tenían sangre real y sangre de nobles. Eran los que tenían el beneficio de la mejor educación posible para ellos en su propio país.

Su idea era educarlos dentro de la sociedad de Babilonia y después usarlos en todos los asuntos que tuvieran que ver con judíos. Ya que había tomado a toda la nación cautiva, ahora necesitaba gobernarlos y para ello los tenía que entender. Si él lograba "babilonizar" a algunos de sus mejores líderes, algunos de los jóvenes elegidos, no usaría a los ancianos porque ellos ya tenían una forma de ser definida, pero estos jóvenes que había elegido podían servirle para gobernar los asuntos de los judíos.

Unos de estos jóvenes que fueron llevados cautivos fue Daniel. Él tenía tres amigos junto a él, Ananías, Misael y Azarías. Ellos cuatro permanecieron firmes ante el rey y dijeron, hay cosas que haremos pero, o rey Nabucodonosor, hay algunas otras que no haremos, porque nuestro Dios nos ha dicho que no las hagamos. Así que marcaron una línea sin concesiones y dijeron, "honraremos a nuestro Dios y a su Palabra." Ellos eran absolutistas. Haremos lo que Dios dice y no haremos lo que nos dice que no hagamos.

A continuación, como veremos, esto significó que los tres fueran arrojados al horno ardiente. Y finalmente significó que Daniel fuera lanzado a los leones hambrientos. Pero ellos no cedieron a su absoluto que era la palabra de Dios. Dentro de este grupo sólo conocemos cuatro nombres quienes permanecieron firmes, quienes realmente mantuvieron su posición y son los cuatro nombres que estamos mencionando. Y de esos cuatro, uno se distingue de manera muy especial, y ése es Daniel. ¿Por qué? Porque Dios le dio un rol como profeta.

Vean el 1:17, "A estos cuatro muchachos Dios les dio conocimiento e inteligencia." Ellos tenían conocimiento e inteligencia, en todo tipo de letras y ciencia, pero observen esto, "y Daniel tuvo entendimiento en toda visión y sueños." Él tenía un don profético, el podía recibir visiones e interpretar sueños. ¿Por qué? La Palabra de Dios no estaba completamente escrita, Dios continuaba revelando su Palabra. Para lo cual Dios estaba usando profetas como el vehículo para su revelación. Y era esencial que Dios eligiera a este hombre por medio del cual Él pudiera hablar al mundo. Daniel era este hombre. Le dio la habilidad de recibir visiones y sueños.

Con esto en nuestra mente, llegamos al capítulo 2. Y en el capítulo 2 Dios da un sueño a Nabucodonosor, este es un hombre que fue un verdadero rey y esto puede ser corroborado en la historia. El primer gran rey de Babilonia, gobernó por 43 años. Y el imperio sólo duro 80, así que podemos decir que él fue quien más gobernó. Dios le da un sueño —de hecho varios— y veamos qué sucedió después.

Si ustedes leen la primera parte de Daniel 2, encontrarán que Nabucodonosor en los versículos 28 y 29, se encontraba recostado sobre su cama una noche. Estaba preocupado por el futuro, y dijimos que los versos 1 al 30 eran el sueño recibido. Nabucodonosor estaba recostado sobre su cama muy preocupado por el futuro. Estaba muy preocupado por lo que sucedería con su imperio. ¿Hacia dónde se dirigía? ¿Cuánto duraría? ¿Quién lo quitaría del camino, ya que su padre había quitado a muchos otros?

Se encontraba recostado sobre su cama con estos pensamientos acerca de hacia donde se dirigía todo su imperio, pero cayó dormido. Y al estar dormido tuvo algunos sueños. Pero uno de esos sueños no era suyo, era una revelación de Dios para él. Lo que sucedió es que el texto nos dice que se

II Parte. Sermones temáticos sobre profecía

despertó en la mañana y se moría de miedo pero no podía recordar los detalles del sueño. Creo que Dios le dio el sueño y que después Dios le ayudó para que se le olvidara.

Un momento, ¿por qué Dios le dio un sueño y después hizo que se le olvidara? Porque Dios estaba preparando a Daniel. Inmediatamente Nabucodonosor corrió a consultar a todos los hombres sabios quienes eran instruidos en astrología y en otras cosas, y también fue con los magos Caldeos. Los reunió y les dijo, "díganme el sueño. Ustedes son los adivinos, son los hombre sabios de mi imperio. Ustedes son los videntes y los profetas y los visionarios. Díganme el sueño. Junten todos los pedazos e interprétenlo para mi." Todos los que estaban ahí no pudieron, no hicieron nada.

No pudieron decirle su sueño, eran charlatanes, eran un fraude. Lo mejor que ellos pudieron hacer sería ser controlados por un demonio, pero Satanás no puede leer la mente por lo que ellos estaban ahí atascados. No podían decirle su sueño, por lo que les dice, " si no me dicen el sueño, voy a matar a todos ustedes." Sus hombres se pusieron en acción, y el jefe de los ejecutores llegó con Daniel porque Daniel era uno de los que estaban bajo entrenamiento bajo el cuidado de estos sabios en ese momento. Le dijo, "vengan todos ustedes, porque van a morir ya que no pueden decirle el sueño." Daniel ni siquiera había escuchado acerca de esto, y dijo, "un momento, dame un poco de tiempo y te diré el sueño." ¿Cómo supo él esto? Él sabía que Dios le había dado esa habilidad.

Él se puso de rodillas junto con sus tres amigos y comenzaron a orar. Entonces llegamos al los versos 31–35. Daniel obtiene la respuesta a su oración. Y ya no solo tenemos el sueño recibido, ahora tenemos el sueño recordado. En los versos 31–35, Daniel llega con el rey y le da al rey su sueño. Leámoslo una vez más. "Tú, oh rey, veías, y he aquí una gran imagen. Esta imagen, que era muy grande, y cuya gloria era muy sublime, estaba en pie delante de ti, y su aspecto era terrible." En otras palabras, era sorprendente, algo enorme, inmenso y brillantemente esplendorosa, que es lo que el término hebreo y arameo quieren decir.

La cabeza de esta estatua era de oro fino, su pecho y sus brazos de plata, su vientre y sus muslos de bronce, y sus pantorrillas de hierro, sus pies parte de hierro y parte de barro. Ahora le dice, lo que viste en tu sueño, y al parecer comienza a recordar al tiempo que lo escucha, esta estatua enorme con cabeza de oro, pecho y brazos de plata, estomago, y muslos de bronce, pantorrillas de hiero, pies de hierro mezclados con barro.

Luego dicen en el verso 34, "Estabas mirando, hasta que una piedra fue cortada, no con mano, e hirió a la imagen en sus pies de hierro y de barro cocido, y los desmenuzó." Algo así como un misil, llega la piedra que no fue cortada con mano, esto es no parece que haya ningún hombre, simplemente

03_El auge y la caída del mundo. Parte II

parece que viene de la nada y aplasta los pies de la imagen. Verso 35, "^{35}Entonces fueron desmenuzados también el hierro, el barro cocido, el bronce, la plata y el oro, y fueron como tamo de las eras del verano, y se los llevó el viento sin que de ellos quedara rastro alguno. Mas la piedra que hirió a la imagen fue hecha un gran monte que llenó toda la tierra."

Ahora francamente si ustedes o yo hubiéramos tenido un sueño como este, alguien pensaría que lo que sucedió fue que estuvimos comiendo comida muy pesada. Este es un sueño muy raro, muy extraño. Así que vemos el sueño recordado. ¿Notaron algunas cosas respecto a esto? ¿Notaron que la estatua desciende en precio, va desde el precioso valor del oro, a la plata, al bronce, al hierro y al hierro con barro? ¿Notaron que se va dividiendo en partes conforme desciende? Comienza como cabeza, esto es solidaridad. Se divide en dos pechos y dos brazos, después se hace todo el abdomen y los muslos, y finalmente termina con los diez dedos. Hay una diversidad descendente que se encuentra en toda la imagen.

¿Y notaron como es que tiene un descendiente peso especifico? El oro pesa mas de dos veces que el oro y el barro mesclado. Su parte más alta es pesada y fácil de derribar. Y cuando la piedra la golpea, se rompe y el viendo esparce todas sus partes. Así el sueño recibido, el sueño recordado, y ahora el sueño revelado. Daniel nos dirá lo que significa en el verso 36.

Este es el sueño y diremos su interpretación delante del rey. Aquí está, "Tú, oh rey, eres rey de reyes; porque el Dios del cielo te ha dado reino, poder, fuerza y majestad. Y dondequiera que habitan hijos de hombres, bestias del campo y aves del cielo, él los ha entregado en tu mano, y te ha dado el dominio sobre todo; tú eres aquella cabeza de oro." Tú, Nabucodonosor, quien gobierna al mundo. Tú eres la cabeza de oro.

"Y después de ti se levantará otro reino." Es mejor decir más bajo que inferior, el que sigue en la parte baja es otro reino. ¿Se dan cuenta que no le dice cual es este? Nunca lo nombra, no dice quien es este porque no quiere que Nabucodonosor de donde va a salir este. "y luego un tercer reino de bronce, el cual dominará sobre toda la tierra. Y el cuarto reino será fuerte como hierro; y como el hierro desmenuza y rompe todas las cosas, desmenuzará y quebrantará todo."

No de distraigan, quiero que noten lo que sigue, él dice, "Nabucodonosor tú has visto cuatro grandes reinos mundiales. Estos cuatro reinos salen de ti, Nabucodonosor, y también una roca que llega, los destruye y llena toda la tierra." Esta es la historia de la humanidad desde Nabucodonosor hasta la roca que destruye. Jesús se refiere al mismo periodo en Lucas 21:24. Él le llama el tiempo de los gentiles, o el tiempo de las naciones, es el tiempo cuando las naciones dominan la tierra de Israel. Israel fue hecho de lado. El profeta Ezequiel en los capítulos 9–11 y 21, dice que *Icabod* es escrito sobre toda la nación de Israel. Ellos serán llevados a Babilonia y eso dará comienzo al tiempo cuando los gentiles gobiernen la tierra de Israel.

Y personalmente creo, amigos, que ellos continúan bajo los efectos de las naciones hasta hoy. Israel continua tentativamente sostenido a una pequeña porción de la tierra original que le fue dada por Dios, la cual se extiende desde el norte hasta el rio de Egipto. Y desde el mar hasta el Tigris y Éufrates. Todo el territorio en donde está Irán, pasando por Irak y Persia y todo eso. Ellos no tienen ni siquiera una porción grande de lo que originalmente fue la herencia que les fue dada por Dios.

Así que la opresión por parte de las naciones continua sobre su tierra hasta que la roca venga para aplastar a los imperios del mundo. Y quiero comparar con esto algo que hay en Daniel 7, solo un minuto. No se pierdan, en un momento todo se va a unir en tu mente. Daniel 7:1 dice; "En el primer año de Belsasar rey de Babilonia," quien llegó poco tiempo después de Nabucodonosor, "En el primer año de Belsasar rey de Babilonia tuvo Daniel un sueño, y visiones de su cabeza mientras estaba en su lecho; luego escribió el sueño, y relató lo principal del asunto. "Daniel dijo: Miraba yo en mi visión de noche, y he aquí que los cuatro vientos del cielo combatían en el gran mar. Y cuatro bestias grandes, diferentes la una de la otra, subían del mar."

Aquí están cuatro bestias, y noten esto, "estas son solo cuatro formas diferente de ver a estos cuatro imperios del mundo. "La primera era como león, y tenía alas de águila. Yo estaba mirando hasta que sus alas fueron arrancadas, y fue levantada del suelo y se puso enhiesta sobre los pies a manera de hombre, y le fue dado corazón de hombre."

"Y he aquí" —versículos 5–6— "otra segunda bestia, semejante a un oso, la cual se alzaba de un costado más que del otro, y tenía en su boca tres costillas entre los dientes; y le fue dicho así: Levántate, devora mucha carne. Después de esto miré, y he aquí otra, semejante a un leopardo, con cuatro alas de ave en sus espaldas." El leopardo es un animal muy rápido, y cuando tiene alas entonces es mucho más rápido.

Y en el versículo 7, "Después de esto miraba yo en las visiones de la noche, y he aquí la cuarta bestia, espantosa y terrible y en gran manera fuerte, la cual tenía unos dientes grandes de hierro; devoraba y desmenuzaba, y las sobras hollaba con sus pies, y era muy diferente de todas las bestias que vi antes de ella, y tenía diez cuernos." La última bestia tiene diez cuernos." La última bestia tiene diez cuernos, la última parte de la estatua tiene diez dedos. En ambos casos, la forma final del gobierno mundial tiene una identidad dividida en diez.

¿Cuáles son estos cuatro imperios? Vayamos de regreso al capítulo 2, solo voy a pasar rápidamente, estos repasos toman mucho tiempo y el tiempo se va muy rápido. Pero debo decirles esto, recordamos que la cabeza de oro es el Imperio Babilónico. Duró como 80 años y se desvaneció cuando los Medo Persas llegaron una noche y los devastaron. Encontramos toda la historia en le capítulo 5 de Daniel. Éste nos da la completa descripción de cómo es que ellos tomaron la ciudad de Babilonia y se la quitaron al imperio Babilónico. A la primer Babilonia.

La caída del imperio Babilónico llego de repente, estoy seguro que hubo algunas semillas de disolución. Nabucodonosor había muerto para el 562, y fue sucedido por un hombre llamado Evil-merodac, quien era su hijo. Recordarán que Marduk era uno de sus dioses, ellos siempre usaban el nombre de uno de sus dioses. Nabucodonosor fue sucedido por Evil-merodac quien fue asesinado súbitamente. En el 560, solo dos años después, Nergal-sharezer (o Neriglisar) subió al trono, y después de cuatro años murió. Él fue sucedido por su hijo quien también fue asesinado. Después llegó un hombre llamado Nabonido, y Nabonido tuvo gran poder y compartió su poder con su corregente que se llamaba Belsasar.

Entonces lo que tenemos en el Imperio Babilónico es una gran solidez por unos 43 años y después todo se esta cayendo en pedazos. La gente está siendo asesinada una y otra vez. Finalmente Belsasar en un estado de ebriedad continuo sólo esta dirigiendo una fiesta de locos —esto está en el capítulo 5— y en medio de esta locura, los Medos y los Persas marchan sobre la ciudad y devastan todo su imperio. Ésta es la caída de Babilonia.

Ahora escuchen, la caída de Babilonia significo el fin del Imperio Babilónico pero esta no fue la caída de la influencia Babilonia. Porque fue dentro de Babilonia que los sistemas de las religiones malvadas iniciaron. ¿Cuál es el primer sistema de falsa religión que se registra en la Biblia? La torre de qué, Babel. Y desde ahí Babilonia se convirtió en sinónimo de falsa religión. Y la cultura y la religión de Babilonia han encontrado la forma de contaminar el curso de la humanidad al grado que un día, cuando la últimas faces de la religión falsa de los seres humanos alcance su horrible limite sobre la tierra, en Apocalipsis 17, el Señor dice, "El nombre de ella será el misterio de Babilonia."

¿Por qué? Porque Babilonia fue la fuente de los sistemas de falsa religión. Y mientras que el imperio se derrumba, la contaminación de sus religiones humanas encuentran la manera de mezclarse con el flujo de la historia. Babilonia fue sucedida por los medo-persas. Media y Persia están en el verso 39: "más abajo en la estatua, el reino de plata que tiene brazos y el pecho." Dos partes, medos y persas, la plata. El Imperio Medo-Persa duró sólo como 200 años, 120 años más que Babilonia. Fue durante el tiempo de los medos y los persas que Ciro permitió que Israel regresara a reconstruir su tierra, lo que sólo fue una semblanza de lo que una vez fue.

El tercer imperio en el versículo 39 ya lo vimos a detalle, si no estuviste presente puedes obtener el audio grabado de la semana pasada y puedes ver los detalles que son muy explícitos. Sabemos que el Imperio Medo-Persa fue seguido por Grecia, la historia nos lo dice. No tenemos ninguna duda acerca de ello. Y éste conducirá el gobierno sobre toda la tierra.

Les dije que Alejandro Magno reclamó el título de rey de toda la tierra. Extendió su imperio desde Europa occidental hasta la India. Una conquista masiva por un hombre que murió solo después de que cumplió 30 años de edad, increíble. Sin duda él está en Daniel 7 como un leopardo con alas, saltando con gran velocidad a través de todo el globo. Él llegó por el Helesponto, conquistó Grecia y Roma, pero primero conoció la oposición persa en Gránico, y sometió a toda Asia Menor. Literalmente derrotó a medio millón de persas quienes estaban bajo Darío. Los asesinó y así quebró la espalda del imperio y entonces inicio su toma de la ciudad y así ciudad tras ciudad, una y otra más. Incluso acabó y dominó a Egipto.

Llegó a Egipto y fundó una ciudad que aún permanece ahí, la ciudad de Alejandría fue fundada por Alejandro Magno y se le dio su nombre. Después derrotó a Darío y eso derrotó por completo a los medos y a los persas tomando así todo el mundo. Regresó a Babilonia, y créanlo o no, hizo a Babilonia, la antigua Babilonia su ciudad capital. Nos dicen los historiadores que murió a causa de su glotonería, embriaguez y malaria siendo tan joven. ¿Y quien lo sucedió? En su intento de dividir el imperio en cuatro partes sus generales perdieron su poder ante los romanos.

Los encontramos a ellos en el verso 40, fuertes como el hierro. "Y el cuarto reino será fuerte como hierro; y como el hierro desmenuza y rompe todas las cosas, desmenuzará y quebrantará todo" —el Imperio Romano. Alrededor del segundo siglo a.C., el Mediterráneo se había convertido en un lago romano y los romanos gobernaban esta parte del mundo, desde Gran Bretaña y hasta el Éufrates, desde Europa del norte y hasta África.

Era privilegiado estar en la parte este del mundo árabe no muchos años atrás y ser el centro de atención al oriente del Imperio Romano, que hoy es conocido como Baalbek o Baalbeck. Se pronuncia con dos a's en honor a Baal. La alianza romana se extendió a sí misma por todas partes, de manera ruda. Con sus pies de hierro puso al mundo bajo su mando. Pero no acaba ahí. Ésta fue la introducción, aquí viene el sermón.

Sermón

Versículo 41 —se pueden relajar, vamos a acabar a tiempo. Por cierto, ¿a que hora es "a tiempo"? Versículo 41: "Y lo que viste de los pies y los dedos, en parte de barro cocido de alfarero y en parte de hierro, será un reino dividido." ¿El Imperio Romano estaba dividido? ¿Cuáles eran sus segmentos? Este y oeste. "Mas habrá en él algo de la fuerza del hierro, así como viste hierro mezclado con barro cocido." Será un imperio con fuerza. El Imperio Romano duró 500 años. Alejandro duró 200, Medo Persa más de 200, Babilonia 80. Pero el Imperio Romano en el oeste 500 años. En el este duró hasta 1453 cuando Constantinopla fue tomada por los turcos. Era fuerte.

Pero estaba mezclado con barro, versículo 42. "Y por ser los dedos de los pies en parte de hierro y en parte de barro cocido, el reino será en parte fuerte, y en parte frágil." El barro aquí es la palabra que tiene que ver con barro cocido usado como losa. Será muy frágil.

¿Ahora qué es esto? El verso 43 añade algo más. "Así como viste el hierro mezclado con barro, se mezclarán por medio de alianzas humanas; pero no se unirán el uno con el otro, como el hierro no se mezcla con el barro." El hierro y el barro no se adhieren. "La debilidad y la vulnerabilidad del Imperio Romano es que será una mezcla de fuerza con debilidad y la debilidad aquí es llamada la simiente del hombre." El reino esta compuesto de firmeza y de fragilidad. Ahora, ¿qué hay con el versículo 31? Éste dice que sería tan fuerte como el hierro. Era fuerte, el gobierno Romano estaba fuertemente organizado, sólidamente organizado. Sus ejércitos estaban bien entrenados, bien ejercitados y bien disciplinados, sus políticas estaban bien definidas.

De hecho estaban tan bien definidas y tan bien llevadas que son conocidas en la historia como la *pax romana*. Tuvieron una gran medida de paz en todo su imperio, pero había una debilidad. La debilidad no está en las piernas, la debilidad está en los pies. Y puedes pensar, ¿y cuál es la importancia en esto? La debilidad aparece sólo en la forma final. Una vez fueron muy fuertes, pero en la forma final, habría mucha debilidad, una gran debilidad. ¿Y cuál es la debilidad? El versículo 43 dice que el barro es las alianzas humanas. ¿Qué quiere decir esto? ¿Qué significa?

Bien, todo tipo de eruditos han jugado con esto y no quiero decir que yo tengo la respuesta absoluta, pero si te voy a decir lo que considero que es la mejor explicación. Pienso que esto se refiere de manera simple a seres humanos. Lo que pienso que será el problema en la forma final del Imperio Romano va a ser que hay mucha gente involucrada en todos los asuntos. La firmeza será perdida al final del Imperio Romano. Estará mezclado. Habrá una desintegración y se perderá la firmeza. De hecho Robert Culver, quien ha hecho algo maravilloso en esta área de la Escritura, dice, "El barro representa algo definitivo en la devastación de su carácter soberano." En la parte alta de la estatua se encuentra la cabeza de oro. Ese no es un imperio, es el único de los cuatro del que dice que es un hombre, este eres tú, Nabucodonosor. En otras palabras, el Imperio Babilonio era firmeza personificada porque un solo hombre era el que lo controlaba.

Conforme descendemos, se va poniendo más diverso y más diverso, y más diverso. Y entre más diverso se pone el gobierno, más problemas se tienen con él. Éste es el por qué la semana pasada la declaración de Alexander Tyler que la democracia no puede durar porque tan pronto como se hace lo suficientemente diversa como para dar a la gente el control y la gente se da cuenta que pude votar para sí misma cifras exorbitantes de dinero del erario publico, ellos comenzarán a destruir la democracia a causa del egoísmo.

Así que la diversidad de esta forma final va a ser su destrucción. No tendrá la firmeza del hierro, lo que es menos que una monarquía, pero no será lo que el Imperio Romano fue alguna vez. Tendrá una confederación que estará tan involucrada con tanta gente y ahí estará su inherente debilidad.

La forma final del Imperio Romano tiene diez dedos. Creo que la Biblia nos está diciendo por medio de los diez dedos y los diez reyes en Daniel 7 que la forma final del Imperio Romano tendrá una confederación de diez naciones. Dios no sólo lanza las cosas así como así, si hay diez dedos y diez reyes, y si les impresiona esto, vayan a Apocalipsis y encontrarán en el capítulo 17 que hay diez reyes nuevamente en esta forma final. Dios es absolutamente consistente. No hay nunca 9, ni nunca 11, siempre han sido 10. Pero Dios tiene algo en mente, la forma final del Imperio Romano será una confederación de diez naciones.

Esto nunca ha sido una realidad en el Imperio Romano en el pasado. Nunca. Y me podrían decir, "un momento MacArthur el Imperio Romano ha desaparecido. Ya no existe el Imperio Romano." Pero escuchen, la profecía dice que el Imperio Romano existirá cuando llegue la roca y la aplaste y llene la tierra. Así la consumación de la historia llega cuando llegue la roca que aplasta. Les voy a dar una pista: ¿Quién es la roca? Jesucristo. Tú mismo lo encontraste. Me encanta cuando Pablo dice, "la Roca era Cristo." Él es la roca que desecharon los edificadores.

Escuchen, Cristo llega y aplasta la forma final del Imperio Romano. Y podrían pensar: "bien entonces ya sucedió, debió haber venido ya y no lo vimos, porque ya no hay nada que haya quedado del Imperio Romano." Pero escuchen esto, ¿saben que nunca más ha habido otro imperio mundial? Napoleón lo intentó, Hitler lo intento y ninguno pudo hacerlo. Rusia lo intentó y lo sigue intentando sin tener éxito. Y entonces si es que va a haber otro quinto gran imperio mundial, podríamos desechar la Biblia porque esto indicaría que estaba equivocada.

Me preguntarán: ¿lo que estás diciendo es que el Imperio Romano desapareció para regresar nuevamente? Esto es exactamente lo que estoy diciendo. De hecho en Apocalipsis la Biblia nos dice que una bestia—en el capítulo 13—llegó y fue herida y murió pero resucitó nuevamente de esa muerte. Yo creo que ésta es la imagen de Roma muriendo sólo para resucitar nuevamente. Y en su forma final será diez naciones. Esto nos consterna, pues hemos leído ya acerca del Mercado Común Europeo.

¿Estoy en lo correcto al decir que ya no hay diez naciones en el Mercado Común Europeo en la actualidad? Hace mucho ya que entró la decima, y puede ser que ahora haya 12, y después 18, y después 9; pero cuando Jesucristo venga habrá 10. Así que no es nada importante si hoy en día son más de 10.

Hice algo de investigación sobre esto y me interesó mucho. Willy Brandt quien es famoso como el cuarto canciller de la Republica Federal de Alemania, dijo lo siguiente: "Pertenecemos" —esto me encanta— "a la comunidad de diez." Interesante. Willy Brandt dijo, "El Mercado Común Europeo debe incluir a todo el mundo." Muy interesante. ¿No es esto exactamente lo que dijo el Dr. Malik? Debemos formar una alianza que se extienda al otro lado del mar y al resto del mundo.

¿Saben? La Biblia dice que habrá una confederación de diez naciones al final, de estas diez surgirá un líder. En Daniel es llamado, el cuerno pequeño, es llamado el hijo de perdición, es llamado el hombre de pecado. Lo conocemos como el anticristo. Será un líder mundial muy poderoso que saltará a escena en Europa para formar esta coalición, que durará hasta la batalla que la Biblia llama del Armagedón.

Permítanme decirles algo, estén atentos a lo que sucede en Europa. Europa surgirá nuevamente, y no lo estoy sacando de la nada, no soy un profeta, nunca he tenido una sola visión en mi vida. Me casé con una y con eso se acabó. Nadie me habla desde las nubes, soy un tipo común que al abrir mi Biblia te estoy diciendo cosas que los eruditos de la Biblia y los grandes maestros han sabido por años y años y años. No conozco otra manera de explicarlo. Esto es lo que la Biblia dice con toda exactitud. Y una vez que estas diez naciones confederadas adquieran su forma final, y el anticristo establezca su gobierno, su gobierno no durará mucho tiempo. Sólo hasta que la roca llegue y aplaste todo esto y llene toda la tierra. Y esta roca no es otra que Jesucristo.

¿No es esto algo emocionante? ¿Qué hemos aprendido? En el siguiente estudio voy a darles todo lo que hay respecto a la roca, o bien como dice en Daniel "la piedra" o bien el término en hebreo *'eben*. ¿Qué hemos aprendido? Hemos aprendido que habrá una sucesión continua de poderes mundiales desde Nabucodonosor hasta la venida de Cristo. Ésta es la razón por la que se dice que su sueño era referente a los últimos días.

Y es fascinante para mí que el Antiguo Testamento nunca vio los dos elementos de Roma. Simplemente vio que este tenía dos piernas y al ir bajando llegaba a los pies, pero el Antiguo Testamento sí mostró que las piernas eran de hierro pero los pies eran mezcla de hierro y barro. Había una debilidad ahí. Y quiero decir que la forma final va a ser verdaderamente débil porque desde el tiempo en que surja el Anticristo para gobernar la confederación final de diez naciones, solo existirá durante tres años y medio antes de ser arrasada. Esto es lo que la Biblia dice. Durará 42 meses, el profeta dijo por tiempo, y tiempos y medio tiempo. Tiempo, tiempos y la mitad de un tiempo—esto es, tres y medio (Dan. 7:25; 12:7).

Será una confederación de diez naciones muy débil. Y esto será bajo el estandarte del antiguo Imperio Romano. Cuando escucho a alguien decir que todos nos tenemos que alinear bajo el Papa, eso me sonó mucho como si ya nos estuviéramos acercando. Cuando escucho a personas diciendo que el Papa es el líder espiritual del mundo, esto me asusta, pues no lo es. Simplemente no lo es. Todos los que se junten bajo eso van a ser gobernados por el anticristo para pelear contra Cristo cuando esté estableciendo su reino. Pero esta batalla no durará mucho, pues Él aplastará a todos los dominios de Satanás y del mundo.

Está por llegar hermanos, y es algo emocionante estar vivo en los días en que todas estas cosas pueden ser vistas en el horizonte. Bien, en el próximo estudio vamos a encontrar algunos hechos más acerca de la confederación de diez naciones, y veremos cómo es exactamente que esto va a finalizar. Oremos.

Oración final

Padre conforme vemos que las nubes se van juntando para los días finales de la historia del ser humano, o al menos nos parece que esto va llegando a su final, sabemos que tu regreso está a punto de suceder. Esperamos con ansias el día en que seamos raptados, antes de que tenga lugar toda la forma final de las luchas del mundo. No podemos esperar a que esto suceda. Esperamos con ansias pero sabiendo que todo está bajo tu control absoluto y que nada se adelantará o retrasará. Te agradecemos Señor, porque sabemos que nos sacaras de este mundo antes de que todos estos desastres sucedan. Señor esto debe llenar nuestros corazones con compasión, con amor y con el deseo de alcanzar a aquellos que no te conocen. Ayúdanos con el poder de tu Santo Espíritu. Amén.

Reflexiones Personales

9 de Diciembre, 1979

04_El auge y la caída del mundo. Parte III

Y en los días de estos reyes el Dios del cielo levantará un reino que no será jamás destruido, ni será el reino dejado a otro pueblo; desmenuzará y consumirá a todos estos reinos, pero él permanecerá para siempre, de la manera que viste que del monte fue cortada una piedra, no con mano, la cual desmenuzó el hierro, el bronce, el barro, la plata y el oro. El gran Dios ha mostrado al rey lo que ha de acontecer en lo por venir; y el sueño es verdadero, y fiel su interpretación.

Entonces el rey Nabucodonosor se postró sobre su rostro y se humilló ante Daniel, y mandó que le ofreciesen presentes e incienso. El rey habló a Daniel, y dijo: Ciertamente el Dios vuestro es Dios de dioses, y Señor de los reyes, y el que revela los misterios, pues pudiste revelar este misterio. Entonces el rey engrandeció a Daniel, y le dio muchos honores y grandes dones, y le hizo gobernador de toda la provincia de Babilonia, y jefe supremo de todos los sabios de Babilonia. Y Daniel solicitó del rey, y obtuvo que pusiera sobre los negocios de la provincia de Babilonia a Sadrac, Mesac y Abed-nego; y Daniel estaba en la corte del rey.

Daniel 2:44–49

BOSQUEJO

— Introducción

— El sueño interpretado

— El sueño recompensado

— Oración final

Notas personales al bosquejo

SERMÓN

Introducción

Hemos estado estudiando todo el capítulo y por cuestiones de tiempo no voy a repasarlo todo. Simplemente voy a mencionar ciertas cosas para refrescar su mente y así darles esta última parte del capítulo.

Difícilmente pasa un día dentro de nuestro mundo, cuando al menos una vez leemos en los periódicos algo acerca de la ciudad de Jerusalén. Jerusalén ha sido el punto focal de la atención del mundo desde hace muchos años. Y supongo que aun el mundo incrédulo y el mundo que no entiende su significado, no lo entienden pero están asombrados por la fascinación que el mundo tiene con esta antigua ciudad. Y si saben algo de lo que la Biblia dice, sabrán que Jerusalén es un lugar muy, muy especial. No hay otra ciudad igual en el mundo; a través de toda la historia, ha sido el punto focal del escenario en donde se desenvuelve el drama de la redención.

En el libro de Daniel, retomando esta escena, los judíos han sido sacados de Jerusalén. Han sido hechos cautivos en la tierra de Babilonia que está al este. Y de acuerdo al Salmo 137:5–6, este es su lloro; "Si me olvidare de ti, oh Jerusalén, pierda mi diestra su destreza. Mi lengua se pegue a mi paladar, si de ti no me acordare; si no enalteciere a Jerusalén como preferente asunto de mi alegría."

Aun estando en la cautividad, añoraban la ciudad de Jerusalén. Aun estando en la cautividad, decían que preferirían sacrificar cualquier cosa que perder su amor por Jerusalén. ¿Era la tierra? ¿Eran los ladrillos y el mortero con las que hicieron las paredes y edificios? ¿Qué era lo que los hacía extrañarla? ¿Por qué Jerusalén? ¿Por qué tenían un corazón hambriento por esta ciudad? ¿Cuál es la razón por la que 70 años después el principal asunto con Nehemías era el regresar y reconstruir la paredes de esta antigua ciudad? ¿Por qué en nuestros días ha habido judíos que inmigran regresando a esa tierra de Israel para vivir en la ciudad de Jerusalén?

Bien, creo que la primera vez que la Biblia menciona a esta ciudad es en Génesis 14 y esto la hace ser muy antigua. Dice, "de Salem (Jerusalén) había un sacerdote del Dios altísimo." No le llaman Jerusalén, sino Salem. Salem que quiere decir paz, es el nombre más antiguo de la ciudad que tiempo después se convertiría en Jerusalén.

La primera referencia específica a Jerusalén se encuentra en el capítulo 10 de Josué. Cuando los hijos de Israel regresaban de la cautividad en Egipto y estaban siendo guiados a la Tierra Prometida por Josué, ellos supieron de esta ciudad de Canaán que era conocida como Jerusalén. Y Jerusalén apareció Junto con otras ciudades, tales como Hai y Jericó, en la ruta de la conquista de los Israelitas. Esta es la primera vez que la encontramos y desde ahí domina la enseñanza bíblica.

Dios de manera maravillosa pone su afecto sobre esta ciudad. Dios tenía grandes planes para ella, desde entonces y hasta el futuro. Jerusalén es un lugar asombroso que está situado en una meseta. La meseta domina todo lo que la rodea. Y en sus tres lados, Jerusalén está rodeada por valles que van desde 1 y hasta 130 metros de profundidad. Solo un lado está a nivel y este es el lado norte. Así el único lugar efectivo por el cual se pudiera atacar la ciudad es el lado norte, del mismo modo el más fácil defender la ciudad pues los otros lados no son fáciles para el enemigo, en otras palabras ésta sería una situación geográfica ideal para la ciudad, era una fortaleza natural.

Esta se volvió en la posesión de los israelitas cuando llegaron a la ciudad de Canaán. Pero no mucho se nos dice después de esto, simplemente no se dice más. Si vemos más atrás encontraremos que también justo en medio de la ciudad había un monte famoso, que era el Monte Moriah. De hecho Abraham preparó el sacrificio de Isaac sobre esa montaña en donde también Dios le proveyó un carnero. Y vemos que justo ahí, antes de que la ciudad se convierta en lo que ahora es, Dios había marcado este monte como el lugar para sacrificio.

Cuando David se convirtió en rey, él reino en Hebrón, Hebrón se encuentra como 30 millas al sur, una ciudad en la planicie que era muy difícil de defender. David reino en Hebrón por aproximadamente siete años. Y entonces decidió mover la ciudad capital a Jerusalén y esto lo hizo como nos narra 2 Samuel 5, "Y Jerusalén se convirtió en la ciudad real en donde David reinó por 33 años." Y desde entonces sobre el Monte Sion, el cual es una loma en medio de Jerusalén, fue identificado como el trono real.

Desde la época de David Jerusalén es la capital real, el centro político, el centro económico, el centro religioso, el centro cultural, el centro social de la vida judía. Y debo añadir, es el centro del plan de redención de Dios. Fue justo en el camino hacía Jerusalén que nació el Mesías. Y fue justo fuera de sus muros que murió. Y fue también fuera de sus muros que él resucitó. Y será fuera de Jerusalén, en el Monte de los Olivos que él regresará y descenderá. Y finalmente, entrará a la ciudad de Jerusalén y establecerá su trono. Jerusalén es el punto central del plan de Dios.

Pero cuando vamos al libro de Daniel, esta maravillosa y bendecida ciudad, esta ciudad que Dios distinguió de otras ciudades para que fuera el lugar en donde se desarrollaría la historia de la redención, de este increíble lugar que está en la memoria aún tiene mucho que suceder como parte del plan de Dios, pero por el momento esta ciudad se ha separado de Dios. Y mientras que los moradores de la ciudad se encuentran en la cautividad, la siguen añorando. Sin embargo no recordaban claramente el porqué de que esta ciudad de Jerusalén era tan grande. Mientras que recordaban su amor por la ciudad, ellos habían olvidado el lugar de Dios. Añoraban la ciudad sin amar al Dios por el cual esta ciudad era grandiosa. Esta es la razón por la que Dios los sacó de la ciudad.

Un invasor con el nombre de Nabucodonosor llegó, y este poderoso monarca quien con toda fuerza estableció el Imperio Babilónico, el imperio más poderoso en sus días, destruyó, pilló, saqueó e hizo cautiva a toda la gente que estaba en Jerusalén.

En Jeremías 52:12-15 dice, "Y en el mes quinto, a los diez días del mes, que era el año diecinueve del reinado de Nabucodonosor rey de Babilonia, vino a Jerusalén Nabuzaradán capitán de la guardia, que solía estar delante del rey de Babilonia. Y quemó la casa de Jehová, y la casa del rey, y todas las casas de Jerusalén; y destruyó con fuego todo edificio grande. Y todo el ejército de los caldeos, que venía con el capitán de la guardia, destruyó todos los muros en derredor de Jerusalén. E hizo transportar Nabuzaradán capitán de la guardia a los pobres del pueblo, y a toda la otra gente del pueblo que había quedado en la ciudad, a los desertores que se habían pasado al rey de Babilonia, y a todo el resto de la multitud del pueblo."

Todo lo que él dejó fueron unos pocos vinicultores y campesinos para asegurarse de que ellos continuaran sacando algún producto de la tierra. Pero en general los babilonios barrieron con todo el lugar, destruyeron las casas, y también el Templo de Dios; destruyeron el palacio del rey y desaparecieron la ciudad, todo esto hizo Nabucodonosor.

Él tenía dos grandes objetivos en mente, su primer objetivo era destruir la casa de Dios, ¿por qué? Porque él quería destruir la columna vertebral de su religión. Y segundo, el destruyó el palacio, esto para destruir la casa real, es decir el orden político. Él quería destruir su religión y su política y de este modo hacer que se sintieran impotentes. En 586 a.C. él triunfó y fue el fin de una gran etapa de la vida de Jerusalén.

En ese punto en particular, inicio un tiempo que nuestro Señor Jesucristo llama el tiempo de los gentiles. En Lucas 21:24, el Señor dijo eso, "Jerusalén será hollada por los gentiles, hasta que los tiempos de los gentiles se cumplan." Así que habrá este gran periodo de historia en el cual el poder de los gentiles se impondrá en la ciudad de Jerusalén.

Creo que Jesús reitero este mismo juicio en Mateo 23:37, dijo, "¡Jerusalén, Jerusalén, que matas a los profetas, y apedreas a los que te son enviados! ¡Cuántas veces quise juntar a tus hijos, como la gallina junta sus polluelos debajo de las alas, y no quisiste! He aquí vuestra casa os es dejada desierta.

Porque os digo que desde ahora no me veréis, hasta que digáis: Bendito el que viene en el nombre del Señor."

En otras palabras, el Señor está diciendo esto, Jerusalén será desolada hasta que reconozca quien soy yo y entonces me vera y llegará el fin de la desolación de Jerusalén. Cristo estaba reiterando que Jerusalén estaría desolada hasta que él regresara, hasta que el regrese para establecer su reino. Y no lo hará hasta que ellos lo reconozcan por lo que Él es.

El punto es este, los tiempos de los gentiles deberán concluir con la segunda venida de Cristo. Y Cristo no pude regresar hasta que los judíos lo vean por lo que Él es, esto es lo que dice Zacarías, "Miraron a él a quien ellos traspasaron y se lamentaron como quien se lamente de Él como primogénito." Hasta que ellos digan, "Bendito el que viene en el nombre del Señor."

Esto es el porqué de que pensamos que antes de la venida de Cristo y el establecimiento de su reino, durante el periodo conocido como la gran tribulación, habrá un gran avivamiento entre los judíos y la nación de Israel será redimida. Apocalipsis 7:14 nos dice esto. Así que iniciando con Nabucodonosor, llegó este tiempo de los gentiles cuando Jerusalén fue destruida, y volverá a existir hasta el regreso de Jesucristo.

Podrías pensar, ¿no hubo periodos de tiempo cuando los judíos estaban en Jerusalén? Si, justo ahora es uno de ellos. Los judíos regresaron a Jerusalén 70 años después de la cautividad Babilonia e intentaron reconstruirla. Pero nunca tuvieron la libertad y la autonomía que habían tenido antes. Fueron oprimidos por todas las naciones que estaban a su alrededor, era como estar viviendo sobre una capa de hielo muy delgada.

Tan pronto como ellos reconstruyeron su ciudad, no solo estuvo bajo el control de los Medo Persas, sino que acabo bajo el control de los griegos. Y a pesar de que tuvieron un poco de libertad para vivir y para vivir ahí, los griegos asignaron a un hombre que era un loco maniático con el nombre de Antíoco quien los gobernó.

Después siguió el gobierno romano y los romanos se hicieron cargo de ellos, eran simplemente vasallos de los romanos. Aun sus reyes idumeos, los Herodes, no eran otra cosa más que siervos de los romanos. Ha habido tiempos, mientras que ellos estaban ahí, en los que no tuvieron la autonomía que debían tener ni la absoluta liberta y el derecho de gobernar su propia tierra, tierra que Dios les había prometido al principio.

Recordaran que en el año 70 d.C., Tito, el hijo de Vespasiano, trajo sus legiones romanas dentro de Jerusalén y la volvió a destruir. De hecho, algunos eruditos bíblicos nos dicen que probablemente mataron a un millón cien mil judíos en una sola masacre en el 70 d.C.

Después de la destrucción del 70 d.C., algo interesante sucedió; algunos judíos quedaron ahí y comenzaron a orar por la restauración de su ciudad, del mismo modo que ellos habían orado durante todo el tiempo de los gentiles que Dios les regresara su tierra, y que su tierra pudiera ser gobernada libremente sin la intervención de nadie más, ningún gentil.

Como ellos querían orar acerca de esto, comenzaron a congregarse en un lugar donde estaba originalmente el templo. Se reunirían en ese lugar los domingos por la mañana, por la tarde y por la noche. Siempre se congregarían en el mismo lugar, en los últimos vestigios del templo. Se hizo tan familiar este lugar para orar, que obtuvo su nombre como el muro de los lamentos. Era el lugar a donde ellos iban a orar por que su ciudad fuera restaurada y por que ya no existiera más el dominio de los gentiles. Ellos llorarían y se lamentarían como el salmista lo dijo, orando por la paz en Jerusalén, orando para que Dios les enviara un libertador, orando para que Dios acabara con el dominio gentil y para que ellos pudieran reconstruir el templo y para que pudieran re-poseer la ciudad.

Ésta había sido controlada por diferentes tipos de personas, árabes, turcos, incluso británicos. Los persas la tuvieron por un tiempo, pero nunca por completo, no fue sino hasta 1948, cuando se convirtieron en una nación, que ellos controlaron una parte. Pero no obtuvieron el muro de los lamentos, el lugar donde ellos habían orado tan seguido por la paz de Jerusalén.

El miércoles 7 de junio de 1967, ellos rompieron la resistencia árabe en una guerra que duró seis días y pudieron llegar al muro de los lamentos. Entonces volvieron a orar, y también a gritar. Uno de ellos dijo, "por 2000 años nuestro pueblo estuvo orando por este momento." Se pudieron parar sobre la vieja ciudad y dijeron, "ahora es nuestra."

Pero algunos pensaron, el tiempo de los gentiles se ha acabado. No hay ya más dominio gentil en la tierra, ni en la nación, ni en la ciudad de Jerusalén. Pero esto no es verdad. El tiempo de los gentiles no finalizó cuando las tropas llegaron al muro de los lamentos. El tiempo de los gentiles finalizará cuando el Mesías regrese.

Si ustedes le preguntan a cualquier judío en Jerusalén que sepa acerca de esto, si acaso los judíos tiene absoluta y libre autonomía en su tierra, o bien si es que ellos sienten la carga de la opresión gentil, y recibirán la misma respuesta. Ellos sienten la opresión gentil. ¿Y sabes de dónde viene? Esta opresión viene de parte de las Naciones Unidas, por una razón; viene de la imposición internacional que otras naciones han puesto sobre ellos. Más que nada, proviene de la presencia de la Mezquita y la Cúpula de la Roca que se asienta justo en el mismo lugar donde el templo debiera estar y no pueden hacer nada con esto sin iniciar una guerra en el Medio Oriente que culminaría en un holocausto.

Han hecho un montón de cosas increíbles como la incursión en Entebbe y otras cosas que han hecho. Pero nunca han podido poner la mano sobre estas cosas. Ellos ocupan su ciudad teniendo esta enorme construcción redonda que representa la incursión gentil. Esto es algo que tienen que enfrentar todos los días. Siempre que veas una ilustración de la ciudad de Jerusalén notarás esta edificación que se llama el Domo de la Roca. Es la única edificación de la ciudad que tiene un techo dorado redondo.

Y es interesante saber que cualquiera puede construir algo ahí, pero usando solamente piedras de Jerusalén. No puedes traer nada de ningún otro lado, esto para apegarte a la norma. Esta es la razón por la que todo luce muy parecido. Todo está hecho de esa misma piedra blanca, excepto el Domo de la Roca y la Mezquita de Omar. El Domo es dorado, la Mezquita es plateada, y ambos están edificados en el lugar del antiguo templo.

También existe una señal fuera del terreno del templo para todos los judíos ortodoxos. Y esta dice, "no entre aquí." Esta señal esta puesta por el rabí en jefe. La razón es porque puedes estar parado en el lugar santísimo sin saberlo, pues ellos creen que se ubicaba en ese lugar.

Continúa bajo dominio gentil. En realidad nunca han tenido su propio gobierno y dominio desde que llegó Nabucodonosor y se los quitó. Y en el futuro, hermanos, va a haber una invasión gentil de esta tierra, como algo que nunca antes ha pasado.

Zacarías 12:2 dice, "He aquí yo pongo a Jerusalén por copa que hará temblar a todos los pueblos de alrededor contra Judá, en el sitio contra Jerusalén." Habrá un sitio en contra de esa ciudad al final de los tiempos. Dice en Zacarías 14:1–4, "¹He aquí, el día de Jehová viene, y en medio de ti serán repartidos tus despojos. Porque yo reuniré a todas las naciones para combatir contra Jerusalén; y la ciudad será tomada, y serán saqueadas las casas, y violadas las mujeres; y la mitad de la ciudad irá en cautiverio, mas el resto del pueblo no será cortado de la ciudad. Después saldrá Jehová y peleará con aquellas naciones, como peleó en el día de la batalla. Y se afirmarán sus pies en aquel día sobre el monte de los Olivos, que está en frente de Jerusalén al oriente; y el monte de los Olivos se partirá por en medio, hacia el oriente y hacia el occidente, haciendo un valle muy grande; y la mitad del monte se apartará hacia el norte, y la otra mitad hacia el sur."

Este es el regreso de Cristo, pero antes de su llegada, habrá una agrupación de naciones en contra de Jerusalén. Habrá cuatro frentes en los cuales se luchará la batalla de Armagedón. Uno es en Jerusalén, al sur de Jerusalén, al norte de Jerusalén, y en la planicie de Meguido. Y la sangre será llegará tan alto que cubrirá los frenos de los caballos por más de 200 millas en una conflagración directa.

Ahora escuchen, la paz de Jerusalén no ha llegado aún. No del todo, así que la paz de Israel espera la paz de Jerusalén.

En las lecciones pasadas hemos estado estudiando el flujo de la historia de los gentiles desde el Impero Babilónico, el Imperio Medo-Persa, el Imperio Griego, y hasta el Imperio Romano. Y la última vez que vimos el sueño recibido, el sueño recordado, el sueño revelado, y ahora quiero que vayamos a la fase final de este imperio mundial. No nos tomará mucho tiempo, solo quiero señalar dos cosas interesantes para ustedes.

La fase final está indicada en el versículo 33, "las piernas son de hierro" —esto habla de Roma— "pero los pies son en parte de hierro y en parte de barro cocido." Parte de hierro y parte de barro. Ahora vayamos al versículo 40, "El cuarto reino" —y encontramos una explicación de éste— "será fuerte como hierro; y como el hierro desmenuza y rompe todas las cosas, desmenuzará y quebrantará todo." Pero no concluye aquí. "Y lo que viste de los pies y los dedos, en parte de barro cocido de alfarero y en parte de hierro" —esto son materiales como de cerámica— "será un reino dividido; mas habrá en él algo de la fuerza del hierro, así como viste hierro mezclado con barro cocido. Y por ser los dedos de los pies en parte de hierro y en parte de barro cocido, el reino será en parte fuerte, y en parte frágil. Así como viste el hierro mezclado con barro, se mezclarán por medio de alianzas humanas; pero no se unirán el uno con el otro, como el hierro no se mezcla con el barro" (versículos 41–43).

Y vean esto, el último imperio era Roma, pero aparece en dos etapas. La primer parte es de hierro, las dos piernas, el imperio de Roma de este y el del oeste. Pero la fase final cambia y es una mezcla de hierro con barro. Tiene una inherente debilidad, es más diversa de lo que ha sido antes por la debilidad, la parte de cerámica, representa la simiente del hombre. La forma final del Imperio Romano será más bien una situación diversa que intenta mezclar fuerza con debilidad y no pueden coexistir más de lo que se puede unir el hierro con el barro. No se puede hacer eso. "La forma final será parcialmente fuerte y parcialmente débil."

Ahora recuerden lo que ya les había dicho, la Biblia no contempla un periodo intermedio. La Biblia ve al mundo como el imperio final, fuerte y débil. Roma nunca fue conquistada por ningún otro imperio mundial. Carlomagno no lo pudo hacer, Hitler no lo pudo hacer, Napoleón no lo pudo hacer, Rusia no lo pudo hacer, los Estados Unidos no lo pueden hacer; pues no gobiernan el mundo en los mismos términos de un imperio mundial. Ninguna nación ha tomado el lugar de Roma.

¿Sabes que ninguna nación ha conquistado a Roma? En la parte este del imperio, tomó 1,500 años antes de que ellos se desvanecieran. Creo que la Biblia nos dice que simplemente cayeron en desuso. Su cabeza fue herida como si estuvieran muertos para renacer en algún punto en el futuro.

Creo que esto está sucediendo en la comunidad económica Europea que es conocida también como el Mercado Común Europeo. Cuando estudié esto el Mercado Común Europeo tenía diez naciones. Daniel dice, "la fase final del Imperio Romano revivido constará de diez dedos." ¿Es una coincidencia interesante? No, eso es profético. Pero, ¿y qué si tiene más naciones? Bien, eso no es tan importante. Porque ¿qué tal si algunas de ellas se salen? Eso tampoco es importante. ¿Qué si finalmente todo ese mercado colapsa? Tampoco es importante, porque eso solo significará pues si se salen o entran, cuando llegue el Señor serán diez. Será interesante ver cómo sucede eso. Ya lo vimos a detalle la lección pasada.

El Imperio Romano simplemente se desintegró, pero su influencia ha continuado por medio del papado, la iglesia Católico Romana, la cual se extiende por toda Europa y otras partes del mundo, con pensamiento romano y leyes romanas. Y no ve el periodo intermedio, el tiempo de la iglesia. Pero esto no es tan sorprendente pues el Antiguo Testamento nunca vio el tiempo de la iglesia.

Esta es la razón por la que en Efesios 3 Pablo dice, "este es un misterio, es un misterio." Soy predicador de ese misterio, Dios me ha dado un mensaje qué darles que es un misterio. La dispensación de la gracia de Dios, para mí es predicar ese misterio. El misterio se encontraba escondido. Un misterio es algo escondido que ahora es revelado.

El Antiguo Testamento nunca vio el tiempo de la iglesia. Así que no debe sorprendernos cuando encontramos un intervalo en el tiempo del Nuevo Testamento que no fue visto en el Antiguo. Por ejemplo, tenemos pasajes en el Antiguo Testamento que profetizan cosas acerca de Cristo, la mitad de ellas corresponden a su primera venida, y la otra mitad que corresponden a su segunda venida. Y de este modo el Antiguo Testamento no coloca ningún periodo de tiempo en medio. ¿Por qué? Porque no explica ese periodo de misterio conocido como el tiempo de la iglesia. Éste es el misterio, éste es ése misterio que estaba escondido y es revelado en el Nuevo Testamento.

El sueño interpretado

Así que habrá una fase final del Imperio Romano que involucra una confederación de europeos que tiene diez naciones ocupando territorialmente lo que alguna vez fue el Imperio Romano. Esto es exactamente lo que estamos viendo ahora. ¿Cómo termina esto? No tomará mucho tiempo. Versículo 44, esta coalición romana llegará al final de los tiempos. Y dice, "Y en los días de estos reyes el Dios del cielo levantará un reino que no será jamás destruido, ni será el reino dejado a otro pueblo; desmenuzará y consumirá a todos estos reinos, pero él permanecerá para siempre." Deténganse aquí un momento.

Escuchen, todos los estudiantes de la Escritura que yo conozco creen que esto es la fundación del Reino de Dios. Tienen muchas diferencias en cuanto a cómo esto llegará a suceder, pero es claro que éste es el Dios del cielo estableciendo un reino.

Pero quiero que ustedes noten algo fascinante aquí. Versículo 44, "Y en los días de estos reyes," ¿cuáles reyes? ¿De qué hablas? No hay ningunos reyes mencionados aquí. El único rey mencionado en toda esta historia que es delineada aquí es Nabucodonosor, la cabeza de oro. ¿Qué quieres decir con, en los días de estos reyes? No parece haber ningún antecedente para ello. ¿Qué reyes?

Para aquellos que no creen en un reino de Cristo sobre la tierra, aquellos que no creen que Jesucristo va a venir y reinar por un periodo de 1,000 años, para los que usan el término "amilenarismo", para los que niegan el milenio; ellos dicen que esto se está refiriendo al reino espiritual de Cristo. Y que el reino espiritual de Cristo será instalado en los corazones de los hombres durante los tiempos de estos cuatro reyes. En otras palabras, durante Babilonia, Medo-Persia, Grecia, y Roma, que el reino de Cristo será establecido dentro de los corazones de la gente durante estos reinos.

Pero esto en realidad no encaja. En primer lugar, estos son reinos, no reyes. Y la palabra reyes, *melek* en Arameo, es muy diferente de reinos, la cual es *maleku*. Y no todos ellos son designados como referencias a reyes, sino a reinos. ¿Qué reyes? Es muy simple si lo analizamos. Si vemos más atrás estos reyes no pueden ser otros que los diez dedos de los pies. En otras palabras, los diez dedos representan a diez reyes dentro de la forma final del Imperio Romano. Los dedos de los pies. Él empezó hablando de ellos en el versículo 42, y después dice que "en los días de esos reyes." Y ahí Daniel está interpretando esta imagen de manera absoluta. Los dedos representan reyes. Esto es impactante.

En Apocalipsis 17, escucha esto, Apocalipsis es el Daniel del Nuevo Testamento, nos da la imagen del futuro. Dice, "y los diez cuernos que viste son diez reyes." Y aquí él está hablando de la misma imagen de los diez reyes. Sólo que en esta ocasión son diez cuernos.

Si van a Daniel 7, dentro del mismo libro, encontrarán que al final del versículo 7 hay también diez cuernos. Y veremos esta imagen en el futuro, pero dice en el versículo 7 al final que tiene diez cuernos. Si ves más abajo en el mismo capítulo pero en el versículo 15 ahí podrás leer todo esto, sabrás más acerca de los diez cuernos. Versículo 20, los diez cuernos son mencionados nuevamente. Versículo 24, "los diez cuernos," y aquí está la clave que quiero que veas; "y los diez cuernos que salen de este reino, son diez reyes que emergerán de esto. ¿Te das cuenta?

Daniel ve a este poder gentil mundial finalizando en una confederación de diez reyes. Y esto es lo que Daniel quiere decir cuando dice en los días de estos reyes. "En el tiempo de los diez reyes, Dios establecerá su reino."

Si quisieras que significara los otros cuatro reinos, no tiene sentido. ¿Establecerá Dios su reino durante el tiempo de Babilonia? ¿Lo establecerá en Medo Persia? ¿Lo establecerá en Grecia? ¿Establecerá Dios su reino en el tiempo del Imperio Romano? Desde luego que no. El reino de Dios como tal no ha sido establecido sobre la tierra.

Y debido a que toda la imagen es una política, y debido a que la imagen historia actual, como sea que se manifieste el reino final este debe ser actual, histórico, político y sobre la tierra. ¿Lo ves? No puedes tener algo espiritual introducido dentro de un grupo de imágenes muy físicas, históricas, políticas y actuales. El reino de los cielos no fue establecido en esos tiempos, no en su forma política sobre la tierra.

Así que los días de esos diez reyes finales, serán cuando la confederación romana se una. Amigos, esto se ve cada día más cerca, ¿no lo creen? Si ves hacia Europa y en especial a la comunidad económica que por ahora son más de diez naciones confederadas, y ves la actitud del mundo queriendo ir contra Dios, te diré esto, solo hay una cosa que no ha sucedido antes de que Cristo pueda venir. Y esta es la voz del arcángel y la trompeta de Dios y se acabó. Esto sucederá instantáneamente cuando Él venga.

Lo que sucede más adelante en el versículo 44 es, "El Dios del cielo levantará un reino." ¿Qué tipo de reino será este? "Será un reino que no será jamás destruido." No será como los otros reinos, será uno que nunca será destruido. Los otros fueron destruidos. "Ni será el reino dejado a otro pueblo." No será un tipo de reino que se desvanezca y llegue otro y lo tome. "Sino que desmenuzará y consumirá a todos estos reinos, pero él permanecerá para siempre."

Algunas personas piensan que en realidad ésta es la iglesia. Pero tampoco tiene sentido, eso es absolutamente imposible. No puede ser la iglesia. En primer lugar, el Imperio Romano se mantuvo por siglos después de que la iglesia inició. La iglesia no destruyó una confederación de reyes dentro de Roma. Eso es ridículo, el Imperio Romano continuó y continuó por un tiempo largo. De hecho, ¿sabes que el Imperio Romano continuó por mucho tiempo después de Jesucristo, más que los otros imperios que hubo desde Nabucodonosor y hasta Jesús? Podemos ver, entonces, que la iglesia no hizo que nada acabará de manera dramática. No existe ninguna evidencia para todo esto.

No es la iglesia, es un reino literal de Cristo sobre la tierra. La iglesia no es una entidad política. No encajaríamos con la imagen que hay aquí. La iglesia no es, como dice en el versículo 45, "de la manera que viste que del monte fue cortada una piedra, no con mano, la cual desmenuzó el hierro, el bronce, el barro, la plata y el oro. El gran Dios ha mostrado al rey lo que ha de acontecer en lo por venir; y el sueño es verdadero, y fiel su interpretación."

¿Recuerdas que de la piedra se nos dijo antes en el capítulo que llegó y destruyó a la imagen y que la desmenuzó hasta el polvo, y que la piedra llenó la tierra? La iglesia no destruyó de manera catastrófica a todas las naciones de la tierra. La iglesia no culminó el tiempo de los gentiles. La iglesia nació y después llegó el 70 d.C. y fue cuando en realidad los gentiles tomaron Jerusalén. No puede ser la iglesia.

La iglesia nunca ha destruido poder mundial gentil alguno ni nunca lo hará. La iglesia no llega e instantáneamente llena la tierra e inicia para siempre. Más bien la iglesia surgió calladamente y sin violencia, y no de manera catastrófica en una destrucción. Ésta no es la iglesia, la iglesia nunca ha desmenuzado reinos mundiales.

Éste es un reino literal, físico, sobre la tierra que Dios establece y entonces el tiempo de los gentiles finaliza. Es un reino político y puedes leer acerca de éste en el Antiguo Testamento. Es un reino físico. El Antiguo Testamento dice que Jerusalén será reconstruida. Israel será re-establecido en la tierra. Se levantará la maldición, habrá comida abundante, habrá salud, habrá sanidad, habrá un alto nivel de nacimientos, la topografía cambiará, un nuevo templo será edificado, y la lista continúa. Es un reino físico y literal. Y desde luego que habrá realidades espirituales en él, pero será un reino físico.

Pero necesitamos un pensamiento más, entonces cerraremos con esta sección. Dice en los versículos 34–35, "Estabas mirando, hasta que una piedra fue cortada, no con mano, e hirió a la imagen en sus pies de hierro y de barro cocido, y los desmenuzó. Entonces fueron desmenuzados también el hierro, el barro cocido, el bronce, la plata y el oro, y fueron como tamo de las eras del verano, y se los llevó el viento sin que de ellos quedara rastro alguno. Mas la piedra que hirió a la imagen fue hecha un gran monte que llenó toda la tierra." Lo único que nos falta es definir quién es la piedra. La piedra viene, destruye todo esto y después llena la tierra.

Bueno, yo sé quién es y ustedes también. Jesús dijo, "Ustedes nunca verán el fin del tiempo de los gentiles. Su casa será desolada hasta que ustedes miren hacia Mí y digan, 'Bendito el que viene en el nombre del Señor'." Él es el único que puede finalizar el tiempo de los gentiles. Él es el único que puede destruir a los gobernantes del mundo. Isaías lo dijo, "los gobiernos estarán sobre sus hombros."

Él es el único que tiene el derecho de gobernar. Cuando en Apocalipsis 5 estaban buscando en el cielo a alguien que pudiera abrir el rollo, llegó el cordero. El cordero pudo abrir el rollo. ¿Por qué? Porque Él tiene un derecho a abrir el rollo porque el rollo era el título de propiedad de la tierra. Él y solo Él tiene el derecho de poseer la tierra.

Es Cristo, es Cristo mismo quien es la piedra. De hecho, en Génesis 49:24, Dios es llamado la roca o piedra de Israel. En el Salmo 118:22, "La roca (piedra) que los edificadores desecharon, ésta misma ha venido a ser cabeza del ángulo."

Dios dijo al profeta Isaías, en el 28:16, "He aquí que yo he puesto en Sion por fundamento una piedra, piedra probada, angular, preciosa, de cimiento estable." Pablo en 1 de Corintios 10:4 dice, "Cristo era la roca." Cristo es la roca. Y entendemos que en su segunda venida será cuando destruya el dominio gentil.

"Sus pies," como dice Zacarías 14, "se afirmarán en aquel día sobre el monte de los Olivos." Existe una hendidura en el monte desde el este al oeste, se divide claramente. Y en medio hay un valle llamado el Valle de la Decisión, llegarán los gentiles de todo el mundo. Y son juzgados con el juicio de Dios. Y desde ese momento, cuando el juicio haya sido descargado sobre ellos, Dios establece su reino por medio de Cristo en la ciudad de Jerusalén y reina por 1000 años y de ahí hasta la eternidad.

¿Qué significa que haya sido cortada sin mano? Creo que primero que nada, es una reflexión de su nacimiento virginal, esta piedra no es una piedra hecha por manos humanas. Segundo, creo que es una reflexión sobre su resurrección, diciendo que no hubo ningún agente humano involucrado en su resurrección. Su propio poder lo sacó de la tumba. Sin un agente humano en la forma normal nació. Y sin un agente humano, fue resucitado de entre los muertos.

Y cuando la piedra o roca venga, no golpea a la cabeza, ni a los hombros o nada de eso, sino que destroza a la parte final, la parte más débil, los pies, y toda la torre gentil se colapsa, y queda despedazada.

Cuando estudias a Jesús como la roca te metes en verdades fascinantes. La Biblia dice que es una roca destructora. Llega para destruir. Una roca que golpea y despedaza. Pero al mismo tiempo, es una roca restauradora. Porque tan pronto como aplasta y destroza inmediatamente después llena la tierra.

Ahora escucha esto. Nabucodonosor tuvo este sueño extraño, pero ¿lo entendió verdaderamente? El principal dios de Nabucodonosor, de acuerdo con los arqueólogos que han encontrado muchas cosas de ese tiempo, era un dios llamado Bel-Merodac. A Bel-Merodac lo encontramos en la arqueología. Tenía un nombre muy especial, su nombre era Shadu Rabu. ¿Sabes lo que significa? Significa El Gran Monte.

Nabucodonosor pensaba que Shadu Rabu, Bel-Merodac era El Gran Monte. Pero Daniel le dice, "la piedra que hirió a la imagen fue hecha un gran monte que llenó toda la tierra." Tu Dios ha sido reemplazado, y lo dice en sus mismos términos, Dios lo hizo, así que él lo entendió.

Y Daniel dice, "solo hay un Shadu Rabu y no lo has visto todavía." El título significaba el Dios todopoderoso. Cuando Daniel usa éste en la presencia de Nabucodonosor, créanme, él lo comprendió. Comprendió claramente lo que significaba.

Nabucodonosor había trabajado con piedras. Él fue uno de los grandes constructores de la historia antigua. Y él debió haber entendido lo que era ser una piedra cortada sin mano, porque debió conocer perfectamente el increíble esfuerzo que se necesitaba para cortar las piedras a mano. Y aquí estaba una que simplemente se cortó.

Después dice en el versículo 35, "y se los llevó el viento sin que de ellos quedara rastro alguno." Simplemente el viento se lo llevó, esto apuntaba nuevamente al sistema de teología de Nabucodonosor.

Bel-Merodac tuvo una batalla con Tiamat, y Tiamat —posiblemente hayas leído acerca de él— era el dragón del caos. Y la forma en la que Bel-Merodac derrotó a Tiamat fue enviándole un huracán, y después un viento, y después un viento en cuatro direcciones, y después un viento en 7 direcciones, y esto hizo que el dragón desapareciera. Y Daniel estaba diciendo cuando se trata de viento soplando, no has visto nada. Puedes ver que Dios dio a Nabucodonosor una visión en sus propios términos de tal modo que fuera capaz de entender.

¿Cómo termina la historia? En el versículo 45, hasta aquí alguien podría decir, "he escuchado muchas cosas en mi tiempo, pero esto se lleva el título de lo mejor." Esta es la cosa más salvaje que se pudo soñar por la imaginación de una persona que trataba de recordarlo como si fuera verdad. Una imagen muy alocada, una historia ridícula, con una interpretación increíble y fascinante. Y es muy posible que este sea tu caso, pero existe una pequeña posdata en la parte final del versículo 45. Creo que es para sorprenderte más aún. Esta dice así, "y el sueño es verdadero, y fiel su interpretación." No lo intentes, no hay errores, este sueño es seguro y cierto. Hemos visto el sueño recibido, el sueño recordado, y el sueño revelado.

El sueño recompensado

Y solo voy a leer esto para ti, el sueño recompensado. Vean el versículo 46. "Entonces el rey Nabucodonosor se postró sobre su rostro y se humilló ante Daniel." Quiere decir que le creyó. Y esto de que se humilló ante Daniel es como si lo estuviera adorando. Y te preguntarás ¿qué está haciendo al adorar a Daniel? Bueno, él no conoce al Dios de Daniel, así que se imagina que la única manera de acceder al Dios de Daniel es por medio de Daniel." Y mandó que le ofreciesen presentes e incienso. El rey habló a Daniel, y dijo: Ciertamente el Dios vuestro es Dios de dioses, y Señor de los reyes, y el que revela los misterios, pues pudiste revelar este misterio." Está diciendo, "tu Dios es el Dios de los dioses, tu Dios es el Shadu Rabu, tu Dios es el Dios del viento, tu Dios es quien revela los misterios."

Debemos entender que ésta es una conversión aparente, es la emoción del momento porque como veremos en el siguiente capítulo él se retrae. Pero en este momento, él está literalmente sorprendido al ver el despliegue del poder de Dios por medio de Daniel. "Entonces el rey engrandeció a Daniel, y le dio muchos honores y grandes dones, y le hizo gobernador de toda la provincia de Babilonia, y jefe supremo de todos los sabios de Babilonia." Esto es un ascenso de ser el que está en el puesto más bajo y elevarlo hasta el puesto más alto de dirección. Lo hizo el primer ministro del Imperio Babilonio.

Cuando le dieron a Daniel su nueva posición, él comenzó a usarla, pidió al rey que enviara a sus amigos Sadrac, Mesac y Abed-nego a atender los asuntos de la provincia de Babilonia, pero Daniel se sentó en la corte del rey. Él dijo, "tengo a tres amigos que quiero que sean mis vice regentes," e introdujo a sus amigos dentro de un lugar estratégico para que fueran usados por Dios.

Algunos han negado todo el libro de Daniel basándose en esto. Leí a algunos críticos de Daniel quienes negaban el libro entero tomando sólo esto como base. Los reyes no se humillan delante de sus cautivos, por lo tanto, esto es una falsedad. Pero ¿quieren saber algo? Los reyes se inclinan ante Dios, esto no es ninguna falsedad.

Tú nunca tendrás que trabajar para obtener lo que tú quieres en este mundo, si sólo obedeces a Dios, él te pondrá detrás de lo que tú nunca soñaste. ¿No es esto verdad? Daniel no tuvo que sentarse en su pequeño palacio de Jerusalén diciendo, «tengo que pensar en cómo le voy a hacer para ser el primer ministro de Babilonia. Primero tengo que ir a la escuela correcta, después tengo que conocer a las personas correctas, me tengo que casar con la mujer correcta, y resolvió 'ya tengo mi estrategia.'»

No, Daniel dijo, "no me importa qué sea lo que diga el rey, no voy a comer esto que me dan." Y ustedes hubieran dicho, "Oh, Daniel ésta no es una estrategia." Y después Daniel se convirtió en el primer ministro de Babilonia porque Dios lo puso ahí. Y si él no se colocó a si mismo ahí, tampoco tiene que preocuparse por permanecer. Porque eso tampoco era algo que él hubiera deseado. Fue Dios quien se lo dio. Y debido a que Dios se lo dio, Dios haría que él permaneciera ahí hasta que su tiempo se cumpliera. No busques obtener las cosas, más bien piensa en que Dios te las va a dar siempre y cuando obedezcas su voluntad.

Oración final

Inclinemos nuestro rostro para orar a nuestro Señor. El final de esta maravillosa profecía es el reino de Cristo —quiero que escuchen esto— y llenar toda la tierra. Éste llenará toda la tierra, esto es algo que sólo se merece nuestro Señor, es el tiempo para que él reine y gobierne. Y mientras esperamos que este tiempo llegue no podemos dejar de sorprendernos de que nosotros estaremos allí junto con todos los que amamos a Cristo y deseamos obedecer su palabra. Permite que todos los que lean o escuchen este mensaje tengan ese mismo deseo, conocerte, amarte y obedecerte por medio de tu palabra, la Biblia, oramos en el nombre de Cristo. Amén.

Reflexiones Personales

10 de Febrero, 1980

05_¡Cómo han caído los poderosos!

Nabucodonosor rey, a todos los pueblos, naciones y lenguas que moran en toda la tierra: Paz os sea multiplicada. Conviene que yo declare las señales y milagros que el Dios Altísimo ha hecho conmigo. ¡Cuán grandes son sus señales, y cuán potentes sus maravillas! Su reino, reino sempiterno, y su señorío de generación en generación.

Yo Nabucodonosor estaba tranquilo en mi casa, y floreciente en mi palacio. Vi un sueño que me espantó, y tendido en cama, las imaginaciones y visiones de mi cabeza me turbaron. Por esto mandé que vinieran delante de mí todos los sabios de Babilonia, para que me mostrasen la interpretación del sueño. Y vinieron magos, astrólogos, caldeos y adivinos, y les dije el sueño, pero no me pudieron mostrar su interpretación, hasta que entró delante de mí Daniel, cuyo nombre es Beltsasar, como el nombre de mi dios, y en quien mora el espíritu de los dioses santos. Conté delante de él el sueño, diciendo: Beltsasar, jefe de los magos, ya que he entendido que hay en ti espíritu de los dioses santos, y que ningún misterio se te esconde, declárame las visiones de mi sueño que he visto, y su interpretación. Estas fueron las visiones de mi cabeza mientras estaba en mi cama: Me parecía ver en medio de la tierra un árbol, cuya altura era grande. Crecía este árbol, y se hacía fuerte, y su copa llegaba hasta el cielo, y se le alcanzaba a ver desde todos los confines de la tierra. Su follaje era hermoso y su fruto abundante, y había en él alimento para todos. Debajo de él se ponían a la sombra las bestias del campo, y en sus ramas hacían morada las aves del cielo, y se mantenía de él toda carne.

Vi en las visiones de mi cabeza mientras estaba en mi cama, que he aquí un vigilante y santo descendía del cielo. Y clamaba fuertemente y decía así: Derribad el árbol, y cortad sus ramas, quitadle el follaje, y dispersad su fruto; váyanse las bestias que están debajo de él, y las aves de sus ramas. Mas la cepa de sus raíces dejaréis en la tierra, con atadura de hierro y de bronce entre la hierba del campo; sea mojado con el rocío del cielo, y con las bestias sea su parte entre la hierba de la tierra. Su corazón de hombre sea cambiado, y le sea dado corazón de bestia, y pasen sobre él siete tiempos. La sentencia es por decreto de los vigilantes, y por dicho de los santos la resolución, para que conozcan los vivientes que el Altísimo gobierna el reino de los hombres, y que a quien él quiere lo da, y constituye sobre él al más bajo de los hombres. Yo el rey Nabucodonosor he visto este sueño. Tú, pues, Beltsasar, dirás la interpretación de él, porque todos los sabios de mi reino no han podido mostrarme su interpretación; mas tú puedes, porque mora en ti el espíritu de los dioses santos.

Entonces Daniel, cuyo nombre era Beltsasar, quedó atónito casi una hora, y sus pensamientos lo turbaban. El rey habló y dijo: Beltsasar, no te turben ni el sueño ni su interpretación. Beltsasar respondió y dijo: Señor mío, el sueño sea para tus enemigos, y su interpretación para los que mal te quieren. El árbol que viste, que crecía y se hacía fuerte, y cuya copa llegaba hasta el cielo, y que se veía desde todos los confines de la tierra, cuyo follaje era hermoso, y su fruto abundante, y en que había alimento para todos, debajo del cual moraban las bestias del campo, y en cuyas ramas anidaban las aves del cielo, tú mismo eres, oh rey, que creciste y te hiciste fuerte, pues creció tu grandeza y ha llegado hasta el cielo, y tu dominio hasta los confines de la tierra. Y en cuanto a lo que vio el rey, un vigilante y santo que descendía del cielo y decía: Cortad el árbol y destruidlo; mas la cepa de sus raíces dejaréis en la tierra, con atadura de hierro y de bronce en la hierba del campo; y sea mojado con el rocío del cielo, y con las bestias del campo sea su parte, hasta que pasen sobre él siete tiempos; esta es la interpretación, oh rey, y la sentencia del Altísimo, que ha venido sobre mi señor el rey: Que te echarán de entre los hombres, y con las bestias del campo será tu morada, y con hierba del campo te apacentarán como a los bueyes, y con el rocío del cielo serás bañado; y siete tiempos pasarán sobre ti, hasta que conozcas que el Altísimo tiene dominio en el reino de los hombres, y que lo da a quien él quiere. Y en cuanto a la orden de dejar en la tierra la cepa de las raíces del mismo árbol, significa que tu reino te quedará firme, luego que reconozcas que el cielo gobierna. Por tanto, oh rey, acepta mi consejo: tus pecados redime con justicia, y tus iniquidades haciendo misericordias para con los oprimidos, pues tal vez será eso una prolongación de tu tranquilidad.

Todo esto vino sobre el rey Nabucodonosor. Al cabo de doce meses, paseando en el palacio real de Babilonia, habló el rey y dijo: ¿No es ésta la gran Babilonia que yo edifiqué para casa real con la fuerza de mi poder, y para gloria de mi majestad? Aún estaba la palabra en la boca del rey, cuando vino una voz del cielo: A ti se te dice, rey Nabucodonosor: El reino ha sido quitado de ti; y de entre los hombres te arrojarán, y con las bestias del campo será tu habitación, y como a los bueyes te apacentarán; y siete tiempos pasarán sobre ti, hasta que reconozcas que el Altísimo tiene el dominio en el reino de los hombres, y lo da a quien él quiere. En la misma hora se cumplió la palabra sobre Nabucodonosor, y fue echado de entre los hombres; y comía hierba como los bueyes, y su cuerpo se mojaba con el rocío del cielo, hasta que su pelo creció como plumas de águila, y sus uñas como las de las aves.

Mas al fin del tiempo yo Nabucodonosor alcé mis ojos al cielo, y mi razón me fue devuelta; y bendije al Altísimo, y alabé y glorifiqué al que vive para siempre, cuyo dominio es sempiterno, y su reino por todas las edades. Todos los habitantes de la tierra son considerados como nada; y él hace según su voluntad en el ejército del cielo, y en los habitantes de la tierra, y no hay quien detenga su mano, y le diga: ¿Qué haces? En el mismo tiempo mi razón me fue devuelta, y la majestad de mi reino, mi dignidad y mi grandeza volvieron a mí, y mis gobernadores y mis consejeros me buscaron; y fui restablecido en mi reino, y mayor grandeza me fue añadida. Ahora yo Nabucodonosor alabo, engrandezco y glorifico al Rey del cielo, porque todas sus obras son verdaderas, y sus caminos justos; y él puede humillar a los que andan con soberbia.

Daniel 4:1–37

BOSQUEJO

— Introducción

— La recepción del sueño

— La explicación del sueño

— La revelación del sueño

— La realización del sueño

— La restauración del rey

— Oración final

Notas personales al bosquejo

SERMÓN

Introducción

Hoy vamos a ver Daniel 4. Estos son pasajes de narrativa así es que los vamos a ver en bloques largos. Daniel 4 tiene 37 versículos. Si se tratara de 37 versículos de teología paulina esto nos tomaría probablemente 37 semanas para estudiarlo todo. Pero como es básicamente un pasaje de narrativa, vamos a fluir con la historia y nos moveremos rápidamente. Así que veamos qué tanto podemos avanzar el día de hoy.

Hemos titulado este capítulo 4, *¡Cómo han caído los poderosos!* Probablemente la palabra más destructiva en cualquier lenguaje es orgullo. Orgullo. El orgullo condenó a Satanás y a sus ángeles. El orgullo ha condenado a muchos hombres a través de la historia de la humanidad. El orgullo es destructivo porque este rompe con ese primer y grande mandamiento de que no debemos tener otros dioses delante de Dios. Dios debe ser el primer y único Dios. Dios es el único que debe ser adorado, al único que se le debe dar alabanza, al único que se le debe servir, y su voluntad es absolutamente suprema.

El orgullo le afirma al hombre que debe tomar un lugar de superioridad por encima de Dios. O que un ángel debe tomar un lugar de superioridad por encima de Dios. El orgullo hace que uno mismo se coloque por encima de Dios. Esta es la esencia del orgullo. Y en la Escritura, por medio de los profetas, Dios dijo, "Mi gloria no daré a ninguno." Y Él dio una premisa básica, "Mi gloria no daré a ninguno," quiere decir que no tolerará a un usurpador que se eleve a si mismo por encima de Dios.

Escucha lo que Dios dijo acerca del orgullo. Proverbios 21:4, Él dijo, "un corazón orgulloso es pecado." En Proverbios 6, Él dijo, "seis cosas aborrece Jehová,…los ojos altivos." Proverbios 16:5, "Abominación es a Jehová todo altivo de corazón." Proverbios 8:13, "El temor de Jehová es aborrecer el mal; La soberbia y la arrogancia, el mal camino." Proverbios 16:18, "Antes del quebrantamiento es la soberbia, Y antes de la caída la altivez de espíritu." Proverbios 29:23, "La soberbia del hombre le abate." Y Proverbios 11:2 dice, "Cuando viene la soberbia, viene también la deshonra." Desde el libro de Proverbios obtenemos mayor comprensión de cómo es que Dios se siente acerca de este asunto del orgullo. Este es un pecado serio y severo que repetidamente es condenado en la Escritura. Éste lleva a la abominación porque le roba gloria al nombre de Dios y al alto lugar que solo a Él le corresponde. Trae consigo destrucción porque el fin del orgullo es el juicio, y también lleva a la caída y a la vergüenza.

En Jeremías 49, hay un versículo muy interesante en donde el Señor da una profecía contra de Edom. No necesitas ir ahí, pero Edom era muy, muy orgullosa porque Edom estaba en un área al este y al sur de Jerusalén, un área en el desierto y este desierto tenía muchas fortalezas naturales, y especialmente la ciudad de Petra. La gran capital de la ciudad de Edom era una ciudad fortificada por la virtud del hecho de que esta estaba en medio de paredes formadas de grandes acantilados. Y la única entrada, y personalmente he estado en esa entrada, solo tiene el ancho necesario para que pase una sola persona. Esto hacía que la ciudad fuera muy fácil de proteger, de hecho un soldado solo la hacía prácticamente invulnerable.

En Jeremías 49:16, Jeremías da una profecía en contra de Edom. "Tu arrogancia te engañó, y la soberbia de tu corazón. Tú que habitas en cavernas de peñas, que tienes la altura del monte, aunque alces como águila tu nido," y vean esta línea, "de allí te haré descender, dice Jehová. Y se convertirá Edom en desolación; todo aquel que pasare por ella se asombrará, y se burlará de todas sus calamidades."

Si tuvieras que ir hoy como yo lo hice, encontrarías que está absolutamente sola. Ya no hay ninguna ciudad ahí. ¿Cómo pudo esto pasar? Bueno, Petra tenía agua que entraba a la ciudad con las pequeñas cantidades que fluían cayendo de los acantilados. Si estos flujos de agua estuvieran todavía ahí, la ciudad también estuviera. Pero debido a que este abasto de agua se detuvo muy pronto la gente se tuvo que retirar porque no había agua. Dios los hizo caer.

Santiago 4:16 lo resume, y debes marcar esto en tu Biblia, es una verdad muy importante; esta resume la forma en la que Dios ve el orgullo. Dice así, "Dios resiste a los soberbios y da gracia a los humildes." Esta es la lección en Daniel 4, Dios resiste a los soberbios y da gracia a los humildes. Si alguna vez estuviste buscando una ilustración para Santiago 4:16, la encontrarás en Daniel 4. Esta es una ilustración muy adecuada y muy gráfica de una verdad muy básica. Cuando eres orgulloso, Dios lucha en contra de ti. Cuando eres humilde Dios te da gracia.

Este capítulo trata acerca de la forma correcta de reconocer la soberanía de Dios, una forma correcta de reconocer la supremacía de Dios, una forma correcta de reconocer la humidad del hombre. Y la palabra clave se encuentra en el versículo 17, ésta es, "para que conozcan los vivientes que el Altísimo gobierna el reino de los hombres." Esta es la frase clave, todo el capítulo está dispuesto de tal manera que enseñe esta verdad, para que todos conozcan que el Altísimo gobierna el reino de los hombres. Nadie se puede colocar por encima de Dios.

Y notaremos en el versículo 25 la misma cosa una vez más. "Hasta que conozcas que el Altísimo tiene dominio en el reino de los hombres," Y nuevamente lo veremos en el versículo 32, "hasta que reconozcas que el

Altísimo tiene el dominio en el reino de los hombres." Y en el versículo 34, "y bendije al Altísimo, y alabé y glorifiqué al que vive para siempre, cuyo dominio es sempiterno, y su reino por todas las edades." El tema entonces es reconocer que Dios es el gobernador dentro del reino de los hombres. Pero cuando tú no te das cuenta de esto, estás en serios problemas.

En Hechos 12, Herodes se comenzaba a sentir orgulloso, y se envaneció, y se ensoberbeció, y dio un gran discurso. Y toda la gente grito diciendo que esta era la voz de un dios y no de un hombre, que él estaba alimentando su alma con la gloria que venía a él. Y él se enalteció y se enorgulleció. Y en hechos 12:20–23, la Biblia dice que inmediatamente, "él fue herido por Dios y comido por gusanos y que murió allí mismo." Y el texto dice, "porque no le dio a Dios la gloria."

En Jeremías 13, Jeremías dice al pueblo de Dios, "Escuchad y oíd; no os envanezcáis, pues Jehová ha hablado. Dad gloria a Jehová Dios vuestro, antes que haga venir tinieblas, y antes que vuestros pies tropiecen en montes de oscuridad, y esperéis luz, y os la vuelva en sombra de muerte y tinieblas." En Romanos 1 dice, "porque la humanidad no le dio a Dios la gloria, el los entregó a una mente reprobada." Colocarse por encima de Dios es algo muy grave, porque Dios pelea en contra de los orgullosos y da gracia a los humildes.

En este capítulo conocemos a un hombre muy orgulloso, este es Nabucodonosor, el rey del Imperio Babilonio, el primero de los cuatro grandes monarcas de los cuatro imperios que rigieron esa parte del mundo. El gran Imperio Babilonio. Este hombre, monarca de monarcas, rey de reyes, quien dominó todo el mundo que él percibió se volvió orgulloso, y se enalteció, se infló a sí mismo, se volvió en su propio adorador, al grado que se puso en lugar de Dios. Y vimos en el último capítulo, construyó un ídolo de 30 metros de alto, hecho de oro puro, con una imagen de él mismo, entonces hizo que todos se inclinaran ante éste y lo adoraron. Y cuando tres personas no lo hicieron, fueron lanzados al horno de fuego ardiente. De este modo entendemos un poco de que tan grande era su ego.

En este capítulo, vemos como Dios humilla a este hombre, y como es que le da gracia una vez que él está humillado. Dios lo resistió en su soberbia, y le dio gracia en su humildad. Y si lo puedo extrapolar un poco, me encanta hacer eso; creo que hay mucho más en este capítulo que solo la historia de Nabucodonosor. Pienso que Nabucodonosor es un símbolo de varias cosas.

Primero que nada, creo que es un símbolo de cualquier historia individual que trata de hacer la misma cosa. Es un tipo de modelo o un patrón de cómo es que esto funciona. Antes que todos los zares, que todos los ayatolas, que todos los Hitlers, antes que todos lo Mussolinis, y que cualquier otro en el mundo que quiere establecer su propio insignificante reino auto inventado y gobernar como el monarca de su imperio, colocando así sus egos como pensando en que son mejores y mayores que Dios; esta es una advertencia para ellos también. Nabucodonosor se quedó como un símbolo de lo que Dios hace con toda la gente que es como él.

Este es Nabucodonosor, este es como cualquier monarca en el mundo. Y es como cualquier otro hombre, mujer o joven del mundo quien establece su propio pequeño imperio y se desliza hasta el tope declarándose a sí mismo rey y desafiando a Dios. Y es también un símbolo de cómo Dios ha lidiado con todo el periodo gentil conocido como el tiempo de los gentiles. Aprendemos mucho de este y de cómo es que Dios juzga al soberbio y da gracia a aquellos que son humildes.

Tengo que decirte esto al tiempo que estamos entrando en la historia, este es el clímax de la biografía espiritual de Nabucodonosor. En los primero tres capítulos sabemos que Dios está tratando con Nabucodonosor. Él protege a Daniel, pero lo primero que hace Daniel es retarlo al no cooperar, junto con sus amigos Misael, Asarías y Ananías, lo retan al no comer la comida ni beber el vino del rey, incluso al no hacer algunas cosas más.

Por lo que inmediatamente es forzado a confrontarse junto con sus jóvenes amigos. Nabucodonosor los confronta y los interroga lidiando con ellos, y como resultado encuentra que éstos están más allá que nadie dentro de su reino en términos de integridad, en términos de inteligencia, de educación, y de sabiduría; vemos que en el capítulo uno el Señor comienza a provocar cierta afinidad entre ellos.

Y al llegar al capítulo 2, Daniel recibe la responsabilidad de resolver un problema increíble. El hombre tuvo un sueño, y nadie sabe cuál fue éste, tampoco hubo quien lo pudiera interpretar; pero Daniel si pudo. Ustedes recuerdan que Nabucodonosor estaba impactado con la sorprendente capacidad de Daniel para leer las visiones y los sueños, pero sobre todo en que los podía interpretar correctamente. Y nuevamente, Dios está introduciendo una cuña, por así decirlo, dentro de la mente de Nabucodonosor.

Después en el capítulo 3, cuando se promulgó un decreto de que todos se debían inclinar ante un ídolo, Daniel y sus amigos no lo hicieron. Daniel debió estar fuera de la ciudad en algún lugar, porque sus amigos fueron lanzados al horno ardiente inmediatamente, y uno semejante a ellos les apareció, uno como el hijo de Dios. Pero ellos salieron vivos, sin una sola quemadura, ni siquiera olían a humo. Nabucodonosor vio nuevamente como estaba obrando Dios, una vez en cada capítulo.

Y ahora llegamos al cuarto capítulo, al clímax de esta biografía espiritual. Estoy convencido de que esto es lo que se nos está presentando en los primero cuatro capítulos. Voy a tratar de mostrar a ustedes porque es que creo esto. Y creo también, que al final de este capítulo, Nabucodonosor verdaderamente

05_¡Cómo han caído los poderosos!

llega a creer en el Dios verdadero. Algunos han titulado el capítulo, "La conversión de Nabucodonosor." Pero me molesta que lleguemos así al final del capítulo. Con esto solo quiero que sepan lo excitante que será nuestro progreso a través de él, quiero que sepan que algo maravilloso se acerca.

Al leer el capítulo, nos enfocaremos en la biografía de Nabucodonosor, un hombre sorprendente, increíble y fuera de lo común. Uno de los genios de la historia de la humanidad, más brillante que aquellos de su época. Él fue equipado de muchas maneras en un sentido humano. Saltó y se exaltó como el gobernante del mundo. Y Dios literalmente lo aplastó y lo revolcó hasta que no fuera nada. Y esto lo hizo, amados hermanos, por medio de otro sueño; sí otro sueño.

Job 33:14 dice, "Sin embargo, en una o en dos maneras habla Dios; Pero el hombre no entiende. Por sueño, en visión nocturna, Cuando el sueño cae sobre los hombres, Cuando se adormecen sobre el lecho, Entonces revela al oído de los hombres, Y les señala su consejo, Para quitar al hombre de su obra, Y apartar del varón la soberbia."

Aquí en Job 33, la declaración dice que Dios usa los sueños para sacar el orgullo de los corazones de los hombres. Esto parece el cumplimiento de este pasaje. "Porque Dios usa un sueño para quebrantar el orgullo de un monarca poderoso."

Vemos la introducción y los primeros tres versículos rápidamente. "Nabucodonosor rey, a todos los pueblos, naciones y lenguas." Podemos decir que este trio simplemente incluye a todos. Esta frase, común en ese tiempo, para poner junta a toda la gente que escuchará el sonido de este decreto o este testimonio. "Nabucodonosor el rey habla a toda la gente, naciones, y a todos los lenguajes que habitan sobre la tierra, que la paz sea multiplicada entre ustedes."

Y por cierto, la paz como un saludo, Shalom o lo que sea, no solo era común en Israel, este tipo de saludo era usado por todo el mundo antiguo; lo podemos encontrar en múltiples escritos de muchas naciones, este era el más común de los saludos. Así que él dice, "la paz sea multiplicada sobre ustedes. Pienso que es bueno mostrarles las señales y las maravillas que el Dios Altísimo ha obrado en mí. Que grandes son sus señales y que poderosas son sus maravillas. Su reino es un reino eterno y su dominio es de generación en generación." Detengámonos aquí por un momento.

Esto es realmente sorprendente, ¿Quién escribió este capítulo? Lo hizo Nabucodonosor. Pero pienso que Daniel lo editó un poco, pero te puedes preguntar ¿Nabucodonosor era un escritor inspirado? No. Pero Dios se aseguró que lo que dijo Nabucodonosor quedara registrado con precisión. En este sentido la Biblia es precisa. Cuando el diablo habla algo dentro de la Biblia no siempre es verdad, pero se registra de manera verdadera tal y como lo dijo.

Pero quiero que noten que está escrito en primera persona, "Nabucodonosor el rey hacia toda la gente." Este es su testimonio personal. Esto es un tipo de testimonio acerca de cómo fue que Nabucodonosor llegó a creer en Dios, esta es su biografía espiritual.

Versículo 2, "Conviene que yo declare las señales y milagros que el Dios Altísimo ha hecho conmigo." Finalmente él ha visto, y esto es desde luego, una recapitulación de lo que vamos a ver en la historia. Él está diciendo, "voy a decirles el testimonio de cómo fue que llegué a creer en el Dios Altísimo, el Dios que está por encima de todas las deidades de todo mi pueblo. Que grandes son sus señales," dice en el versículo 3. ¡Oh!, se mostró a sí mismo. "y que poderosas son sus maravillas."

Las palabras señales y maravillas se usan con frecuencia en Hebreo en el Antiguo Testamento para indicar milagros. Él dice, "he visto suficientes milagros para saber que su reino va más allá del mío. El suyo es eterno, su reino está más allá del mío; es de generación en generación."

Pero noten que en el versículo 1 está hablando a todo el mundo. Al menos como él lo percibía, el gobernaba toda la tierra. Tanto como ellos tenían la capacidad en aquellos días de extenderse y descubrir tierras, naciones y pueblos, para ellos significaba gobernar todo el mundo. Por eso dice, "se lo estoy diciendo a todos, a todo el mundo tan grande como lo veo, la historia del Dios Altísimo. Aquel que es el ser supremo, del que he visto suficientes milagros, suficientes señales y maravillas, como para saber que este Dios está por encima de cualquier otro dios." Aquí tenemos el testimonio personal de un rey pagano. El primer monarca del tiempo de los gentiles dando su biografía espiritual.

La recepción del sueño

Pero ahora vayamos al sueño. Punto número uno, la recepción del sueño. Versículo 4, "la recepción del sueño." Este es un relato de primera mano, inicia el versículo 4 con una palabra reveladora. La palabra es "yo." "Yo, Nabucodonosor estaba tranquilo en mi casa, y floreciente en mi palacio. Vi un sueño el cual me espantó, y tendido en cama, las imaginaciones y visiones de mi cabeza me turbaron."

La palabra para tranquilo significa libre de preocupaciones y libre de miedo. Su reino no tenía ningún problema significativo en ese tiempo. El imperio estaba muy calmado en este tiempo, no experimentaba ataques serios, prosperaba en una forma fantástica. Y la palabra floreciendo, significa que crecía en cuanto a lo verde. Crecer en lo verde. Todo estaba reverdeciendo en Babilonia, todo estaba floreciendo en Babilonia.

Y me puedo aventurar a decir que esto debió suceder entre el año 30 y 35 de su reinado, porque estamos llegando al final de su vida. Y probablemente, nota esto, fue después de 25 o 30 años después del horno ardiente, que esto está sucediendo. Y por ahora, Daniel debió tener entre 45 y 50 años de edad. Así que tenemos un gran espacio de tiempo entre el versículo 3 y el versículo 4 de entre 25 y 30 años. Entonces Dios le da un segundo sueño que lo espantó. Lo sacó de su confort y de su descanso y lo hizo estar completamente espantado.

¿Cómo reaccionó ante esto? Versículo 6, "Por esto mandé que vinieran delante de mí todos los sabios de Babilonia, para que me mostrasen la interpretación del sueño." Pues que no tiene memoria, traer a toda esa clase de perdedores. La última vez que los vimos no le pudieron decir nada, a lo cual él respondió queriendo matar a todos éstos. Bueno, pasaron 25 años y él tenía que mantener el sistema moviéndose igual, supongo. Así que estos continuaban ahí.

Así que él, "mandó llamar a todos, Y vinieron magos, astrólogos, caldeos y adivinos, para que ellos le interpretaran el sueño," ellos eran lo más alto en el sistema de castas que ellos tenían. Eran los adivinos. "Y les dije el sueño, pero no le pudieron mostrar la interpretación."

Llama una vez más a este montón de perdedores quienes no pudieron ayudarlo, como la vez pasada y él vuelve a pasar por la misma rutina. En el versículo 18, se nos dice que ellos no pudieron decirle la interpretación del sueño porque no tenían la capacidad de hacerlo. No pudieron decirle porque no lo sabían. Pero en está ocasión, no admitieron que no lo sabían. No le dicen nada, y él les dice el sueño, pero eran incapaces de darle la interpretación.

Y nuevamente aquí estamos de regreso a la fatuidad de la sabiduría humana. Y como les dije antes, la otra noche Patricia y yo íbamos manejando a una conferencia para parejas, estábamos escuchando una grabación. De vez en cuando hablamos, pero en esta ocasión estábamos escuchando una grabación. Era de un hombre a quien le preguntaban muchas cosas acerca de los problemas dentro del mundo y dentro de la iglesia. Este hombre solo estuvo dando respuestas y respuestas que solo salían de su mente, esto era frustrante, pero pensando para mí mismo dije, "si tan solo él se pudiera basar en algún versículo de la Biblia para contestar acertadamente estas preguntas."

Pero, no, el diría más adelante, "De acuerdo a lo que yo creo, y lo he estudiado mucho," y así continuó y continuó. Yo tendría el doble para decir si solo anduviera diciendo palabras sin sentido. Para el tiempo que concluimos, pensamos que sería como llegar de nuevo a casa sin haber ido a ningún lugar, como estar solo dando vueltas en círculo.

El mundo no tiene respuestas; 1 de Corintios 2:14 dice, "Pero el hombre natural no percibe las cosas que son del Espíritu de Dios." Jesús dijo que él escondió las cosas a los sabios y entendidos del mundo, y que se lo revelo a bebés. El mundo nunca sabe, siempre están aprendiendo pero nunca son capaces de llegar al conocimiento de la verdad. Así que se encuentra en el mismo pozo nuevamente, con los mismos tipos de personas, quienes dicen saber todo y no saben absolutamente nada.

Versículo 8, Daniel estaba calmado, tenía un sentido de espera. Y vean esto, "hasta que entró delante de mi Daniel." ¿No es esto maravilloso? "Hasta que entró delante de mi Daniel." Entró, vio el caos, espero a que llegara el momento de hacerse visible. Y continua diciendo, "cuyo nombre es Beltsasar." Y debido a que este es un testimonio de Nabucodonosor a los babilonios en el capítulo 4, él quiere que ellos sepan quien es Daniel, por lo que usa su nombre babilonio. "Como el nombre de mi dios." Su dios era Bel, "y en quien mora el espíritu de los dioses santos, posiblemente sería mejor traducir "en quien mora el espíritu del Dios Santo."

No quiero ocupar tiempo yendo de aquí para allá, de adelante para atrás, o tratando de decir si debe estar en plural, "dioses" y si es que él está hablando de algunas deidades que tiene en su mente o si bien verdaderamente significa el Dios verdadero. Después de mi estudio, prefiero inclinarme al hecho de que se está refiriendo al Dios Santo. Y para aquellos de ustedes que desearan un mayor soporte de ello, busquen un libro de Leon Wood acerca de Daniel. Él tiene la misma opinión, y él es uno de los más finos escritores de Daniel, y sólo para darles una nota al pie y no piensen que soy el único que piensa esto.

Pero de cualquier manera, Daniel se presentó, "cuyo nombre es Beltsasar, como el nombre de mi Dios." Y observa esto, "y en quien mora el espíritu del Dios santo." ¿De dónde obtuvo esta información? Él dijo que era el Dios altísimo cuando le dio el primer sueño. Y también él dijo que era el Dios altísimo cuando sus amigos fueron lanzados al horno ardiente, 25 o 30 años antes.

¿De dónde obtuvo la idea de que Dios era el Dios Santo? Les voy a decir de dónde. ¿No creen que durante los 25 o 30 años en los que Daniel estuvo interactuando con el rey, se lo debió haber dicho? Es mejor que piensen que durante los 25 o 30 años, Daniel, quien era el primer ministro del Imperio Babilonio, estuvo tratando de alimentar con todo lo que pudo la mente de ese hombre. Él se preocupó por este rey como lo veremos en un momento.

Ahora bien, no sé dónde estaba Daniel antes de que supiera que era el momento correcto para hacerse presente, pero lo que si se es que él tenía un sentido estratégico para hacer notar su presencia. Cuando el caos estaba en su auge y todos ellos tenían una mirada perdida sobre sus rostros, y sus bocas permanecían cerradas al intentar contestar al rey, Daniel simplemente se presentó e hizo que toda la presión bajara al dar la respuesta. ¿No es maravilloso que Nabucodonosor reconociera al paso del tiempo que el espíritu del Dios Santo estaba en este hombre?

Sabemos que las deidades que vemos con los babilonios no son deidades, de hecho las deidades paganas no son en nada mejores que los que las adoran. En contraste estaba el Dios Santo, y su espíritu estaba dentro de Daniel y Nabucodonosor lo sabía. Ahora él tenía un mayor entendimiento que cuando sucedió el primer sueño.

Pienso que no solo Daniel lo enseñó, sino que esto era también probablemente por la forma de ser de Daniel. Creo que él tuvo la idea de la santidad de Dios al ver la santidad de Daniel. Daniel decidió no contaminarse con la comida del rey y Daniel decidió no beber el vino del rey tampoco. Otra cosa que Daniel no hizo fue ceder a los comportamientos inmorales y excesivos que son en contra de Dios. Daniel vivió una vida pura, santa y virtuosa. La conclusión obvia a la que llego Nabucodonosor debió ser que Daniel tenía un Dios Santo y virtuoso, porque un hombre adora a Dios y esa adoración refleja lo que él piensa que su Dios es.

Cuando Stanley encontró a David Livingstone en el corazón de África, se quedó con él seis meses. Stanley era un escéptico profesante cuando encontró a Livingstone, pero después de los seis meses con Livingstone salió convertido al cristianismo. Algunos vinieron a preguntarle a Livingstone qué era lo que le había dicho para que se convirtiera; a lo cual Stanley replico, "no fue lo que Livingston me dijo, sino más bien lo que Livingstone es, fue lo que me trajo a Cristo."

De acuerdo a lo que reporto Stanley, Livingstone nunca le pidió que fuera cristiano; nunca le predicó ni oró por su conversión; sino que Livingstone era un profundo cristiano que hizo brillar en Stanley que no era cristiano, lo que hizo ver a Stanley que él era menos que un cristiano. Muy simple, Livingstone era un hombre de Dios quién permitió que el Señor viviera a través de él. Consecuentemente su vida era una vida de victoria y bendición, por su sola influencia e impacto de sus virtudes, atrajo a este hombre hacia Cristo.

Pienso que probablemente éste es el caso de Daniel y Nabucodonosor, Daniel no solamente habló del carácter de Dios, sino que también lo manifestó. Así concluimos la recepción del sueño, de cómo Nabucodonosor lo recibió.

La explicación del sueño

Ahora vayamos al segundo punto, la explicación del sueño. Daniel se hace presente en un momento muy estratégico para resolver el problema. Tengo que agregar otra nota aquí. No creo que Daniel tuviera una relación estrecha con todos estos, a pesar que él era uno de estos hombres sabios, y a pesar de que él era un erudito educado y de que formaba parte de la corte babilonia; Daniel debió formar una clase en sí mismo. Primero llegaron ellos y después se apareció él. Esto me hace pensar que él hizo una clara distinción al identificarse por sí solo.

Leamos el versículo 9, "Beltsasar, jefe de los magos." Ahora él da el titulo más alto posible, es el superior de todos estos. Y por cierto, la palabra mago, con la idea de ser justo en esto, es la palabra que en su más alto sentido debiera traducirse "erudito." Esto incluía cuestiones místicas, de educación, de cultura, de ciencia, de sabiduría y de todo lo relacionado. Y tal vez debemos ser más justos al traducirla en otro sentido para que no pienses que estoy sacando un conejo del sombrero.

Al ser el jefe de los magos, él era erudito principal, él era el más erudito, el más sabio, el que tenía más conocimiento y era el más dotado. De hecho, Daniel se convirtió en un sinónimo de conocimiento y en un sinónimo de sabiduría.

En Ezequiel 28: 3 dice, "he aquí que tú eres más sabio que Daniel." Esta declaración se le hace al príncipe de Tiro, y detrás del príncipe de Tiro se encuentra satanás. Para un hombre Daniel tenía un conocimiento y sabiduría increíble.

Así que Daniel se presenta no solo con su sabiduría y conocimiento, sino que el mismo rey dice, "sé que el espíritu del Dios Santo está en ti." No solo tienes toda la educación, no solo tienes toda la capacidad intelectual, sino que también tienes el espíritu del Dios Santo dentro de ti. Y observen esto, "y que ningún misterio se te esconde." Sé que no hay ningún secreto que te signifique un problema. "declárame las visiones del sueño que he visto, y su interpretación." Interpreta mi sueño, le dice, nada es difícil para ti.

"Aquí está mi sueño," versículo 10, esto es algo extraño ¿por qué? "Éstas fueron las visiones de mi cabeza mientras estaba en mi cama: me parecía ver en medio de la tierra un árbol, cuya altura era grande. Crecía este árbol, y se hacía fuerte, y su copa llegaba hasta el cielo." En realidad es un árbol grande, este sigue creciendo y creciendo y creciendo hasta que se deja ver desde cualquier lado de la tierra, aparentemente no hay nada a su alrededor, asciende y se puede ver hasta el fin de la tierra. Éste es un árbol muy grande.

Versículo 12, "su follaje era hermoso y su fruto abundante y había en él alimento para todos. Debajo de él se ponían a la sombra las bestias del campo, y en sus ramas hacían morada las aves del cielo, y se mantenía de él toda carne." Tenemos un árbol que se eleva de la tierra de manera solitaria, se extiende hasta el cielo de tal manera que toda la tierra lo puede ver; es muy alto. Todas las bestias se reúnen bajo su sombra junto con todas las aves de la tierra, y éste les provee su alimento. Toda la tierra puede alimentarse de lo que él provee; esto es lo que él vio en su sueño.

Puedo añadir que los árboles son frecuentemente usados en la antigüedad para representar a grandes gobernantes. Lo pueden verificar en

Ezequiel 17:22, al parecer es una referencia paralela. Si revisan Ezequiel 31:3, se hace referencia a faraón como un árbol. En Amós 2:9, encontramos otra indicación similar. Podemos encontrar en registros antiguos como es que los árboles son identificados con grandes gobernante.

Pero el sueño tenía una segunda parte, ésta es la impactante, versículo 13. "Vi en las visiones de mi cabeza mientras estaba en mi cama, que he aquí un vigilante." Ésta es la palabra que usa Nabucodonosor para referirse a un ángel. Ésta es la palabra para referirse a un ángel o bien a uno que es vigilante; significa uno que vigila completamente, un vigilante, un guardián, quien desde luego es un ángel. Él está viendo a este ser angelical y al santo. "Un vigilante y santo." Ningún otro par de palabras podría describir mejor a los ángeles, son vigilantes, son guardianes y son santos.

Entonces él ve un ángel que desciende del cielo y grita a toda voz. "Derribad el árbol, y cortad sus ramas, quitadle el follaje, y dispersad su fruto; váyanse las bestias que están debajo de él, y las aves de sus ramas." En otras palabras, todo esto se viene abajo, esta es la devastación y la destrucción del árbol.

Pero hay algo fascinante en el versículo 15, "Mas la cepa de sus raíces dejaréis," y esto incluye la base y las raíces, "en la tierra. Con atadura de hierro y de bronce," esto probablemente era una cerca. "sea mojado con el rocío del cielo, y con las bestias sea su parte entre la hierba de la tierra." La mejor manera de interpretar esto es diciendo que se debe dejar la base y las raíces. Esto es dejarlo con vida, y poner una cerca de su derredor. Dejarla entre la tierna yerba del campo, y noten esto, algo sorprendente sucede.

Versículo 16, "Su corazón de hombre sea cambiado." Han visto alguna vez que la raíz de un árbol tenga corazón de hombre. Este es un cambio significativo, lo que nos indica que es un hombre. Al llegar aquí comenzamos a entender la interpretación. El árbol será destruido, cortado para ser derribado, y todo se convierte en un montón de ramas. Pero la raíz es dejada viva. Las raíces están vivas con un cerca rodeándola para que nadie le haga daño, está completamente protegida.

"Su corazón de hombre sea cambiado, y le sea dado corazón de bestia, y pasen sobre él siete tiempos." A este árbol, que es un hombre y que tiene corazón de hombre, se le dará un corazón de bestia, y deberá soportar esto por siete tiempos.

¿Pero qué son siete tiempos? Bueno, en Daniel 7:25 encontramos la respuesta. Porque ahí se nos dice que el final de la tribulación, su última mitad será, un tiempo, tiempos y medio tiempo. Vemos entonces que en el lenguaje de Daniel un tiempo equivale a un año; este individuo permanecerá así por un periodo de siete años, su reino será cortado, pero las raíces continuarán vivas y protegidas.

Regresemos por un minuto al versículo 16. "Su corazón de hombre sea cambiado." El corazón, debes entender esto, el corazón hace referencia a todos el proceso de pensamiento, al razonamiento cognitivo, el centro del ser que controla todo, la mente. Literalmente su mente se convertirá en una de animal. Esta es una aflicción psicológica monstruosa conocida como licantropía, de *Lucas* que quiere decir lobo, y átropos que quiere decir hombre. Un hombre lobo, este famoso concepto proviene de aquí, de una persona que piensa que es animal.

Raymond Harrison habla de una experiencia personal con un caso similar al de Nabucodonosor que fue visto en un hospital mental en 1946. Harrison escribió esto y pienso que es interesante. Dijo, "Muchos doctores pueden pasar toda su vida profesional sin encontrarse una sola vez con el tipo de monomanía descrito en el libro de Daniel. Yo me considero afortunado, por lo tanto, de haber observado un caso clínico de boantropía." El término proviene de la palabra "boa", el cual significa toro o vaca. Y es una forma de licantropía donde la persona cree que es una vaca o un toro. Esto puede sonar gracioso para nosotros, pero no era nada gracioso, estoy seguro que no lo es para la gente que anda comiendo pasto y actuando de una manera tan extraña como ésta.

De cualquier modo, "ellos observaron," dice, "un caso clínico de boantropía en el hospital de enfermedades mentales en Londres en 1946. El paciente tenía veinte años y llevaba hospitalizado cinco años. Sus síntomas fueron bien evaluados en admisión y su diagnóstico fue inmediato y concluyente. Era de estatura mediana, peso normal, con una buena psique y una excelente salud física."

"Sus síntomas mentales incluían tendencias antisociales pronunciadas. Y debido a esto, pasaba todo el día desde el amanecer y hasta el atardecer en los campos de la institución. Su rutina diaria consistía de andar vagando alrededor de los magníficos prados que le hacían un poco más digna su situación. Era su costumbre arrancar y comer manojos de pasto al andar por ahí. Al observarlo, acostumbraba separar las hojas del pasto. Al investigar con quienes lo cuidaban, me dijeron que la dieta de este paciente consistía exclusivamente de pasto que tomaba de los prados del hospital. Nunca comió comida de la institución junto con otros hospitalizados y su única bebida era agua."

El Dr. Harrison pudo examinarlo detalladamente y la única anormalidad física notoria consistía en cabello muy largo, y un engrosamiento de las uñas. Sin un cuidado institucional el paciente hubiera manifestado precisamente las condicione físicas idénticas a aquellas mencionadas en Daniel 4.

Así que este no es un fenómeno psicológico desconocido. En este caso fue inducido por Dios. Pero veamos ahora el versículo 17 y encontremos cual es el punto de todo esto. "La sentencia es por decreto," y está diciendo el sueño. Todo esto sucedió, "por decreto de los vigilantes," o de los ángeles, "y por dicho de los santos la resolución," o los ángeles, "y la razón es con la intención de que conozcan los vivientes que el Altísimo gobierna el reino de los hombres, y que a quien él quiere lo da, y constituye sobre él al más bajo de los hombres." En otras palabras, en el sueño los vigilantes o los ángeles de dijeron a Nabucodonosor que todo el punto de este sueño era mostrar que el Altísimo gobierna al reino de los hombres y lo da a quien él quiere.

Ahora en el versículo 18, "Yo el rey Nabucodonosor he visto este sueño. Tú, pues, Beltsasar," o Daniel "dirás la interpretación de él, porque todos los sabios de mi reino no han podido mostrarme su interpretación; mas tú puedes," y dice por tercera vez, "porque mora en ti el espíritu de los dioses santos," o del Dios Santo.

¿No es maravillosos ver cómo fue que Daniel sobresalió en medio de su sociedad? Esto fue debido a una vida controlada y llena del Espíritu, si se me permite usar una terminología del Nuevo Testamento. Así que tenemos la recepción del sueño en los versículos 4–8, y de los versículos 9 al 18 la explicación del sueño. Ahora veamos la revelación del sueño, ¿quieres saber su significado? Aquí vamos.

La revelación del sueño

Versículo 19, "Entonces Daniel, cuyo nombre era Beltsasar, quedó atónito casi una hora." Probablemente no sea una hora literal. La frase puede significar por un rato. "Y sus pensamientos lo turbaban." ¿Estaba atónito porque no sabía la respuesta al sueño? No. ¿Por qué estaba turbado? Estaba así porque, anota esto, porque conocía el significado del sueño y su corazón era uno de compasión por Nabucodonosor; se sentía triste y apenado por que llegó a este punto.

Y quiero que noten algo más. Algo fascinante ocurre aquí, Nabucodonosor deja de hablar en primera persona. ¿Por qué? De aquí en adelante Nabucodonosor ya no puede hablar por sí mismo porque ya se convirtió en un maniático salvaje. Y solo regresará a hablar en primera persona hasta el versículo 34 cuando recobre el sentido. Pero mientras tanto, se mueve de primera persona como si se estuviera yendo de él porque no es capaz de reflexionar racionalmente sobre todo lo que está sucediendo.

Daniel se queda ahí por un momento pero no dice nada. "El rey habló y dijo: Beltsasar, no te turben ni el sueño ni su interpretación." No tengas miedo de decírmelo. "Beltsasar respondió y dijo: Señor mío, el sueño sea para tus enemigos, y su interpretación para los que mal te quieren." Lo que está diciendo es quisiera que esta verdad fuera para tus enemigos y no para ti.

Que hombre tan compasivo, no era silencio de perplejidad, era un silencio de compasión. Simplemente no quería decirle lo que le tenía que decir. Y pienso que aún al decirle esto él dejo un sello de "a pesar de todo te amo" en la mente de Nabucodonosor. Si solo hubiera lanzado la condena, Nabucodonosor pudo haber cuestionado la compasión de Daniel. Pero esto es lo que asegura nuevamente a Nabucodonosor que tan profundamente Daniel lo amaba.

Aquí tenemos un gran lección hermanos. Conocemos el mensaje, sabemos que el mensaje es un mensaje de juicio, condenación y sufrimiento. Pero nunca predicamos ese mensaje con un corazón vengativo, ¿verdad? Nunca predicamos de manera áspera, condenatoria, sin amor o enjuiciando. Pero no podría, y espero que ustedes tampoco, hablar a alguien acerca de la pérdida de su alma eterna, acerca del juicio de Dios sobre su vida, sin un sentido de tristeza y compasión.

Ese era Daniel. Daniel se dolía porque tenía que decir a su rey con quien él había estado por muchos años y por el que oraba, y oraba, y oraba año tras año; y a quien él había manifestado la virtud de su fe en Dios. Le tenía que decir algo que él no quería que le sucediera a esta persona con la que había compartido tanto.

Debiéramos tener esa misma compasión. J. Allen Blair cuenta que años atrás en Londres hubo una reunión de gente importante. Entre los asistentes se encontraba un predicador famoso en aquellos días, llamado Cesar Milan. Una joven mujer cantó maravillosamente y todos estaban emocionados, y de manera amable, con mucho tacto, pero valientemente, el predicador subió después de que la música terminó y dijo. "Pensaba al escucharte esta noche, jovencita, qué tremendamente se beneficiaría la causa de Cristo si tus talentos estuvieran dedicados a Él. Sabes, jovencita, tú eres una pecadora delante de los ojos de Dios, pero me da gusto decirte que la sangre de Cristo, su Hijo, te limpia de todo pecado."

La jovencita estaba conmocionada, simplemente mostró su enfado, pero Milan le siguió diciendo, "Jovencita, no quiero ofenderte. Oraré para que el Espíritu de Dios te convenza." Blair dice que todos se fueron a casa, pero que la jovencita no pudo dormir ese día porque el rostro del predicador le aparecía y sus palabras de resonaban en la mente. A las 2:00 de la mañana, se levantó de su cama, tomó un papel y un lápiz, y con lágrimas en su rostro, esta joven mujer, Charlotte Elliott, escribió lo siguiente: "Tal como soy, sin más decir, que a oto yo no puedo ir, y Tú me invitas a venir; bendito Cristo, héme aquí."

Ya que un predicador fue lo suficientemente compasivo para ser confrontador, noten el balance, del mismo modo Daniel se preocupó, pero a pesar de ello fue y habló lo que tenía que hablar. ¿Y qué fue lo que dijo? Escúchenlo bien.

Versículo 20. "El árbol que viste, que crecía y se hacía fuerte, y cuya copa llegaba hasta el cielo, y que se veía desde todos los confines de la tierra, cuyo follaje era hermoso, y su fruto abundante, y en que había alimento para todos, debajo del cual moraban las bestias del campo, y en cuyas ramas anidaban las aves del cielo." El mensaje es el siguiente, subráyenlo. Versículo 22, "Tú mismo eres." ¿Recuerdan cuando Natán dijo a David? "Tú eres ese hombre." "Eres tú, oh rey." La mayor parte de los predicadores se echan para atrás en una situación como ésta, pero Daniel no lo hizo.

Entonces llega la segunda parte en el versículo 23, "Y en cuanto a lo que vio el rey, un vigilante y santo que descendía del cielo y decía:" Y aquí inicia. "Cortad el árbol y destruidlo; mas la cepa de sus raíces dejaréis en la tierra, con atadura de hierro y de bronce en la hierba del campo; y sea mojado con el rocío del cielo, y con las bestias del campo sea su parte." El declara el sueño tal y como lo escuchó. "Hasta que pasen sobre él siete tiempos." Versículo 24, "esta es la interpretación, oh rey, y la sentencia del Altísimo, que ha venido sobre mi señor el rey: Que te echarán de entre los hombres, y con las bestias del campo será tu morada, y con hierba del campo te apacentarán como a los bueyes," esto será literal, "y con el rocío del cielo serás bañado;" vivirá al aire libre, "y siete tiempos pasarán sobre ti, hasta que conozcas que el Altísimo tiene dominio en el reino de los hombres, y que lo da a quien él quiere."

Resumiendo, es claro que Nabucodonosor será humillado, perderá su lucidez, se convertirá en una bestia y estará loco durante siete años. Podemos percibir que este es el drama que ocurrió porque no podemos ya percibir a Nabucodonosor en la cima de su gloria. Si puedes imaginar, por ejemplo, al presidente de los Estados Unidos convirtiéndose en un loco maniático corriendo en los pastos de la Casa Blanca y encerrado por la reja en donde todos lo pueden ver como se arrastra y anda comiendo hierba durante siete años, tal vez pensando así podamos notar mejor que es lo que está sucediendo. Esta es una humillación sorprendente e increíble.

Pero el versículo 26 dice, "Y en cuanto a la orden de dejar en la tierra la cepa de las raíces del mismo árbol, significa que tu reino te quedará firme, luego que reconozcas que el cielo gobierna." Y aquí se encuentra un rayo de esperanza, léanlo nuevamente. La razón por la que todo esto sucede es porque no va a morir Nabucodonosor, pero después de siete años recobraría su trono después de haber aprendido la lección.

Él necesitaba aprender esta lección, todo reino pertenece a Dios, Dios gobierna sobre todos, y si se pone algún hombre a cargo, como dice el versículo 17, es solo porque Dios lo ha hecho, no porque ese hombre lo haya hecho.

Habiendo dicho esto, Daniel hace una petición en el versículo 27, "Por tanto, oh rey, acepta mi consejo: tus pecados redime con justicia, y tus iniquidades haciendo misericordias para con los oprimidos." En otras palabras, permite que haya justicia visible y permite que la prueba de esto sea las obras a favor de aquellos que tienen necesidad. El rey debe acabar con el pecado y entrar a una correcta relación con Dios. Y entonces debe probar esa relación correcta por medio de obras virtuosas.

Esto me suena parecido a lo que Jesucristo dijo en Mateo 22, "Amarás al Señor tu Dios con todo tu corazón, y con toda tu alma, y con toda tu mente, y ama a tu prójimo como a ti mismo." Primero debes tener una relación correcta con Dios, alejarte del pecado y aceptar su justicia, y después comenzar a hacer buenas obras con los que te rodean.

Isaías 55:7 lo dice de esta manera, "Deje el impío su camino, y el hombre inicuo sus pensamientos, y vuélvase a Jehová, el cual tendrá de él misericordia, y al Dios nuestro, el cual será amplio en perdonar."

Él está llamando a Nabucodonosor a arrepentirse, a que se arrepienta de sus pecados y voltee al Señor, acepte su estándar de justicia y comience a ser misericordioso. Y por cierto, no tenemos tiempo para meternos en esto pero él era un rey sin misericordia. Por lo que debía haber un cambio muy grande.

Pero como podemos ver, aun después de su sueño y la interpretación de éste, Nabucodonosor no quiso arrepentirse, simplemente no quiso. Como Félix quien dijo a Pablo, "cuando haya un tiempo adecuado, yo te llamo. Pero por el momento no me molestes." Dios dijo que iba a destruir Nínive, pero Nínive se arrepintió y no lo hizo. Dios habla de juicio pero cuando el hombre se arrepiente, Dios detiene su juicio. Pero Nabucodonosor no se arrepintió.

La realización del sueño

Así que vimos la recepción del sueño hasta el versículo 8, la explicación del sueño hasta el versículo 18, y la revelación del sueño hasta el versículo 27, ahora veamos la realización del sueño en el versículo 28. Veamos lo que sucedió. "Todo esto vino sobre el rey Nabucodonosor," ¿cuándo? "Al cabo de doce meses," solo doce meses, esto nos dice que Dios es un Dios paciente y que abunda en gracia, Dios le dio todo un año para que se arrepintiera. Nabucodonosor era un hombre vil, malvado y asesino. Pero a pesar de ello, Dios le dio 12 meses para escuchar la apelación maravillosa de parte de Daniel; Dios es muy paciente.

Piensen en el diluvio, Dios dijo, "Destruiré el mundo por medio de agua." ¿Sabes cuánto tiempo paso antes de que lo hiciera? 120 años, no es esto suficiente paciencia. Todo este tiempo Dios estuvo esperando, puso a

05_¡Cómo han caído los poderosos!

Noé como pregonero de justicia, como predicador del evangelio. A Nabucodonosor Dios le dio un año, pero ya antes le había dado 30 años de la influencia de Daniel.

Dios dijo a Samuel cuando lloraba por Saúl, "le he dado años y años para que se arrepienta y cambie. Pero ahora yo lo rechazo." En otras palabras, es demasiado tarde para lamentarse. Ya le di suficiente tiempo. Con el Espíritu del Señor, Jeremías clamó al malvado Judá, "arrepiéntete." Él rechazó arrepentirse y a manera de Juicio Nabucodonosor llegó en el 605. Jeremías levantó su voz nuevamente y dijo, "arrepiéntete." Entonces Nabucodonosor, cuando no se arrepintieron, regreso en 598. Nuevamente Jeremías volvió a levantar su voz diciendo, "arrepiéntete," pero no lo hicieron; así que Nabucodonosor regreso en 586. A pesar de ello Dios realizó cambios cada vez dándoles nuevas oportunidades para arrepentirse, pero ellos rechazaron estas oportunidades.

El versículo 30 nos muestra que tan alejados estuvieron de arrepentirse, vean esto. "Habló el rey y dijo:" él está parado en la parte alta de su palacio viendo hacia esta increíble ciudad. "¿No es ésta la gran Babilonia que yo edifiqué para casa real con la fuerza de mi poder, y para gloria de mi majestad?" Esto es algo que francamente es desagradable, él se está enalteciendo al mirar toda la ciudad.

Babilonia fue la ciudad más grande y poderosa de la antigüedad. La ciudad era un cuadrado perfecto de 24 kilómetros por lado, había amplias calles, fuertes edificaciones, muchos edificios públicos, y mucha tierra para cultivos o para pastar; su población era de aproximadamente 1.2 millones de habitantes. La ciudad estaba rodeada por un canal, un amplio foso lleno de agua, la pared era de 26 metros de ancho y 106 metros de alto, ésta era en verdad una pared y hacia que la ciudad estuviera literalmente fortificada. Y, por cierto, sobre la pared podían correr carruajes de cuatro caballos. Las calles se intersectaban dentro de la ciudad y llegaban a 12 puertas diferentes. El río Éufrates corría dentro de la ciudad, y había enormes diques dentro de la ciudad, dentro de la ciudad se podían ver palacios increíbles.

Estaban los jardines colgantes que son los primeros aires acondicionados que conocemos desde la antigüedad y es increíble como ellos lo hicieron. Con todas las plantas que estaban en la parte alta y el agua goteando entre los jardines colgantes, esto funcionaba como un aire acondicionado que enfriaba el aire, y lo más increíble es que fueron construidos para agradar a su esposa. Los hombres han hecho cosas extrañas para agradar a sus esposas.

Y otra cosa que hizo, en medio de la ciudad, él literalmente construyó una montaña de 120 metros de altura sobre una charola y la convirtió en jardines colgantes, todo para que su esposa estuviera fresca. Ella podía subir a la cima y sentarse para refrescarse con el aire fresco y lo hacía por medio de una escalera. Bueno, y ya no tengo tiempo para ir y describir todo lo demás. Había oro por todas partes, bronce como si fuera cualquier cosa, pero a pesar de todo esto él se subió y observó y dijo para sí mismo, "¿No es ésta la gran Babilonia que yo edifiqué para casa real con la fuerza de mi poder, y para gloria de mi majestad? Poco le faltó para decir yo soy lo mejor que le pudo pasar a este lugar.

Y así como Herodes en Hechos 12, cuando estas palabras estaban aún en su boca, se escuchó una voz que venía del cielo diciendo, "A ti se te dice, rey Nabucodonosor: El reino ha sido quitado de ti." Dios le dio 12 meses, y al final de los doce meses él se encontraba de esta manera. Entonces Dios dice, se acabó. "Los hombres te arrojarán, y con las bestias del campo será tu habitación, y como a los bueyes te apacentarán; y siete tiempos pasarán sobre ti, hasta que reconozcas que el Altísimo tiene el dominio en el reino de los hombres, y lo da a quien él quiere."

Mucha gente es como él, digamos un caso muy duro. "En la misma hora," versículo 33, "se cumplió la palabra sobre Nabucodonosor, y fue echado de entre los hombres; y comía hierba como los bueyes, y su cuerpo se mojaba con el rocío del cielo, hasta que su pelo creció como plumas de águila, y sus uñas como las de las aves." Deténganse aquí un minuto. Esto es algo sorprendente, él se encuentra fuera, todos lo pueden ver, de algún modo estaba bien ubicado y cercado dentro de su mismo palacio, y de pronto se encuentra arrastrándose como un animal, y comiendo hierba. Su pelo se convierte en algo como alas de águila, sus dedos son como garras de aves carroñeras, muy gruesas y encorvadas, se convirtió en un loco maniático por un periodo de siete años.

Ahora te diré algo, en un reino como este, tendrías a mucha gente que querría quitar a Nabucodonosor; pero Dios nunca permitió que ninguno de estos ambiciosos nobles del reino pusieran una mano sobre el trono porque Dios dijo que Nabucodonosor lo recuperaría.

Si avanzamos más en la historia y vemos la muerte de Nabucodonosor, encontraremos muchas intrigas políticas que solo intentan apoderarse del trono. Pero por siete años, mientras que el hombre es un loco maniático, nadie pone una sola mano sobre el trono. Y podemos pensar que Daniel lo controlo mientras tanto que él lo podía recuperar.

Me atrevo a decir nuevamente que todos los shas, y todos los ayatolas y los Maos, y los Hitlers y a toda persona que pueda intentar dominar al mundo y pararse sobre sus torres y decir qué grandes son, deben tomar esto como una gran lección y echar un vistazo a Daniel 4 para aprender que es Dios quien les da a los hombres los reinos que ellos tienen, pero que también es Dios quien hace que ellos caigan.

La restauración del rey

Pero la historia no finaliza aquí, desde la recepción del sueño, la explicación del sueño, la revelación, la realización, llegamos a la restauración. Esto es fabulosos, y quiero, rápidamente, sólo en un par de minutos hacer notar el versículo 34. "Mas al fin del tiempo," ¿cuál es la palabra siguiente? Yo. Regresa a hablar en primera persona; le vuelve la razón. "yo Nabucodonosor" restaurado y transformado. ¿Qué hace? "alcé mis ojos al cielo, y mi razón me fue devuelta; y bendije al Altísimo, y alabé y glorifiqué al que vive para siempre, cuyo dominio es sempiterno, y su reino por todas las edades."

Oh, que maravilloso, David debió poner música a esto, suena como un salmo. "Todos los habitantes de la tierra son considerados como nada; y él hace según su voluntad en el ejército del cielo, y en los habitantes de la tierra, y no hay quien detenga su mano, y le diga: ¿Qué haces?" Ahora ya entendió el mensaje, por lo tanto es transformado.

Jeremías dijo, "Así dice el Señor, No se alabe el sabio en su sabiduría, ni en su valentía se alabe el valiente, ni el rico se alabe en sus riquezas. Mas alábese en esto el que se hubiere de alabar: en entenderme y conocerme, que yo soy Jehová." Nabucodonosor supo esto al final.

El amor de Dios salva a los poderosos y a los valientes solo si ellos se humillan. Te diré algo, Dios humillará a todo hombre algún día. Es mejor que nosotros nos humillemos mientras que continuamos teniendo la oportunidad de aceptar su gracia, ¿correcto? Tal vez esta sea la manera en la que seremos salvos. Recuerdo como yo era de dura cerviz en contra de Dios y Él me lanzó de un auto a 120 kilómetros por hora y me estrelló contra el pavimento, caí en el hospital por tres meses, y esto me quebrantó. De mi orgullo llegué a la humildad. Y de mi humildad llegue al arrepentimiento, y del arrepentimiento llegó la redención.

Este es el testimonio de Nabucodonosor, versículo 36, "En el mismo tiempo mi razón me fue devuelta, y la majestad de mi reino, mi dignidad y mi grandeza volvieron a mí, y mis gobernadores y mis consejeros me buscaron; y fui restablecido en mi reino, y mayor grandeza me fue añadida." Noten esto, su razón le fue devuelta, su glorioso reino, su honor, su inteligencia le fue devuelta. Y hasta sus consejeros lo buscaron, no dijeron, "no se acerquen a ese loco maniático." Ha estado fuera de su razón por siete años, no se le acerquen. Pero no sucedió así, todos lo aceptaron, el reino lo acepto y todo volvió como si nada hubiera pasado. "Y fui restablecido en mi reino, y mayor grandeza me fue añadida." Todo lo que un rey pudiera desear, todo me fue devuelto, cuando tuve la reacción correcta, ahora yo Nabucodonosor ¿qué hice con mi vida? Por eso alabo, exalto, y doy honor al rey de los cielos, al que todas sus obras son verdad y todos sus caminos son de justicia. Y para todos aquellos que andan enorgullecidos, Él los puede humillar." ¿Creen que entendió el mensaje? Claro que sí.

Y ¿quieren saber algo más amigos? Puede ser que conozcan a Nabucodonosor en el cielo, y cuando estén ahí lo podrán ver al lado de Daniel, Sadrac, Mesac y Abed-nego, y pueden discutir todo lo que quieran acerca de que fue lo que ocurrió en el horno de fuego y todo lo demás. Pero la lección es, Dios resiste a los soberbios y da gracia a los humildes. Oremos.

Oración final

Permítenos aprender de todo esto Señor, y que nuestra actitud hacía ti siempre sea de humildad, acaba con toda soberbia que haya en nosotros para que seamos el instrumento que tú quieres que seamos en tus manos. Amén.

REFLEXIONES PERSONALES

24 de Febrero, 1980

06_La inscripción divina: el fin del imperio

El rey Belsasar hizo un gran banquete a mil de sus príncipes, y en presencia de los mil bebía vino. Belsasar, con el gusto del vino, mandó que trajesen los vasos de oro y de plata que Nabucodonosor su padre había traído del templo de Jerusalén, para que bebiesen en ellos el rey y sus grandes, sus mujeres y sus concubinas. Entonces fueron traídos los vasos de oro que habían traído del templo de la casa de Dios que estaba en Jerusalén, y bebieron en ellos el rey y sus príncipes, sus mujeres y sus concubinas. Bebieron vino, y alabaron a los dioses de oro y de plata, de bronce, de hierro, de madera y de piedra.

En aquella misma hora aparecieron los dedos de una mano de hombre, que escribía delante del candelero sobre lo encalado de la pared del palacio real, y el rey veía la mano que escribía. Entonces el rey palideció, y sus pensamientos lo turbaron, y se debilitaron sus lomos, y sus rodillas daban la una contra la otra. El rey gritó en alta voz que hiciesen venir magos, caldeos y adivinos; y dijo el rey a los sabios de Babilonia: Cualquiera que lea esta escritura y me muestre su interpretación, será vestido de púrpura, y un collar de oro llevará en su cuello, y será el tercer señor en el reino. Entonces fueron introducidos todos los sabios del rey, pero no pudieron leer la escritura ni mostrar al rey su interpretación. Entonces el rey Belsasar se turbó sobremanera, y palideció, y sus príncipes estaban perplejos.

La reina, por las palabras del rey y de sus príncipes, entró a la sala del banquete, y dijo: Rey, vive para siempre; no te turben tus pensamientos, ni palidezca tu rostro. En tu reino hay un hombre en el cual mora el espíritu de los dioses santos, y en los días de tu padre se halló en él luz e inteligencia y sabiduría, como sabiduría de los dioses; al que el rey Nabucodonosor tu padre, oh rey, constituyó jefe sobre todos los magos, astrólogos, caldeos y adivinos, por cuanto fue hallado en él mayor espíritu y ciencia y entendimiento, para interpretar sueños y descifrar enigmas y resolver dudas; esto es, en Daniel, al cual el rey puso por nombre Beltsasar. Llámese, pues, ahora a Daniel, y él te dará la interpretación.

Entonces Daniel fue traído delante del rey. Y dijo el rey a Daniel: ¿Eres tú aquel Daniel de los hijos de la cautividad de Judá, que mi padre trajo de Judea? Yo he oído de ti que el espíritu de los dioses santos está en ti, y que en ti se halló luz, entendimiento y mayor sabiduría. Y ahora fueron traídos delante de mí sabios y astrólogos para que leyesen esta escritura y me diesen su interpretación; pero no han podido mostrarme la interpretación del asunto. Yo, pues, he oído de ti que puedes dar interpretaciones y resolver dificultades. Si ahora puedes leer esta escritura y darme su interpretación, serás vestido de púrpura, y un collar de oro llevarás en tu cuello, y serás el tercer señor en el reino.

Entonces Daniel respondió y dijo delante del rey: Tus dones sean para ti, y da tus recompensas a otros. Leeré la escritura al rey, y le daré la interpretación. El Altísimo Dios, oh rey, dio a Nabucodonosor tu padre el reino y la grandeza, la gloria y la majestad. Y por la grandeza que le dio, todos los pueblos, naciones y lenguas temblaban y temían delante de él. A quien quería mataba, y a quien quería daba vida; engrandecía a quien quería, y a quien quería humillaba. Mas cuando su corazón se ensoberbeció, y su espíritu se endureció en su orgullo, fue depuesto del trono de su reino, y despojado de su gloria. Y fue echado de entre los hijos de los hombres, y su mente se hizo semejante a la de las bestias, y con los asnos monteses fue su morada. Hierba le hicieron comer como a buey, y su cuerpo fue mojado con el rocío del cielo, hasta que reconoció que el Altísimo Dios tiene dominio sobre el reino de los hombres, y que pone sobre él al que le place. Y tú, su hijo Belsasar, no has humillado tu corazón, sabiendo todo esto; sino que contra el Señor del cielo te has ensoberbecido, e hiciste traer delante de ti los vasos de su casa, y tú y tus grandes, tus mujeres y tus concubinas, bebisteis vino en ellos; además de esto, diste alabanza a dioses de plata y oro, de bronce, de hierro, de madera y de piedra, que ni ven, ni oyen, ni saben; y al Dios en cuya mano está tu vida, y cuyos son todos tus caminos, nunca honraste.

Entonces de su presencia fue enviada la mano que trazó esta escritura. Y la escritura que trazó es: MENE, MENE, TEKEL, UPARSIN. Esta es la interpretación del asunto: MENE: Contó Dios tu reino, y le ha puesto fin. TEKEL: Pesado has sido en balanza, y fuiste hallado falto. PERES: Tu reino ha sido roto, y dado a los medos y a los persas.

Entonces mandó Belsasar vestir a Daniel de púrpura, y poner en su cuello un collar de oro, y proclamar que él era el tercer señor del reino.

La misma noche fue muerto Belsasar rey de los caldeos. Y Darío de Media tomó el reino, siendo de sesenta y dos años.

Daniel 5:1–31

BOSQUEJO

— Introducción

— El recuento

— La señal

— El punto débil

— Los convocados

— El sermón

— La solución

— Somos muy parecidos a la sociedad de Babilonia

Notas personales al bosquejo

SERMÓN

Introducción

Continuamos con el capítulo cinco del libro de Daniel, Daniel 5, en la continuación de nuestro estudio de este profeta sorprendente, uno de los grandes profetas de la antigüedad. Un hombre que tiene registro histórico sin igual, y por cierto, por muchos años algunos críticos intentaron desacreditar la profecía de Daniel, diciendo que no era verdad, que su historia era una malformación y sin ningún fundamento. Y que algunos de los personajes a los que se refiere no solo no eran reales sino que completamente falsos. Que las interpretaciones que dio a los sueños y a las visiones solo fueron producto de sus ideas caprichosas.

Pero después de muchos años de criticismo, la arqueología, en los últimos cien años, y de hecho en los últimos cincuenta, ha descubierto evidencia tras evidencia de que la profecía de Daniel es absolutamente correcta. Ahora no se han encontrado contradicciones, de hecho, del registro babilónico del tiempo de Daniel, se tienen no menos de 10,000 fragmentos que nos indican la confiabilidad de esta tremenda profecía. Ésta es la palabra de Dios y por lo tanto es verdad y será verificada en la historia, y de hecho es verificada tal y como sucedió.

Así que cuando tú lees Daniel 5, estás leyendo el registro testimonial de la caída del Imperio Babilónico hecho por uno que era el primer ministro de este mismo imperio. Y a pesar de que era el primer ministro en una cultura pagana, dentro de una sociedad pagana, dentro de un palacio para monarcas babilónicos, este nunca cedió ante su fe en el único Dios verdadero. Por lo tanto, todas las veces que él aparece en escena, lo vemos de cierta manera sin estar relacionado con los que se encuentran ahí. Siempre vemos que su aparición es estando solo, nunca con los magos, o con los adivinos ni con los caldeos quienes llegan para dar su sabiduría humana. Por lo que él es colocado aparte como un hombre de Dios y el registro que nos entrega es maravillosamente verdad.

Al llegar al capítulo 5 de Daniel, en estos versículos sorprendentes, maravillosos y llenos de sabiduría encontramos el final del imperio. De hecho, el final del mas glorioso imperio del tiempo de los gentiles, el gran Imperio Babilónico. Vemos el movimiento desde la cabeza de oro, como lo indica la imagen del capítulo 2, hasta el pecho y los brazos de plata, los cuales indican a los medo-persas quienes siguieron después de los babilonios. Esta gran transición toma lugar al cerrar este capítulo, el capítulo 5.

II Parte. Sermones temáticos sobre profecía

Al comenzar con nuestro estudio, permíteme recordarte un versículo en Ezequiel 18:20, este dice, "El alma que pecare, esa morirá," "El alma que pecare, esa morirá," este capítulo es un vívido comentario sobre este versículo. Dentro de la vida de un individuo y dentro de la vida de una nación y dentro de un imperio.

El Imperio Babilónico fue una vez la gloriosa cabeza de oro. La corona del tiempo de los gentiles que gradualmente se fue deteriorando, y fue entrando en un estado de libertinaje, en un estado de degeneración. Hasta que la hora de su castigo es finalmente pronunciada, repentinamente y de manera total cuando el ejército Medo Persa entra para barrerlos. Este es el final de una gran era histórica.

Este capítulo es para nosotros una mirada poderosa a lo que causó el final de un imperio. ¿Qué causó la caída de algo tan grande y tan magnificente, así como de mucho y de gran alcance como el poder militar del imperio Babilonio? Creo que el mensaje del capítulo nos habla directamente hoy en día a los Estados Unidos de América. No hay mucho que nos llame la atención de los Estados Unidos a menos que una victoria deportiva, me enorgullecen las victorias deportivas, pero me sorprende ver la necesidad casi desesperada de que algo nuevo surja en medio de una sociedad decayendo. Si no podemos enfrentar la invasión rusa en el medio oriente, al menos podemos ganar más medallas de oro de las que ellos pueden ganar.

La primera escena en el capítulo es una orgía. Ésta está llena de profanación, blasfemia, y actos malvados. La historia lo describirá para nosotros así que no quiero asaltar tu mente con tal descripción. En medio de esta orgía se encuentra la sorprendente intervención de Dios quien pronuncia una condena contra todo el imperio, y en pocas horas llegará su maldición. Pienso que toda civilización sigue este mismo patrón, se levanta hasta cierto límite, estando ahí se llena de orgullo; y en medio del orgullo y de las auto-indulgencias, en medio del materialismo comienza a descender a la degradación, al libertinaje y a la maldad. Y conforme ésta desciende, se acerca más y más a su destrucción. En el Salmo 9:17 dice, "Los malos serán trasladados al Seol, Todas las gentes que se olvidan de Dios." La condenación de una nación se pronuncia cuando una nación se olvida de Dios, así que es entonces cuando el imperio cayó. En una noche llegó el fin, y Daniel nos entrega el registro histórico aquí.

El recuento

Quiero que veamos el capítulo en dos perspectivas, la primera, el recuento y después la aplicación. Primero el recuento, simplemente el registro histórico y a continuación la aplicación. Bajo el recuento, hemos tratado de separarlo para que puedas ver el flujo del texto. Primero la escena en los versículos 1–4. Vemos esto. Versículo 1, "El rey Belsasar hizo un gran banquete a mil de sus príncipes." Alto aquí, se nos introduce de manera inmediata al nombre Belsasar. Este nombre es el que coloca la escena, pero ¿Quién es él? ¿De dónde vine? ¿Cuándo vivió? ¿Cuándo gobernó? ¿Cuál es la razón por la que él convoca esta fiesta? ¿Qué está sucediendo aquí? Por muchos años los críticos han dicho que Daniel está equivocado porque no hay ningún Belsasar. Hasta que algo fue encontrado, algo que los arqueólogos llaman el cilindro de Nabónido; éste es un registro de Belsasar, tal como Daniel lo dijo. Éste era joven, como de 36 años de edad. Era decadente, disoluto, idolatra, inmoral, impío y sin ningún valor. Pero él era el gobernante que se sentó en el trono de la realeza en Babilonia justo la noche que cayó. ¿Qué sabemos de él? Juntando todas las piezas que conocemos de la arqueología no es difícil obtener una imagen de él. Así que entonces podemos tener un poco de la escena como sucedió. Vayamos a la escena.

Setenta años han pasado desde Daniel 1. Setenta años desde que Daniel y sus amigos fueron llevados cautivos. Daniel ya no es un jovencito, está alrededor de sus 80s. Han pasado 23 años desde que el capítulo 4 finalizó. El quebrantamiento de Nabucodonosor y la forma en la que reconoció al Dios verdadero. Así que mucho ha sucedido, Nabucodonosor ha muerto. Después de 43 años de reinado, siete de ellos como un animal loco, pero después de 43 años, en 562 a.C., él muere. Daniel no nos narra nada de lo sucedido entre Nabucodonosor y Belsasar. Nabucodonosor se menciona en el versículo 37 del capítulo 4 y Belsasar nos es presentado en el capítulo 5 pero no tenemos nada en medio. Pero la historia llena esto para nosotros de manera muy clara, podemos encontrar muchos registros acerca de esto.

Después de que Nabucodonosor muere el imperio comienza a declinar, su hijo fue su sucesor el cual se llamaba Evil-merodac. Y por cierto, estos reyes tienen varios nombres diferentes. Parece ser que se cambiaban el nombre de acuerdo a la deidad con la que se identificaban. Pero en este caso su nombre era Evil-merodac. Éste era hijo de Nabucodonosor y sólo reinó por dos años. La razón por la que reinó solo dos años es porque fue asesinado. La Biblia lo menciona como un hombre llamado Evil-merodac, y es el mismo que Amel Marduk. Lo encontramos en 2 Reyes 25 y en Jeremías 52 como quien liberó a Joaquín de la prisión y le dio un lugar privilegiado en la corte de Babilonia. Así que, como podemos ver, él figura dentro del record bíblico. Amel Marduk solo duró dos años, y como ya dije, fue asesinado por su cuñado. El nombre de su cuñado era Neriglisar. Suena como a una medicina, pero en realidad era su **cuñado**. Éste también reino solo dos años y es mencionado en Jeremías 39 bajo el nombre de Nergal-sarezer. Era un oficial bajo el reinado de Nabucodonosor quien aparentemente estuvo involucrado en ayudar a que Jeremías fuera liberado de la prisión.

Así que Amel Marduc duró solo dos años, Neriglisar duró cuatro años, murió y fue sucedido por su hijo. No puedo imaginar a alguien poniéndole este nombre a su hijo, pero este niño, quien sólo reinó nueve meses siendo un niño, fue llamado Labashi-Marduk. Simplemente llamarlo significaba un problema lingüístico, pero este niño sólo duró en el trono nueve meses siendo un niño pues fue golpeado por sus conspiradores hasta que lo mataron.

El reino continuó su declive y uno de los conspiradores señaló a Nabónido como rey. Nabónido reinó por 17 años hasta que fue derrocado por Ciro, quien era el líder de los medos y los persas. Ciro llegó y conquistó al Imperio Babilónico. Cuando Nabónido fue puesto como monarca se sabía que no estaba relacionado con Nabucodonosor así que no tenía el derecho real al trono. Todos los niños que tenían el derecho real al trono habían sido matados a garrotazos o asesinados. Y los conspiradores, uno de los cuales era Nabónido, lo señalaron para ser el rey, y así fue colocado como rey.

Éste, aparentemente fue intimidado al intentar mantener su posición real sin tener derecho a ella por no ser miembro de la familia de Nabucodonosor. Así que hasta donde podemos saber, se debió haber casado ya sea con una de las viudas de Nabucodonosor o con una de sus hijas; esto con la intención de pertenecer a la familia real. Y esta hija de Nabucodonosor, o más probablemente una de las viudas de Nabucodonosor tenía un hijo llamado Belsasar. De este modo Belsasar era de la línea de Nabucodonosor, un niño que quedaba y que no había reclamado su derecho al trono, por lo que no había sido asesinado. Esto quiere decir que lo más probable es que Nabónido, para asegurar su posición, se haya casado con alguien de la familia de Nabucodonosor, adoptando a Belsasar.

Pero Nabónido siguió siendo intimidado por lo que movió la capital, o su palacio, o el palacio en donde moraba a un área llamada Tayma en medio de Arabia. Estaba cruzando el desierto de Arabia desde Babilonia. Tomaba días y días y tal vez semanas realizar el viaje. Y durante 14 años de los 17 de su reinado, nunca puso su pie en la ciudad de Babilonia. Para poder permanecer en el poder en Babilonia, él colocó a Belsasar, quien sí tenía la línea real, como corregente. Así que Belsasar ocupó el trono en Babilonia, y Nabónido se quedó en Tayma, donde cuidaban de él como si estuviera en el exilio.

La cosa más sorprendente acerca de Nabónido es que él no era un mal hombre, fuera de que adoraba a falsos dioses. Lo que quiero decir es que no era una persona mala, no era un asesino hasta donde sabemos. De hecho él era un hombre muy religioso y construyó un templo muy especial para su dios. Reconstruyó todo tipo de centros religiosos y muchos ritos religiosos fueron instituidos bajo su reinado. Incluso no aparece como un rey de guerra en ningún sentido. Para nada estaba interesado en eso.

Debemos decir, que todo esto ha sido verificado una y otra vez en los escritos históricos. Probablemente él era el rey más capaz después de Nabucodonosor, provenía de linaje sacerdotal por lo que era un hombre de paz. También era un hombre de convicción y con muchas capacidades.

Pero Ciro, el rey de los medos y los persas, estaba literalmente comiéndose al mundo. Los medos y los persas arrasaban todo a través de la campiña. Esto los llevó a enfrentarse a Nabónido y a sus ejércitos fuera de la ciudad de Babilonia, en el desierto del Imperio Babilónico. Allí destruyeron a todo el ejército de Nabónido y lo tomaron cautivo.

Todo esto sucedió en un lugar llamado Gorsipa. Y Gorsipa está al sur de Babilonia, tal vez a unos 75 kilómetros; allí fue donde la batalla tuvo lugar y el ejército fue llevado cautivo. Fue exiliado a un lugar especial llamado Carmenia hasta que murió, nunca más volvió a ver Babilonia.

Ahora —subrayen esto— todo esto ya había sucedido al inicio del capítulo 5. Nabónido ha sido derrotado, ha sido exiliado, los medos y los persas literalmente han rodeado toda la ciudad de Babilonia, están por todos lados; y dependiendo qué historiador sea el que revisen, algunos dicen que habían rodeado ya la ciudad por dos meses, otros dicen que tres y otros hasta cuatro. Pero Belsasar se encuentra dentro de Babilonia, y todo lo que hay a su alrededor es el sitio de los medos y los persas quienes ya han tomado cautivo a su padre adoptivo, han destruido su ejército, y están haciendo todo lo que pueden para capturar la ciudad de Babilonia.

Ahora, al llegar a la historia del capítulo 5 conocemos a Belsasar. El hijo adoptivo de Nabónido, el rey que fue colocado de facto y que ahora se sienta en el trono de Babilonia. Y nos dice, "hizo un gran banquete a mil de sus príncipes, y en presencia de los mil bebía vino." Se sentó sobre una estructura elevada donde acostumbraban sentarse los reyes y bebió. "Belsasar, con el gusto del vino, mandó que trajesen los vasos de oro y de plata que Nabucodonosor su padre había traído del templo de Jerusalén, para que bebiesen en ellos el rey y sus grandes, sus mujeres y sus concubinas."

Ahora escuchen, notarán en este versículo que dice que Belsasar probó el vino y mandó traer las vasijas de oro y de plata que su padre, Nabucodonosor, había sacado del templo. No sabemos si en realidad Nabucodonosor era su verdadero padre, simplemente no lo sabemos. Pudo ser su abuelo, y él su nieto. Tal vez su madre era una hermana y no una viuda, yo tomo las dos posiciones ya que los eruditos no se ponen de acuerdo.

Pero sea o no que él era su hijo o su nieto, esto sería expresado con el término padre en el hebreo, no existe una palabra para abuelo. Así que cuando ves el concepto de padre en hebreo tienes que estudiar el contexto un poco para saber específicamente a que está haciendo referencia. Se habla de David siendo el padre de Cristo, en un sentido, pero hay todo tipo de personas en medio de sus generaciones. Cuando en hebreo se quiere hacer referencia específica a un abuelo se dice el padre de su padre, ya que no hay palabra para abuelo.

Entonces este descendiente de Nabucodonosor, ya sea hijo o nieto, o incluso su bisnieto, no lo sabemos, hizo una fiesta. Este tipo de fiestas era algo común, y después de hacer mucha lectura al respecto esta semana me di cuenta que cuando ellos decían fiesta, era en verdad una gran fiesta. Esta era una fiesta para mil de sus príncipes. Y esto nos dice que era poca cosa, de hecho no era nada comparada como los monarcas persas, que hasta donde sabemos por los descubrimientos arqueológicos, acostumbraban comer diariamente con hasta 15,000 invitados. Esto es en realidad mucha gente.

Cuando Alejando Magno se casó, tuvo 10,000 invitados a su comida de boda. Y podrás decir que es mucho, pero nos dicen los arqueólogos que el banquete de bodas de Asurbanipal II, en 879 a.C. incluyó a 69,754 invitados. ¿Pueden imaginar cómo les dieron de comer? Describiendo las comidas de los persas, Atanasio dice en un pasaje, "1,000 animales son degollados diariamente para el rey. Esto comprende caballos, camellos, toros, asnos, venados y muchos otros animales pequeños. Muchas aves son consumidas, incluyendo avestruces árabes, gansos y gallinas." Esto era en realidad consumir alimentos.

Entonces Belsasar hace una fiesta, pero es difícil de concebir cómo alguien pudo ser tan estúpido como para embriagarse en medio de una orgia mientras que la ciudad está siendo sitiada por los medo-persas. Sin embargo Babilonia era una ciudad asentada en un cuadro de 24 kilómetros de acuerdo con Herodoto. Él dice que la ciudad era un cuadro de 24 kilómetros, tenía murallas de 26 metros de ancho —esto es bastante ancho amigos; era tan ancha como este auditorio para tres mil personas, como pueden ver en verdad era una muralla gruesa. Pero ahora escuchen, no solo eran de 26 metros de ancho sino que tenían 105 metros de alto, y encima de estos muros había torres que sobresalían otros 30 metros para alcanzar los 135 y poder observar todo lo que sucedía a su alrededor; tenía 100 puertas enormes de bronce, y no tenían ningún problema con el agua pues el rio Éufrates corría por en medio de la ciudad.

¿A qué le podían tener miedo? Tenían todo lo que necesitaban, así que Belsasar toma su posición y se sienta por sobre todos los 1,000 príncipes invitados a la gran fiesta, y comienza a beber el vino. Y dice en el versículo 2 que cuando el probo el vino, y ésta es una implicación que nos dice que se embriagó, él hizo traer las vasijas de oro y plata que su padre había sacado del templo en Jerusalén.

La primer vez que Nabucodonosor llevó cautivos de Jerusalén el profanó el templo para mostrar que sus dioses, los dioses de Babilonia, eran más poderosos que el Dios de Israel. Así que tomó todos los utensilios de oro y de plata que había en el templo y que eran usados por los sacerdotes, se los llevó a Babilonia y los puso en un lugar especial dentro de los templos de sus deidades. Ésta era la manera en la que el mostraba a su pueblo que sus dioses eran más poderosos que los de Israel y también mostraba a Israel que el dios de Babilonia era más poderoso.

Aparentemente estas vasijas o utensilios habían estado en este lugar todo este tiempo, pero ahora Belsasar, en medio de su ebrio estupor piensa burlarse del Dios de Israel una vez más. Por lo que él dice, "Traigan todas estas cosas que son representantes del Dios de Israel y bebamos en ellas." Un acto de profanación y blasfemia que retaba de manera abierta al Dios de Israel.

No era para nada ignorante, conocía al Dios de Israel, sabía acerca de la historia de Nabucodonosor. Él sabía cómo el Dios de Israel había convertido a Nabucodonosor en un loco maniático y como había estado así por un periodo de siete años. Él sabía cómo el Dios de Israel había podido revelar sueños y visiones por medio de Daniel su profeta. Él sabía que el Dios de Israel era un Dios grande y glorioso. Pero en medio de su paganismo y estupor, él decide burlarse de este Dios. Podemos decir que él sabía perfectamente que esto era blasfemia.

Poco después cuando sostiene una conversación con Daniel en este capítulo, habla con Daniel y reconoce quién es Daniel. Sabe acerca del judaísmo y sabe de dónde proviene Daniel, conoce toda la historia por lo que ésta es una flagrante burla de Dios. Y para hacerlo lo más blasfemo que fuera posible, toma todas estas cosas que provinieron del templo y las usa como parte de su libertina embriaguez. Reta a Dios, ¿y quieres saber algo? Dios aceptó el reto, le abofeteo con un guante y Dios hizo lo mismo. Ahora vean qué fue lo que sucedió.

En el versículo 3, "Entonces fueron traídos los vasos de oro que habían traído del templo de la casa de Dios que estaba en Jerusalén, y bebieron en ellos el rey y sus príncipes, sus mujeres y sus concubinas. ⁴Bebieron vino, y alabaron a los dioses de oro y de plata, de bronce, de hierro, de madera y de piedra." Pueden ver como hay una progresión aquí, desde el más preciado oro, y hasta la más insignificante piedra.

En realidad lo que está diciendo es, "Con todas sus deidades, desde las de oro hasta las de piedra, nosotros las vamos a usar para adorar a nuestros dioses." Usaron los utensilios que estaban dedicados al verdadero Dios para adorar a falsos dioses. Y podemos ver la imagen, embriaguez por todos lados, una orgia con sus concubinas, las esposas, todo mundo se está embriagando.

Y como parte de su adoración, los cananeos lo hacían de manera similar, en este tipo de adoración había atrocidades sexuales que van más allá de una descripción tolerable, su perversión era muy grande. Piensas que las modernas personas de hoy han inventado sus grupos sexuales extravagantes, si lo piensas así es porque no has leído la historia de los tiempos bíblicos. Todo esto sucedía y en medio de todo esto la profanación y las burlas hacía el Dios de Israel se hacían presentes al usar sus utensilios; la música se escuchaba también, y todos en medio de las orgías, esta es la escena que se nos muestra aquí.

La señal

Segundo, la señal del versículo 5. Como un relámpago llegan estas palabras: "En aquella misma hora aparecieron los dedos de una mano de hombre, que escribía delante del candelero sobre lo encalado de la pared del palacio real, y el rey veía la mano que escribía."

Ahora imagine esto, en medio de todo ese jolgorio, a la misma hora, Dios dijo, "la copa de mi ira se ha llenado." Como lo había dicho a aquellos que estaban en el tiempo del diluvio, "No contenderá mi espíritu con el hombre para siempre, esto se acabó." E inmediatamente, repentinamente, cambiando la escena cuando la orgía estaba en su clímax, una mano aparece. No es en realidad una mano sino solo los dedos, solo lo que era necesario para sostener el instrumento que fue usado para escribir de manera sobrenatural. Entonces se detuvo la fiesta, la música y el estar tomando. Y la bocas que estaban gritando fueron cerradas de inmediato, un silencio sepulcral y gran temor llegó como un golpe sobre todo el grupo.

Como podrán notar dice en el versículo 5 que la escritura estaba delante del candelero, al estar de este modo la pared debió estar iluminada, ahí es donde la mano o bien los dedos comenzaron a escribir, en un lugar en donde pudiera ser claramente visible. Y por cierto, las lámparas eran colocadas en el lugar en donde se encontraba el rey para que pudieran irradiar más luz, esto hacía que la ocasión fuera más deslumbrante. Y es muy probable que ya que el rey se sentaba junto a la lámpara, justo por encima de su cabeza estos dedos escribieron sobre el estuco de la pared de manera sobrenatural.

El arqueólogo Koldewey, quien excavó en Babilonia, dice que en su excavación del palacio de Babilonia de los tiempos de Belsasar han encontrado una habitación muy grande, de 20 metros de ancho y 60 metros de largo, ésta es una habitación muy grande. Es casi tan grande como este auditorio, o quizás un poco más grande, pero cercano a este auditorio. Y dice Koldewey que tiene paredes de estuco o yeso, es sorprendente pues esto es lo que la Biblia dice, que escribió en el estuco o bien en el encalado de la pared. Esta habitación tiene este encalado que puede ser de yeso o bien una mezcla de arcilla con cal. Dice el arqueólogo que también hay un nicho en la parte central y elevado en donde posiblemente se sentaba el rey para ser el foco central de atención. Así que sabemos que en ese mismo lugar llegaron estos dedos y escribieron.

Dice el versículo 6. "Entonces el rey palideció, y sus pensamientos lo turbaron." Ésta es una declaración muy ligera, la que sigue nos ayuda a entender que tanto se turbó. "Y se debilitaron sus lomos, y sus rodillas daban la una contra la otra." Su rostro cambió. Repentinamente el rostro enrojecido que estaba encendido con el vino y todo el jolgorio, toda la emoción, la comida, y toda la perversión que estaba sucediendo, este rostro repentinamente cambia a ser blanco como ceniza. Esto nos dice que en realidad estaba turbado.

No parece estar muy turbado por el enemigo que se encuentra fuera de sus muros, pero en cambio sí está muy turbado por el enemigo sobrenatural que se presenta dentro del palacio. Estos dedos que escriben sobre la pared. El terror se apoderó de este hombre, su rostro palideció, sus caderas se debilitaron o bien la zona de su cadera no tuvo fuerza, su fuerza se fue y no pudo sostenerse en pie pues sus rodillas temblaban mucho al grado que no las controlaba, posiblemente se cayó.

En Nahum 2:10 se usa esta misma expresión, "y el corazón desfallecido; temblor de rodillas, dolor en las entrañas, rostros demudados." Esto demuestra que tan asustado estaba este hombre, estaba temblando; pero esto es profético porque en Hageo 2:7 Dios dice, "y haré temblar a todas las naciones, y vendrá el Deseado de todas las naciones." Dios hizo temblar una nación, pero algún día Dios hará que todas las demás tiemblen también. Y entonces habrá muchos gobernantes parados con sus rodillas temblando y chocando la una con la otra sin que las puedan controlar.

Sofonías escribe al respecto en el primer capítulo de su libro, "Cercano está el día grande de Jehová, cercano y muy próximo; es amarga la voz del día de Jehová; gritará allí el valiente. Día de ira aquel día, día de angustia y de aprieto, día de alboroto y de asolamiento, día de tiniebla y de oscuridad, día de nublado y de entenebrecimiento, día de trompeta y de algazara sobre las ciudades fortificadas, y sobre las altas torres. Y atribularé a los hombres, y andarán como ciegos, porque pecaron contra Jehová; y la sangre de ellos será derramada como polvo, y su carne como estiércol. Ni su plata ni su oro podrá librarlos en el día de la ira de Jehová, pues toda la tierra será consumida con el fuego de su celo; porque ciertamente destrucción apresurada hará de todos los habitantes de la tierra." Éste es el día cuando Cristo regrese a la tierra.

El punto débil

Pero no es este, éste es un temblor preliminar, es por esto que surge esta escena y la señal. Tercereo, el punto débil. Versículo 7, ¿De dónde va a obtener ayuda? ¿Qué va a hacer? "El rey gritó en alta voz que hiciesen venir magos, caldeos y adivinos." Todos estos siguen estando ahí, a pesar de que no fueron útiles las primeras dos veces que fueron llamados en el libro de Daniel, pero ¿qué más puede hacer él? Llama a sus personas de confianza.

"Y dijo el rey a los sabios de Babilonia: Cualquiera que lea esta escritura y me muestre su interpretación, será vestido de púrpura, y un collar de oro llevará en su cuello, y será el tercer señor en el reino." ¿Por qué el tercer señor? Porque Nabónido era el primero y Belsasar el corregente. Y este hombre se colocaría junto a ellos de facto. Nabónido ya había sido eliminado, pero a pesar de ello se tenía que seguir reconociendo como si él fuera el rey.

Le daremos un lugar en el trono igual al nuestro y le pondremos un collar de oro sobre su cuello, un vestido de púrpura, este es el incentivo más grande que les puede dar, porque el vestir de púrpura significaba tener una túnica de la realeza, les está ofreciendo un cargo en la realeza. Una cadena de oro era lo más honroso que le podías dar a alguien porque era algo muy valioso. Y ser el tercero era ser igual a Nabónido y a Belsasar, este rey les está ofreciendo todo lo que les puede ofrecer.

Versículo 8, "Entonces fueron introducidos todos los sabios del rey." Y llegaron como si fueran los tres cochinitos del cuento. En primer lugar no podían leer la escritura. Ni siquiera la podían leer. ¿Por qué? No sé exactamente el porqué. Algunos dicen que es porque Dios tiene una forma muy especial de escribir, posiblemente sea cierto, pero lo más seguro es que lo escribió de tal manera que nadie lo pudiera leer, o simplemente estaban cegados a entender lo que Dios decía; tal vez estaban tan ebrios que ni siquiera las podían ver. No sé cuál sea la más acertada, pero sí sé que no lo pudieron leer, y por lógica no pudieron interpretar su significado al rey.

"Entonces el rey Belsasar se turbó sobremanera, y palideció, y sus príncipes estaban perplejos." Aparentemente estaba teniendo un poco de alivio y le estaba regresando el color a su rostro, los vio llegar y esto lo hacía sentir un poco mejor. Pero cuando no pudieron hacer nada se le volvió a ir el color y se puso pálido como ceniza.

Ahora, creo que esto se está poniendo un poco ridículo, nuevamente la misma canción ¿cierto? Todo este montón de personas está desfilando para entrar pero todas las veces que ha habido una crisis ellos han salido desfilando sin una respuesta. La sabiduría del mundo es insensatez. Ninguna respuesta va a llegar por parte de ellos, ninguna. Tomen a todos los hombres de confianza que hay en Estados Unidos o de cualquier otro lugar y todos ellos se van a hacer tontos y no van a poder dar una respuesta correcta a las cosas de Dios porque el hombre natural no discierne la cosa de Dios y Dios es el soberano que gobierna toda la historia. No pueden interpretar desde la perspectiva humanista.

Por cierto, la palabra perplejos al final del versículo 9 significa que había movimiento efervescente. Había mucha confusión, todos estaban saltando, yendo de un lugar a otro y esperando una respuesta. Porque fuera como fuera la inscripción en la pared continuaba ahí. Todos la seguían viendo.

Los convocados

La escena, la señal, el punto débil y ahora los convocados. Versículo 10. "La reina," esto seguramente es una referencia a la madre de Belsasar. La reina madre. La reina viuda. Porque las esposas y las concubinas ya estaban en la orgia. Ya que la esposa del rey nunca hubiera participado de esto. Tenía que ser una mujer majestuosa que acababa de aparecer en escena y que por virtud de dignidad tenía el derecho de hacerlo. La reina madre. Los eruditos universalmente aceptan el hecho de que ésta es la reina madre, la madre de Belsasar.

"Por las palabras del rey y de sus príncipes, entró a la sala del banquete, y dijo: Rey, vive para siempre." Se presenta para introducirse en la situación. "No te turben tus pensamientos, ni palidezca tu rostro. En tu reino hay un hombre en el cual mora el espíritu de los dioses santos." ¿Habían escuchado esto antes? ¿Quién lo dijo? Nabucodonosor lo dijo por lo menos 23 años antes, bueno pudieran ser 30 antes si tomamos el tiempo antes de que cayera en su locura.

Nabucodonosor conocía a este hombre llamado Daniel, de hecho él fue quien le puso este nombre. Y esta es la razón por la que creemos que esta mujer es una viuda o una hija de Nabucodonosor porque ella se acordaba de la misma frase que dijo Nabucodonosor. "En tu reino hay un hombre en el cual mora el espíritu de los dioses santos." Los dioses de Babilonia no eran santos, ellos eran tan viles y pecadores como los hombres.

"Y en los días de tu padre se halló en él luz e inteligencia y sabiduría, como sabiduría de los dioses; al que el rey Nabucodonosor tu padre, oh rey, constituyó jefe sobre todos los magos, astrólogos, caldeos y adivinos." En otras palabras, el rey, y ella lo repite aquí, "en los días de tu padre, digo, Nabucodonosor tu padre," aparentemente para enfatizar el punto de que él está relacionado con Nabucodonosor, ella lo enfatiza fuertemente. Estuvo él tan impresionado con este Daniel que lo hizo jefe de los magos, jefe de los eruditos, y de los hombres sabios. "por cuanto fue hallado en él mayor espíritu y ciencia y entendimiento, para interpretar sueños y descifrar enigmas y resolver dudas; esto es, en Daniel, al cual el rey puso por nombre Beltsasar. Llámese, pues, ahora a Daniel, y él te dará la interpretación."

Estos son los convocados en pos de esta vieja reina. En medio de todo este alboroto, perplejidad y caos, ella dice, "hay un hombre en el cual mora el espíritu de los dioses santos." Una declaración acerca de Daniel y que ya había sido hecha en 4:8, 9, y 18; ésta fue hecha por Nabucodonosor. "En él hay luz." Esto quería decir que Daniel tenía una iluminación especial de parte de Dios, él tenía entendimiento, discernimiento, sabiduría; todo esto lo puede aplicar a su conocimiento, y junto con esto es el jefe de los magos. Daniel tiene un excelente espíritu de conocimiento y de entendimiento.

En otras palabras ella está usando todo adjetivo descriptivo posible para decirle que él es el hombre más inteligente, dotado y capaz dentro del reino. "Puede interpretar sueños," y dice el versículo 12 que "él puede descifrar enigmas." Esto es todo lo que quiere decir, puede resolver dudas. "Puede contestar cuestiones difíciles, toma a este hombre ya."

El versículo 13 dice, "entonces Daniel fue traído delante del rey." Ahora, tenemos que hacer notar esto nuevamente, esto me asombra pues nunca está con estos convocados nunca. Nunca anduvo con ellos, con ninguno de ellos, siempre está esperando el momento indicado.

Él se presentó solo cuando era solo un jovencito, se presentó solo cuando era un hombre maduro, y ahora que es un octogenario, anda alrededor de sus 80s, vuelve a presentarse solo; nunca cedió sus principios, ahora se presenta solo siendo un hombre anciano. Daniel entra a la escena y sabemos que algo está a punto de comenzar. El rey esta temeroso y necesita saber que significa esta inscripción que hay en la pared.

Nuevamente versículo 13, "Y dijo el rey a Daniel," esto nos dice que lo conocía. "¿Eres tú aquel Daniel de los hijos de la cautividad de Judá, que mi padre trajo de Judea? He escuchado acerca de ti, que el espíritu de Dios o de los dioses está en ti y que tienes luz, entendimiento y que posees una excelente sabiduría." Conozco algo de ti Daniel.

¿Pero sabes qué es muy interesante? Aparentemente después de que Nabucodonosor murió, Daniel se desvaneció entre el pueblo porque el rey tiene que preguntarle quien es él. Él tenía el cargo de primer ministro, y vemos que Belsasar no le ha prestado ninguna atención. Ni siquiera sabía quién era él. Ahora lo llama de entre este abandono y le dice, "¿Eres tú aquél que fue traído junto con los niños de la cautividad de Judá por mi padre? ¿El que tiene todo este conocimiento, y que el espíritu del Dios está en ti? ¿Eres tú aquél?

Versículo 15, "Y ahora fueron traídos delante de mí sabios y astrólogos para que leyesen esta escritura y me diesen su interpretación; pero no han podido mostrarme la interpretación del asunto. Yo, pues, he oído de ti que puedes dar interpretaciones y resolver dificultades. Si ahora puedes leer esta escritura y darme su interpretación, serás vestido de púrpura, y un collar de oro llevarás en tu cuello, y serás el tercer señor en el reino."

Versículo 15, "Y ahora fueron traídos delante de mí sabios y astrólogos para que leyesen esta escritura y me diesen su interpretación; pero no han podido mostrarme la interpretación del asunto. Yo, pues, he oído de ti que puedes dar interpretaciones y resolver dificultades. Si ahora puedes leer esta escritura y darme su interpretación, serás vestido de púrpura, y un collar de oro llevarás en tu cuello, y serás el tercer señor en el reino."

Daniel no se encuentra intimidado por todo esto, ni siquiera está interesado en ser el tercer gobernador dentro del reino. ¿Quién quiere ser el tercer rey en un reino al que solo le quedan unos minutos de vida? Entre más elevado rango tengas, más alta es la posibilidad de ser asesinado. Él no se encuentra intimidado por ninguno de estos monarcas, no lo estuvo cuando era un jovencito, no lo puede estar ahora que es un hombre que rodea los 80 años de edad.

El sermón

Así que la escena es, la señal, el punto débil y los convocados; ahora encontramos lo que es el corazón del asunto, el sermón. Y esto es lo más grande, versículo 17, "Entonces Daniel respondió y dijo delante del rey." No dice, "larga vida al rey." Esto es, el rey ha de vivir largamente. "Dijo delante del rey, tus dones sean para ti." Guárdate tus cosas para dárselas a alguien más. Éste es el carácter y el valor de Daniel, "No quiero tus regalos mundanos."

Que gran necesidad hay de hombres valientes y con carácter en nuestros días. Sabemos que la gente de nuestros días quiere hacer rico a alguien, hacerlo poderoso y famoso para elevarlo en su posición y darle cosas de todo tipo. Daniel pudo haber despreciado su estatus y aceptar los ofrecimientos, pero él estaba lleno con celo santo; no tenía interés en regalos o recompensas, no podía ser comprado porque tenía integridad.

Trata de encontrar un hombre como este en nuestra sociedad, trata de encontrar un hombre así dentro de los políticos de nuestra sociedad, un hombre que no pueda ser comprado. Un hombre con absoluta integridad que no tiene interés en los regalos y las recompensas. Éste es Daniel.

Dice, "guárdalo para ti, yo leeré la escritura al rey y le haré saber la interpretación." Pero primero tengo otras cosas que decir. Como todos los buenos predicadores, no puede dar su mensaje hasta que él haga su introducción para presentarlo.

Versículo 18, "El Altísimo Dios, oh rey, dio a Nabucodonosor tu padre el reino y la grandeza, la gloria y la majestad. Y por la grandeza que le dio, todos los pueblos, naciones y lenguas temblaban y temían delante de él." Él era grande como monarca, "A quien quería mataba, y a quien quería daba vida; engrandecía a quien quería, y a quien quería humillaba." Era un dictador absoluto.

Versículo 20, "Mas cuando su corazón se ensoberbeció, y su espíritu se endureció en su orgullo, fue depuesto del trono de su reino, y despojado de su gloria. Y fue echado de entre los hijos de los hombres, y su mente se hizo semejante a la de las bestias." En otras palabras, pensaba como animal. De hecho, tenía este mal llamado licantropía. Él pensaba que era un animal. "y con los asnos monteses fue su morada. Hierba le hicieron comer como a buey, y su cuerpo fue mojado con el rocío del cielo, hasta que reconoció que el Altísimo Dios tiene dominio sobre el reino de los hombres, y que pone sobre él al que le place." Este hombre necesitaba saber quién es en realidad el que hace que las cosas sucedan. No era él, Dios lo humilló a él.

Nabucodonosor había usado la autoridad que Dios le dio, a él le fue dada una gran autoridad; pero la usó para pervertir la justicia. La usó para matar, para volverse orgulloso por lo que Dios lo derrocó, lo convirtió en un hombre animal quien pensaba que era un animal que comía pasto. Este estado le duró siete años de su vida hasta que aprendió que es el Altísimo el que gobierna los reinos de los hombres y que él se los da a quien él quiere.

A partir de esta introducción, él acusa a Belsasar de tres cosas. Número uno, versículo 22, "Y tú, su hijo Belsasar, no has humillado tu corazón, sabiendo," ¿qué? "todo esto." Acusación número uno, has pecado en contra del conocimiento, tú lo sabías, tú sabías todo esto, no actuaste en ignorancia. No puedes argumentar esto diciendo, "soy un pagano ignorante, ¿qué iba yo a saber?

Has pecado en contra de la luz, tu pecado no es uno por ignorancia, sabes perfectamente lo que sucedió a Nabucodonosor. Sabe que él finalmente atribuyó todas las cosas al Dios del cielo. Sabes que Dios lo quebrantó y que Dios le estaba demandando adoración. Y en contra de todo este conocimiento tú pecaste. Sabes todos los hechos de Nabucodonosor, fallaste en no considerar todo esto y no humillaste tu corazón.

Por lo tanto, tu pecado es una flagrante rebelión en contra del conocimiento, y este es un pecado muy serio. Y ahora te digo que lo mismo llegará hoy en día del corazón de Dios a cualquier alma que se siente bajo el evangelio de Jesucristo y lo rechace. Este es un pecado flagrante de rebelión en contra del conocimiento, este es el más severo de todos los pecados.

"¿Cuánto mayor castigo pensáis que merecerá el que pisoteare al Hijo de Dios, y tuviere por inmunda la sangre del pacto en la cual fue santificado, e hiciere afrenta al Espíritu de gracia?" En otras palabras, ¿qué mayor castigo puede recibir aquel que sabe y pisotea ese conocimiento? Pecó en contra de la luz del conocimiento.

Cristo pronunció un horrible juicio en Mateo 11 sobre las ciudades, en Galilea, y él dijo, "Por tanto os digo que en el día del juicio, será más tolerable el castigo para la tierra de Sodoma, que para ti." ¿Por qué? Porque rechazó todas aquellas obras que se hicieron en ella.

La segunda acusación en el versículo 23, "sino que contra el Señor del cielo te has ensoberbecido, e hiciste traer delante de ti los vasos de su casa, y tú y tus grandes, tus mujeres y tus concubinas, bebisteis vino en ellos; además de esto, diste alabanza a dioses de plata y oro, de bronce, de hierro, de madera y de piedra, que ni ven, ni oyen, ni saben; y al Dios en cuya mano está tu vida, y cuyos son todos tus caminos, nunca honraste." La segunda acusación, has blasfemado en contra de Dios y adorado ídolos. Has pecado en contra de la luz, y no solo es el pecado de rechazo, sino que es blasfemia voluntaria, ya es suficiente que hayas pecado en contra de la luz, pero has pecado en contra de la luz para blasfemar.

Y tercero, la acusación al final del versículo, idolatría. Pecado en contra del conocimiento, blasfemia e idolatría. Como pueden notar hay una progresión. Primero, sabes la verdad pero no la tomas en cuenta, después blasfemias en contra del Dios de esa verdad, y a continuación comienzas a adorar a falsos dioses, este es la razón por la que Daniel lo acusa.

Versículo 24, "Entonces de su presencia fue enviada la mano que trazó esta escritura." Cuando Dios te vio, Belsasar, cuando vio que pecaste en contra de la luz, que blasfemaste su nombre, que expresaste idolatría, entonces Dios envió estos dedos y escribió. Esto es a causa de tus pecados y los pecados de tu pueblo.

La solución

Así que tenemos la escena, la señal, el punto débil, los convocados, el sermón y ahora la solución. La solución se encuentra en el versículo 25, "Y la escritura que trazó es: MENE, MENE, TEKEL, UPARSIN." Esto fue lo que la mano escribió y que ellos vieron, el lenguaje en el que fue escrito es Arameo, tres palabras y una de ellas repetida.

Mene, veamos que significa, versículo 26, "Esta es la interpretación del asunto: MENE: Contó Dios tu reino, y le ha puesto fin." Mene significa contar, en el vernácula diría tu número se acabó. Dios, quien numera los reinos, dice que estas acabado. Y lo dice dos veces, tu número se acabó, tu número se acabó. Mene, mene.

Tekel, versículo 27, "TEKEL: Pesado has sido en balanza, y fuiste hallado falto." Literalmente la palabra TEKEL significa ser pesado y al hacerlo encontrar que le falta peso. En aquellos días, cuando pesaban las cosas, ponían una pesa que era el estándar de peso de un lado de la balanza y del otro lado cualquier cosa que pudiera ser pesada, entonces ambos tenían que estar balanceadas. El estándar de Dios se ha acabado aquí. Fuiste encontrado más ligero que la pesa, no logras el estándar, por consecuencia has sido pesado en la balanza de Dios y fuiste encontrado falto de peso. Demasiado ligero en tu moralidad, demasiado ligero en tus virtudes espirituales, demasiado ligero en tus valores morales. No coincides con el estándar de la balanza de Dios, quedaste corto.

Finalmente la palabra uparsin o peres. En esta palabra la "u" significa "y," y al final la palabra "in" es el sufijo plural, quedando solo las consonantes de en medio. La "p", la "r" y la "s" son la raíz verbal. Parsin, prasa, peres contienen la misma raíz verbal, y sólo son los diferentes modos en los que se presenta el verbo. Ésta significa el reino ha sido dividido y dado a los medos y a los persas, la raíz de la palabra sólo significa dividir.

Contado, contado, pesado y dividido, este es el mensaje. En resumen dice esto, el reino de Belsasar será destruido. ¿Por qué? Porque no tiene ni valores morales, ni espirituales. No cumple con los estándares de Dios y el ejército que viene lo absorberá para formar un dominio más grande. Se dividirá en los medos y los persas, dos elementos.

Entonces la profecía que fue escrita por sobre la cabeza del rey donde todos pudieron ver en medio de esa orgía dice que éste es el fin Belsasar. Este es el fin, y ¿sabes algo? Daniel, bendijo su corazón al calificar con un cero a este rey, y estoy seguro que él dijo esto de tal manera que el salón en donde se encontraban sonó con sus palabras. Pero mientras que él decía esto, ¿sabes que estaba pasando?

Herodoto, el historiador, nos dice esto, "los medos y los persas estaban fuera de la ciudad en la noche que Belsasar llevaba a cabo su fiesta." Y por cierto, esta noche está marcada en todos los libros de historia como el día 16 de Tishri, 539 a.C., en octubre, alrededor del onceavo o doceavo mes de los nuestros.

Los medos y los persas construyeron una represa en el Éufrates, el río que pasaba por debajo de las paredes de la ciudad. Ellos detuvieron todas las aguas que estaban pasando por ese río excepto un poquito de ellas, lo que nos hace saber que el río se convirtió en algo así como un lodazal. Y cuando el agua estaba muy baja el ejército entró en medio del banquete porque el agua solo les llegaba a las rodillas a los soldados. Pudieron marchar por debajo de la pared en el cauce del río casi vacío. Se introdujeron en la ciudad, mataron a los guardias, abrieron las puertas y todo el ejército Medo Persa descendió a la ciudad en un solo golpe.

¿Qué sucedió? Versículo 29, la secuela. "Entonces mandó Belsasar vestir a Daniel de púrpura, y poner en su cuello un collar de oro, y proclamar que él era el tercer señor del reino." Le pudo importar poco, pero eso no fue todo lo que sucedió, sino que como un tiro certero, "La misma noche fue muerto Belsasar rey de los caldeos. Y Darío de Media tomó el reino, siendo de sesenta y dos años."

Escuchen esto, todo esto llegó a su fin súbitamente. Babilonia ha caído, ha caído ¿por qué? por su pecado. Ahora no se pierdan, quiero que escuchen lo que tengo que decir al tiempo que cerramos este capítulo. Babilonia cayó el día 16 del mes de Tishri en el año 539 a.C. Y algún día; algún día, la Babilonia de Apocalipsis 17 y 18, el último sistema de gobierno del anticristo, va a caer en un holocausto infinitamente más grande que el que es descrito aquí. Pero entre la Babilonia del pasado y la Babilonia del futuro, las naciones seguirán cayendo durante la historia de la humanidad. Y todas caen por la misma razón que cayó Babilonia, por su pecado. Por su rebelión en contra del Dios vivo y verdadero.

Creo que todos los elementos que vemos en Babilonia al rechazar a Dios, también se pueden ver en los Estados Unidos de América. Así que conforme llego a la conclusión, quiero llevarles a lo que serían algunos pensamientos de aplicación. Sólo se los voy a dar. ¿Cómo aplicamos esto a nuestros días? ¿Cuáles son los pecados devastadores de Babilonia que causaron su caída? Las enlisté para ustedes y quiero mostrarles cómo es que estas cosas se ven en mi país. La condenación es inevitable, amados, es inevitable. Creo que como nación hemos llegado al punto sin retorno.

Somos muy parecidos a la sociedad de Babilonia

Primero que nada, los versículos 1–4. Veo el pecado de embriaguez, ¿lo puedes ver ahí? Cuando él estaba borracho, fue entonces cuando todo comenzó a ocurrir. Ciro lo había tenido todo, excepto a Babilonia. Pero Babilonia parecía inatacable, por lo que en un momento de embriaguez y libertinaje, se pensaron a sí mismos como impenetrables.

Y por cierto, puede ser que te guste saber que en el mismo lugar, en la misma ciudad de Babilonia, exactamente en el mismo lugar, 200 años después, Alejandro Magno, sin haber sido derrotado por todos los ejércitos del mundo, murió ahogado en su propio vomito a causa del estupor de su embriaguez. No fue solamente Belsasar. El alcohol ha destruido a muchos reyes, y vemos que puede destruir a nuestro gobernante principal del mismo modo en nuestros días.

La embriaguez, tenemos millones de borrachos en nuestro país. Nuestros líderes están ebrios, del mismo modo que el pueblo. En los Estados Unidos hay un accidente automovilístico cada 11 minutos a causa del alcohol y también cada 18 segundos alguien sale lastimado por esta misma causa. Somos una nación de ebrios.

Segundo, una carrera loca por tener placer. Ellos estaban teniendo una fiesta mientras que el final del imperio se encontraba a unas pocas horas. No entendían que serio era esto. Ellos no entendían que serio era todo esto, la locura del placer, locos por el entretenimiento, esposas y concubinas, sexo, baile, bebida y comida para todos ellos.

Aquí nos encontramos en el mismo tipo de condición. Los deportes, el cine, la televisión, los espectáculos, el sexo, los restaurantes; y la lista puede crecer y crecer. Gastamos millones de millones, y pienso en lo que acostumbraba decir mi padre, él decía, "se puede decir con certeza que esta sociedad va felizmente al infierno." Completamente cautivada por el entretenimiento, toda la nación se está hundiendo en una locura por tener placer, sin estar deseosa de enfrentar la realidad que sabemos que estamos al borde de que la condenación se haga presente.

Tercero, inmoralidad. La adoración a dioses cananeos involucraba perversión sexual y estimulación sexual de la que no se puede ni hablar. Los arqueólogos han descubierto artefactos, en las excavaciones que hay a los alrededores de Babilonia, con inscripciones pornográficas de aquella era. Por lo que se sabe que tenían pornografía.

Pero pienso que no pudo ser peor de la que hay en los Estados Unidos. Estaba leyendo una revista acerca de la película llamada Calígula. Decía el artículo que era tan perversa y tan demente que va más allá de nuestra percepción. Sin embargo se gastaron millones de dólares para poner en la pantalla inmundicia, actos viles de sexo y perversión, masoquismo y sadismo que van más allá de lo que nos podríamos imaginar.

Y si alguien los acusa, ellos se defienden diciendo que esto es solamente libertad de expresión. Me lleno de alegría saber que en la Marina echaron a una mujer que posó desnuda en la revista del conejito. Al menos en la marina no se tolera a personas que hacen actos como este.

Estamos tan enfermos por el pecado y tan torcidos por lo que hemos abandonado que hemos diseñado todo tipo de cosas para incrementar nuestra lascivia. Hace unos días mi pequeña hija me preguntó, "papá pasamos por una sala de cine y había un letrero que decía que la película era triple X, ¿qué quiere decir eso?" Ella no lo entendía así que puso esas tres equis al final de una carta que me escribió. Pero sé que lo hizo en ignorancia y que significa algo completamente diferente a lo que ella imagina. Esto nos deja ver qué enferma está nuestra sociedad.

Cuarto, esta sociedad fue destruida a causa de su idolatría. Adoraban a todos los ídolos que habían hecho con sus propias manos y abiertamente rechazaron al verdadero Dios. Había miles de deidades que distorsionaron su cultura. Hoy tenemos lo mismo, tenemos miles de falsos cristos, falsos mesías, religiones incipientes, sectas, ocultismo, dioses del sexo, dinero, materialismo, placeres y hasta la educación. Y hemos, literalmente, sacado a Dios de todo nuestro país, excepto por los vestigios que hay por aquí y por allá de aquellos que verdaderamente lo conocen.

Quinto, blasfemia. Esta nación fue destruida a causa de la blasfemia. No fue suficiente con rechazar a un Dios del cual se había blasfemado, se burlaron de Dios también. No puedes imaginar que tan terrible fue esto. No puedo concebir a alguien haciendo esto. Muchas películas de nuestros días muestran a Cristo como si fuera un payaso o bien una superestrella. Y no solo esto sino que nos burlamos de Dios cuando le llenamos con oraciones vacías que solo son declaradas antes de comer o antes de ir a dormir. Nos burlamos de Dios con los charlatanes religiosos quienes usan su santo nombre para hacerse ricos y así llenar las necesidades de sus egos vacíos.

Sexto, creo que los Estados Unidos de América se parecen a Babilonia en su rechazo voluntario a Dios. Ninguna nación dentro de la historia de la iglesia ha tenido la oportunidad de conocer a Dios como nosotros. ¿No creen que esto sea verdad? Esta nación fue fundada teniendo como cimiento la libertad cristiana. Lo hemos escuchado pero parece que ya no nos importa, no nos interesa, lo estamos rechazando de manera voluntaria.

Y en los versículos 18–22, Daniel dice a Belsasar, "tú conoces todos los hechos acerca de cómo se reveló Dios mismo a Nabucodonosor, conoces toda la historia. Y voluntariamente estás pecando en contra de esta luz. "Aquél que sabe hacer lo bueno y no lo hace le es contado como pecado." Tenemos iglesias en casi todas las calles y poblados de este país. Pero muchas de éstas están vacías o son liberales. Las escuelas están sacando personas que están negando la palabra de Dios siendo que supuestamente son los futuros pastores de esas iglesias.

Estamos dando la espalda voluntariamente para rechazar lo que sabemos claramente que es verdad. Ninguna otra nación ha tenido la oportunidad que se le está dando a los Estados Unidos de América. Y estoy seguro que ninguna otra nación ha dado la espalda tan severamente como lo hemos hecho nosotros. Parece que no aprendemos nada de la historia, somos muy ingenuos.

Siete, otro problema que yo veo en este particular respecto es la culpa que no ha sido pagada. Este país, esta sociedad Babilónica se estaba conduciendo básicamente con culpa. Esto es porque el pecado nos trae culpa. Y ¿sabes qué? El rey vio la escritura sobre la pared y su rostro fue cambiado. Sus pensamientos fueron atribulados. "y se debilitaron sus lomos, y sus rodillas daban la una contra la otra," versículo 6. ¿Por qué?

Ahora si tú o yo hubiéramos estado allí y de repente hubiéramos visto que algo escribía sobre la pared, pudimos haber dicho, "parece que el Señor nos está dando un mensaje." Pero esto solo sería posible porque nosotros conocemos al Señor y porque nosotros tenemos un corazón dispuesto a Él. Pero si fuéramos un montón de impíos en medio de una orgia y unos dedos comenzaran a escribir de manera sobrenatural un mensaje, creo que hubiéramos reaccionado un tanto diferente. Esta es la razón por la que ellos reaccionaron de la manera en la que ellos lo hicieron porque su culpa los acusaba, ¿se dan cuenta?

Nosotros interpretamos todo lo que nos sucede de acuerdo a lo que nos dicta nuestra conciencia. Y la conciencia nos hace ser cobardea a todos nosotros. El enemigo que llevamos dentro nos condena como lo hiso con Adán y Eva. Tan pronto como ellos pecaron Dios vino a ellos y les dijo, "Adán, Adán." Normalmente Adán hubiera contestado y dicho, "Aquí estoy Señor," ¿quieres que tengamos una plática?" Cuál es la razón por la que Dios no le dice nada como introducción. La razón es que Adán ya tenía la culpa dentro de su corazón.

Nuestra nación se siente culpable y esto es increíble. Literalmente nos conducimos con culpa. Nunca antes había habido tantos psiquiatras, psicólogos, consejeros, enfermedades mentales, alcohol, drogas, miseria, tristeza y suicidio; esto se encuentra por todas partes porque estamos totalmente extasiados con nuestra culpa.

Ocho, Estados Unidos está caracterizado por la ambición y los motivos impuros. Y esto es lo que también fue parte de la causa de la destrucción de Babilonia. En el versículo 7, él dice, "será vestido de púrpura, y un collar de oro llevará en su cuello, y será el tercer señor en el reino." Y en el versículo 17, se lo está diciendo a Daniel. Versículo 16, "te daré todo esto." Y Daniel contesta, "eso no me importa."

¿Pero saben algo? Ésta es la manera en la que todo el sistema funciona. Piénsenlo. Todo el sistema americano funciona sobre la base de la ambición y los motivos egoístas. Se caracteriza por falta de honestidad, de integridad, desde tu casa y hasta la Casa Blanca. Así funciona: compramos gente y la vendemos.

Estos versículos apuntan hacia un sistema totalmente corrupto. El rey dijo, si les doy suficientemente oro, todo tipo de cosas, una posición alta también, entonces me dirán lo que quiero conocer. ¿Por qué? Porque todo este tipo de acercamiento a un problema es el que se acostumbra siempre, la gente no habla la verdad porque esto sea lo correcto, sino porque ellos obtienen lo que quieren. Ésta es la forma en la que el sistema opera en nuestros días en EUA. Corrupción, ambición y motivos impuros.

Nueve, materialismo. Y esto es paralelo a estos versículos. El poder es equiparado con tus ropas y con tu oro. La decadencia de vivir del prestigio y de la riqueza. Pienso que nunca antes ha habido una nación en la historia del mundo que haya tenido la riqueza que tiene EUA, y sobre todo por un periodo tan largo dentro de la historia y con tantas personas como las tenemos hoy en día. Hay personas mucho más ricas en los estados árabes, pero no todos los que viven en estos países experimentan eso; nosotros somos ricos y decadentes.

Número diez. Otra cosa que me llama la atención es su confianza en la seguridad humana. Su confianza en la seguridad humana. ¿Notaron que ellos estaban teniendo esta fiesta porque consideraban que su ciudad era impenetrable? No imaginaron lo que les podía pasar.

Hoy en día mucha gente tiene este concepto de fortaleza en EUA. Dicen, "estos son los Estados Unidos de América, nunca podemos perder, siempre ganamos, somos impenetrables." Pero no seremos conquistados tan rápido desde afuera como lo seremos desde adentro. Somos corruptos en nuestro interior. Nos encontramos en este mismo tipo de embriaguez y libertinaje. Cuando el enemigo esté listo para tomarnos, le será muy fácil, puede ser que ni siquiera sea por medio de una guerra.

Un comentarista dice que esa noche de la caída de Babilonia ni siquiera una lanza fue arrojada. Y que Belsasar fue ejecutado sistemáticamente junto con los demás. Pero que no hubo una guerra, sólo ejecuciones, así de rápidamente llegará. ¿Por qué les llegó así? Porque ellos creían que sus recursos eran suficientes.

Ésta es una forma de humanismo, se les olvidó que es el Altísimo Dios quien gobierna los reinos del hombre. Se enaltecieron en contra del Señor del cielo. Vivimos en un tiempo humanista cuando el hombre dice, "soy el amo de mi destino. Soy el capitán de mi alma. Yo decido lo que es correcto. Hago lo que yo decido hacer." Esto nos dice que el humanismo ha tomado el lugar de Dios y realizamos el acto más estúpido, pretender que nosotros somos poseedores de todos los recursos. Hemos hecho a un lado a Dios y hemos creado un humanismo ateo al preocuparnos por todos nuestros derechos en lugar de preocuparnos por agradar a Dios.

Otra cosa que me llama la atención de este pasaje es el indicativo de una sociedad muere a causa de un liderazgo corrupto. ¿Qué hacían todos estos príncipes embriagándose junto con el rey? Eran un liderazgo corrupto. Y todos los encantadores, los caldeos, los magos no eran una ayuda en lo absoluto. No podían dar ninguna respuesta. Todos ellos tan borrachos, tan inmorales, tan ineptos como todos los otros.

Todo esto ilustra a los líderes que no tienen a Dios. Son unos humanistas ateos en plena práctica, quienes al final sólo pueden soportar su culpa, lujuria y locura por medio de la ayuda del alcohol y el sexo. Cuando pienso acerca de esto, no puedo dejar de pensar en nuestros líderes. Algunos de ellos con tanta lascivia, personas tan lujuriosas que si la verdad fuera conocida a lo largo del país, sin duda el pueblo cristiano se estremece con estas verdades.

Esta semana estaba leyendo a un autor que decía que uno de los problemas de Belsasar era que él no era tan bueno como su padre. No era tan bueno como su padre adoptivo, Nabónido. Y él no era tan bueno como su abuelo o su bisabuelo, Nabucodonosor. Dije en la parte anterior de nuestro estudio que Nabucodonosor finalmente se convirtió en creyente. Pero hay un gran paréntesis entre Nabucodonosor y Belsasar. Eso ilustra para nosotros el declinar de la familia. Esto también sucede en Estados Unidos. ¿Dónde podemos ver la semilla de la fe? ¿En dónde se encuentra la generación recta?

Por último, y esto es un resumen. ¿Qué fue lo que hizo que Babilonia cayera? El orgullo. Versículo 22, "no has humillado tu corazón. No has humillado tu corazón." Orgullo. Escuchen esto, dentro de la fiesta de Belsasar y los 1000 príncipes, mientras que ellos bebían en las vasijas de oro como lo registra el libro de la verdad, en la noche, al tiempo que se encontraban en el salón real, ellos fueron sorprendidos y consternados al ver la mano sobre la pared. Y después vemos a Daniel que valientemente se para frente al altanero rey y lo reprende por todos sus malvados actos. Al tiempo que lee la escritura, ésta era una condenación para el reino y le decía que ahora este reino estaba acabado. Vemos la fe, el celo y el coraje que le permitió hacer lo correcto de acuerdo a lo que el Espíritu le dio a Daniel, este era el secreto de su poder. En su casa en Judea, un captivo en este salón real, era el único que entendió la escritura que su Dios ponía sobre la pared.

Esto nos dice que todos nuestros actos están siendo registrados, hay una mano que está escribiendo en este momento. Y dice, pecador entrega tu corazón a Jesús, inclínate ante su mandato real porque el día se acerca, llegará el momento para cada uno de nosotros cuando la condenación se escriba en la pared.

El mensaje de hoy nos dice que el pecado nos trae destrucción. Comenzamos con Ezequiel 18:10 y acabaremos con el también. "El alma que pecare ciertamente morirá." Sea la de un hombre, la de una mujer o la de una nación; la condenación es inevitable en este mundo conforme se pone cada día peor. La Biblia promete que aquellos que pongan su fe en Jesucristo escaparán de la ira venidera, será librado de la hora de la tribulación; será salvo del juicio y llevado a cielo.

Lo que pido es que busques en tu corazón y veas si es verdad que conoces a Cristo. Vivir en cualquier sociedad decadente, en una sociedad que da la espalda a todo lo que tiene que ver con Dios de manera flagrante y abierta, tenemos necesidad de ser la sal y la luz de la tierra. Debemos llegar a Cristo y tomar la verdad que otros deben escuchar para que también lleguen a Cristo. Dios no quiere que ninguno perezca, no es su deseo, quiere que todos lleguemos a Él.

Es necesario que tú hagas esto en tu vida, primero que nada ven y confiesa tus pecados y recibe al Salvador; después ve y predica el mensaje de juicio y salvación en Cristo de ese juicio, predica el mensaje de las buenas nuevas que nos salva de la ira venidera.

REFLEXIONES PERSONALES

25 de Octubre, 1992

07_Llega la paz mundial

Vi cuando el Cordero abrió uno de los sellos, y oí a uno de los cuatro seres vivientes decir como con voz de trueno: Ven y mira. Y miré, y he aquí un caballo blanco; y el que lo montaba tenía un arco; y le fue dada una corona, y salió venciendo, y para vencer.

Apocalipsis 6:1–2

BOSQUEJO

— Introducción

— Sermón

— Oración final

Notas personales al bosquejo

SERMÓN

Introducción

Ahora comenzamos con un estudio acerca del capítulo 6 de Apocalipsis. Apocalipsis 6 inicia para nosotros el elemento futuro del libro de Apocalipsis. Aquí entramos en la profecía que corresponde al final de los tiempos. Aprenderemos mucho conforme avancemos en este capítulo y hasta el final de este libro. En todo versículo encontramos verdades y aplicaciones abundantes, y esta no es la excepción, pero debemos considerar que este no solo es un viaje místico al futuro, no es solo una fascinante mirada a algo que no tiene relevancia para hoy, por el contrario es muy, pero muy práctico. Ustedes notarán como es que el Espíritu de Dios nos hace aplicar todo esto conforme vayamos avanzando.

En esta sección solo vamos a hablar de dos versículos del capítulo 6 ya que aquí se encuentra el primer sello siendo abierto, y en este encontramos el primer sujeto, la llegada de la paz al mundo, la llegada de la paz mundial.

Leemos en el versículo 1, "Vi cuando el Cordero abrió uno de los sellos, y oí a uno de los cuatro seres vivientes decir como con voz de trueno: Ven y mira. Y miré, y he aquí un caballo blanco; y el que lo montaba tenía un arco; y le fue dada una corona, y salió venciendo, y para vencer."

Recordaran que las escenas de los capítulos 4 y 5 son en el cielo, y en la escena del capítulo 4 Dios está sentado en su trono; al llegar al capítulo 5, Dios extiende su mano y en su mano sostiene un pequeño rollo sellado con siete sellos. Estos siete sellos básicamente cumplen con la función de esconder lo que se encuentra en el rollo. No pueden ser rotos sin manifestar que alguien especial lo tiene que hacer. No se puede leer su contenido a menos que alguien rompa los sellos, no puede ser abierto legalmente excepto por aquel que tiene el derecho de abrirlo.

Les dije que ese rollo sólo podía ser abierto por el Creador del universo y que Él era el único que es digno y puede abrirlo. Éste es el Cordero, el Señor Jesucristo, el León de la tribu de Judá, la raíz de David, como es descrito en el 5:5. La escena es que Dios lo va a abrir y que Dios está a punto de desatar su juicio. Alrededor de su trono hay relámpagos y truenos, y en medio de esto se encuentra la gloriosa adoración a Dios que está siendo llevada a cabo por los redimidos y por la iglesia que ha sido raptada, junto con ellos se encuentran los ángeles. En medio de toda esta gloriosa adoración Dios se prepara para actuar en juicio y todos estos seres glorificados celebran que Él viene a juzgar porque eso es justo y correcto, esto será una exaltación de Cristo y de la gloria de los santos. Al tiempo que esto se está celebrando Dios pone sobre su mano este pequeño libro que simboliza el título "obras del universo." El universo tiene que ser arrebatado de la mano del usurpador Satanás y todos sus compinches.

El Cordero, el León de la tribu de Judá llega y toma el rollo. Él es digno y puede abrirlo, tiene el derecho de heredar el universo y tiene el poder para quitarlo.

Escrito en este rollo se encuentra la descripción del juicio por medio del cual el Señor recupera la tierra. Está sellado siete veces, como era la costumbre en los documentos antiguos, esto para mantener en oculto todo esto hasta que el único heredero lo abra. Cada vez que se abre un sello vemos que se lleva a cabo un drama, el drama del juicio venidero, mostrando cómo la ira de Dios se desarrolla para que restaure el universo.

El primer sello es abierto al tiempo que leemos el capítulo 6, y una vez que este sello es abierto inicia a interpretarse el drama. Uno de los cuatro seres vivientes, los recordarán del capítulo 4 y 5, dice con una voz de trueno, "Ven y mira. Y miré, y he aquí un caballo blanco; y el que lo montaba tenía un arco; y le fue dada una corona, y salió venciendo, y para vencer." Aquí tenemos el primer sello, por tanto ésta es la descripción del primer evento, el primer acto del final cuando el Señor restaura su mundo, su creación.

Durante muchos años se ha enseñado que todo lo que ocurre en este mundo se dirige inexorablemente hacía una guerra final. Se nos ha dicho que nos dirigimos al Armagedón, y que probablemente esto sea algo parecido a un holocausto nuclear, que esto es lo que probablemente Pedro estaba diciendo cuando dijo que los elementos serían derretidos por un fuego candente; que todo dentro de nuestra sociedad y nuestro mundo se va a deteriorar y deteriorar y deteriorar hasta que el holocausto llegue y se manifieste. Se nos ha dicho que el mundo caerá en un caos más y más profundo cada día, confusión, desastre y muerte. Todos hemos escuchado el mensaje de muerte y oscuridad, el mensaje de la escalada de la guerra, el crimen, el colapso financiero, etc. Sabemos, y la escritura lo dice, que habrá guerras y terremotos, hambruna y plagas. Al ver el mundo que nos rodea vemos a la gente preocupada por la forma en la que se conduce la sociedad, preocupada por las finanzas, preocupados por la comida o por la forma en la que se ha de proveer para la comida, preocupados por el combustible y los recursos no renovables, preocupados por el ambiente y la contaminación.

A todos se nos ha dice constantemente que estamos enfrentando el juicio final en áreas sociales, monetarias, alimenticias, de combustibles y en cuestiones ambientales; en efecto enfrentamos muchos dilemas que nos están llevando lentamente a vivir un infierno en la tierra, y en efecto desde este ángulo estamos presenciando una destrucción silenciosa. Pero ¿es ésta la realidad? Podemos decir que sí, que puede ser que finalmente lleguemos a ello, pero no temporalmente. En realidad antes de que venga lo peor, y sabemos que vendrá, tendremos tiempos buenos. Creo que si podemos dirigirnos a la paz mundial, a la prosperidad mundial y a la seguridad social; pero esto sólo sucederá por un corto tiempo antes de que las cosas empeoren. De hecho, muchos líderes mundiales están convencidos de esto, muchos de ellos, si te enteras en las noticias por la radio o la televisión, en revistas y periódicos, muchos líderes están convencidos de que los problemas en nuestro mundo, los problemas de alimentación, de petróleo, de sociedad y del ambiente, son problemas serios y son tan intimidantes que son los que requieren toda la atención y hacen que las cuestiones militares y las cuestiones de carreras espaciales se vean como algo ingenuo, todo el ingenio que ha sido puesto en el desarrollo de armas va a girar para centrarse en cuestiones de sociedad, economía y de ambiente, con la idea de que el ingenio humano nos va a sacar de este atolladero. El mundo que ven actualmente está haciendo de lado las armas. Podemos ver algunos brotes de guerra y armamentos por aquí y por allá, pero la realidad es que los gobiernos tienen que hacer esto de lado para enfocarse en problemas que se consideran más serios. El dinero, el orden social, el alimento, combustibles, medio ambiente, todo esto hace que la gente se sienta amenazada al pensar en el futuro. La gente se preocupa por la calidad de vida y no se preocupa tanto por extender su territorio nacional.

Pero como ya dije, hay lugares en donde esto sigue siendo toda una preocupación, en donde todavía hay egoísmo y donde toda su agenda se basa en el odio o bien en la ambición de poseer más territorio. Pero en la mayor parte del globo los grandes poderes del mundo se están alejando más de la separación para buscar la unificación o bien usando el término actual, están buscando hacer crecer la globalización. Hemos visto ya la unificación de la comunidad Europea, cosa que algunos pensaron como inalcanzable. Todos nosotros asumimos que la Unión Soviética permanecería intacta hasta el final, y que éste sería el reino del norte que vendría, destruiría y rendiría a Israel. Estamos viendo como caen también las barreras del comercio internacional, de hecho se busca tener una sola moneda de comercio internacional. Se habla ya de eliminar las barreras comerciales para facilitar una economía en común, para que de este modo los ricos ayuden a los pobres a hacerse ricos.

Están preocupados por la medicina, por la salud, están preocupados por todas esas cosas y buscan derribar todas las barreras que sean posibles, incluso en nuestra América del Norte estamos muy cerca de eliminar dichas barreras por medio de tratados de libre comercio entre México, Estados Unidos y Canadá. La idea es que el comercio fluya de un lado al otro y de este modo se pueda beneficiar con las fortalezas de unos a las debilidades de otros.

Grandes, muy grandes esfuerzos se están haciendo desde varios ángulos de nuestro mundo para lograr la unificación global. Robert Muller ha sido llamado el filósofo de las Naciones Unidas, se le considera un profeta de esperanza. Muller ha servido a las Naciones Unidas por más de treinta años y ha desempeñado misiones diplomáticas alrededor del mundo. Hoy en día funge como asistente del secretario general de las Naciones Unidas, se encarga de coordinar los trabajos de treinta y dos agencias especializadas y diferentes programas de las Naciones Unidas; esto hace que él sea uno de los hombres más informados en el mundo. Muller está convencido, "de que no habrá una tercera guerra mundial entre los grandes poderes de gobierno." Pero dice que en lugar de esto, "nos dirigimos a una nueva era, a un nuevo mundo, a un nuevo Génesis, a uno verdaderamente global en donde veamos a Dios en la política, en lo moral y en un renacimiento espiritual para que hagamos a este planeta algo parecido para lo que fue creado, para ser el planeta de Dios."

Él se dice ser un buen católico, su Dios, sin embargo no es el Dios personal de la Biblia, sino las fuerzas cósmicas que están haciendo que se logre la unificación en todo el planeta. Como pueden ver esto es lo que la gente cree que lograremos. Creen que la tierra es todo lo que existe. ¿Lo pueden entender? Ellos creen que nos tenemos que aferrar a este lugar porque es lo único que existe para nosotros. Los evolucionistas piensan que tenemos que preservarlo. Y se preocupan de cómo hemos de lograrlo. Y meditaba mientras hacía este estudio, si piensan que nosotros hemos destruido este planeta, esperen a ver lo que Jesucristo va a hacer con **él**. Éste es un mundo desechable, pero no lo sabemos; éste es un planeta que se está consumiendo, pero no lo saben; fue diseñado para ser consumido, fue diseñado para ser desechable, y cuando se haya usado lo suficiente el Señor simplemente lo desechará y creará otro, Dios creará cielos nuevos y tierra nuevos.

Pero esta gente cree que así es esto, y el temor de perder el planeta está sobrepasando el temor de poseer todo el territorio que pudieran necesitar, o de mantener las fronteras tradicionales, o incluso perderlas. Herman Kahn, director del Instituto Hudson, una organización de investigaciones de Nueva York que está dedicada a predecir el futuro, dice, "Aun con todos los problemas que enfrentamos hoy en día, la humanidad que hay en los Estados Unidos tiene gran futuro." Dice, "muchos de los temores que invaden a los americanos hoy en día no serán nada en los años por venir." Predice, "la explosión demográfica pronto acabará, el índice de nacimientos caerá y la población mundial se estabilizará alrededor de diez mil millones. No se están acabando los recursos naturales del mundo, hay mucho que descubrir en el espacio y en las profundidades de los océanos. Tenemos abundante energía y nunca se acabarán los combustibles fósiles ya que tan solo hay suficiente carbón para que dure cientos de años más. A esto le podemos sumar el poder nuclear, la energía solar y la energía geotérmica que se encuentra por debajo de la superficie terrestre y que tiene un potencial ilimitado que apenas hemos iniciado a desarrollar. Todos los problemas de contaminación que hoy parecen tan serios eventualmente serán resueltos. Los índices de inflación caerán por debajo de 5 puntos y habrá un auge económico mundial. Las computadoras serán la clave para resolver mucho de lo que hemos mencionado y la ingeniería genética hará posible que haya abundancia de alimentos a precios alcanzables al desarrollar nuevas plantas que puedan crecer con agua salada."

Él no se encuentra solo con este pensamiento, hay muchos como él, líderes y analistas quienes creen que toda la energía, toda la atención y todos los juicios creativos se dirigen a resolver todos nuestros problemas y nos llevarán a una era que parezca más una recién llegada utopía, a una era de paz y prosperidad. Ya hemos probado un poco de esto con el fin de la guerra fría. Cuando llegue esta era, cuando llegue el tiempo de la paz mundial, los habitantes de la tierra cansados de la guerra van a recibir con agrado y éxtasis la paz mundial. Estarán convencidos de que su utopía ha llegado, parecerá como si todos sus problemas quedaran resueltos. Finalmente llegará la paz internacional, y hasta cierto grado la prosperidad para todos. Hemos visto cómo la cortina de hierro del comunismo se ha desmoronado. Hemos visto cómo el invencible poder comunista ha caído, espero que por completo; y hemos visto cómo muchos líderes comunistas se han disculpado por sus conductas pasadas.

Nada menos el Papa Juan Pablo II vio este dramático cambio y anunció que el mundo estaba, "en un momento muy especial como despertando de una pesadilla y abriéndose a una nueva esperanza," así publicó el *USA Today* en diciembre de 1989. El Papa dice que estamos llegando a mejores días. La gente habla como si la luz o la flama brillaran más que nunca antes. ¿Verdaderamente hay paz en el horizonte? ¿Verdaderamente habrá paz en el mundo? ¿En realidad no ocurrirá una tercera guerra mundial y entraremos a una era de prosperidad sin barreras comerciales y experimentaremos la facilidad de cambiarnos de un lugar a otro dentro de este mundo sin que alguien lo impida? ¿Verdaderamente habrá tal estabilidad económica en donde los ricos compartirán con los pobres y los sabios con los indoctos? Y la respuesta es sí.

La Biblia predice este tiempo, la Biblia predice que llegará la paz mundial y llegará. Pero, escuchen, será una paz engañosa, será una falsa seguridad, será la trampa más sutil y más engañosa que se haya visto jamás, porque captará la atención de todo el mundo. Serán atrapados y destruidos. La trampa ya ha sido colocada de manera psicológica, social, política, económica y religiosa. Y está atrayendo hacia ella al mundo. La paz internacional es la carnada para que toda la raza humana sea atrapada y pueda sentir el completo y final desarrollo de la ira de Dios. Estamos siendo atraídos por la paz.

En un discurso para toda la nación americana el presidente Bush dijo esto, "Estamos iniciando una nueva era, esta nueva era puede estar llena de promesas, una era de libertad, un tiempo de paz para todos. Pero si en realidad la historia nos enseña algo, debemos aprender a resistir la agresión o esta destruirá nuestras libertades. El simplemente aplacarla no funciona." Él nos está diciendo que debemos hacer algo con esto pero que a pesar de ello nos dirigimos a la paz.

Meses antes de esto, Mikhail Gorbachev había dicho ya de manera optimista, "vemos un orden mundial en ciernes, en donde la coexistencia pacífica y la cooperación mutua de beneficios está siendo basada en la buena voluntad como norma universal." Todos hablan de la paz mundial.

Haríamos bien en recordarnos a nosotros mismos que una confianza optimista de que la paz estaba asegurada fue lo que caracterizó precisamente a la Europa de antes de la Segunda Guerra Mundial. Sir Winston Churchill nunca compró la idea de Hitler de ofrecer la paz mundial. La biografía de William Manchester acerca de Sir Winston Churchill nos confronta con la desagradable memoria de Hitler, un hombre que estuvo muy cerca de ser el anticristo, que engañó al mundo con sus promesas de paz. Escuchen lo que Manchester escribió, "Thomas Jones quien ha estado entrando y saliendo del Whitehall por más de un cuarto de siglo escribió en su diario, 'todo tipo de personas quienes han conocido a Hitler están convencidas de que él es el factor indispensable para la paz. Él solo está buscando ser amigable con todos'." Al reunirse con la prensa después de que estuvo conversando con Hitler por una hora, Lloyd George dijo que él lo consideraba el más grande de todos los alemanes. Y después escribió, "cómo me gustaría que tuviéramos a un hombre de la suprema calidad de éste en nuestros asuntos de gobierno hoy en día." Y está hablando de Hitler.

Los objetivos nazis aun fueron aplaudidos por los clérigos anglicanos, un grupo de los cuales expresó, "sentimos una admiración moral y ética ilimitada por los programas nazis, por su claro apego a la religión y a la cristiandad y por sus principios éticos."

Sir John Simond, el secretario de su majestad, desde 1931 y hasta 1935, no vio arrogancia en Hitler sino a un hombre tímido e indiferente a todos los asuntos de Europa del oeste. Después él mismo describió a Hitler al rey Jorge, "como un gran austriaco, tipo Juana de Arco, pero con un pequeño bigote."

Arnold J. Toynbee igualmente hechizado por el canciller del Reich declaró, "Estoy convencido de la sinceridad de Hitler al desear la paz en

Europa y de su cercana amistad con Inglaterra." Estaba hablando de involucrarse con él.

Churchill nunca cayó en el engaño de Hitler, lo que hizo que casi se quedara solo. El engaño, puede decirse que casi cautivó a todo el mundo. La mayoría malentendió a Hitler y se embarcaron en su falsa paz para finalmente ser aniquilados. Esto sucederá una vez más pero no será con Hitler, será con el anticristo. Y todos pensarán que él quiere la paz y que será una moderna Juana de Arco, sea con bigote o sin bigote.

Pienso que esa apertura política de Europa del Este, la apertura política del mundo es más seguramente un movimiento hacía la falsa paz del anticristo que la verdadera paz de Jesucristo. La religión también será un factor, el ecumenismo religioso será también un factor en esta búsqueda de la unidad global. Todos se juntaran con el propósito de la ciencia, la medicina, la economía, los alimentos y todas las cosas de las que ya hablamos. Y creo que la religión también se verá involucrada en esto porque la religión separa a la gente. Así que algún tipo de barrera se tendrá que derribar para unir las religiones. El ecumenismo religioso es un factor clave en este asunto de la unidad global porque la religión ha dividido a la gente. Ha habido una profunda animosidad entre católicos y protestantes, entre hind**úes** y musulmanes y muchos otros que faltaría mencionar. Y si esto ha de suceder, una tolerancia global en una paz mundial, las religiones tendrán que aceptarse abiertamente las unas y las otras. Tendrán que ignorar su doctrina y todas sus diferencias tradicionales. Tendrán que formar algún tipo de fuerza religiosa, y en especial si **é**sta ha de ser controlada por el anticristo.

Esto ya está sucediendo, existen muchas ilustraciones al grado que podríamos pasar horas mencionando muchas de las cosas que están sucediendo con la idea de que se forme una sola religión en todo el mundo, y desde luego que esto incluirá una intolerancia radical en contra de la verdadera cristiandad. La intolerancia en contra del verdadero cristianismo se verá incrementada en todo este proceso, recibiremos mucha hostilidad. Pero creo, como ya lo dije, que la iglesia será raptada antes de que la falsa paz llegue. Así que no estaremos presentes, pero esto s**ó**lo les dará la falsa idea de que una de las grandes barreras para la unidad religiosa simplemente desapareció.

Permítanme darles algunas ilustraciones. La madre Teresa con quien, como ustedes saben, me reuní y platiqué con ella, y por eso sé que quienes trabajaron con ella nunca tuvieron la idea de compartir a Cristo con los hindúes. Estuve en su casa para moribundos en Calcuta y al estar allí, ella nos mostró todo el lugar. Pasamos tiempo con ella allí y en el alojamiento de las hermanas. Ella nunca intenta convertir a los hindúes a Cristo. Ella s**ó**lo dijo, "si al estar cara a cara con Dios lo aceptamos en nuestras vidas, entonces nos convertimos en un mejor hindú, un mejor musulmán, un mejor católico, o un mejor lo que seamos. Sea lo que sea Dios en tu mente, debes aceptarlo." A ella no le importa lo que creas o lo que seas, lo que para ella es importante es que estés cara a cara con Dios, como sea que lo concibas.

Uno de los escritores católicos que han sido más leídos en nuestros días es un hombre llamado Thomas Merton. Si han platicado con católicos, es especial los que se encuentran en el extremo místico del catolicismo, tal vez habrán escuchado que hablan de él. Merton es un escritor muy influyente en su medio. Era un hombre apasionado, lo que hace que se vea como alguien muy confiable. Un mes antes de su muerte, Merton dijo en una reunión ecuménica de representantes de varias religiones en Calcuta, "Queridos hermanos, ya somos uno solo, el problema es que nosotros no lo imaginamos así. Y lo que tenemos que descubrir es nuestra unidad original." Lo que él está diciendo es que nosotros tenemos barreras artificiales, porque en realidad somos uno sin importar cuál religión profesemos. Lo que él hizo es dar eco a las palabras de la Madre Teresa y a lo que muchos otros católicos, incluidos los Papas, han dicho desde hace ya mucho tiempo.

Hoy en día hay muchos católicos que están involucrados y son tolerantes con la meditación trascendental, con el zen y el yoga y todo el misticismo oriental. Un hombre conocido como el Cardenal Ratzinger, un guardián de la ortodoxia católica en el Vaticano, elaboró una carta de veintitrés páginas a mediados de diciembre de 1989 para tres mil obispos católicos. Y en esa carta dio una declaración, la cual fue aprobada por Juan Pablo II, en donde no condena el misticismo oriental o la medicación de la Nueva Era o la técnica del yoga, sino que por el contario, dio una sugerencia, "tomemos de ellas lo que es útil." Juan Pablo II motivó públicamente esta actitud sincretista. En la universidad de Calcuta y Nueva Delhi en su visita en 1986 a la India, el Papa dijo a las audiencias hindúes, "las misiones en la India son cruciales debido a que han instituido la naturaleza espiritual del hombre. De hecho, la mayor contribución de la India al mundo puede ser que han ofrecido una visión espiritual al hombre. Y el mundo hará bien en atender voluntariamente a este conocimiento ancestral para que encuentre en éste, un enriquecimiento para la vida humana." ¿No creen que ésta es una declaración increíble, de uno que se supone que es el líder de la verdadera iglesia, con respecto a la adoración idólatra de demonios que caracteriza la religión en India?

Otro de los más importante líderes religiosos del mundo es un hombre que lleva por nombre o por título, el Dalai Lama. Su santidad, el Dalai Lama, quien es dios para la mayoría de los budistas tibetanos, ha sido bien recibido por los católico romanos de todo el mundo. Se reunió dos veces con el Papa Paulo VI y cinco veces o más con su buen amigo Juan Pablo II. El Dalai Lama dijo, "nosotros dos tenemos el mismo objetivo." Al principio de su primera gira por los Estados Unidos fue llamado el dios-rey; se le creyó en la catedral de San Patricio y la relación entre los católicos y los budistas, entre el Papa y el Dalai Lama, ha continuado creciendo. Y podría darles todo tipo de pensamientos acerca de esta situación.

Tenemos a alguien como Sun-Myung Moon y los moonistas, fundador de la Federación Internacional Religiosa para la Paz Mundial, quien dice, "todos los hombres y mujeres de religión deben derribar las murallas del sectarismo para lograr la paz mundial." Por cierto, Gorbachev hospedó a Moon en los aposentos del Kremlin, y Moon respondió que la Unión Soviética a la cual previamente había relacionado estrechamente con Satanás, ahora jugaría el mayor rol en el plan de Dios para construir la paz mundial.

Hemos tenido probablemente cien concilios inter-confesionales en los Estados Unidos que sólo buscan unir a todos para lograr algún tipo de paz mundial. En el estado de Washington —y pensamos en Washington como un lugar totalmente americano— el Concilio Inter-confesional del Estado de Washington declaró, "Swami Bhaskarananda, un hindú, cantó una oración a Dios en su concilio. Ismail Ahmad, un musulmán recitó una breve oración a Dios. La confianza, de acuerdo a sus asistentes, era su más importante meta a corto plazo. Reunidos en la Sociedad Vendanta en Capitol Hill, aquellos que firmaron sus acuerdos, expresaron sus esperanzas parados frente a un altar adornado con las fotografías de Sri Ramakrishna, Jesucristo y Buda. Pasha Moha Jer Jasbee, un miembro de la fe en Baha'i, dijo, "todo mi apoyo y mi corazón se encuentra con ese grupo." Bhaskarananda dijo al grupo que "los hindúes creen en la armonía de todas las fes."

Y el Papa ha declarado, "los cristianos deben trabajar con todas las otras religiones para poder asegurar la paz mundial."

Éstos son sólo ejemplos de lo que está pasando en la religión conforme se dirige todo a un ecumenismo global. El movimiento de la Nueva Era encaja en esto, en este tipo de misticismo. El presidente Bush, recordarán, después de la reunión en Helsinki en septiembre de 1990 expresó que la esperanza de esa reunión era que de ahí salieran las ideas para tener un nuevo sistema de orden mundial. Y el presidente Bush dijo —esto se encuentra en la revista Time, septiembre de 1990— "si las naciones del mundo continúan trabajando como hasta hoy, seremos capaces de colocar la piedra angular de un nuevo orden internacional, más pacífico que cualquier otro que hayamos conocido." Creo que nuestro presidente no entiende lo que está por venir.

Todos estos intentos de paz no tienen nada que ver con el Príncipe de Paz, pero sí tienen que ver con el engaño, con una trampa. El profeta dijo, "no hay paz para los malvados." No hay paz. Pero su pasión por la paz los engañará para que caigan en la trampa del anticristo al tiempo que Dios usa la paz como la carnada para la muerte.

Jesús nos advirtió acerca de esto. Vayamos a Mateo 24. Quiero llevarlos al versículo 3. Jesús estaba sentado sobre el monte de los olivos y vinieron a él los discípulos en privado y le dijeron, "Dinos, ¿cuándo serán estas cosas, y qué señal habrá de tu venida, y del fin del siglo?" ¿Cuándo llegará el final? ¿Cuándo llegará el juicio sobre el sistema mundial de maldad y oscuridad? ¿Cuándo llegará el principio de una nueva y eterna era de luz y justicia? ¿Cuándo será el fin? Ellos hicieron la pregunta con el deseo de poder adelantarse, y Jesús les contesta algo muy interesante. Jesús contestó y les dijo, versículo 4, "Mirad que nadie os engañe. Porque vendrán muchos en mi nombre, diciendo: Yo soy el Cristo; y a muchos engañarán." Detengámonos aquí por un momento.

¿Cuándo va a suceder esto, cuando llega el fin? ¿Cuándo llega el juicio final? Lo que nos dice Jesucristo es que este llegará con un engaño final. Inicia con alguien que viene a introducir el error, quien dice "Yo soy el Cristo, y les traigo paz. Soy su libertador, soy su salvador, soy su Mesías. Alguien muy engañador, que proclama el error abiertamente, pero no será solo uno, leamos el versículo 5, "Porque vendrán muchos." Muchos dirán esto, muchos estarán diciendo yo he venido a traer paz. Venimos para traer un nuevo orden mundial. Puedo ver a todos los líderes del mundo alineándose y gritando, todos diciendo que ellos representan libertad, que ellos representan la paz global, que ellos representan un nuevo día y un nuevo amanecer. Prometen liberar al mundo de todos sus problemas. Prometen paz, todos ellos son arquitectos de una falsa paz la cual comienza con el tiempo final de juicio.

Pero esto no dura mucho tiempo, veamos el versículo 6. "Y oiréis de guerras y rumores de guerras." Y versículo 7, "nación contra nación, y reino contra reino." Y como resultado llegarán la hambruna y los terremotos. Y después en el versículo 9, "habrá tribulación y persecución y serán aborrecidos por todas las gentes por causa de mi nombre."

Ahora lo que tenemos aquí, y no lo veremos a todo detalle, es a Jesús diciendo cuando va a suceder esto. Primero habrá un gran engaño. El engaño será seguido con un tiempo de tribulación con guerras, con hambruna y con todo tipo de desastres naturales, añadido a esto, persecución. Y con todo esto sucediendo, ahora sigue más, versículo 11, "Y muchos falsos profetas se levantarán, y engañarán a muchos." Siguen llegando, y ¿qué es lo que dicen? Lo mismo que muchos profetas antiguos, llegarán y dirán, paz…paz cuando no hay paz. Éste será siempre su mensaje. La paz está a la vuelta de la esquina. Ya dentro del juicio final, llegamos al versículo 21 y estamos en la segunda parte del periodo de los siete años el cual es llamado la Gran Tribulación…la primera es llamada en el versículo 8 el principio de dolores. La segunda parte es llamada la Gran Tribulación. Y aun en ese tiempo, de acuerdo al versículo 23, la gente va a decir, "aquí está el Cristo, allá está el Cristo." Y el versículo 24, "falsos Cristos, y falsos profetas, y harán grandes señales y prodigios, de tal manera que engañarán, si fuere posible, aun a los escogidos." Y después nos dice en el versículo 25, "Ya os lo he dicho antes." Si ellos te dicen, "aquí está en el desierto," no vayas. "Aquí está en las habitaciones"…no les creías.

Escuchen, desde el comienzo del periodo llamado la tribulación, después del tiempo final antecedido por el rapto de la iglesia en adelante, iniciará la falsa paz, pero la falsa paz se convertirá muy rápidamente en guerra, conforme Dios está causando problemas en el juicio, en medio de todo eso, los falsos profetas seguirán pregonando paz…paz. Aun con todas las señales que han precedido al día final del Señor, lo cual sucede al final de la tribulación, cuando la totalidad de la furia de Dios haya sido desatada, a pesar de todas las señales que han ido surgiendo, las guerras, las hambrunas, la pestilencia, las plagas, los desastres naturales, aun con todo el holocausto que capta la mente de todos, la gente seguirá siendo engañada acerca de la paz, de hecho esto nos hace ver que su clamor por la paz será desesperado; toda la gente estará habida de paz y será presa fácil del engaño.

Ahora déjenme remarcar algo más, ellos probaron la paz al principio de la tribulación pero se acabó muy rápido, por lo que estarán desesperados porque esta paz regrese. Primera de Tesalonicenses capítulo 5 no lleva directamente al día del Señor al final de la tribulación. Y dice en el 5:3, "cuando digan: Paz y seguridad, entonces vendrá sobre ellos destrucción repentina, como los dolores a la mujer encinta, y no escaparán." Todos estarán deseando paz y seguridad, y la destrucción llegará, ese será el día del Señor.

Mateo capítulo 24 te lleva desde el inicio del tiempo llamado la Tribulación y hasta el regreso de Cristo. La primera fase de ésta, y solo para que entiendas, ésta es la paz engañosa por quienes son salvadores engañosos, cristos engañosos que sólo quieren la guerra. Pero aun cuando todo este periodo va escalando de guerra a hambruna a desastres naturales y pestilencias, a pesar de la abominación y desolación, la profanación del templo, a pesar de las persecuciones que llegan justo en el día del Señor cuando la señal del Hijo del Hombre aparezca en el cielo y Jesús esté listo para regresar, cuando el cielo se ponga negro y la gente clame a las montañas y a las rocas que sería mejor que cayeran sobre ellos para esconder su rostro de Cristo, justo en ese momento, la gente quienes pensaron que ellos orquestaban la primera paz estará clamando también y diciendo, "la paz regresará, la paz regresará…" y tristemente habrá gente que les crea.

Regresando a la profecía de Jeremías, él profetizó acerca este día histórico del Señor. El día histórico del Señor era un día en el cual Dios iba a juzgar a Judá en el pasado. Jeremías era un profeta de Dios que les advertía, y lo hizo con lágrimas. Les dijo acerca del horror que venía, de la llegada del juicio divino, incluso les dijo, lo deben saber porque tenemos ya señales en el presente. Quiero decir, hay cosas que están sucediendo que son precursores de la realidad del día del Señor y tienen que saber esto. Ustedes tienen que advertir a la gente. Jeremías dice en el capítulo 6 versículo 1, "Huid, hijos de Benjamín, de en medio de Jerusalén, y tocad bocina en Tecoa, y alzad por señal humo sobre Bet-haquerem; porque del norte se ha visto mal, y quebrantamiento grande."

Pero a pesar de ello, a pesar de todo lo que Jeremías dijo acerca del derrocamiento de Judá y del derrocamiento de Jerusalén, a pesar de todos los precursores, a pesar del inminente juicio, a pesar del poder que era visible para ellos, a pesar de ver que estaba todo listo, ellos pensaron que todo seguiría bien, ¿por qué? En el 6:14 encontramos, porque los falsos maestros llegaron y los falsos profetas y ellos les dijeron paz...paz... ellos les continuaron diciendo que la paz se acercaba, que la paz llegaría pronto. En el 8:11, ellos lo siguen diciendo, "Paz, paz; y no hay paz." En el 14:13–14, vemos a los profetas, y que es lo que dicen, "No veréis espada, ni habrá hambre entre vosotros, sino que en este lugar os daré paz verdadera."

Ellos están profetizando falsamente, no habrá ninguna paz. En su lugar habrá el día del Señor, la furia de Dios en juicio. Los falsos profetas siempre dicen paz, siempre hablan del nuevo orden, de un mundo nuevo caracterizado por la paz. Pero cuando llegue el fin de los tiempos, podemos regresar a Mateo 24 por un momento, cuando llega el final de los tiempos, este dará comienzo con una falsa paz. Falsos profetas, falsos cristos y un gran anticristo comandará a todos estos falsos cristos, falsos profetas y todos estos falsos maestros. Ellos estarán tratando de orquestar esta paz, funcionará por un tiempo pero se destruirá rápidamente.

Así que ahora puedes notar como todos estos movimientos que intentan lograr la paz global se ajustan de manera perfecta a este escenario. Una paz engañosa y falsa está por venir. Viene un liderazgo por medio de falsos cristos y el anticristo. Esta será la primera señal de que el rollo ha sido abierto, de que el primer sello fue quitado, esta falsa paz lo anuncia.

Vayamos nuevamente a Mateo 24 y sigamos un poco su secuencia. Los versículos 6 y 7 nos describen guerras, rumores de guerra, nación contra nación, reino contra reino. Lo segundo que va a venir es guerra. La tercera cosa que llegará será hambruna. La cuarta cosa que llegará viene en el versículo 7, terremotos, los que son representativos de desastres naturales masivos. Primero Paz, después guerra, después hambruna, y después muerte por medio de desastres naturales.

Ahora mantengan en mente Mateo 24 y vayamos a Apocalipsis 6; notarán la misma secuencia. Aquí el primer caballo es un caballo blanco, éste representa, como lo veremos en un momento, paz. El segundo caballo es un caballo rojo, y este representa la guerra, quita la paz de la tierra y los hombres se matan entre ellos. El siguiente caballo es un caballo negro y éste representa hambruna, las básculas y las balanzas, el trigo y todo eso, hay escasez, esto nos habla de condiciones de hambruna. Y entonces el cuarto sello y un caballo amarillo, o bien parecido a las cenizas, éste representa la muerte, los desastres naturales, plagas las cuales ya se han mencionado previamente.

Como pueden ver los paralelismos son exactos, paz, guerra, hambruna, muerte. Esos son caballos y Jesús dijo, "Paz, guerra, hambruna y desastres naturales," desde luego que implica muertes masivas. Jesús dijo, "Estas cosas" —en el versículo 8— "son simplemente principio de dolores," sólo el comienzo.

En seguida podemos destacar el versículo 9, "Entonces os entregarán a tribulación, y os matarán, y seréis aborrecidos de todas las gentes por causa de mi nombre." Podrás decir, "¿de quién está hablando?" Creo que está hablando acerca de los redimidos. Pero no dijimos que la iglesia había sido raptada. Sí creo que así será, pero creo que tan pronto como ese tiempo comience habrá conversiones de muchos que no fueron raptados y decían ser creyentes, habrá conversiones de muchos incrédulos. Mucha gente será redimida en ese tiempo y creo que van a ser perseguidos y van a ser difamados. De hecho, durante todo el periodo de la tribulación, como puedes ver en el versículo 15, en el lugar de la abominación desoladora, ¡ay de las que estén encintas, y de las que críen en aquellos días! Esto porque saben por lo que van a tener que pasar. Y esto se relaciona con Israel pues ellos también serán perseguidos. Pero se menciona a los elegidos en el versículo 24, aquéllos que serán redimidos también serán perseguidos. Así que habrá un ataque contra los verdaderos creyentes y en contra de Israel.

Ahora quiero que noten ustedes aquí que hay otra secuencia muy importante. Ya vimos el paralelo de las primeras cuatro en Mateo que son iguales a los primeros cuatro sellos de Apocalipsis 6. El quinto sello en Apocalipsis 6 son los mártires bajo el altar. Y el quinto componente aquí en Mateo 24 es entregarlos a ustedes a tribulación y muerte. Es lo mismo. La matanza en el capítulo 24 de Mateo nos lleva a los mártires en Apocalipsis 6, así que la secuencia es la misma, paz, guerra, hambruna, muerte y martirio. Sucede lo mismo en Mateo 24, lo mismo que en Apocalipsis 6. Esto es lo que dispara la persecución, lo que realmente la hace surgir, "la abominación desoladora de que habló el profeta Daniel." Esto es cuando el anticristo se muestre a sí mismo como realmente es y profane el templo iniciando su intento por destruir a los judíos junto con todos aquellos que se identifiquen con Dios.

De este modo los cinco sellos nos llevan al sexto que nos da la introducción de la segunda venida de Cristo y el séptimo sello nos describe su venida y su juicio final. Los paralelos son idénticos. Si lees Apocalipsis 6, los primeros cuatro son los mismos. El quinto ahí, mártires bajo el altar, y el quinto componente aquí es martirio. El sexto sello de Apocalipsis 6, como veremos, el cielo se aparta, aparece la señal del Hijo del Hombre, y esto es exactamente lo mismo que pueden ver en el versículo 29. Así que la secuencia es la misma, absolutamente consistente.

Primero habrá paz, esto es en lo que nos queremos enfocar. Vayamos a Daniel 9 por un momento, trataremos de relacionar esto para ver la panorámica completa, en los versículos 24–27 tenemos un texto muy importante y este dice en Daniel 9:26, "Y después de las sesenta y dos semanas," y estás son semanas de años, recordarán nuestro estudio sobre Daniel y cómo también lo relacionamos con 1 Tesalonicenses, sesenta y dos semanas han pasado, el Mesías será matado. Sesenta y dos semanas de siete años cada una. Dios ha profetizado, allá en el versículo 24, un decreto de setenta semanas sobre Israel. Setenta semanas para que se haga presente su justicia sempiterna. Comenzó, recordarás, con un rey llamado Artajerjes, y de ahí corrieron setenta veces siete, o 490 años. Cuatrocientos ochenta y tres años desde ese decreto hasta el día que Jesús llegó a la ciudad de Jerusalén, las primeras sesenta y nueve semanas se han completado.

Esto nos deja una semana restante, un periodo de siete años. Hubo siete semanas y entonces sesenta y dos semanas, como lo hace notar en el versículo 25. Y después de que estas siete y estas sesenta y dos han sido completadas, el Mesías es asesinado, le es quitada la vida. La ciudad es destruida, el santuario es destruido como recordarán que sucedió poco después, en el año 70 d.C. Todo esto nos da como resultado que nos falta una semana por cumplirse. El versículo 27 la retoma, "Y por otra semana confirmará el pacto con muchos." ¿Quién hará esto? El príncipe que vendrá según el versículo 26, el anticristo. En Daniel también es llamado "el cuerno pequeño" (7:8). Él es llamado "un rey altivo de rostro y entendido en enigmas" (8:23). Es llamado un rey caprichoso que hace lo que él quiere (11:36). El anticristo llega, y ahora vean esto, hace pacto con muchos en una semana. Pero a la mitad de la semana pone un alto a los sacrificios y a las ofrendas de grano y comete la abominación desoladora, como se le llama.

¿Qué es esto? El anticristo, recuérdenlo ahora, él es el líder que estará orquestando la paz. Él es un falso cristo. Ya lo vimos a detalle en 2 de Tesalonicenses, seguimos todos sus pasos justo ahí en el capítulo 2. El anticristo llega, lidera a otros falsos cristos y falsos mesías para hacer la paz en este mundo. Hace un pacto con Israel; sí, ciertamente Israel es un actor clave y todo se centra sobre Israel ya que son la nación que aquí está siendo enfocada. Pero esto va más allá de Israel. Es un pacto que involucra la protección de Israel de todos aquellos que los puedan dañar. Así que este es un pacto de paz muy grande. ¿Quién sabe cuántas naciones se involucraran en él? Él hace un pacto de paz.

Así es como dará comienzo el periodo de tribulación. Paz global, y a continuación el anticristo hace un tratado de paz específicamente con Israel, un pacto para ser su protector, su pacificador, su libertador, su mesías y su salvador. Pero en la mitad de la semana, justo a la mitad de los siete años, esta es la razón por la que sabemos que es un periodo de siete años —es llamada una semana de años— a la mitad de la semana él detiene los sacrificios y las ofrendas de grano. ¿Sabes qué es lo que sucederá? El tratado o pacto de paz con Israel va a ser tan real y tan completo que ellos regresarán a su sistema de sacrificios. Volverán a hacer sacrificios, a hacer ofrendas de grano, y tendrán su templo. Pero a la mitad de los siete años, el anticristo llegará para desolar el lugar. Desolará el lugar, intentará destruir a Israel y conquistar al mundo.

Y pienso que justo a la mitad de esta semana ya habrá estallado la guerra. No sé si la paz vaya a durar los tres años y medio, porque las guerras y los rumores de guerra ya habrán empezado entonces. Pero seguramente todo se desatará cuando el anticristo profane el Lugar Santísimo, se coloque a sí mismo como Dios —y eso lo veremos en Apocalipsis en un futuro— para ser adorado por todo el mundo. Esto llevará al mundo a una guerra mundial que culminará en la batalla de Armagedón. Pero todo comienza con una falsa paz. La paz llegará al mundo y a Israel. Habrá prosperidad, seguridad; pero ésta es una trampa que tendrá como consecuencia guerra, hambruna, desastres naturales, persecución muy severa, el oscurecimiento de los cielos, la aparición de Cristo, juicio devastador y entonces el reino de Cristo.

Éste es el futuro. Los dolores de parto harán su aparición con paz. Y como lo hacen los dolores de parto, cada vez se hacen más fuertes, y más fuertes, y cada vez más cercano uno del siguiente. Así que habrá un movimiento a lo largo de este periodo de siete años, un trauma que escala a cada momento, un dolor que se incrementa constante y rápidamente hasta que el evento sucede. Y finalmente cuando la señal aparezca, el Hijo del Hombre vendrá y en el último golpe de furia derramará el juicio de las trompetas y de las copas.

Sermón

Ahora todo nos lleva de regreso a Apocalipsis 6. Vayamos por un momento ahí. Y sé que están pensando, "no has dicho nada acerca de estos dos versículos." Lo sé. Pero ¿entienden lo que he dicho hasta aquí? Muy bien. "Vi cuando el Cordero abrió uno de los sellos, y oí a uno de los cuatro seres vivientes decir como con voz de trueno: Ven y mira. Y miré, y he aquí un caballo blanco; y el que lo montaba tenía un arco; y le fue dada una corona, y salió venciendo, y para vencer." La adoración en el cielo fue muy gloriosa en el capítulo 5, muy gloriosa en el capítulo 4, y ahora un silencio súbito. La escena cambia su enfoque del cielo a la tierra. El Cordero abre el primer sello, abre el rollo, el título de propiedad del universo y Juan está viendo al Cordero romper el sello con lo que se revela su contenido; ese documento legal el cual representa la herencia justa, Su poder y autoridad para recuperar la tierra, y conforme Él lo abre Juan ve un caballo blanco, pero esto sucede sino hasta que uno de los cuatro seres vivientes llama al caballo blanco y a su jinete. Uno de los cuatro seres vivientes —ya hemos notado en el capítulo 4 que esos cuatro seres vivientes son ángeles, querubines, del mismo tipo que es descrito en Ezequiel 1— que están alrededor del trono de Dios. Y uno de ellos dice con gran voz, como de trueno —y después de todo, relámpagos y truenos salen de ese trono, y como recordamos del 4:5, este es un trono de juicio y su voz es una voz de juicio. Dice, "ven… ven y mira." E inmediatamente llega un caballo blanco y su jinete.

Y se preguntarán, "¿qué es esto?" Bueno, los caballos son asociados con la guerra. Me encantaría que hiciéramos un poco de teología acerca de los caballos, pero no lo haremos. Los caballos son representantes de poder, magnificencia, majestad y conquista. Y aquí llega este caballo y el que lo monta, su jinete. No necesariamente es una persona porque el caballo rojo y su jinete, el caballo negro y su jinete, el caballo gris y su jinete, como muchos lo han dicho, no son personas tampoco, estos son representantes de algo como lo veremos.

Sólo una nota, el Cordero abrió uno de los siete sellos para recordarnos que siete es el número que representa plenitud o entereza. Ésta es la razón por la que son siete sellos, siete trompetas y siete copas; porque todos estos completan el juicio. Cuando todos éstos estén completos, el universo es de Cristo, el Reino ha llegado y el milenio está aquí. Todos estos eventos ocurren en un periodo llamado la tribulación, que es una semana, la semana setenta de Daniel, un periodo de siete años. Jesús, como dije, la dividió en dos partes, los dolores de parto en su primera parte, y la Gran Tribulación la segunda parte, separadas por la abominación desoladora que es cuando el anticristo profana el templo en Jerusalén y comienza la persecución tratando de destruir a Israel para colocarse a sí mismo como Dios y ser adorado por el mundo entero.

Como pudimos ver en la primer parte, tenemos los cuatro sellos que son paz, guerra, hambruna y desastres que traen consigo la muerte. El quinto sello, la abominación dispara la persecución, y después el sexto y el séptimo traen la conclusión final. La mitad de este periodo es designada como los cuarenta y dos meses en Apocalipsis 11:2 y en Apocalipsis 13:5, incluso son los 1260 días de Apocalipsis 11:3 y 12:6. Así que el periodo de tiempo está dispuesto, tienen que ser siete años porque se nos dan meses y días para hacer notar que esto es la mitad. Si multiplican esto por dos, verán que son siete años. Nuestro Señor regresa como dice la escritura en Mateo 24:29, inmediatamente después de la tribulación de esos días. De este modo Cristo regresa al final de estos siete años.

Ahora habiéndoles dado el contexto, estamos al principio. El sello es abierto, la voz del querubín le dice ven y él va. ¿Quién es éste? Algunos dicen que es Cristo pero no pude ser Cristo. ¿Por qué? Porque Cristo está abriendo el sello. No puede ser Cristo el jinete porque este jinete tiene una *stephanos*, esto es, una corona que se gana como un premio. Cristo usa una diadema como corona, esta es una corona real como lo vemos en el capítulo 19. No puede ser Cristo porque Cristo no llega al principio, Él llega al final. No puede ser Cristo porque Él no lleva un arco, Él lleva una espada. Algunos otros dicen que es el anticristo, y ciertamente él está ahí, es decir, incluye al anticristo. Pero los caballos no representan individuos, representan una fuerza...la guerra como una fuerza, hambruna como una fuerza y a la muerte como una fuerza.

Ciertamente el anticristo es el hombre principal en la paz, pero el caballo y el jinete representan la paz. Él no está solo, hay muchos anticristos, muchos falsos cristos, muchos impostores; y este caballo y su jinete representan la falsa paz que está siendo liderada por el anticristo.

Y me pueden preguntar, "¿Cómo sabes que éste representa la falsa paz?" Bueno el hecho es que lleva un arco, éste es el símbolo de un guerrero. Y si tienes un arco, ¿qué más necesitas? Una flecha, pero él no tiene ninguna. La ausencia de flechas habla de una victoria sin sangre. La paz mundial es traída por medio de este pacto y por todos sus secuaces sin derramar una gota de sangre. Y después hay una frase interesante, "y le fue dada una corona." Él es coronado de una forma democrática aquí, no se nos dice que él la tomó, le fue dada, como si estuviera siendo honrado por el mundo y siendo elevado a un lugar de prominencia. Esta paz ha sido entronizada por todo el mundo, todo está al servicio de la paz, y debido a que el arquitecto de la paz es primariamente el anticristo, todo está a su servicio. Él es condecorado con la corona, ésta es una recompensa, *stephanos*, y no una diadema, la cual es una corona del rey, que sólo pertenece a quien está en la línea legítima del rey. La paz es coronada por el mundo. Él salió venciendo y para vencer. Ha subido una serie de peldaños para traer la paz mundial. Éste era el engaño del que Jesús habló cuando dijo que muchos serían engañados, ésta será la era dorada, ésta es la utopía que establece el anticristo con su pacto con Israel, ésta es la paz de la que habló Daniel, paz engañosa, falsa paz, orquestada alrededor del mundo por muchos falsos mesías comandados por el anticristo.

Y, desde luego, una vez que la paz es establecida, el anticristo se alza hasta la cima. De hecho, en 2 Tesalonicenses 2:9 dice que él llegará con todo el poder y señales, falsas maravillas y con todo el engaño de su maldad para todos aquéllos que perecerán, y Dios enviará una influencia engañosa para que ellos puedan creer en el engaño. ¿Por qué? Para que ellos puedan ser juzgados. Dios engañará al mundo. Permitirá que el engaño sea creído. Todos caerán con el engaño de la falsa paz, se inclinarán ante este gobernante mundial que la representa. Y es una trampa en la que serán atrapados y asesinados. El mundo se dirige a la guerra, pero antes de ello se dirige a la paz.

Oración final

Padre, te agradecemos porque nos das este entendimiento, ayúdanos a ver las señales de los tiempos y que podamos ver hacía donde se dirige el mundo. Se habla tanto de la paz mundial, de cómo lograr la paz mundial que nos hace saber que ya pronto vienes por tu iglesia. Te agradecemos porque en todo esto nosotros no esperamos en la falsa paz del anticristo sino en Jesucristo mismo quien nos llevará al lugar preparado para nosotros en la gloria. Te agradecemos porque vivimos con una esperanza eterna en los cielos, y porque sabemos que en tanto esto llega debemos advertir al mundo, advertirles que ellos confían en una falsa paz que llegará, pero que deben confiar en el único que les puede dar la paz. Éste es el Príncipe de Paz, Jesucristo. Permite que en los días que nos quedan podamos predicar la verdadera paz que sólo es en el nombre de nuestro Salvador. Amén.

REFLEXIONES PERSONALES

8 de Noviembre, 1992

08_El inicio del final

Cuando abrió el segundo sello, oí al segundo ser viviente, que decía: Ven y mira. Y salió otro caballo, bermejo; y al que lo montaba le fue dado poder de quitar de la tierra la paz, y que se matasen unos a otros; y se le dio una gran espada.

Cuando abrió el tercer sello, oí al tercer ser viviente, que decía: Ven y mira. Y miré, y he aquí un caballo negro; y el que lo montaba tenía una balanza en la mano. Y oí una voz de en medio de los cuatro seres vivientes, que decía: Dos libras de trigo por un denario, y seis libras de cebada por un denario; pero no dañes el aceite ni el vino.

Cuando abrió el cuarto sello, oí la voz del cuarto ser viviente, que decía: Ven y mira. Miré, y he aquí un caballo amarillo, y el que lo montaba tenía por nombre Muerte, y el Hades le seguía; y le fue dada potestad sobre la cuarta parte de la tierra, para matar con espada, con hambre, con mortandad, y con las fieras de la tierra.

Apocalipsis 6:3-8

BOSQUEJO

— Introducción

— El segundo sello

— El tercer sello

— El cuarto sello

— Oración final

Notas personales al bosquejo

SERMÓN

Introducción

Apocalipsis capítulo 6 es una porción de la Escritura muy importante, y es una que nos hablará profundamente y nos dejará asombrados al tiempo que lo vayamos estudiando. Vamos a hacer otro viaje de regreso al futuro al ir estudiando este libro y al hacerlo iremos viendo cómo se irá desplegando la ira de Dios cuando llegue este futuro.

Al ir viendo el capítulo 6, como sabrán si han estado con nosotros, la música de alabanza que ocupó los capítulos 4 y 5 ha concluido y las agitaciones de juicio comenzaron en el trono desde el 4:5 en donde vimos algunos destellos de relámpagos, y repiques de truenos. Esto es lo que anticipa el inicio del juicio en el capítulo 6. Aquí tienen al Cordero de Dios, el Cordero digno, el León de la tribu de Judá, quien no es otro que nuestro Señor Jesucristo, iniciando con el romper de los sellos en el pequeño rollo que tiene registrada la ira de Dios cuando Cristo recupera el universo que es suyo, universo que quita ahora al usurpador quien lleva por nombre Satanás junto con todos sus demonios o secuaces.

Las visiones que tenemos en estos textos del capítulo 6 nos llevan al principio de la ira final de Dios. Como ya hemos hecho notar, es nuestra convicción el hecho de que la iglesia será raptada antes de que todo esto suceda y vemos, de hecho, que la iglesia ya está en el cielo en este momento al ser representada por los 24 ancianos que están adorando y glorificando a Dios y adorando y glorificando al Cordero al momento que se aparece en la escena de la historia para llevar a cabo estos juicios. Por lo tanto la iglesia es llevada para estar con el Señor y allí estaremos en la gloria con el Señor durante este periodo de tiempo de siete años conocido como la tribulación que comienza con los hechos que se desarrollan durante los siete sellos, las siete trompetas y las siete copas; todos estos son emblemas del juicio final.

El mundo del hombre enfrenta una muerte inevitable. El pecado está cobrando una terrible cuota que finalmente terminará en el juicio de Dios. Toda dimensión de nuestra cultura, toda dimensión de nuestra sociedad está escalando cuesta abajo, siendo devastada por la depravación, entregando más y más a la lujuria, al orgullo, a la auto indulgencia, a la inmoralidad y al rechazo de Dios, de Cristo y de la verdad de la Escritura. Y por lo tanto el hombre está sentenciado, todo su mundo está sentenciado a la ira divina. El hombre beberá la copa de la ira de Dios en su totalidad. Como dijo un escritor años atrás, "el polvo de la muerte ya está sobre nosotros." Hemos tenido nuestro breve momento en el sol pero lo hemos estropeado. La condenación puede estar cerca; podemos estar muy cerca de los últimos estertores de un moribundo.

El profeta Jeremías, como recordarán, vio hacia la venida del periodo de tiempo del juicio de Dios en referencia a Israel, y todo lo que ellos tendrían que enfrentar cuando escribió, "¡Ah, cuán grande es aquel día! tanto, que no hay otro semejante a él; tiempo de angustia para Jacob" (Jeremías 30:7). Los judíos van a enfrentar la inevitable ira de Dios, esto es, todos aquellos que han rechazado al Mesías.

Por otro lado, Isaías, vio también hacia la ira final y no la vio desde la perspectiva de los judíos, sino que en el capítulo 34 la vio con referencia a los gentiles. En el versículo 1, "Acercaos, naciones, juntaos para oír; y vosotros, pueblos, escuchad. Oiga la tierra y cuanto hay en ella, el mundo y todo lo que produce. Porque Jehová está airado contra todas las naciones, e indignado contra todo el ejército de ellas; las destruirá y las entregará al matadero. Y los muertos de ellas serán arrojados, y de sus cadáveres se levantará hedor; y los montes se disolverán por la sangre de ellos. Y todo el ejército de los cielos se disolverá, y se enrollarán los cielos como un libro; y caerá todo su ejército, como se cae la hoja de la parra, y como se cae la de la higuera. Porque en los cielos se embriagará mi espada; he aquí que descenderá sobre Edom en juicio, y sobre el pueblo de mi anatema. Llena está de sangre la espada de Jehová, engrasada está de grosura, de sangre de corderos y de machos cabríos, de grosura de riñones de carneros; porque Jehová tiene sacrificios en Bosra, y grande matanza en tierra de Edom."

Moviéndose de lo que sucederá en Edom hacia todo el ancho mundo del juicio final, el profeta Isaías mira hacia la última condenación y destrucción de la humanidad. Así que esto lo escuchamos de los profetas del Antiguo Testamento y no sólo de estos pasajes. Éstos son solamente emblemáticos de que llegará un día final de juicio. Para los judíos será tiempo de tribulación para Jacob, y para los gentiles será día de grande matanza en el mundo.

Así que cuando miramos a nuestro mundo debemos darnos cuenta de que éste se dirige al día del juicio. De hecho, sentimos que en ocasiones podemos escuchar la asfixia de un mundo moribundo, los últimos jadeos, por así decirlo.

En el capítulo que nos vamos a concentrar hoy, Apocalipsis 6, estamos siendo transportados al futuro de manera literal. La experiencia de la apertura del rollo con siete sellos no sólo fue visible para Juan en su visión, sino que ahora se hace visible para nosotros porque Dios quiso que se escribiera para nosotros. Recuerden que ahora hay un pequeño rollo en este escenario, éste es mencionado en el capítulo 5 y está en la mano de Dios. Y entonces, desde luego, es tomado de la mano de Dios por Jesucristo mismo; aquí en el 6:1 se dice, "que Él comienza a abrir los sellos." Estaba enrollado y sellado en las orillas, y todos esos sellos eran para protegerlo de ser abierto o leído o revelado hasta que llegue el tiempo apropiado que aquí se nos revela y que finalmente será desenrollado en realidad. Conforme se desenrolla, se despliegan los eventos de la ira de Dios.

Hay siete sellos sobre este rollo y veremos cada uno de estos sellos, y ellos abarcan todo el periodo hasta la venida final de Cristo.

Contrario a lo que algunas personas han pensado al ver la profecía, el primero de estos jinetes trae un periodo de paz y prosperidad. Esto ya lo vimos la vez pasada. Pero los siguientes tres son fuerzas mortales. El primero, como recordarán, era paz. Pero lo que sigue es todo menos eso.

Ahora, sólo para recordarles, también estos cuatro caballos son lo que Jesús llama en Mateo 24 "el principio de dolores de parto." En anticipación al nacimiento hay dolores de parto. Estos dolores de parto llegan de alguna manera infrecuente, pero se van haciendo más frecuentes y más frecuentes hasta que el alumbramiento se hace realidad. Lo mismo es verdad acerca de los eventos que van a ocurrir en este periodo de tiempo. Hay un evento final, la llegada de Cristo para establecer su reino, este es el nacimiento que se nos quiere mostrar. Los dolores de parto son esos eventos que son preliminares a este nacimiento, y se hacen más rápidos y más frecuentes y más fuertes conforme se llega al nacimiento que es el evento final. Ésta es una analogía muy real, habrá dolor y más dolor, más rápido, más fuerte hasta el último dolor de la llegada de Cristo y la destrucción de todos los malvados que están sobre la tierra.

El "principio de dolores de parto" usado en Mateo 24:8, describe la mitad del periodo final y es en realidad paralelo a los primeros cuatro jinetes que Juan ve en su visión. El quinto sello es severo y esparce la persecución, y la persecución aquí es descrita como lo podemos ver en el versículo 9, "Cuando abrió el quinto sello, vi bajo el altar las almas de los que habían sido muertos por causa de la palabra de Dios y por el testimonio que tenían." Obviamente a la mitad de este periodo de siete años, hay personas que han sido salvas, personas que se han convertido en ese periodo de tres años y medio. Toda la iglesia ya se ha ido antes de que este periodo comenzara, esto fue en el rapto, pero en la primera mitad ha habido personas que han sido redimidas y después serán asesinadas. Estarán clamando en el versículo 10, "¿Hasta cuándo, Señor, santo y verdadero, no juzgas y vengas nuestra sangre en los que moran en la tierra?" Y se nos indica en el versículo 11 que éstos han sido glorificados porque tienen vestiduras blancas, y están en su descanso hasta que el número de sus consiervos y sus hermanos, que también habían de ser muertos como ellos, se completara. Así que muchos más han de ser asesinados.

El punto medio en el quinto sello es la persecución. Ésta también tiene un único evento dentro de esa persecución llamada la abominación desoladora. Esta es de la que se habló en Daniel 9:24–27. Esto es cuando el anticristo profana el templo en Jerusalén, comienza con la persecución de los cristianos, la persecución de los judíos y se establece a sí mismo como Dios. Entonces habrá persecución en todo el mundo. Después de eso, en la segunda mitad, lo que Jesús llamó en Mateo 24 "la gran tribulación," este es el nombre de la segunda mitad. La primera mitad, el principio de dolores de parto, la segunda mitad, la gran tribulación," y en esa segunda mitad la persecución continúa. Entonces llega el sexto sello y luego el final, la venida del Señor Jesucristo y la matanza de todos los impíos.

La abominación que hace el anticristo en Jerusalén, de acuerdo a Daniel 9:27, es a la mitad del periodo de los siete años. Daniel dice que esto sucede a la mitad de la semana. En algún momento en la mitad, y esto inicia la gran tribulación. Esto es lo que envía a la humanidad dentro de la gran tribulación, los últimos tres y medio años, 42 meses, 1260 días antes de la venida de Cristo, los dos últimos sellos, las trompetas finales, y las copas finales.

De este modo, los eventos descritos en el rollo cuando es desenrollado acompañan a todos los eventos durante el periodo de los siete años de la ira de Dios. Y la última parte de éste, la podemos llamar "el día del Señor." La furia final cuando Dios mismo venga en la forma de Jesucristo y lleve a cabo su propio juicio, pero ese día final del Señor es precedido por juicios divinos que hemos visto desplegados en estos primeros cinco sellos.

Ahora todos los sellos han sido abiertos, la secuencia del juicio se despliega de manera vívida. Recordemos el primer sello, versículos 1–2: él "[oyó] a uno de los cuatro seres vivientes." Recordarán a los cuatro querubines quienes rodean el trono de Dios —ya lo hemos discutido antes— estos cuatro seres vivientes tienen un rol qué jugar de manera individual. El primero dice "como con voz de trueno," la cual desde luego encaja perfectamente con la idea de juicio. Él dice, "ven."[1] Está llamando al jinete. En el versículo 2, un caballo blanco llega y hay un hombre sentado sobre él, que tiene un arco y que se le da una corona y que llegó venciendo y para vencer. Esto, como discutimos la vez anterior, simboliza la corta paz que se vivirá en el mundo. El jinete y el caballo no son algún individuo en particular, sino una fuerza, una fuerza de paz. Caracteriza a muchos falsos libertadores, a muchos falsos

---

1. La Reina Valera dice "ven y mira" en los versículos 1, 3, 5 y 7. Cuando Juan continúa diciendo "[y] miré," da la impresión de que el ser viviente le había hablado a él, y él obedeció. Sin embargo, la Biblia de las Américas traduce esta orden de acuerdo con la mayoría de los manuscritos y sólo dice "ven." En cada caso el ser viviente le está hablando al jinete respectivo, no a Juan.

mesías que son liderados por la máxima fuerza del falso mesías, el anticristo, el falso Cristo, el arma suprema de satanás.

Ellos estarán siendo dirigidos por falsos cristos y por falsos mesías, como dijo Jesús en Mateo 24 que muchos de ellos llegarán. Y continuarán llegando durante todo el periodo, pero inicialmente llegan y ofrecen paz mundial, ciertamente el anticristo tiene un rol elemental, la prosperidad llega a todo el mundo, esto es lo que nos describe el caballo blanco. El hecho de que es blanco indica majestad en sus conquistas, incluso puede indicar pureza y justicia, pero sabemos que es una falsa pureza y una falsa justicia. Ustedes notarán que tiene un arco pero que no tiene flechas, lo que nos dice que tiene cierta cantidad de autoridad y que conquista sin lanzar una sola flecha. Esto es una conquista sin derramamiento de sangre. Se le da una corona, no la tomó él, le fue dada, lo que nos dice que el mundo corona a la paz como rey. Alrededor del mundo todo tiene que ver con la paz. Podemos decir que desde ya ésta es la moda. Está de moda buscar la paz, la paz mundial, la paz global. Y la paz será coronada como rey. La paz estará conquistando y vendrá para conquistar aún más, una serie de triunfos que llevan a una época dorada de prosperidad con la promesa de más prosperidad y de que llegará más paz.

Todo esto, desde luego, es engañoso y es una falsa seguridad. Como lo vimos en Mateo 24:4–5 Jesús dijo, "Mirad que nadie os engañe." Ésta es una paz engañosa que no durará mucho. ¿Por qué? Los profetas siempre dijeron que no había paz para los malvados. Los falsos maestros dicen paz, paz, pero la realidad es que no hay paz.

El segundo sello

Todo esto nos lleva al segundo sello, después de la paz. No sabemos con exactitud el tiempo pero no pasará mucho tiempo porque es dentro de la primera mitad que debemos tener a estos otros tres jinetes, así que todo esto ocurre en los primeros tres años y medio. Esto nos hace saber que la paz mundial no durará mucho tiempo. Juan sigue en el cielo al llegar a los versículos 3 y 4. Fue transportado ahí al principio de la visión en el 4:1, pero las visiones son ahora descritas como eventos que están sucediendo sobre la faz de la tierra. El siguiente dolor de parto que incrementará la intensidad hacia el evento final de la ira de Dios y la venida de Jesucristo, puede ser claramente entendido si tan sólo observan los versículos 3–4. "Cuando abrió el segundo sello, oí al segundo ser viviente, que decía: Ven y mira. Y salió otro caballo, bermejo; y al que lo montaba le fue dado poder de quitar de la tierra la paz," —esto, por cierto, es otra razón por la que sabemos que el primer jinete es la paz, porque el segundo quita la paz— "y que se matasen unos a otros; y se le dio una gran espada." En una palabra, el segundo jinete no es paz, el segundo jinete es guerra. Guerra mundial. Esto no debe sorprendernos porque en Mateo 24 Jesús dijo, después de la paz engañosa del 24:4–5, inmediatamente dice, "Oiréis de guerras y rumores de guerra." Y en el versículo 7 Él dice, "Porque se levantará nación contra nación, y reino contra reino." Éste será el siguiente evento en la secuencia de los precursores del día final del Señor.

Aquí es donde la historia se pone fea. Aquí se pone fea y se mantiene así hasta que Cristo establezca su reino.

Veamos los detalles. En el versículo 3 podemos saber que quien abre el sello es el Cordero, el León de la Tribu de Judá, el único digno de abrir los sellos pues Él es quien los está abriendo desde el versículo 1, Él abre el segundo sello que desenrolla otra sección del rollo, la cual describe los eventos que ocurrirán en esta segunda fase del despliegue del juicio de Dios. "Oí al segundo ser viviente," Juan nunca lee nada, es como si cada vez que se desenrollara el rollo, lo que estuviera escrito fuera desencadenado físicamente, esto es un acto visible. Y el segundo ser viviente, el segundo querubín, dice, "ven," y nuevamente el mismo escenario, el ángel que está alrededor del trono y que se nos describe en 4:6–9 junto con los otros, convoca al siguiente jinete cuando el soberano Señor rompe el sello y se desarrolla el juicio. Hay una inmediata respuesta del jinete, en el versículo 4, "Y salió otro caballo, bermejo."

Ahora no quiero tomar tiempo en explicar acerca del significado de caballo en la Biblia, pero si ven en su concordancia y lo buscan en todo el Antiguo Testamento, encontrarán una información muy interesante. Encontrarán que ya sea que estén leyendo en Job 39 o en Proverbios 21 o en Salmos 76 o en Jeremías 6, Isaías 43, Zacarías 9, Zacarías 10, los caballos están asociados con el triunfo, con majestad, con poder, con fuerza. Los volvemos a encontrar más adelante en el libro de Apocalipsis pero son unos caballos muy inusuales. En el 19:11, aquí viene el Señor en su segunda venida montado sobre un caballo blanco, y abajo en el versículo 14, los ejércitos que se encuentran en el cielo, que son los creyentes, están también vestidos con lino fino, blanco y resplandeciente siguiendo al Señor sobre caballos blancos. Ahora bien, es cuestionable si estos son caballos literales, pero ciertamente son símbolo de triunfo, son símbolo de poder, de majestad y de fuerza.

Notarán que esta fuerza que viene es roja, en oposición al blanco. Y rojo como de fuego, rojo como la sangre nos habla del holocausto, de la guerra. La guerra en su forma más aterradora y devastadora. Sabemos que es guerra porque dice que éste quita la paz de la tierra, los hombres se matan unos a otros y se le da una gran espada. Sabemos que es guerra porque esto es paralelo con lo que Jesús dijo acerca de la guerra y los rumores de guerra, y de cómo las naciones se erigirán para ir unas en contra de otras. Es entonces cuando Dios envía como juicio sobre la corta paz, a la falsa paz, una guerra inmediata.

Notarán que también dice, "y al que lo montaba le fue dado..." ¿Por quién? Por Dios. Por favor recuerden esto porque es un punto muy importante. Todas las cosas que están sucediendo están sucediendo por el mandato de Dios. Algunas personas tratarán de decirles que ésta no es la ira de Dios porque dirán que nosotros estamos tratando de asegurarnos de que seremos librados de la ira de Dios como cristianos, pero también queremos que los cristianos pasen por la tribulación, así que no podemos llamar a esto la ira de Dios. A esto se le han dado muchos nombres, algunas veces la ira del hombre, algunas veces la ira de Satanás. Solo hay una forma bíblica de llamarlo y ésta es la ira de Dios. Proviene desde el trono en la forma de este pequeño rollo que está en la mano de Dios y es ejecutado por el Señor Jesucristo mismo. Es la ira de Dios desplegándose, es Dios quien le ha dado a este caballo rojo la autoridad y el poder para moverse y traer la guerra. Es Dios quien permitió la falsa paz, es Dios quien inicia las guerras. Dios lo permite. Y como leemos en Mateo 24, involucrará naciones de toda la tierra, se levantará nación contra nación, reino contra reino. No sé cómo sucederá pero justo cuando todo el mundo esté respirando un aire de euforia por la paz, la guerra iniciará y va a escalar a todo lugar sobre la tierra.

En Marcos 13:7-8 leemos, "Mas cuando oigáis de guerras y de rumores de guerras, no os turbéis, porque es necesario que suceda así; pero aún no es el fin." Estos aún son los dolores de parto al inicio de este periodo. Cuando escuchen de guerras y rumores de guerra, no se atemoricen porque nación se levantará contra nación, reino contra reino. Este es el comienzo —dice Marcos 13:8— de los dolores de parto, y él reitera precisamente lo que nuestro Señor dijo también en el evangelio de Mateo.

Después en Lucas 21, sólo una nota en caso de que quieran pasajes comparativos, encontrarán las mismas cosas. En los versículos 9-10, "Y cuando oigáis de guerras y de sediciones, no os alarméis; porque es necesario que estas cosas acontezcan primero; pero el fin no será inmediatamente... Se levantará nación contra nación, y reino contra reino," y vendrán más cosas. Y veremos cuáles son esas cosas.

La fuerza de la guerra que llega tiene tres características. Característica número uno, quitar la paz de la tierra. Versículo 4, "poder de quitar la paz de la tierra." En algún momento antes, dentro de los primeros tres y medio años, en los dolores de parto, al principio, la paz mundial se convertirá en una guerra. Esa paz que había iniciado, la falsa prosperidad, llega rápidamente a su fin. Y por favor noten esto, dice, "quitar la paz de la tierra." Esto significa que es global. La guerra estará presente en todo lugar, toda la tierra perderá su paz.

Segundo, "que se matasen unos a otros." Llegarán muchos asesinatos violentos en todo el mundo. Y no sabemos cómo será esto específicamente. Sólo podemos decir lo que la Escritura dice. Habrá asesinatos por toda la tierra.

Y debemos aclarar que esta guerra estará presente todo el resto de la tribulación. Ciertamente persiste después del punto medio y continúa bastante avanzada la segunda mitad. Por lo tanto las matanzas continúan también. Inicia temprano y dura por un largo tiempo.

La tercera característica, "se le dio una gran espada," una *machaira megale*. *Machaira* es la palabra usada en el griego para describir la espada de los soldados, la que llevaban a la batalla. También era usada con frecuencia por los asesinos. Por lo que describe guerra y asesinatos, rebelión y revuelta y masacre, una fuerza letal que involucra matanza y muerte. Ésta es la intención de la *machaira megale*, la gran espada, usada por soldados y asesinos. Las que no eran tan largas y anchas, pero mortales, las *machaira*, eran más cortas, como la daga de un asesino, aunque esta palabra también se puede referir a otros tipos de espadas. En este tiempo en particular, cualquier cosa positiva que haya estado sucediendo en el mundo, se detiene súbitamente. Lean Jeremías 25 cuando tengan oportunidad, del versículo 15 en adelante y verán algunas descripciones de cómo se desarrolla esta horrible guerra.

El anticristo será un actor clave en todo esto como lo fue en el despliegue de la paz mundial. Sabemos esto por Daniel 8:24. No sabemos cuál será su rol exactamente pero si sabemos que estará involucrado en esto. Daniel 8:24 dice esto, con respecto al anticristo, "y hará arbitrariamente, y destruirá a los fuertes y al pueblo de los santos." Recuerden que, según Daniel, él es quien ha orquestado el tratado de paz con Israel. Hace un pacto con ellos. Probablemente él será el instrumento para la paz mundial, pero cuando la guerra comience a desarrollarse por todos lados, para que él pueda mantener su poder y autoridad, tendrá que hacer guerra. Matará a muchos, incluidos judíos y cristianos. Puede ser que él no inicie las guerras, sino que hará como que intenta resolverlas llegando a la mitad de la tribulación, entonces comete ese acto repugnante de abominación, y ese es sólo parte del holocausto que provoca.

Sólo por un momento veamos Daniel 11, no quiero continuar sin darles un poquito de lo que será el escenario en el que se mete el anticristo. En Daniel 11:36 el anticristo es llamado el rey que hace lo que se le antoja, o bien el rey voluntarioso. El anticristo se exaltará a sí mismo y se magnificará por sobre todo dios. Se convierte en un dictador mundial. Habla cosas monstruosas en contra del Dios de dioses, Daniel 11:36. "Y prosperará, hasta que sea consumada la ira; porque lo determinado se cumplirá." Dios permite que este hombre profano se haga soberano y dictador, para hablar en contra de

Dios, para elevarse al poder. No mostrará ningún respeto por los dioses de sus padres, es un hombre sin religión. No muestra ningún interés por "el amor de las mujeres." También se podría traducir "el deseo de las mujeres." Y esto nos habla de la frase que los judíos usaban para referirse al Mesías. Ésta es una posibilidad de que el anticristo no tenga ningún respeto por el verdadero Mesías, el verdadero Cristo. Tal vez una mejor posibilidad cuando dice que no hará caso del amor de las mujeres, sea que esto indique que es homosexual, algo que no es tan disparatado en el mundo que vivimos. No mostrará respeto por ningún otro dios, se elevará por encima de todos ellos. Él adorará al dios de la fortaleza, al dios del poder, un dios que sus padres no conocieron, lo honrará con oro, plata, piedras preciosas y con tesoros. Será extremadamente rico como para financiar sus guerras. Irá en contra de las más poderosas fortalezas con la ayuda de un dios extraño. Dará gran honor a aquellos que lo reconozcan y los hará que gobiernen sobre muchos, dividirá la tierra por precio. Tiene a sus enemigos y a sus aliados, y ahí es donde comienza la pelea por todos lados y va ganando más aliados para las guerras. Lo podemos ver involucrándose en un esfuerzo masivo para hacer guerra en todo el mundo que rodea Israel. Inicialmente se supone que protegería a Israel, y aparentemente lo hace cuando todo esto comienza. Hace un pacto con ellos y los protege mientras esta guerra se desata y se va escalando. Y él intenta colocarse como el dictador del mundo y como el poder mundial. Las matanzas continúan y protege a Israel hasta el punto medio, y entonces profana el templo e inicia las matanzas en Israel.

Sin duda el anticristo llegará de manera pacífica. Probablemente resuelve muchos problemas en el oriente medio, incluso problemas a nivel mundial. Se convierte en el protector de Israel, con quien él hace un pacto. Dirigirá al renacido Imperio Romano, probablemente una confederación europea, el Imperio Romano revivido que había ocupado Europa. Llegará como un gran líder que sale de Europa. Israel se encuentra bajo su protección y bajo la protección de la confederación occidental, el poder europeo. Y el anticristo gobernará al mundo. Y entonces el mundo en todas sus rebeliones será sofocado y aplastado.

El versículo 40 dice, "Pero al cabo del tiempo" —esto es probablemente dentro de la segunda mitad, sólo para mostrarles el amplio espectro de su guerrear, hasta el final de la segunda mitad, al cabo del tiempo, probablemente la gran tribulación, la última mitad de los siete años— "el rey del sur contenderá con él." No sabemos quién es el rey del sur, pero si vas al sur desde Israel puedes llegar a Egipto. Y no es nada difícil de creer que Egipto pueda venir en contra del anticristo puesto que él ahora ha establecido su trono en Israel, en Jerusalén. Ahí es donde se ha colocado a sí mismo como Dios para ser adorado por el mundo entero. Éste es un lugar estratégico en el mundo porque allí se cruzan los caminos de todo el mundo, Asia, África, Europa. Yes atacado por el rey del sur. En el hebreo dice literalmente que se prepara "para topar como una cabra," como poniendo sus cuernos hacia abajo, preparándose para atacar. Probablemente el rey del sur no sólo pueda ser identificado con Egipto porque se refiere a todo el sur, pudiera ser todo el mundo musulmán de Egipto, Libia, Etiopia, África… La alianza que viene en su contra proviene de esa parte del mundo. Un ejército africano de algún tipo se mueve en contra del anticristo quien no sólo está gobernando al mundo sino que ha colocado su trono como si fuera Dios en la ciudad de Jerusalén.

También notarán en el versículo 40 que el rey del norte se levantará contra él como una tempestad, con carros y gente de a caballo, y muchas naves; y desde luego habla del equivalente moderno de todo esto. Aquí aparece el rey del norte. ¿Quién es éste? Algunos creen que es Rusia, y ciertamente yo he enseñado en nuestro estudio de Daniel que estaría bien asumir que ésta pudiera ser la nación masiva de Rusia. Hay mucha razón en pensar que pudiera ser Rusia porque habla de estar al norte y Rusia está hasta el norte.

También es razonable asumir que puede ser otra conspiración árabe. Y por la forma en la que Rusia se está desbaratando en la actualidad, parece que los árabes se están reuniendo para ser un enemigo común para Israel, entonces es razonable asumir que algún tipo de coalición árabe de Medio Oriente, Irak, Irán y otras naciones árabes hostiles pudieran venir unidas, así que sería un mundo musulmán empujando a otro, pero podrían preguntarse, ¿por qué le llaman el reino del norte? Porque todo conquistador que ha llegado a la tierra de Palestina en su historia ha llegado del norte ya que no puedes llegar por el este. El oeste es agua, el sur ya está ocupado; el único lugar por donde pueden llegar es por el norte, porque si llegas del sur todo el este está por debajo de Jerusalén y por debajo de Israel, y al intentar escalar todo eso y llegar desde abajo es muy difícil. Llegar de la parte alta es el camino que todo enemigo siempre eligió para atacar; aun en este tiempo llegarán del norte. Así que sin importar quienes son estos ejércitos, aquí está el anticristo, él está tratando de controlar la guerra por todos lados. Él profana el templo y se coloca ahí. Nos movemos a la segunda mitad, y la guerra continúa en todo el globo, pero ahora el mundo se está volviendo contra él. El rey del sur llega y también el rey del norte.

También se nos dice en los versículos 41–42 que, "Entrará a la tierra gloriosa, y muchas provincias caerán; mas éstas escaparán de su mano: Edom y Moab, y la mayoría de los hijos de Amón. Extenderá su mano contra las tierras, y no escapará el país de Egipto." Por cierto, parece que el poder del norte será completamente derrotado, el anticristo le gana. Entonces se mueve para conquistar otras naciones, y se desborda más allá de ellos. La tierra gloriosa es una referencia a Palestina, Israel. Él conquista toda esa tierra y desde luego todas las otras naciones que la rodean. Versículo 42, "Extenderá su mano contra las tierras, y no escapará el país de Egipto." Así que ha derrotado a los dos reyes, a los dos ejércitos. Se mueve hacia la gloriosa tierra de Israel, y éste es tal vez el momento en que comete su abominación, en realidad no lo sabemos. Tal vez éste es el punto medio, es difícil estar seguros. Quizás ya haya sucedido para cuando esto ocurre. ¿Qué razón habría para que el sur y el norte se le vengan encima si no hubiera establecido ya su poder en ese lugar? Así que es difícil de saber. Pero ha profanado el templo, se ha colocado como Dios; si quieren leer acerca de esto, lean Apocalipsis 13:7; ya llegaremos allí.

Tiene a todo el Medio Oriente en sus manos, con todos sus recursos. En su mente, él es el soberano e invencible Dios; consume a la iglesia ramera, la falsa religión que aún queda en el mundo, según Apocalipsis 17. Tiene un socio llamado el falso profeta quien alienta al mundo para que lo adoren. Y es en esta posición que lo encontramos en el versículo 42, conforme se mueve de esa posición para conquistar otros lugares y derribar otras naciones. Hay mucha sangre siendo derramada. Edom, Moab, Amón, francamente es una tierra estéril e inservible y la deja ahí, no va por ella. En lugar de moverse al sureste, se mueve al suroeste como lo indica el texto. "Y se apoderará de los tesoros de oro y plata, y de todas las cosas preciosas de Egipto; y los de Libia y de Etiopía le seguirán" (versículo 43).

Entonces en el versículo 44, "Pero noticias del oriente y del norte lo atemorizarán, y saldrá con gran ira para destruir y matar a muchos." Las noticias del oriente pueden referirse al ejército de 200 millones. Recordarán en el libro de Apocalipsis que un ejército de 200 millones se mueve llegando del oriente, y del norte otra conspiración. Saldrá con gran ira para destruir y matar a muchos. Él es una fuerza muy, muy poderosa.

Versículo 45, "Y plantará las tiendas de su palacio entre los mares," esto es, entre el Mediterráneo y el Mar muerto. Y si pusieras tu tienda entre estos dos lugares, te encontrarías en la tierra de Israel. Él pone su lugar de poder justo en el Monte Santo de Sion. Y entonces llegará a su fin, aquí enfrentará su derrota.

Él piensa que ha conquistado al mundo, pero no es cierto, está equivocado. Eso no va a pasar porque llegará el Señor.

Entonces, las guerras comienzan al inicio y continúan todo el tiempo. Y en cierto punto la abominación desoladora y todas estas guerras continúan escalando hasta que Cristo regresa para derrotarlo.

Ahora podemos regresar al libro de Apocalipsis. Y al ver a este jinete, este jinete guerrero, éste es sólo el principio de los dolores de parto, y se pone mucho peor. Daniel parece mostrarnos cómo irán escalando las guerras conforme el anticristo se involucra en ellas. Vemos que las guerras que comenzaron al inicio de la primera mitad continúan hasta el final. El último intento del hombre para salvar su sociedad finaliza con un holocausto mundial. Todo se comienza a desintegrar. La guerra llega, se queda, y escala hasta el final.

El tercer sello

Veamos ahora al tercer sello, versículo 5, encontramos la misma introducción. "Cuando abrió el tercer sello, oí al tercer ser viviente, que decía: Ven." Nuevamente se les da la orden al caballo y a su jinete. "Y miré," y la frase "y he aquí" nos habla de que está sorprendido, es una exclamación. "Un caballo negro, y el que lo montaba tenía una balanza en la mano. Y oí una voz de en medio de los cuatro seres vivientes, que decía: Dos libras de trigo por un denario, y seis libras de cebada por un denario; pero no dañes el aceite ni el vino." Vemos entonces que el tercer sello se abre y el tercer jinete llega. La respuesta de sorpresa por parte de Juan es indicada por la frase "he aquí." Él ve a un caballo negro, y negro es el color de la hambruna. Lean Lamentaciones 5:8–10, y verán cómo identifica el color negro con el color de la hambruna.

El efecto de la guerra mundial es la hambruna. Jesús dijo esto también, después de que dijo que nación se levantaría contra nación y reino contra reino, "y habrá pestes y hambres" (Mateo 24:7). Esto también es un juicio de parte de Dios. Lo ha hecho ya antes. Hageo 1, Ezequiel 4, Dios ya antes ha traído hambruna como juicio y lo volverá a hacer nuevamente.

Cuando haya este tipo de guerra alrededor del mundo, la gente detendrá la producción, la matanza es masiva, como lo veremos en un momento, las fuentes de alimentos serán destruidas. Simplemente imaginen una guerra mundial con el tipo de armas de destrucción masiva que tenemos hoy en día. Como resultado habrá racionamiento debido a la escasez de comida. Ésta es la razón por la que en el versículo 5 dice que el jinete que monta el caballo negro tiene armas muy raras, no es una gran espada como en el caso del otro caballo, sino que sus armas son un par de balanzas en su mano. Estos instrumentos se usaban para medir. Lo que nos quiere decir que el alimento será racionado, será medido, será pesado y habrá filas para obtener comida. Encontramos que esto es muy fácil de entender. Algunas personas pueden recordar las filas que se hacían para obtener comida durante la Segunda Guerra Mundial. Algunos de ustedes han visto fotos de las largas filas para obtener comida en Europa del Este. La gente muriéndose de hambre y haciendo la fila. En la actualidad esto llega a suceder en países del tercer mundo, el racionamiento de comida es algo terrible.

08_El inicio del final

Entonces justo a la mitad —esto es sorprendente en el versículo 6— "oí una voz de en medio de los cuatro seres vivientes," Díganme, ¿quién se encuentra en medio de los cuatro seres vivientes? ¿Quién está al centro? ¿Alrededor de quien están estos querubines? Alrededor del trono de Dios, así que no nos queda duda de que quien está hablando en medio de ellos es Dios, porque estas criaturas, estos cuatro ángeles, estos cuatro querubines están rodeando el trono de Dios. Y en medio del trono, la voz de Dios. Y Dios dice, "Dos libras de trigo por un denario, y seis libras de cebada por un denario; pero no dañes el aceite ni el vino." Dios está hablando. Nuevamente, éste es un recordatorio de que el juicio proviene de Dios. Por cierto, él también habla en el quinto sello como lo vemos en el versículo 11. Por tanto, no deberíamos estar muy seguros de que Él no está hablando aquí. Habla acerca del hecho de que esto tiene que continuar un momento hasta que todos los que han de ser asesinados sean asesinados en el versículo 11. Aquí es Dios quien está hablando y dice, aquí están las condiciones, "dos libras de trigo por un denario."

Permítanme decirles qué significa esto, un cuarto de trigo (o dos libras) sería el sustento de una persona con un apetito moderado, sólo le serviría para un día de alimento. Un denario es el salario de un día, así que trabajaría sólo para obtener lo mínimo, sólo para él mismo, esto significaría que no sería capaz de proveer nada para su familia. Estas son las condiciones para la hambruna, todo tu trabajo sólo proveería suficiente comida para una sola persona.

A continuación dice, "seis libras de cebada por un denario." Podrán obtener más comida para la familia si quieren comer cebada, pero la cebada es alimento para animales. Tu opción sería simple, trigo o alimento para perro, eso será todo. Un nivel nutricional muy bajo. La cebada es barata, pero al menos la familia puede comer esto. Pero si lo notas, esto también tomaría todo el salario de un día, esto serviría para alimentar a tres personas con comida para animales. Estas son condiciones de escasez, de hambruna, y esto es lo que las guerras harán al mundo.

Y Dios dice, "pero no dañes el aceite ni el vino." Ha habido muchas y diferentes interpretaciones para esto. Creo que si simplemente lo lees de corrido, tiene mucho sentido decir, Dios les advierte que deben ser muy cuidadosos con su vino y con su aceite porque éstos son muy preciados. Si sólo tienen trigo sin ningún tipo de aceite para mezclarlo, sin ningún tipo de vino para acompañarlo, será muy, pero muy difícil. Cosas muy simples se convertirán en un lujo. El aceite era usado para la preparación de pan, para cocinar, lo mismo que el vino. Así que les dice, es mejor que seas muy cuidadoso en la forma en la que lo tratas, no lo lastimes, no lo desperdicies, no le hagas daño, es muy valioso, será medido y tratado con muchísimo cuidado. No puedes dañar el grano pero puedes dañar estas cosas si rompes el deposito que los contiene, o bien convertirlos en desperdicio por derramarlos. Una verdadera escasez, una verdadera hambruna, la hambruna global llegará repentinamente. La paz mundial, la guerra mundial, la hambruna mundial y aún no hemos salido de los primeros tres años y medio de este periodo.

El cuarto sello

Finalmente, el último jinete, el cuarto sello, versículo 7, es exactamente el mismo escenario, "Cuando abrió el cuarto sello, oí la voz del cuarto ser viviente" —ahora sabemos que había cuatro de ellos, porque cada uno tiene un rol que jugar aquí— "que decía: Ven" —está llamando al siguiente caballo y a su jinete— "Mire, y he aquí un caballo amarillo." Esto puede ser traducido de muchas maneras, "un caballo pálido, un caballo cenizo," es interesante que la palabra en griego es *chloros* de donde obtenemos la palabra clorofila o cloro, y generalmente es asociada con el color verde, una especie de amarillo pálido verdoso. De hecho la palabra *chloros* aparece varias veces en el Nuevo Testamento en conexión con el pasto o la vegetación, como en Marcos 6:39 y Apocalipsis 8 y 9.

Él ve a este caballo pálido, amarillo, "y el que lo montaba tenía por nombre Muerte, y el Hades le seguía; y le fue dada potestad sobre la cuarta parte de la tierra, para matar con espada, con hambre, con mortandad, y con las fieras de la tierra." Aquí está el pálido, como ceniza, verde amarillento de la muerte, descomposición y con color de cadáver. Y haciendo honor a lo que parece, su nombre es *thanatos*, que quiere decir muerte, algo siniestro. Lo que sigue después de la guerra es la hambruna, lo que sigue después de la hambruna es la muerte. Y lo que sigue después de la muerte es el Hades. Ésta es solo una palabra más para describir el sepulcro. La tumba viene, por así decirlo, el sepulturero viene con su pala para recoger los cuerpos que la muerte va dejando.

El Hades es el compañero correcto de la muerte, los encuentras haciendo equipo en el 20:13, el Hades es el coche fúnebre de la muerte, y puede mantenerse al día con el andar de la muerte, ellos trabajan juntos. Éste es el resultado del segundo y tercer sello. Pero hay más, veamos el versículo 8, "y le fue dada potestad" ¿quién se la da? ¿Quién le da autoridad? Dios porque este es el despliegue de sus escritos y es Su rollo, éste es Su juicio. "Le fue dada potestad sobre la cuarta parte de la tierra, para matar." Se estima que para el año 2000, dentro de pocos años, seremos alrededor de seis mil millones de personas. Tomando esta cifra, esto querría decir que morirán mil quinientos millones de personas. Este es un número impensable de seres humanos. Literalmente podría eliminar la población de dos continentes. Las armas nucleares y otras armas sofisticadas hacen que esto sea posible en un tiempo muy corto, lo que hubiera sido imposible en la época de los arcos y las espadas.

Con cuatro cosas va a realizar sus matanzas. Espada, y ya hemos hablado de ésta en conexión con la guerra; y hambruna, y hemos hablado de ésta en conexión con el tercer sello. Pero hay otras dos, pestilencia o mortandad, y las fieras de la tierra. Mortandad o pestilencia y las bestias de la tierra. Por cierto, estas cuatro están ligadas juntas muchas veces en la Escritura, y necesito decírselo sólo para que vean que se les debe prestar mucha atención. Dios ha predicho en muchos pasajes del Antiguo Testamento que estas cuatro serán los medios que Él usará en el juicio final. Jeremías 14:12, dice, "los consumiré con espada, con hambre y con pestilencia." Ahí menciona a tres de las cuatro. En Jeremías 24:10, "Y enviaré sobre ellos espada, hambre y pestilencia, hasta que sean exterminados de la tierra que les di a ellos y a sus padres." Y nuevamente en el capítulo 44 de Jeremías, estas cosas son mencionadas juntas. Jeremías 44:13, "Pues castigaré a los que moran en tierra de Egipto como castigué a Jerusalén, con espada, con hambre y con pestilencia."

Ahora tenemos la espada que nos lleva a la hambruna y que nos lleva a la pestilencia. En donde cae la espada, llega la hambruna, y como consecuencia la acompaña la mortandad o bien la pestilencia. En Ezequiel por ejemplo, sólo dos pasajes, 6:11, "¡Ay, por todas las grandes abominaciones de la casa de Israel! porque con espada y con hambre y con pestilencia caerán." Podríamos decir que otra palabra para pestilencia es "plagas".

Después en Ezequiel 14, encontramos probablemente el más significativo, escuchen esto, "Hijo de hombre, cuando la tierra pecare contra mí rebelándose pérfidamente, y extendiere yo mi mano sobre ella, y le quebrantare el sustento del pan, y enviare en ella hambre, y cortare de ella hombres y bestias, si estuviesen en medio de ella estos tres varones, Noé, Daniel y Job, ellos por su justicia librarían únicamente sus propias vidas, dice Jehová el Señor. Y si hiciere pasar bestias feroces por la tierra y la asolaren, y quedare desolada de modo que no haya quien pase a causa de las fieras, y estos tres varones estuviesen en medio de ella, vivo yo, dice Jehová el Señor, ni a sus hijos ni a sus hijas librarían; ellos solos serían librados, y la tierra quedaría desolada" (versículos 13–16). En otras palabras, la presencia de hombres piadosos no podrá detener el juicio. "O si yo trajere espada sobre la tierra, y dijere: Espada, pasa por la tierra; e hiciere cortar de ella hombres y bestias, y estos tres varones estuviesen en medio de ella, vivo yo, dice Jehová el Señor, no librarían a sus hijos ni a sus hijas; ellos solos serían librados. O si enviare pestilencia sobre esa tierra y derramare mi ira sobre ella en sangre, para cortar de ella hombres y bestias, y estuviesen en medio de ella Noé, Daniel y Job, vivo yo, dice Jehová el Señor, no librarían a hijo ni a hija; ellos por su justicia librarían solamente sus propias vidas. Por lo cual así ha dicho Jehová el Señor: ¿Cuánto más cuando yo enviare contra Jerusalén mis cuatro juicios terribles, espada, hambre, fieras y pestilencia, para cortar de ella hombres y bestias?" (versículos 17–21).

En otras palabras, si ellos no pudieron soportar cuando llegó una sola de ellas, ¿qué van a hacer cuando les lleguen las cuatro? Las cuatro lograrán su objetivo.

¿Qué es la pestilencia? De hecho es la misma palabra griega que se usa para muerte, *thanatos*, pero aquí se refiere a la causa de la muerte. Jesús dijo que habría terremotos después de la hambruna. Ésta podría ser una palabra que abarca los desastres naturales. Pienso que eso es correcto. Si tienes una guerra como la que va a ocurrir en este tiempo en particular, con el tipo de armas que tenemos hoy en día, habrá un cataclismo de terremotos creados por bombas y los misiles y las armas de destrucción masiva. Podría ser que haga referencia a un tipo de terremotos que son el resultado de todo esto. También podría referirse a desastres naturales que Dios desatará, como terremotos o inundaciones. Podría referirse a armas biológicas o químicas que se tienen en abundancia y que pueden destruir millones de personas con facilidad, un litro de gas neurotóxico puede matar a un millón de personas. Se puede también referir a enfermedades.

Escuchen, cuando se tiene una guerra mundial y con la devastación que va a llevarse a cabo con esa guerra, seguida de la hambruna que tendrá lugar, sabemos que como consecuencia de ello pueden llegar muchos problemas de salud, higiene y todo este tipo de cosas. No sé si recuerdan esto, pero más de 20 millones de personas murieron a causa de epidemias de gripe o influenza durante la Primera Guerra Mundial porque todas las naciones que se estaban movilizando trajeron todo tipo de virus con ellos. Seis millones más murieron a causa de la tifoidea en la Primera Guerra Mundial. Puede haber muertes masivas con virus como el SIDA, y existen muchos otros microorganismos que pueden ocasionar muertes masivas. Recuerden que la tifoidea mató 200 millones de personas en 4 siglos. A veces desestimamos el poder de las enfermedades que pueden destruir poblaciones enteras.

Pero eso no es todo. Apocalipsis 6 añade que no sólo habrá pestilencia, que pudiera significar todo lo que ya hemos dicho. También añade "fieras de la tierra." ¿Qué es esto? ¿No tenemos fieras en nuestro país? ¿De qué está hablando? No tenemos fieras de ningún tipo, tendríamos que ir al África para encontrar leones, o irnos a China para encontrar tigres siberianos o algo semejante. ¿De qué fieras habla?

Permítanme hacerles una pregunta, ¿saben cuál es la criatura más mortal sobre la faz de la tierra? ¿La más mortal de todas las criaturas sobre la faz de la tierra? No es una víbora, no es un león, no es un cocodrilo, es una simple rata. Ésta es históricamente la criatura más mortal de la tierra. ¿Por qué? Las ratas son anualmente responsables por la pérdida de millones de dólares en comida en todo el mundo junto con las muchas muertes que causan en todo lugar. Las ratas infestan con una plaga llamada peste bubónica. Ésta mató a un tercio de la población de Europa en el siglo XIV, de acuerdo a la Enciclopedia Americana. Las ratas pueden transmitir hasta treinta y cinco enfermedades al mismo tiempo y sorprendentemente noventa y cinco por ciento de la población de las ratas puede ser exterminada en cualquier lugar, y se renovará en menos de un año. Esto ha matado más personas que todas las guerras que ha habido en el mundo en toda su historia; ellas generalmente hacen sus hogares en donde habitan los seres humanos.

Junto con la guerra, la hambruna y los terremotos, se hace necesaria la limpieza. Pero con todo esto, no hay medicinas, las condiciones de vida descienden a un nivel primitivo y esto haría que las ratas pudieran ser las fieras que aparecen para matar. Sorprendente, este es el juicio divino. Y esto es solo el comienzo, hay mucho más por llegar.

Y tristemente, no es sino hasta el sexto sello que la gente reconoce que Dios es quien está ocasionando todo esto. Y la pregunta que nos surge, ¿no hay ninguna esperanza para nuestro mundo? Y la respuesta es no, no hay esperanza, esto llegará; es inevitable. Y puede surgir una pregunta más, ¿tengo yo alguna esperanza? Y la respuesta es sí, sí, sí hay esperanza para ti en Jesucristo. Cuando nos convertimos a Cristo, no sólo nos podemos librar del alcoholismo, o de la lascivia, o de la envidia, o de todo tipo de pecado, sino que también nos libramos de todo esto; nos libramos del juicio de Dios.

No es de sorprender que el escritor de Hebreos haya dicho, "¿Cómo escaparemos si despreciamos una salvación tan grande?" La respuesta sería, no escaparemos. Pero Jesucristo nos ha provisto de un camino de escape.

Oración final

Padre, gracias te damos por el regalo que nos diste en Cristo y toda la provisión que Él nos da. Cosas terribles le esperan al mundo, y Tú lo has dicho, pero ellos no lo reconocerán. Hacia allá se dirige y no sabemos cuándo empezará esto. Pero Señor, te agradecemos que nos has librado del ardor de tu ira, del día del Señor, del día del temible juicio. Nos libraste por medio de Cristo. Te agradecemos por la salvación que Él provee y que nos salva de la ira venidera, incluyendo ese infierno eterno, ese juicio eterno. Que ninguno de los que están aquí sea tan necio como para menospreciar tan grande salvación, porque sólo en Cristo podemos escapar. Te agradecemos que algún día Cristo vendrá a recoger a los suyos para Sí mismo y para su presencia antes de que tenga lugar este terrible y espantoso capítulo final de la historia humana. Te agradecemos porque en Cristo podemos vivir con esperanza y no con temor. Queremos estar de pie en aquella escena en el cielo, cantando "Digno es el Cordero que ha sido inmolado para redimir," y siendo parte de los benditos y no de los malditos. Y te agradecemos que esto es provisto en Cristo por medio de su muerte y resurrección, porque Él se entregó a Sí mismo por nuestros pecados.

Mientras sus cabezas están inclinadas y antes de que terminemos en unos momentos más, quiero que hagas esta oración como algo personal en tu corazón. ¿Conoces a Cristo? Si el Señor Jesús viniera y arrebatara su iglesia, ¿te irías, o te quedarías para ser seducido en esta trampa de la paz que al final te atrapará en un juicio devastador e insoportable? Si conoces a Cristo, eres de Él.

Te preguntarás, "¿Cuál es el medio para hacer esto?" Cree en tu corazón que Él murió y resucitó por ti, y confiésale como tu Señor; pídele que te salve de tu pecado y del juicio. Dios en carne humana, esto es Cristo, vino al mundo para morir en tu lugar, para llevar tu maldición, de modo que nunca sientas la maldición de Dios. Sólo necesitas pedirlo.

Padre, oramos que todo corazón se vuelva hacia Cristo, y te adoramos y te agradecemos porque has provisto un escape. Y no sólo un escape, sino que has provisto un cielo glorioso en el cual moraremos contigo por siempre. Te agradecemos en el nombre del Salvador. Amén.

REFLEXIONES PERSONALES

15 de Noviembre, 1992

09_El gran día de la ira de Dios

Cuando abrió el quinto sello, vi bajo el altar las almas de los que habían sido muertos por causa de la palabra de Dios y por el testimonio que tenían. Y clamaban a gran voz, diciendo: ¿Hasta cuándo, Señor, santo y verdadero, no juzgas y vengas nuestra sangre en los que moran en la tierra? Y se les dieron vestiduras blancas, y se les dijo que descansasen todavía un poco de tiempo, hasta que se completara el número de sus consiervos y sus hermanos, que también habían de ser muertos como ellos.

Apocalipsis 6:9–11

BOSQUEJO

— Introducción

— Las personas involucradas

— Las peticiones

— Las promesas

— Oración final

Notas personales al bosquejo

09_El gran día de la ira de Dios

SERMÓN

Introducción

Continuamos con este privilegio de poder ver hacia el futuro. Vayamos al capítulo 6 del libro de Apocalipsis, y hoy estaremos estudiando de los versículos 9 al 11. Aquí están estos versículos, comencemos con el versículo 9. "Cuando abrió el quinto sello, vi bajo el altar las almas de los que habían sido muertos por causa de la palabra de Dios y por el testimonio que tenían. Y clamaban a gran voz, diciendo: ¿Hasta cuándo, Señor, santo y verdadero, no juzgas y vengas nuestra sangre en los que moran en la tierra? Y se les dieron vestiduras blancas, y se les dijo que descansasen todavía un poco de tiempo, hasta que se completara el número de sus consiervos y sus hermanos, que también habían de ser muertos como ellos."

Y para comenzar a examinar este quinto sello, este pasaje tan importante, creo que es adecuado examinar lo que es el pensamiento de venganza por un momento, esto es necesario porque este pasaje trata acerca de la venganza. Éste es un clamor por parte de estas almas que identifican aquí al Señor pidiendo que venguen su sangre, esto es piden al Señor que ejecute ya su juicio. No es inconsistente para Dios que hagan tal ruego, a pesar de que tú puedas imaginar en el mundo que tal Dios no existe; la gente ha cambiado a Dios en lo que a ellos más les place, y, desde luego, han eliminado cualquier pensamiento de Él siendo un Dios vengador. Pero el Dios de la escritura es un Dios de venganza. Él mismo dice en Deuteronomio 32:35, "Mía es la venganza y la retribución." Dos veces más en el mismo capítulo, versículos 41 y 43, Él dice, "Yo tomaré venganza de mis enemigos."

El salmista afirmó la misma verdad acerca de Dios cuando escribió, "Jehová, Dios de las venganzas, Dios de las venganzas, muéstrate. Engrandécete, oh Juez de la tierra; Da el pago a los soberbios." Esto lo leemos en el Salmo 94. Y el salmo concluye de esta manera, "Los destruirá Jehová nuestro Dios." Hay algunos de los denominados Salmos imprecatorios en donde el autor inspirado clama a Dios para que destruya a los malos, clama a Dios porque traiga sobre ellos venganza, los más largos de esos Salmos son el 35, el 69 y el 109, pero existen salmos con suplicas similares a Dios para que traiga su venganza a los malvados.

En el Salmo 79, por ejemplo, en su versículo 10 leemos, "Sea notoria en las gentes, delante de nuestros ojos, la venganza de la sangre de tus siervos que fue derramada." Dios es Dios de venganza. El profeta Miqueas dijo, "y con ira y con furor haré venganza en las naciones que no obedecieron." Miqueas está hablando a nombre de Dios. Isaías 59:17

II Parte. Sermones temáticos sobre profecía

vemos a Dios poniéndose lo que Isaías dice, "tomó ropas de venganza por vestidura." Y el versículo 18 dice, "para retribuir con ira a sus enemigos." En Isaías 63:4 leemos, "Porque el día de la venganza está en mi corazón." Dice "en mi corazón."

En el Salmo 64, y solo leeremos este y los demás los dejaremos para que ustedes mismos los busquen, pero en el Salmo 64:7–9 dice, "Mas Dios los herirá con saeta; De repente serán sus plagas. Sus propias lenguas los harán caer; Se espantarán todos los que los vean. Entonces temerán todos los hombres, Y anunciarán la obra de Dios, Y entenderán sus hechos." Y el versículo 10 dice, "Se alegrará el justo en Jehová." Éste es un pensamiento amenazador en un sentido, ¿no lo creen? Que el justo pueda estar viendo la destrucción del malo y se alegre, ¿y se ponga feliz con eso?

Hay una razón, Dios es un Dios de venganza y la venganza muestra la gloria de Dios. La venganza muestra la justicia de Dios, la venganza muestra la santidad de Dios y la venganza muestra la rectitud de Dios. Y cuando todo esto está siendo mostrado y Dios está siendo completamente vindicado, el justo se alegra.

Proverbios 25:21 dice, "Si el que te aborrece tuviere hambre, dale de comer pan, Y si tuviere sed, dale de beber agua." Este es el otro lado de esto, debemos ser compasivos, debemos demostrar el amor de Dios hacía los pecadores, así como el amor de Dios fue demostrado hacía nosotros cuando éramos pecadores. Hay un balance, debemos promover la misericordia y la compasión, para aquellos que están bajo el juicio de Dios, al mismo tiempo que buscamos y deseamos la venganza que pondrá a Dios en acción para vindicar su santidad y su justicia.

En Romanos 12 podemos ver este balance. Dice, "No os venguéis vosotros mismos, amados míos, sino dejad lugar a la ira de Dios; porque escrito está: Mía es la venganza, yo pagaré, dice el Señor." Y continúa en el 20, "Así que, si tu enemigo tuviere hambre, dale de comer; si tuviere sed, dale de beber." El día de la venganza llegará, pero esto no quiere decir que tratamos a los pecadores con venganza o con un espíritu vengativo como para retribuirles sus actitudes. En efecto estamos esperando el día cuando la santidad, la justicia y la rectitud de Dios sea vindicada, pero al mismo tiempo sabemos que será un día terrible para los impíos, y mientras que esto tratamos de dar amor, compasión y misericordia a todos ellos.

Conforme vemos Apocalipsis 6, llegamos cara a cara con la venganza de Dios. El tiempo de gracia ha llegado a su final. Ahora estamos en el periodo de siete años al que hemos llamado el tiempo de la tribulación, también llamado el tiempo de los problemas para Jacob, esto con referencia al rol que jugará Israel en este periodo. Este periodo de tiempo identificado en el libro de Daniel como los siete años, e identificado nuevamente en el libro de Apocalipsis como la mitad de este siendo tres años y medio, o 42 meses, o 1260 días, este corto periodo de tiempo es el tiempo cuando Dios desata su venganza, cuando Dios desata su juicio y su ira sobre la tierra como nunca antes había hecho. Ha habido ocasiones pasadas cuando la venganza de Dios ha sido manifestada, cuando la ira de Dios ha sido vista, cuando el enojo de Dios ha sido mostrado. Y esos días han sido llamados "días del Señor," pero este tiempo final es más grande que ningún otro que le ha precedido. Este es el tiempo de siete años cuando Jesucristo no solo juzga a los impíos sino que también recupera la tierra y todo el universo como su sola posesión.

Recordarán que en el evangelio de Mateo se registra que Jesús predicó un sermón, lo llamamos el sermón de los olivos, en el cual Él discute este periodo de tiempo. Y él dice que este tiempo de siete años será dividido en dos mitades, la primera mitad es llamada el principio de dolores de parto. Este es un término muy vívido, cuando un niño está por nacer, antes de que nazca, hay una serie de dolores de parto que se van incrementando más y más conforme el alumbramiento se acerca, hasta llegar al dolor máximo para que el alumbramiento tome lugar. Y lo que nuestro Señor está diciendo es que este es un gran evento, que anuncia la llegada, no de un niño sino de un rey, el hijo de Dios. Pero conforme llega este periodo de siete años antes de esa llegada, los dolores de parto llegarán también, la tierra sufrirá esos dolores. Iniciarán de una manera lenta y rápidamente se incrementarán, el principio de estos dolores de parto ocurrirá en los primeros tres años y medio, y los dolores más intensos llegarán durante la segunda mitad y a estos nuestro Señor los designo como la Gran Tribulación. Así la primer mitad que vemos en Mateo 24:8 es llamada el principio de dolores de parto, la segunda mitad en Mateo 24:21 es llamada La Gran Tribulación, o el tiempo de grandes pruebas, presión y dolor.

Algo muy interesante, algo que debemos mantener en mente para no perder la cronología de todo esto, cuando Lucas habló del mismo periodo de tiempo en el capítulo 21 de su evangelio, Lucas al hablar del mismo periodo de tiempo, al registrar el mismo sermón añadió el hecho de que Jesús llamó a ese tiempo de la Gran Tribulación, a la segunda mitad, "días de retribución," la Biblia de las Américas traduce este pasaje, "días de venganza," de acuerdo al 21:22. Después de la abominación desoladora la cual es identificada como el punto medio de Daniel en el capítulo 7, lo cual es también mencionado por Jesús en Mateo 24, y también en Lucas 21, pero en especial en Lucas son días de venganza haciendo mención del tiempo después de la abominación desoladora, después del punto medio, o bien haciendo referencia a la segunda mitad. La furia de la venganza de Dios alcanza este punto medio, estos son los días de venganza.

Ahora esto es muy importante porque eso es consistente con lo que vamos a ver aquí en el quinto sello. La cronología está muy clara, los primeros cuatro sellos ocurren en la primer parte, los primeros tres y medio años, y a estos son los que Jesús llamo los días de los dolores de parto, todo esto sucede en la primer mitad de los siete años, o bien en la mitad de la semana setenta de Daniel. Este quinto sello forma parte de la primer parte y llega hasta la mitad, este sello es acelerado en la segunda parte y es seguido por la venganza.

Pablo habló de cómo esta venganza de Dios llegaría. En 2 de Tesalonicenses 1:5 dice, "Esto es demostración del justo juicio de Dios, para que seáis tenidos por dignos del reino de Dios, por el cual asimismo padecéis. Porque es justo delante de Dios pagar con tribulación a los que os atribulan, y a vosotros que sois atribulados, daros reposo con nosotros, cuando se manifieste el Señor Jesús desde el cielo con los ángeles de su poder, en llama de fuego, para dar retribución a los que no conocieron a Dios, ni obedecen al evangelio de nuestro Señor Jesucristo; los cuales sufrirán pena de eterna perdición, excluidos de la presencia del Señor y de la gloria de su poder." Pablo también hizo notar que vendría un día de retribución o bien un día de venganza.

Pedro vio lo mismo, el mismo tipo de venganza. Segunda de Pedro capítulo 3:10, "Pero el día del Señor vendrá como ladrón en la noche; en el cual los cielos pasarán con grande estruendo, y los elementos ardiendo serán deshechos, y la tierra y las obras que en ella hay serán quemadas." Y de aquí en adelante continua. Viene un gran día para la venganza de Dios, el cual traerá un holocausto de destrucción que el mundo nunca antes ha visto, un día cuando el Dios justo, cuando el Dios recto, cuando el Dios santo, traerán esta justicia tan esperada sobre los hombres y mujeres pecadores.

Y es verdad que los creyentes se regocijan en ese día porque éste pondrá de manera visible la gloria de Dios. Ese día traerá el fin de la iniquidad que hemos aborrecido. Vindicará al Señor de quien se han burlado y abusado. Recupera el universo del usurpador, Satanás, ese día traerá la justicia eterna y el fin del reino del pecado. Es por esto que nos regocijamos, entendemos la tristeza que fue expresada por el salmista. Entendemos la esperanza y el gozo que estuvo en el corazón de los apóstoles cuando anticipaban este evento, a pesar de que este significa destrucción de los impíos a quienes ellos fueron enviados con propósitos evangelistas.

Nuevamente este sentimiento encontrado de gozo y tristeza es indicado en Apocalipsis 10. Vamos allá por un momento. En uno de los muy ricos capítulos de este libro, al cual le daremos mucha atención en el futuro, en el versículo 9, se le dice a Juan que tome el libro que está abierto en la mano del ángel en el versículo 8, y se le dice, "Toma, y cómelo," este es el libro que describe el juicio final, "Toma, y cómelo; y te amargará el vientre, pero en tu boca será dulce como la miel. Entonces tomé el librito de la mano del ángel, y lo comí; y era dulce en mi boca como la miel, pero cuando lo hube comido, amargó mi vientre."

Esta es la actitud agridulce del juicio. Es dulzura porque hay vindicación para Dios; es dulce porque presenta la justicia eterna, hay dulzura en él porque destruye el pecado; en contraste hay amargura en él porque devasta a los impíos.

Nosotros no llevamos un mensaje de venganza. Ciertamente cuando Jesús colgaba de la cruz dijo, "Padre perdónalos porque no saben lo que hacen." Ciertamente Esteban cuando estaba siendo apedreado por los impíos dijo, "no les tomes en cuenta este pecado," que es otra manera de decir perdónalos. Ciertamente Pablo dijo desearía ser yo maldecido para lograr la salvación de mis parientes, los judíos, y Pablo también dijo, "sabiendo lo terrible del juicio, persuadimos a los hombres," y continuó diciendo, "a nosotros nos fue dado el ministerio de reconciliación y les rogamos, reconcíliense con Dios antes de que llegue esta retribución."

La Biblia nos dice que Dios no se deleita en la muerte de los malvados. Dios dice que no quiere que nadie perezca sino que todos vengan al arrepentimiento. Supongo que esto es ilustrado por el salmista que escribió los salmos imprecatorios en los cuales invoca el fuego de Dios sobre sus enemigos, pero el mismo autor dice, cuando tiene la oportunidad, como dice en 1 Samuel 24 y 26, pudiendo tomar la vida de su enemigo, Saúl, perdonó su vida porque le tuvo compasión y misericordia, y le preocupó más el alma de este hombre.

El Espíritu de Dios no contenderá para siempre con el hombre. Llegará el fin para el tiempo de gracia. En Hechos 17 el apóstol Pablo predicó eso. Dijo, Dios ha sido de alguna manera tolerante en tiempos pasados, pero vendrá un día, dice en el versículo 30 de Hechos 17…un día en el cual Él juzgará al mundo con justicia por medio del hombre…esto es Cristo… a quien Él ha señalado. Llegará el día cuando la gracia se acabe y caiga el juicio.

Es esta anticipación la que es vista en el sello número cinco. En este sello que nos indica esta advertencia en anticipación. Ahora hemos notado que en cada caso se está viendo cómo trabaja una fuerza. En el sello uno, la fuerza de la paz, en el sello número dos la fuerza de la guerra, en el sello número tres la fuerza que inunda la tierra con hambruna, y en el sello número cuatro, el caballo de ceniza o amarillo, es la fuerza de la pestilencia que esparce por todos lados la muerte.

Encontramos otra fuerza en el quinto sello la cual casi ningún comentarista habla o discute acerca de ella. Solo puede encontrar a un comentarista que capta y explica acerca de esta fuerza, revise una docena de comentarios. La fuerza que hay aquí es venganza, pero por detrás de ella hay oraciones. Podríamos decir que la fuerza es la oración clamando venganza. La venganza no viene en el quinto sello, sino que lo que llega es la oración. Y si recordamos la promesa de Santiago de que la oración ferviente del justo puede mucho, entonces estas deben ser oraciones poderosas porque están siendo ofrecidas por personas que ya están en el cielo y ya no tienen ni un residuo de pecado en ellos. Así que estás son oraciones de los que ya son perfectamente justos y este tipo de oraciones son una fuerza y estás son oraciones clamando venganza y esas oraciones serán contestadas.

Recordemos que los siete años de juicio iniciaron en el capítulo 4, al tiempo que el trono se manifiesta con truenos y relámpagos. El juicio actual inicia aquí en el capítulo 6 y corre hasta el capítulo 19. Y eso inicia con la apertura del libro sellado, o bien el rollo sellado. Los primeros cuatro ángeles, que ya hemos visto, ellos salen a escena en respuesta a la apertura de los primeros cuatro sellos, habrá una falsa paz, guerra, hambruna, pestilencia trayendo la muerte por todos lados de tal modo que una cuarta parte de la humanidad será muerta.

Así que ya sabemos que el mundo enfrenta un periodo de problemas que nunca imaginó. El sueño de los optimistas de que haya un mejor mundo no encaja con lo que la palabra de Dios dice. El triunfo de Jesucristo, el Cordero que es digno, está asegurada. Y el libro de Apocalipsis lo dice de manera contundente, Él traerá sobre la tierra su reino venciendo a Satanás, a sus demonios y a los hombres impíos. Traerá un reino de justicia después de derramar la ira de Dios sobre los impíos. Ahora estamos viendo el comienzo de este juicio, este tiempo de ira.

Éste es delineado, como ya lo dije, por estos siete sellos. Éste incluye, como lo veremos, siete trompetas que llegan en un corto periodo de tiempo y siete copas que llegan en un aún más corto periodo de tiempo, en una rápida sucesión de fuego. Continuamos en la primera mitad del periodo de los siete años al llegar al quinto sello. La segunda mitad, los días de venganza, aún no han sido desatados. Pero esta es la oración clamando venganza.

Al observar estos versículos quiero que noten tres características. Las vamos a enlistar para que puedan seguir cada una más detalladamente. Veremos a las personas involucradas, a las peticiones que ellos tienen y a las promesas que ellos reciben. Las personas involucradas están en el versículo 9, las peticiones en el versículo 10, y las promesas que ellos reciben en el versículo 11. Esto es absolutamente fascinante. Y hay mucho que aprender y debemos poner todo esto junto con el resto de los registros de literatura profética para que tengamos un claro entendimiento, esto es lo que estaremos haciendo en este estudio.

Las personas involucradas

Veamos primero a las personas involucradas en el versículo 9, "Cuando abrió el quinto sello, vi bajo el altar las almas de los que habían sido muertos por causa de la palabra de Dios y por el testimonio que tenían."

Como podemos notar él ve algunas almas involucradas ahí, y ellas son las personas involucradas. Ahora los veremos a ellos específicamente, pero comencemos al principio del versículo. "Cuando abrió el quinto sello." Recordemos que el rollo con los siete sellos tiene como título obras de la tierra, Él lo está abriendo. Y caca vez que Él lo desenrolla y abre otro sello, un sello como el que sea acostumbraba poner a las cartas en los tiempo antiguos para mantener la información secreta o escondida ante la vista del todo público, cada vez que se abre la siguiente sección, los sellos que se encuentran en la orilla del rollo, uno se rompe y se puede leer o ver solo hasta que se encuentra el otro sello. Cada vez que se abre uno y se desenrolla, una nueva secuencia de juicio se hace visible.

Este sello nos hace visibles a esas almas que están bajo el altar. ¿Cómo llegaron ahí? El versículo 9 nos dice que fueron asesinados, por lo que es pertinente decir que son mártires. Así que después de que tenemos la falsa paz, la guerra, la hambruna, y la pestilencia de los desastres naturales que da como resultado que se extienda la muerte hasta un cuarto de la población mundial, entonces tenemos la persecución que da como resultado el martirio de muchas almas. Todo esto encaja perfectamente bien con la enseñanza de nuestro Señor en Mateo 24. Vamos a regresar allá por un momento porque quiero que ustedes tengan toda la imagen en su mente. Regresemos a Mateo 24 para que puedan notar como el flujo es el mismo ahí.

En Mateo 24:3, se hace la pregunta, "¿cuándo serán estas cosas, y qué señal habrá de tu venida, y del fin del siglo?" ¿Cuándo termina todo esto, cuando queda todo esto resuelto, cuando llegará la justica sempiterna, cuando va a ser aniquilado el pecado? Y Jesús contesta, "Mirad que nadie os engañe, Porque vendrán muchos en mi nombre, diciendo: Yo soy el Cristo; y a muchos engañarán," y esta es una alusión a la falsa paz con todos los falsos mesías quienes preparan una fabricada, una improvisada paz mundial junto con una prosperidad que no dura mucho tiempo. Y entonces llegamos al versículo 6, "Y oiréis de guerras y rumores de guerras; mirad que no os turbéis, porque es necesario que todo esto acontezca; pero aún no es el fin. Porque se levantará nación contra nación, y reino contra reino; y habrá pestes, y hambres." Y al final incluye terremotos lo que puede incluir desastres naturales; estos son referidos en el libro de Apocalipsis como pestilencias. Y dice que todo esto solo es principio de dolores de parto. Y ahora llega el versículo 9, "Entonces os entregarán a tribulación, y os matarán." Ve como esto es paralelo a lo que se dice en Apocalipsis 6. Estas almas que se encuentran bajo el altar y el quinto sello están ahí porque fueron asesinados. Y eso es precisamente lo siguiente. Lo que va después de los desastres naturales y las pestilencias que terminan con las vidas de una cuarta parte de la tierra es la persecución. Y dice, "seréis aborrecidos de todas las gentes por causa de mi nombre."

Así que inmediatamente después del cuarto sello llega el quinto que es la persecución masiva. Y por cierto, podemos leer exactamente lo mismo en Marcos 13:9–13, y en Lucas 21:12–19. La persecución inicia —y creo que es importante notar esto— y es difícil. No sentirán la dificultad de esto porque espero que sea claro conforme lo vayamos viendo. Pero es muy difícil estudiar todos los pasajes y establecer la cronología de todo esto. Espero poderlo hacer lo suficientemente claro para ustedes. Esta persecución inicia en los primero tres años y medio. ¿Cómo lo sabemos? Porque la tenemos iniciando en el versículo 9 y la abominación desoladora no llega sino hasta el versículo 15. También Daniel 9:27 dice que esto sucede justo en a la mitad. Así que todavía continuamos en la primera mitad, el principio de los dolores de parto.

¿Por qué es importante esto? Porque Jesús dijo que esto es solo el principio de dolores de parto, el verdadero dolor llega después. Y seguro estás pensando que si este es solo el principio y ya han muerto ¼ de la población mundial, ¿cómo será el resto que falta? Esta pregunta es muy pertinente y le vamos a dar respuesta. Durante el principio de dolores de parto se iniciará la persecución. No va a ser una masacre al por mayor, será el principio de la persecución y serán entregados a tribulación, versículo 9, y los matarán y serán odiados por todas las naciones a causa de mi nombre. Aquí es solo el comienzo.

Esto es algo inevitable que ocurrirá en aquel tiempo. La persecución será oficial, será conducida por los gobiernos. Serán aborrecidos por todas las naciones a causa de mi nombre. Por todo el mundo, creo, habrá una persecución de inspiración religiosa conducida por los gobiernos. Es muy posible la las cortes, o lo juzgados, estén involucrados en ello. Las sinagogas y las iglesias estarán involucradas también. Esta será el tipo de persecución que se llevará a cabo de manera oficial. Todo el sistema religioso ecuménico mundial estará involucrado, la religión se convertirá en una perseguidora de verdaderos creyentes. Lean Apocalipsis 17:6, la falsa iglesia ramera se embriagará con la sangre de los mártires.

La persecución refleja a todos los que son odiados a causa de Dios y de Cristo en todo el mundo. Ésta comienza, como ya dije, aun antes de que el anticristo se revele; él no se dará a conocer sino hasta el punto medio cuando profana el templo en Jerusalén. Hasta ese punto él ha sido conocido como el salvador del mundo, es el libertador del mundo. Él es un poder mundial muy importante que está involucrado, primero en la paz y después en la guerra, esto con el fin de consolidar su poder mundial. Y no es revelado sino hasta el punto medio de la tribulación o bien cuando han ya transcurrido los primeros tres años y medio.

Es antes de la revelación del anticristo hacia el mundo que la persecución iniciará. Y recuerden, el que restringe todo esto, de acuerdo con 2 Tesalonicenses 2:7, es el Espíritu Santo, él es quien ha estado reteniendo el pecado. Lo hace ahora, no permite que se desate totalmente, pero durante este periodo de tiempo el que lo impedía lo deja de impedir y el pecado corre a toda velocidad haciendo estragos. El Espíritu Santo quita todo impedimento y permite que el opositor de Dios, que las actitudes del anticristo se desaten completamente, y al tiempo que todo esto inicia, muchos morirán. Entonces llega la inevitabilidad del versículo 10.

"Muchos tropezarán entonces, y se entregarán unos a otros, y unos a otros se aborrecerán. Y muchos falsos profetas se levantarán, y engañarán a muchos; y por haberse multiplicado la maldad, el amor de muchos se enfriará." Hasta este punto creo que habrá cierto tipo de personas que se atacarán a sí mismos dentro del cristianismo, habrá salvos en este tiempo. Pero recordemos que la iglesia ha pasado por el rapto antes de que todo esto comience. Habrá personas que se conviertan en este tiempo de los primeros tres años y medio, en un momento hablaremos más de esto. La gente será salva y se atacarán entre ellos, como siempre lo han hecho atacarán estos serán finalmente ataques a la iglesia. Estos no serán el verdadero trigo, serán cizaña. Pero una vez que la persecución inicie se hará notorio como ellos no son verdaderos, todos estos seguirán a falsos profetas y como consecuencia su amor hacia el Señor se enfriará. Se mostrarán a sí mismos que son falsos, desertarán de la fe verdadera por la simple razón de que son falsos creyentes.

Entonces llegamos al versículo 13, "Mas el que persevere hasta el fin, éste será salvo." Los cristianos genuinos perseveran ante todo tipo de prueba, no importa si es persecución o el tener que pasar por martirio. Lo que nos hace llegar al versículo 14 que dice, "Y será predicado este evangelio del reino en todo el mundo, para testimonio a todas las naciones; y entonces vendrá el fin." Tenemos entonces que la persecución inicia en el periodo de los primeros tres años y medio, y continua hasta el final, no parará hasta el final de los siete años de tribulación. Esto lo veremos en un momento. Inicia al principio y va escalando hasta el fin, y por todos sus intentos y propósitos, es un intento por masacrara a cualquier creyente, a todo creyente de la faz de la tierra. Y mientras todo esto está sucediendo y mucha gente está desertando, el versículo 14 nos dice, "El evangelio será continuamente predicado." Esto nos permite saber que el evangelio será predicado durante todo este periodo de tiempo. El evangelio que dice cómo entrar en el reino, la salvación por gracia por medio de poner toda nuestra fe en Jesucristo estará siendo predicado.

¿Quiénes son los que estarán predicando? De acuerdo con Apocalipsis 7:1 y hasta el 8, y Apocalipsis 14:1–5, nos dicen que habrá 144,000 judíos, 12,000 de cada tribu, quienes estarán predicando. De acuerdo con Apocalipsis 11 habrá también dos testigos, dos testigos que llevarán a cabo milagros y que predicarán el evangelio. En Apocalipsis 14 encontramos, y esto es en verdad maravilloso, que habrá un ángel, habrá una especie de ángel que estará volando por los cielos predicando el evangelio. Apocalipsis 14, debo leer esto a ustedes, "Vi volar por en medio del cielo a otro ángel, que tenía el evangelio eterno para predicarlo a los moradores de la tierra, a toda nación, tribu, lengua y pueblo, diciendo a gran voz: Temed a Dios, y dadle gloria, porque la hora de su juicio ha llegado; y adorad a aquel que hizo el cielo y la tierra, el mar y las fuentes de las aguas." Habrá un ángel que estará predicando al tiempo que vuela por todo el cielo. Algunos han llegado a identificarlo como el Satélite de la red televisora TBN, pero no lo crean, decir esto equivale a creer en una exegesis fallida.

Habrá 144,000 judíos, habrá dos testigos, y habrá algún tipo de ángel poderoso haciendo una proclamación que será superior a la de cualquier satélite. Justo al final habrá personas predicando, habrá judíos creyentes y gentiles creyentes. Leemos en el capítulo 7 que habrá tanta gente que conocerá de Cristo que será imposible contarlos.

Así que la persecución inicia, el evangelio está siendo predicado, y continua siendo predicado, los verdaderos cristianos permanecen, ya sea hasta que mueran o sea que vayan al reino porque el Señor los ha protegido de la muerte.

Entonces el evento —regresando a Mateo 24— que indica el punto medio, el que se encuentra en el versículo 15 llega —sólo estamos fluyendo por el texto. El evangelio ha sido predicado y entonces ¡boom!, llega la abominación desoladora. Esto es la profanación del templo. El anticristo entra al templo en el lugar santo de Jerusalén, blasfema al Dios verdadero, coloca un ídolo de sí mismo, y demanda que todo el mundo lo adore como si él fuera Dios. Con él se encuentra el falso profeta que demanda la misma adoración, este es su esbirro, y todo el mundo debe adorar al anticristo pues el anticristo está a cargo del mundo. Todo esto sucede justo a la mitad, en el punto medio de la tribulación, hasta este punto él ha sido sutil pero súbitamente cambia por completo y su sutileza desaparece.

Segunda de Tesalonicenses 2:4 lo describe. Cuando se manifieste el hombre de pecado, este hombre será llamado hijo de perdición o de destrucción, "el cual se opone y se levanta contra todo lo que se llama Dios o es objeto de culto; tanto que se sienta en el templo de Dios como Dios, haciéndose pasar por Dios." Ya no es un líder político, no es el salvador del mundo, no es un político, no es un salvador, ahora le anuncia la mundo que él es Dios. En el versículo 9 nos dice, "inicuo cuyo advenimiento es por obra de Satanás, con gran poder y señales y prodigios mentirosos, y con todo engaño de iniquidad para los que se pierden, por cuanto no recibieron el amor de la verdad para ser salvos." Lo que sucede aquí es que el mundo se lo cree, literalmente cae en su engaño. Recuerden que examinamos Daniel 8 el cual nos describe algo acerca de cómo se levanta para ejercer su poder. La semana pasada describimos Daniel 11 el cual continúa con lo mismo, por lo que podemos decir con toda seguridad que hasta este punto el anticristo está al control.

Para ver algo más acerca de su poder, ve a Apocalipsis capítulo 13, ahí encontrarás mucha información acerca de esto y como es que se encuentra en este punto. En Apocalipsis 13:3b, la segunda mitad del versículo, "y se maravilló toda la tierra en pos de la bestia, y adoraron al dragón que había dado autoridad a la bestia, y adoraron a la bestia, diciendo:" El dragón es Satanás, él fue quien dio autoridad a la Bestia, por lo que sabemos que Satanás le da autoridad al anticristo, ellos adoraron a la bestia y le dicen, "¿Quién como la bestia, y quién podrá luchar contra ella?" En todo este asunto de la guerra su papel ha sido el del héroe conquistador. Ha sido el protector de Israel hasta llegar a la mitad de la tribulación, y entonces en lugar de protegerlos ahora va tras ellos para matarlos y así mismo hace con toda la gente que confió en él, sean cristianos, judíos; son todos los creyentes en cristo a los que está persiguiendo. Pero para ese entonces él ya ha establecido su poder militar, como lo describe Daniel 8 y 11. Ahora él toma su lugar, "También se le dio boca que hablaba grandes cosas y blasfemias; y se le dio autoridad para actuar cuarenta y dos meses" esto es tres años y medio, ésta es la segunda mitad. Así el inicia la segunda parte de su plan justo a la mitad del periodo de siete años y lo desarrolla hasta el final. Abre su boca y blasfemia en contra de Dios, del nombre de Dios, del Tabernáculo de Dios, esto es en contra de los que ya habitan en el cielo. Blasfema en contra de los creyentes.

Ahora en el versículo 7, "Y se le permitió hacer guerra contra los santos, y vencerlos. También se le dio autoridad sobre toda tribu, pueblo, lengua y nación. Y la adoraron todos los moradores de la tierra cuyos nombres no estaban escritos en el libro de la vida del Cordero que fue inmolado desde el principio del mundo." Todo esto inicia justo a la mitad del periodo. Pero vayamos a Mateo 24, quiero que ustedes mantengan en su mente este flujo porque es crucial para entender este periodo de tiempo.

¿Qué sucedió ya? Cuatro cosas ya han sucedido, el sello uno, el sello dos, el sello tres, el sello cuatro, entonces llega el sello cinco y la persecución se inicia. La gente ha sido asesinada, los vemos en nuestro texto de Apocalipsis 6 ya bajo el altar porque ellos han sido asesinados, ya están en el cielo. Los asesinatos han iniciado y están sucediendo en toda el mundo.

¿Qué es lo que lo ha precipitado? Esto no es nada difícil de resolver porque todos los cristianos alrededor del mundo van a estar diciendo, "para que sepan qué es lo que está sucediendo en todo el mundo solo necesitan saber qué es lo que dice la Biblia.

No será muy difícil resolver el porqué de la situación, cuando ellos vean paz, una paz global seguida inmediatamente por una guerra, y ésta seguida inmediatamente por una hambruna también global, esta será seguida inmediatamente después por una terrible y trágica pestilencia que hace que la tierra perezca; los cristianos estarán diciendo, "esto es exactamente lo que decía Mateo 24 que iba a suceder. Esto también es lo que está registrado en la visión de Apocalipsis 6, y créanlo que Dios va a juzgar al mundo y ustedes solo están viendo lo que son los principios de dolores de parto." Pero su respuesta será, "callen a esa gente, matéenlos, no queremos estar escuchándolos."

Y una vez que el anticristo se coloca a sí mismo como Dios y todo el mundo le cree, entonces todo lo que los cristianos puedan decir se convertirá en una blasfemia en su contra, él se cree el verdadero dios, pero en realidad es el anticristo. Es aquí en donde el sistema religioso del anticristo se convierte en el perseguidor, y la persecución se incrementa en escalada hacía Israel y en contra de los creyentes.

Para ver cómo se desenvuelve este incremento todo lo que tenemos que hacer es ver los versículos 16–17 de Mateo 24, cuando lleguen al punto medio de la tribulación, y el anticristo inicie su plan, "entonces los que estén en Judea, huyan a los montes. El que esté en la azotea, no descienda para tomar algo de su casa; y el que esté en el campo, no vuelva atrás para tomar su capa. Mas ¡ay de las que estén encintas, y de las que críen en aquellos días!" ¿Por qué? Porque las mujeres encintas no pueden correr rápido. Y aquellos que estén criando tienen la necesidad de cargar a sus hijos y detenerse para alimentarlos y atenderlos. "Orad, pues, que vuestra huida no sea en invierno ni en día de reposo," para que tu huida no rompa una ley, o bien te tengas que quedar parado sin poder hacer nada. ¿Por qué? Porque habrá entonces gran tribulación, cual no la ha habido desde el principio del mundo hasta ahora, ni la habrá. Y si aquellos días no fuesen acortados, nadie sería salvo."

Y entonces es cuando la persecución se dispara. Por todos lados habrá falsos cristos, falsos profetas, llevando a cabo todo tipo de falsas señales y prodigios con la intención de engañar a todos. Muchos serán asesinados, judíos serán asesinados, tantos como dos tercios, la escritura dice que Dios permitirá que mueran como rebeldes que son reducidos, como incrédulos. Los

09_El gran día de la ira de Dios

cristianos también van a ser asesinados, los que vemos en nuestro texto bajo el altar son algunos de ellos.

En Apocalipsis 9:21 dice, que después, esa gente no se arrepintió de sus asesinatos, y esto es interesante porque habrá asesinatos por todo el mundo. Ahora lo que tenemos con el gobierno del anticristo son asesinatos organizados, no como los que Jesús dice en Juan 16 cuando dijo que te llevarían a las sinagogas con la intención de matarte, y que te llevarían a las cortes delante de los jueces." Ahora hay como un permiso mundial para matar cristianos y judíos. Todo el mundo se convierte en un asesino ya que todos están bajo el poder de Satanás.

Muchos van ser muertos, los asesinatos van a ser masivos. Vean el 7:9, ahí encontramos un poco del sentir de cómo es que muchos serán asesinados. Juan dice, "Después de esto miré, y he aquí una gran multitud, la cual nadie podía contar, de todas naciones y tribus y pueblos y lenguas, que estaban delante del trono y en la presencia del Cordero, vestidos de ropas blancas, y con palmas en las manos; y clamaban a gran voz, diciendo: La salvación pertenece a nuestro Dios que está sentado en el trono, y al Cordero. Y todos los ángeles estaban en pie alrededor del trono, y de los ancianos y de los cuatro seres vivientes; y se postraron sobre sus rostros delante del trono, y adoraron a Dios, diciendo: Amén. La bendición y la gloria y la sabiduría y la acción de gracias y la honra y el poder y la fortaleza, sean a nuestro Dios por los siglos de los siglos. Amén. Entonces uno de los ancianos habló, diciéndome: Estos que están vestidos de ropas blancas, ¿quiénes son?" ¿De qué está hablando? Está hablando de la innumerable multitud de cada nación que ni siquiera podemos contar. ¿Quiénes son ellos? En el versículo 14 de Juan dice, "Yo le dije: Señor, tú lo sabes. Y él me dijo: Estos son los que han salido de la gran tribulación." ¿Cómo fue que ellos salieron de la tribulación? Fueron asesinados. "Han lavado sus ropas, y las han emblanquecido en la sangre del Cordero. Ahora ellos están delante del trono de Dios, Ya no tendrán hambre ni sed, y el sol no caerá más sobre ellos, ni calor alguno." Esto nos da un poco de la idea de la vida que ellos tuvieron que vivir al tiempo que estaban tratando de escapar a los asesinatos masivos.

De este modo vemos que la multitud que saldrá del tiempo de la tribulación va a ser innumerable. Esto quiere decir que habrá una cantidad muy grande de seres humanos que serán salvos. El hecho de que el capítulo 7 inicia con la descripción de los 144,000 testigos, y concluya con estos que han sido convertidos, no da la razón para pensar que estos 144,000 son los evangelistas principales quienes presentan el evangelio y quienes provocan que la fe surja en los corazones de esta innumerable multitud. Aquí están en el cielo, lo que quiere decir que tuvieron que ser asesinados. Algunos de ellos pudieron morir de muerte natural, pero la mayoría de ellos serán parte de la masacre que se inició antes de que llegará el punto medio y hubiera un incremento durante el tiempo llamado La Gran Tribulación. Estos que están en el cielo son los que salieron de la Gran Tribulación.

De modo que el quinto sello habla de las muertes de cristianos que inician con una persecución en la primera mitad y después se convierte en una masacre al mayoreo después de la primera mitad y se mantiene esta masacre continua hasta el final de los siete años de tribulación.

Pero habiendo dicho todo esto, el asunto aquí no es el martirio, algunos dicen que el quinto sello solo es martirio, algunos dicen que es persecución, pero no lo es. Creo que podemos hablar de las dos. Algunas veces podemos decir que el quito sello es venganza y otras podemos decir que es oración. Pero lo más correcto es decir que es una oración de venganza, o bien oración/venganza.

Veamos ahora específicamente al versículo 9, Apocalipsis 5:9. "Vi debajo del altar." ¿Qué altar? No sé qué altar. ¿Por qué la gente hace preguntas como estas? Puedo leer quince páginas acerca de esta pregunta y después concluir con la misma pregunta, nadie sabe cuál altar. Si el Señor hubiese querido que nosotros supiéramos qué altar era éste, nos hubiera dicho cuál altar era. Solo podemos decir que hay un altar en el cielo y que hay un trono ahí. La gente dice, "bueno, si hay un altar tiene que ser el equivalente al altar que había en el templo del Antiguo Testamento." ¿Por qué? No había trono en el templo del Antiguo Testamento. Hay un trono en la escena que Juan describe aquí, éste es el cielo que tiene su propio equipamiento y su propia arquitectura, y con toda seguridad su propio amueblado. Aquí se encuentra un tipo de altar, si yo hubiera de escoger, podría decir que en el tabernáculo había dos altares, y en el templo había otros dos, uno era el altar de la ofrenda quemada en donde se hacían los sacrificios, este se encontraba en la parte exterior. El otro era el altar de incienso en donde las oraciones eran ofrecidas y se encontraba justo a un lado del santuario o el lugar santísimo.

Si yo tuviera que escoger entre los dos, yo escogería el altar de incienso en donde el incienso es mostrado como la oración ascendiendo al cielo. Pueden leer esto en Éxodo 40:5. Pero éste es un altar que está en el cielo y en este caso en particular puede ser emblemático del altar de incienso del Antiguo Testamento porque ahí es donde las oraciones están simbolizadas por medio del incienso; lo que tenemos aquí es a personas orando bajo este altar. El altar, el de la ofrenda encendida, no tiene personas bajo él, los sacrificios no se hacen bajo ese altar, regularmente se hacen encima de éste. Nuestra escena nos muestra a personas que están orando bajo el altar orando. Sus oraciones pueden ser simbolizadas en tiempos antiguos por medio del incienso que se eleva hacia la parte superior del altar. Esto es importante, al menos para reconocer que la causa de este altar, porque nos va a ser mostrado nuevamente en el libro de Apocalipsis como ya lo hemos visto. Recordarán esto en el 5:8 en donde las copas de oro están llenas de incienso lo que son las oraciones de los santos, éstas pueden bien estar proviniendo de este mismo altar. El incienso pudo haber estado ahí, ser tomado de ahí y colocado dentro de las copas, éstas simbolizan las oraciones. Bien nos ha quedado claro que el incienso simboliza las oraciones.

En 8:3, "Otro ángel vino entonces y se paró ante el altar, con un incensario de oro; y se le dio mucho incienso para añadirlo a las oraciones de todos los santos, sobre el altar de oro que estaba delante del trono. Y de la mano del ángel subió a la presencia de Dios el humo del incienso con las oraciones de los santos." Pienso que esto es lo que une todo, este debe ser el altar de incienso que está muy cerca del trono de Dios, cerca del santuario en donde Dios habita. El altar de la ofrenda encendida se encontraba muy lejos, y no habría ninguna razón para llevar a cabo sacrificios en el cielo, por lo que esta indicación en particular de que las oraciones de los santos siguen teniendo un lugar parece más razonable relacionarlo con el altar de incienso, y esta es la descripción que tenemos en el capítulo 8.

Así que aquí tenemos un altar celestial muy similar al altar de incienso del Antiguo Testamento, pero este es algo singular en el cielo, cerca del lugar en donde Dios tiene su trono. La siguiente pregunta, ahora que sabemos dónde lo que nos falta saber en ¿quién? ¿Quién se encuentra en este altar? Nos dice, "las almas de aquellos que han sido asesinados." Ya hemos dicho quiénes son éstos, son las almas que fueron mártires en la Gran Tribulación. Ellos son descritos en el 7:9 que ya leímos.

Ahora también debemos notar que ellos no han recibido sus cuerpos aún. Solo son almas por su resurrección corpórea aún no ha ocurrido. Y esto no ocurrirá sino hasta un tiempo futuro, el vínculo se encuentra con la venida de Jesucristo cuando los cuerpos de los santos del Antiguo Testamento junto con los santos de la tribulación serán resucitados de acuerdo con lo que nos dice Daniel capítulo 12. Son solo almas y están bajo el altar y ellos se encuentran orando. Han sido asesinados en la persecución y la hostilidad dirigida por el satánico anticristo en todo el mundo, en especial ya ha cobrado una cuota de creyentes, en un sentido, pero en el otro los ha elevado a la gloria. Ellos son los primeros frutos de los 144,000 y el evangelio ha sido predicado y seguirá siendo predicado hasta el final de los siete años de tribulación. Y debo añadir que ellos son judíos y que éstos son probablemente el cumplimiento de Romanos 11:26–29 que nos describe el tiempo en el que todo Israel será salvo. Pero la totalidad de su cumplimiento es hasta el final cuando lo ven a Él a quien ellos traspasaron y de quien se lamentaron como el único hijo, pero esto es solo el inicio del cumplimiento total de esta profecía. Con toda seguridad los 144,000 son redimidos, no son asesinados porque el Señor los sella para que no los puedan matar. Ellos deben llevar a otros judíos a Cristo, estos deben formar parte de toda nación, toda tribu, gente y lenguas. Así que Romanos 11:26, la salvación futura de Israel está iniciando para que al final sea concluida, esto de acuerdo a Zacarías 12:10 y 13:1 en donde se nos describe el final de este tiempo de tribulación.

La siguiente pregunta, ya vimos dónde están, ya vimos quienes son, la siguiente pregunta que nos llega es ¿por qué fueron asesinados? Debido a la palabra de Dios. Ya les describí cómo será el escenario, estos creyentes estarán señalando hacía la Biblia diciendo, la palabra de Dios explica que es todo esto que está sucediendo en todo el mundo. Ellos han sido capaces de señalar que todo esto son solo principios de dolores de parto, han sido capaces de interpretar correctamente el juicio de Dios que Él mismo está dirigiendo hasta el día del Señor y hasta la ira y la venganza del Dios todopoderoso. El mundo solo dirá, queremos que ellos se callen, que no hablen, no queremos escuchar lo que ellos dicen, y entonces inician los asesinatos masivos. El mundo no va a tolerar a los predicadores, no va a tolerar ningún testimonio cristiano. Y creo que en algunas partes del mundo, y posiblemente en nuestro país, nos estamos moviendo de manera muy rápida hacia esa dirección. Y en medio de toda esta sangre y asesinatos que están sucediendo, los cristianos van a decir, todo esto es juicio de Dios, es el juicio divino. Intentarán matar a los 144,000 pero no ellos no pueden ser asesinados porque tienen el sello para que no sean lastimados. Intentarán matar a los dos testigos, según Apocalipsis 11, lo harán en medio de la ciudad de Jerusalén, y ahí permanecerán sus cadáveres en medio de la calle, esto para que todo el mundo los vea. Los pondrán en la TV, y lo anunciarán, han sido aniquilados, y preguntarán ¿no están todos contentos? Y al tercer día, cuando todos estén observando sus cadáveres, ellos resucitan y vuelven a predicar el evangelio. Esto será como una respuesta inmediata a todo lo que el mundo está queriendo hacer.

Ya que el Espíritu Santo se ha ido, ya no hay quien restrinja el mal, por lo tanto hombres sin misericordia matarán a todos aquellos que hablen la verdad de Dios. Segundo, "Debido a la palabra de Dios y al testimonio que ellos han mantenido," los matarán hasta callar su intimidante proclamación de la palabra de Dios, pero cuál es el testimonio que ellos han mantenido. ¿Qué significa esto?

Regresando al 1:1–2, ésta es una frase común en el libro de Apocalipsis, pero vamos a ver cuál es su significado. Apocalipsis 1:1–2 dice, "La revelación de Jesucristo, que Dios le dio, para manifestar a sus siervos las cosas que deben suceder pronto; y la declaró enviándola por medio de su ángel a su siervo Juan, que ha dado testimonio de la palabra de Dios, y del testimonio de Jesucristo, y de todas las cosas que ha visto." Y el versículo 9, "Yo Juan, vuestro hermano, y copartícipe vuestro en la tribulación, en el reino y en la paciencia de Jesucristo, estaba en la isla llamada Patmos," él sufrió persecución, fue puesto en el exilio, "por causa de la palabra de Dios y el testimonio de Jesucristo." Ahora vayamos al capítulo 6 para que recordemos qué significa el testimonio: la palabra de Dios y el testimonio que han mantenido, es decir, el testimonio de Jesucristo. No sólo han estado diciendo qué es lo que la Biblia explica, también han estado diciendo que Jesús es el Cristo, Jesús es el libertador, Jesús es el redentor, y junto con esto dirán "Jesús está por llegar a la tierra por segunda vez." Este testimonio es el que han mantenido fielmente, el testimonio de Jesucristo. Ellos han mantenido esto como parte de su compromiso, sin vacilar o dudar por un solo momento, este testimonio lo mantendrán hasta la muerte sin dudarlo nunca.

Dice en Apocalipsis 12, "El dragón, este es Satanás se airó en contra de la mujer, esta es Israel, y fue a hacer guerra con el resto de su descendencia, fue a matar a los cristianos quienes han guardado los mandamientos de Dios y quienes han mantenido el testimonio de Jesucristo." Aquí vemos nuevamente está frase, ellos están comprometidos con la palabra de Dios y con el testimonio de Jesucristo.

Vayamos a Apocalipsis 20:4. "Y vi tronos, y se sentaron sobre ellos los que recibieron facultad de juzgar; y vi las almas de los decapitados," ¿por qué fueron decapitados? "por causa del testimonio de Jesús y por la palabra de Dios, los que no habían adorado a la bestia ni a su imagen, y que no recibieron la marca en sus frentes ni en sus manos; y vivieron y reinaron con Cristo mil años." Ésta es su resurrección, cuando ellos reciben sus cuerpos.

Todas estas escrituras nos dicen que la razón por la que ellos fueron asesinados fue porque ellos se mantuvieron firmes a la forma de vida y de predicación de la palabra de Dios y del evangelio de Jesucristo. La causa por la que fueron martirizados entonces es por su fidelidad, por vivir de acuerdo a la palabra de Dios, por hablar la palabra de Dios y el evangelio de Jesucristo.

Las peticiones

De este modo podemos decir que ya sabemos quiénes son éstos. Ahora veamos cuál es su petición, en el versículo 10, "Y clamaban a gran voz, diciendo: ¿Hasta cuándo, Señor, santo y verdadero, no juzgas y vengas nuestra sangre en los que moran en la tierra?" Es algo muy interesante ver el rol vital que juega la oración en el juicio final. La oración es una fuerza, la fuerza que mueve la venganza. ¿Qué es lo que hace que llegue la venganza? La oración, ¿no es esto sorprendente? Pienso que muchos de nosotros asumimos que la oración no tiene mucho efecto, la oración es uno de los sellos que traen la venganza. La oración es la fuerza que está influenciando el holocausto que viene en la forma de la ira de Dios, es lo que hace que llegue el día del Señor. No subestimemos el poder de la oración, la importancia de la oración es tal que promueve el juicio de Dios.

En Lucas 18:6, "Y dijo el Señor: Oíd lo que dijo el juez injusto. ¿Y acaso Dios no hará justicia a sus escogidos, que claman a él día y noche? ¿Se tardará en responderles?" Podemos decir entonces que la intercesión que surge en el quinto sello es la que activa la tortura que llega en el sexto y en el séptimo sello, la cual incluye la trompeta que abre los juicios de las copas. Y el clamor, se dice que es con gran voz, *krazo* en el griego, es una palabra que significa urgencia, fervencia, es una palabra muy fuerte. Ellos están siendo apasionados en su petición por lo que es un clamor. Esto sucede del mismo modo que con los 24 ancianos glorificados y todos los ángeles que vemos en los capítulos 4 y 5, ellos están adorando a Dios con grandes voces, estos están pidiendo a gran voz. ¿Y qué es lo que están diciendo? "¿Hasta cuándo Señor santo y verdadero? La palabra que se usa aquí para Señor no es *kurios*, sino *despotes*, esta palabra significa "amo" y "gobernador soberano", es más fuerte que *kurios* que sólo significa "señor". *Despotes* es la palabra que da el pensamiento de poder, fuerza, majestad y autoridad. Hasta cuándo, tú eres santo, esto dice que ha estado lidiando con el pecado, eres verdadero, por lo tanto tienes que mantenerte fiel a tus promesas. Tú, quien estás separado del mal; **Tú**, quien eres fiel a tu palabra, ¿cuánto te tardarás en actuar en contra del mal para mantener tu palabra?

Por cierto, a Jesús en el 3:7 se le llama santo y verdadero, otra indicación de que Jesús y Dios son lo mismo. Ellos saben que ambos atributos demandan que Dios actúe en venganza, Él tiene que acabar con el dominio del pecado y tiene que cumplir su promesa de juzgarlo. Así que este es un clamor urgente y con mucha fuerza, y tiene una pregunta ¿hasta cuándo? Saben que llegará, pero ¿cuánto tiempo tendremos que esperar? ¿Cuánto tiempo te estarás refrenando de traer tu juicio? ¿Cuánto tiempo pasará para que la gracia y la misericordia se agoten y llegue el juicio y el castigo?

Estas oraciones no son *vendettas* personales, no es sed de venganza personal. Estas son verdaderas oraciones para que llegue el fin del pecado y la iniquidad. Son oraciones que claman por la destrucción de Satanás. Son oraciones para que llegue la devastación total del anticristo y del falso profeta junto con todos sus seguidores. La iniquidad a alcanzado su máximo nivel cuando llevaron a cabo asesinatos masivos, por eso preguntan, ¿hasta cuándo vengarás nuestra sangre de los que moran en la tierra? Este es un término técnico para referirse a los que no han sido regenerados, a los paganos, dentro del libro de Apocalipsis. Lo podemos ver en 3:10, 8:13, 11:10, 13:8 y 12, 17:2 y 8. Dondequiera que ves está pequeña frase, "los que moran en la tierra," está haciendo referencia a paganos, impíos, no creyentes.

¿Cuánto tiempo pasará hasta que vengues nuestra sangre? ¿Qué quieren decir con esto? ¿Cuánto tiempo pasará hasta que los mates? ¿Cuánto tiempo pasará para que asesines a los asesinos? El hecho es que ellos claman por sangre, como en Génesis 4:10 cuando dice acerca de la sangre de Abel. Sus corazones se están consumiendo en su clamor por ser vindicados. La gracia está llegando a su fin, ya no se escuchan más las palabras de Cristo sobre la cruz, ya no se escuchan las palabras de Esteban cuando estaba siendo apedreado, ya no se escuchan las palabras de Pablo, ya no se escuchan las palabras de Pedro, ahora las oraciones claman venganza.

Las promesas

El tercer componente de este sello es una promesa. Y esta promesa consta de dos cosas, un regalo de Dios y una palabra de Dios, ambas indican la promesa. "Y se les dieron vestiduras blancas, y se les dijo que descansasen todavía un poco de tiempo, hasta que se completara el número de sus consiervos y sus hermanos, que también habían de ser muertos como ellos."

Lo primero es que reciben un regalo, Dios inicia la actuación, y después Dios habla. "Y se les dieron vestiduras blancas." ¿Qué significado tiene está vestidura blanca? Podemos añadir, ¿cómo se pueden poner una vestidura blanca si son espíritus? Bueno, los ángeles son espíritus también, pero son vistos como vestidos de blanco. Éste es un símbolo de pureza. Es un símbolo de justicia, un símbolo de bendición, un símbolo que muestra la belleza de la santidad. El término en griego es un blanco brillante que indica dignidad y honor que les llega hasta el suelo. Ésta es mencionada en el 3:5. Esto nos dice que el Señor les dio honor, dignidad, rectitud y pureza cuando los vistió con estas vestiduras blancas. Sus almas son puras y justas, y logran esto tan pronto como se encuentran ahí, y por cierto tenemos que saber que durante todo el tiempo de tribulación siguen llegando, entre más son asesinados más se acumulan bajo el altar. Y cuando llegan ellos reciben este honor, dignidad, justicia, pureza y santidad; a cada uno de ellos se les da una vestidura blanca a su llegada, simbolizando la perfección que ellos tienen ahora que entran aquí.

Y entonces se nos dice que Dios no solo les dio algo, sino que también les dijo algo. Se les dice que descansen por un poco más de tiempo. Podría usted decir, "están siendo impacientes." Pero, no, ellos son ya perfectos, la gente perfecta no es impaciente; ya están en el cielo. Esto no es impaciencia. Podría usted decir, "entonces están fastidiando a Dios." Pero no, tampoco están fastidiando a Dios. Las personas perfectas no fastidian a Dios tampoco. Lo que les está diciendo es que ya está por llegar pero que descansen por un poco más. El descanso aquí es un descanso celestial.

No se preocupen por esto, todavía no llega, pero por lo pronto disfruten su estadía en el cielo. Ustedes son ya perfectamente santos, ustedes ya no están fuera de control, ustedes no son impacientes, no me están fastidiando, simplemente disfruten de su descanso por un poco de tiempo más, ustedes tienen que esperar por un poco más de tiempo.

Esta frase, "un poco de tiempo," se usa en el 10:6 en la séptima trompeta. También es usada en el 12:12 para hablar acerca del tiempo de Satanás, él tiene que trabajar por un poco más de tiempo, por un poco más de tiempo, y ya estamos en el punto medio de la tribulación, así que solo es un poco más de tiempo. Entonces ¿Qué estamos esperando? "Hasta que se completara el número de sus consiervos y sus hermanos, que también habían de ser muertos como ellos." Hay un número predeterminado y prescrito que va a ser asesinado y ustedes solo tienen que disfrutar su estancia en el cielo hasta que el número predeterminado que ha sido preparado para morir llegue a su fin.

Satanás, el anticristo y los impíos no han acabado con todos sus asesinatos. Esto no acaba sino justo hasta que Jesucristo llega, así que mientras tanto ustedes solo descansen. La venganza está por llegar.

El mundo va en esta dirección. No podemos pensar en esto sin que llegue a nosotros cierto sentimiento de terror. Por un lado deseamos la salvación de los impíos, por el otro, deseamos la vindicación de la justicia. Por un lado amamos a los pecadores, por el otro odiamos su pecado. Por un lado deseamos que todos pudieran llegar al descanso celestial, y por el otro clamamos por la destrucción de los pecadores quien han blandido su puño en la cara de Jesucristo, quienes lo han escupido y lo crucificaron, como lo hicieron hace dos mil años.

Así que nuestras sonrisas desean estar en el cielo, pero al mismo tiempo se mezclan con las lágrimas de tristeza por los incrédulos. Por lo pronto nosotros podemos decir que este es el día de la salvación, esto mientras que no llegue el día de la venganza que está programada.

Otro pensamiento llega a mi mente al tiempo que vamos culminando. Me parece que en estos días el discipulado está siendo ignorado y que el cristianismo está siendo algo débil, y conforme pasa el tiempo se va haciendo más costoso. En ese día miles y miles confirmarán su testimonio con su propia sangre. Miles de creyentes van a ser fieles a la palabra de Dios y fieles a Cristo pero les va a costar la vida. Algunos piensan que está será la iglesia porque no creen en que la iglesia será raptada antes de la Tribulación. Ciertamente ésta es una posibilidad y esas personas pueden tener un buen argumento. En cada caso, ya sea la iglesia como la conocemos, las personas que estén vivas en ese tiempo, o sean nuevos creyentes quienes están vivos, pagarán muy caro por su fe. Ellos tendrán que pasar una prueba acida por ser fieles hasta la muerte.

Yo quisiera estar con ellos en la eternidad y no sentirme avergonzado, ¿creo que ustedes pueden pensar lo mismo? Pero si vemos las noticias de nuestros días e imaginamos como es que el hombre es tan sofisticado en la actualidad, y aun así piensa que viene de la evolución y que él es el punto máximo de ella. Pero la realidad es que va a ser algo muy doloroso tener que pasar por toda esta masacre de personas. El hombre no es el punto máximo de la evolución sino que es un animal infeliz y malvado que sólo está siendo restringido por el poder del Espíritu Santo que lo detiene hasta el día que todo esto se manifieste.

El mundo no es tan humano, no es tan civilizado, no esta tan permeado con la razón y la educación como para no volver a cometer las atrocidades que se han cometido ya en la historia, el mundo cometerá atrocidades que el hombre nunca antes había concebido, cometerá masacres y asesinatos como nunca antes se había hablado de ellos. ¿Por qué? Porque será dominado por Satanás, no habrá quien lo restrinja, tendremos una familia mundial que cometa crímenes deleznables.

Estos santos están bajo el altar orando para que llegue el día cuando la justicia sea vindicada. Y el Señor les dice, te doy la justicia ahora, te la doy como una promesa de la justicia futura que llegará a todos los que estén el mi reino, como la que les daré en el estado eterno, esto solo es un recordatorio; descansen por un poco de tiempo más y disfruten su estancia en el cielo.

Para nosotros aún queda mucho tiempo —bueno no sé cuánto sea mucho— algún tiempo mientras permanecemos en el tiempo de la gracia. Un tiempo en el que debemos mostrar misericordia y compasión a aquellos que están alrededor nuestro, y llevarles el evangelio de salvación que es lo único que los puede librar de esto. ¿Podemos ser tan fieles como éstos que lo serán a la palabra de Dios y al testimonio de Jesús? Ésa es mi oración.

Oración final

Padre, te agradecemos por el tiempo que permaneceremos estudiando tu palabra, y te pedimos que seamos traídos cara a cara con tu revelación divina. Siempre quedamos sorprendidos con ella porque es sorprendente y atemorizadora y al mismo tiempo nos causa gozo. Ayúdanos a vivir, Señor, en este tiempo, en esta era de tu gracia cuando la salvación está siendo ofrecida a todos los que escuchen y crean, ayúdanos a vivirla de tal manera que podamos llevar a muchos a tu justicia para que puedan escapar de esta inevitable hora. Oramos por los que leen esto y aún no creen, para que ellos puedan conocer a Cristo y obtengan el perdón de sus pecados, oramos para que muchos más puedan escapar del día de tu venganza. Amén.

REFLEXIONES PERSONALES

22 de Noviembre, 1992

10_El temor de la ira venidera

Miré cuando abrió el sexto sello, y he aquí hubo un gran terremoto; y el sol se puso negro como tela de cilicio, y la luna se volvió toda como sangre; y las estrellas del cielo cayeron sobre la tierra, como la higuera deja caer sus higos cuando es sacudida por un fuerte viento. Y el cielo se desvaneció como un pergamino que se enrolla; y todo monte y toda isla se removió de su lugar.

Apocalipsis 6:12–14

BOSQUEJO

— Introducción

— La razón del temor

— Oración final

Notas personales al bosquejo

SERMÓN

Introducción

En Apocalipsis 6:12–17 tenemos el registro de la descripción del sexto sello que forma parte de los siete. Si tituláramos este mensaje, lo podríamos titular "Muertos de miedo." El sexto sello abre otra fuerza. Recuerden que éste es un libro con siete sellos, o bien un rollo que contiene la información acerca de Cristo recobrando su universo. Conforme cada sello va siendo abierto, abre una nueva escena. Estos siete sellos se desarrollan en un tiempo de siete años que llegará en el futuro que conocemos como el tiempo de la tribulación, el tiempo de los problemas de Jacob, la semana setenta de Daniel. Y durante este periodo de tiempo, el cordero, el hijo de Dios está desenrollando este rollo porque él tiene tanto la autoridad para hacerlo como el heredero de todo, y también tiene el poder de hacerlo porque es Dios, el mismísimo Dios.

Así que el cordero de Dios, el Hijo, el Señor Jesucristo está desenrollando este rollo el cual describe los eventos para la recuperación total del universo al retirárselo a Satanás, a los demonios y a los pecadores quienes lo han ocupado y controlado. La primer fuerza que vimos fue la falsa paz, la segunda fuerza que vimos fue la guerra, la tercer fuerza fue la hambruna, la cuarta pestilencia que puede bien incluir desastres naturales, como son descritos por el Señor, incluyendo un terremoto, la quinta fuerza que vimos fue venganza, que es articulada en el quinto sellos como aquellos que han sido martirizados por causa de Cristo, ellos están orando para que Dios traiga la venganza.

La fuerza que está siendo ejemplificada y descrita en el sexto sello es temor, temor. El temor es una emoción muy poderosa, suficientemente poderosa en esta escena como para que la gente se encuentre en la reunión mundial de oración más grande que se haya visto, solo que ellos no oran a Dios, ellos oran a las montañas y a las rocas. Ellos oran para que las montañas y las rocas caigan sobre ellos, es una oración suicida, una oración de destrucción. Ellos están tan atemorizados, que prefieren morir antes que enfrentar la ira de Dios, la ira del cordero.

El temor es una emoción poderosa, en ocasiones es un sentimiento que nos sobrecoge y toma el control de la mente, hace que nuestros deseos sean irracionales. En ocasiones toma el control de la voluntad y hace que la gente se comporte de formas que a veces son inexplicables. El temor, francamente, puede crear todo tipo de respuestas, desde cobardía, hasta heroísmo, desde la fortaleza hasta la debilidad, de la agresión a la pasividad, de la razón a la confusión, desde un pensamiento claro a un pánico total. El temor puede apoderarse del corazón y hacerlo que lata más rápido; el temor puede hacer que se detenga y mueras. El temor puede llevar a una persona a tener un cambio total y ser lo que él o ella piensa, siente y hace.

El temor ciertamente es parte del factor humano, es parte de la vida. Hay temores que todos nosotros tenemos, y Dios nos ha dado la capacidad de temer a ciertas cosas a causa de la preservación propia y para la protección de otros. Los temores normales que todo mundo tiene, como el temor a la enfermedad, el temor a ser lastimado, el temor a perder a un familiar, o a perder el amor, a perder el trabajo, a perder dinero, el temor a la muerte. Y después, como algunas pruebas lo han indicado, el temor más dominante podría ser el hablar en público. Tales temores generalmente son controlados de alguna manera adecuada por la mayor parte de la gente.

Si alguna persona no puede manejar el temor normal, entonces decimos que esa persona tiene alguna fobia. Por fobia básicamente nos referimos a una respuesta anormal a un temor normal, o a la invención de un temor anormal y bizarro. Una fobia es un temor exagerado, es un temor que descompone a la persona. Es un temor que es incontrolable e inconquistable, es un temor que toma el control total de una persona al grado que ella no puede funcionar normalmente. Tal fobia lleva a la paranoia, a ataques de pánico, y varios tipos de comportamientos desviados y antisociales.

Cuando ves a personas y examinas cuáles son sus temores, te quedas sorprendido. Ann Landers, a través de los años ha recibido muchas cartas y ha podido enlistar todo aquello a lo que la gente teme. Ella elaboró una lista de cuáles son las cosas a las que la gente le teme más. Ella dice, "primero que nada hay muchos temores bizarros acerca de los cuales la gente me ha escrito, miedos tales como caer de cabeza en el inodoro, el temor a ciertos colores, el temor a ser enterrado vivo, o el temor de llamar a alguien por su nombre. Pero los temores más comunes, de acuerdo a las cartas que recibí, son los siguientes: animales, abejas, estar solo, ser observado, sangre, enrojecerse, cáncer, gatos, asfixia, cadáveres, multitudes, oscuridad, muerte, deformaciones, demonios, tierra, perros, sueños, elevadores, estar en un lugar cerrado, a volar, a gérmenes, a las alturas, caballos, enfermedades, locura, insectos, a los relámpagos, ratones, desnudez, serpientes, arañas, extraños, intervenciones quirúrgicas, sífilis, rayos, a viajar, vomitar, al trabajo y a los gusanos."

Francamente, esta lista es una lista de lo que podríamos considerar cosas comunes, cosas que son parte de la vida. Pero es sorprendente cómo es que la gente tiene fobias de cosas que son cosas normales así como inventarse cosas bizarras como temer a ciertos colores y otras más. Pero raras veces la gente siente temor de las cosas de las que ellos verdaderamente debieran sentir temor, muy raras veces.

En Hebreos 10:31 leemos, "¡Horrenda cosa es caer en manos del Dios vivo!" El versículo anterior dice, "Mía es la venganza, yo daré el pago, dice el Señor. Y otra vez: El Señor juzgará a su pueblo." Esto es algo por lo que la gente debería sentir temor, los perros, gatos, ratones, relámpagos, ruidos, dolores y más, son lo mínimo, estas son las cosas normales de la vida. Si la gente debiera tener una fobia, si han de tener un miedo incontrolable, debilitante, incapacitante, exagerado e inconquistable, debiera ser el temor de caer en manos del Dios vivo.

En Lucas 12 encontramos una declaración muy familiar que tiene esta misma idea. Lucas 12:5, "Pero os enseñaré a quién debéis temer." Jesús está hablando. Quiero decirles a quien deben temer. "Temed a aquel que después de haber quitado la vida, tiene poder de echar en el infierno; sí, os digo, a éste temed." A este es a quien deben de temer. ¿Quién es ese? Ese es Dios, teman a Dios. Con todas las fobias y todos los temores que la gente tiene, este uno que muy raras veces tienen, pero que deberían tener.

Y de hecho, a veces me pregunto si la iglesia no está ocupada hoy en día tratando de asegurarse de que no lo tiene. Tratando de hacer sentir que Dios es un benigno abuelito que es así todo el tiempo, un tipo completamente bueno. Jesús conocía bien a su Padre, y Él dice témanle a Él. Porque después de que fue sacrificado, Él tiene la autoridad para lanzarte al infierno, en verdad les digo a Él es a quien deben temer.

Permítanme decirles algo, lo acabamos de leer, vamos a Apocalipsis 6, acabamos de leer acerca del día cuando todo el mundo tendrá ese temor. Lo tendrán al nivel de fobia. Y será después paranoia, este será el ataque universal de pánico. Este es el día que está por venir cuando el mundo tendrá la fobia debilitante, incontrolable, que los descompondrá, que no podrán controlar, un temor que los controlará tanto que estarán muertos de miedo.

¿A qué nos referimos con eso? Jesús dijo acerca de ese día en Lucas 21:26, "desfalleciendo los hombres por el temor." La palabra "desfalleciendo," *apopsucho* en el griego, aparece sólo en ese versículo. ¿Sabes lo que significa? Significa "morir", literalmente, "el último suspiro." Cuando ese día llegue la gente morirá de miedo. Algunos morirán en ese justo momento. Morirán de un terror abrazador, habrá tal temor porque se darán cuenta que han caído en las manos del Dios vivo, este es el día de la ira, y esto será tan atemorizador que sus corazones se colapsarán, morirán de un ataque al corazón. Y aquellos que sobrevivan al temor inicial clamarán a las rocas que los aplasten para poder morir antes de que ellos se puedan enfrentar a Dios, como si esto fuera el medio para escapar de la ira de Dios.

¿Qué es lo que puede causar este nivel de pánico? El sexto sello está siendo abierto, es por eso que la fuerza dominante que vemos aquí es el temor. Ahora quiero hablarles de las razones para este temor. ¿Por qué están tan atemorizados? La respuesta llega en los versículos 12 y 14. Después hablaremos acerca del rango de temor, y seguidamente hablaremos de la respuesta al temor.

La razón del temor

Primero que nada hablemos de la razón de su temor. Esto lo vemos en los versículos 12-14, Juan, como recordarán se encuentra en una visión. Dios está revelando todo esto a él. Él ve visiones que son dramatizaciones acerca de escenas futuras. "Miré cuando abrió el sexto sello, y he aquí hubo un gran terremoto; y el sol se puso negro como tela de cilicio, y la luna se volvió toda como sangre; y las estrellas del cielo cayeron sobre la tierra, como la higuera deja caer sus higos cuando es sacudida por un fuerte viento. Y el cielo se desvaneció como un pergamino que se enrolla; y todo monte y toda isla se removió de su lugar." Éste es un escenario completamente increíble.

Comencemos por el principio, "Miré cuando abrió el sexto sello." El cordero quien tiene el rollo con siete sellos, recordarán que el sello apareció por primera vez en los capítulos 4 y 5 cuando estábamos en el cielo con Juan. El rollo fue mostrado en posesión de Dios, al final de capítulo 5, Él lo pasa a su Hijo en el capítulo 6 y le dice, "Todo el mundo y todo el universo son tuyos, desenrolla este rollo, este es el título que te da la posesión, y también describe todo lo que debe suceder para que lo recobres."

Como cada uno de los sellos que han sido rotos ahora podemos ver lo que está por venir. Lo primero fue una falsa paz, orquestada por falsos profetas y falsos cristos quienes son dirigidos por el anticristo; ellos llevarán al mundo a un utopía imaginaria la cual será desquebrajada inmediatamente cuando el segundo sello se abra. Éste es la guerra, una guerra mundial, una guerra alrededor del globo, la cual es seguida por una hambruna que es el resultado obvio después de una guerra, la escases de comida, seguida por la muerte que es ocasionada por la pestilencia y el desastre. La muerte será tal que un cuarto de la población mundial de todo el mundo perecerá en un periodo de tiempo muy corto. Y entonces vemos el quinto, el inicio de la persecución. Y entonces vimos a los mártires orando para que llegué la venganza de Dios.

Todos estos cinco tienen un elemento de actividad humana. Los agentes que ejecutan esta falsa paz son humanos. Los agentes humanos están involucrados en la guerra, la hambruna, la muerte que llega por medio de la pestilencia. Hay seres humanos involucrados aún en la venganza puesto que hay creyentes orando para que todo esto llegue. Ellos, desde luego, son hombres y mujeres, aun cuando ya están glorificados a este punto.

10_El temor de la ira venidera

Ahora cuando llegamos al sexto sello, Dios actúa sin seres humanos. Llegamos a un nivel de intervención divina, esto se lleva a cabo por Dios y solamente por Él. Y el acto paralizante y atemorizante es inconcebible y devastador. Obviamente en este tiempo, como ya aprendimos en el capítulo 6, el mundo ha sido llenado con mucha violencia. El mundo se ha llenado de desastres, con mortandad por todos lados ya que la falsa paz ha sido completamente apagada.

Esto se está moviendo rápidamente, cada vez más rápido, más intenso con un holocausto cada vez más grande, conforme los dolores de parto se incrementan para llegar al evento culminante. Durante todo este tiempo ha habido creyentes que han estado proclamando la palabra de Dios. Le han estado diciendo al mundo que lo que han estado viendo y lo que han estado experimentando está escrito en la Biblia. Todo esto se encuentra en la Biblia. Ellos han estado predicando el evangelio de Jesucristo porque éste es el testimonio de Cristo y de la palabra de Dios. El versículo 9 dice que ellos fueron los primeros en ser asesinados. Al tiempo que todo esto se está desarrollando, los creyentes les estarán diciendo, todo esto está en la escritura, ahí está escrito, en la Biblia encuentran la explicación de todo esto, y también les dirán, este es el evangelio de Jesucristo que los puede librar de todo esto.

Pero, ¿qué es lo que el mundo hace? Hace todo lo posible para asesinar, masacrar a los cristianos y masacrar a los predicadores y a todos los que siguen a Cristo. En contraste el mundo seguirá al anticristo. Son engañados por Satanás, ellos se creen el engaño, dejan de creer en la Biblia, no creen en el evangelio, pero sí le creen al anticristo. Aun cuando han escuchado la predicación del testimonio de los mártires que ellos mismos han matado, el mundo no creerá. Pero sí le creerán al anticristo.

Veamos el capítulo 13 por un momento, para que ustedes puedan ver que es lo que está sucediendo. En el 13:5 dice que el anticristo habla palabras arrogantes y blasfemas, el estará operando durante cuarenta y dos meses, esto son los últimos tres años y medio del periodo llamado la Tribulación. "También se le dio boca que hablaba grandes cosas y blasfemias; y se le dio autoridad para actuar cuarenta y dos meses. Y abrió su boca en blasfemias contra Dios, para blasfemar de su nombre, de su tabernáculo, y de los que moran en el cielo. Y se le permitió hacer guerra contra los santos, y vencerlos. También se le dio autoridad sobre toda tribu, pueblo, lengua y nación. Y la adoraron todos los moradores de la tierra cuyos nombres no estaban escritos en el libro de la vida del Cordero que fue inmolado desde el principio del mundo." Todo el mundo seguirá a este individuo, lo seguirán para hacer lo que él les diga.

El anticristo tiene un socio, otra bestia de la que se nos habla en el versículo 11. En el versículo 13 él lleva a cabo grandes señales, fuego cae

II Parte. Sermones temáticos sobre profecía

del cielo. Y en el versículo 14, "engaña a los moradores de la tierra con las señales que se le ha permitido hacer en presencia de la bestia, mandando a los moradores de la tierra que le hagan imagen a la bestia que tiene la herida de espada, y vivió." Aquí llega uno que es conocido como el falso profeta y realiza este tipo de maravillas, entonces invita a todo el mundo para que adore al anticristo, y todos le creen y lo hacen. A pesar de todo lo que está sucediendo en su derredor, los terrores, los juicios, a pesar de todo esto la gente le cree al anticristo, le creen al falso profeta y simplemente se siguen comportando del mismo modo. De hecho hay falsos profetas por todos lados, incluso antes de que todo esto suceda, al tiempo que hay guerra, hambruna, pestilencia y muerte, al tiempo que hay persecución y asesinatos de creyentes y de judíos cuando están proclamando el evangelio, en medio de todo esto esta gente estará por ahí haciendo lo suyo, digamos que la vida corre para ellos como algo normal.

¿Cómo sabemos esto? Porque Jesús dijo en Mateo 24, "Mas como en los días de Noé, así será la venida del Hijo del Hombre. Porque como en los días antes del diluvio estaban comiendo y bebiendo, casándose y dando en casamiento, hasta el día en que Noé entró en el arca, y no entendieron hasta que vino el diluvio y se los llevó a todos, así será también la venida del Hijo del Hombre." Como en los días de Noé, no les importó lo que él dijera, él predicó justicia por 120 años, sin importarles cuantas advertencias les dio, sin importar lo que él les dijo, ellos simplemente continuaron comiendo y bebiendo, casándose y dándose en casamiento, como si todo fuera igual, no se dieron cuenta sino hasta que el diluvio llegó y se ahogaron. Así será cuando el Hijo del Hombre llegue. A pesar de todo esto, el mundo será engañado, no creerán a lo que los cristianos estén diciendo. Este engaño continuará hasta el final.

Para exagerar este engaño, habrá una plétora de falsos profetas y falsos cristos. Jesús dice que estarán por todos lados. Uno dirá yo estoy aquí, y otro yo estoy por acá, y otro yo estoy más allá, soy el verdadero Cristo. Habrá este tipo de personas dando todo tipo de respuestas a lo que esté pasando, y explicándolo dando sus opiniones. Y su mensaje será algo muy parecido. Primera de Tesalonicenses 5:3 dice, "cuando digan: Paz y seguridad…" Van a decir, "escuchen amigos, nosotros resolveremos esto, la paz viene, la utopía está a la vuelta de la esquina, no se preocupen por esto, nosotros nos encargaremos." Pero la realidad será que lo que estarán diciendo será, "tan pronto como acabemos de masacrar a todos estos cristianos, regresaremos a nuestra utopía." Si, lo único que necesitamos es deshacernos de ellos, y entonces paz y seguridad. Y cuando están diciendo esto, 1 Tesalonicenses 5:3 dice, "entonces vendrá sobre ellos destrucción repentina, como los dolores a la mujer encinta, y no escaparán." Los dolores de parto finales llegarán repentinamente y sin avisar.

10_El temor de la ira venidera

Y cuando todo esto llegue —regresemos a Apocalipsis 6— ellos dirán que los cristianos tenían razón. ¿Cómo sabemos esto? Porque el versículo 16 dice, "Caed sobre nosotros, y escondednos del rostro de aquel que está sentado sobre el trono, y de la ira del Cordero; porque el gran día de su ira ha llegado; ¿y quién podrá sostenerse en pie?" ¿Qué nos dice esto? Esto nos dice que todo el mundo ha sido advertido de que la ira de Dios y la del cordero han llegado. Ellos lo habían escuchado y habían escuchado el evangelio porque será predicado en todos los confines de la tierra, Jesús dijo esto en el discurso de los olivos. Y el ángel eterno se asegurará de que todo el mundo escuche al tiempo que vuela sobre el cielo, pero no hasta el sexto sello, después de que han intentado silenciar a los Cristianos masacrándolos ellos repentinamente despertarán al hecho de que lo que esos cristianos decían era verdad. Y lo que está sucediendo no hay manera de no atribuirlo al único Dios vivo y verdadero. Todo esto nunca pudo ser imaginado.

Y como una nota al pie, esta secuencia en Apocalipsis 6 también encaja exactamente con la secuencia en Mateo 24 porque sigue la misma cronología. Si vamos al Mateo 24:29, leemos, "E inmediatamente después de la tribulación de aquellos días," de todas las cosas que ellos han estado sufriendo, no creo que el término tribulación que vemos ahí sea solo un término técnico, "el sol se oscurecerá, y la luna no dará su resplandor, y las estrellas caerán del cielo, y las potencias de los cielos serán conmovidas. Entonces aparecerá la señal del Hijo del Hombre en el cielo." Es el mismo evento. Y el fenómeno descrito en Apocalipsis 6 acerca del cielo es similar al fenómeno del que habló Jesús en Mateo 24, es la misma secuencia. Podrán notar que justo antes de Mateo 24:24, los falsos cristos y los falsos profetas llegan nuevamente y dicen, "aquí estoy, aquí estoy," y desde luego ellos están prometiendo una utopía, si sólo nos deshacemos de todos los cristianos y de todos los judíos. Lucas 21 sigue el mismo patrón, la misma secuencia y el versículo 25 dice, "Entonces habrá señales en el sol, en la luna y en las estrellas, y en la tierra angustia de las gentes, confundidas a causa del bramido del mar y de las olas." Y después dice, "desfalleciendo los hombres por el temor y la expectación de las cosas que sobrevendrán en la tierra; porque las potencias de los cielos serán conmovidas. Entonces verán al Hijo del Hombre, que vendrá en una nube con poder y gran gloria." El mismo patrón.

El profeta Joel también lo vio. Tómense un poco de tiempo y estudien Joel 2. Él da su perspectiva desde el Antiguo Testamento, Joel lo vio. En Joel 2 él describe este día como el día de oscuridad —versículo 2— día de melancolía, día nublado, de una profunda oscuridad. El versículo 10 lo ve como anochecer, un tiempo cuando la tierra se sacude y los cielos se estremecen y el sol, la luna se oscurecen, cuando las estrellas perderán su brillo. El versículo 30, maravillas en el cielo, maravillas en la tierra, sangre, fuego, columnas de humo, el sol se oscurece, la luna se convierte en sangre antes de que llegue el día grande y glorioso del Señor. Es el mismo evento que Joel vio.

Isaías también lo vio. Escribe acerca de este en el capítulo 29 en una corta declaración en el versículo 6, "Por Jehová de los ejércitos serás visitada con truenos, con terremotos y con gran ruido, con torbellino y tempestad, y llama de fuego consumidor."

Esta escena en particular en realidad no puede ser descrita. Podemos intentarlo, y creo que debemos porque la escritura nos describe seis características aterradoras y los detalles que nos da aquí el Señor son para que podamos entender algo del horror de ese día. Tomemos el primero de seis y posiblemente no pasemos de ésta en este estudio.

Versículo 12, "Miré cuando abrió el sexto sello, y he aquí hubo un gran terremoto." Primero que nada se nos dice que hubo un terremoto. Siempre ha habido terremotos, llegan de vez en cuando por aquí y por allá. Aun en la primer mitad del tiempo de tribulación, el tiempo que hemos estado nombrando el principio de dolores de parto, según Mateo 24:7, habrá terremotos. Así que para este tiempo ya han experimentados algunos terremotos, más de los que ellos estaban acostumbrados. Pero aquí no se está hablando simplemente de un terremoto, sé que ésta es la forma en la que la palabra fue traducida, y es lo suficientemente interesante que ésta es la traducción más cercana que podemos obtener porque no hay una palabra equivalente en nuestro idioma.

El cataclismo que llega aquí como la gran tribulación ha comenzado, la segunda mitad, es más poderosa, más intensa y más destructiva que todos los terremotos de todos los tiempos puestos juntos. Este es un evento final masivo, la ira de Dios en toda su operación. Dios sacuda la tierra a su discreción de vez en cuando. La sacudió en el Sinaí cuando dio la ley. La sacudió cuando Elías clamó a Él. La sacudió cuando Jesús, su Hijo, fue asesinado ante su presencia. La sacudió cuando él quiso liberar a Pablo y a Silas de la cárcel. Y ahora la ha sacudido de vez en cuando durante toda la historia de sus propósitos. Pero lo que sucede aquí es más que cualquier terremoto, no se compara con los terremotos que Dios ha realizado hasta hoy, éste va más allá de todo lo que la humanidad ha visto. La palabra que se usa aquí en el griego es la palabra *seismos* de la que nosotros obtenemos la palabra sismógrafo, que es el instrumento que se utiliza para medir las sacudidas de la tierra. Esta palabra significa sacudir, agitar, temblar. Pero la palabra tierra no está ahí, esto es muy interesante porque la palabra que hace referencia al planeta tierra no se encuentra ahí.

Sería mejor traducirla "y hubo una gran sacudida," porque francamente no solo es la tierra, la primer cosa que él menciona es el sol, después la luna

10_El temor de la ira venidera

y las estrellas cayendo del cielo, y a continuación el cielo se divide como un rollo y después de todo esto dice que toda montaña y toda isla comienza a moverse. Esta sacudida es mucho mayor a un terremoto, esto es un *seismos* en el universo.

En Mateo 8 esta misma palabra, *seismos*, se traduce como tempestad para describir lo que sucedió en el mar de Galilea. Es una agitación, es sacudida, pero de manera muy severa. Joel 2 usa esta misma palabra en la Septuaginta, la cual es la versión griega del Antiguo Testamento. En Hageo —esa pequeña profecía— 2:6–7 describe el mismo evento, y escucha lo que dice, "Porque así dice Jehová de los ejércitos: De aquí a poco yo haré temblar los cielos y la tierra, el mar y la tierra seca; y haré temblar a todas las naciones."

Los terremotos asustan a la gente y crean fobias. Constantemente se nos advierte de que habrá uno muy fuerte aquí en California. Se nos ha dicho por años que algún día habrá uno tan grande que podría separar California del continente y podría hundirla en el océano. Les puedo decir que los que vivimos aquí vivimos constantemente atemorizados. Siempre que hay algún pequeño temblor las citas con los psicólogos y psiquiatras se llenan de citas con la gente que les llega para tratar sus miedos y sus fobias. Pero cada vez que hay estos pequeños temblores no son nada comparados con los que son descritos aquí, estos son de una magnitud inimaginable, no son comparados con nada que haya sucedido antes.

Y algo que tenemos que entender es que esta gente ha estado pasando ya por muchas otras cosas, esto será una cosa realmente devastadora. La gente que esté ahí habrá sido arrastrada por algunos años a pasar por guerras mundiales, hambrunas globales, plagas y pestilencias en todo el mundo, y otro tipo de desastres naturales que incluirán terremotos, esto matará a un cuarto de la población mundial, pero lo peor es que todo esto sucederá cuando ellos crean que la paz mundial ha sido lograda. Los falsos profetas seguirán clamando, "paz, paz, paz y seguridad, estamos muy cerca de la utopía que hemos soñado, sólo falta que masacremos a todos los cristianos, nuestra utopía llegará; ellos son los que la retrasan." Y también debemos recordar que por este tiempo el que restringe todo será quitado, según 2 Tesalonicenses 2. Éste es el Espíritu Santo, quien retiene todo el pecado para que no llegue a su máximo. Y si el pecado ya no estará restringido, la inmoralidad no estará restringida, la maldad, el vicio, la falta de Dios, la falta de un cristianismo que se esparza libremente, Satanás estará corriendo a máxima velocidad, el anticristo estará demandando que todos lo adoren en su maldad engañosa. El mundo estará siendo arrastrado a las profundidades del pecado y todo el tiempo, mientras esté fluyendo literalmente en toda su lascivia e impulsos, estará pensando en la utopía prometida pensando que emergerá de todo este caos. Pero habrá personas que serán salvas. De acuerdo con 6:9–11, ellos se encuentran bajo el altar orando a Dios por venganza. De acuerdo al 7:9, hay tantos de ellos, quienes se han convertido en el periodo de tribulación, que no pueden ser contados. Así que podemos decir que habrá un gran avivamiento, y muchos serán salvados. Pero el resto del mundo continúa en su pecado y engaño siguiendo al anticristo y matando a los cristianos.

Entonces en un momento, mientras algunos duerman y otros estén despiertos, mientras algunos estén manejando sus autos por la calle, mientras algunos vayan volando en un avión, otros caminando, o corriendo, en el trabajo, leyendo el periódico en su sillón o bien que estén viendo el televisor, jugando tenis en el club, estando en su casa, estando en un hotel, en el auditorio, en un evento deportivo, en la escuela, todo el universo será sacudido con este terremoto, un *seismos* de Dios que ningún sismógrafo será capaz de medir. Y como pueden ver, esto es tan atemorizador por el hecho de que el hombre cree que ha tenido muchas cosas bajo su control, según él ha visto un universo estable. Cree que siempre habrá atardecer y después oscuridad, cree que siempre habrá ciclos de rotación y por lo tanto que siempre habrá estaciones ya que la tierra sigue balanceándose sobre su **órbita**. El hombre demanda uniformidad en este mundo; esto es lo que la evolución le dice. Siempre sucede lo mismo Recuerden las palabras de Pedro acerca de los escarnecedores, todas las cosas continúan igual desde el principio, todo sigue siendo igual. Pero en un abrir y cerrar de ojos esta teoría será totalmente aniquilada y llegará este *seismos*.

Lo primero que Juan describe es el segundo elemento, el sol se oscureció como cilicio hecho de pelo. El cilicio era lo que la gente vestía en un funeral. El cilicio era un vestido áspero que te ponías cuando quería llorar por alguien. Se lo ponían como si fuera una capa y colgaba hasta el suelo, de tal modo que ninguna parte de tu cuerpo podía ser vista. No querías atraer la atención hacia ti cuando estabas llorando la muerte de alguien. El cilicio de pelo negro, era tejido de pelo de cabra negro. Éste era muy oscuro, completamente oscuro. Así es como estará el sol, negro, tan negro como la capa de cilicio de alguien que clama por su luto, como la capa tejida de pelo negro de cabra.

La agitación, la agitación agita todo y la agitación es tan grande que oscurece al sol. ¿Qué es lo que oscurece al sol? ¿Por qué se oscurece el sol? El doctor Henry Morris, un maravilloso científico, creacionista, escribió esto, "los *seismos* descritos aquí son de alcance mundial por primera vez en la historia. Los sismólogos y los geofísicos han aprendido en años recientes como es la estructura de la tierra y cuál es la causa de los terremotos. La corteza s**ó**lida de la tierra tiene una compleja red de fallas que la atraviesan, con todo, descansa sobre una capa plástica cuya estructura es todavía en gran parte desconocida. Ya sea que la corteza se componga de grandes placas móviles o no, es una controversia entre los geofísicos, así que todavía no se conoce la causa última de los terremotos. De manera similar son todas las complejas inestabilidades de la corteza, estos son fenómenos que permanecen desde el diluvio, sobre todo cuando pensamos en la ruptura de las fuentes de los abismos. En cualquier caso, la vasta red de cinturones de terremotos inestables que hay en todo el mundo, en un momento comienzan a deslizarse y se fracturan a nivel mundial es entonces cuando un gigantesco terremoto se produce. Evidentemente esto es acompañado de manera natural por enormes erupciones volcánicas, arrojando grandes cantidades de polvo, vapor y gases a la atmosfera superior. Es probable que estos gases sean los que hagan que se oscurezca el sol y que la luna parezca sangre."

Esto coincide con lo que el profeta dijo: fuego y humo. La oscuridad y las tinieblas con frecuencia son asociadas con juicio. Cuando Dios juzgó a Egipto, trajo grandes tinieblas. Cuando Dios se posó sobre el monte Sinaí para traer la ley, éste estaba cubierto de humo negro. Cuando Dios juzgó a su hijo, recordarán, sobre la cruz llevando nuestros pecados, desde el mediodía y hasta las tres de la tarde el mundo se oscureció. Isaías describió este tiempo de juicio y también dice que hubo oscuridad. Esto le fue revelado en el 13:9, "He aquí el día de Jehová viene, terrible, y de indignación y ardor de ira, para convertir la tierra en soledad, y raer de ella a sus pecadores. Por lo cual las estrellas de los cielos y sus luceros no darán su luz; y el sol se oscurecerá al nacer, y la luna no dará su resplandor. Y castigaré al mundo por su maldad, y a los impíos por su iniquidad; y haré que cese la arrogancia de los soberbios, y abatiré la altivez de los fuertes. Haré más precioso que el oro fino al varón, y más que el oro de Ofir al hombre. Porque haré estremecer los cielos, y la tierra se moverá de su lugar, en la indignación de Jehová de los ejércitos, y en el día del ardor de su ira." Una oscuridad, tinieblas llegarán sobre todo el universo.

La tercera cosa que él nota es que la luna se hace como sangre. El texto literalmente dice, "toda la luna," hará un eclipse total. Y cualquier cosa que sea lo que lo causa, esto es muy real. El sol oscurecido, desde luego que esconde a la luna, porque la luna refleja al sol. El profeta Joel dijo, "el sol y la luna se hicieron negros." Y como dijimos anteriormente, Joel dijo, Dios dijo por medio de Joel, "desplegare maravillas en el cielo y la tierra, sangre, fuego, columnas de humo. El sol será convertido en tinieblas, la luna en sangre antes de aquel día grande y temible, el día del Señor."

Podemos entender, entonces, que cuando esto comience afectará todo. Afectará la luz del día y la oscuridad. No habrá luz de día, por lo tanto afectará la vida de las plantas, afectará al hombre, y afectará al mundo animal. Todos los ciclos por los que los animales funcionan, las funciones de las

II Parte. Sermones temáticos sobre profecía

plantas y las funciones humanas son lanzados a un caos total. Y entonces llega la cuarta característica que sale de esa oscuridad, versículo 13, las estrellas del cielo caen a la tierra. Bolas de fuego caen a la atmosfera haciendo que la oscuridad desaparezca, entonces todo mundo se sentirá como un pequeño ratoncito en medio de toda esta destrucción.

La palabra "estrellas," que es *asteres* en griego, puede referirse a un cuerpo celestial cualquiera, grande o pequeño, no solo limitado a lo que nosotros conocemos como estrellas. Puede ser una estrella, una estrella que es millones de veces más grande que el sol, hay muchas muy grandes. Puede incluso referirse a un asteroide o un meteoro, esta puede ser la mejor forma de entenderlo aquí. La tierra va a ser bañada por *asteres* cayendo directamente del espacio. Esto es más adecuado pues si solo fueran pequeñas estrellas, éstas se quemarían antes de que cayeran a tierra. Esto es más una lluvia de asteroides o de meteoros. Los científicos, por cierto, han especulado por años como sería una lluvia de asteroides que golpeara la tierra, y cómo sería la increíble destrucción que esta crearía. Ciertamente las estrellas estarán involucradas al tiempo que todo el universo se estremece; y esto será lo que las haga salir de sus orbitas. Comenzarán a vagar erráticamente, girando y serpenteando por todo el espacio conforme el universo está colapsando y comenzando a desintegrarse. Es entonces cuando la tierra será golpeada por estrellas que caen del cielo como bolas encendidas de fuego. Una higuera puede estar cubierta de higos y cuando el viento la golpea, simplemente caen todos en forma masiva.

¿Qué va a hacer la gente? ¿A dónde irán cuando este pánico llene todo el globo terráqueo? ¿A dónde irán si no habrá lugar en el que puedan escapar?

Zacarías 14:6 ve esta misma escena y dice, "Y acontecerá que en ese día no habrá luz clara, ni oscura. Será un día, el cual es conocido de Jehová, que no será ni día ni noche." Es el mismo día.

Entonces en términos que incluso Juan no puede describir, versículo 14, "Y el cielo se desvaneció como un pergamino que se enrolla." Pocas veces en mi vida he tenido la oportunidad de ver un rollo, un verdadero rollo antiguo. He visto rollos del mar muerto, los que se encuentran en Jerusalén. He tenido en mis manos rollos antiguos. Y algo que puede ser normal pero que es muy interesante es que un rollo para leerlo lo tienes que desenrollar y cuando acabas de leerlo lo enrollas, es decir todo el tiempo de la vida de este rollo se está desenrollando y enrollando, pero llega un punto en su vida útil en la que debido a que por el paso de los años se va secando y secando hasta que se rompe. Juan dice que será como desenrollar un rollo y que cuando se rompe en el medio, *apokorizo* en el griego, entonces se separa en dos partes. Dice que el cielo fue divido en dos dentro de la visión de Juan, literalmente se partió en dos. Esto ilustra la totalidad del cielo, como un rollo que se mantiene abierto y que la tensión hace que se rompa por el centro. Entonces el cielo completo desaparece, todo se ha ido. Las estrellas están cayendo por todas partes a toda velocidad. Todo el universo se está sacudiendo. No hay sol, no hay luna, la tierra está siendo barrida con asteroides, meteoritos están cayendo del cielo y todo el universo se está desmoronando. El cielo que era tan familiar a nosotros se rasga en dos partes.

Esta es la escena, y ciertamente es la misma que Isaías tiene en mente en el capítulo 34, "Porque Jehová está airado contra todas las naciones, e indignado contra todo el ejército de ellas; las destruirá y las entregará al matadero. Y los muertos de ellas serán arrojados, y de sus cadáveres se levantará hedor; y los montes se disolverán por la sangre de ellos. Y todo el ejército de los cielos," esto es las estrellas, "se disolverá, y se enrollarán los cielos como un libro; y caerá todo su ejército, como se cae la hoja de la parra, y como se cae la de la higuera. Porque en los cielos se embriagará mi espada." Voy a golpear a los cielos, ¿por qué? Porque ellos han sido el dominio de Satanás, el príncipe de la potestad del aire. Todo el universo está cayendo.

Así que toda esta agitación no es sólo en la tierra. Llega a la tierra en la sexta característica de éste. Versículo 14, "y todo monte y toda isla se removió de su lugar." Esto es algo difícil de concebir, toda montaña e isla. Toda la inestable corteza de la tierra comienza a moverse y a cambiar, las fallas geológicas se dividen y los gases volcánicos emergen de la tierra. Más adelante el Dr. Morris dice, "la corteza terrestre, altamente inestable desde el diluvio, será perturbada por los asteroides que la impacten. Esto, añadido a las explosiones volcánicas y los terremotos, hará que grandes segmentos de ella comiencen a deslizarse hacia los mantos profundos de la tierra. Durante muchos años los geofísicos han estado fascinados con la idea de los continentes a la deriva. Muchos han publicado series acerca de un catastrofismo naturalista pasado que involucra lo que ellos llaman la corteza cambiante de la tierra. Algunos de estos fenómenos pueden ser activados por este sexto sello de juicio, haciendo que los terremotos pasados solo sean una pequeñísima muestra de lo que aquí está sucediendo. Y todos los que residan en las regiones altas de las placas de la corteza cambiante, observarán los cielos que comienzan a moverse en la dirección opuesta a lo acostumbrado," él dice, "todo se estará agitando."

¿Puedo detenerme aquí para dar una opinión a los ambientalistas? ¿Puedo decirle algo a todos los grupos que andan con el lema de "salvemos a la tierra"? Si ustedes creen que el hombre ha echado a perder esta tierra, esperen a ver lo que Dios le va a hacer Este es un planeta desechable, fue hecho desechable a causa del pecado. Espera a ver lo que Dios el creador le hace.

Él fue quien lo creó, el pecado lo devastó, y Él lo destruirá. Es un mundo de úsese y tírese, el universo es lo mismo. El cosmos que surgió del caos regresa al caos, y nuevamente del caos llega un nuevo cosmos…los cielos nuevos y tierra nueva. Pedro escribió acerca de esto en 2 Pedro 3.

Jesús resumió todo esto que hemos estado viendo en estos versículos cuando dijo en Lucas 21:11, "y habrá grandes terremotos, y en diferentes lugares hambres y pestilencias; y habrá terror y grandes señales del cielo." Y cuando esto sucede, la gente se morirá de miedo, estarán tan asustados que el morir de miedo será una realidad. ¿Pueden entender esto? Desde luego que pueden.

Como les dije al comienzo, la gente tiene temor a muchas cosas, temen muchas cosas a las que no debieran tenerles temor. Y usualmente, comúnmente, normalmente, no le tienen temor a la única persona a la que le debieran tener temor. Romanos 2:5 dice que los pecadores están acumulando pecado al grado que un día sufrirán la ira de Dios. Y aquellos quienes nunca le han temido entonces le temerán.

Pero nosotros no tenemos por qué temer, no tenemos miedo, esto es aquellos que somos cristianos. No lo tenemos porque ya hemos escapado de la ira de Dios. Hemos sido librados de la ira venidera por medio de Jesucristo. Podemos escuchar el testimonio de algunas personas cuando son bautizadas, cómo es que fueron rescatadas de la ira venidera y de cómo es que Jesucristo cambió sus vidas, y todo eso es verdad. Permítanme decirles también que él ha cambiado sus destinos futuros de la ira a la bendición, del infierno al cielo, del terror al regocijo. Nosotros no esperamos esa ira, vamos a ser raptados, llevados con el Señor antes de que todo esto comience. Si usted pone su fe en el Señor Jesucristo usted escapará de la ira venidera. Teme a aquel que después de haberte quitado la vida tiene la autoridad para mandarte al infierno. Si, les digo teman a Él. Oremos.

Oración final

Señor esto es tan poderoso, tan aterrador y tristemente el mundo será engañado. Este tipo de verdad con frecuencia se olvida por no tener convicciones. No permitas que esto suceda. Para aquellos que leen esto, permite que experimenten el terror venidero, que puedan conocer que hay un Dios de ira y de venganza que un día futuro golpeará al mundo que ha sido engañado pero con una realidad que cuando la perciba será demasiado tarde. Que puedan comprender que sólo tienen su vida para poder llegar a Jesucristo y escapar de la ira venidera. Te agradecemos que nosotros como cristianos sólo esperamos que llegue Jesucristo, Jesucristo es el único que nos libra de la ira venidera. Te agradecemos porque Tú nos has hecho tener esta esperanza. Nosotros ya no te tememos como un Dios de venganza o como un Dios de ira porque hemos puesto nuestra fe en Cristo quien recibió y sintió tu ira sobre la cruz. Oramos porque todos aquellos que aún no te conocen como Señor y Salvador lo puedan hacer y sean rescatados de esa ira futura. Amén.

REFLEXIONES PERSONALES

29 de Noviembre, 1992

11_El temor de la ira venidera. Parte II

Y los reyes de la tierra, y los grandes, los ricos, los capitanes, los poderosos, y todo siervo y todo libre, se escondieron en las cuevas y entre las peñas de los montes; y decían a los montes y a las peñas: Caed sobre nosotros, y escondednos del rostro de aquel que está sentado sobre el trono, y de la ira del Cordero; porque el gran día de su ira ha llegado; ¿y quién podrá sostenerse en pie?

Apocalipsis 6:15–17

BOSQUEJO

— Introducción

— El rango del temor

— La respuesta al temor

— Oración final

Notas personales al bosquejo

# 11_El temor de la ira venidera. Parte II

SERMÓN

Introducción

Iniciemos leyendo Apocalipsis 6:12–17. "Miré cuando abrió el sexto sello, y he aquí hubo un gran terremoto; y el sol se puso negro como tela de cilicio, y la luna se volvió toda como sangre; y las estrellas del cielo cayeron sobre la tierra, como la higuera deja caer sus higos cuando es sacudida por un fuerte viento. Y el cielo se desvaneció como un pergamino que se enrolla; y todo monte y toda isla se removió de su lugar. Y los reyes de la tierra, y los grandes, los ricos, los capitanes, los poderosos, y todo siervo y todo libre, se escondieron en las cuevas y entre las peñas de los montes; y decían a los montes y a las peñas: Caed sobre nosotros, y escondednos del rostro de aquel que está sentado sobre el trono, y de la ira del Cordero; porque el gran día de su ira ha llegado; ¿y quién podrá sostenerse en pie?"

En este momento el hombre está disfrutando de su día, pero pronto será el día del Señor. Uno de los temas proféticos centrales dentro de la escritura es la venida del gran día de la ira de Dios, también conocido como el día del Señor. Es un día inevitable y aterrorizador que está dentro del futuro del mundo. Estamos leyendo acerca de él en esta sección de Apocalipsis. Y para que nosotros podamos comprender completamente el sexto sello, necesitamos encontrar un poco más para que podamos entender lo que la Biblia nos enseña acerca de este día, este importante evento llamado "el día del Señor."

Esto va más allá de lo que se dice aquí, cubre textos del Antiguo Testamento y del Nuevo Testamento, y no quiero ser insistente con esto pero creo que es esencial para ustedes tener un contexto más grande en donde podamos colocar esta descripción del sexto sello. Como lo dije la última vez el sexto sello es el que en realidad inicia con el día del Señor. A este punto ya ha habido algunos juicios que pueden ser llamados la ira de Dios, pero éste es el gran día de la ira, ésta es la culminación del día del Señor, del cual todas esas cosas que han sucedido como forma de juicio, sólo han sido precursores y advertencias preliminares.

Un texto al que debemos ir, si queremos tener más información acerca de este evento llamado el día del Señor, es 1 Tesalonicenses 5. Algunos de ustedes recordarán cuando estudiamos esto hace ya algo de tiempo, pero permítanme llevarlos nuevamente a él. Primera de Tesalonicenses 5, y sólo veremos los primeros tres versículos como un punto de inicio para tener más acerca de la enseñanza de la Escritura con respecto al día del Señor.

El versículo 1 dice, "Pero acerca de los tiempos y de las ocasiones, no tenéis necesidad, hermanos, de que yo os escriba." La frase, "los tiempos y las ocasiones" en el versículo 1 es un término técnico que habla del tiempo que está alrededor del regreso del Señor. El término "tiempo" es *chronos* en griego, éste tiene que ver con el tiempo en sí mismo. El término "ocasiones" es *cairos* en griego, éste tiene que ver con los eventos que tienen lugar en ese tiempo, o esos tiempos. Así que él nos está diciendo acerca de los varios tiempos y de los varios eventos acerca de la venida de Cristo, ustedes no tienen necesidad de que les escriba algo.

Algo que llega inmediatamente a la mente es que hay diferentes tiempos y diferentes eventos que preparan el tiempo del regreso de Cristo. Los tesalonicenses, francamente, querían saber todos los detalles. ¿Cuánto falta para el día del Señor? ¿Cuándo ocurrirá el rapto de la Iglesia? ¿Cuándo será establecido el reino? Querían que todos estos detalles les fueran explicados: danos las respuestas, dinos los eventos, danos una secuencia para que la tengamos en la mente.

Y la respuesta de Pablo es que la preparación espiritual no involucra fechas, no involucra relojes o contar en el calendario. No involucra el estar buscando señales como un fin. Lo que les dice es que francamente ellos no necesitan que se les escriba nada de esto. En otras palabras, no necesitan saber ustedes más de lo que ya saben ahora. No necesitan tener ninguna ventaja, ya no hay más información disponible que ustedes necesiten saber.

Jesús ya les ha dado a los discípulos muchas respuestas a la pregunta que le hicieron en Mateo 24, recordarán lo que los discípulos dijeron a Jesús, esto fue lo que en realidad inició el sermón que se conoce como el Sermón del Monte de los Olivos. Ellos le dijeron, "Dinos, ¿cuándo serán estas cosas, y qué señal habrá de tu venida, y del fin del siglo?" Danos una cronología, el programa, el calendario y describe estos eventos. La realidad era que ellos querían saber lo mismo que los tesalonicenses y, como recordarán, Jesús inicia dándoles algunas señales que pudieran estar esperando, pero nunca les dio el tiempo específico como para que supieran exactamente cuándo sucedería todo esto. Y una vez más en el libro de Hechos, en el capítulo 1, encontramos palabras muy similares de Jesús, "No os toca a vosotros saber los tiempos o las sazones, que el Padre puso en su sola potestad."

No necesitan saber todos los eventos. No necesitan saber la cronología exacta. Ya saben todo lo que necesitan saber.

Entender lo que en realidad está diciendo es entender esto. Dios ha elegido no revelar el tiempo exacto del regreso de Cristo. Ha decidido no revelarnos cuándo llegará el día del Señor, cuándo llegarán los eventos asociados con el día del Señor, cuándo serán abiertos los sellos, cuándo sonarán las trompetas, cuándo serán derramadas las copas. No sabemos en qué tiempo específico, en qué época o en qué año, en qué fecha se llevará a cabo el rapto de la iglesia. No sabemos cuándo llegará el tiempo de la tribulación y cuándo será establecido el glorioso reino milenario de Cristo. La razón por la que no lo sabemos es porque el Señor no nos lo ha revelado. Escuché el otro día, apenas la semana pasada, que un hombre muy conocido en la radio, que enseña la Biblia, nos ha hecho saber a todos que esto va a suceder en 1994. Constantemente la gente hace esto. Intenta determinar qué sucederá en un futuro que no conoce, y si no sucede en la fecha predicha, entonces habrá otro más que lo intente. Nuestro Señor dijo, y el apóstol Pablo dijo, y esto nos es recitado continuamente en la literatura profética, el día y la hora nadie lo sabe, no sabemos cuándo sucederá. Tenemos una información general acerca de los eventos, conocemos algo acerca de la secuencia de las cosas, pero no sabemos cuándo va a suceder esto. Por lo tanto todas las generaciones viven con cierta anticipación y con cierta cantidad de expectación.

En 1 Tesalonicenses 5:2, Él dice, "Porque vosotros sabéis perfectamente que el día del Señor vendrá así como ladrón en la noche." Es aquí donde nos presenta el término "el día del Señor." Llegará como llega un ladrón, ¿cómo llega un ladrón? Sin anunciarse, sin esperarlo, repentina y nocivamente. No puedes poner en tu calendario cual será el día y la hora en la que llegará un ladrón. Un ladrón no te daría nunca esta información. Así es como llegará el Señor, sin esperarlo, repentina y nocivamente, por lo tanto toda generación necesita estar alerta. En el sermón que ya hemos mencionado antes en Mateo 24, Jesús dijo en el versículo 42, "Velad, pues, porque no sabéis a qué hora ha de venir vuestro Señor." Esto es algo que el Señor ha decidido no revelar. Versículo 50 del mismo capítulo, "vendrá el señor de aquel siervo en día que éste no espera, y a la hora que no sabe." En el 25:13, "Velad, pues, porque no sabéis el día ni la hora en que el Hijo del Hombre ha de venir." Y Lucas 12:35–40 básicamente dice lo mismo. No sabemos el tiempo específico en que se iniciarán los eventos del día del Señor, no sabemos el tiempo específico cuando el primer sello será abierto, ni los sellos siguientes tampoco. Esas cosas no nos fueron reveladas a nosotros.

Aun Apocalipsis 16:15 dice, "He aquí, yo vengo como ladrón," nuevamente será repentino, inesperado y nocivo. No sabemos cuándo ocurrirá el rapto, no sabemos cuándo será desatada la ira de Dios en los llamados principios de dolores de parto de los que Jesús habló. Por lo tanto no sabemos el tiempo exacto de la Gran Tribulación así que no sabemos en cual época, qué siglo, o en qué milenio el sexto sello será abierto y comience el día del Señor. No sabemos cuándo llegará este tiempo de siete años en los que la ira de Dios llegará, es por esto que en un sentido es inminente, puede llegar en cualquier momento y todas las generaciones deben vivir en cierta expectación de todo esto. Toda generación debe ser advertida de que el día de la ira de Dios llegará, ellos necesitan estar preparados porque no sabemos el tiempo exacto en el que esto ocurrirá.

Pero permítanme llevarlos un paso más adelante. Aun la gente que estará viva durante el tiempo de siete años de tribulación, después de que la iglesia haya sido sacada de aquí, esto es la gente que haya sido redimida —y desde luego que entendemos que habrá una gran cantidad de gente que no habrá sido redimida— aun la gente que viva durante ese tiempo, quienes verán el primer sello, el segundo sello, el tercer sello, el cuarto sello y el quinto sello, no sabrán exactamente en qué tiempo. No sabrán el día, no sabrán la hora, no sabrán los detalles específicos de ese juicio. No nos ha sido dado saber los datos precisos de cuando sucederá todo esto. De hecho, en Mateo 24:36 Jesús dice acerca del día y la hora, nadie lo sabe, ni los ángeles del cielo, ni el Hijo, solo el Padre. Este es un evento secreto que sólo Dios conoce. Nosotros no conocemos el momento exacto.

Así que las personas a quienes les toque vivir estos eventos del primero al quinto sello, no sabrán exactamente cuándo se abrirá el sexto sello. Los creyentes podrán intentar adivinar porque ellos serán capaces de ver lo que esté sucediendo, y podrán decir "ya que esto y aquello ha sucedido, lo más probable es que lo que sigue sucederá en tal o cual día. O tal vez sólo podrán decir se acerca, tiene que estar cerca. Por otro lado los incrédulos van a estar tan engañados que ni siquiera creerán que todo esto haya llegado. Aquí es cuando el versículo 3 nos dice que mientras ellos estén diciendo —este "ellos" se refiere a los falsos profetas— paz y seguridad, entonces vendrá destrucción repentina sobre ellos. Y noten que será repentina, como los dolores de parto que tiene una mujer que va a tener un hijo, y entonces ellos no podrán escapar.

El mundo incrédulo estará escuchando a los falsos profetas y a los falsos maestros. Jesús habla de ellos Mateo 24, dice, mientras que todos estos juicios se están desarrollando, habrá falsos maestros y falsos profetas y falsos cristos, y ellos engañarán a la gente, estarán diciendo paz y seguridad, todo está bien, esto va a mejorar. Recuerden que anteriormente les dije que estarán matando judíos y cristianos, diciéndole al mundo que si sólo se deshacen de esa gente llegará la utopía y la paz que esperan. Éstos son muy parecidos a los falsos maestros de la profecía de Jeremías, quienes decían paz, paz, cuando en realidad no había paz. Los mismos de Ezequiel 13 quienes dicen paz, paz y la realidad es que no hay paz. Los mismos de Miqueas 3:5, paz, paz, pero no hay paz. Los mismo de 2 de Pedro 3:3, los burladores quienes dicen, "¿Dónde está la promesa de su advenimiento? Porque desde el día en que los padres durmieron, todas las cosas permanecen así como desde el principio de la creación." Y lograrán engañar a todo el mundo.

Así que todo el mundo, aun cuando han visto que ya se abrieron los primeros cinco sellos, aun cuando alguien les pueda mostrar en la Biblia y describírselos, ellos serán engañados por Satanás y por el anticristo, por los falsos maestros quienes están de acuerdo con ellos. Todos estos falsos enseñarán que ese día del Señor no es una realidad. Los creyentes que sí saben que está por llegar no sabrán el momento exacto de su llegada. Él dice en el versículo 3, cuando ellos digan paz y seguridad, entonces llegará la destrucción, la ruina, el desastre, la ruina sin esperanza y la pérdida de todo será un hecho. Esto no significa necesariamente la destrucción de su ser, pero sí la destrucción de su bienestar. No es el final de su existencia, no es aniquilación, es la ruina de los propósitos de su existencia. Y nos dice que esto llegará repentinamente, llegará sin esperarlo, llegará sin avisar.

Un versículo que debemos tener en mente es Mateo 24:27, "Porque como el relámpago que sale del oriente y se muestra hasta el occidente, así será también la venida del Hijo del Hombre." Cuando el momento de inaugurar este gran día del Señor y la furia de la ira de Dios y la ira del Cordero, llegará repentinamente, y será algo espantoso aun para los creyentes que saben que llegará ese momento. Y entonces llega el juicio.

Todo esto que llegará la Biblia le llama "el día del Señor." Este día es mencionado 19 veces en el Antiguo Testamento, y es citado de manera específica cuatro veces en el Nuevo Testamento. Y sólo haremos una rápida consideración de éste.

Escucha lo que los profetas del Antiguo Testamento dicen acerca del día del Señor. Isaías 2:12, "Porque día de Jehová de los ejércitos vendrá sobre todo soberbio y altivo, sobre todo enaltecido, y será abatido," Isaías 13:9, "He aquí el día de Jehová viene," y da descripciones de cómo será, "terrible, y de indignación y ardor de ira, para convertir la tierra en soledad, y raer de ella a sus pecadores."

Jeremías 46:10 dice, "Mas ese día será para Jehová Dios de los ejércitos día de retribución, para vengarse de sus enemigos."

El profeta Joel escribió en 1:15, "¡Ay del día! porque cercano está el día de Jehová, y vendrá como destrucción por el Todopoderoso." En el 2:11 dijo, "porque grande es el día de Jehová, y muy terrible." En el mismo capítulo, versículo 31, "El sol se convertirá en tinieblas, y la luna en sangre, antes que venga el día grande y espantoso de Jehová."

El profeta Amós escribió en el 5:18, "¡Ay de los que desean el día de Jehová! ¿Para qué queréis este día de Jehová? Será de tinieblas, y no de luz."

Malaquías 4:5, "He aquí, yo os envío el profeta Elías, antes que venga el día de Jehová, grande y terrible."

En Sofonías 1:14 dice, "Día de ira aquel día, día de angustia y de aprieto, día de alboroto y de asolamiento, día de tiniebla y de oscuridad, día de nublado y de entenebrecimiento."

Seis veces se refiere al día del Señor como el día de la condenación. Cuatro veces es llamado el día de venganza. Siempre es identificado como un tiempo en donde Dios desata Su furia final. Y en toda generación hay un sentir de que está cerca. Ezequiel 30:3, "Porque cerca está el día, cerca está el día de Jehová; día de nublado, día de castigo de las naciones será." Joel 3:14, "cercano está el día de Jehová." Abdías 15, "Porque cercano está el día de Jehová sobre todas las naciones." Sofonías 1:7, "el día del Señor está cercano." Zacarías 14:1, "El día del Señor viene."

Toda generación ha vivido con la realidad de que puede llegar en cualquier momento. Los profetas lo han advertido y los escritores del Nuevo Testamento han advertido que el día del Señor está por venir. Es un día de furia, es un día de juicio, es un día de ira.

Teniendo todo esto en mente, llegamos a Apocalipsis 6, y leemos la declaración en el versículo 17, "porque el gran día de su ira ha llegado." Sólo es razonable asumir que esto nos está describiendo el día del Señor. El sexto sello abre lo que conocemos como el día del Señor, la furia final de la ira de Dios. A pesar de que muchas cosas han acontecido que pueden mostrar la ira de Dios, éste es el día final de la ira de Dios. Y por cierto, en el Antiguo Testamento hay algunos días del Señor que ya son historia, estos han sido cuando Dios ha intervenido con una venganza poderosa, y éstos también tuvieron indicadores preliminares, advertencias conforme Dios aplicaba ciertos juicios que llevaron a la manifestación final de su furia. Así que son precedentes históricos para el mismo patrón que vemos aquí en donde tenemos una serie de juicios que llevan a la furia final que es llamada el día del Señor.

Este día del Señor, quiero añadir como una nota, comienza hacia el final del séptimo año de la tribulación, éste llega en dos partes. La primera parte de éste llega al final de los siete años de tribulación, y la segunda parte llega al final del periodo de mil años denominado el reino milenario. Llega en dos fases con mil años de separación. En 2 Pedro creo que hay mucha claridad al respecto, en 3:10 dice, "Pero el día del Señor vendrá como ladrón" —la misma terminología, y dice— "en el cual los cielos pasarán con grande estruendo, y los elementos ardiendo serán deshechos, y la tierra y las obras que en ella hay serán quemadas." Y continúa en el versículo 13, "Pero nosotros esperamos, según sus promesas, cielos nuevos y tierra nueva."

Así que el día del Señor abarca todo el tiempo desde el final de los siete años de tribulación, que es donde inicia, hasta la llegada de los cielos nuevos y la tierra nueva que llega después del reino de mil años. Lo que estoy diciendo, sigan mi pensamiento, es que el día del Señor llega en dos fases, una al final de los siete años, y la fase final al final del periodo de mil años del reino de Cristo, cuando Él consume todo lo que ha existido en la tierra milenaria, tierra y cielos, e inaugura los cielos nuevos y la tierra nueva que serán el estado eterno.

Pero, ¿cómo puede ser un día si está separado por mil años? Pedro nos da una respuesta, muy, muy claramente en ese mismo texto cuando dice en el versículo 8, palabras familiares a nosotros, ustedes las conocen bien, "Mas, oh amados, no ignoréis esto: que para con el Señor un día es como mil años, y mil años como un día." Cuando llegue el día del Señor, el hecho de que haya un intervalo de mil años entre su inicio y final, no es algo que sea difícil para Dios. Él está más allá del tiempo, está por encima del tiempo, y para Él un día es como mil años y mil años como un día.

Este es el más amplio contexto bíblico en el cual tenemos que ver el sexto sello. Pero regresemos al sexto sello de nuestro estudio. La fuerza aquí, si es que podemos identificar la fuerza, dijimos que en el primer sello la fuerza era paz, en el segundo la fuerza era guerra, en el tercero la fuerza era hambruna, en el cuarto esa pestilencia y en el quinto básicamente era venganza. Si identificamos una fuerza aquí, la fuerza es miedo, lo que realmente llega por medio de esto es miedo, un miedo tal que la humanidad nunca antes ha experimentado. Éste llevará al mundo a la reunión de oración más grande que haya existido, pero el problema es que ellos no estarán hablando con Dios, están orando a las montañas y a las rocas, como lo dice el versículo 16, les estarán pidiendo que los aplasten.

Lucas 21:26, se los recuerdo, dice que algunos morirán de miedo, esto es perderán la vida literalmente. Miedo es la fuerza del sexto sello. El mundo tendrá miedo y entonces ellos sabrán que todo lo que ellos han estado experimentando ha sido el trabajo de Dios y que todas las advertencias que ellos han tenido de parte de todos los creyentes que estuvieron abriendo sus Biblias y mostrándoles la verdad, todas las advertencias que ellos han intentado silenciar, aun el evangelio que ha sido predicado por el ángel eterno, por los 144 mil judíos convertidos, 12,000 de cada tribu, los dos testigos, todos los mensajes que han escuchado de muchos dándoles la verdad, en un momento todo tendrá sentido y se darán cuenta que todo lo que les dijeron era verdad. Dios les estaba mandando señales de advertencias acerca del día del Señor que estaba por llegar.

Llegamos entonces al sexto sello, el Cordero toma el título de propiedad de la tierra y lo desenrolla una vez más, rompe el sexto sello, y este es el título de propiedad que describe su toma de posesión de lo que es legítimamente suyo como el heredero del universo entero que es de Dios, ahora está en las manos del usurpador Satanás y sus secuaces junto con los hombres; Él desenrolla un tiempo diferente y con el sexto sello llega el día del Señor. El mundo ha rechazado creer en las advertencias de los cristianos. El mundo ha intentado matarlos bajo el liderazgo del anticristo. Junto con ellos ha intentado martirizar y matar también a los judíos. Literalmente han querido barrer con toda la gente de Dios. Han sido engañados por el anticristo para creer que lo que ha estado pasando ha sido causado por los cristianos y por los judíos, y que si los masacran a todos y se deshacen de ellos, hasta entonces podrán llegar a su utopía. Pero ahora, repentinamente, ellos conocen que no era verdad, esto a causa de todo lo que comienza a suceder con el sexto sello.

Repentinamente, como Jesús dijo, como un rayo seis cosas tienen lugar. Ya las vimos en el mensaje pasado, sólo las recordaré para ustedes. Sismos, vimos la palabra terremoto, en realidad es la palabra griega *seísmos*, que quiere decir sacudida. Todo el universo comienza a sacudirse. A continuación dijo, "El sol se oscureció como cilicio hecho de cabello." Debido al colapso del planeta tierra y el colapso de los cuerpos celestiales, la tierra que está explotando lanza fuego y humo a la atmosfera lo que provoca el oscurecimiento del sol. Pudiera ser que el sol en sí mismo humee, ya que se estará desintegrando. La luna se convertirá en sangre, se eclipsará a una oscuridad total, y posiblemente los destellos de fuego sean de la actividad volcánica que se esté llevando a cabo en la tierra. Pero dice cosas más fascinantes en el versículo 13, "las estrellas del cielo" —recuerden, ésta es la palabra *asteres*, puede significar cualquier cuerpo celeste, no sólo estrellas como las que conocemos— "caen sobre la tierra." Obviamente no puede referirse sólo a estrellas porque si una estrella intenta caer a la Tierra, son tan grandes, son, la mayor parte de ellas, miles de veces sino es que millones de veces más grandes que nuestro sol. Esto quiere decir que nos consumirían antes de tocar la tierra. Así que es correcto asumir que lo que aquí está en mente son asteroides, meteoritos, cualquier otro tipo de objetos que anden volando en el espacio. Éstos comienzan a caer a la tierra. Es perfectamente posible que las estrellas caigan del cielo hacia la tierra. Pero todas estas cosas que están cayendo del cielo son como la higuera dejando caer sus hijos cuando es sacudida por fuertes vientos. El cielo comienza a caer, la tierra es bombardeada por cuerpos cayendo del cielo que se está desintegrando.

En el versículo 14 el cielo se desvaneció como un rollo. Éste es el quinto componente. Si tomas un rollo y lo estiras al máximo es como una hoja antigua que se desenrolla, y que siendo estirada de más, se rompe por el medio, y esto hace que se enrollen los dos extremos formando dos partes. El cielo como lo conocemos desaparece, cada montaña y cada isla es movida de su lugar, la tierra comienza a temblar y la capas cambiantes de la corteza terrestre comienzan a moverse.

Esto es lo que es descrito en el sexto sello. Pienso que esto es lo que Jesús quiso decir en Lucas 21:11, "habrá terror y grandes señales del cielo." El cielo estable, el cielo que usamos para navegar, el cielo que siempre ha sido el mismo, que es tan absolutamente predecible que los astrónomos nos

11_El temor de la ira venidera. Parte II

pueden decir qué va a estar orbitando dónde dentro de cientos de miles de años, instantáneamente se hará impredecible.

Ahora el mundo sabe quién es el que está haciendo esto porque en el versículo 16 ellos reconocen la ira del Cordero y la presencia de aquel que se sienta en el trono de Dios.

Cuando tú predicas un mensaje como éste asumes que la gente va a decir, "ah, eso es ridículo, es absolutamente ridículo." Los burladores siempre han dicho, "todo continúa como era desde el principio, nada cambia nunca, el cielo ha sido siempre el mismo, los planetas siempre se mueven en la misma órbita, todo está bien, no hay de qué preocuparse."

Si has estado pensando en esto, la última edición de la revista Newsweek pude sacudirte la jaula. Newsweek del 23 de noviembre 23 de 1992 tiene esta historia. La portada dice, "La ciencia del día del juicio, nuevas teorías acerca de los cometas, asteroides y cómo podría acabar el mundo." Éste es el título, y la portada tiene una figura de la tierra y cayendo hacia la tierra hay una bola de fuego, tal como hemos leído que es descrito ese día. El artículo es sorprendente. El resumen de la Tabla de Contenidos dice esto, "La ciencia del día del juicio, ¿cómo acabará el mundo? El 23 de marzo de 1989, un asteroide de media milla de diámetro no tocó la tierra por tan sólo setecientas mil millas. Nadie lo vio venir, si tan sólo hubiese llegado seis horas más tarde, pudo haber barrido con toda la civilización. Los astrónomos corrieron de un lado a otro para iniciar un censo de las amenazas que asechan al sistema solar, y conforme el ritmo de los descubrimientos avanzó dijeron que todo estaba funcionando como el corazón de cualquier terrícola. "La tierra sigue su curso alrededor del sol dentro de un enjambre de asteroides, dice el astrónomo Donald Yeomans del laboratorio de propulsión a chorro de la NASA en Pasadena, tarde o temprano nuestro planeta será golpeado por uno de ellos." Éste fue el reporte final que ellos entregaron.

Si buscas el artículo encontrarás una copia bajo la fotografía que ellos dieron. La copia dice esto, "una colisión mortal puede acabar con la atmosfera, quemar la tierra y convertir el planeta en polvo." Después el artículo dice esto, "viene gritando desde el cielo como una lluvia del infierno, más grande que una montaña y lleno de más energía que todo el arsenal nuclear del mundo entero. Golpea la atmosfera a un centenar de veces la velocidad de una bala, y menos de un segundo después golpea en el suelo con una fuerza explosiva de 100 millones de megatones de trinitrotolueno (TNT). Las ondas de choque del impacto, al viajar a 20,000 millas por hora, arrasan todo en un radio de 150 millas. Simultáneamente una columna de piedra vaporizada se dispara hacia arriba desde el lugar del impacto, abriendo un agujero a través de la atmósfera y arrojando escombros calientes. Al enfriarse la roca vaporizada, se condensa en cientos de millones de pequeñas piedras que caen nuevamente a la tierra durante la siguiente hora, se calientan, y pronto el aire se ilumina de color rosa caliente. Se oye como sale el vapor de las hojas verdes, los edificios y los árboles estallan en llamas, el nitrógeno y el oxígeno se combinan en la atmósfera formando ácido nítrico, cualquier tipo de vida que haya sobrevivido y que se arrastre para salir de una madriguera, cueva o escondite, es golpeada por una lluvia tan acida como el líquido de una batería de auto. Eso es lo que el astrónomo Henry Mellosh de la Universidad de Arizona calcula que pasaría si algo de diámetro de seis millas cae desde el espacio y choca contra la tierra. Seis millas es el tamaño de un cometa que encontró un astrónomo, y éste declaro que la fecha probable en la que este cometa errante podría chocar con la tierra sería en el año 2126. Se estima que veinte toneladas de partículas, la mayoría no más grandes que granos de arena, caen a la tierra cada día. Por supuesto, a veces los misiles son granos de arena más grandes, miles golpean la tierra que son más grandes que un terrón de carbón y estos caen cada año, por lo general sin causar daño. Uno se estrelló a través de un garaje en Illinois, otro cayó en un coche el mes pasado en un suburbio de Nueva York. Esto es en cuanto a los amistosos."

Dice en otro artículo, "Otros asteroides rondan las orbitas de la tierra muy de cerca, y estos representan una amenaza todo el tiempo. A finales de los 80's fueron encontrados quince asteroides cada año, éstos son del tamaño suficiente para destruir a toda la raza humana. Ahora la cuenta son más de 35 al año y creen que va a crecer hasta un ciento antes de llegar a 1994. En una noche de verano un científico encontró tres. Un asteroide que cruza directamente la órbita de la tierra tiene veinte millas de diámetro, es lo suficientemente grande como para hacer daños incalculables. Hay por lo menos media docena de unos que son de cinco millas de diámetro."

El artículo continúa describiendo este tipo de cosas que están flotando por encima de nosotros. Muchas de ellas del tamaño de un camión pequeño. Esto es menor a treinta pies de diámetro, pero suponen un golpe equivalente a 50 mil toneladas de TNT. Un asteroide de este tipo, o un cometa, puede producir una bola de fuego en forma de meteoro, con destello de luz y calor, pero gracias a Dios éstos están muy lejos como para causar daño alguno. Existen otros que son del tamaño de un edificio, entre treinta y trescientos pies de diámetro, éstos llegan a nuestro espacio y explotan cinco millas arriba con la fuerza de doce megatones. Aniquilan a los renos en un radio de treinta millas, incendian las ropas de las personas que se encuentran en un radio de sesenta millas, y arrasan con más de setecientas millas cuadradas de bosque. Y dirán, "¿Cómo lo sabes?" Porque uno lo hizo en 1908, en Tunguska, Siberia. Un asteroide más sólido, hecho de níquel y hierro, y no de roca, caería a tierra sin explotar. Si uno del tamaño del de

11_El temor de la ira venidera. Parte II

Tunguska cayera en una zona rural de Estados Unidos —calcula John Pike, director de política espacial para la Federación de Científicos Estadounidenses— podría matar a 70 mil personas, causar daños por cuatro billones de dólares en propiedades, podría derribar edificios a 12 millas de distancia, según la NASA. Si cae en una zona urbana causaría más de trescientas mil muertes. Si cae en una zona sísmica, podría ocasionar terremotos que alcanzarían los 7.5 grados en la escala de Richter.

Pero esos no son los malos. Hay otros más grandes, como del tamaño de una montaña. Si un asteroide de 600 pies de diámetro cae en medio del océano Atlántico, calcula el astrofísico Jack Hills del Laboratorio Nacional de Los Alamos, podría producir una ola de marea masiva de seiscientos pies de altura tanto en las costas europeas como en las norteamericanas. Otros asteroides de media milla de diámetro, seguramente golpearían la tierra y se clasificarían como la mayor catástrofe en la historia humana. Y gracias a la nube de polvo arrojada por este tipo de explosión de un millón de megatones, no habría cosechas en ningún lado por lo menos durante un año. En contraste, un cometa de este tamaño, al estar formado por hielo y de gases congelados, es muy fácil que se fragmente, y se rompería en la atmosfera y explotaría como el de Tunguska.

Hay otros del tamaño de una ciudad, según dicen, que son mayores a tres millas de diámetro, como el llamado Swift-Tuttle. Si uno de estos cayera en el Golfo de México, crearía una ola de tres millas de alto. A novecientas millas de distancia, esta gigantesca pared de agua aún tendría una altura de mil quinientos pies. Un asteroide de este tamaño, que cayera en el golfo de México, inundaría la ciudad de Kansas. El impacto provocaría que continentes enteros se incendiaran, bloquearía la luz del sol, y haría que la agricultura fuera imposible. Los seres humanos desaparecerían, como lo hicieron los trilobites.

Y como si no fuera suficientemente malo, este artículo continúa diciendo, "Nuestra Vía Láctea y su vecina más cercano, la galaxia Andrómeda, se están precipitando la una hacia la otra a una velocidad de aproximadamente 125 kilómetros por segundo. A esta velocidad recorrerán los dos millones de años luz que las separan y chocarán en un tiempo aproximado de entre cinco a diez mil millones de años." Me encanta cuando dicen esto. La razón por la que lo dicen es porque siempre asumen que estas cosas han ido e irán a la misma velocidad. "Ya que Andrómeda es dos o tres veces más grande que la Vía Láctea, la colisión sería análogo a una hostil toma de poder, dice el astrónomo Lars Hurquist de la Universidad de California. Nuestra galaxia será consumida y destruida. Aun cuando la Tierra pudiera sobrevivir de alguna manera, dado todo el espacio vacío en la galaxia, el choque podría enviar más cometas, asteroides y otros desechos vagando por nuestro sistema solar." En otras palabras, ellos saben que hay trayectorias de choque por todo el espacio, ya sea de una pequeña roca hasta galaxia que chocan entre ellas. Y todo lo que Dios necesita decir es una palabra y entonces todo sucederá. "Para entonces" —continúa el artículo— "la Tierra podría haber sido consumida por nuestra propia estrella en evolución. El sol gradualmente se está haciendo más grande y más luminoso. Cuando el sol tenga dos veces su diámetro actual, los océanos de la Tierra hervirán. Cuando el sol sea quince veces más brillante, las temperaturas de la tierra alcanzarán 600º Kelvin, y la corteza terrestre se derretirá."

El artículo continúa diciendo, "todo esto sucederá dentro de miles de millones de años porque el universo actualmente ya tiene miles de millones de años de edad." La verdad es que el universo es joven y lo que ellos piensan que tomó mucho tiempo en formarse, Dios lo formó instantáneamente, del mismo modo que Él lo deshará instantáneamente.

El artículo luego busca aferrarse a alguna esperanza contra este inevitable holocausto y concluye con este párrafo. "Durante el tiempo de vida de un ser humano, hay una probabilidad aproximada de una en diez mil de que la tierra sea golpeada por algo tan grande como para barrer con todas las cosechas del mundo, y que posiblemente forzaría a los sobrevivientes a regresar a la edad de piedra como cazadores y recolectores. Éstas son las probabilidades de morir a causa de la anestesia durante una cirugía, de morir en un accidente automovilístico en un período de seis meses, o de morir de cáncer a causa de inhalar el humo del escape de los automóviles en las autopistas de Los Angeles. Los asteroides y cometas asesinos se encuentran ahí y algún día uno de ellos se encontrará en una trayectoria de choque con la tierra. Se ha calculado que dos tercios de todas las especies que alguna vez se arrastraron, caminaron, volaron o nadaron sobre la tierra, se extinguieron debido a un impacto proveniente del espacio en el pasado. La humanidad podría llegar a ese destino también. Pero nosotros somos la única especie que puede incluso contemplar todo esto y sólo tal vez hacer algo para prevenirlo."

Esto es sorprendente, ellos saben que éste es un universo amenazador. No lo pueden prevenir, va a suceder. Si tan sólo ellos leyeran el libro de Apocalipsis, sabrían que esto va a suceder. Lo único que ellos no pueden saber es cuándo llegará. Pero va a llegar. Y cuando llegue, y la Tierra comience a ser bombardeada por asteroides, cometas y meteoritos, junto con todo tipo de pequeños fragmentos de estrellas y soles que caerán en nuestro espacio y cuando las galaxias en colisión hagan lo que Dios quiere que hagan en el momento de su ira, entonces el mundo sabrá que es Dios. Así que hay una razón para tener miedo. Este es nuestro primer punto, hay muchas razones para temer. Y ahora los científicos están comenzando a darse cuenta de ellos desde una perspectiva no bíblica.

El rango del temor

Veamos ahora el segundo punto, sólo rápidamente, veamos el rango del temor. Éste se encuentra en el versículo 15. ¿Qué tan generalizado es? "Y los reyes de la tierra, y los grandes, los ricos, los capitanes, los poderosos," Dentro de estas cinco categorías se encuentra toda la elite del mundo. Los reyes, los grandes hombres, los comandantes, los ricos y los poderosos describen a las clases sociales altas, la elite. Toda persona en todo el mundo va a estar involucrada en este miedo. Dios comienza con la elite. Ellos lo verán, no lo pueden evitar, todo esto llegará, será visible, dejará un tremendo impacto, así como la explosión de Chernóbil impactó al mundo pero podemos decir que fue a pequeña escala, o como la explosión del volcán de Alaska, o como cualquiera de este tipo de cosas lo hace, pero ésta será mucho más grande al grado que nunca ningún hombre ha imaginado. Y toda esta elite de la tierra no tiene ningún arma para combatirlo. Las otras dos clases bajas, "todo siervo y todo libre," simplemente divide a las otras dos categorías en las que se dividía la gente en los tiempos antiguos, ya fueran esclavos o libres. Entonces ya sea que formes parte de la elite o de la gente común, vas a experimentar este miedo, ese miedo que está por llegar. Nadie quedará fuera, todo mundo lo verá, todo mundo lo sentirá y todo mundo lo experimentará.

Isaías escribe en el capítulo 2, "Métete en la peña, escóndete en el polvo, de la presencia temible de Jehová, y del resplandor de su majestad. La altivez de los ojos del hombre será abatida, y la soberbia de los hombres será humillada; y Jehová solo será exaltado en aquel día" (versículos 10–11). En los versículos 19–21 dice, "Y se meterán en las cavernas de las peñas y en las aberturas de la tierra, por la presencia temible de Jehová, y por el resplandor de su majestad, cuando él se levante para castigar la tierra. Aquel día arrojará el hombre a los topos y murciélagos sus ídolos de plata y sus ídolos de oro, que le hicieron para que adorase, y se meterá en las hendiduras de las rocas y en las cavernas de las peñas, por la presencia formidable de Jehová, y por el resplandor de su majestad, cuando se levante para castigar la tierra." La frase "cuando se levante para castigar la tierra," en la Biblia de las Américas se traduce "cuando Él se levante para hacer temblar la tierra." Ésta traducción da más el sentido que Apocalipsis tiene con referencia a la palabra *seismos* en griego, o bien terremoto o hacer temblar en español.

Pero a los redimidos Jesús les dice en Lucas 21:28, "Cuando estas cosas empiecen a suceder, erguíos y levantad la cabeza, porque se acerca vuestra redención." Cuando los redimidos vean esto, ellos sabrán que el reino se acerca, el reino es lo que sigue después de estas cosas. Pero el resto del mundo que no ha sido redimido, de todas las clases sociales, todo el mundo tendrá miedo. Y literalmente muchos morirán de miedo.

La respuesta al temor

Aquellos que no morirán de miedo son descritos con una reacción muy inusual en los versículos 16 y 17. Vimos ya la razón para su miedo, el nivel de su miedo y ahora su reacción final. Dice que ellos se escondieron en las cuevas y entre las rocas de las montañas, tal como Isaías lo dijo. Nos encantaría que pudiéramos leer que ellos se arrepintieron. Nos encantaría leer que ellos reconocieron sus pecados y que ellos clamaron a Dios pidiendo misericordia. La realidad es que han sido advertidos una y otra vez, han escuchado el evangelio, han tratado de acabar con los predicadores, por esto quisiéramos escuchar que ellos claman pidiendo misericordia. Pero leemos cual fue su reacción en el 9:21, no se arrepintieron de sus asesinatos, ni de sus hechicerías, ni de su inmoralidad, ni de sus robos; no se arrepintieron a pesar que las trompetas de juicio estaban sobre ellos. Y en el 16:11, en la línea de los juicios de las copas, ellos blasfemaron al Dios del cielo por lo que estaban sufriendo, por sus dolores, pero no se arrepintieron de sus obras. Ellos deberían clamar por misericordia, pero como los demonios acerca de los que Santiago escribió, ellos "creyeron y temblaron" pero no se arrepintieron.

¿Por qué no se arrepintieron? Porque han seguido el camino de Satanás y fueron engañados. Creyeron en sus mentiras, se identificaron con el anticristo, y Dios los dejó para que creyeran en su propio engaño. Dios los ha dejado inmersos en su engaño y les ha dejado caer su ira. Segunda de Tesalonicenses 2:11–12, "Por esto Dios les envía un poder engañoso, para que crean la mentira, a fin de que sean condenados todos los que no creyeron a la verdad, sino que se complacieron en la injusticia." Como Faraón quien endureció su corazón y Dios le endureció su corazón, finalmente estos que endurecen su corazón serán endurecidos por Dios mismo. Y en aquél momento ellos no creerán, sí, no podrán creer.

Y dice que en medio del terror ellos se escondieron en las cavernas y entre las rocas de las montañas. Este es un lugar muy tonto para ocultarse porque todas estas cosas caerán. Pero eso en realidad no importa, porque a donde quiera que vayan no podrán escapar. No pueden huir, no es posible porque Dios está actuando en todo lugar. Y peor aún, no te puedes esconder en algún lugar en donde Dios no sea capaz de encontrarte. Lean el Salmo 139:7–13. Y esto no es muy sabio porque éste es el lugar exacto en donde serán aplastados porque las montañas y las cuevas o cavernas están colapsando bajo el juicio de Dios. Creo que en realidad su intento es suicidarse. Destrúyannos es lo que claman. Primero que nada, escóndannos y aplástennos, no nos permitan vivir para enfrentar a Dios. Ellos preferirían estar muertos que enfrentar a Dios, pero sin saber que la muerte significa que van a enfrentar a Dios.

Versículo 16, "y decían a los montes y a las peñas: Caed sobre nosotros, y escondednos del rostro de aquel que está sentado sobre el trono, y de la ira del Cordero." Ellos están clamando a la Madre Naturaleza. Oseas 10:8 dice, "Y dirán a los montes: Cubridnos; y a los collados: Caed sobre nosotros." Esto no es racional, pero prefieren morir que enfrentar a Dios.

Ellos saben que Él está enojado y el Cordero está enojado y saben lo que está por llegar. Versículo 17, "porque el gran día de su ira ha llegado; ¿y quién podrá sostenerse en pie?" Aquí está, el día del Señor, y surge la pregunta, "¿Quién podrá sostenerse en pie?" ¿Cuál es la respuesta? Nadie. Primera de Tesalonicenses 5:3 dice, "vendrá sobre ellos destrucción..., y no escaparán." El profeta Nahúm escribió en el 1:6, "¿Quién permanecerá delante de su ira? ¿Y quién quedará en pie en el ardor de su enojo? Su ira se derrama como fuego, y por él se hienden las peñas." Nadie sobrevivirá, nadie podrá sobrevivir.

Así que el miedo es algo horroroso, una escena horrorosa. Vean Hebreos 10 por un momento. Hebreos 10:26 dice, "Porque si pecáremos voluntariamente después de haber recibido el conocimiento de la verdad, ya no queda más sacrificio por los pecados." Si conoces el evangelio, si la gente escucha el evangelio hoy en día, o incluso en ese tiempo, y continúan pecando voluntariamente después de conocer la verdad, ya no hay más sacrificio por el pecado. Lo único que queda es lo que dice el versículo 27, "una horrenda expectación de juicio, y de hervor de fuego que ha de devorar a los adversarios." Si rechazas el evangelio, esto es lo que te espera, si estás vivo en el día del Señor, y en el caso de que te pierdas el día del Señor sobre la tierra, todavía experimentarás la condenación eterna. Y ésta será algo muy severo, como lo dice el versículo 31, "¡Horrenda cosa es caer en manos del Dios vivo!" Ellos creen que si las cuevas y las rocas los aplastan entonces no tendrán que enfrentar a Dios, pero la realidad es que están equivocados, muy equivocados.

¿Estamos diciendo que nadie se va a arrepentir? No, dentro de este periodo de tiempo habrá muchos, una cantidad innumerable de gentiles, como el 7:9 lo dice, son tantos que ni siquiera pueden ser contados, no se pueden contar porque son de toda nación, tribu, pueblo y lengua. También hay judíos convertidos, Romanos dice, "Todo Israel será salvo." Zacarías dice que los judíos "voltearán y mirarán a aquél que traspasaron, y se lamentarán como se lamenta por el unigénito hijo, la fuente de bendición y de salvación estará abierta para Israel." Habrá salvación durante este periodo de tiempo entre los gentiles y entre los judíos al tiempo que los judíos finalmente ven a su Mesías, creerán en Él y recibirán su reino. Pero la mayoría de las personas del mundo serán aplastadas. Sus propios deseos se harán realidad, pero ellos no escaparán porque se reunirán con su Hacedor después de la muerte para que sean enviados al infierno eternamente.

¿Cuál es la importancia de todo esto para nosotros? Debiera ser ya obvio. Si no eres creyente, estás advertido, lo estás de acuerdo a lo que dice Romanos 2:5, estás atesorando ira para el día de la ira. Estás acumulando una deuda la cual Dios te reclamará dejando caer su ira sobre ti. Estás advertido.

Si es que tú conoces la verdad del evangelio de salvación y pecas voluntariamente rechazándolo, lo único que puedes esperar es un terrible juicio. Si eres cristiano, primero que nada puedes estar agradecido porque tú vas a escapar de este juicio. Y seremos raptados juntos para reunirnos con el Señor en el cielo y entonces estaremos con Él, regresaremos con Él en gloria para reinar junto con Él.

Segundo, como creyente, no solo debo estar agradecido sino que necesito ser fiel evangelizando. Cuando comprendo lo que está por llegar, debo alertar a los hombres. Por un lado estoy agradecido porque voy a ser rescatado de la ira, porque yo no estoy destinado a la ira venidera. Pero por otro lado, hay un mundo de personas que necesitan que yo les lleve el mensaje de Jesucristo y traerlos a Él para que ellos también puedan ser librados de ese día.

Oración final

Padre, oramos por cada uno de los presentes que han escuchado este mensaje, para que tengan una respuesta correcta ante él. Por aquellos que aún no conocen a Cristo, que puedan temer suficientemente en sus corazones para que no experimenten este futuro. Para que puedan venir a Cristo quien en este tiempo de gracia está ofreciendo completo perdón de todos nuestros pecados, si tan sólo reconocemos su muerte y resurrección, permite que ellos lo tengan como Salvador y Señor. Amén.

Reflexiones Personales

5 de Marzo, 1995

12_La última invitación de Dios. Parte I

Yo soy el Alfa y la Omega, el principio y el fin, el primero y el último.

Bienaventurados los que lavan sus ropas, para tener derecho al árbol de la vida, y para entrar por las puertas en la ciudad. Mas los perros estarán fuera, y los hechiceros, los fornicarios, los homicidas, los idólatras, y todo aquel que ama y hace mentira.

Yo Jesús he enviado mi ángel para daros testimonio de estas cosas en las iglesias. Yo soy la raíz y el linaje de David, la estrella resplandeciente de la mañana.

Y el Espíritu y la Esposa dicen: Ven. Y el que oye, diga: Ven. Y el que tiene sed, venga; y el que quiera, tome del agua de la vida gratuitamente.

Apocalipsis 22:13-17

BOSQUEJO

— Introducción

— La invitación

    1. La invitación a Cristo

    2. La invitación a los pecadores

— Los incentivos para responder a la invitación

    1. La persona que hace la invitación

    2. La exclusividad del cielo

— Oración final

Notas personales al bosquejo

SERMÓN

Introducción

Vayamos a Apocalipsis 22:13 teniendo en nuestra mente el título "La Invitación Final de Dios." Al tiempo que llegamos a este punto, las voces que provienen del cielo han hablado, las visiones están completas, el mensaje ha sido entregado, los sermones han sido entregados y fueron sermones poderosos de mucho peso. El divino y omnipotente Dios de gloria fue el predicador. Hemos hecho un recorrido hasta el final del mundo, desde este tiempo presente hasta el rapto de la iglesia, y después pasamos por los juicios, sellos, trompetas y copas de la tribulación. Hemos visto el día del Señor, el regreso de Jesucristo para llevar a cabo un juicio con poder y autoridad. Hemos sido dirigidos a través de las visiones del reino milenario hasta el gran trono blanco. Y después hasta el estado eterno. Para los impíos el lago de fuego, para los piadosos la Nueva Jerusalén con los cielos nuevos y la tierra nueva.

Y en la conclusión de este panorama de profecía y a la luz de su absoluta certeza, el libro de Apocalipsis cierra con unas invitaciones. Éstas demandan una respuesta correcta. Primero que nada, de los cristianos. Esto lo vimos en los versículos 6–12. Son requeridas cuatro cosas a la luz del regreso de Cristo: obediencia inmediata, adoración inmediata, proclamación inmediata y servicio inmediato. Y al llegar al versículo 13 tenemos una invitación para los no cristianos. Obviamente ya que este gran Apocalipsis fue escrito para la iglesia, para ser dado a la iglesia, para ser leído en la iglesia, para ser enseñado en la iglesia, éstas son las invitaciones que los cristianos deben dar a los no cristianos. Pero específicamente en los versículos 13–21, encontramos la invitación final del Señor, la súplica, la invitación urgente, rogándole a la gente que vengan a Jesucristo y que reciban el regalo de la vida eterna antes de que sea demasiado tarde para siempre. Ésta es el ruego final de Dios.

Leamos, "Yo soy el Alfa y la Omega, el principio y el fin, el primero y el último. Bienaventurados los que lavan sus ropas, para tener derecho al árbol de la vida, y para entrar por las puertas en la ciudad. Mas los perros estarán fuera, y los hechiceros, los fornicarios, los homicidas, los idólatras, y todo aquel que ama y hace mentira. Yo Jesús he enviado mi ángel para daros testimonio de estas cosas en las iglesias. Yo soy la raíz y el linaje de David, la estrella resplandeciente de la mañana. Y el Espíritu y la Esposa dicen: Ven. Y el que oye, diga: Ven. Y el que tiene sed, venga; y el que quiera, tome del agua de la vida gratuitamente. Yo testifico a todo aquel que oye las palabras de la profecía de este libro: Si alguno añadiere a estas cosas, Dios traerá sobre él las plagas que están escritas en este libro. Y si alguno quitare de las palabras del libro de esta profecía, Dios quitará su parte del libro de la vida, y de la santa ciudad y de las cosas que están escritas en este libro. El que da testimonio de estas cosas dice: Ciertamente vengo en breve. Amén; sí, ven, Señor Jesús. La gracia de nuestro Señor Jesucristo sea con todos vosotros. Amén."

Ésta es la llamada final de Dios, la última invitación de Dios. Ésta tiene dos características que deben ser consideradas conforme vemos este texto. Primero, hay una invitación y después hay un incentivo para responder a la invitación. La invitación por sí sola la encontramos en el versículo 17, y después encontramos los incentivos que animan a las personas a que tomen la decisión correcta.

La invitación

La invitación clara llega a la mitad del pasaje. Y como pueden imaginar al final de un libro como éste y más allá de ello, al final de la revelación de Dios, en el libro número sesenta y seis, en el último capítulo, en la parte final del capítulo, puedes ver que muchas cosas se están reuniendo, pero justo a la mitad de estas palabras finales encontramos una invitación clara, esto es dentro de lo que pudiéramos llamar el corazón del texto. Vayamos nuevamente al versículo 17: "Y el Espíritu y la Esposa dicen: Ven. Y el que oye, diga: Ven. Y el que tiene sed, venga; y el que quiera, tome del agua de la vida gratuitamente."

El énfasis de este versículo es "Ven." Tenemos que entender, sin embargo, que debemos hacer algunas distinciones en este versículo porque el término "ven" tiene dos significado diferentes. La primera parte del versículo es una oración. La segunda parte es una invitación. La primera parte del versículo es dirigida a Cristo. La segunda es dirigida a los pecadores. Las dos mitades, entonces, no se refiere a la misma persona o a la misma venida. Ésta es la distinción que tenemos que hacer con mucho cuidado.

1. La invitación a Cristo

En la primera parte tenemos al Espíritu y a la novia pidiendo a Cristo que venga. En la segunda parte llama a los incrédulos para que vengan a Cristo. Ahora teniendo esto en mente vayamos a ver. "Y el Espíritu y la Esposa dicen: Ven." Entendemos claramente que aquí hablan el Espíritu Santo y la iglesia. La iglesia ha sido identificada repetidas veces como la novia. Hemos visto esto desde el capítulo 19 donde la iglesia fue identificada en el versículo 7 como la novia que se alista a sí misma, fue vestida de lino fino, limpio y resplandeciente, que son los actos justos de los santos. Y después el banquete de boda del Cordero nos es presentado y ya hemos visto estos capítulos finales.

Así que la novia es la iglesia, y el Espíritu, desde luego que es el Espíritu Santo. Y el Espíritu y la novia dicen, "Ven." Y ¿a quién le están diciendo esto? Regresemos al versículo 7, "¡He aquí, vengo pronto!" Y como leímos hace un momento, versículo 20, "Amén; sí, ven, Señor Jesús." Así que lo que tenemos aquí es al Espíritu y a la iglesia reaccionando ante la promesa de su pronta venida al decir, "ven Señor Jesús." Ambos quieren que el Señor venga, es el deseo del Espíritu Santo y es el deseo de la iglesia que Jesús venga.

Ahora, primero que nada, ¿por qué es que el Espíritu Santo quiere que Jesús venga? ¿Por qué diría el Espíritu Santo "ven, ven, ven"? Bueno el texto no nos lo dice pero no se necesita pensar mucho más aparte de este texto y entender por qué el Espíritu Santo quiere que Jesús venga. Hay dos razones, una positiva y una negativa. La razón negativa sería que a lo largo de los años de la era de la gracia, a lo largo de este tiempo y hasta la venida del Señor Jesucristo, hombres y mujeres del mundo han rechazado a Cristo, ignorado a Cristo y negado a Cristo. Ellos se han burlado y han blasfemado contra la obra del Espíritu Santo quien tiene la tarea de llevarlos a Cristo. Y aun antes de esto, en el Antiguo Testamento, recordarán que el Espíritu de Dios contendía con ellos para llevarlos a la verdad, antes del diluvio. Ese trabajo acabó con la paciencia del Espíritu Santo quien no contendería con el hombre para siempre. Y durante los cuarenta años vagando en el desierto, la Escritura dice que Israel provocó al Espíritu de Dios, de acuerdo a Hebreos 3:7–8.

Vemos entonces que el Espíritu ha trabajado mucho para convencer y causar que haya arrepentimiento, para ello ha estado contendiendo y luchando hasta agonizar contra los hombres pecaminosos. Todo esto mientras que ellos lo han estado provocando por todos los siglos de su existencia. Pero estoy seguro de que nada en el Antiguo Testamento, incluso antes del diluvio o después, nada durante toda la era de la iglesia hasta nuestros días, nada de esto ha alcanzado el colmo de la blasfemia que se alcanzará cuando llegue el momento de la gran tribulación descrita en el libro de Apocalipsis. Y de nuevo, nada ha alcanzado las proporciones de blasfemia que puedan ser equiparadas con lo que sucederá al final del Reino Milenario cuando Satanás será desatado para reunirá las multitudes blasfemas de todo el mundo para la dirigir una rebelión final en contra de Cristo. Al llegar al juicio del gran trono blanco, toda la blasfemia que ha sido acumulada habrá alcanzado las máximas proporciones. Y durante todo el tiempo que el Espíritu lucha, estará deseando que Jesús venga. Entonces cuando el Señor dice, "vengo pronto," el eco del Espíritu Santo que ha luchado, que ha sido entristecido, apagado, e incluso que ha agonizado, dice también, "ven." Acaba con tus enemigos y con los míos, juzga a los pecadores, acaba con esta larga batalla para producir convicción.

Pero también tenemos un lado positivo, éste es el deseo, es el trabajo del Espíritu, como lo sabemos para glorificar al Señor Jesucristo. Él nos enseña a Cristo, nos lleva a Cristo, y obviamente la última vez que el mundo vio a Jesucristo exaltado, fue en la cruz muriendo vergonzosamente entre dos criminales, rechazado, desdeñado, burlado y asesinado. El Espíritu Santo desea ver a su compañero de la Trinidad exaltado en belleza y esplendor, en poder y majestad, y en triunfo eterno. Así que no es de sorprender que Él diga, "ven, regresa y toma la gloria que merece Tu nombre."

Ésta es una buena indicación de que los propósitos de Dios son los propósitos de la Trinidad de Dios. El Señor Jesús dice, "vengo pronto." El Espíritu dice "ven." El Padre ya ha establecido el plan.

Pero, ¿qué hay acerca de la novia? ¿Por qué es que la novia, por qué es que la iglesia, la novia de Cristo, dice al novio "ven"? Por obvias razones, nosotros también estamos cansados de la batalla en contra del pecado, del mismo modo que lo está el Espíritu Santo. Nosotros también anhelamos la exaltación de Jesucristo. Nosotros que somos la iglesia, quienes pertenecemos a Cristo, sus ovejas que lo amamos, que lo deseamos para que nos lleve con Él, los que hemos estado esperando, orando, deseando, aguardando, en vigilia, con el deseo de ver la segunda vendida del Señor. El pueblo de Dios siempre ha estado aguardando esto. Siempre hemos estado esperando el día en que la cabeza de la serpiente sea herida, aplastada, destruida. El pueblo de Dios ha esperado desde el principio, cuando Dios anunció la redención, que habría alguien que vendría y heriría la cabeza de la serpiente; el pueblo de Dios ha esperado que llegue esta destrucción para que la justicia pueda prevalecer y el pecado sea destruido.

Así que aquí tenemos al Espíritu Santo y a la iglesia, al pueblo de Dios, a la novia, juntos en armonía, aguardando el regreso de Jesucristo. Ellos tampoco quieren más tristeza, no quieren más lágrimas, no quieren más llanto, no quieren más dolor, no quieren más muerte, no más rebelión. Sólo quieren toda la gloria para Dios, toda la gloria para el Cordero, una morada para el pueblo de Dios dentro de la casa de Dios. Esto es inmortalidad, el ser iguales a Cristo, la presencia de Dios y de Jesucristo morando alrededor de su pueblo, la gloriosa nueva Jerusalén, la riqueza eterna, todo eso. No es, entonces, nada raro que la iglesia y el Espíritu Santo anhelen el regreso de Cristo.

Esto es de lo que habla Pablo a Timoteo en 2 Timoteo 4:8 cuando dice, "amamos su venida." De hecho, yo sugiero que sería incongruente que una persona que se dice cristiana y que diga que es alguien que ama a Jesucristo, diga que no anhela su regreso. Estamos destinados para tener comunión con Él, por lo tanto nuestra principal causa de gozo debe de ser la expectativa de esa comunión. La iglesia nunca estará satisfecha sino hasta que sea presentada como una iglesia gloriosa, sin mancha ni arruga ni cosa semejante, cuando sea santa y sin mancha. Ésta es la razón por la que el Espíritu y la iglesia claman, "ven."

2. La invitación a los pecadores

Entonces llega la segunda parte del versículo. "Y el que oye, diga: Ven. Y el que tiene sed, venga; y el que quiera, tome del agua de la vida gratuitamente."

Ocurre aquí un cambio. Ésta es una invitación no para que Cristo venga, sino para que los pecadores vengan a Cristo. Lo debemos entender con mucho cuidado, la primera frase dice, "Y el que oye diga. Ven." ¿A quién se refiere? Debemos admitir que es algo difícil de solucionar, pero la manera simple es la mejor explicación, por lo tanto habla de los que están escuchando el mensaje. "Aquellos que tengan oído" significa, aquél que está escuchando, aquél que está escuchando y creyendo, aquél que está escuchando y comprendiendo, aquél que escucha al Espíritu y a la novia que dicen, ven, aquél que escucha que Jesús dice, vengo nuevamente. Aquél que está haciendo todo esto, diga ven, únase a la celebración. Permitamos que toque el timbre y entre. Pero no puede timbrar y decir "ven," sino hasta que haya llegado a Cristo, hasta que sea creyente. Ésta es la implicación.

Con frecuencia la Biblia dibuja a los incrédulos como aquellos que no tienen oídos para escuchar, pero por otro lado hay algunos que tienen oídos para oír, éstos son los que son redimidos. El hombre debe desear escuchar. Debe estar deseoso de escuchar la voz de Dios, de creer en la Palabra de Dios. Y cuando tiene sus oídos preparados para escuchar la voz de Dios, es entonces cuando pude escuchar con fe y creer. Esto es de lo que se está hablando aquí. Que los que están escuchando con oídos de entendimiento y con oídos de la fe se unan con el Espíritu y con la iglesia. Son todos aquellos que no han sido salvos aún, los que no son parte de la iglesia. Que se unan a los que dicen "ven." Estos son algo así como un grupo de transición. Ellos dirán "ven" junto con el Espíritu y con la Iglesia, pero no pueden decirlo hasta que hayan venido como aquellos de la segunda mitad del versículo son invitados a hacerlo. No puedes decir "ven" sino hasta que tú hayas venido. Ninguna persona que no sea salva va a decir, "Ven, Señor Jesús… ven, Señor Jesús." Ellos se van a burlar como lo hicieron en 2 Pedro 3:4. Van a decir, ah "¿Dónde está la promesa de su advenimiento? Porque desde el día en que los padres durmieron, todas las cosas permanecen así como desde el principio de la creación." Se burlarán del regreso de Cristo. Se burlarán ante el hecho de que Jesús regresa.

Pero el que oye, ¿quién es este? Escuchar está asociado con obedecer. De hecho, con frecuencia en el Nuevo Testamento escuchar es un sinónimo de obedecer. Aquellos que obedecen el evangelio y vienen, se unirán con el Espíritu y con la iglesia deseando el regreso de Jesucristo. Y si ustedes aplican esto a la gente de nuestros días, si ustedes aplican esto a la gente que esté durante el tiempo de Tribulación, notará que encajan perfectamente; todos aquéllos que están fuera de la iglesia y todos aquéllos que estén fuera del ministerio del Espíritu de Dios, vengan y únanse para decir "ven." Este es un juego de palabras. Antes de que puedas decir "ven," tú tienes que venir. Por esto dice a continuación, "y el que tiene sed, venga." ¿Quién es el que tiene sed? Es aquél al que le está hablando, es aquél que tiene oídos para oír, es el que está sediento. El que está sediento venga. El que está sediento y quiera agua, venga y tome del agua de la vida gratuitamente. Lo que nos lleva a la realidad de saber que antes de poder decir "ven," debemos haber venido a Él. Pero antes de puedas desear que venga debes haber venido, esto habla acerca de la sed espiritual. Aquí es donde la invitación a los pecadores se hace clara.

¿Qué es lo que indica el estar sediento? Esto indica el reconocimiento de la necesidad. Cuando dices que estás sediento es cuando estás identificando tu necesidad. Éste es el momento cuando el pecador siente la sequedad de su alma, es sólo cuando él sabe que su corazón es estéril que se interesa en acercarse a beber. Aquí, entonces, tenemos el prerrequisito para el arrepentimiento, comprender la necesidad que se tiene. Esto fue justamente con lo que Jesucristo comenzó su ministerio. Mateo 5:6, palabras muy familiares, "Bienaventurados los que tienen hambre y sed de justicia, porque ellos serán saciados." Todo comienza con hambre espiritual, con sed espiritual. En Juan 6:35, "yo soy el pan de la vida, todo aquél que venga a mí, no tendrá más hambre y aquél que cree en mí no tendrá más sed." En Juan 7:37, "todo el que tenga sed, venga a mí y beba." Todo esto demuestra en realidad cuál es la necesidad. ¿Reconoces que tu alma está seca, que tu corazón está reseco y estéril? Ésta es la razón por la que estás escuchando. Ésta es la razón por la que alguien puede escuchar.

Ahora vemos que él añade otra dimensión en el versículo 17, "y el que está sediento venga, y el que quiera, tome del agua de la vida gratuitamente." La palabra griega de donde se traduce "el que quiera" es *hostelon*. El que quiera, el que lo desee, el que tenga ganas. Tienes sed y deseas que se cubra esa necesidad. Eso, por cierto, es la última invitación. Típico de la oferta de gracia y la amplia oferta de salvación que ves dentro de la Escritura. Es esencial lo que Jesús dice en Juan 6:37 donde dice, "todo lo que mi Padre me da, vendrá a mí, y todo aquel que venga a mí no le hecho fuera." Si te encuentras sediento es a causa de que el Padre ha comenzado a moverse en tu corazón y has reconocido tu necesidad. Y si vienes es porque quieres tomar el agua, es porque has sido dirigido para venir y no hay manera de que el Señor te rechace. Así que cualquiera que quiera venir, Él lo recibe.

En otros términos, Mateo 11:28, dice, "Vengan a mí todos los que están trabajados y cargados, y yo los haré descansar." Él usa otra metáfora para describir la misma cosa. No los sedientos, sino los cansados, no los que necesitan agua sino descanso. Todo lo que necesitan hacer es venir. Si eres capaz de sentir la necesidad y tienes el deseo de venir, entonces ven. No hay nada que tengas que hacer antes, no hay nada más para que califiques. Aquí podemos ver la voluntad humana en la salvación. No me gusta usar el término libre albedrío, ya que el hombre tiene voluntad, pero simplemente no es libre. Pero en efecto, podemos ver la voluntad humana. Dios es quien nos salva pero sin violar nuestra voluntad. La salvación entonces es ofrecida para aquéllos que saben que están resecos y estériles, y es para aquéllos que desean ser cambiados.

Y entonces tenemos un componente final. Lo primero es el reconocimiento de la necesidad, segundo es el deseo de que se satisfaga esa necesidad, y tercero, dice aquél que desee, o bien quien sea que quiera, tome del agua de vida. Tome del agua de vida gratuitamente. Esto es apropiárselo. Reconoces tu necesidad, sabes dónde está la fuente para suplirla, y la tomas por fe. Esto es lo que significa gratuitamente, es gratis para ti. El único prerrequisito, es un reconocimiento de la necesidad y el deseo de tomar. Tu corazón está reseco por falta de perdón, tu mente está sedienta de verdad, tu alma esta sedienta por tener un propósito, y el Señor Jesús espera que satisfagas esa necesidad eternamente. El agua que Él da es tan llenadora que nunca tendrás más sed. Eso es todo lo que se necesita. Es sin costo. Como dijo Isaías, "Venid, comprad sin dinero y sin precio" (Isaías 55:1). Aquí es donde yace la invitación, ves tu necesidad, ves en dónde se encuentra la fuente y tomas por fe, no por obras. El precio ha sido ya pagado por Cristo. Éstos son términos muy simples.

Ésta es la invitación que hay en el versículo 17. La iglesia y el Espíritu dicen ven; cualquiera que está escuchando con oídos de fe y que ha venido, se une y dice ven; la invitación es extendida entonces a cualquiera que está sediento, que ve dónde se encuentra la fuente para suplir su necesidad, para venir y tomar del agua de la vida gratuitamente. Ésta es la invitación: la salvación es gratuita porque el precio ha sido pagado.

Los incentivos para responder a la invitación

Ahora, alrededor de la invitación en el versículo 17 se encuentran las razones para aceptarlo, los incentivos para la invitación. La invitación y después los incentivos. ¿Qué es lo que nos mueve a aceptar la invitación? Para ser honesto con ustedes, no es nada fácil poner de manera ordenada todo este material, pero pienso que la mejor manera de entenderlo es viendo lo que rodea esta invitación. La invitación es el corazón del texto y todo el resto es lo que lo rodea.

1. La persona que hace la invitación

Ahora permítanme explicarles cómo todo esto cae junto. Primero que nada, el primer incentivo para aceptar la invitación es debido a la persona de Cristo. La primera razón para aceptar la invitación a venir y tomar el agua de la vida, que es la vida eterna, como ya lo hemos aprendido, el primer incentivo es debido a quién es Cristo. Es debido a quién te está invitando, no es otro sino el Señor Jesucristo, el Señor de los Cielos, el Rey de reyes, el Señor de señores, la gloria de la Nueva Jerusalén. Piénsenlo, lo que nos va a decir aquí es tan simple de comprender como esto: ustedes y yo recibimos muchas invitaciones para ir a diferentes lugares; algunas de ellas las aceptamos y otra no. Supongo que esto depende de quién sea el que nos esté invitando, ¿no lo creen? Y si quien nos está invitando es lo suficientemente importante de acuerdo a nuestro juicio, estamos más que deseosos de aceptar la invitación.

¿Y qué tal si el eterno y encarnado Dios, el Rey de reyes, el Señor de los cielos, el glorioso Señor Jesús te diera la invitación? ¿La aceptarías? ¿Basándote sólo en quién es Él? Esto demanda una respuesta. Versículo 13, "Yo soy el Alfa y la Omega, el principio y el fin, el primero y el último."

Aquí el Señor está hablando personalmente, y se está identificando a Sí mismo con la misma terminología que encontramos en el 1:8, justo al comienzo. Este cierre tiene muchos componentes que vimos al inicio de este gran Apocalipsis. En el 8:8, "Yo soy el Alfa y la Omega." Aquí nos lo vuelve a recordar. En el 21:6, lo dijo una vez más, "Hecho está. Yo soy el Alfa y la Omega, el principio y el fin."

¿Por qué es esto? Bueno, los lectores originales del Libro de Apocalipsis fueron gentiles. En aquel entonces, en esta parte del mundo se hablaba griego. Es por esto que el Señor en su inspiración de esta designación de Cristo lo identifica por la primera y la última letra del alfabeto griego: alfa comienza el alfabeto, y omega es la última.

¿Cuál es el punto de esto? Esto expresa infinitud. Expresa eternidad. Expresa la vida de Dios sin límites, la cual tiene todo, incluye todo y trasciende todo. Y entonces se explica en el versículo 13, "Yo soy el Alfa y la Omega, el principio y el fin, el primero y el último." Son tres formas básicas de decir la misma cosa, que el Señor Jesucristo es el principio, esto es la fuente de todas las cosas. Él es el fin, es decir la meta de todas las cosas, la consumación de

12_La última invitación de Dios. Parte I

todas las cosas. Él es el eterno, trascendente e infinito Dios. Este tipo de designación identifica la totalidad, la independencia del tiempo y su autoridad soberana. Él no es simplemente otro hombre, Él no es un ángel, Él no es un ser creado, Él no es un genio sobrehumano, Él no es un mártir excepcional; Él es el Dios eterno y poderoso, el principio y el fin, el primero y el último.

Tales identificaciones, por cierto, son dadas también por el profeta Isaías. En Isaías 41:4, "Yo Jehová, el primero, y yo mismo con los postreros." Y en Isaías 43:10, nuevamente, "yo mismo soy; antes de mí no fue formado dios, ni lo será después de mí. Yo, yo Jehová, y fuera de mí no hay quien salve."

En el siguiente capítulo, Isaías 44:6. "Yo soy el primero, y yo soy el postrero, y fuera de mí no hay Dios." ¿Qué significa eso? Significa que no hay otro Dios fuera de Él. Y una vez más en el 48:12, "Óyeme, Jacob, y tú, Israel, a quien llamé: Yo mismo, yo el primero, yo también el postrero. Mi mano fundó también la tierra." Y así podríamos continuar con más y más pasajes que enfatizan esta verdad. Él es el único Dios, Él es el Alfa y la Omega. Él es el principio y el fin.

Jesucristo es todo. Si hay un arca en la que la familia de Noé es salva, esa arca es una imagen de Jesucristo. Si hay un cordero sacrificado en la pascua, ese cordero es la imagen de Jesucristo. Si hay un pariente redentor, ese pariente redentor es la imagen de Jesucristo. Antes de tiempo, después de tiempo, y durante todo el tiempo, Él es el tema de todo. Él es el todo. Y en su designación como Señor, Pablo dice a los filipenses, "toda rodilla se doblará." Ser salvo, significa ser salvado por Cristo Jesús. Ser cristiano, es estar en Cristo Jesús. El tener perdón, es haber sido perdonado por Cristo Jesús. Tener esperanza, es esperar en Cristo. Vivir, es vivir en Él.

Sacar a Cristo de la vida es como sacar al sol del día, es dejar la luna fuera de la noche, es dejar las aguas fuera del mar, los torrentes fuera de los ríos. Sacar a Cristo fuera de la vida es sacar al grano fuera de la cosecha, la vista fuera del ojo, el oír fuera de los oídos, el vivir fuera de la vida. Él es el todo. Y cuando Él te da una invitación, ésta es una invitación a la que estás obligado a responder.

Los versículos 13 y 16, lo identifican con Sus propias palabras. El versículo 16 dice, "Yo Jesús he enviado mi ángel para daros testimonio de estas cosas en las iglesias. Yo soy la raíz y el linaje de David, la estrella resplandeciente de la mañana." Él es el autor, Él es la fuente detrás de todo lo que ha sido descrito en Apocalipsis. Yo, Jesús, he enviado a mi ángel para que te dé testimonio de estas cosas. Los ángeles han traído la palabra pero la fuente es Jesús. Es él quien da esta revelación y esta invitación final.

Ésta no es una invitación humana, es lo que Él está diciendo. Ésta no es una invitación humana, es el mismo Señor Jesucristo quien está llamando. No puedo imaginar cómo alguien teniendo una invitación que proviene del

Alfa y la Omega, el primero y el último, el principio y el fin, Jesucristo mismo, no responda a su invitación. Esto no es fantasía humana. Esto no es algo escrito por un comité, esto no es la creación de la imaginación de Juan. Esto no es falso. Esto no es una falsificación. "Yo, Jesús." Ésta es una expresión única en la escritura, que muestra lo personal de esta revelación y lo especial que es esta invitación.

Vean la frase "mi ángel." Todos los ángeles le pertenecen, todos los santos ángeles. Ellos han traído este testimonio, pero procede de Mí. Pero notemos cómo es que dice, "he enviado mi ángel para daros testimonio de estas cosas en las iglesias." Desde luego que notamos la forma en la que el libro es escrito para todos los creyentes, pero su mensaje debe ser predicado a todo el mundo. Los creyentes tenemos que predicarlo, pues ha sido escrito para que lo prediquemos.

Y para identificarse a sí mismo aún más, el autor de ésta y de toda la Escritura, dice, "Yo soy la raíz y el linaje de David." Ésta es una declaración absolutamente sorprendente. Lo que quiere decir es, "Yo soy el ancestro, la raíz, y el descendiente, el linaje de David." ¿Cómo es que puedes ser un ancestro y un descendiente al mismo tiempo? Como la raíz, él está diciendo yo soy la fuente de la vida de David y de su linaje. Esto es deidad. Pero como descendiente, él era el Hijo de la vida y del linaje de David. Esto es humanidad. Ahí tenemos una de las declaraciones más claras del hecho de que Jesús es el Dios/hombre. Él es la raíz de la vida y el linaje de David esto es, Él es la deidad que creó a David. Él es la fuente de David. Y Él es también el Hijo de David, y esto es decir que él es humano, Él nació en este mundo por medio de la línea de David. Sólo el Dios/hombre puede ser tanto la raíz como el linaje de David. Isaías habla de Él como la raíz, como la rama y como un descendiente.

Y Él es ambos. En 2 Samuel, y quiero llevarlos ahí por un momento porque éste es un texto que no puede ser pasado por alto. Segundo de Samuel 7:12 es un gran texto de la promesa Mesiánica. "Y cuando tus días sean cumplidos" —está hablando a David—"y duermas con tus padres,"— cuando mueras— "yo levantaré después de ti a uno de tu linaje, el cual procederá de tus entrañas, y afirmaré su reino. El edificará casa a mi nombre, y yo afirmaré para siempre el trono de su reino." Él estaba contemplando a Salomón, pero estaba viendo más allá de Salomón, al Mesías. Aquí había más que sólo Salomón, porque este reino sería para siempre. Y posteriormente, en el versículo 16, "Y será afirmada tu casa y tu reino para siempre delante de tu rostro, y tu trono será estable eternamente." Esta es la promesa del reino eterno.

Entonces Jesús es la fuente de David y también el cumplimiento de las profecías de David como uno nacido en la línea de David. Tanto su madre como su padre José provenían de la línea de David.

12_La última invitación de Dios. Parte I

En el Salmo 132:11-12, "En verdad juró Jehová a David, Y no se retractará de ello: De tu descendencia pondré sobre tu trono. Si tus hijos guardaren mi pacto, y mi testimonio que yo les enseñaré, sus hijos también se sentarán sobre tu trono para siempre." De tus lomos procederán reyes y el Rey final. Así es como Jesucristo cumple con todos los requerimientos Mesiánicos. Él es tanto Dios como hombre.

Pablo enfatiza la misma realidad en 2 Timoteo 2:8 cuando dice, "Acuérdate de Jesucristo, del linaje de David, resucitado de los muertos." Lo último hace referencia a su deidad, mientras que, "descendiente de David" hace referencia a su humanidad."

¿Quién está dando la invitación? El trascendente, eterno e infinito Señor. ¿Quién está dando la invitación? El que hizo que David existiera y el que nació de su misma familia, el Dios/hombre.

Y más allá de esto, dice en Apocalipsis 22:16, "Yo soy la raíz y el linaje de David, la estrella resplandeciente de la mañana." Y esto es un título con un significado muy rico. Para un judío llamar a alguien estrella era exaltarlo. Esto lo hacemos en nuestros días. Decimos que tal persona es una estrella. Incluso ponemos una estrella en el pavimento en Hollywood. Y podemos debatir acerca de si estas personas son en realidad estrellas, pero la realidad es que lo son en las mentes de algunas personas. Supongo que para la cámara de comercio de Hollywood ellos son estrellas. Hablamos de estrellas del atletismo. Hablamos de estrellas en el campo de la música. Alguien que brilla intensamente para que todos lo vean.

Los judíos también hacían eso. Usaban el término "estrella" para referirse a alguien que ellos querían elevar y exaltar. Por ejemplo, los rabinos acostumbraban llamar a Mardoqueo una estrella. Mardoqueo, recordarán, fue aquel hombre que Dios uso para librar a Israel de lo que pudo ser un genocidio. Y Mardoqueo era un héroe tal que se ganó el nombre de estrella.

El codicioso profeta Balam, al cual todos recordamos porque su burro le habló, fue movido por el Espíritu Santo, contrario a sus propios deseos, e hizo una profecía. Esa profecía se encuentra en Números 24:17. Y lo que él profetizo fue que una estrella saldría de Jacob. Esa estrella brillaría más intensamente que cualquier otra. Ésta no era otra que el Mesías, el héroe de todos los héroes. Esto es lo que significa, "estrella resplandeciente de la mañana," el que brilla, el que se encuentra por encima de todos los demás.

Lucas dice de Él, en Lucas 1:78, "Por la entrañable misericordia de nuestro Dios, con que nos visitó desde lo alto la aurora, para dar luz a los que habitan en tinieblas y en sombra de muerte." Esta es una expectativa Mesiánica. La estrella de la mañana viene, el que brilla intensamente viene. ¡Qué maravilloso es esto!

Malaquías predijo esto. En 2 Pedro 1:19 tenemos "la palabra profética más segura, a la cual hacéis bien en estar atentos como a una antorcha que alumbra en lugar oscuro, hasta que el día esclarezca y el lucero de la mañana salga en vuestros corazones." El día viene y la estrella de la mañana estará en lo alto. Esta estrella de la mañana, esa estrella de día no es otra que Cristo, el héroe de héroes. Y cuando dice en Apocalipsis 2:28 que a los creyentes fieles se les dará la estrella de la mañana, significa que a ellos se les dará Cristo.

La estrella de la mañana, por cierto, es la estrella más brillante y anuncia la llegada del día. Esto encaja de manera única con el Señor Jesucristo porque Él viene. La brillantez de esa estrella acaba con la oscuridad de la noche de los hombres, y anuncia el amanecer del día glorioso de Dios. El amanecer del glorioso reino. Es la estrella de la mañana que aparece justo antes del amanecer del Reino. Recordarán en Juan 8 que dijo, "yo soy la luz del mundo, y cualquiera que camina es esta luz nunca más volverá a estar en tinieblas." Ésta es la persona gloriosa de la que estamos hablando. ¡Qué persona tan gloriosa nos ha llamado a tomar del agua de la vida eterna!

Y tenemos que hacer una pregunta, ¿cómo podría alguien rechazar esto? ¿Cómo es que alguien podría rechazar una invitación del trascendente e infinito Dios del universo, la fuente y meta de todo lo que existe, el creador Dios, y también el hijo de David, Dios/hombre, Dios hecho carne, la estrella del día quien anuncia el reino de justicia, no otro que Jesucristo, la estrella más importante en toda la galaxia de personas, la única luz en la oscuridad que nos trae la gloria de Dios? Cuando Éste dice, "ven a mí y toma el agua de vida," ¿cómo puede alguien rechazar tal invitación? La invitación que yo te presento como predicador, la invitación que cualquier creyente te da cuando te habla de la invitación de Cristo, es sólo una invitación que hacemos en el nombre de Jesucristo. Él dice, "Venid a mí todos los que estáis trabajados y cargados, y yo os haré descansar" (Mateo 11:28). Él dice, "Si alguno tiene sed, venga a mí y beba" (Jn. 7:37). Él dice, "al que a mí viene, no le echo fuera" (Juan 6:37).

Este es el asunto. Acepta la invitación por el hecho de la persona que te la está ofreciendo, porque esta persona es Cristo.

2. La exclusividad del cielo

Segundo, acepta la invitación no sólo por la persona de Cristo, sino por la exclusividad del cielo. No sólo por el alto grado de nobleza de la persona que te ofrece la invitación, o por el honor y gloria que merece cuando tú respondes, no sólo por eso sino también por la exclusividad del cielo. Veamos Apocalipsis 22:14: "Bienaventurados los que lavan sus ropas, para tener derecho al árbol de la vida, y para entrar por las puertas en la ciudad." Y desde luego, sabemos que esas cosas están en el cielo, el árbol de la vida, las puertas.

"Mas los perros estarán fuera, y los hechiceros, los fornicarios, los homicidas, los idólatras, y todo aquel que ama y hace mentira" (versículo 15).

La sección inicia con la última de siete bienaventuranzas en Apocalipsis. Una bienaventuranza es algo que inicia con "Bienaventurados son," o "Bienaventurado es." Y esto es como si Jesucristo estuviera hablando. Si yo hiciera una Biblia con letras en rojo, pondría los versículos 14 y 15 en rojo. El versículo 14 dice, "Bienaventurados los que lavan sus ropas." Éste sólo es un símbolo de haber sido perdonado. En el 7:14 tenemos la definición de este símbolo. Cuando Juan hace la pregunta, "Estos que están vestidos de ropas blancas, ¿quiénes son, y de dónde han venido? Yo le dije: Señor, tú lo sabes" (versículos 13–14). Uno de los ancianos hizo la pregunta y Juan dice, "Vas a tener que decirme, yo no lo sé." Y el anciano dijo, "Estos son los que han salido de la gran tribulación,"—aquí está—"y han lavado sus ropas, y las han emblanquecido en la sangre del Cordero." Ésta es una manera gráfica de decir que ellos participaron en la muerte de Cristo. Hemos estado aprendiendo todo acerca de la muerte sustitutoria de Cristo. Las personas que han lavado sus vestiduras son aquellas que se han limpiado con la sangre del Cordero, aquellas que han sido colocadas en Cristo y Él ha pagado por sus pecados.

Bienaventurados son los que han lavado sus ropas, quienes han sido perdonados de sus pecados al estar unidos en Cristo. En Isaías 64:6 y en Zacarías 3:3, las vestiduras sucias representan la pecaminosidad. Y la idea de remover el pecado por medio de lavar, se nos da en el Salmo 51:7 e Isaías 1:18. El escritor de Hebreos también se refiere al poder limpiador de la sangre de Cristo, es decir, haber sido inmerso en su muerte es la única manera en la que podemos ser limpiados del pecado. ¿Cuánto más nos limpiará la conciencia de obras muertas la sangre de Cristo quien por medio del Espíritu eterno se ofreció a sí mismo sin mancha para Dios? Primera de Pedro 1:18–19, una declaración maravillosa, "sabiendo que fuisteis rescatados de vuestra vana manera de vivir, la cual recibisteis de vuestros padres, no con cosas corruptibles, como oro o plata, sino con la sangre preciosa de Cristo." La sangre limpia de pecado.

Y así nos dice el versículo 14, "Bienaventurados los que lavan sus ropas, para tener derecho al árbol de la vida." ¿En dónde se encuentra el árbol de la vida? En la Nueva Jerusalén. Eso es correcto. Se nos dice muy claramente que está en la nueva Jerusalén, según la descripción del cielo, en el capítulo 22. "A cada lado del río estaba el árbol de la vida, con sus doce clases de frutos."

Entonces lo que está diciendo es, las únicas personas que van a estar en el cielo comiendo del árbol de la vida, son aquellos que tienen el derecho de estar ahí. Los que tienen el derecho son los que han sido perdonados de sus pecados, los que han sido limpiados, los que han estado inmersos en la muerte de Cristo, quien con Su sangre ha satisfecho a Dios como una expiación por sus pecados.

Y añade en el versículo 14, "y para entrar por las puertas en la ciudad." En el 21:21, las doce puertas eran doce perlas, y desde luego, son las entradas a la Nueva Jerusalén, la ciudad capital de los cielos nuevos y la tierra nueva. Así que lo que nos está siendo mostrado aquí, de manera simple, es el cielo y la ciudad capital, el árbol de vida, las puertas y al único que puede entrar por las puertas y comer los frutos, que es aquél que ha sido limpiado. Estos son los únicos que tienen el derecho de entrar y el derecho de comer. Nadie más. Ésta es la exclusividad del cielo.

Si tus pecados no son perdonados, tú no podrás estar ahí. Así de simple. Tienes una invitación, se te ofrece por el Ser supremo del universo. Él ha preparado una morada eterna que es sólo para aquellos que han sido perdonados, quienes han sido lavados, quienes han sido limpiados, quienes han sido purificados, aquellos a quienes sus pecados han sido removidos por la preciosa sangre de Jesucristo. Y si no has lidiado con tu pecado, no puedes entrar.

Ahora tenemos estas magníficas imágenes explicadas. Comenzamos con la sed y con el agua que la calma. Ésta es una necesidad percibida y parte de lo que significa venir a Cristo. El estar abrumado con tus pecados y saber que tu alma es estéril y reseca, que está esperando ser saciada, un agua refrescante para esa sed. Esto es para satisfacernos. Ahora llegamos al lado de la redención que es para satisfacer a Dios. Y aquellos que entren a ese lugar no sólo son aquellos que buscaron la satisfacción de su alma, sino por quienes Dios ha sido satisfecho, porque al haber puesto su confianza en Jesucristo, sus pecados fueron cubiertos por el sacrificio expiatorio. El cielo es exclusivamente para ellos.

Bueno, hay mucho más que decir pero me voy a detener en este punto porque no puedo acabar con todo y deseo dejar algo más para otro mensaje. Versículo 15, nuestro Señor continua hablando, continúa la discusión de la exclusividad del cielo diciendo, "Mas los perros estarán fuera, y los hechiceros, los fornicarios, los homicidas, los idólatras, y todo aquel que ama y hace mentira." Aquí encontramos muchas cosas fascinantes. Solo una pista, la palabra "perros" se refiere en Deuteronomio 23:18 a hombres homosexuales que ejercían la prostitución, quienes eran considerados lo más bajo en términos de perversión. Hay muchas otras cosas en esos términos que describen quienes no estarán ahí si sus pecados no les son perdonados.

Pero quiero cerrar, en caso de que alguien escuche lo que acabo de decir, diciendo esto: aun un hombre homosexual que ejerza la prostitución puede ser perdonado y limpiado porque en 1 de Corintios 6:9–10, el apóstol Pablo escribe que hay personas que no entrarán en el Reino y éstos son, "ni los fornicarios, ni los idólatras, ni los adúlteros, ni los afeminados, ni los que se echan con varones, ni los ladrones, ni los avaros, ni los borrachos, ni los maldicientes, ni los estafadores, heredarán el reino de Dios." Pero escuchen el siguiente versículo, 1 Corintios 6:11, "Y esto erais algunos; mas ya habéis sido lavados, ya habéis sido santificados, ya habéis sido justificados en el nombre del Señor Jesús." Esto le puede suceder a cualquiera que viene a Cristo.

La invitación es de parte del Ser Supremo del universo, ¿cómo la puedes rechazar? El cielo es exclusivo. En su interior están aquellos que fueron lavados. Afuera están aquellos que no lo fueron. Oremos.

Oración final

Padre, reconocemos que no hay nada en nosotros de valor para que seamos considerados ciudadanos de los cielos, sabemos que no lo merecemos. Nosotros también estaríamos fuera. De hecho somos como los perros y los hechiceros y todas las personas inmorales, como los hechiceros y las personas que aman y practican la mentira, pero hemos sido lavados. Esta limpieza sucedió cuando estuvimos con una sed profunda a causa de la carga tan pesada de nuestro pecado, pero vimos que había perdón en Cristo y vinimos y bebimos como un hombre sediento. Lo único que tuvimos que hacer fue venir y beber de ella gratuitamente. Sabemos que lo que nos diste fue el agua de vida, el agua de la salvación. Nos ofreciste perdón y limpieza de nuestros pecados. Esto se lo ofreces a cualquiera que venga a Cristo, confiese sus pecados, acepte Su sacrificio a su favor, se arrepienta y se someta por completo a Cristo. Permite que aquellos que están sedientos vengan, permite que aquellos que quieran vengan y tomen del agua gratuitamente. Esta es una gran invitación. Sin costo, gratuita, y es todo lo que se requiere, que la quieran, que la pidan, y la reciban. Permite que ésta sea la respuesta de muchos corazones, en el nombre de Cristo Jesús. Amén.

Reflexiones personales

19 de Marzo, 1995

13_La última invitación de Dios. Parte II

Yo testifico a todo aquel que oye las palabras de la profecía de este libro: Si alguno añadiere a estas cosas, Dios traerá sobre él las plagas que están escritas en este libro. Y si alguno quitare de las palabras del libro de esta profecía, Dios quitará su parte del libro de la vida, y de la santa ciudad y de las cosas que están escritas en este libro.

El que da testimonio de estas cosas dice: Ciertamente vengo en breve. Amén; sí, ven, Señor Jesús. La gracia de nuestro Señor Jesucristo sea con todos vosotros. Amén.

Apocalipsis 22:18–21

BOSQUEJO

— Introducción

— Los incentivos para responder a la invitación (continuación)

    1. La veracidad de la Escritura

    2. La certeza del regreso de Cristo

— Bendición final

— Oración final

Notas personales al bosquejo

SERMÓN

Introducción

Vayamos nuevamente al capítulo final de la Biblia, el capítulo 22 de Apocalipsis, la última invitación de Dios. La Biblia hace una promesa, la promesa de que vendrá un Salvador, la promesa de un libertador que rescatará a la gente de sus pecados. Esa promesa llegó por primera vez en Génesis 3:15. "ésta te herirá en la cabeza, y tú le herirás en el calcañar." Ésta es la promesa de un libertador, ésta es la promesa de un Salvador, uno que vendría y rescataría al hombre al destruir al enemigo, Satanás mismo.

La Biblia comienza con la promesa de un Salvador y así es como termina también. El versículo 20 de este último capítulo, "Ciertamente vengo en breve." Sólo éste es la promesa de su segunda venida, mientras que Génesis 3 era la promesa de su primera venida. W. A. Criswell escribió esto, "Primero el Salvador vendrá para ser maltratado, golpeado, crucificado y entregado como ofrenda por el pecado. Vendrá a morir como el Redentor de las almas de los hombres. Después de que Dios hizo esa promesa en Edén, pasaron cientos de años, pasaron milenios, y el Señor no vino. Cuando finalmente llegó, a los suyos vino y los suyos no le recibieron. En el mundo estaba, y el mundo por él fue hecho; pero el mundo no le conoció. Los miles de hombres que conformaban la humanidad habían olvidado la promesa y, peor aún, se burlaron de su cumplimiento. Cuando finalmente llegó el anuncio de que había llegado, los doctos escribas señalaron donde estaba el lugar donde él debía nacer, pero nunca se dieron el tiempo para viajar las cinco millas de Jerusalén a Belén para dar la bienvenida al Salvador prometido del mundo. Pero, a pesar de que Él se retrasó, a presar de que los hombres se olvidaron de la promesa, a pesar de que se burlaron, a pesar de que sólo unos pocos fieles esperaron por la consolidación de Israel como el viejo Simeón, Él llegó. Guardando la santa y fiel promesa de Dios, el Señor Jesús llegó."

"Así también" —dice Criswell— "en el texto en que Dios habla al final de la Biblia que dice, 'Ciertamente vengo en breve.' Llegará por segunda vez. A pesar de que los infieles se burlen, a pesar de que otros lo puedan rechazar, y a pesar de que pasen siglos y milenios, ésta es la palabra inmutable y la promesa del Señor Dios, 'Ciertamente vengo'."

Y en toda la escritura esto es reiterado. En el Antiguo Testamento hay muchas profecías de su primera y segunda venida. En el Nuevo Testamento hay muchas profecías de su segunda venida. En Judas 14, por ejemplo, dice, "He aquí, vino el Señor con sus santas decenas de millares, para hacer juicio contra todos, y dejar convictos a todos los impíos de todas sus obras impías que han hecho impíamente." El viene no como Salvador en su segunda venida, sino como Juez. Es por esto que tenemos al final del libro de Apocalipsis, no tanto una promesa sino una advertencia.

Hemos estado viendo esta tremenda invitación al cierre, todo el libro de Apocalipsis, desde luego, es la profecía de la Segunda Venida de Jesucristo. Es el *apokalypsis*, el apocalipsis, la revelación, la manifestación de Jesucristo. Ésta es la declaración final sobre los incrédulos de la gloria del Hijo de Dios cuando Él regrese y toda rodilla se doble, y toda lengua confiese que Él es Señor. Y este libro que habla de su segunda venida concluye con una invitación final a la luz de esta realidad. Cuando la profecía llega a su fin, y la certeza del regreso de Cristo es ahora clara, el Espíritu Santo demanda una respuesta. Primero que nada, en los versículos 6–12 una respuesta de los cristianos, la respuesta de obediencia inmediata, adoración inmediata, proclamación inmediata y servicio inmediato.

Segundo, comenzando en el versículo 13 y hasta el final, encontramos las respuestas de los no cristianos. El último llamado de Dios es dado a aquellos que continúan rechazándolo. Esta sección final la podemos dividir simplemente en dos puntos… la invitación y los incentivos para responder.

La invitación llega en el versículo 17. Y solo voy a repasar brevemente lo que ya hablamos la vez anterior. La invitación se encuentra justo a la mitad del pasaje, pero de los versículos 13–21 nos podemos dar cuenta que está rodeada de incentivos. Pero tenemos que comenzar con la invitación, versículo 17, "Y el Espíritu y la Esposa dicen: Ven. Y el que oye, diga: Ven. Y el que tiene sed, venga; y el que quiera, tome del agua de la vida gratuitamente." Como ya dije hay dos secciones en este versículo, la primera es un llamado al Señor para que venga, la segunda mitad es el llamado para los pecadores a que vengan al Señor y se unan a la súplica para que Él venga.

Primero que nada en el versículo 17 el Espíritu Santo, y entonces la novia que es la iglesia manifiestan su deseo de que el Señor venga, pues ellos ya quieren que termine el pecado, quieren ver la exaltación de la justicia, quieren ver ya la gloria del Reino, quieren ver ya la majestuosidad de Jesucristo, quieren ver ya a su archienemigo Satanás destruido, quieren que se trate con el pecado y que la eterna gloria de Dios se manifieste por todo el universo. Así que el Espíritu Santo y la iglesia claman, "ven." El Espíritu Santo que se ha esforzado, que ha causado convicción, que ha sido entristecido, apagado, blasfemado pero se ha mantenido firme dice, "ven." Y la iglesia que ha estado luchando, cargada, atribulada, pecadora y débil dice, "ven." El Espíritu Santo quiere que Cristo venga porque Él quiere que el trabajo de redención sea completado y que los enemigos sean mandados al infierno. La iglesia quiere ser ya una iglesia gloriosa, sin mancha ni arruga o cosa semejante, pero santa y sin culpa. Y así el Espíritu y la novia dicen a Cristo, "Ven, ven, ven."

Justo a la mitad del versículo, hay un cambio y los otros son invitados a venir. Cualquiera que escuche el mensaje del evangelio, que se una a la iglesia y al Espíritu para que puedan decir, "ven Señor Jesús." Y entonces llega el llamado a los pecadores, el que tenga sed venga, el que quiera beber del agua de vida gratuitamente. Este es un llamado a los pecadores para que vengan, que reconozcan su necesidad, que vean la fuente de su ayuda ya que esta necesidad es Jesucristo y para tomar del agua de vida gratuitamente.

La salvación, como dijimos anteriormente, llega a aquellos que reconocen su condición amenazante de pecado, esta condición es aquí ilustrada como sed. La salvación llega a aquellos que entienden la provisión que Dios ha hecho por medio de Cristo, llega a aquellos que lo ven como el agua viva, a aquellos que creen y se arrepienten, tomando y bebiendo lo que ha sido provisto para ellos.

Así que aquí está la invitación a los pecadores, "ven, ven, ven," únanse al Espíritu y a la novia, estén deseosos de ver el regreso de Jesucristo. No tienen que esperarlo como una realidad amenazadora. Si vienen a Cristo pueden amar su venida y se pueden preparar para ésta.

Así que primero que nada, vimos la invitación. En segundo lugar, lo que ocupa el texto alrededor, habla de los incentivos para venir, y hay varios de ellos. La vez pasada comenzamos a verlos, y permítanme recordarles el primero. Los pecadores deben venir a causa de la persona de Cristo. Recuerden que en el versículo 13 Él dijo, "Yo soy el Alfa y la Omega, el principio y el fin, el primero y el último." Y más abajo en el versículo 16 dice, "Yo soy la raíz y el linaje de David, la estrella resplandeciente de la mañana."

¿Cuál es la importancia de esto? No es cualquiera el que está llamando a los pecadores para que vengan, es precisamente el Alfa y la Omega, el primero y el último, el principio y el fin, la raíz y el linaje de David, la estrella resplandeciente de la mañana. Todos estos son títulos dados a Jesucristo, el hijo de Dios, el Señor de vida, el eterno, el único infinito y trascendente, aquél que es la fuente y el final de todo, Él es la meta y la consumación de todo, Él es la raíz de David, aquél que es la fuente de David, esto para decir que tiene deidad, que Él es Dios. Al decir que es el linaje de David, se nos está diciendo que Él es un descendiente del linaje de David, esto nos habla de su humanidad. Él es el Dios/hombre. Y al final se dice que es la estrella resplandeciente de la mañana que brilla con toda su fuerza para deshacer la oscuridad justo antes de que inicie el amanecer.

No es cualquier persona la que está invitando al pecador para que venga, es el majestuoso Señor del cielo. No es el predicador el que está invitando, es Él. Él es quien ha lanzado la invitación, nosotros sólo la entregamos. ¡Oh, qué majestuosa invitación a la vida eterna! Nos llama a la vida eterna, llama a todo pecador a la vida eterna, rechazar la invitación es como menospreciar al Ser Supremo del universo. El hacerle semejante afrenta acarrea un costo inmenso.

Entonces, el primer incentivo para venir es por la persona de Cristo. El segundo incentivo es por la exclusividad del cielo. Y es aquí en donde nos quedamos la vez pasada.

Entonces, ésta es otra razón que nos invita a venir a Cristo, otra razón que nos invita a creer en Aquél que murió y resucitó, arrepentirnos de nuestros pecados y recibirlo como Señor y Salvador. Esto es por lo que vemos en los versículos 14 y 15, que dicen, "Bienaventurados los que lavan sus ropas, para tener derecho al árbol de la vida, y para entrar por las puertas en la ciudad. Mas los perros estarán fuera, y los hechiceros, los fornicarios, los homicidas, los idólatras, y todo aquel que ama y hace mentira."

Lo que esto nos dice es que hay exclusividad en el cielo. No es un lugar para cualquiera, no todos van a parar ahí. De acuerdo al versículo 14 hay algunas personas que sí están ahí, participando del árbol de vida, pero hay otros que están afuera, excluidos, de acuerdo al versículo 15. Es probable que en los versículos 14 y 15 Jesús todavía está hablando, y si yo hubiera sido el editor de una Biblia con letra roja, me habría asegurado de que todas las palabras de los versículos 12–16 estuvieran en rojo, porque yo creo que no hay razón para asumir que nuestro Señor no sigue a hablando aquí.

Pero veamos nuevamente el versículo 14, "Bienaventurados los que lavan sus ropas." Esto hacer referencia a remover el pecado por medio de purgarlo, o bien de limpiarse, como lo podemos ver en el Salmo 51:7, Isaías 1:18, y algunos otros lugares de la Escritura. Y notamos que la única agencia por la que la limpieza puede ser posible, es por medio de la sangre de Jesucristo. Estamos familiarizados con 1 Pedro 1, esta sección tan importante de la escritura que dice, "fuisteis rescatados de vuestra vana manera de vivir, la cual recibisteis de vuestros padres, no con cosas corruptibles, como oro o plata, sino con la sangre preciosa de Cristo, como de un cordero sin mancha y sin contaminación." Es la sangre de Jesucristo, es la muerte de Jesucristo, su obra expiatoria es lo único que puede lavar nuestros pecados.

Esto se repite nuevamente en el libro de Hebreos, de hecho se repite muchas veces. Pienso solo en un versículo, Hebreos 9:14, "¿cuánto más la sangre de Cristo, el cual mediante el Espíritu eterno se ofreció a sí mismo sin mancha a Dios, limpiará vuestras conciencias de obras muertas para que sirváis al Dios vivo?"

Sólo pueden entrar por las puertas de esta ciudad aquellos que han sido lavados, sólo aquellos que han sido lavados con la sangre de Cristo, sólo éstos tienen el derecho al árbol de la vida y sólo éstos pueden entrar al cielo. Sólo los que han sido lavados tienen el derecho a entrar, sólo los que han sido lavados tienen derecho a comer. La Nueva Jerusalén, y también el cielo nuevo y la tierra nueva, son exclusivamente para aquéllos que han sido lavados de sus pecados. El perdón de pecados es el requisito para todos los que van a entrar al cielo. Ésta es la razón por la que la promesa del evangelio incluye el perdón de los pecados.

Escuchen las palabras de Pablo en Efesios 1:7, "en Cristo tenemos redención por su sangre, el perdón de pecados." Si nuestros pecados no son lavados, limpiados, completa y totalmente perdonados, no podemos entrar en el cielo. El mundo está lleno de personas que piensan que pueden llegar al cielo por algún otro medio, pero éste es el único camino. Un solo pecado te elimina. Ésta es una exclusividad limitada. El único camino al cielo es que tengas todos tus pecados perdonados por medio de la fe en Jesucristo, en su muerte y resurrección; éste es el único camino.

Por otro lado el versículo 15 dice, "Mas los perros estarán fuera, y los hechiceros, los fornicarios, los homicidas, los idólatras, y todo aquel que ama y hace mentira." Estarán fuera.

Veamos el 21:27, el último versículo del capítulo. Recordarán que éste es el versículo que nos describe la Nueva Jerusalén, nos describe el cielo eterno, los cielos nuevos y la tierra nueva. Este versículo dice, "No entrará en ella ninguna cosa inmunda, o que hace abominación y mentira, sino solamente los que están inscritos en el libro de la vida del Cordero."

El cielo es exclusivamente para aquellos que han sido limpiados, para aquellos que sus nombres están escritos en el libro de la vida del Cordero. ¿En dónde se encuentran las personas que están fuera? El 20:15 nos dice, "Y el que no se halló inscrito en el libro de la vida fue lanzado al lago de fuego." El cielo es exclusivamente para aquéllos que fueron perdonados. Y queda completamente claro del 22:15, que si hay un solo pecado en tu contra, acabarás en el lago de fuego. El versículo 15 nos da una lista de pecados descriptivos. Subrayen esto, no es una lista exhaustiva. Alguien lo podría leer y decir, "yo no soy un perro, ni un hechicero, ni un fornicario, tampoco un homicida, menos aún alguien que ame o haga mentira, sólo robo un poco, así que yo no estoy incluido." Ésta no es la idea, esta lista no es exhaustiva, sino que sólo es representativa.

En el 21:8, "los cobardes e incrédulos, los abominables y homicidas, los fornicarios y hechiceros, los idólatras y todos los mentirosos tendrán su parte en el lago que arde con fuego y azufre, que es la muerte segunda." Así que nuevamente sabemos que estar fuera significa estar en el lago de fuego, pero la lista que hay ahí es un poco diferente, por lo que ésta lista es sólo representativa y no exhaustiva. Éstas son personas que seguirán cargando sus pecados y el castigo que les corresponde.

Quiero que veamos esta lista ya que aun cuando en muchos casos es muy aparente lo que dice, hay al menos una frase que resalta del resto y es ésta, "los perros estarán fuera." Hemos domesticado al perro lo suficiente dentro de nuestra cultura por lo que no entendemos esto con claridad. De hecho, puede ser que alguno de ustedes tenga un perro que sea muy amigable, incluso mucho más que cualquiera de sus familiares. Esto es verdad en algunos casos. Sé que puede ser que vean a su perro hasta con cierto grado de personalidad, y no sólo con un comportamiento instintivo. Pude ser que consientan a su perro con cuidados excepcionales. Ésta no es la manera en la que los perros eran tratados en la antigüedad. De hecho eran tratados como callejeros, eran mendigos. Se arremolinaban alrededor de la basura de la ciudad y en su mayor parte eran considerados como criaturas despreciables. Llamar a alguien perro, era referirse a la persona del más bajo carácter. Los perros no son muy delicados en cuanto a lo que hacen delante de todo mundo. No tienen el menor deseo de ocultar las funciones menos deseables, y ustedes lo saben bien. Los perros dejan su marca por todos lados. Eran sinónimo de lo más bajo, la escoria. Semejantes indicativos las podemos encontrar incluso en el Antiguo Testamento, al igual que en el Nuevo.

Por ejemplo, y no voy a leer muchos, sólo unos cuantos para darles una idea, 2 Reyes 8:13 dice, "Y Hazael dijo: Pues, ¿qué es tu siervo, este perro, para que haga tan grandes cosas?" Llamar a alguien perro era considerarlo lo más bajo. De hecho, los judíos llamaban a los gentiles perros. Éste era un epíteto que los enfurecía y los degradaba. En Isaías 56:10, hablando de los hombres infieles quienes se suponía que eran el liderazgo espiritual, Isaías les dice, "Sus atalayas son ciegos, todos ellos ignorantes; todos ellos perros mudos, no pueden ladrar." Esta frase es también usada en el Nuevo Testamento con un significado similar. Podemos decir que se utiliza para describir aquello que no puede limpiarse, se usa para describir a aquéllos que eran descaradamente impuros.

Esto puede sorprenderles. La primera referencia donde se usa a los perros para describir humanos que tenían un comportamiento impúdicamente impuro es Deuteronomio 23:18. Se refiere a homosexuales que ejercen la prostitución, prostitutos para homosexuales, que eran lo más bajo de lo bajo. Ellos van a estar fuera del Reino.

Y también los hechiceros, que se refiere a las personas involucradas en la magia, las drogas, *pharmakoi*, que es la palabra por medio de la cual obtenemos nuestra palabra farmacia. La magia estaba asociada con las drogas, supuestamente inducían cierta euforia y un tipo de acceso a las deidades. Todos éstos también estaban asociados con actividad demoniaca.

Fuera se encuentran las personas inmorales, la palabra que los describe en el griego es *pornoi*, de la misma raíz de donde proviene la palabra pornografía, esto se refiere a aquellos que comenten actos sexuales inmorales. Fuera están también los homicidas, este es muy claro. Fuera están los idolatras, aquellos que adoran a algo más que al verdadero Dios. Fuera se encuentran todos aquellos que aman y practican las mentiras. Y entonces tenemos aquí otra lista representativa como la que mencionamos antes del 21:8, una lista representativa como la que hay en 1 Corintios 6. El Nuevo Testamento está lleno de ellas. "Ni los fornicarios, ni los idólatras, ni los adúlteros, ni los afeminados, ni los que se echan con varones, ni los ladrones, ni los avaros, ni los borrachos, ni los maldicientes, ni los estafadores, heredarán el reino de Dios." Esto es lo que dice 1 Corintios 6:9–10. Gálatas 5:19–21 tiene otra lista como ésta, y habla acerca de aquellas personas que estarán fuera del reino, los que practican "adulterio, fornicación, inmundicia, lascivia, idolatría, hechicerías, enemistades, pleitos, celos, iras, contiendas, disensiones, herejías, envidias, homicidios, borracheras, orgías, y cosas semejantes a estas." Tenemos una lista similar en Efesios 5:5: "ningún fornicario, o inmundo, o avaro, que es idólatra, tiene herencia en el reino de Cristo y de Dios."

Ahora bien, el punto que quiero enfatizar de los versículos 14–15 es simplemente éste: escucha la invitación, amigo que lees esto, porque el cielo es exclusivamente para personas cuyos pecados han sido lavados. No quiere decir que ninguno de nosotros haya hecho esto alguna vez. Lo que quiere decir es que hemos sido perdonados. ¿Quién no quiere ser perdonado? Sólo aquellos que continúan acariciando esos pecados. Y si su pecado no ha sido perdonado, Jesús dice en Juan 7, a dónde yo voy ustedes no pueden venir. Ustedes no irán al cielo, ustedes arderán eternamente en el lago de fuego.

Entonces, la invitación es: "y el que quiera, tome del agua de la vida gratuitamente." No hay algún cobro, sólo ven y toma, recibe la vida eterna, recibe el perdón de tus pecados. Y tienes que aceptar esta invitación porque la persona que te la está haciendo lo merece y porque ya entiendes que el cielo es exclusivo para cierto tipo de personas. Serás dejado fuera si no eres perdonado, y no serás perdonado a menos que vengas a Cristo quien es el único que te garantiza el perdón.

Los incentivos para responder a la invitación (continuación)

1. La veracidad de la Escritura

Hay también otro incentivo vital. Ven debido a la gloria de la persona que te invita a ti, ven debido a la exclusividad del cielo, y ven a causa de la veracidad de la Escritura. Acepta la invitación a venir debido a la veracidad de la Escritura. Es tan importante que la Biblia finalice con una afirmación de su confiabilidad. Esto se encuentra en los versículos 18–19; "Yo testifico a todo aquel que oye las palabras de la profecía de este libro: Si alguno añadiere a estas cosas, Dios traerá sobre él las plagas que están escritas en este libro. Y si alguno quitare de las palabras del libro de esta profecía, Dios quitará su parte del libro de la vida, y de la santa ciudad y de las cosas que están escritas en este libro."

Necesitamos prestar mucha atención a estas palabras. Ésta no es la primera ratificación de la Escritura en este capítulo. Vayamos al versículo 6, el ángel que está hablando a Juan dice, "Estas palabras son fieles y verdaderas." Y a continuación en el versículo 10, "No selles las palabras de la profecía de este libro, porque el tiempo está cerca." Las palabras son verdaderas, deben ser proclamadas y no deben ser alteradas. No les añadas nada, no les quites nada, ellas son verdad, proclámalas.

Los pecadores deben responder a esta invitación ya que estas palabras son verdad. Ésta es la palabra del Dios viviente. Es mejor que respondas. Y si al atreverte a evitar la clara revelación de Dios le añades algo, a ti te serán añadidas las plagas que están escritas aquí. Y si al atreverte a evitar lo que dice le quitas algo, tú no tendrás parte en el árbol de la vida.

Por todo Apocalipsis hemos visto la condena de aquellos que rechazan a Cristo. El mundo ha sido destruido, como ya hemos visto por medio de este panorama del futuro. La gente ha sido torturada, ha sufrido hambruna, ha sufrido terremotos, ha sufrido los ataques de demonios, ha sido asustada, ha sido lisiada, ha sido asesinada, ha sido condenada y consignada al lago de fuego. Y todas estas imágenes, todas estas visiones, todas estas profecías son absoluta verdad. Esto es exactamente lo que sucederá, esto es exactamente lo que está sucediendo ahora conforme la gente se está yendo al infierno sin Cristo.

Jesucristo mismo añade una declaración más acerca de la permanencia de esta verdad. El versículo 18, y creo que esto también debiera estar en letras rojas, "Yo testifico," no pienso que sea Juan, Jesús es quien está hablando. ¿Por qué? Porque el versículo 20 dice, "El que da testimonio de estas cosas dice: Ciertamente vengo en breve." Aquí nuestro Señor nos está extendiendo una palabra de testimonio correspondiente a la autoridad y a la finalidad de la profecía. Él comisionó a Juan para que la escribiera, pero Él es su autor. "Les estoy diciendo que esto es verdad, no lo adulteren, no le añadan ni le quiten nada a esta profecía."

Y debemos notar cómo le llama, "Yo testifico a todo aquel que oye las palabras de la profecía de este libro." Primero que nada, obviamente Él tiene el libro de Apocalipsis en mente. El libro de Apocalipsis es profecía. Lo dice ahí: "las palabras de la profecía de este libro." Estas palabras forman un libro que es profético, esto es una profecía.

13_La última invitación de Dios. Parte II

¿Se dan cuenta que mucha gente ni siquiera quiere admitir eso? Ésta es una profecía. Fue dada por medio del apóstol Juan quien fue el profeta. Ésta fue una profecía que llegó por medio de un profeta. Y Juan fue ese profeta, él fue el portavoz.

Regresando al 1:3 dice, "Bienaventurado el que lee, y los que oyen las palabras de esta profecía." Lo que aquí tenemos es una profecía en un sentido predictivo. Esto es una profecía puesta en un libro, el autor es Dios por medio de un profeta, y no debe ser alterada. Ésta es una advertencia, y en cierta manera es una forma para cuidar lo que está escrito en este libro. Esto es muy importante. No es una forma nueva de proteger un libro, es una forma antigua. De hecho, en Deuteronomio, en el Pentateuco, la primera colección de libros que Dios inspiró, escuchen lo que dice en Deuteronomio 4:2. Y deben recordar que Deuteronomio era el último libro del Pentateuco el cual era el primer volumen dado por Dios a través de Moisés. Escuchen lo que dice este pasaje, "No añadiréis a la palabra que yo os mando, ni disminuiréis de ella." Esto es exactamente lo mismo. No le añadas, ni le quites. No la toques. Toma lo que dice exactamente como Dios lo dio. En Deuteronomio 12:32 nuevamente llega esta advertencia, "Cuidarás de hacer todo lo que yo te mando; no añadirás a ello, ni de ello quitarás."

En Proverbios 30:5 esto también es muy interesante, "Toda palabra de Dios es limpia; Él es escudo a los que en él esperan. No añadas a sus palabras." ¿No es muy interesante? En el Pentateuco hay una advertencia así. Aquí en la literatura sapiencial hay una advertencia así.

Y después en Jeremías 26:2, les voy a dar otra ilustración de esto: "Así ha dicho Jehová: Ponte en el atrio de la casa de Jehová, y habla a todas las ciudades de Judá, que vienen para adorar en la casa de Jehová, todas las palabras que yo te mandé hablarles; no retengas palabra." Ni una sola palabra debe omitirse.

Aquí tenemos el mismo tipo de advertencia al final de las Escrituras, no toques una palabra, no le añadas nada, y no le quites nada. La advertencia prohíbe cualquier alteración a este libro, pero no sólo incluye este libro, porque ya hemos leído esta advertencia repetida una y otra vez en los pasajes que les mencioné, por lo que con toda seguridad podemos extender esta advertencia a toda la Escritura.

Podrían preguntar, ¿por qué no la puso al final de Romanos? O, ¿por qué no la puso al final de Efesios? ¿Por qué no la puso al final de Hechos? ¿Por qué no la puso al final del libro de Hebreos? La puso al final de Apocalipsis porque Apocalipsis es el final de toda la revelación. Esto es el final de Nuevo Testamento. Es el final de revelación de la Biblia, por lo que se extiende por toda la Escritura que ha sido dada. Y muy probablemente Dios la puso al final de libro de Apocalipsis porque este libro —Dios con toda seguridad lo sabía— sería el libro más atacado, como nosotros lo sabemos.

La advertencia prohíbe cualquier alteración de este libro y cualquier alteración de cualquier cosa que Dios haya escrito, lo que incluye los 66 libros de la Escritura. Por lo tanto estas palabras de Jesús se dirigen a cualquier intento de añadir o de sustraer el contenido de este libro, ya sea por medio de una falsificación deliberada o bien por alguna distorsión de la enseñanza que hay dentro de ella. Y esta advertencia es para aquellos que a propósito la falsifican o la malinterpretan.

Recordemos que cuando el libro de Apocalipsis fue escrito, inmediatamente después fue diseminado entre las siete iglesias; debió ser muy impopular, por ejemplo entre Jezabel y sus seguidores, quienes estaban en Tiatira. Tampoco lo debieron recibir bien aquellos que estaban propagando la falsa religión de los nicolaítas. No lo recibieron bien los que habían conocido las profundidades de Satanás en Tiatira. Cuando los judíos hipócritas o falsos de Apocalipsis 3:9 recibieron este libro no debieron estar muy contentos tampoco. Debió ser muy odiado por muchos otros. Entonces, suponemos que muchos lo comenzaron a atacar, y lo hicieron como lo siguen atacando en nuestros días.

Por lo tanto, aquí tenemos una advertencia de no adulterarlo. Se refiere al libro de Apocalipsis, pero Apocalipsis lleva el relato bíblico, la historia bíblica, la historia de la redención, hasta el fin último. Este libro nos lleva hasta el estado eterno, hasta el final, al eterno lago de fuego, a los eternos nuevo cielo y nueva tierra. Este libro no lleva hasta lo ultimísimo. Ésta es la razón por la que éste es el último libro escrito, escrito muchas décadas después de los primeros libros del Nuevo Testamento. Lleva el relato del plan de Dios hasta el final, así que no hay nada más que añadirle.

Entonces también podemos decir, cualquier cosa añadida en cualquier lugar de la Escritura, a cualquier libro de la Escritura, tendría que ser añadido a Apocalipsis ya que Apocalipsis es el final. Si alguien quisiera añadir algo a la Escritura esto sería después de Apocalipsis. Así que cualquier cosa añadida en cualquier lugar es añadida a Apocalipsis, que es el final. Pero no hay necesidad de añadir nada porque la historia que relata nos lleva hasta el estado eterno. No se necesita decir nada más.

El Dr. Thomas acaba de completar su segundo libro del comentario sobre Apocalipsis. Él es maestro, desde luego, de The Master's Seminary. En este volumen, que aún no ha sido publicado, pero lo será en unos meses, tiene un párrafo que dice, "Las porciones predictivas se proyectan desde el tiempo de Juan hasta el estado eterno. Cualquier tipo de articulación profética interferiría en el dominio de esta cobertura y constituiría ya sea una adición o una sustracción del contenido de Apocalipsis. Así que el último libro de la Biblia es también el producto de clausura de la profecía del Nuevo Testamento. También marca el cierre del canon del Nuevo Testamento ya que el don profético fue el medio divinamente elegido para comunicar los libros inspirados del canon."

Esto resume todo, ya no hay más revelación, ya no hay más don de profecía en un sentido revelador. Nada necesita ser dicho porque todo ha sido dicho claramente hasta el final. Ya no hay nada que añadir, no hay más Escritura que vaya a ser dada. Por lo que podemos tomar la Escritura que nos ha sido entregada y darla a los santos de manera intacta.

"Si alguno" —versículo 18— "añadiere a estas cosas, Dios traerá sobre él las plagas que están escritas en este libro." Ya no hay nada más que añadir, el canon está cerrado. El don de profecía en su sentido como revelación está finalizado, ya no hay más profetas que tengan que decir algo, ya no hay más apóstoles que necesiten escribir, ya no hay más palabras de Dios, ya no hay más visiones espirituales. Y el llamado aquí, la advertencia aquí es a aquellos que añaden a la Escritura, sea que se llamen liberales o que empleen la alta crítica, o sean falsos profetas, fraudes o engañadores. Aquellos que juegan con la verdad, para falsificarla, para mitigar su mensaje, para alterarlo, ellos sufrirán la venganza de Dios. No hay nada que se necesite añadir a esto. Y añadir a ella es acarrear el juicio que promete.

Y lo que dice en el versículo 19, "Y si alguno quitare de las palabras del libro de esta profecía, Dios quitará su parte del libro de la vida, y de la santa ciudad y de las cosas que están escritas en este libro." Es igualmente peligroso, desde luego, quitarle a la Escritura.

Hay gente que no quiere añadir a ella, solo le quiere quitar. Recuerdo que cuando estaba en el seminario, estudiando teología liberal, conocimos a un teólogo que había llegado a la conclusión final de que sólo había veintitrés versículos en toda la Biblia que en realidad eran inspirados por Dios. Y ponía todo su esfuerzo para informar a los estudiantes del seminario acerca de la alta crítica alemana, quien tenía como objetivo desmitificar la Biblia. El liberalismo, el antiguo liberalismo, el nuevo liberalismo, la neo ortodoxia, la alta crítica, la teoría JEPD de Graff y Wellhausen, o como quiera que se llame, todo este tipo de cosas que se aprenden en la filosofía y en el seminario, tiene como objetivo arrancar de la Escritura todo aquello que ofende al pecador. Pero "Dios quitará su parte del libro de la vida y de la santa ciudad y de las cosas que están escritas en este libro." Ese tipo de personas no entrará al cielo.

"Quitar" forma un juego de palabras. Si tú "quitas" de las palabras de este libro, Dios "quitará" tu parte en el cielo. La parte que pudiste haber tenido si no hubieras alterado de este modo la Escritura. Tenemos que entender que un verdadero creyente no alterará la Escritura. Entonces, cualquiera que conoce a Dios, cualquiera que conoce a Cristo, cualquiera que va camino al cielo, va a tratar la Escritura con gran respeto y dirá junto con el salmista, "¡Oh, cuánto amo yo tu ley!" Va a decir "'Todo el día es ella mi meditación" (Salmo 119:97). La palabra de Dios es absoluta, es verdad, es fiel, permanente y completa, no debe ser alterada, no debe ser cambiada, no se le debe añadir, no se le debe quitar. Y los verdaderos creyentes comprenden eso.

El hecho de que esta advertencia esté aquí me indica varias cosas. Primero que nada, esto indica que el hombre estará tentado a alterar la escritura, y probablemente tentado a alterar Apocalipsis más que cualquier otro libro, y esto ha sido verdad. Segundo, esto indica que el hombre intentará negar su validez porque las profecías son muy específicas. Y esto ha sido también una realidad.

Pero esto también indica que el Espíritu Santo quiere hacer una declaración final que abarque todo lo que se tiene que hacer con toda la Escritura. La línea de fondo es, Dios la ha escrito, no le quites y no le añadas. No la reduzcas y no la expandas.

Y puede ser que alguien diga, "Esto me concierne un poco a mí porque posiblemente yo sea culpable de ello." Pude ser que lo esté diciendo y que lo haya hecho. Permítanme ayudarles a evaluar las cosas. Primero, nuestro Señor no está amenazando a aquellos creyentes que cometen un error de juicio. Él no está amenazando a aquellos que comenten un error de discernimiento. Él no está amenazando a aquellos que han hecho una interpretación inadecuada. Lo que está haciendo es amenazar a los no creyentes que se involucran con falsificaciones deliberadas y con mutilaciones, con los que hacen interpretaciones engañosas de manera deliberada, aquéllos a quienes Pablo llama corruptores de la Escritura. No son verdaderos creyentes, no son verdaderos amantes del Dios de verdad. Nadie nacido de nuevo de la incorruptible simiente de la Palabra de Dios, nadie que haya sido lavado y limpiado por medio de su sangre, nadie que haya sido regenerado por el lavamiento de la Palabra, se atreverá voluntariamente a mutilar la Escritura. Nadie envenenaría voluntariamente su propia comida. No se atrevería alguien a hacer eso.

Un verdadero creyente diría, junto con David, "¡Oh, cuánto amo yo tu ley!" Un creyente podría decir "No la entiendo en su totalidad, no puedo explicarla por completo, no siempre la interpreto de manera exacta, no siempre llegó a sus profundidades, puede ser que no conozca todos sus misterios, pero la amo y nunca la adulteraré." Esto es lo que caracteriza a un verdadero creyente.

Aun Jesús dijo eso en Juan 8:31, "Si vosotros permaneciereis en mi palabra, seréis verdaderamente mis discípulos." Si permanecen en mi Palabra. Si descansan en mi Palabra. Si escuchan y obedecen mi Palabra. De esto es de lo que Él está hablando.

También en Juan 14:23, "El que me ama, mi palabra guardará." Y por lo menos es cierto de un creyente que la palabra de Dios es todo para él. Es todo para nosotros, la deseamos como los niños desean la leche de la palabra para poder crecer. Los verdaderos cristianos la guardan, la honran, la aman. Pude ser que entendamos mal algunas partes de ella, que nuestra teología esté equivocada aquí o allá, pero esto no es un ataque voluntario contra la verdad.

Un gran comentarista del pasado, llamado Seiss, escribió lo que considero un párrafo muy importante. Escuchen esto, "Con un corazón honesto y en oración, teniendo estas advertencias solemnes y terribles ante mis ojos, he tratado de determinar e indicar lo que nuestro bondadoso Señor ha sido tan cuidadoso de dar a conocer y defender. Si he leído algo en este libro que no haya sido puesto allí, o quitado algo que Él ha puesto allí, con la tristeza más profunda me retractaría y de buena gana quemaría los libros." Él era un escritor, escribió este comentario, escribió un comentario sobre Apocalipsis. Además dice esto, "Si en algo he ido más allá de los límites de la debida sujeción a lo que está escrito, si la debilidad, o la temeridad, o el exceso de confianza en mi propio entendimiento ha distorsionado cualquier cosa, sólo puedo lamentar la falta y orar a Dios para que envíe un hombre de más confianza a desplegar para nosotros las verdades que aquí están escritas. He hablado de acuerdo a la gracia y a la luz que me han sido dadas. Si he cometido errores, pido a Dios me perdone. Si estoy en lo correcto, que Dios bendiga mi débil testimonio. En cualquier caso, apresure Dios su verdad eterna." ¿No es ésta una gran declaración?

La palabra es verdad, Apocalipsis y toda la escritura es verdad. Los verdaderos cristianos creen en ella, la obedecen, la aman y la guardan. El hecho de que es verdad en un incentivo suficiente para que mejor venga el pecador, ya que lo que dice que va a suceder, de hecho va a suceder. Y no tendrás parte en el árbol de la vida, el cual es una imagen de la vida eterna. No tendrás entrada por las puertas de la ciudad eterna.

2. La certeza del regreso de Cristo

Así, entonces, la invitación y los incentivos, el respeto a causa de la persona que hace la invitación, la exclusividad del cielo y la veracidad de la Palabra de Dios. Y finalmente, un punto final, los pecadores deben venir por la certeza del regreso de Cristo. Por última vez, versículo 20, "El que da testimonio de estas cosas dice: Ciertamente vengo en breve. Amén; sí, ven, Señor Jesús."

Un último recordatorio, las últimas palabras que hablo Jesús, son éstas. Juan escuchó directamente del Señor las últimas palabras que Jesús habló en esta tierra; las próximas serán el grito cuando Él venga por su iglesia.

Las últimas palabras, "ciertamente vengo en breve." Va a suceder amigos, exactamente como lo describe el libro de Apocalipsis. Es cierto, y Juan afirma, "Amén." Esto quiere decir, "Así sea, así sea. Ven, Señor Jesús." ¿Qué significa esto? Significa, "Estoy listo." Como dice Pablo, "Amo su venida; anhelo su venida." Pedro reconoció que había falsos profetas, quienes se burlarían ante la venida de Cristo. Su amor a la sensualidad, su avaricia hacia que se burlaran del regreso de Cristo. En 2 Pedro 3:4, estos burladores dicen, "¿Dónde está la promesa de su advenimiento? Porque desde el día en que los padres durmieron, todas las cosas permanecen así como desde el principio de la creación." Todo sigue igual, y seguirá igual, ésta es la denominada teoría de la uniformidad, todo seguirá siendo igual siempre. Pero no, no seguirá siendo así. Y Pedro les recuerda, "¿se les ha olvidado el diluvio que destruyó a todo el mundo?" Las cosas no continuarán siendo las mismas. Jesús viene y cuando vuelva todas las cosas que dice Apocalipsis van a ocurrir. ¿Puedes decir, "Amén; sí, ven, Señor Jesús"? Yo puedo, y confío en que tú también puedas.

Bendición final

Y concluimos con la bendición de la Biblia. Y saben que el Señor escogió que la última palabra fuera de gracia. Y ustedes pensaban que nombramos esta iglesia de manera arbitraria. La **última** palabra es, "La gracia de nuestro Señor Jesucristo sea con todos vosotros. Amén" (versículo 21). La última cosa que la Biblia dice que **está** disponible para los pecadores es gracia. Después de todo esto, gracia. ¿Ya es tuya? ¿Estás listo?

Cuando pensamos en las profecías de la Escritura, es como ver hacia el cielo lleno de estrellas, como cuando miras hacia el cielo en una noche muy clara y ves todas las estrellas que hay en él, y hasta donde sabes, si es que no las has visto con un telescopio, o si no has salido al espacio en una de esas latas voladoras que están en órbita allá arriba, hasta donde sabes, podríamos simplemente estar dentro de un globo y las estrellas ser tan sólo puntitos pintados en su superficie. En realidad se ven como si estuvieran todas allá afuera en el mismo lugar, como las lámparas que hay en este edificio cuando miramos hacia arriba. Pero el hecho en este asunto es que estás viendo las estrellas que parecen estar acomodadas todas sobre el lado de abajo del techo del cielo, pero en realidad hay billones de años luz de distancia entre cada una. No nos parece que sea así, pero así es. Hay billones de años luz separando unas de otras.

Y así es la verdad profética. Vemos al libro de Apocalipsis, al libro de Daniel, al Sermón del Monte de los Olivos, vemos las cosas que dijo Zacarías, y todas las otras Escrituras proféticas, Isaías, Jeremías, etc. Y vemos este tremendo panorama de estrellas. Pero lo que no podemos ver es la distancia que separa a todas estas cuestiones proféticas. Y sólo les recuerdo que al final, la cronología de estos eventos y la distancia que separa estas cosas, a menos que sea declarado de manera específica, nos son desconocidas. Así que vivimos todo el tiempo en expectativa. Y a veces nos preguntamos, ¿por qué no ha sucedido ya? Y todo aquél que trata de determinar la secuencia lo hace mal.

El punto es que es mejor que todos estemos preparados todo el tiempo, y atentos y alertas, porque Él vendrá en un tiempo que nadie conoce, y a la hora que ni te imaginas. Pero hasta antes de que esto suceda está a tu disposición la gracia, es mi oración que la gracia del Señor Jesucristo este con todos ustedes. Oremos.

Oración final

Padre, ha sido un privilegio haber invertido tiempo en este estudio, no sabíamos en qué aventura nos estábamos metiendo cuando iniciamos. Pero ahora ha cambiado nuestro entendimiento de las cosas, nos ha moldeado, nos ha dado un nuevo entendimiento del tiempo y de la eternidad. Al tener un claro entendimiento del futuro tenemos un mejor entendimiento del presente. Permite que estemos preparados y expectantes de Aquél que viene como ladrón en la noche. Permite que estemos listos para recibirlo. Permite que estemos buscando y amando la bendita esperanza de la venida gloriosa de nuestro Dios y Salvador, el Señor Jesucristo, y es en su nombre que oramos. Amén.

_Índice de versículos

Génesis	1-2	76	Deuteronomio	32:35	437
Génesis	1:02	76	Josué	10	321
Génesis	2:5	204	Josué	11:4	243
Génesis	3	517	Jueces	5:19	143
Génesis	3:15	114, 197, 517	Jueces	9	81
Génesis	4:10	455	1 Samuel	13:5	243
Génesis	6	199	1 Samuel	24, 26	441
Génesis	6-7	99	2 Samuel	5	322
Génesis	13	223	2 Samuel	7	114, 178
Génesis	14	321	2 Samuel	7:12	508
Génesis	15	223	2 Reyes	1	244
Génesis	19	244	2 Reyes	2:11	145
Génesis	22:17	242	2 Reyes	8:13	522
Génesis	49	114, 285	2 Reyes	10:27	265
Génesis	49:24	332	2 Reyes	6:13-17	145
Génesis	3	517	2 Reyes	25	369
Éxodo	15:3	68	Job	33	345
Éxodo	40:5	450	Job	33:14	345
Levítico	10	244	Job	39	420
Números	12:6-8	260	Salmos	2	129, 146, 147, 151, 194, 222-224, 282,
Números	24:17	509			
Números	34	285			
Deuteronomio	4	285	Salmos	2:1-2	151
Deuteronomio	4:2	525	Salmos	2:8-9	69, 146
Deuteronomio	12:32	525	Salmos	9:17	368
Deuteronomio	23:18	512, 522	Salmos	10	438
Deuteronomio	31	285	Salmos	22	305
Deuteronomio	32:8	282	Salmos	35	437

_Índice de versículos

Salmos	45:3	147	Isaías	2:4	224
Salmos	45:3-6	136	Isaías	2:12	483
Salmos	51:7	511, 520	Isaías	9	15, 114, 129
Salmos	64	438	Isaías	9:7	115
Salmos	64:7-9	438	Isaías	11	38, 114,121,122, 132-134, 178
Salmos	69	437			
Salmos	72	224	Isaías	11:1	121, 132
Salmos	72:9-11	223	Isaías	11:3	223
Salmos	76	420	Isaías	11:4	146
Salmos	78:68	244	Isaías	11:4	69
Salmos	79	437	Isaías	11:6-9	121
Salmos	83	117	Isaías	11:7-9	224
Salmos	83:1-5	117	Isaías	11:9	224
Salmos	87:2	244	Isaías	12	224
Salmos	94	437	Isaías	13	62
Salmos	109	437	Isaías	13:6-16	62
Salmos	104:1-3	66	Isaías	13:9	471
Salmos	118:22	332	Isaías	14:4	292
Salmos	119:97	528	Isaías	18:6	161
Salmos	132:11-12	509	Isaías	19	132
Salmos	137:5-6	321	Isaías	19:1	66
Salmos	138:2	68	Isaías	24:1	63
Salmos	139:7-13	492	Isaías	24:3	63
Proverbios	6	341	Isaías	24:6	63
Proverbios	8:13	341	Isaías	24:21	202
Proverbios	11:2	341	Isaías	24:23	63
Proverbios	16:5	341	Isaías	24:23	244
Proverbios	16:18	341	Isaías	28:16	332
Proverbios	21	420	Isaías	29:18	224
Proverbios	21:4	341	Isaías	30	224
Proverbios	25:21	438	Isaías	30:23-24	224
Proverbios	29:23	341	Isaías	30:26	67
Proverbios	30:5	525	Isaías	32:17	224
Isaías	1:18	511, 520	Isaías	33:24	224
Isaías	2	178			

Índice de versículos

Isaías	34	62, 473	Isaías	64	135
Isaías	34:1-2	63	Isaías	64:1-2	135
Isaías	34:26	63	Isaías	64:6	511
Isaías	35	178, 224	Isaías	65	224
Isaías	35:1-2	204	Isaías	66:15-16	153
Isaías	35:5-6	224	Isaías	66:24	166
Isaías	35:6-7	204	Jeremías	3:17	244
Isaías	40-48	178	Jeremías	6	420
Isaías	40:4	203	Jeremías	7:33	161
Isaías	40:8	101	Jeremías	13	343
Isaías	41:4	507	Jeremías	14:12	429
Isaías	41:18	205	Jeremías	23	178, 285
Isaías	42	114	Jeremías	23:5	223
Isaías	43	420	Jeremías	23:5-6	174
Isaías	43:10	507	Jeremías	24:2	81
Isaías	44:6	507	Jeremías	24:10	429
Isaías	55:1	505	Jeremías	25	422
Isaías	55:7	356	Jeremías	26:2	525
Isaías	56:10	522	Jeremías	30	88, 223, 285
Isaías	59:17	437	Jeremías	30:7	67, 416
Isaías	60:21	227	Jeremías	33	178
Isaías	61	224	Jeremías	39	369
Isaías	61-62	224	Jeremías	44	429
Isaías	63	122, 132, 133, 142	Jeremías	44:13	429
			Jeremías	46:10	483
Isaías	63:1	132	Jeremías	48-49	285
Isaías	63:1-6	122	Jeremías	49	342
Isaías	63:2	132	Jeremías	49:16	342
Isaías	63:3-6	132	Jeremías	52	369
Isaías	63:4	438	Jeremías	52:12-15	323
Isaías	63:15	133	Lamentaciones	5:8-10	426
Isaías	63:16	133	Ezequiel	1	85, 408
Isaías	63:18	133	Ezequiel	4	426
Isaías	63:19	132	Ezequiel	6:11	429
Isaías	63:20	133	Ezequiel	9,11,21	309

Índice de versículos

Ezequiel	14-16	231	Daniel	4:1-37	339
Ezequiel	17:22	351	Daniel	5	367
Ezequiel	18:10	388	Daniel	5:1-31	364
Ezequiel	18:20	368	Daniel	7	129, 178, 209, 220, 222, 310, 312, 314, 329, 439
Ezequiel	18:23	124			
Ezequiel	21	281			
Ezequiel	26:7	291	Daniel	7:1	310
Ezequiel	28:3	350	Daniel	7:11	165
Ezequiel	31:3	351	Daniel	7:13-14	66
Ezequiel	33:11	124	Daniel	7:18	208
Ezequiel	34	178	Daniel	7:25	351
Ezequiel	38-39	114	Daniel	7:26	62
Ezequiel	38	27, 231, 285	Daniel	8	447
Ezequiel	38:14	231	Daniel	8:24	422
Ezequiel	38:14-16	231	Daniel	9	41, 406
Ezequiel	38:19	64	Daniel	9:12	61
Ezequiel	39:1-4	153	Daniel	9:24-27	418
Ezequiel	39:12	161	Daniel	9:26	406
Ezequiel	40-48	223	Daniel	9:27	46, 59, 418, 444
Ezequiel	47:9	205	Daniel	10	285
Daniel	1	369	Daniel	11	61, 422, 447
Daniel	1:17	255, 258	Daniel	11:31	46
Daniel	2	27, 178, 255, 281, 284, 301, 305, 307	Daniel	11:36	422
			Daniel	12	46, 451
Daniel	2:1-30	252	Daniel	12:2	210, 221
Daniel	2:14-30	268	Daniel	12:10-13	59
Daniel	2:31-40	277	Daniel	12:12	167
Daniel	2:35	222	Daniel	11:36	422
Daniel	2:41-43	299	Daniel	12	451
Daniel	2:44-49	319	Daniel	8	447
Daniel	4	341-342, 352, 358	Oseas	3	178
			Oseas	9:10	81

Índice de versículos

Oseas	10:8	493	Sofonías	1:14-18	163
Joel	1:6-7	81	Sofonías	3	159, 178
Joel	1:15	483	Hageo	1	426
Joel	2-3	62	Hageo	2:6-7	64, 469
Joel	2	218-219, 467, 469,	Hageo	2:7	375
Joel	2:10-11	63	Zacarías	3:3	511
Joel	2:11	483	Zacarías	9	420
Joel	2:21-23	204	Zacarías	9:9	136
Joel	2:21-27	224	Zacarías	10	420
Joel	2:28-29	224	Zacarías	12	159
Joel	2:30-32	160	Zacarías	12:2	326
Joel	2:31	63, 483	Zacarías	12:3	114
Joel	3	114, 131, 159, 178	Zacarías	12:10	452
			Zacarías	14	15, 114, 129, 137, 159, 178, 322
Joel	3:2	153			
Joel	3:14	484	Zacarías	14:1	484
Joel	3:15	63	Zacarías	14:1-4	326
Amós	2:9	351	Zacarías	14:3-4	167
Amós	5:18	483	Zacarías	14:5	164
Abdías	15	484	Zacarías	14:6	472
Nahúm	1:6	493	Zacarías	14:6-7	66
Nahúm	2:10	493	Zacarías	14:9	244
Sofonías	1:7	484	Zacarías	14:16-17	224
Sofonías	1:14	483	Malaquías	4:5	483
Sofonías	1:14-15	64			

_Índice temático

A

Abismo 113, 167, 171, 185, 191, 196, 198, 199, 202, 203, 219, 238, 240, 241, 471.

Abominación Desoladora 16, 17-18, 22, 35-36, 45-46, 48, 51, 59-61, 65, 79, 80, 82, 97, 102, 105, 106, 405-406, 408, 418, 425, 439, 444, 446.

Alfarero 162, 210, 222, 290, 299, 312, 327.

Alianzas humanas 299, 313, 327,

Alfa y Omega 497, 499, 506-508, 519.

Altar 46, 48, 61-62, 65, 118, 182-185, 196, 211, 219, 384, 401, 405-406, 417, 435, 437, 443-444, 448-451, 455, 457, 470.

Amilenarista 86, 89, 120, 182-185, 196, 201, 219, 329.

Analogía 29, 40, 67, 73, 80-81, 96-97, 101, 104, 221, 417.

Anticristo 25-27, 41-42, 44, 46-49, 59-70, 80, 82, 85, 87-88, 90, 97, 103, 112-114, 117, 136, 138, 141, 151, 154, 157, 164-165, 167, 176-177, 197, 210-211, 227, 240, 315-316, 383, 398-399, 401, 404-410, 418-419, 422-424, 426, 444-449, 451, 454, 456, 464-466, 469-470, 482, 485-486, 492.

Aplicación 39, 73, 80-82, 96-97, 101, 368, 383, 393.

Apostasía 19, 20, 58, 259.

Armagedón 44, 69, 112, 113, 114, 120, 123, 133, 151, 158, 159, 176, 197, 205, 219, 227, 315, 326, 394, 407.

Aves 64, 70, 118, 152, 154, 161, 163, 227, 290, 309, 337-338, 350-351, 355, 358.

B

Babilonia 114, 159, 251, 252-257, 259, 261, 263- 264, 267, 168, 271-273, 281-282, 284, 291-293, 295, 301, 305-307, 310-313, 319, 321, 323-324, 329-330, 334, 337-338, 346-347, 349, 357-358, 363, 365, 369-373, 376-377, 383-388.

Belsasar 274, 310-311, 363,-364, 369,-374, 376,-378, 380-383, 385, 387-388.

Bestia, La 25-26, 44, 69, 77, 112, 118, 121, 138, 141, 149, 151, 156, 158, 161, 164-165, 167, 171, 197, 198, 200, 175, 191, 200, 202, 207, 210-211, 220-221, 235, 239, 241, 244-245, 310, 314, 447, 453, 465-466.

Boantropía 352.

Bodas del Cordero 70, 86-87, 109, 113, 144, 130, 152.

Budismo 23.

C

Caballo amarillo 405, 408, 413.
Caballo blanco 25, 42, 67, 109, 111, 118-119, 127, 129, 133-136, 138, 166, 391, 393-394, 404, 408, 418-420.
Caballo negro 405, 408, 403, 426.
Caballo rojo 43, 405, 408, 413, 419, 420-421.
Campamento de santos 63, 171, 191, 235, 241, 243.
Castigo eterno 101, 158, 202.
Cataclismo universal 487-490.
Cielo abierto 67, 109, 111, 127, 129, 133, 197.
Ciencia política, teoría 28.
Ciudad Santa 224, 235, 241, 243-244, 321-323, 332, 497, 500, 510, 512, 515, 520, 524, 527, 529.
Condenación eterna 493.
Conductista, teoría 28.
Conquistador, el 25, 67-68, 122-123, 127, 132-133, 135-138, 140, 143-145, 153, 175.
Copas, las 20, 42, 44, 61, 98, 112, 114, 135, 139-140, 158, 164, 177, 203, 205, 237, 326, 227, 337, 350, 355, 374, 407-408, 415, 418, 442, 451, 453,-454, 480, 492. 499.
Corán, el 23-24, 303.
Corona/s 42, 68,116, 122-123, 133, 135,-136, 141, 186, 368, 391, 393-394, 408-409, 418-419.
Cristo glorificado 66, 68, 116, 118, 124, 247.
Cuernos 134, 141, 186, 310, 315, 329, 406, 424.
Cuerpo glorificado 86, 135, 142, 144, 208, 210-211, 220, 228, 393, 417, 454, 464.
Culminación historia 55, 57, 59-60, 62, 77, 95, 116, 153, 174-175, 179, 314, 407, 465.
Culminación plan de Dios 109, 112-116, 175-176, 479.

D

Demográfica, teoría 28.
Demonios 41, 44, 77, 112-113, 119, 139, 158,-159, 164,-165, 167, 177, 181-182, 185-186, 197-200, 218, 227-228, 238, 242, 245, 400, 415, 442, 461-462, 492, 524.
Deseado, el 64, 375.
Despotes 454.
Destrucción de Jerusalén 49, 58, 60-61, 183, 324.
Destrucción de los impíos 99, 158, 440.
Destrucción del Templo 17,18, 20, 22, 32, 37, 58, 11.
Destrucción eterna 68, 116.
Destrucción repentina 403, 466, 482.
Día de la ira 43, 63-64, 112, 116, 120, 152, 155, 163, 375, 435, 437-438, 463, 467, 471, 477, 479, 481, 483, 493-494.
Día de la venganza 122, 132, 416, 438, 440, 456-45.
Día del juicio 26, 99-100, 115-116, 168, 381, 440, 483-484, 487.
Día del Señor 62-64, 99, 103,116, 123, 153, 163, 169, 176-177, 179, 227, 237, 326, 375, 403-404, 418, 431, 452, 471, 479-481, 483-485, 493, 499.
Día y la hora, el 17, 38, 51, 61, 73, 75, 84, 93, 99, 102-105, 123, 481-482, 531.
Diluvio 41, 98-99, 168-169, 203-204, 356, 374, 466, 471, 473, 501, 530.

E

Edén, el 177, 184, 187, 200, 224, 230, 243.
Entropía, Ley de la 39.
Escatología islámica 23-24, 46.
Esmirna 83.
Espíritu Santo 11, 16, 31-32, 40, 48, 78, 98, 130-131, 136, 201, 224, 445, 452, 457, 469, 500-502, 509, 518, 528.

Esposa del Cordero 70, 113, 144, 497, 499-500, 518.
Estrella de la mañana 497, 499, 507, 509-510, 519.
Estrellas 16, 43, 47, 50, 55, 57, 60, 62-65, 80, 88, 96, 98, 122, 133, 137, 153, 160, 186, 199, 221, 242, 161, 271-272, 385, 459, 464, 467, 469, 471-473, 479, 486, 490, 509, 530, 531.
Evolución 27-28, 97-98, 168, 279, 396, 457, 470, 490.
Evolutiva, teoría 28.
Ex nihilo 100.

F

Falso profeta 26,-27, 41, 70, 77, 112, 118, 138, 149, 151, 154, 158, 164-165, 167, 171, 175-177, 191, 197-198, 202, 211, 235, 241, 244-125, 425, 446, 454, 466.
Falsos cristos 16-17, 21-22, 35, 39, 41, 384, 403-404, 406, 409, 419, 448, 464, 466-467, 482.
Falsos maestros 21-22, 40-41, 45, 50, 404, 419, 482-483.
Falsos mesías 21, 39, 384, 406, 409, 419, 443.
Falsos profetas 16,-17, 21-22, 35, 40-41, 45, 50, 402-404, 445, 448, 464, 466,-67, 469, 482, 527, 530.
Fiel y verdadero 67, 109, 111, 118, 121, 127, 129, 133, 138, 142.
Filadelfia 86.
Fin de del siglo 20, 58, 67, 79, 402, 443, 480.
Fuego eterno 115, 157-158, 166, 198.
Futura generación 102, 106.

G

Gentiles 17, 30-31, 40, 48, 50, 61, 79, 84, 85, 88-89, 117, 118, 130, 131, 146, 156, 223-224, 227, 256 , 259, 281-284, 289, 309-310, 323-325, 327, 331-332, 344, 346, 367-368, 416, 446, 493, 506, 522.
Globalización 395-396.
Gobierno del anticristo 24-25, 46-47, 59, 80, 114, 240, 449.
Gobierno global de Cristo 15, 114, 118, 123, 129, 132, 136, 145-146, 187, 211, 222-223, 225, 242.
Gobierno teocrático 176, 187.
Gog y Magog 27, 153, 171, 191, 215, 231-232, 235, 241-242.
Gran Tribulación 21-22, 42, 49, 59, 60, 62, 65, 96, 114, 144, 175, 197, 204, 223, 240, 324, 402, 4 08, 418, 423, 439, 448, 449-451, 468, 481, 501, 511.
Gran Trono blanco 154, 165, 171, 191, 197, 202, 225, 237, 499, 501.
Guerra Santa 24, 139.

H

Hinduismo 23.
Hiper-preterista 83.
Holocausto 58, 63, 98, 113, 118, 120, 143, 151, 175, 197, 237, 243, 325, 383, 394, 403, 420, 422, 426, 440, 453, 465, 490.
Humanismo 279, 303, 387.

I

Imagen de Daniel 27, 66, 277, 280, 284, 287-291, 295-296, 308-309, 314, 329-330.
Imagen de la bestia 44, 69, 149, 151, 164, 171, 191, 207, 210-211, 220, 239, 331-332, 343, 367, 453, 466.
Imperio babilónico 257-258, 261, 291-293, 306, 311, 323, 327, 367-368, 370-371.
Infierno 44, 79, 101-102, 112-113, 146, 153-154, 158, 161, 165-166, 198-199, 219, 225-226, 230, 245-246,

Índice temático

273, 384, 394, 431, 463, 474, 487, 493, 518, 524.
Integridad del cristiano 255, 379, 386.
Interpretación literal 15, 21, 61, 98-100, 120, 122, 161, 179-181, 183-184, 186-188, 195-196, 206, 209, 226, 245, 330-331, 353, 355, 416, 420, 429, 447, 472, 485, 491.
Ira de Dios 20, 69, 112, 117, 133, 138, 143, 246, 394, 398, 415-419, 421, 435, 437-439, 441-443, 445, 447, 449, 451, 453-455, 457, 461, 463, 467-468, 474, 479, 481, 483-484.
Ira venidera 368, 389, 431, 459, 461, 463, 465, 467, 469, 474, 477, 494.
Islam 23-27, 46, 301, 303-305.
Israel 15, 19.21, 24-25, 30, 37, 42, 224, 44, 46-48, 58-59, 64, 77-78, 80-81, 83-84, 88.89, 104, 117, 131, 139.140, 142, 146, 154, 156, 158-159, 161.162, 167, 174, 175, 178, 180.181, 183, 186-187, 194-196, 201, 206, 209, 223-224, 231, 243, 256-257, 259, 281-282, 290-291, 305, 309-311, 321-322, 324, 326, 331-332, 345, 373-374, 395, 405-408, 416, 422-425, 429, 438, 447-448, 451-453, 493, 501, 507, 509, 517.

J

Judíos 15, 17, 24-25, 29-31, 39-40, 44, 45-50, 58, 61, 78-79, 82-88, 95, 117-118, 130, 156, 178-179, 223, 227, 243, 257, 281, 283, 303, 306, 321, 324-326, 405, 416, 418, 422-423, 441, 446-449, 451-452, 466-467, 482, 485-486, 493, 509, 522, 526.
Juicio de Dios 20, 37, 41, 42, 44, 47, 49, 58, 61-64, 70, 78, 84-85, 88, 95, 97-100, 103, 106, 112-116, 120, 123, 133, 137-146, 151-155, 158-169, 174-180, 188, 197-199, 202-205, 208-209, 223-229, 231, 237-240, 243-244, 259, 292, 323, 332, 341, 354, 356-357, 381, 388-398, 393-394, 402-408, 415-421, 426-432, 437-443, 446, 452-454, 466, 471, 473, 479, 482-484, 487, 492-494, 499, 501, 517, 527-528.

K

Kenosis 104.

L

Lagar 69, 109, 111, 122-123, 127, 129, 132-133, 136, 138, 143, 145-146, 153.
Lago de fuego 245.
Lenguaje simbólico 69, 136, 145, 186.
Liberalismo teológico 158, 182, 304, 385, 527.
Libro de la Vida 134, 166, 171-172, 191-192, 447, 465, 500, 515, 521,504, 526-527.
Los 144.000 44, 48, 71, 85, 144, 240, 446, 449, 451-452, 485.
Luna 16, 43, 47, 50, 55, 57, 62-63, 64, 66-67, 80, 88, 96, 122, 133, 127, 153, 160, 221, 244, 459, 464, 467-468, 471, 479, 483, 486. 507.

M

Mahdi, El 24-27, 46, 103.
Malkuth shamayim 178.
Maltusianismo, teoría 28.
Marca de la Bestia 44, 69, 149, 151, 154, 156, 164-165, 171, 191, 207, 210-211, 220, 239, 241, 453.
Mártires 30,-31, 43, 68, 210, 405-406, 443-444, 451, 464, 465.
Marxista, teoría 28.
Medio ambiente 38-39, 77, 80, 203, 394-395.
Meguido 113, 120, 122-123, 143, 159, 326.
Mesiánico 20, 58, 132, 136, 509.

Índice temático

Milenio 38, 50, 77, 103, 113, 116, 119-120, 172, 174-176, 179, 181,183-187, 189, 194, 200, 202-203, 205-296, 217, 227, 241, 283, 295, 329, 332,408, 481.
Montanistas 103.
Monte de los Olivos 11, 16, 19-20, 37, 45, 51, 57, 75, 77-78, 88, 90, 115, 121-122, 130, 137, 155, 167, 239, 322, 326, 332, 402, 409, 467, 480, 530.
Mormones 103.

N

Nabucodonosor, sueños 251-252, 257-259, 261, 264, 270-271, 273-275, 281, 283-287, 289-294, 304, 306-311, 313, 315, 319, 323-324, 326, 329-330, 332-333, 337-339, 343-346, 348-349, 351-360. 369-373, 377-380, 385, 388.
Nueva Era 400-401.
Nueva Jerusalén, la 66,499, 502, 506, 511-512, 521.

O

Orgullo humano 68,140, 341-343, 345, 359, 364, 368, 380, 388, 415.

P

Pan-milenaristas 120.
Paraíso recuperado 112, 124, 174-175, 177, 184, 187-188, 217, 237, 241.
Parousia 20.
Paz mundial 38, 391, 393, 395, 397-399, 401- 404, 405, 407, 409-410, 419, 421-422, 428, 443, 448, 469.
Pérgamo 139.
Persecución 17, 21, 29-32, 40,-41, 43, 45, 48, 58, 61, 79, 96, 117, 402-403, 405, 407-408, 417-418, 443-446, 448, 450-451, 453, 464, 466.
Planeta condenado 29, 38.

Pos-milenaristas 21, 119-120, 181-185, 195, 219, 229.
Postreros días, los 98.
Pre-milenaristas 120, 179-184, 187, 196.
Predicción del futuro 266, 168, 252, 274-275, 284-285.
Preteristas 21, 49, 83.
Primera resurrección 69, 171, 191, 207, 212, 215, 220, 225-226, 239.
Primera Venida 60, 67, 129, 139, 305, 328, 517.
Príncipe de la potestad 197, 201, 219, 238, 473.
Profecía 15, 21-22, 31, 38, 64, 66, 76-78, 84, 114, 132, 151, 154, 156, 180, 183, 194, 218, 219, 227, 238, 256, 259, 274-275, 283-285, 293, 295, 301, 305, 314, 335, 342, 367, 382, 393, 403, 417, 451, 469, 482, 499-500, 508-509, 515, 517-518, 524-525, 527-528, 530.
Progreso del dogma 184.
Promesa del Reino 20, 194, 508.
Promesas de Dios 129-130, 187, 194, 224, 517.
Puritanos 184.

R

Racionalista, teoría 28, 303
Rapto o arrebatamiento 51-52, 84-90, 97, 103, 106, 136-137, 210, 221, 403, 417, 445, 480-481, 499.
Rebelión satánica 116, 188-189, 229, 231-232, 240-242, 501.
Reconstruccionistas 119, 195, 229.
Reforma y reformadores 184.
Regreso de Cristo 22, 57, 60, 62, 66-67, 75, 77, 85, 109, 111-113, 123, 129, 131-133, 143, 151-152, 154, 160, 175-176, 179, 181, 186, 188, 195-196, 219, 237, 284-285, 324, 326, 403, 480, 499, 502, 504, 518-519, 529-530.

_Índice temático

Regreso de Satanás 188, 215, 226-227, 239-240, 246.
Reinado de los santos 206, 215, 220, 239.
Reinado del Anticristo 154.
Reinado terrenal Cristo 47, 86, 95, 171, 179, 186, 191, 194-195, 206, 215, 217, 235, 237.
Reino futuro 196.
Reino Milenial 21, 50, 59, 77, 100, 103, 113, 119, 120, 175, 176, 181, 183, 185, 186, 195, 206, 241, 388, 194, 239, 246.
Resurrección 20, 32, 57, 59, 68-69, 104-105, 144-145, 171, 188, 191, 207, 210-212, 215, 220-222, 225-226, 239, 332, 432, 451, 453, 494, 521.
Rey de Reyes 68-69, 109, 111, 127, 129, 136, 141, 143, 145, 147, 152, 174-175, 207, 242, 277, 190-291, 309, 343, 506.
Rhoizedon 99.
Rumores guerras 11, 16-17, 21, 27, 40-41, 79, 140, 402, 404, 407, 420-421, 443.

S

Salvación de Israel 21, 88-89, 117, 146, 156, 178, 180, 195, 206, 224, 324, 406, 423, 452.
Satanás 23, 26-27, 41, 50, 68, 70, 77, 79, 111-112, 114, 117-119, 131, 134, 136, 138, 14, 144-145, 151, 154, 171, 177, 179, 181-182, 185, 188, 191-192, 196-202, 205-206, 208, 210-211, 215, 219.220, 222, 226-227, 229-232, 238-242, 244-246, 266, 308, 316, 341, 350, 394, 401, 415, 419, 421, 440, 442, 447, 449, 453-454, 456-457, 461, 465, 469, 473, 482, 485, 492, 501, 517-518, 526.
Segunda Venida 17, 21-22, 40-42, 49, 57, 60, 76-77, 82, 86-88, 90, 95-96, 111, 115, 122-123, 129, 137, 155, 162, 305, 324, 328, 332, 406, 420, 517-518.
Sellos de Apocalipsis 42-43, 49, 61, 98, 112, 114, 134-135, 139-140, 158. 171, 177, 185, 191, 196, 202, 219, 391, 393-394, 404-409, 413, 415-420, 426-429, 431, 435, 437, 440-444, 447, 450, 452-455, 459, 461, 463-465, 467-468, 473, 479-482, 484-486, 499.
Semanas de Daniel, las 41, 88, 406.
Señal Hijo del Hombre 65, 122, 133, 194, 403, 406, 467.
Señales en el cielo 17-18, 28, 35, 39, 40, 47, 62, 64-66, 70, 78, 90, 97, 132-133, 194, 403, 406-407, 465-467, 474, 486.
Septuaginta 83, 469.
Seres vivientes 134-135, 246, 391, 393-394, 407-408, 413, 418, 426-427, 449.
Siete años 21, 25, 41-43, 46, 79-80, 84, 86-88, 96, 103, 137, 260, 322, 351, 355, 358-359, 373, 380, 402, 406-409, 415, 417-418, 423, 438-440, 442, 445, 447, 450-451, 461, 481-482, 484.
Siete años de tribulación 21, 41-43, 79-80, 84, 88, 96, 103, 137, 402, 445, 450-451, 484.
Siete cabezas 141.
Siete copas 42, 112, 114, 141, 442.
Siete coronas 141.
Siete cuernos y siete ojos 134.
Siete diademas 141.
Siete Iglesias 85, 186, 526.
Siete sellos 42, 112, 114, 393-394, 408-409, 416-417, 443, 461, 464.
Siete tiempos 337-338, 351, 355, 358.
Siete trompetas 42-43, 98, 415, 442.
Simbolismos 20, 26, 69, 78, 81, 98, 135-136, 138, 141, 145, 146, 186, 196, 144, 294, 343-344, 394, 409, 418, 420, 450-451, 455, 511.

Sincretismo 400.
Soberanía de Dios 116, 141, 146, 179, 207, 209, 342.
Sol 16, 19, 43-44, 47, 50, 55, 57, 62-67, 77, 80, 88, 96, 115, 122, 133, 137, 149, 151, 153, 159-160, 166, 197, 203, 218, 221, 244, 416, 449, 459, 464, 467-468, 470-472, 479, 483, 486-487, 489-490.
Stoicheion, los 99.
Sunna, la 23-24.

T

Teología de la liberación 182.
Teólogos del Pacto 185.
Teólogos del Reino 119.
Teólogos liberales 158.
Teonomistas 119.
Testigo fiel, el 138.
Testigos de Jehová 104.
Testigos, los dos 44, 48, 71, 85-86, 240, 186, 240, 446, 452.
Tiatira 140, 526.
Tiempo de maldición 137.
Tiempo de visitación 20.
Tribulación, tiempo de 16-18, 21-23, 29, 33, 35, 37, 39, 41-47, 49, 51, 55, 57, 59-65, 68, 70, 79-80, 82, 84-88, 96-97, 102-103, 105-106, 112-117, 122, 124, 133, 137, 144-145, 154, 156-158, 175-177, 179. 195, 197, 199, 203-2'4, 210-212, 220-221, 223, 225, 239-240, 243, 324, 351, 388, 402-403, 405, 407-409, 415-416, 418, 421-423, 438-440, 443-453, 455-456, 461, 465, 467-468, 470, 480-482, 484, 499, 501, 504, 511.
Tribunal de Cristo 86-87.
Trompetas 42-43, 44, 49, 61, 71, 88, 98, 112, 114, 122, 134, 139, 140, 158, 163, 177, 199, 203, 237, 330, 375, 407-408, 415, 418, 442, 454, 456, 480, 492, 499.
Trono 42-44, 46-47, 66, 69, 71, 95, 102, 104, 114, 122, 129, 131, 134-136, 144, 146, 151, 153-156, 159, 165, 171, 175, 177, 179-181, 183, 191, 197, 200, 202, 206-210, 220, 222, 225, 237, 239, 243-244, 246, 257-258, 292, 311, 322, 355, 358. 364, 369-371, 376, 380, 393, 408, 415, 418, 420-421, 423-424, 427, 442, 449-451, 453, 467, 477, 479, 487, 493, 499, 501, 508-509.
Tronos de los santos 69, 145, 171, 191, 197, 206, 208-209, 220, 222, 239, 453.

U

Unidad global 399, 401.

V

Veracidad de la Escritura 18, 21-22, 46, 59-61, 75-76, 86, 98, 129, 305, 415, 515, 517, 523-524, 526- 529.
Verbo de Dios 109, 111, 122, 127, 129, 143.
Vestiduras blancas 417, 435, 437, 455.

Colección
John MacArthur

Sermones temáticos sobre escatología y profecía

Sermones temáticos sobre Jesús y los Evangelios

Sermones temáticos sobre hombres y mujeres de la Biblia

Sermones Temáticos sobre Pablo y liderazgo

Sermones temáticos sobre grandes temas de la Biblia

Sermones temáticos sobre Isaías 53

12 sermones selectos de John MacArthur

Lecciones prácticas de la vida

www.ingramcontent.com/pod-product-compliance
Lightning Source LLC
Chambersburg PA
CBHW060511230426
43665CB00013B/1482